Achim Lohmar

Falsches moralisches Bewusstsein

Eine Kritik der
Idee der Menschenwürde

Meiner

Bibliographische Information der Deutschen Nationalbibliothek

Die Deutsche Nationalbibliothek verzeichnet diese Publikation in der Deutschen Nationalbibliographie; detaillierte bibliographische Daten sind im Internet über ‹http://portal.dnb.de› abrufbar.

ISBN 978-3-7873-3145-1
ISBN eBook: 978-3-7873-3146-8

www.meiner.de

© Felix Meiner Verlag Hamburg 2017. Alle Rechte vorbehalten. Dies gilt auch für Vervielfältigungen, Übertragungen, Mikroverfilmungen und die Einspeicherung und Verarbeitung in elektronischen Systemen, soweit es nicht §§ 53, 54 UrhG ausdrücklich gestatten. Satz: Type & Buch Kusel, Hamburg. Druck und Bindung: Druckhaus Nomos, Sinzheim. Werkdruckpapier: alterungsbeständig nach ANSI-Norm resp. DIN-ISO 9706, hergestellt aus 100% chlorfrei gebleichtem Zellstoff. Printed in Germany.

Inhalt

Einleitung 9
Danksagung 15

I. Menschenwürde-Skeptizismus 17

1. Die Anfechtbarkeit des Begriffs der Menschenwürde 21
2. Intellektuelle Anomalien und defekte Begriffe 31
   2.1 Die Anarchie der Menschenwürde-Konzeptionen 32
   2.2 Modelle zur Erklärung der kognitiven Anarchie 47
3. Die Unterminierung des Begriffs der Menschenwürde 57
   3.1 Plattitüden des Menschenwürde-Idioms 57
   3.2 Die Struktur des Begriffs der Menschenwürde 63
   3.3 Der ethische Gehalt des Begriffs der Menschenwürde 72
   3.4 Die Inkohärenz des Begriffs der Menschenwürde 78
   3.5 Werttheoretische Paradoxien der Ethik der
       Menschenwürde 86

Appendix A: Eine Konzeption, auf die sich alle einigen können? .. 91
Appendix B: Menschenwürde als das Recht, nicht erniedrigt
zu werden? 95
Appendix C: Menschenwürde-Skeptizismus und der Begriff der
Menschenrechte 103

II. Aufklärung und falsches moralisches Bewusstsein 109

1. Kants Theorie der Aufklärung 110
   1.1 Selbst verschuldete Unmündigkeit 112
   1.2 Die Reform der Denkungsart 119
   1.3 Sich des eigenen Verstandes ohne die Leitung eines
       anderen bedienen 122
   1.4 Unmündigkeit und intellektuelle Folgsamkeit 129

2. Was Aufklärung (nicht) ist 133
   2.1 Kants deflationäre Konzeption der Aufklärung 133
   2.2 Kants deflationäre Konzeption intellektueller
        Selbständigkeit 139
   2.3 Der robuste epistemische Sinn der Aufklärung 145
   2.4 Der Begriff des falschen Bewusstseins 158
3. Die Idee der Menschenwürde als Quelle falschen Bewusstseins 169
   3.1 Fideistische Illusionen 169
   3.2 Die Methode der Konfusion von Bedeutung und Wahrheit . 181
   3.3 Pseudo-Rationalität 188
4. Die Ethik der Menschenwürde: Dogmatismus im
   Gewand eines argumentativen Sprachspiels 200
   4.1 Tendenziöser Anti-Skeptizismus 203
   4.2 Inkonsistenzen, Themenwechsel und epistemische
        Doppelstandards 214
   4.3 Die Suggestion der Unmöglichkeit der Aufklärung 226
   4.4 Rückblick: Status und Methode aufklärerischer Analysen . 241

Appendix D: Kant über Vorurteile 245

III. Die Präsumption für die Aufklärung 251

1. *Reformismus, Aufklärung und Konservatismus* 253
2. *Intellektueller Wertenihilismus und die Präsumption für die
   Aufklärung* 258
3. *Die Besonderheit intellektueller Werte* 269
   3.1 Die werttheoretischen Grundlagen der Präsumption
        für die Aufklärung 269
   3.2 Epistemische Werte und epistemische Normativität 272
   3.3 Die fundamentale Bedeutsamkeit der Wahrheits-
        orientierung 284
4. *Praktischer Anti-Intellektualismus* 292
   4.1 Den konservativen Skeptizismus dekontextualisieren ... 294
   4.2 Intrinsisch irrationale Pläne 300
   4.3 Gleichgültigkeit gegen die Wahrheit 306

5. Der moralische Sinn des liberationistischen Projekts 313
  5.1 Die Verpflichtung zur Orientierung an der Wahrheit 313
  5.2 Einwände und Erwiderungen 323
    5.2.1 »Irrational, aber nicht moralisch falsch« (1) 325
    5.2.2 »Irrational, aber nicht moralisch falsch« (2) 331

IV. Kritik des Konservatismus 341

1. Zwei Arten anti-aufklärerischen Denkens 343
2. Die Ethik des epistemischen Tabus 349
  2.1 Das unüberprüfte Menschenwürde-Ethos als
      normatives Ideal 352
  2.2 Amoralistische Ethik 357
  2.3 Moralisches Bekennertum und die Entwertung der Ethik . . 364
3. Die Ethik epistemischer Quarantäne 372
  3.1 Das Problem der Verteidigung epistemischer Quarantäne . 372
  3.2 Das Problem der Rechtfertigung epistemischer
      Quarantäne 381
  3.3 Das Argument aus der Erosion der Moral, rekonstruiert (1) 390
  3.4 Das Argument aus der Erosion der Moral, rekonstruiert (2) 398
  3.5 Das Argument aus der Erosion der Moral, widerlegt 404
  3.6 Die Illusion der moralischen Errungenschaft 412

Literatur 425
Personenregister 435

Einleitung

IM VORLIEGENDEN BUCH verfolge ich ein Projekt der Aufklärung über die Idee der Menschenwürde, über die Auswirkungen, die diese Idee auf unser moralisches Denken hat und über eine konservative philosophische Einstellung, die meint, an dieser Idee auch dann noch festhalten zu müssen, wenn sie leer ist und unser moralisches Denken systematisch beeinträchtigt.

Hier ist zunächst ein sehr grober Überblick für die LeserInnen, die sich nicht lange mit Einleitungen aufhalten wollen: Das Buch ist in vier Teile gegliedert. Die Teile I und II dienen der Kritik der Idee und der Ethik der Menschenwürde; die Teile III und IV diskutieren die praktischen Konsequenzen dieser Kritik. In Teil I argumentiere ich für die skeptische These, dass der Begriff der Menschenwürde leer ist; in Teil II für die weitergehende These, dass der Begriff der Menschenwürde eine Quelle falschen moralischen Bewusstseins ist. In Teil III argumentiere ich dafür, dass es eine Präsumption für die aufklärerische Auffassung gibt, dass wir unser moralisches Denken von der Idee der Menschenwürde befreien sollen. In Teil IV versuche ich zu zeigen, dass es keine guten Gründe für die konservative und anti-aufklärerische Vorstellung gibt, dass es um der Aufrechterhaltung des Menschenwürde-Ethos willen geboten ist, an der Idee der Menschenwürde festzuhalten.

Hier ist eine etwas ausführlichere Darstellung für die LeserInnen, die sich von einer Einleitung detailliertere Informationen erhoffen: Der Begriff MENSCHENWÜRDE gleicht nicht so sehr Begriffen wie PHLOGISTON oder EINHORN, sondern eher einem Begriff wie SELBSTURHEBERSCHAFT: Wie die Idee der Selbsturheberschaft ist auch der Begriff der Menschenwürde leer, weil er inkohärent ist. Das jedenfalls ist die zentrale These, für die ich in Teil I der vorliegenden Arbeit argumentiere. Dass dieser prominente Begriff unserer moralischen und politischen Diskurse in einem tieferen Sinne defekt ist als zum Beispiel der Begriff des Phlogistons, deutet sich in der Anarchie der Menschenwürde-Konzeptionen an. Es handelt sich dabei um eine intellektuelle Anomalie, durch die sich die Philosophie der Menschenwürde von anderen philosophischen Diskursen signifikant unterscheidet. Und diese Anomalie, argumentiere ich, lässt sich ohne die Annahme eines inhärenten Defekts in der begrifflichen Grundlage des Menschenwürde-Diskurses nicht zufriedenstellend erklären. Meine skeptische These stützt sich jedoch nicht alleine auf einen Schluss auf die beste Erklärung. Sie stützt sich auch und vor allem auf eine Begriffsanalyse. Durch diese wird deutlich, dass der inhärente Defekt des Begriffs der Menschenwürde eine Folge seines anthropozentrischen Gehalts ist. Wenn das richtig ist, dann hat der Defekt im Begriff MENSCHENWÜRDE mit genau dem Charakteristikum zu tun, durch das er sich in einer grundsätzlichen Weise vom Begriff WÜRDE unterscheidet. Der Begriff der Würde bleibt daher von der im ersten Teil entwickelten Kritik der Idee der Menschenwürde unberührt.

Dass der Begriff der Menschenwürde, wie ich anschließend in Teil II zu zeigen versuche, eine Quelle falschen moralischen Bewusstseins ist, ist ebenfalls seinem anthropozentrischen Gehalt geschuldet. Der Begriff des falschen Bewusstseins wird dabei im Zusammenhang mit dem Entwurf einer Konzeption der Aufklärung eingeführt und gerechtfertigt, wobei wichtig ist, dass es sich dabei um einen rein diagnostischen Begriff handelt, der nicht zu dialektischen Zwecken gebraucht wird. Dass der Begriff der Menschenwürde eine Quelle falschen Bewusstseins ist, versuche ich anhand eines Modells der Etablierung dieses Begriffs in einer Diskursgemeinschaft zu zeigen, die zunächst nur über den Begriff der Würde verfügt. Dabei wird deutlich, dass die bloße Einübung des Menschenwürde-Idioms zu einer den Sprechern nicht bewussten Dogmatisierung des moralischen Anthropozentrismus führt: Die bloße Einübung des Menschenwürde-Idioms erzeugt die Illusion, dass eine Ethik, der zufolge alle Menschen moralisch Gleiche sind und eine moralische Sonderstellung vis-à-vis allen anderen Lebewesen einnehmen, weder einer genuinen Verteidigung, noch einer echten Rechtfertigung bedarf. Wichtig ist dabei, dass diese fideistische Illusion nicht etwa ein kontingenter Effekt, sondern ein intrinsisches Resultat der Einübung des Menschenwürde-Idioms ist. Das Argument dafür ist, grob gesagt, dass die Etablierung des Begriffs der Menschenwürde unerklärbar wäre, würde sein Gebrauch nicht die

Empfänglichkeit für die Anfechtungen einer anthropozentrischen Moral systematisch beeinträchtigen. Ich komme daher zu dem Ergebnis, dass das Regime des Begriffs der Menschenwürde moralisches Denken in der besagten Weise korrumpiert, wobei eben das die Funktion dieses Begriffs ist.

Diese zweifellos herausfordernde These wird anschließend durch weitergehende Untersuchungen systematisch gestützt. Zunächst gehe ich der Frage nach, wie der Begriff der Menschenwürde die besagte Illusion eigentlich hervorzubringen vermag. Meine These ist hier, dass diese Illusion einer mit der Einübung von MENSCHENWÜRDE einhergehenden Konfusion von Wahrheit und Bedeutung entspringt. In einem zweiten Schritt untersuche ich, worin sich die fideistische Illusion im Diskurs der Ethik der Menschenwürde manifestiert. Die vorgeschlagene Antwort ergibt sich dabei aus der Auffassung, dass sich falsches Bewusstsein allgemein im Phänomen pseudo-rationalen Argumentierens manifestiert. Pseudo-Rationalität verstehe ich als eine Mimikry rationaler Argumentation, der es nicht um Wahrheit, sondern allein um die Bestärkung oder Befestigung eines Glaubens geht. Dass die Diskussion der Grundlagenfragen der Ethik der Menschenwürde an der besagten Konfusion krankt und tatsächlich pseudo-rational ist, versuche ich schließlich an exemplarischen Beiträgen zur Philosophie der Menschenwürde nachzuweisen. Was die zuvor entwickelte Theorie über den korrumpierenden Effekt des Begriffs der Menschenwürde voraussagt, wird durch diese Untersuchungen bestätigt.

Wenn das aus den Teilen I und II resultierende Gesamtbild im Großen und Ganzen richtig ist, wäre es inadäquat, die Wahrheitsansprüche der Ethik der Menschenwürde ernst zu nehmen und diese Ethik weiterhin als eine Ethik zu diskutieren. Angesichts der Entlarvung der Idee der Menschenwürde drängt sich jedoch die praktische Frage auf, ob der Menschenwürde-Diskurs aufrechterhalten oder ob er aufgegeben werden soll. Genauer gesagt: Sollen wir uns das liberationistische Projekt der Aufklärung zu eigen machen und unser moralisches Denken von der Idee der Menschenwürde zu befreien versuchen? Oder gibt es gute Gründe für eine konservative Sichtweise, die uns auf das anti-aufklärerische Projekt festlegt, den Menschenwürde-Diskurs aufrechtzuerhalten *obwohl* die Idee der Menschenwürde leer und eine Quelle falschen moralischen Bewusstseins ist? Diese Fragen stehen im Zentrum der Teile III und IV. Und hier ist meine Antwort, dass es keine gerechtfertigte Alternative zur Aufklärung gibt. Ich argumentiere also dafür, dass wir uns – und zwar aus verbindlichen moralischen Gründen – von der Idee der Menschenwürde und der mit ihr verknüpften moralischen Perspektive befreien sollen.

Um das zu zeigen, versuche ich zunächst in Teil III die Auffassung zu etablieren, dass es eine Präsumption für die Aufklärung gibt. Dabei geht es mir vor allem darum, deutlich zu machen, dass diese Präsumption nicht bloß der Tatsache eines noch unentwickelten Diskussionsstandes geschuldet, sondern substantiell ist und die Bedeutsamkeit intellektueller Werte reflektiert, die sich in einer grundsätzlichen Verpflichtung zur Orientierung an der Wahrheit niederschlägt. Daraus würde sich allerdings keine Präsumption für die Aufklärung ergeben, wäre die Verpflichtung zur Orientierung an der Wahrheit eine kontextrelative Verpflichtung, die uns nur als epistemische Akteure betrifft. Aber das ist nicht der Fall. Es handelt sich dabei vielmehr um eine intellektuelle Verpflichtung, die als solche zugleich auch eine moralische Verpflichtung ist. Die Verpflichtung zur Orientierung an der Wahrheit ist also eine kontexttranszendierende Verpflichtung. Mit dieser These weise ich die Auffassung zurück, dass Fragen nach den praktischen Konsequenzen der Entlarvung eines Diskurses autonom oder Fragen *sui generis* sind, für deren Diskussion die von der Kritik des Diskurses aufgedeckten intellektuellen Übel ohne Bedeutung sind. Es ist bemerkenswert, dass diese überraschend populäre und scheinbar harmlose Auffassung in Wahrheit ganz und gar kontraintuitiv ist und entweder eine äußerst deflationistische oder sogar eine nihilistische These über die Bedeutsamkeit intellektueller Werte voraussetzt. Diese Voraussetzung ist jedoch nicht gerechtfertigt. Wie ich am Beispiel des Hedonismus zu zeigen versuche, lassen sich Werttheorien, die die kontexttranszendierende intrinsische Bedeutsamkeit intellektueller Werte verneinen, nicht rational anerkennen. Entsprechend erweisen sich dann auch Praktiken, welche die intrinsische Bedeutsamkeit der Wahrheit negieren, als irrational. Damit wird deutlich, dass es eine Präsumption für die Aufklärung und gegen den Konservatismus gibt. Konservative Einstellungen angesichts der Entlarvung des Menschenwürde-Diskurses stehen unter dem Verdacht der Gleichgültigkeit gegen die Wahrheit und damit unter dem Verdacht, Ausdruck einer irrationalen Wertorientierung zu sein.

Der abschließende Teil IV widmet sich der Diskussion des Konservatismus, der Auffassung also, dass es ein moralischer Fehler wäre, das liberationistische Ziel zu verfolgen, unser moralisches Denken von der Idee der Menschenwürde zu befreien. Für diese Diskussion ist es erforderlich, zwischen zwei Arten des Konservatismus zu unterscheiden, da das nominelle Ziel der Aufrechterhaltung des Menschenwürde-Diskurses auf verschiedene Weise konkretisiert werden kann. Als aktiven Konservatismus bezeichne ich die Auffassung, derzufolge es zu diesem Ziel gehört, dass die Aufgeklärten unter das Regime der Idee der Menschenwürde zurückkehren. Als passiven Konservatismus bezeichne ich die Auffassung, der zufolge das konservative Ziel schon dann realisiert wird, wenn für die kulturelle Reproduktion des Glaubens an die Menschenwürde dadurch gesorgt wird, dass die Unaufgeklärten nicht aufgeklärt werden. Der aktive Konservatismus vertritt eine Ethik des epistemischen Tabus, der passive eine Ethik epistemischer Quarantäne.

Die Ethik des aktiven Konservatismus ist absonderlich und lässt sich mit der Präsumption für die Aufklärung nicht vereinbaren: Wer eine solche Auffassung unterschreibt, versteht die Entlarvung des Menschenwürde-Diskurses selbst als ein Übel anstatt als die Entlarvung eines Übels; er bejaht die Preisgabe unserer intellektuellen Integrität in moralischen Angelegenheiten – und damit auch die Preisgabe unserer moralischen Integrität – und verwirft schließlich die systematische Untersuchung dessen, was wir tun sollen, zugunsten eines irrationalen moralischen Bekennertums. Diese Ethik lässt sich nicht verteidigen.

Die Ethik der epistemischen Quarantäne wirkt auf den ersten Blick vernünftiger, weil sie nicht um die Einheitlichkeit einer an der Idee der Menschenwürde festgemachten Gesinnung, sondern – pragmatischer – lediglich um die kulturelle Reproduktion des Glaubens an die Menschenwürde besorgt ist. Trotzdem, argumentiere ich, lässt sich auch der passive Konservatismus nicht verteidigen. Denn auch dieser Konservatismus kann aus systematischen Gründen nicht ausschließen, dass die Aufgeklärten – so wie es der aktive Konservatismus will – moralisch verpflichtet sind, in den Zustand falschen moralischen Bewusstseins zurückzukehren, ihre moralische Erkenntnis also durch kognitive Selbstmanipulation zu korrumpieren. Das aber zeigt, dass auch der passive Konservatismus mit der Präsumption für die Aufklärung unvereinbar ist.

Trotz dieses Resultats untersuche ich in den letzten Kapiteln von Teil IV das Problem der Rechtfertigung epistemischer Quarantäne. Dort geht es mir darum, den Sorgen, die konservatives Denken antreiben, *in concreto* Rechnung zu tragen. Anstatt den Konservatismus in einer systematischen Form zu betrachten, beschäftige ich mich hier also mit konservativem Denken, so wie es in der wirklichen Welt vorkommt – in der Form einer naiven praktischen Ethik, die sich in einer besorgten Hervorhebung angeblicher Nachteile erschöpft, die vermeintlich entscheidend gegen das liberationistische Projekt der Aufklärung sprechen. Die Rechtfertigung epistemischer Quarantäne lässt sich dabei im Wesentlichen auf zwei Argumente reduzieren: Das Argument aus der Erosion der Moral einerseits und das Argument aus der moralischen Errungenschaft andererseits. Beide Argumente sind jedoch, wie ich zu zeigen versuche, unschlüssig und beruhen auf Voraussetzungen, durch die sie sich selbst unterminieren. Die Befürchtung, die Befreiung unseres moralischen Denkens von der Idee der Menschenwürde würde entweder zu einer Erosion der Moral führen oder die Preisgabe einer wichtigen moralischen Errungenschaft beinhalten, stellt sich damit als eine Illusion heraus, von der uns zu befreien selbst ein wichtiger Bestandteil der Aufklärung über die Ethik der Menschenwürde ist.

Danksagung

ICH MÖCHTE NICHT VERSÄUMEN, einigen Menschen zu danken, die mir während der Arbeit an diesem Buch auf die eine oder andere Weise geholfen haben. Zunächst möchte ich Karsten Witt danken, der die Entstehung dieses Buches von Anfang an mit großem Interesse mitverfolgt hat und mit dem ich über die ganzen Jahre, die es gebraucht hat, zahlreiche Diskussionen über die verschiedenen Teile des Buchs geführt habe. Insbesondere mit der Analyse und der Diskussion des Konservatismus hätte ich mir ohne diese Diskussionen wahrscheinlich gar nicht erst die Mühe gemacht, die sich dann als erforderlich herausgestellt hat, um die grundlegenden Probleme des konservativen Denkens zu entdecken. Ein herzlicher Dank auch an Thomas Grundmann, der die ersten beiden Teile dieses Buchs zu einer Zeit gelesen und ausführlich kommentiert hat, als sie in meinen Augen schon so gut wie fertig waren. Seine Kommentare haben mich zu Überarbeitungen bewogen, die dem Buch, wie ich jetzt glaube, sehr gut getan haben. Tatjana Hörnle war so nett, ziemlich lange Teile einer früheren Version zu lesen, darunter auch den Teil, der für die Inkohärenz der Idee der Menschenwürde argumentiert. Ihre positive Rückmeldung war für mich besonders ermutigend, da sie selbst in einigen Aufsätzen versucht hat, der Idee der Menschenwürde etwas abzugewinnen. Ganz besonders danken möchte ich auch meinem Sohn Jasper, der sich die Zeit genommen hat, das komplette Buch in einer seiner letzten Versionen zu lesen und ausführlich zu kommentieren. Ihm verdanke ich eine ganze Reihe an wichtigen Hinweisen und Verbesserungsvorschlägen. Meinem Sohn Jakob möchte ich besonders für seinen Kommentar zu meiner Diskussion der epistemologischen Konsequenzen des Hedonismus danken.

Während ich bei Vorträgen nur recht eng umrissene Ausschnitte meines Projekts präsentieren konnte, ergab sich im WS 2014/15 die Gelegenheit, den gesamten Stoff zum Thema einer Vorlesung an der Universität zu Köln zu machen. Die Vorlesung fand unter nicht gerade einladenden Umständen in einem abgelegenen Gebäude statt, in dessen unmittelbarer Umgebung andere ältere Universitätsgebäude gerade abgerissen wurden. Ich danke allen ZuhörerInnen, die sich davon nicht haben abschrecken lassen, und schließlich besonders meiner Frau Sophie, die mir die große Freude gemacht hat, die ganze Zeit über dabei gewesen zu sein.

I. Menschenwürde-Skeptizismus

… we conceive it as the aim of the philosopher, as such, to do somewhat more than define and formulate the common moral opinions of mankind. His function is to tell men what they ought to think, rather than what they do think …

Henry Sidgwick[1]

ARBEITEN ÜBER DIE MENSCHENWÜRDE beginnen gerne mit einem Hinweis auf den problematischen Charakter des Begriffs der Menschenwürde. Dieser Begriff, wird uns mit einiger Regelmäßigkeit mitgeteilt, stehe unter dem Verdacht, hoffnungslos vage oder gänzlich unbestimmt oder eine ›Leerformel‹ ohne Gehalt zu sein. Manche Autoren weisen uns auch darauf hin, dass dieser Begriff paradox ist oder zumindest paradox zu sein scheint. Viele Autoren verweisen auf die erstaunliche Diskrepanz zwischen der Inflation der moralischen und politischen *Appelle* an die Menschenwürde und der Situation der *Theorie* der Menschenwürde, die durch skeptische Reserviertheit auf der einen und durch tiefgreifende Dissense über den Gehalt und die systematische Bedeutung der Idee der Menschenwürde auf der anderen Seite gekennzeichnet ist. Die problematisierende Exposition trägt mittlerweile die Züge eines konventionellen stilistischen Elements, das dem Menschenwürde-Diskurs eine Aura von Komplexität und Substantialität verleiht. Denn so häufig der problematische Charakter der Idee der Menschenwürde von Autoren, die sie sich zum Thema machen, unterstrichen wird, so häufig sehen sie von diesem Punkt mehr oder weniger kommentarlos ab und entwickeln ihren Beitrag zum Menschenwürde-Diskurs so, als ob der auf dem *Begriff* oder der *Idee* der Menschenwürde lastende Verdacht den Wert der Argumente und der Urteile, in denen eben dieser Begriff figuriert, nicht weiter berühren könnte. Nicht selten scheinen Menschenwürde-Theoretiker

---

[1] Sidgwick (1907) 373.

einfach zu *glauben*, dass es Menschenwürde gibt, und die begrifflichen Probleme eher als technische Probleme der adäquaten Repräsentation der Ethik der Menschenwürde denn als Probleme zu begreifen, die die Ethik der Menschenwürde *grundlegend in Frage stellen.* Anders lässt sich schwer erklären, wie ein Theoretiker dazu kommen könnte, den Begriff der Menschenwürde, den er explizit für paradox erklärt, in seinen ethischen Überlegungen zu gebrauchen, so als hätte eine auf einem paradoxen – widersprüchlichen oder Widersprüche generierenden – Begriff aufgebaute Ethik ein solides Fundament:

> Auch als Würde interpretiert, behält die Sonderstellung [des Menschen] ihre doppelte Bedeutung. Als angeborenes Privileg ist sie eine unverdiente Würde, die allen Menschen zukommt, während sie als angeborene Verantwortung von jedem noch verdient werden muss. Die Situation ist paradox und doch für den Begriff charakteristisch: Die Menschenwürde ist ein Privileg, dessen man durch seine Lebensweise würdig werden soll und das trotzdem auch der Unwürdige nie verliert.[2]

Anders ist auch schwer zu erklären, wie ein Theoretiker dazu kommen könnte, zu behaupten, es gäbe Beweise für die Existenz der Menschenwürde, nachdem er uns zuvor erklärt hat, dass die Idee der Menschenwürde unbestimmt und unbegründbar sei und einen ›Phantom-Charakter‹ habe.[3] Schließlich ist auf andere Weise auch schwer zu erklären, wie jemand behaupten kann, dass der Begriff der Menschenwürde für die Ethik *wichtig* sei, wenn er uns zuvor mitteilt, dass es unklar sei, was dieser Begriff beinhaltet.[4] Alle diese Theoretiker scheinen zu verkennen, dass die Kritik der *Idee* oder des *Begriffs* der Menschenwürde auch die *Ethik* der Menschenwürde trifft. So macht es zum Beispiel wenig Sinn über den moralischen Status von Embryonen im Begriff der Menschenwürde zu diskutieren, wenn dieser Begriff paradox oder unbestimmt ist oder wenn er leer und der Begriff bloß eines ›Phantoms‹ ist. Auch moralische Argumente aus der Verletzung der Menschenwürde könnten kaum einen Wert haben, wenn der Begriff der Menschenwürde, wie einige

[2] Höffe (2002) 117.
[3] S. Wetz (2005) 190 ff.
[4] S. Damschen/Schönecker (2002) 202/3.

Kritiker behaupten, eine gehaltlose ›Leerformel‹ ist. Denn wenn der Begriff der Menschenwürde leer ist, ist auch der Begriff einer Verletzung der Menschenwürde leer.

Die Kritiker des Menschenwürde-Diskurses haben recht mit ihrem Verdacht, dass mit dem Begriff der Menschenwürde etwas nicht in Ordnung ist. Sie haben aber unrecht mit ihrer Diagnose des Problems. MENSCHENWÜRDE ist nämlich kein vollkommen vager oder gänzlich unbestimmter Begriff. Er ist kein Begriff, mit dem jeder jeden beliebigen Gehalt assoziieren könnte oder unter dem sich jeder vorstellen könnte, was auch immer er geneigt ist, sich darunter vorzustellen. Der Begriff der Menschenwürde hat – im Gegenteil – ein bestimmtes semantisches Profil, das ihn zu dem Begriff macht, der er ist. Er besitzt einen distinkten Gehalt, der sich durch philosophische Analyse darlegen lässt und auf dessen Grundlage sich die Adäquatheit von Menschenwürde-Konzeptionen beurteilen lässt. Der Begriff der Menschenwürde ist aber ein *defekter* Begriff. Er ist, genauer gesagt, ein *inkohärenter* Begriff. Das jedenfalls ist, grob gesagt, die zentrale These, für die ich im vorliegenden ersten Teil dieser Abhandlung argumentiere.

Die hier vertretene These ist eine These ausschließlich über den Begriff der Menschenwürde. Sie ist keine These über den Begriff WÜRDE. Vom Begriff der Menschenwürde ist der Begriff der Würde sogar prinzipiell verschieden, da er, im Unterschied zu diesem, keinen anthropozentrischen Gehalt hat. Da die Inkohärenz des Begriffs der Menschenwürde mit seinem anthropozentrischen Gehalt zusammenhängt, ist die Quelle seiner Inkohärenz im Begriff der Würde gar nicht präsent. Die Behauptung, dass MENSCHENWÜRDE ein defekter Begriff ist, ist daher weder äquivalent mit der Behauptung, dass WÜRDE ein defekter Begriff ist, noch impliziert sie diese Behauptung.

Unabhängig von der hier vertretenen These ist der Vorschlag einiger Autoren, auf den Gebrauch dieses Begriffs zu verzichten, nicht gerechtfertigt.[5] Denn wenn der Begriff der Menschenwürde ein in-

---

[5] So etwa Lenzen (1996). Lenzen glaubt nicht, dass der Begriff der Menschenwürde defekt ist; er glaubt, dass er in dem Sinne moralisch redundant ist, dass Praktiken, die aus Gründen der Verletzung der Menschenwürde als moralisch falsch zu beurteilen sind, sich auch unabhängig von der Idee der Verletzung der Menschenwürde als moralisch falsch erweisen lassen. Die Redundanzthese

takter Begriff und genauso unproblematisch ist wie (können wir hier unterstellen) der Begriff der Gerechtigkeit oder der Begriff der moralischen Falschheit, ist nicht zu sehen, wie es überhaupt einen vernünftigen Grund dafür geben könnte, auf seinen Gebrauch zu verzichten. Diese Forderung scheint dann sogar ziemlich sonderbar zu sein, da sie darauf hinausläuft, unser moralisches Denken und damit auch die Möglichkeiten unseres moralischen Wissens *einzuschränken*.

Wenn MENSCHENWÜRDE ein intakter Begriff ist, dann sind auch Behauptungen wie die, dass die Erpressung von Geständnissen durch die Folter mit der menschlichen Würde unvereinbar sind, begrifflich intakt. Auf Urteile dieser Art zu verzichten, hieße dann, darauf zu verzichten, bestimmte moralische Wahrheiten denken zu können, und hieße darauf verzichten, andere moralische Urteile durch solche Wahrheiten rechtfertigen zu können. Das Argument, dass das Foltern von Menschen unrecht ist, *weil* diese Praxis die Menschenwürde verletzt, sieht immerhin wie eine ernstzunehmende Rechtfertigung der Überzeugung von der moralischen Falschheit der Folter aus. *Prima facie* ist daran genauso wenig auszusetzen wie an einem Argument, das die Verletzung autonomer Wünsche gegen die Folter ins Feld führt. Die bloße Tatsache, dass das Argument aus der Menschenwürde nicht alle Leute überzeugt, spricht genauso wenig gegen den Gebrauch des Begriffs der Menschenwürde, wie es gegen den Gebrauch des Begriffs der Autonomie spricht, dass sich nicht alle Leute davon überzeugen lassen, dass eine Verletzung autonomer Wünsche als solche etwas moralisch Schlechtes ist. Auf einen Begriff zu verzichten, von dem man glaubt, dass er intakt ist, scheint sogar eine irrationale Selbstbeschränkung des eigenen Denkens und der eigenen Erkenntnismöglichkeiten zu sein. So könnte es nach allem, was wir wissen, sein, dass die Frustration autonomer Wünsche nur deshalb moralisch problematisch ist, weil dadurch in der Regel die Menschenwürde der Menschen verletzt wird, um deren autonome Wünsche es geht. Wenn der Begriff MENSCHENWÜRDE intakt ist, würden wir uns durch einen

scheint jedoch schief zu sein. Vertreter der Ethik der Menschenwürde können darauf beharren, dass es darum geht, die *richtigen* Gründe für die Falschheit einer Praxis zu identifizieren. Eine Replik dieser Art scheint Stoecker (2002a) im Sinn zu haben.

Verzicht auf seinen Gebrauch der Möglichkeit der Erkenntnis eines solchen Zusammenhangs begeben. Wer auf den Gebrauch des Begriffs der Menschenwürde vollständig verzichten will, ist daher als ein rationaler epistemischer Akteur zumindest darauf festgelegt, zu vermuten, dass dieser Begriff nicht intakt ist. Wenn diese Vermutung nicht gerechtfertigt ist, scheint es für eine Politik der begrifflichen Zurückhaltung jedoch keinen vernünftigen Grund zu geben.

1. Die Anfechtbarkeit des Begriffs der Menschenwürde

Die skeptische Auffassung, dass MENSCHENWÜRDE ein defekter Begriff ist, wirft einige wichtige methodologische Fragen, darunter insbesondere Fragen in Bezug auf die Aussichten und die Möglichkeit der Rechtfertigung einer solchen Theorie, auf. Vor allem Teilnehmern am Menschenwürde-Diskurs wird die hier vertretene These als unglaubwürdig erscheinen. Sie werden sie aller Voraussicht nach sogar spontan und ohne weitere Untersuchung als falsch zurückweisen, d. h. sie werden die These zunächst einmal gar nicht im Lichte von Gründen, sondern *unmittelbar* als falsch bewerten. Eine solche spontane Zurückweisung scheint nicht gänzlich irrational zu sein. Unsere Begriffe unterliegen einer Unschuldsvermutung, d. h. wir dürfen darauf vertrauen, dass unsere Begriffe einen kohärenten Gehalt haben. Um berechtigt zu sein, unsere Begriffe zu verwenden, müssen wir nicht erst zeigen, dass sie einen kohärenten Gehalt haben. Wir müssen nicht erst zeigen, dass sie nicht leer sind oder dass sie korrekt angewendet werden können. Das Problem einer Vindizierung oder Deduktion eines Begriffs stellt sich nur, wenn es einen hinreichend interessanten und soliden ›Anfangsverdacht‹ gegen seine Brauchbarkeit gibt. Wenn wir diese semantische Unschuldsvermutung zurückweisen würden, würden wir uns auf das Prinzip eines uneingeschränkten Legitimations- oder Deduktionszwangs für Begriffe festlegen, dem zufolge wir auf die Brauchbarkeit eines Begriffs nur und erst dann vertrauen dürfen, wenn wir *nachweisen* können, dass er einen genuinen kognitiven Gehalt hat. Dieses Prinzip ist aber selbstunterminierend oder epistemologisch inkohärent. Denn wir könnten nicht nachweisen, dass ein Begriff geeignet ist, zu einem kohärenten Gedanken beizutragen, ohne Begriffe zu verwenden. Aufgrund des dadurch entstehenden infiniten Regresses in der Deduktion von Begriffen könnten wir aber – wenn wir dem Prinzip folgen, keinen Begriff zu verwenden, dessen Kohärenz nicht nachgewiesen ist – von *keinem* Begriff nachweisen, dass er nicht defekt ist. Aus dem genannten Prinzip folgt dann, dass niemand gerechtfertigt ist, *irgendeinen* Begriff zu verwenden. Aber dann könnten wir auch nicht zu Recht behaupten, dass man keinem Begriff vertrauen darf, dessen Kohärenz nicht nachgewiesen ist. Die Überzeugung, dass man keinem Begriff vertrauen darf, dessen Kohärenz nicht nachgewiesen ist, unterminiert sich also selbst: Wenn sie wahr ist, hat man keinen Grund, sie für wahr zu halten. Und daraus folgt, dass es eine rationale Präsumption für die Integrität unserer Begriffe gibt. Eine spontane, nicht durch Argumente gestützte Zurückweisung des Skeptizismus über den Begriff der Menschenwürde ist also nicht per se irrational. Wer in diesem Begriff denkt, *darf* unterstellen, dass es sich um einen nicht-leeren und kohärenten Begriff handelt.

Dass es diese Präsumption gibt, heißt aber *nicht*, dass das Vertrauen in die Integrität des Begriffs der Menschenwürde unanfechtbar ist. Wie jedes andere Vertrauen auch, kann sich auch dieses Vertrauen als falsch herausstellen. Es ist möglich, dass der Begriff der Menschenwürde defekt ist, auch wenn er uns als ein intakter Begriff erscheint und wir – solange es keine Evidenzen für das Gegenteil gibt – unterstellten dürfen, dass er intakt ist. Nun ist es aber etwas anderes, die Anfechtbarkeit des Begriffs der Menschenwürde *in abstracto* zuzugestehen, als einen Sinn dafür zu haben, dass der Skeptizismus wahr sein könnte. Das liegt zum einen daran, dass das Vertrauen in *Begriffe* nicht von der Art zu sein scheint, dass es sich erst im wiederholten Gebrauch nach und nach einstellen und stabilisieren müsste. Das Vertrauen in einen Begriff scheint vielmehr ein *unabgestuftes* Vertrauen zu sein, das wir haben, sobald wir einen Begriff erworben haben und zu gebrauchen beginnen. Zum anderen liegt das daran, dass das Vertrauen speziell in den Begriff der Menschenwürde eine ausgeprägte Stabilität und Widerstandskraft zu haben scheint. Darauf deutet zumindest die *ungebrochene* Selbstverständlichkeit hin, mit welcher der Menschenwürde-Diskurs auch im Angesicht von kritischen Stimmen weitergeführt wird, die auf die ein oder andere Weise den Begriff der Menschenwürde als solchen problematisieren. Daher spricht alles dafür, dass das Vertrauen, das Teilnehmer am Menschenwürde-Diskurs in den Begriff der Menschenwürde haben, den Charakter einer subjektiven Gewissheit hat. Unter der Bedingung subjektiver Gewissheit ist nun aber zu erwarten, dass die Anfechtbarkeit des Begriffs der Menschenwürde nicht als genuine Möglichkeit wahrgenommen wird. Denn wenn es für eine Denkerin gewiss ist, dass dieser Begriff intakt ist, erscheint er ihr so, als wäre er nicht anfechtbar. Um ihr nahe zu bringen, dass die Anfechtbarkeit des Begriffs der Menschenwürde nicht nur eine logische Möglichkeit ist, auf die aufmerksam zu sein man keinen Grund hat, ist es daher erforderlich, die Anfechtbarkeit *speziell* des Begriffs der Menschenwürde darzulegen, anstatt nur aus unspezifischen Erwägungen über die Anfechtbarkeit von Begriffen auf die Anfechtbarkeit dieses besonderen Begriffs zu schließen. Es geht also darum, die Anfechtbarkeit des Vertrauens in den Begriff der Menschenwürde *in concreto* zu zeigen.

Wie lässt sich das bewerkstelligen? Es gibt einige sehr naheliegende Einwände gegen die skeptische These. Es handelt sich dabei um Einwände mit einer besonderen Stoßrichtung: Es sind Einwände, die darauf zielen, alle prospektiven Anfechtungen unseres Vertrauens in den Begriff der Menschenwürde zu diskreditieren. Sie alle würden, wären sie stichhaltig, zeigen, dass die hier vertretene skeptische Auffassung *von vorneherein* zum Scheitern verurteilt ist. Dass sich diese Einwände als wertlos erweisen, *zeigt*, dass das Vertrauen in den Begriff der Menschenwürde anfechtbar ist. Betrachten wir zunächst die drei Einwände.

Der Einwand aus der Willkürlichkeit macht geltend, dass wir die Inkohärenz des Begriffs der Menschenwürde, wenn sie wirklich bestünde, schon längst entdeckt haben müssten. Dass ein Werkzeug defekt ist, könnte uns tatsächlich entgehen – aber nur dann, wenn und solange wir es nicht benutzen. Ein Werkzeug aber, das wir regelmäßig benutzen, kann kaum einen von uns unentdeckten Defekt aufweisen. Ein solcher Defekt würde sich nämlich zwangsläufig *im Gebrauch* des Werkzeugs zeigen. Daher passiert es uns nicht, dass wir defekte Werkzeuge immer weiter gebrauchen – wir sortieren sie aus und ersetzen sie durch andere. Der Begriff MENSCHENWÜRDE gehört nun unstrittig zu den häufig gebrauchten begrifflichen Werkzeugen und spielt eine besonders prominente Rolle in unseren moralischen und politischen Debatten. Daher hätte es uns nicht verborgen bleiben können, dass dieser Begriff defekt ist, wenn er wirklich defekt wäre. Der Menschenwürde-Skeptizismus ist daher auf die unplausible Hilfshypothese angewiesen, dass der Begriff der Menschenwürde an einem *verborgenen* Defekt krankt. Das zeigt aber, dass der Menschenwürde-Skeptizismus *eine willkürlich erdachte Möglichkeit* ist, die man nicht ernsthaft untersuchen muss.

Der Einwand aus der Kontraintuivität Dass alle Menschen Menschenwürde besitzen, dass kein Menschen mehr Menschenwürde besitzt als irgendein anderer Mensch und dass die Sklaverei mit der Menschenwürde unvereinbar ist, sind Urteile, die wir alle intuitiv für wahr halten. Hätte der Menschenwürde-Skeptizismus recht, wäre jedoch kein einziges dieser Urteile wahr. Diese Urteile sind dabei nur einige Beispiele von vielen. Der Menschenwürde-Skeptizismus widerstreitet daher einer bedeutenden Anzahl geteilter Intuitionen und ist daher unglaubwürdig. Die skeptische Theorie ist zudem noch in einer anderen Hinsicht kontraintuitiv. Wir würden auch intuitiv urteilen, dass die genannten Menschenwürde-Urteile einen unproblematisch verständlichen Gehalt haben. Wir scheinen ohne Weiteres zu verstehen, was diese Urteile besagen. Die Theorie, dass der Begriff MENSCHENWÜRDE defekt ist, ist daher nicht nur gezwungen, geteilte *moralische* Intuitionen, sondern auch gezwungen, geteilte *semantische* Intuitionen für fehlerhaft erklären. Das unterminiert die These *von vorneherein*; wir haben allen Grund, solchen Verdächtigungen eines bisher unbescholtenen Begriffs nicht weiter nachzugehen.

Der Einwand aus der moralischen Verderblichkeit macht geltend, dass der Menschenwürde-Skeptizismus untragbare moralische Implikationen hat. Da er impliziert, dass alle positiven assertorischen Menschenwürde-Urteile falsch sind, impliziert der Menschenwürde-Skeptizismus unter anderem, dass es nicht wahr ist, dass die Sklaverei die Menschenwürde verletzt, und dass es nicht wahr ist, dass alle Menschen Menschenwürde besitzen. Diese Implikationen scheinen die Theorie aber von vornherein untragbar zu machen. Wenn wir das Urteil, die Versklavung eines Menschen würde seine Menschenwürde verletzen, verneinen, verharmlosen wir die Sklaverei oder sprechen sie von dem gewichtigsten moralischen Vorwurf frei. Das ist inakzeptabel. Wenn wir verneinen, dass alle Menschen Menschenwürde besitzen, legitimieren wir inegalitäre und diskriminierende Praktiken. Auch das ist inakzeptabel. Es gibt also gewichtige *moralische* Gründe, die gegen eine Theorie sprechen, die den Begriff der Menschenwürde für defekt erklärt. Aufgrund der moralischen Verderblichkeit der Anklage haben wir allen Grund, sie nicht weiter zu verfolgen.

Beginnen wir die Diskussion mit dem letzten Einwand. Der Einwand aus der moralischen Verderblichkeit beruht teils auf einem Missverständnis der These der semantischen Korruption, teils ist er dialektisch wertlos. Wenn wir Teilnehmer am Menschenwürde-Diskurs sind und zum Beispiel die Frage diskutieren würden, ob Pornographie genauso wie Sklaverei die Menschenwürde verletzt, und wenn in diesem Kontext jemand behauptete, es sei nicht wahr, dass die Sklaverei die Menschenwürde der versklavten Menschen verletze, können wir seine Behauptung als die Behauptung interpretieren, dass sich aus der Menschenwürde der Sklaven kein moralischer Grund gegen ihre Versklavung ergibt. Aufgrund des Kontextes der Behauptung haben wir jedenfalls allen Grund, seine Behauptung so zu verstehen, dass sie *äquivalent* mit der Behauptung ist, dass sich die Sklaverei, statt sie zu verletzen, mit der Menschenwürde der Sklaven *verträgt*. Aus der hier vertretenen Auffassung, dass der Begriff *Menschenwürde* defekt ist, ergibt sich zwar auch, dass es nicht wahr ist, dass die Sklaverei die Menschenwürde verletzt; es ergibt sich aber ebenso, dass es nicht wahr ist, dass die Sklaverei mit der Menschenwürde vereinbar ist. Wir verneinen durch unsere skeptische These eine *beiden Behauptungen gemeinsame Präsupposition*. Wir behaupten, dass der *ganze* Menschenwürde-Diskurs ein defekter Diskurs ist und dass es weder wahre noch epistemisch gerechtfertigte Beiträge zu diesem Diskurs gibt. Das *Missverständnis* liegt also darin, zu meinen, die Theorie des Begriffsdefekts hätte Implikationen, die als ein *Beitrag* zum Menschenwürde-Diskurs verstanden werden könnten. *Dialektisch wertlos* ist der Einwand, wir würden die Sklaverei von einem besonders gewichtigen moralischen Vorwurf freisprechen, wenn wir ihn als die Behauptung verstehen, dass wir das Gewicht des moralischen Vergehens der Versklavung mit einem anderen Vokabular als dem Menschenwürde-Idiom nicht zum Ausdruck bringen können. Dieser Einwand *setzt einfach voraus*, dass der Begriff der Menschenwürde einen kohärenten Gehalt hat, und ist deshalb kein Einwand gegen die Auffassung, dass er inkohärent ist.

Der zweite Einwand – der *Einwand aus der Kontraintuitivität* – hat recht mit der Behauptung, dass die Theorie, dass MENSCHENWÜRDE ein defekter Begriff ist, kontraintuitiv ist oder kontraintuitive Implikationen hat. Die Frage ist jedoch, wie schwer dieser Vorwurf eigentlich wiegt. Unterminiert die Kontraintuitivität die Theorie von vorneherein? Oder fällt dem Vertreter der Theorie lediglich eine besonders schwere Beweislast zu, weil sie kontraintuitiv ist?

Weder das eine noch das andere ist der Fall. Die Beweislast für die Theorie, dass der Begriff der Menschenwürde ein defekter Begriff ist, wird durch die Kontraintuitivität der Theorie nicht einmal erhöht. Um die Beweislast zu erhöhen oder besonders strikte Anforderungen an die Rechtfertigung der Theorie zu generieren, müsste ihre Kontraintuitivität ein *zusätzliches* Faktum sein, das nicht bereits Teil des Grundes dafür ist, dass die Beweislast bei ihr liegt. In Standardfällen *ist* die Kontraintuitivität einer Theorie ein zusätzliches Faktum, das besondere Anforderungen an ihre Rechtfertigung mit sich bringt. Im Falle des Menschenwürde-Skeptizismus liegt ein solcher Standardfall jedoch nicht vor, da es aufgrund dieser Theorie voraussagbar ist, dass sie mit unseren Intuitionen nicht harmoniert.

Unsere Theorie ist nicht in dem Sinne kontraintuitiv, in dem, sagen wir, eine Theorie des Wissens kontraintuitiv ist, die impliziert, dass es Wissen von Falschheiten geben kann. Sie ist auch nicht in dem Sinne kontraintuitiv, in dem eine ethische Theorie kontraintutiv ist, die impliziert, dass es gut ist, wenn die Menschenwürde verletzt wird. Wir urteilen intuitiv, dass diese Behauptungen falsch sind. Die Basis unserer intuitiven Urteile sind die Begriffe (oder ist unser Verständnis der Begriffe) WISSEN und MENSCHENWÜRDE. Die hier vertretene skeptische Theorie würde nun, wenn sie richtig ist, gerade die *Basis* intuitiver Menschenwürde-Urteile unterminieren. Intuitive Menschenwürde-Urteile, impliziert sie, sind defekte Urteile und können nicht wahr sein. Das betrifft nun auch solche

Urteile, die man als *Plattitüden* des Menschenwürde-Diskurses auffassen könnte – Urteile wie »Alle Menschen besitzen Menschenwürde.« Wenn die Grundlage intuitiver Menschenwürde-Urteile defekt ist, sind auch die Plattitüden des Menschenwürde-Diskurses defekt: Die Disposition, sie (als Plattitüden) zu akzeptieren, ist nicht Manifestation oder Teil einer Begriffs*kompetenz*, sondern lediglich Manifestation oder Teil eines Begriffs*besitzes*. Denn defekte Begriffe kann man zwar besitzen, nicht aber kompetent verwenden.

Eine Theorie, zu deren Kernaussagen es gehört, dass die Plattitüden des Menschenwürde-Diskurses keinen kohärenten Gehalt haben, ist nun nicht nur kontraintuitiv, sondern *notwendigerweise* kontraintuitiv: Es ist *unmöglich*, dass sie wahr ist und mit unseren Intuitionen übereinstimmt. Deshalb lässt sich aufgrund der Theorie selbst *voraussagen*, dass unsere Intuitionen sie nicht unterstützen werden. Da diese Intuitionen jedoch, wenn unsere Theorie wahr ist, keine rechtfertigende Kraft haben können, lässt sich die Tatsache, dass die Theorie kontraintuitiv ist, nicht gegen sie einwenden. Die Kontraintuitivität unserer Theorie ist also *kein* zusätzliches Faktum über diese Theorie, sondern schlicht ein Teil oder ein Aspekt des Grundes dafür, dass die Beweislast bei ihr liegt. Und folglich wird sie durch die Eigenschaft, kontraintuitiv zu sein, auch nicht unterminiert.[6]

Die Auseinandersetzung mit dem ersten Einwand – dem *Einwand aus der Willkürlichkeit* – gibt uns Gelegenheit, den Gehalt unserer Theorie weiter zu verdeutlichen und vor einer vielleicht naheliegenden Fehlinterpretation zu bewahren. Der Einwand war, kurz gesagt, der, dass die skeptische Theorie unglaubwürdig ist, weil sie auf die Zusatzannahme, es handele sich bei der behaupteten Inkohärenz um einen den Benutzern des Begriffs verborgenen Defekt, angewiesen ist. Diese Zusatzannahme, so der Einwand, ist jedoch willkürlich und wird nur aus strategischen Gründen eingeführt – um nämlich die skeptische These vor der Kritik in Schutz zu nehmen, dass wir den Defekt des Begriffs MENSCHENWÜRDE schon längst entdeckt haben würden, wenn er wirklich defekt wäre.

[6] Ihre Kontraintuitivität ist allerdings ein Faktum, aufgrund dessen zu erwarten ist, dass es Teilnehmern am Menschenwürde-Diskurs auch dann schwer fallen wird, die Theorie zu akzeptieren, wenn sie gerechtfertigt ist.

Zu der dem Einwand aus der Willkürlichkeit zu Grunde liegenden Auffassung, dass es *sehr leicht* sein müsste, defekte Begriffe als solche zu erkennen, wird man nur dann neigen, wenn man bei defekten Begriffen an Begriffe wie VIERSEITIGES SECHSECK oder GESTREIFTE PRIMZAHL denkt. Konstruierte Begriffe wie diese sollten wir aber gerade nicht als Paradigmen defekter Begriffe ansehen. Da sie unbrauchbar sind, würden defekte Begriffe in einer Sprachgemeinschaft oder einer Kultur einfach nicht überleben, wenn sie *offensichtlich* defekt wären und ohne Weiteres *als defekt* erkannt würden. Sie würden aber auch, was noch wichtiger ist, nicht einmal in Gebrauch kommen, da nicht einmal ein scheinbarer Nutzen aus Begriffen erwachsen könnte, die ihre Benutzer dazu verdammen würden, für jedermann offensichtliche Falschheiten oder Sinnlosigkeiten zu produzieren. Wir *müssen* folglich davon ausgehen, dass der Defekt von defekten Begriffen, die psychologische Realität haben und wirklich in Gebrauch sind, *nicht* offensichtlich und intransparent ist. Die Behauptung der Verborgenheit des Defekts im Begriff MENSCHENWÜRDE ist dementsprechend alles andere als eine willkürliche Zusatzannahme. Es handelt sich, genau genommen, überhaupt nicht um eine Hilfshypothese, durch die unsere Theorie gegen Kritik abgesichert werden soll. Diese Behauptung gehört vielmehr *zum Kern* der skeptischen Theorie: Der Begriff MENSCHENWÜRDE ist ein inkohärenter Begriff, dessen Inkohärenz uns jedoch aufgrund der strukturellen Intransparenz seines Gehalts nicht bewusst ist. Das bedeutet nicht, dass Akteure, die am Menschenwürde-Diskus teilnehmen, keinen epistemischen Zugang zur Inkohärenz des Begriffs der Menschenwürde hätten. Es bedeutet, dass der Defekt dieses Begriffs nicht allein durch Introspektion oder durch eine bloße Lenkung der Aufmerksamkeit auf den eigenen Gebrauch des Begriffs der Menschenwürde entdeckt werden kann.

In ähnlicher Weise spielen Introspektion oder Reflexion sicherlich eine Rolle bei der Entdeckung von Widersprüchen in unserem doxastischen System. Es ist aber extrem unplausibel anzunehmen, dass die Widersprüche, die es vermutlich unter einigen unserer Überzeugungen gibt, allein durch eine bloße Lenkung unserer Aufmerksamkeit auf unsere eigenen Überzeugungen entdeckt werden könnten. Das dürfte unter anderem an strukturellen Eigenschaften unseres Geistes liegen, die eine Kopräsens aller unserer Überzeugungen im introspektiven Bewusstsein ausschließen.

Die *doxastische Version* des Einwands aus der Willkürlichkeit, die besagt, dass wir Widersprüche unter unseren Überzeugungen, wenn es sie gäbe, schon längst entdeckt hätten, ist auf jeden Fall verfehlt. Wer glaubt, dass die Erkenntnis von Widersprüchen unter den eigenen Überzeugungen sehr leicht und in der Tat so leicht vonstattengehen müsste, dass die Behauptung, es gäbe solche Widersprüche, als aus prinzipiellen Gründen diskreditiert zu gelten hätte, hängt zweifellos der Vorstellung an, wir hätten eine durchgängige Kontrolle über unser doxastisches Leben. Eben diese Idee der durchgängigen doxastischen Selbstkontrolle ist es, die die doxastische Version des Willküreinwands ganz und gar unglaubwürdig macht. Wir *wissen*, dass wir unser doxastisches Leben nicht ganz und gar kontrollieren. Wir wissen unter anderem, dass die Hinzufügung einer neuen Überzeugung uns häufig eher widerfährt, als dass wir eine aktive volitionale Kontrolle über sie ausüben. Wir wissen auch, dass wir über die logischen Beziehungen zwischen unseren Überzeugungen nur unzureichende Kenntnisse und insbesondere kein Bild über die logische Struktur unseres doxastischen Systems insgesamt vor Augen haben. Und wir wissen sogar, dass es für uns selbst manchmal durchaus zweifelhaft und unentscheidbar ist, ob wir von einer Proposition überzeugt sind oder nicht.

Nun spricht einiges dafür, dass wir über unsere Begriffe oder unser Begriffssystem sogar sehr viel weniger Kontrolle haben als über die Entwicklung unseres doxastischen Systems. Beim Erwerb und der Aufrechterhaltung einiger unserer Überzeugungen spielen bewusste inferentielle Prozesse eine Rolle. Der Erwerb von Begriffen scheint dagegen so gut wie immer in Prozessen zu bestehen, die uns nicht bewusst sind. Der Begriffserwerb wird nicht durch Reflexion kontrolliert und vollzieht sich insbesondere nicht in der Form einer Entscheidung. Gegen diese Möglichkeit scheinen sogar prinzipielle Erwägungen zu sprechen: Um die *Option* zu haben, einen Begriff *B* in das eigenen Begriffssystem aufzunehmen, muss ein Denker *B* selbst repräsentieren; dazu muss er aber die Bedeutung von *B* kennen, also bereits über *B* selbst verfügen. Folglich kann der Erwerb eines Begriffs nicht als bewusste Entscheidung rekonstruiert werden. Genauso wenig könnten wir Begriffe ausprobieren und zunächst auf ihre Tauglichkeit hin erst einmal prüfen, bevor wir sie in unseren Besitz nehmen. Wir fassen daher auch nicht erst nach und nach Vertrauen in die Brauchbarkeit eines Begriffs, um ihn dann als ein geeignetes kognitives Werkzeug zu akzeptieren. Das Vertrauen in die Brauchbarkeit unsere Begriffe ist vielmehr ein intrinsisches Resultat des Prozesses des Begriffserwerbs: Ohne das Vertrauen in seine Brauchbarkeit ist der Prozess des Erwerbs eines Begriffs nicht vollständig oder abgeschlossen. Die Werkzeugmetaphorik, wird daran deutlich, hat eine entscheidende Grenze. Es mag vielleicht in manchen Kontexten erhellend sein, Begriffe als kognitive Werkzeuge zu interpretieren. Daraus sollten wir aber nicht schließen, dass Begriffe Produkte von Planung und Entscheidung sind. Wir sollten auch nicht schließen, dass der Erwerb eines in einer Kultur bereits verwendeten Begriffs das Ergebnis eines geplanten Prozesses ist. Wir richten unser Begriffssystem nicht so ein, wie wir einen Werkzeugkasten ausstatten. Wenn wir demnach eher weniger Kontrolle über die Ausstattung unseres Begriffssystems als über unser doxastisches Leben haben und wenn die doxastische Version des Einwands aus der Willkürlichkeit auf jeden Fall verfehlt ist, muss der Einwand aus der Willkürlichkeit erst recht verfehlt und unglaubwürdig sein. Es stimmt einfach nicht, dass wir den Defekt im Begriff MENSCHENWÜRDE schon längst entdeckt haben würden, handelte sich wirklich um einen inkohärenten Begriff. Der Prozess der Bildung des Begriffs MENSCHENWÜRDE ist zweifellos hinreichend komplex und unkontrolliert genug vonstattengegangen, um einen Begriff zum Resultat gehabt haben zu können, dessen semantische Struktur für seine Besitzer undurchsichtig ist und den wir, würde uns seine Struktur klar und deutlich vor Augen stehen, als inkohärent verwerfen würden.

Der Einwand aus der Willkürlichkeit hat sich damit als genauso wertlos erwiesen wie der Einwand aus der Kontraintuitivität und der Einwand aus der moralischen Verderblichkeit. Keiner dieser Einwände konnte die skeptische These als eine von vornherein zum Scheitern verurteilte Auffassung disqualifizieren. Unser Vertrauen in die Integrität des Begriffs der Menschenwürde hat sich damit, allen Gewissheitsgefühlen zum Trotz, als anfechtbar erwiesen. Obwohl es keinen vernünftigen Grund für die Auffassung gibt, dass der Gebrauch des Begriffs der Menschenwürde nur unter der

Bedingung erlaubt ist, dass das in diesen Begriff gesetzte Vertrauen gerechtfertigt werden kann, ist dieses Vertrauen nicht unanfechtbar. Es könnte sich als ungerechtfertigt herausstellen und ist nach der hier vertretenen Auffassung auch tatsächlich ungerechtfertigt. Da die Einwände gegen die Möglichkeit eines gerechtfertigten Menschenwürde-Skeptizismus wertlos sind, muss man die Anfechtbarkeit des Begriffs der Menschenwürde in dem Sinne einräumen, dass die Gewissheit des Vertrauens in seine Integrität eine *subjektive* Gewissheit ist, die sich als illusorisch herausstellen kann. Dass der Einwand aus der moralischen Verderblichkeit, der Einwand aus der Kontraintuitivität und schließlich auch der Einwand aus der Willkürlichkeit scheitern, zeigt uns, dass es, nach allem was wir wissen, so sein könnte, dass wir als Teilnehmer am Menschenwürde-Diskurs einer Illusion der Verständlichkeit erliegen und dass es uns bloß so scheint, als hätten unsere Menschenwürde-Urteile einen kohärenten Gehalt und als würden wir uns mit ihnen in ethischen Debatten positionieren können. Dass wir einer solchen Illusion tatsächlich erliegen, ist ein Korollar unserer skeptischen These.

2. Intellektuelle Anomalien und defekte Begriffe

Die These, dass der Begriff der Menschenwürde inkohärent ist, ist eine sehr spezifische These, die letztlich durch begriffliche Analyse untermauert werden muss. Die weniger spezifische These, dass der Begriff der Menschenwürde defekt ist, verpflichtet uns dagegen nicht unmittelbar auf eine begriffliche Analyse. Für diese unspezifischere skeptische These können wir vielmehr gute Gründe haben, ohne uns auf eine Analyse von MENSCHENWÜRDE zu stützen. Im vorliegenden Kapitel soll daher zunächst gezeigt werden, dass wir sehr gute Gründe für die Vermutung haben, dass der Begriff der Menschenwürde defekt ist. Die Gründe haben, allgemein, mit dem Erscheinungsbild des Menschenwürde-Diskurses zu tun. Charakteristische Aspekte dieses Diskurses deuten nämlich darauf hin, dass es sich bei ihm um eine *intellektuelle Anomalie* handelt. Ein besonders auffälliger Grundzug, den ich in 2.1 herausstelle, ist die Anarchie der Menschenwürde-Konzeptionen. Der sich darin manifestierende Mangel an intellektueller Kontrolle deutet auf einen Defekt in den begrifflichen Grundlagen des Menschenwürde-Diskurses hin. Obwohl verschiedene Modelle zur Erklärung der kognitiven Anarchie denkbar sind, lassen sich die Hypothesen, wie ich in 2.2 argumentiere, systematisch so reduzieren, dass die These des begrifflichen Defekts die einzig erfolgversprechende ist. Ich argumentiere aber weiterhin, dass Phänomene intellektueller Anomalie nicht adäquat durch die bloße Leerheit eines Begriffs erklärt werden können. Das gibt uns einen sehr starken Grund zu der Vermutung, dass die Anarchie der Menschenwürde-Konzeptionen das Resultat einer Inkohärenz im Begriff der Menschenwürde ist.

2.1 Die Anarchie der Menschenwürde-Konzeptionen

Dass wir bei Diskursen, deren Teilnehmerschaft so heterogen ist wie bei vielen moralischen Debatten, an denen sich Politiker, Journalisten, Juristen, Theologen, Ökonomen, Talkshowgäste, Talkmaster, Blogger, Stammtische und überhaupt jeder, dem irgendetwas dazu einfällt, beteiligen, keine rationale Kontrolle über die Prozesse der Meinungsbildung erwarten können, steht außer Frage. In moralischen Debatten, die eine intellektuell heterogene Öffentlichkeit beschäftigen, gehen Argumente, Meinungen, dialektische Strategien und rhetorische Manöver ungestraft durch, die in keinem kognitiv disziplinierten Diskurs eine nennenswerte Überlebenschance hätten. Wenn so etwas auch in Diskursen von Leuten, die sich professionell mit einem Thema beschäftigen, passiert, haben wir es mit einer *intellektuellen Anomalie* zu tun: Wir sind mit einem Versagen rationaler Kontrolle dort konfrontiert, wo wir rationale Kontrolle erwarten mussten. In einem solchen Fall haben wir Grund zu der Annahme, dass nicht individuelle Fehlleistungen, sondern ein unentdecktes Problem in den Grundlagen des betreffenden Diskurses das überindividuelle Versagen rationaler Meinungsbildungskontrolle erklärt. Später werde ich, in einem anderen Kontext und zu anderen Zwecken, dieses Versagen rationaler Kontrolle an einigen Versuchen zur Begründung der Ethik der Menschenwürde *en detail* untersuchen.[7] Im gegenwärtigen Kapitel beschäftige ich mich

---

[7] Vgl. unten Teil II.4.

nicht mit auffallend fehlerhaften Argumentationen, sondern mit einem anderen Phänomen, das ebenfalls auf einen Mangel an rationaler Kontrolle hindeutet – das Phänomen der *kognitiven Anarchie* der Menschenwürde-Konzeptionen. Es geht mir also nicht um eine Auffälligkeit des Menschenwürde-Diskurses im Bereich praktischer Fragen, sondern um eine Auffälligkeit im Bereich der *Grundlagendiskussion*.

Die Grundlagendiskussion beschäftigt sich mit der Frage, was Menschenwürde ist, und mit der Frage, worauf Menschenwürde beruht. Der Eindruck kognitiver Anarchie entsteht nun nicht allein dadurch, dass sich keine rationale Konvergenz unter Menschenwürde-Theoretikern abzeichnet; sie entsteht vor allem durch den *idiosynkratischen* Charakter der Menschenwürde-Konzeptionen. Wir sind nämlich nicht nur mit einer Pluralität solcher Konzeptionen konfrontiert, sondern mit einer Pluralität *idiosynkratischer* Konzeptionen. Das, was Menschenwürde-Theoretiker als Konzeptionen der Menschenwürde präsentieren, macht häufig weniger den Eindruck einer *Theorie* als den Eindruck eines keinerlei theoretischen oder methodologischen oder dialektischen Einschränkungen unterworfenen *persönlichen Entwurfs*. Dieser Eindruck wird durch verschiedene Faktoren unterstützt.

Ein sehr auffälliger Faktor ist die Tatsache, dass die Konzeptionen, denen wir begegnen, nicht aufeinander antworten. Wenn wir zum Beispiel, was Fichte über die Würde des Menschen zu sagen hat, neben einen neueren Beitrag aus dem Kontext der Bioethik von Fuat Oduncu stellen und wenn wir diesen Beitrag wiederum neben die Auffassung von Josef Isensee oder von Jürgen Habermas oder von Rainer Forst oder von Peter Baumann oder von Peter Schaber oder von George Kateb oder von Francis Fukuyama (oder von …)[8] stellen, wird Folgendes überdeutlich: Die Grundlagendiskussion innerhalb des Menschenwürde-Diskurses hat keine signifikante

---

[8] Zur Konzeption von Philipp Balzer, Klaus Peter Rippe und Peter Schaber vgl. Appendix A und insbesondere Appendix B, zu Peter Baumanns Konzeption vgl. II.4.1. Die Konzeptionen der anderen hier genannten Autoren werden im Verlaufe des gegenwärtigen Kapitels angesprochen. Zu den entsprechenden Literaturhinweisen siehe die folgenden Seiten. Zu Fukuyamas Auffassung, die daran appelliert, dass Menschen komplexe Ganzheiten sind, und auch daran, dass es ineffable menschliche Qualitäten gibt, vgl. Fukuyama (2002) 171 ff.

Ähnlichkeit mit substantiellen philosophischen Debatten über den Begriff und die Natur des *Wissens*, der *Wahrheit* oder auch der *Freiheit*. Der Punkt ist nicht, dass es dort keine nennenswerten Dissense oder keine nennenswerte Pluralität von Konzeptionen gibt. Der Punkt ist, dass diese Debatten unter intellektuellen Standards geführt werden, die *Idiosynkrasie minimieren*. In der philosophischen Debatte über die Natur der Freiheit ist klar erkenntlich, dass Konzeptionen *getestet* werden, dass Einwände gegen Konzeptionen *überprüft* werden, dass als Reaktionen auf *anerkannte* Probleme Konzeptionen *weiterentwickelt* und *verbessert* werden, und nicht zuletzt, dass Konzeptionen *fallen gelassen* werden, weil sie sich als falsch oder ungerechtfertigt herausgestellt haben. In der Debatte über Freiheit gilt zum Beispiel G. E. Moores sogenannte *konditionale Analyse* der Idee einer Fähigkeit, anders zu handeln, als durch Gegenbeispiele *falsifiziert*.[9] Wir wissen, dass jemand, der diese Konzeption heute wieder ins Feld führt, ohne mit einem *neuen* und *sehr guten* Argument aufzuwarten, das den bisherigen Einwänden Rechnung trägt, uninformiert ist. Gleiches finden wir in den Debatten über Wahrheit und Wissen. Auch diese Debatten *minimieren Idiosynkrasie*. In der Grundlagendiskussion der Menschenwürde-Theoretiker finden wir dagegen nichts Vergleichbares. Die Dissense unter Menschenwürde-Theoretikern ähneln eher den Dissensen religiöser Sektierer als philosophischen oder wissenschaftlichen Dissensen. Im Unterschied zu diesen ist bei Dissensen im Bereich der Grundlagendiskussion der Ethik der Menschenwürde schwer zu sehen, aufgrund welcher Argumente oder Beispiele ein Menschenwürde-Theoretiker dazu gebracht werden könnte, seine Konzeption der Menschenwürde aufzugeben, oder aufgrund welcher Einwände er dazu gebracht werden könnte, seine Konzeption zu modifizieren. Während die Teilnahme an Diskursen über Wissen, Wahrheit oder Freiheit jeden Teilnehmer dem Risiko aussetzt, widerlegt zu werden, scheint dieses Risiko beim Menschenwürde-Diskurs nicht zu bestehen. Anstatt sie zu minimieren, befördert dieser Diskurs die Idiosynkrasie der Konzeptionen.

Idiosynkratisch sind typische Beiträge zur Idee der Menschenwürde aber nicht nur in dem Sinne, dass sie, wie ein persönlicher

---

[9] Vgl. Moore (2005/1912) 102 ff.

Entwurf, der nur den Vorstellungen ihres Urhebers gehorcht, mit anderen Konzeptionen nicht vermittelt sind. Sie sind auch in dem Sinne idiosynkratisch, dass sie auffallend *seltsame* und *eigenwillige* Thesen enthalten. Um einen Eindruck davon zu vermitteln, betrachten wir einige Beispiele.

Hier ist als Erstes, was Johann Gottlieb Fichte in »Über die Würde des Menschen« zu sagen hat:

> Allein vom Menschen aus verbreitet sich Regelmäßigkeit rund um ihn herum bis an die Grenze seiner Beobachtung (...) Durch sie halten sich die Weltkörper zusammen (...) durch sie drehen die Sonnen sich in ihren angewiesenen Bahnen (...) Der Mensch gebietet der rohen Materie, sich nach seinem Ideal zu organisiren, und ihm den Stoff zu liefern, dessen er bedarf (...) Das ist der Mensch; das ist jeder der sich sagen kann: *Ich bin Mensch*. Sollte er nicht eine heilige Ehrfurcht vor sich selbst tragen, und schaudern und erbeben vor seiner eigenen Majestät![10]

In seinem Aufsatz »Moralischer Status von Embyonen« schreibt Fuat Oduncu dagegen Folgendes über die Würde des Menschen:

> Wo menschliche Korporealität existiert, kommt ihr [sic!] Menschenwürde zu. Es ist nicht entscheidend, ob menschliche Korporealitäten jedweder Entwicklungsstufe sich dieser Würde bewusst sind und sie selbst zu wahren wissen. Die von Anfang an im menschlich korporealen Sein angelegte konstitutive Vulnerabilität genügt, um Menschenwürde zu begründen und die menschliche Integrität zu schützen.[11]

Zunächst ist zu bemerken, dass sowohl Fichtes als auch Oduncus Ausführungen einen eigentümlich schwärmerischen Charakter haben. Bei Fichte liegt das auf der Hand. Seine heroisierende Vergöttlichung des Menschen als eines Gebieters über die Materie ist nicht zu übersehen. Oduncu hat zwar eine mit Fichtes Auffassung unvereinbare Sichtweise. Aber dennoch finden wir Züge der Schwärmerei in der zitierten Passage. Denn Oduncu schreibt *dem menschlichen Körper* Menschenwürde zu. Menschliche Körper (›menschliches korporeales Sein‹) sind demnach nicht ›bloß‹ Organismen, sie sind Organismen, die sich von allen anderen Organismen und Körpern grundlegend unterscheiden. Denn diesen anderen Körpern (›Kor-

[10] Fichte (1971/1794) 412 f., 413 f., 415.
[11] Oduncu (2003) 218.

porealitäten‹) kommt nicht zu, was menschlichen Körpern zukommt: Menschenwürde. Menschliche Körper unterscheiden sich also von allen anderen Organismen durch ein *nicht-biologisches Charakteristikum*. Mit dieser schwärmerischen Sicht des menschlichen Körpers steht Oduncu nicht alleine. Auch andere Menschenwürde-Theoretiker wie Leon Kass zeigen diesen Enthusiasmus. Sein Vorwort zu »Human Cloning and Human Dignitiy. Report of the President's Council on Biothics« beginnt Kass mit folgenden denkwürdigen Worten:

> The fingerprint has rich biological and moral significance. Made by a human hand, it exhibits our common humanity. Distinctively individuated, it signifies our unique personal identity.[12]

Mancher mag denken, dass sich Kass an dieser Stelle seines Vorworts Freiheiten nimmt, die er innerhalb eines echten philosophischen Ansprüchen unterworfenen Textes von sich weisen würde. Das ist nicht so. In seinem Buch *Life, Liberty, and the Defense of Dignity* diskutiert Kass unter anderem die Ethik der aktiven Sterbehilfe. Die zentrale Überlegung, die ihn dazu bringt, die aktive Sterbehilfe als mit der menschlichen Würde unvereinbar anzusehen, ist diese:

> The point is crucial (…): everything high about human life – thinking, judging, loving, willing, acting – depends absolutely on everything low – metabolism, digestion, respiration, circulation, excretion. In the case of human beings, »divinity« needs blood – or »mere« life – to sustain itself. And because of what it holds up, human blood – that is, human life – deserves special respect, beyond what is owed to life as such; *the low ceases to be the low.*[13]

Was Kass uns hier mitteilt, ist, dass Phänomene wie Stoffwechsel, Verdauung, Atmung usw. angemessene Gegenstände der *Achtung* sind – vorausgesetzt, es handelt sich um *menschlichen* Stoffwechsel, *menschliche* Verdauung etc. Die Auffassung ähnelt erkennbar der von Oduncu. Ihr schwärmerischer Charakter wird im von mir hervorgehobenen Satz deutlich: »the low ceases to be the low«. Nicht nur Fichte, sondern auch diese beiden Autoren, die die biologischen Charakteristika von Menschen in den Status ›achtungerheischender‹

---

[12] Kass (2002 b) XIII.
[13] Kass (2002 a) 242, Herv. A.L.

Dinge erheben, sind Enthusiasten. Auf sie alle trifft zu, was Hume über das Phänomen des religiösen Enthusiasmus geschrieben hat: »Every thing mortal and perishable vanishes as unworthy of attention.«[14] Wir müssten Hume nur darüber informieren, dass es außer der *unmittelbar* weltflüchtigen auch eine *indirekt* weltflüchtige Form des Enthusiasmus gibt – nämlich die, bei der die profanen Dinge gar nicht mehr als profan, sondern als ›dignifiziert‹ erscheinen.[15]

Idiosynkratische Beiträge wie die bisher betrachteten würden wir in paradigmatischen philosophischen Kontexten weder erwarten noch finden. Der Menschenwürde-Diskurs scheint solche Idiosynkrasien nicht nur zuzulassen, sondern zu befördern. Dabei ist wichtig zu sehen, dass die ›naturalistische‹ oder ›korporealistische‹ (oder wie soll man hier sagen?) Konzeption der Menschenwürde nicht weniger schwärmerisch und idiosynkratisch erscheint als die nicht-naturalistische Konzeption von Fichte. Nun könnte man meinen, dass Auffassungen wie die von Fichte in der heutigen Debatte nicht mehr auftauchen. Dazu ist zunächst zu sagen, dass auch gegenwärtig durchaus Konzeptionen vertreten werden, die Fichtes freiheitsbasierter und nicht-naturalistischer Auffassung sehr nahe stehen und von den ›naturalistischen‹ Konzeptionen eines Oduncu oder Kass ebenso himmelweit entfernt sind wie diese. So betont George Kateb in seinem 2011 erschienenen Buch *Human Dignity*, dass die säkulare Theorie der menschlichen Würde auf dem Begriff des menschlichen Geistes aufbaut, wobei der menschliche Geist zwar nicht unsterblich, aber unbegrenzt (»infinite«[16]) ist, und hebt hervor dass »Sartre's doctrine that human beings are always able to become different through an upsurge of free creativity (…) captures (…) the philosophical anthropology that unterlies human dignity (…)«.[17] Die menschliche Würde hängt daher für Kateb damit zusammen, »that human beings are partly not natural«,[18] oder damit, »that humanity is partly nonnatural«[19].

[14] Hume (1987/1741) 74.
[15] Andere auffallend enthusiastische Konzeptionen finden wir in Isensee (2002) 62 f. oder bei Fukuyama (2002) 171 f.
[16] Kateb (2011) 26.
[17] Ebd. 136.
[18] Ebd. 24.
[19] Ebd. 134.

Außerdem stellt sich die Frage, welche Relevanz die Tatsache hätte, dass mit Fichtes Auffassung verwandte Konzeptionen heute eher selten auftauchen. Das wäre nur dann eine gewisse Evidenz gegen die These der kognitiven Anarchie, wenn sich diese Tatsache daraus erklärte, dass Menschenwürde-Theoretiker Probleme solcher Konzeptionen identifiziert haben, aufgrund derer sie gerechtfertigter Weise als unterminiert gelten. Aber eben das scheint nicht der Fall zu sein. Mir ist zumindest keine Teildiskussion bekannt, in der sich Menschenwürde-Theoretiker ausdrücklich und detailliert mit, sagen wir, der These auseinandersetzen, dass es menschliche Würde nur unter der Bedingung geben kann, dass Menschen fähig sind, sich ursprünglich selbst zu bestimmten, und als Inhaber einer solchen Fähigkeit zur freien Selbstbestimmung nicht Teil der Natur sind. Typische Beiträge zu Grundlagenfragen der Ethik der Menschenwürde verwerfen solche Thesen vielmehr *ohne jedes Argument*, indem sie solche Konzeptionen als »metaphysisch« kategorisieren – so als könnte man eine These einfach dadurch unterminieren, dass man ihr dieses Label anhängt.[20] Manchmal entledigen sich Menschenwürde-Theoretiker solcher Thesen auch dadurch, dass sie darauf hinweisen, dass es *umstritten* sei, ob es einen freien Willen gäbe – so als wäre die Tatsache, dass nicht alle Leute an die Willensfreiheit glauben, ein Grund, der gegen eine nichtnaturalistische Freiheitskonzeption der Menschenwürde spricht. Wenn auf ursprüngliche Selbstbestimmung, Willensfreiheit oder eine naturunabhängige ontologische Sonderstellung abstellende Konzeptionen heute tatsächlich eine Randexistenz führen sollten, scheint das eher die Folge eines nicht durch Gründe und Argumente unterstützten – d.h. eines nicht-rationalen – Trends zu sein als die Folge von philosophischer Analyse und Kritik. Schließlich wäre dieser Umstand auch deshalb wenig aussagekräftig, da die Konzeptionen von Kass und Oduncu nicht weniger seltsam und eigenwillig anmuten als die von Fichte. Auch diese Konzeptionen – und neben

---

[20] Im Jargon einiger Teilnehmer dieses Diskurses scheint »metaphysisch« »ungerechtfertigt« zu implizieren. In diesem Falle läuft die Zurückweisung mittels des Labels »metaphysisch« auf die These hinaus: »Diese Konzeption ist ungerechtfertigt«. Dass solche Argumente immer wieder auftauchen (anstatt eliminiert zu werden), ist selbst eine starke Evidenz dafür, dass der Menschenwürde-Diskurs eine intellektuelle Anomalie darstellt.

ihnen viele andere, die wir noch kennenlernen werden – sehen eher aus wie *persönliche Entwürfe* einer ethischen Weltanschauung, deren Autoren sich die Freiheit meinen nehmen zu können, alternative Konzeptionen zu ignorieren.

Die für uns wichtigere Frage ist aber sicherlich eine ganz andere: Reden Fichte und Kateb und Oduncu und Kass überhaupt über dasselbe oder in denselben Begriffen, wenn sie über »die Grundlagen der Menschenwürde« reden? Sind ihre so dramatisch weit voneinander entfernten Konzeptionen wirklich als Beiträge zu der Frage zu betrachten, was die menschliche Würde ausmacht? Oder sollten wir sie nicht besser als Artikulationen gänzlich unterschiedlicher Ideen auffassen, die nur zufälliger Weise mit demselben linguistischen Vehikel – dem Ausdruck »Menschenwürde« (oder »Würde des Menschen« oder »menschliche Würde«) – assoziiert worden sind?

Die Situation scheint nicht *ganz* einfach zu klären zu sein. Letztlich spricht aber so gut wie alles gegen die Auffassung, Fichtes und Oduncus Thesen seien nicht beide als Thesen über die Grundlagen der Menschenwürde zu verstehen. Eine Tendenz in diese Richtung ergibt sich sicherlich nur durch die als Erstes ins Auge springende krasse Unterschiedlichkeit zwischen einer Auffassung, die die Würde des Menschen an die Vorstellung von ursprünglicher Kreativität und Spontaneität bindet, und einer Auffassung, die die körperliche Vulnerabilität von Menschen für ausreichend hält, »um Menschenwürde zu begründen«. Kann man derart unterschiedliche Auffassungen über die Grundlagen der Menschenwürde haben, ohne zugleich ganz unterschiedliche Begriffe mit dem Ausdruck »menschliche Würde« zu assoziieren? Nennen wir diese Interpretation *die Ambiguitätsthese*.[21]

Die Ambiguitätsthese ist nicht überzeugend. Ambiguität ist eine Eigenschaft von linguistischen Ausdrücken oder von Wörtern, nicht von Begriffen. Paradigmatische Beispiele für ambige Ausdrücke im Deutschen wie »Bank« oder »Schloss« deuten darauf hin, dass Ambiguität unschwer entdeckt und in der Regel durch den Kontext der Rede ›entschärft‹ wird. Ist die Ambiguität *subtil*, weil

---

[21] Auf eine Auffassung dieser Art scheint Birnbacher (2004) 250 durch seine Behauptung festgelegt zu sein, dass der Menschenwürdebegriff seit Kant einem *Bedeutungswandel* unterworfen sei.

es, wie zum Beispiel bei »Anschauung«, »Erinnerung« und »Urteil«, einen inhaltlichen Zusammenhang zwischen den verschiedenen Bedeutungen dieser Ausdrücke gibt, macht es keine Schwierigkeit, ausdrücklich zu machen, in welchem der verschiedenen Sinne wir diese Ausdrücke benutzen wollen. Dass »Menschenwürde« ein grobschlächtig ambiger Ausdruck wie »Bank« ist, ist unplausibel. Aber auch, dass »Menschenwürde« auf subtile Weise ambig ist und zwei unterschiedliche, aber eng zusammenhängende Bedeutungen hat, ist nicht glaubwürdig. Wir lesen nämlich Texte, in denen »Menschenwürde« figuriert, nicht unter einer von mehreren möglichen Interpretationen von »Menschenwürde«, die wir unbewusst unter dem Eindruck von kontextuellen Faktoren auswählen. Wenn es so wäre, sollten wir, da wir keine vollkommen treffsicheren Interpreten sind, wenigsten manchmal mit unserer Interpretation *scheitern* und durch eine Neuausrichtung unserer Interpretation an der vermeintlichen anderen Bedeutung von »Menschenwürde« ein besseres Verständnis eines Textes erzielen. Das ist aber nicht der Fall. Oduncus Thesen scheinen *idiosynkratisch* zu sein; aber dieser Eindruck bewegt uns nicht, seinen Text unter einer anderen Interpretation von »Menschenwürde« zu lesen. Es gibt einfach keine Interpretation von »Menschenwürde«, unter der die These, dass menschliche Würde ihre Grundlage in der körperlichen Verletzlichkeit von Menschen hat, nicht extrem idiosynkratisch erscheint.

Es ist nicht einmal ersichtlich, durch welche kontextuellen Faktoren eine Desambiguierung des vermeintlich ambigen Ausdrucks »Menschenwürde« bewirkt werden sollte. Und genauso geht es Sprechern, die Behauptungen darüber aufstellen, was mit der Menschenwürde nicht vereinbar ist, die uns über die Rolle der Menschenwürde für die Begründung der Menschenrechte informieren wollen oder die darzulegen versuchen, worin die menschliche Würde eigentlich selbst begründet ist. Sie geben uns *keinen* Hinweis darauf, in welchem der verschiedenen möglichen Sinne sie den Ausdruck »Menschenwürde« gebrauchen. Sie berechnen nicht die desambiguierende Kraft des Kontextes ihrer Rede oder das Risiko einer Fehlinterpretation durch den Zuhörer oder Leser.

Dafür gibt es sehr gute Evidenzen. Das Risiko, unter einer Interpretation *A auffallend* idiosynkratische Auffassungen zugeschrieben zu bekommen, sollte für Oduncu entweder sehr gering sein, weil er von wohlwollenden Interpreten annehmen kann, dass sie seinen Text selbstverständlich nicht unter *A*, sondern unter der alternativen Interpretationsmöglichkeit *B* lesen, da man ihm unter *A*, nicht aber unter *B* eine extrem idiosynkratische Auffassung zuschreiben müsste. Oder das Risiko sollte – vielleicht weil im Menschenwürde-Diskurs *immer wieder* höchst eigenartige Auffassungen vorgebracht zu werden scheinen oder weil »Menschenwürde« vielleicht auf eine *sehr* subtile Weise ambig ist – sehr hoch sein, in welchem Fall wir von einem rational agierenden Autor erwarten können, dass er dieses Risiko durch einen ausdrücklichen Hinweis so begrenzt, dass nur ein sehr übelwollender Interpret, der sich für einen Schlüssel zur Interpretation blind macht, die Interpretation wählt, unter der der Autor extrem idiosynkratische Auffassungen hätte. Nun scheint weder das eine noch das andere der Fall zu sein. Dass uns der Autor selbst keinen Hinweis auf die richtige unter mehreren möglichen Interpretationen gibt, ist Evidenz dafür, dass es keine subtile und aufgrund ihrer Subtilität leicht zu Missverständnissen führende Ambiguität im Ausdruck »Menschenwürde« gibt. Dass »Menschenwürde« auch nicht *grobschlächtig* ambig ist, zeigt sich daran, dass uns Oduncus Auffassung unmittelbar als sehr eigenartig erscheint und dass dieser Schein der Eigenartigkeit auch nicht verschwindet. Uns steht einfach keine Interpretation zur Verfügung, unter der die Auffassung, dass Menschenwürde auf körperlicher Verletzbarkeit beruht, genauso wenig idiosynkratisch erscheint wie die Auffassung, dass alle Menschen Menschenwürde haben. Daraus lässt sich schließen, dass der Ausdruck »Menschenwürde« nicht ambig ist.

Ein Grund, der außer den schon genannten Evidenzen erheblich gegen die Ambiguitätsthese spricht, ist, dass wir die Ambiguitätsthese, wenn wir sie *in diesem Fall* akzeptieren, dann auch in unabsehbar vielen anderen Fällen akzeptieren müssten. Kurz, wir müssten zumindest eine *multiple* Ambiguität des Ausdrucks »Menschenwürde« postulieren. Während nämlich für Fichte und Kateb Menschenwürde auf Freiheit beruht und für Oduncu auf der Verletzbarkeit des menschlichen Körpers, finden wir einen anderen Theoretiker, der behauptet, dass Menschenwürde *auf dem Glauben an die Menschenwürde* beruht. Georg Mohr schreibt: »Menschenwürde existiert nur, soweit wir an sie glauben. Und sie *ent-*

steht durch den Glauben an sie.«[22] Mohrs Auffassung ist äußerst sonderbar. Gibt es eine Lesart, unter der diese Auffassung als nicht sonderbar erscheint? Himmelweit entfernt von allen Konzeptionen, die wir bisher kennen gelernt haben, ist auch die Konzeption von Josef Isensee:

> Das Recht auf Leben verbindet sich von Anfang an mit der Anerkennung der Würde (...) [Der Embryo] erhebt sich kraft der Menschenwürde, an der er teilhat, über die Natur hinaus. Die Würde bezieht sich nicht lediglich auf die Gattung des Homo sapiens, sondern auf einen bestimmten Menschen als Individuum (...) Die Anerkennung des menschlichen Lebewesens als Subjekt personaler Würde ist ein normativer Akt der Verfassung, vergleichbar der Beseelung der menschlichen Physis, mit der nach christlichem Glauben das Personsein des Menschen beginnt.[23]

Auch diese Auffassung, die die menschliche Würde auf einen ›normativen Akt‹ der Verfassung (der Bundesrepublik Deutschland!) zurückführt, ist zweifellos *extrem* idiosynkratisch.[24] Sie muss sowohl aus der Perspektive von Oduncus als auch aus der Perspektive von Fichtes Auffassung nicht nur als falsch, sondern vielmehr als *absurd* erscheinen. Sie muss also aus zwei Perspektiven als absurd erscheinen, die wechselseitig füreinander als absurd erscheinen müssen. Diese Beschreibung impliziert natürlich, dass »Menschenwürde« bei Isensee nicht etwas anderes bedeutet als »Menschenwürde« bei Oduncu und nicht etwas anderes bedeutet als »Menschenwürde« bei Fichte. Es ist daher klar, dass wir die Ambiguitätsthese, wenn wir sie im Fall von Fichte und Oduncu vertreten, auch im Fall von Fichte und Isensee und auch im Fall von Oduncu und Isensee vertreten müssen.

Der einzige Grund, den wir *prima facie* für die Ambiguitätsthese haben könnten, ist das Erstaunen darüber, wie abgrundtief unterschiedliche Auffassungen oder Weltbilder mit der Idee der Menschenwürde in Verbindung gebracht werden. Aber dieses Erstaunen haben wir in jedem der drei genannten Fälle. Also würden wir zumindest beim Postulat einer *multiplen* Ambiguität von

---

[22] Mohr (2007) 37.
[23] Isensee (2002) 62 f.
[24] Dabei sollten wir allerdings den Ausdruck »normativer Akt« im Sinne von »normierender Akt« oder »normsetzender Akt« lesen.

»Menschenwürde« enden, wenn wir dieses Erstaunen als Grund für die Auffassung akzeptierten, Fichte und Oduncu würden zwar in den gleichen Wörtern, nicht aber in den gleichen Begriffen reden. Da der Multiplikation jedoch keine Grenzen gesetzt sind, enden wir auf diesem Weg bei dem absurden Postulat einer *Hyperambiguität* von »Menschenwürde«. Im Unterschied zu multipler Ambiguität läge Hyperambiguität vor, wenn es nicht möglich wäre, eine von den bisherigen, sich als Menschenwürde-Konzeptionen präsentierenden Thesen scheinbar abweichende Konzeption zu entwickeln, ohne dadurch zugleich den Ausdruck »Menschenwürde« mit einer neuen Bedeutung zu versehen. Das ist absurd. Wenn der Ausdruck »Menschenwürde« hyperambig wäre, könnte man nicht mehr wissen, was »Menschenwürde« im Mund *irgendeines* Sprechers bedeutet, da der Unterschied zwischen einer abweichenden Meinung und der Einführung einer neuen Gebrauchsweise nicht mehr existierte. Aber das würde nichts anderes heißen, als dass »Menschenwürde« *keine* Bedeutung hat und dass es nichts gibt, was wir zu Recht als »Menschenwürde-Konzeption« bezeichnen könnten.

Wir würden dann zum Beispiel sagen müssen, dass Jürgen Habermas mit »Menschenwürde« etwas ganz anderes *meint* als Fichte, Oduncu, Kass, Kateb, Mohr und Isensee. Denn Habermas schreibt:

> Sie [die Menschenwürde] (…) markiert (…) diejenige ›Unantastbarkeit‹, die allein in der interpersonalen Beziehung reziproker Anerkennung, im egalitären Umgang von Personen miteinander Bedeutung haben kann.[25]

Und dann würden wir auch sagen müssen, dass Rainer Forst mit »Menschenwürde« etwas ganz anderes *meint*, als Fichte, Oduncu, Kass, Kateb, Mohr, Isensee und Habermas. Denn Forst schreibt:

---

[25] Habermas (2001) 62. Auch diese Konzeption ist ziemlich eigenwillig. Zunächst ist seltsam, wenn ein Autor »Menschenwürde« durch einen Begriff (»Unantastbarkeit«) erläutert, dem er selbst nicht ganz zu trauen oder dessen Gehalt ihm nicht hinreichend klar zu sein scheint; befremdlich ist aber, dass diese Erläuterung impliziert, dass nur diejenigen Menschen, die das Glück haben, als Gleiche anerkannt zu werden, Menschenwürde besitzen. Habermas' ›Definition‹ ist also mit der *Plattitüde* des Menschenwürde-Diskurses: dass alle Menschen Menschenwürde besitzen, nicht vereinbar.

Die Würde des Menschen besteht darin, ein Gründe brauchendes Wesen zu sein und entsprechend handeln zu können sowie von seinesgleichen behandelt zu werden (...).[26]

Und schließlich – um ein allerletztes Beispiel zu geben (die bereits überzeugte Leserin möge mir verzeihen) –, müssten wir auch sagen, dass Anton Leist etwas ganz anderes mit »Menschenwürde« *meint*, als Fichte, Oduncu, Kass, Kateb, Mohr, Isensee, Habermas, und Forst. Denn Leist schreibt:

> Menschenwürde ist das *Bewusstsein des eigenen Lebens angesichts von existenzialen Notwendigkeiten*.[27]

Auch diese Konzeption ist sonderbar und eigentümlich. Nicht deshalb, weil sie auch unter all den anderen idiosynkratischen Konzeptionen auffällt. Sie ist sonderbar, weil sie den Begriff der Menschenwürde als eine *psychologische Kategorie* interpretiert. Dabei ist es offensichtlich, dass wir uns nicht auf einen distinkten psychologischen Zustand beziehen, wenn wir Dinge sagen wie »Alle Menschen besitzen Menschenwürde« oder »Auch Menschen mit unterdurchschnittlicher Intelligenz besitzen Menschenwürde.« Wenn jemand sagt »Alle Menschen besitzen Menschenwürde« sagt er damit nichts über die Fähigkeiten, das Wissen, die Überzeugungen, die Sensibilitäten, die Vorlieben, die Verhaltensmuster, die Erwartungen etc. von Menschen. Er gibt uns damit keinerlei psychologische, anthropologische oder soziologische Informationen über Menschen. Es ist (hier einmal angenommen, dass MENSCHENWÜRDE ein intakter Begriff ist) auch *kein* Widerspruch zu behaupten: »Auch Menschen, die kein oder kein adäquates Bewusstsein ihres Lebens angesichts von existentialen Lebensnotwendigkeiten haben, besitzen Menschenwürde.« Die Absonderlichkeit von Leists Konzeption erklärt sich also daraus, dass sie mit Plattitüden des Menschenwürde-Idioms und dem offensichtlichen Faktum unverträglich ist, dass MENSCHENWÜRDE kein psychologischer Begriff ist.

An anderer Stelle bietet uns Leist außerdem noch eine *ganz andere* Konzeption an:

---

[26] Forst (2005) 590.
[27] Leist (2005) 606, Herv. im Original.

(...) Würde [ist] eine Qualität des Beherrschens des angemessenen Symbolisierens (...), Menschenwürde [ist] eine Qualität [des Beherrschens? A. L.] des angemessenen Symbolisierens oder symbolischen Umgehens mit den menschlichen Lebensnotwendigkeiten.[28] Diese Konzeption ist ähnlich sonderbar wie die zuvor genannte. Der Unterschied ist nur, dass Leist Menschenwürde hier nicht auf einen *Bewusstseinszustand*, sondern (so scheint es) auf eine *Fähigkeit* reduziert. Was für uns aber viel relevanter ist, ist die Tatsache, dass diese Konzeption mit der erstgenannten *unverträglich* ist. Denn die »Qualität des angemessenen Symbolisierens« ist sicher nicht dasselbe wie »das Bewusstsein des eigenen Lebens angesichts existentialer Notwendigkeiten«, so dass »Menschenwürde« nicht sowohl dasselbe wie das eine als auch dasselbe wie das andere sein kann. Wenn wir nun der Ambiguitätsthese folgen würden, müssten wir jedoch postulieren, dass Leist hier nicht zwei verschiedene Menschenwürde-Konzeptionen vorlegt, sondern (ohne dass ihm das bewusst geworden ist) den Ausdruck »Menschenwürde« in zwei verschiedenen Weisen benutzt, um (i) von ganz verschiedenen Dingen zu sprechen, von denen (ii) Teilnehmer am Menschenwürde-Diskurs nicht sprechen, wenn sie »Menschenwürde« benutzen, und von denen (iii) alle anderen Theoretiker, die wir bisher kennengelernt haben, auch nicht sprechen, wenn *sie* »Menschenwürde« benutzen. Die Ambiguitätsthese scheint also keine besonders vernünftige These zu sein. Auch Leists eigene Intention scheint es nicht zu sein, neue Bedeutungen für »Menschenwürde« zu stipulieren, um unsere Sprache in Verwirrung zu bringen, sondern uns zu sagen, was Menschenwürde ist. (Und falls er doch nur zwei zusätzliche Bedeutungen für »Menschenwürde« stipulieren wollte – wen sollte oder müsste das überhaupt interessieren?)

Wir haben also verschiedene, jeweils sehr gute Gründe für die Auffassung, dass Fichtes, Oduncus, Kass', Katebs, Mohrs, Isensees, Habermas', Forsts und Leists Auffassungen allesamt Menschenwürde-Konzeptionen (und nicht Konzeptionen von unterschiedlichen Dingen) und damit Beiträge zum Menschenwürde-Diskurs (und nicht Beiträge zu unterschiedlichen Diskursen) sind. Die Ambiguitätsthese ist dagegen mehr als unplausibel. Denn sie zwingt

---

[28] Ebd. 607.

uns, an die Hyperambigutität von »Menschenwürde« zu glauben. Das bedeutet: Wir hätten nur dann einen Grund, an die Ambiguitätsthese zu glauben, wenn wir einen Grund hätten, daran zu glauben, dass jeder Menschenwürde-Theoretiker, der mit einer neuen idiosynkratischen ›Konzeption der Menschenwürde‹ aufwartet, eben damit auch eine neue Bedeutung von »Menschenwürde« erschafft. In diesem Fall müssten wir sagen, dass die, die wir bisher als Menschenwürde-Theoretiker angesehen haben, in Wirklichkeit ihren eigenen persönlichen Diskurs kreieren und angemessen eher als Sprachartisten denn als Theoretiker oder Philosophen anzusehen sind. Das aber ist eine *reductio* der Ambiguitätsthese. Man kann nicht neue Bedeutungen von »Menschenwürde« dadurch erschaffen, dass man Sätze nach dem Schema »Menschenwürde ist .../ beruht auf ... / besteht in ... / ... ist schon gegeben, wenn ...)« konstruiert, die bisher noch niemand sonst bejaht hat. Selbst *echte* Sprachartisten schaffen nicht neue Bedeutungen dadurch, dass sie die Sprache *gezielt und bewusst* auf eine idiosynkratische Weise verwenden.

Der Eindruck, dass der Menschenwürde-Diskurs eine intellektuelle *Anomalie* darstellt, ist folglich nicht nur ein oberflächlicher Eindruck, der sich bei näherem Hinsehen verflüchtigt.[29] Während andere philosophische Diskurse Idiosynkrasie *minimieren, befördert* der Menschenwürde-Diskurs Idiosynkrasie. Dieser Diskurs ist ein Diskurs im Zustand kognitiver Anarchie. Wie lässt sich diese Anarchie – dieser Mangel an rationaler Kontrolle – erklären?

---

[29] Es gibt Theoretiker die behaupten, dass es eine ›Minimalkonzeption‹ der Menschenwürde gäbe, auf die sich alle einigen könnten. Diese Auffassung ist schon *prima facie* unglaubwürdig. Es müsste sich um eine Konzeption handeln, die mit *keiner* der hier angeführten Konzeptionen konfligiert. Das aber scheint unmöglich zu sein: Wenn eine Konzeption A unverträglich ist mit einer Konzeption B, kann es keine Konzeption C geben, so dass C sowohl mit A als auch mit B verträglich ist. In Appendix A untersuche ich einen solchen Vorschlag etwas genauer und zeige, dass der Schein der Verträglichkeit nur entsteht, weil die angebliche Minimalkonzeption der Menschenwürde überhaupt keine Konzeption der Menschenwürde ist.

2.2 Modelle zur Erklärung der kognitiven Anarchie

Betrachten wir zunächst das Erklärungsmuster, auf das wir unausweichlich zurückfallen müssen, wenn wir die kognitive Anarchie des Menschenwürde-Diskurses *unter der Annahme* erklären wollten, dass der Begriff der Menschenwürde ein intakter Begriff mit kohärentem Gehalt ist. In diesem Falle müssen wir den Mangel oder das Scheitern rationaler Kontrolle, das wir an der Pluralität mehr oder weniger voneinander isolierter idiosynkratischer Menschenwürde-Konzeptionen ablesen können, auf intellektuelle Fehlleistungen und Mängel bei denjenigen zurückführen, die diesen Diskurs betreiben. Denn da die Grundlagendiskussion in diesem Bereich weder andere Methoden erfordert als die Methoden, die Philosophen in der Theorie des Wissens, der Wahrheit oder der Freiheit verwenden, und da es außerdem nicht den geringsten Grund für die Annahme gibt, dass die Grundlagenfragen des Menschenwürde-Diskurses signifikant komplexer oder subtiler sind als in diesen anderen Bereichen der Philosophie, muss der signifikante Unterschied im Erscheinungsbild dieser Diskurse auf Unterschiede in den rationalen Fähigkeiten der jeweiligen Teilnehmer zurückgeführt werden, *wenn* der Begriff der Menschenwürde als solcher unproblematisch, intakt und kohärent ist. Die Fehlleistungen, auf die wir den Mangel rationaler Kontrolle zurückführen müssten, könnten außerdem nicht unerheblich sein und müssten einen systematischen und durchgreifenden Charakter haben, so dass wir gezwungen wären, die philosophische Kompetenz derjenigen, die uns Antworten über die Grundlagen der Ethik der Menschenwürde geben wollen, ernsthaft in Frage zu stellen. Die Zurückführung auf individuelle Fehlleistungen drängt uns damit eine durchaus peinliche Hypothese auf, die außerdem so unnachsichtig anmutet, dass man sie, wenn es möglich ist, vermeiden sollte.

Der eigentliche Grund, der gegen diese Hypothese spricht, ist aber nicht der, dass sie peinlich ist und unnachsichtig anmutet. Der eigentliche Grund ist der, dass diese Hypothese, genau betrachtet, keine echte Erklärungskraft hat, sondern nur das *Schema* einer Erklärung des Phänomens kognitiver Anarchie ist. Eine echte Erklärung sollte verständlich machen, wie es zum Phänomen der kognitiven Anarchie *des Menschenwürde-Diskurses* kommt. Sie sollte erklären, warum *dieser* Diskurs Idiosynkrasie befördert anstatt sie zu minimieren. Dazu reicht aber die Hypothese, dass intellektuelle Fehlleistungen der Teilnehmer an diesem Diskurs dafür verantwortlich sind, nicht aus. Warum unterlaufen den Teilnehmern am Menschenwürde-Diskurs Fehler, die zum Phänomen der kognitiven Anarchie führen, während solche Fehlleistungen in dieser Verbreitung und Dichte in anderen philosophischen Diskursen, die Idiosynkrasie minimieren, allem Anschein nach nicht auftauchen?

Wenn wir das Phänomen der kognitiven Anarchie des Menschenwürde-Diskurses erklären wollen, müssen wir auf etwas verweisen, das uns zeigt, dass es kein bloßer Zufall ist, dass *dieser* Diskurs Züge kognitiver Anarchie trägt. Und eben das scheint die Erklärung aus den individuellen Fehlleistungen der Teilnehmer an diesem Diskurs nicht leisten zu können. Das Phänomen der kognitiven Anarchie, mit dem wir uns beschäftigt haben, ist nämlich *überraschend*. Wir haben es mit einem Versagen rationaler Kontrolle dort zu tun, wo wir rationale Kontrolle *erwarten mussten*. Denn der Diskurs über die Grundlagenfragen der Ethik der Menschenwürde – »Was ist Menschenwürde?" und »Worauf beruht Menschenwürde?" – wird zum großen Teil von Leuten geführt, von denen wir, weil sie sich professionell mit solchen Fragen beschäftigen, erwarten müssen, dass sie in diesem Bereich so viel Kontrolle über ihre Meinungsbildung haben, dass es nicht zum Phänomen kognitiver Anarchie kommt. Die Frage, wie es zu einem Scheitern rationaler Kontrolle im Kontext eines professionalisierten Diskurses kommen kann, kann nicht zufriedenstellend durch eine Hypothese beantwortet werden, die eher auf Phänomene kognitiver Anarchie in Bereichen zugeschnitten ist, wo wir kognitive Anarchie sowieso erwarten können. Da diese Hypothese andererseits jedoch die einzige ist, die uns zur Verfügung steht, wenn wir die intellektuelle Anomalie des Menschenwürde-Diskurses unter der Annahme erklären wollen, dass die begrifflichen Grundlagen dieses Diskurses intakt sind, haben wir gute Gründe, diese Annahme fallen zu lassen.

Diese Annahme lassen wir nun fallen, wenn wir die kognitive Anarchie auf der Basis von semantischen oder konzeptuellen Charakteristika zu erklären versuchen. Das bedeutet nicht, dass wir das augenscheinliche Faktum leugnen, dass es nie zu der tatsächlichen Vielheit idiosynkratischer Menschenwürde-Konzeptionen gekommen wäre, wären den einzelnen Menschenwürde-Theoretikern keine bedeutenden Fehler unterlaufen. Wer, wie Georg Mohr, behauptet, dass Menschenwürde nur existiert, soweit wir an sie glauben,[30] begeht einen bedeutenden Fehler. Der eine Fehler ist, dass der Autor diese These viel zu unbestimmt lässt. *Wer* muss an die Menschenwürde glauben, damit Menschenwürde existiert? Muss B daran glauben, dass B Menschenwürde hat, damit B Menschenwürde hat? Oder muss *irgendjemand* daran glauben, dass B Menschenwürde hat, damit B Menschenwürde hat? Oder muss *irgendjemand* daran glauben, dass es Menschenwürde gibt, damit *alle* Menschen Menschenwürde besitzen? Und welche Folgen hat die *Verneinung* der Existenz der Menschenwürde? Hört B auf, Menschenwürde zu haben, wenn irgendjemand glaubt, dass es keine Menschenwürde gibt? Und spielt es eine Rolle, ob der Glaube an die Menschenwürde *gerechtfertigt* ist? Reicht auch ein *ungerechtfertigtes* Glauben an die Menschenwürde aus, damit Menschenwürde existiert? Und warum sollten wir dann überhaupt darauf setzen, dass wir an die Menschenwürde *glauben*? Reicht es nicht einfach aus, dass wir das Wort »Menschenwürde« regelmäßig im Mund führen, damit Menschenwürde existiert?[31]

Der andere Fehler ist, dass die These als solche bizarr ist. Wie auch immer man die Konzeption von Mohr ausbuchstabiert – sie impliziert eine Reihe von außerordentlich unplausiblen Thesen, von denen ich hier nur eine nennen möchte. Sie impliziert nämlich, dass der Glaube an die Menschenwürde die Falschheit des Menschenwürde-Skeptizismus impliziert. Aber das ist absurd. Man

---

[30] Mohr (2007) 37.
[31] Es gibt Autoren, die in Bezug auf Fragen dieser Art eine etwas entschiedenere Meinung zu vertreten scheinen. Hailer et al. (1996) 103 vertreten folgende Auffassung: »Most useful and philosophically tenable seems to be the contention that Human Dignity (...) is imparted on others by speaking and acting. In other words, there has to be someone who tells me that I have Human Dignity, and by telling me and by acting in accordance with this pronouncement Human Dignity is imparted.« Für diese Autoren sollte es interessant sein, zu untersuchen, wie vielen Leuten von jemandem gesagt worden ist: »Du besitzt Menschenwürde«. Sie sollten aber auch zu untersuchen erwägen, ob man Menschen, denen das nicht gesagt worden ist, Dinge antun darf, die man Menschen, denen das gesagt worden ist, nicht antun darf. Wenn sie das verneinen, sollten sie ihre ›Menschenwürde-durch-Mitteilung-Theorie‹ aufgeben.

kann einen Menschenwürde-Skeptiker nicht dadurch widerlegen, dass man darauf verweist, dass einige Leute an die Menschenwürde *glauben*.

Diesem Autor unterlaufen diese merkwürdigen Fehler. Und anderen Autoren unterlaufen, wie wir gesehen haben und noch sehen werden, andere merkwürdige Fehler. Die Erklärung der kognitiven Anarchie auf der Basis von Eigenschaften des Begriffs der *Menschenwürde* besagt aber nicht, dass diese Fehler nicht geschehen. Sie sagt uns nur, dass diese individuellen Fehlleistungen nicht *die Quelle* der kognitiven Anarchie sind. Wenn wir den auffälligen Mangel an kognitiver Kontrolle im Menschenwürde-Diskurs durch einen Defekt des Begriffs der Menschenwürde erklären, sind die Entstehung idiosynkratischer Konzeptionen und die Verbreitung individueller Fehlleistungen Manifestationen einer zugrundeliegenden begrifflichen Anomalie.[32] Denn wenn MENSCHENWÜRDE ein defekter Begriff ist, dann sind auch alle Menschenwürde-Urteile als solche defekt; und dann ist auch jeder Versuch einer kohärenten Artikulation der Idee der Menschenwürde von vorneherein zum Scheitern verurteilt. Es ist dann nicht eine individuelle Inkompetenz von Menschenwürde-Theoretikern, auf die die kognitive Anarchie des Menschenwürde-Diskurses zurückzuführen ist. Denn zur kognitiven Anarchie würde es, unter den genannten Bedingungen, auch kommen, wenn wir uns die wirklichen Menschenwürde-Theoretiker als durch andere ersetzt vorstellen. Die anderen Theoretiker würden wahrscheinlich andere Fehler machen und andere Konzeptionen entwerfen; sie würden vielleicht auch weniger Fehler machen. Aber auch sie würden, wenn der Begriff der Menschenwürde defekt ist, unfähig sein, einen Diskurs zu etablieren, der Idiosynkrasie minimiert, da es keine zuverlässige Methode zur Beantwortung der Grundlagenfragen des Menschenwürde-Diskurses geben kann, wenn diese Fragen selbst an einem begrifflichen Defekt kranken.

---

[32] Das unterscheidet den Fehler, den man begeht, wenn man einen defekten Begriff verwendet, von dem Fehler, den man begeht, wenn man einen intakten Begriff falsch anwendet. Während man einen defekten Begriff, wie schon betont wurde, zwar besitzen, nicht aber kompetent verwenden kann, ist der Besitz eines intakten Begriffs notwendig mit einer Kompetenz verbunden, so dass ein Verwendungsfehler notwendig ein solcher ist, den ein Subjekt unter epistemisch auf geeignete Weise verbesserten Bedingungen nicht machen würde.

Dass die kognitive Anarchie, wenn sie ihre Quelle in einem begrifflichen Defekt hat, nicht als das Produkt individueller Fehlleistungen betrachtet werden kann, besagt jedoch nicht, dass sie gar nicht das Produkt intellektueller Fehlleistungen ist. Da der Begriff der Menschenwürde zweifellos nicht angeboren, sondern das Produkt ethisch-politischer Selbstverständigungsprozesse ist, muss die kognitive Anarchie des Menschenwürde-Diskurses als die Manifestation einer kollektiven oder überindividuellen Fehlleistung betrachtet werden. Die Konstruktion oder die Bildung des Begriffs *Menschenwürde* ist ein *überindividueller* Prozess, da (i) unbestimmt viele Teilnehmer an ethisch-politischen Diskursen an ihr beteiligt sind und da (ii) der Beitrag keines einzelnen Denkers allein für sie verantwortlich ist und zugleich (iii) der Beitrag keines einzelnen Denkers für sie erforderlich ist. Wenn das Resultat dieses Prozesses ein defekter Begriff ist, müssen wir folglich sagen, dass der Begriff der Menschenwürde das Produkt einer überindividuellen oder kollektiven intellektuellen Fehlleistung ist.

Betrachten wir nun, welche semantische Hypothese geeignet wäre, die kognitive Anarchie des Menschenwürde-Diskurses zu erklären. *Eine* semantische Hypothese könnte man dem in der philosophischen Literatur häufiger geäußerten Verdacht, dass MENSCHENWÜRDE ein hoffnungslos unbestimmter Begriff sei, zu entwickeln versuchen. Die angebliche Unbestimmtheit oder ›Ungenauigkeit‹ des Grundbegriffs des Menschenwürde-Diskurses unterstreichen zum Beispiel Damschen und Schönecker:

(...) der übliche Terminus der »Würde« ist notorisch ungenau, da weder über die Intension noch über die Extension dieses Begriffs Einigkeit herrscht; so wie der Begriff tatsächlich verwendet wird, ist weder klar, was er alles beinhaltet, noch ist klar, wer überhaupt Träger von Würde ist oder sein kann.[33]

---

[33] Damschen/Schönecker (2002) 202/3. Wie aus dem Kontext des Zitates hervorgeht, verwenden die Autoren »Würde« im Sinne von »Menschenwürde«. Zu den markanten Zügen der durch den Menschenwürde-Diskurses beförderten intellektuellen Desorientierung gehört die Konfusion dieser Ausdrücke und der mit diesen Ausdrücken assoziierten Begriffe. Die Rekonstruktion der Etablierung des Begriffs der Menschenwürde in II.3.1 hilft erklären, warum das kein Zufall ist.

Die Autoren wollen mit dem Hinweis auf die vermeintliche Ungenauigkeit von »Menschenwürde« offenbar einen Aspekt des Begriffs hervorheben, der den Begriff als solchen problematisch macht. Die Ungenauigkeit soll, mit einem Wort, keine harmlose Ungenauigkeit sein, wie wir sie von vielen vagen Ausdrücken unserer Umgangssprache kennen. Obwohl »Sessel« oder »Becher« vage sind, sind es unproblematische Ausdrücke. Bei manchen Dingen ist es unentscheidbar, ob sie Sessel sind, bei manchen ist es unentscheidbar, ob sie in die Extension von »Becher« fallen, aber dadurch wird die Brauchbarkeit dieser Begriffe in keiner Weise in Frage gestellt. Vagheit ist kein Begriffsdefekt. Die Ungenauigkeit, die Damschen und Schönecker meinen, muss also eine schädliche, die Anwendbarkeit und die kommunikative Funktion von »Menschenwürde« in Frage stellende Ungenauigkeit sein. Manche Autoren hegen den Verdacht, der Begriff oder die Idee der Menschenwürde sei eine ›Leerformel‹.[34] Obwohl es seltsam ist, einen *Begriff* als eine *Formel* zu bezeichnen, dürfte klar sein, was damit gemeint ist: Die Idee der Menschenwürde ist so unbestimmt oder hat eine so große semantische Plastizität, dass ihr Gehalt nach Belieben stipuliert werden und jeder seine ethischen Lieblingsvorstellungen in sie ›hineinlesen‹ kann. Diese Auffassung – nennen wir sie *die Leerformelthese* – scheint sich denjenigen, die den Verdacht der gänzlichen Unbestimmtheit hegen, als die beste Erklärung für die kognitive Anarchie des Menschenwürde-Diskurses aufzudrängen. Warum sich der Unbestimmtheitsgedanke aufdrängen kann, ist durchaus nachvollziehbar. Denn wie könnte es überhaupt möglich sein, dass es in der Literatur so auffällig viele idiosynkratische Konzeptionen der Menschenwürde gibt, wenn »Menschenwürde« ein bestimmtes und wiedererkennbares semantisches Profil hätte?

Das Problem mit der Leerformelthese ist, dass sie uns auf die unhaltbare Ambiguitätsthese festlegt. Unter der Leerformelthese müssen wir, genauer gesagt, erwarten, dass der Ausdruck »Menschenwürde« *hyperambig* ist. Um das zu sehen, müssen wir nur eine nötige Modifikation an der Leerformelthese vornehmen. Diese kann nämlich nicht sinnvoll als eine These über den *Begriff* der

---

[34] Birnbacher (2004) 249 spricht sogar davon, dass »der Begriff der Menschenwürde einem systematischen Leerformelverdacht ausgesetzt [ist].«

Menschenwürde, sondern muss als eine These über den *Ausdruck* »Menschenwürde« verstanden werden. Eine ›Leerformel‹ ist so etwas wie eine uninterpretierte Formel – und es ist durchaus sinnvoll, auf der Ebene von Zeichen von einer gänzlichen Unbestimmtheit zu sprechen. Gänzlich unbestimmt ist eine Zeichenfolge, wenn sie uninterpretiert ist und wenn das Verstehen der Zeichenfolge in der Zuweisung oder Zuordnung einer Interpretation besteht. Es ist aber nicht sinnvoll, von *Begriffen* – also auf der Ebene von Bedeutungen – von gänzlicher Unbestimmtheit zu reden. Es ist unmöglich, dass ein Begriff vollkommen unbestimmt ist.[35] Wenn nun der Ausdruck »Menschenwürde« so unbestimmt wäre, wie die Leerformelthese behauptet, müsste ihm jeder, der ihn verwendet, eine Interpretation zugewiesen haben. Um »Menschenwürde« überhaupt verwenden zu können, müsste man, anders gesagt, einen Begriff mit diesem Ausdruck assoziieren. Eine Konzeption der Menschenwürde wäre dann einfach das Resultat einer solchen Zuordnung. Was wir oben als Artikulationen der Idee der Menschenwürde von Menschenwürde-Urteilen unterschieden haben – Darlegungen wie die von Fichte, Oduncu, Isensee, Habermas und anderen – müssten wir, wenn wir die Leerformelthese akzeptieren, als Bedeutungspostulate oder als definitorische Stipulationen auffassen. Das Resultat wäre dann aber die multiple Ambiguität des Ausdrucks »Menschenwürde«. Fichte, Oduncu, Isensee, Habermas und all die anderen können wir dann nicht mehr als Teilnehmer an einem ethischen Diskurs, der im Begriff der Menschenwürde geführt wird, ansehen. Damit geht uns aber unser Explanandum verloren – die kognitive Anarchie der Menschenwürde-Konzeptionen. Die Leerformelthese lässt sich folglich gar nicht zur Erklärung des Phänomens der kognitiven Anarchie einsetzen. Sie führt zu einer *Wegerklärung* des Phänomens der Anarchie der Menschenwürde-Konzeptionen *via* einer Wegerklärung des Phänomens des Menschenwürde-Diskurses. Die

---

[35] Wenn es einen solchen Begriff gäbe, müssten wir, wenn wir ihn verwendeten, nichts anderes denken, als wenn wir ihn nicht verwendeten, da ein vollkommen unbestimmter Begriff ja nicht zum Gehalt eines bestimmten Gedankens beitragen kann. Also würden wir durch einen solchen Begriff gar nichts denken. Ein Begriff, durch den man nichts denkt, ist ein Begriff, der von keinem bestimmten Begriff verschieden ist und von jedem bestimmten Begriff verschieden ist, was unmöglich ist.

Leerformelthese scheint daher nur ein etwas unbeholfener Versuch zu sein, das Gefühl zum Ausdruck zu bringen, dass mit dem Begriff der Menschenwürde *irgendetwas* nicht stimmen kann. Sie erfasst aber nicht, was mit diesem Begriff nicht stimmt.

Ein weiteres semantisches Modell zur Erklärung der Anarchie der Menschenwürde-Konzeptionen ist die Auffassung, dass MENSCHENWÜRDE ein leerer Begriff in dem Sinne ist, in dem PHLOGISTON oder HEXE leere Begriffe sind. Diese Begriffe sind keine ›Leerformeln‹, aber sie sind leer – es gibt nichts, worauf sie zutreffen. Da diese These den Menschenwürde-Skeptizismus impliziert, ist es für uns besonders interessant, ob sie für die Anarchie der Menschenwürde-Konzeptionen eine plausible Erklärung liefern kann. Wenn wir den Begriff PHLOGISTON zum Vorbild nehmen, wird aber schnell deutlich, dass eine Erklärung, die nur darauf abstellt, dass der Begriff der Menschenwürde leer ist, nicht hinreichend ist. Durch ihren Begriff PHLOGISTON waren Phlogiston-Theoretiker darauf festgelegt zu glauben, dass es einen chemischen Grundstoff gibt, der als Prinzip der Brennbarkeit in brennbaren Stoffen und Körpern enthalten ist und bei der Verbrennung aus den brennbaren Stoffen und Körpern entweicht. Dass der Grundbegriff der Phlogiston-Theorie der Verbrennung leer ist, war jedoch keine Schlussfolgerung aus irgendwelchen Anzeichen intellektueller Anomalie. Die Phlogiston-Theorie hat sich vielmehr als unfähig erwiesen, signifikante Fakten zu erklären, darunter das Phänomen der Gewichtszunahme von Metallen bei der Bildung von Oxiden[36] Könnten wir die Anarchie der Menschenwürde-Konzeptionen durch die Hypothese erklären, dass MENSCHENWÜRDE ein leerer Begriff ohne Gegenstand ist, sollten wir ein entsprechendes Phänomen kognitiver Anarchie auch in der Phlogiston-Chemie finden. Anzeichen dafür scheint es aber nicht zu geben. Die Phlogiston-Theorie enthält zwar falsche Auffassungen, die uns fremd sind, sie ist aber nicht idiosynkratisch wie die Entwürfe der Menschenwürde-Theoretiker.[37] Leerheit ist also zwar ein begrifflicher Defekt. Leerheit

---

[36] Nach der Phlogiston-Theorie ist die Bildung zum Beispiel von Eisenoxid die Folge davon, dass das Eisen das in ihm enthaltene Phlogiston *verliert*. Daher sollte ein Stück Eisenoxid leichter und nicht schwerer sein als das Stück Eisen, das oxidiert ist. Vgl. Thagard (1993) 41.

[37] Die explanatorische Kraft und Systematizität der Phlogiston-Theorie

allein kann aber nicht das Syndrom der kognitiven Anarchie erklären.³⁸ Der Grund dafür ist, dass Leerheit als solche nicht den für einen Zustand kognitiver Anarchie charakteristischen Mangel an rationaler Kontrolle erklären kann. Die Leerheit eines Begriffs scheint als solche vielmehr genauso wenig zu einer intellektuellen Beeinträchtigung zu führen wie die *Offenheit* eines Begriffs, wenn wir damit die Eigenschaft von Begriffen wie WASSER oder GOLD meinen, keine Informationen über die Natur der Stoffe zu enthalten, auf die wir uns mit diesen Begriffen beziehen. Dass der Begriff WASSER im Hinblick auf die zugrundeliegende Natur von Wasser offen ist, kann erklären, warum Besitzer dieses Begriffs unterschiedliche Theorien über die Natur von Wasser haben können. Das Phänomen einer Pluralität rivalisierender Konzeptionen von *X* ist jedoch von anderer Art als das Phänomen der kognitiven Anarchie von Konzeptionen von *X*. Dass rivalisierende Konzeptionen von Wasser entstehen, lässt die Offenheit des Begriffs WASSER erwarten. Seine Offenheit lässt aber nicht erwarten, dass es keinen Erkenntnisfortschritt und keine Konvergenz der Meinungen über die Natur von Wasser gibt. Deshalb lässt die Offenheit schon gar nicht eine unkontrollierte Vervielfältigung idiosynkratischer Theorien über die Natur des wässrigen, trinkbaren Stoffes, der in unseren Seen und Flüssen vorkommt, erwarten.

Um einen Zustand kognitiver Anarchie zu erklären, müssen wir die denkerische Konfusion und Desorientierung erklären, die in ihr zum Ausdruck kommt. Und wenn dies, wie in unserem Fall, in letzter Analyse nicht auf individuelle Fehlleistungen, sondern auf einen begrifflichen Defekt zurückzuführen ist, muss der Defekt

---

unterstreicht Thagard (1993) 41. Dasselbe Bild zeigt sich auch in der Biologie. Viele biologische Artbegriffe vor allem in der Botanik haben sich als *leer* herausgestellt. Dennoch finden wir in der Biologie kein Analogon der kognitiven Anarchie der Menschenwürde-Konzeptionen.

[38] Diesen Punkt unterstreicht auch Joyce (2001) 4: »(…) we can see how a smooth-running, useful and familiar discourse, apparently with clear paradigms and foils, could be systematically flawed. The users of the target predicate (…) assent to a number of non-negotiable propositions – propositions which would play a determinative role in deciding whether or not a translation [of the target predicate] goes through – and a critical number of these non-negotiable propositions are, in fact, false.«

des Begriffs der Menschenwürde derart sein, dass dessen Gebrauch Konfusion und Desorientierung erwarten lässt. Das heißt, der Defekt von MENSCHENWÜRDE muss derart sein, dass das Denken in diesem Begriff eine innere Tendenz zu Konfusion und intellektueller Desorientierung hat. Ein Defekt dieser Art liegt bei *inkohärenten* Begriffen vor. Da ein inkohärenter Begriff miteinander unvereinbare Anforderungen entweder an die Bezugnahme selbst oder an den Gegenstand seiner Bezugnahme stellt, sind inkohärente Begriffe zwangsläufig leer: Es gibt nichts, worauf sie sich beziehen; oder das, worauf sie sich beziehen, gibt es nicht.[39]

Im Unterschied zu defekten Begriffen wie HEXE oder PHLOGISTON, die zwar leer, aber nicht inkohärent sind, haben inkohärente Begriffs einen unmittelbaren Effekt auf das Denken derjenigen, die in ihnen denken. Nehmen wir an, McTaggart hätte recht damit gehabt, dass der Begriff der Zeit inkohärent ist, da er sowohl die Idee einer permanenten Ordnung als auch die Idee einer unaufhörlichen Veränderung enthält. Dann sollten auch unsere Konzeptionen der Zeit paradoxe Züge tragen. Wir sollten dann zum Beispiel erwarten, dass wir, wenn wir darüber reflektieren, was wir mit »Zeit« meinen, sowohl dazu tendieren zu glauben, dass alle Veränderungen in der selbst keiner Veränderung unterworfenen Zeit stattfinden, als auch dazu tendieren zu glauben, dass die Zeit sich selbst beständig verändert.[40]

Die beste Erklärung für die kognitive Anarchie der Menschenwürde-Konzeptionen ergibt sich also aus der These, dass der Begriff der Menschenwürde inkohärent ist. Das Phänomen der kognitiven Anarchie der Menschenwürde-Konzeptionen zeigt daher,

---

[39] Die meisten von uns sind sich darin einig, dass es keine Gespenster gibt. Was bedeutet das für den Begriff GESPENST? Einige werden sagen: (1) Also gibt es nichts, worauf sich GESPENST bezieht. Andere werden sagen: (2) Also bezieht sich GESPENST auf etwas, das es nicht gibt. Da jedoch Einigkeit darüber besteht, dass es keine Gespenster gibt, ergibt sich der Unterschied der beiden Antworten nur dadurch, dass die einen »a bezieht sich auf y« als existenzimplizierend, die anderen als nicht-existenzimplizierend verstehen. Dies ist kein substantieller Disput, sondern nur eine Frage der Terminologie. (1) verwendet einen robusten Begriff von Bezugnahme; (2) einen deflationären. Vgl. Devitt (1997) 33. Für die Darstellung meiner Auffassung verwende ich die Terminologie der Bezugnahme deflationär.
[40] Vgl. McTaggart (1927) §§ 303 ff.

dass unser unmittelbares vortheoretisches Vertrauen in den Begriff der Menschenwürde nicht gerechtfertigt ist und selbst auch keine rechtfertigende Kraft hat.

3. Die Unterminierung des Begriffs der Menschenwürde

3.1 Plattitüden des Menschenwürde-Idioms

Wenn ich behaupte, dass der Begriff der Menschenwürde *inkohärent* ist, lege ich mich auf die Auffassung fest, dass es den Begriff der Menschenwürde definierende Merkmale gibt, die ihn zu dem Begriff machen, der er ist. Ich lege mich, mit anderen Worten, darauf fest, dass ein Projekt der Begriffsanalyse für diesen Begriff Sinn ergibt. Das zwingt mich nicht zu behaupten, dass es für jeden (nicht-primitiven) Begriff eine Analyse gibt. Die Inkohärenzthese ist dennoch unvereinbar mit externalistischen Theorien, denen zufolge Begriffe keine Definition haben und nicht durch eine mit ihnen assoziierte Beschreibung, sondern durch kausale Beziehungen zwischen Begriffsverwendern und ihrer Umwelt individuiert sind. Putnam hat dafür argumentiert, dass der von Erdlingen verwendete Ausdruck »Wasser« nicht dasselbe bedeutet wie der gleichartige Ausdruck im Mund eines Bewohners der Zwillingserde, die ein Planet ist, der sich nur dadurch von der Erde unterscheidet, dass der farblose, trinkbare, wässrige Stoff, der dort in Flüssen und Seen vorkommt, die chemische Komposition XYZ aufweist. Nennen wir diesen Stoff »Zwasser«. Nach Putnams Auffassung beziehen sich dann Zwillingserdlinge, wenn sie »Wasser« sagen, auf Zwasser und nicht auf Wasser. Ihr Ausdruck »Wasser« hat also (wenn wir – wie Putnam – die Extension eines Ausdrucks als Teil seiner Bedeutung betrachten) eine andere Bedeutung als unser Ausdruck »Wasser«. Während wir nicht den Begriff ZWASSER besitzen, besitzen sie nicht den Begriff WASSER, denn WASSER ist durch eine kausale Beziehung zu H_2O individuiert, während Zwillingserdlinge in keiner kausalen Beziehung zu H_2O stehen.[41] Wenn wir den Externalismus als eine Theorie über die *Natur* begrifflichen Gehalts *im Allgemei-*

---

[41] Vgl. Putnam (2004) 31 ff.

nen und nicht nur als eine Theorie über die Individuierung einer speziellen Klasse von Begriffen (oder Wörtern) verstehen, schließt er die *Möglichkeit* inkohärenter Begriffe aus. Denn die Möglichkeit inkohärenter Begriffe hängt davon ab, dass es *konstitutive* Beziehungen zwischen Begriffen gibt, und eben das ist es, was der Externalist bestreitet.[42]

Hier ist nicht der Platz, eine Diskussion über Begriffstheorien im Allgemeinen zu führen. Aber das ist für unser Vorhaben auch nicht erforderlich. Das Projekt, eine Inkohärenz im Begriff der Menschenwürde aufzudecken, ist nicht problematisch, auch wenn es einer von Externalisten angefochtenen ›klassischen‹ Auffassung von Begriffen verpflichtet ist. Dafür gibt es zwei Gründe.

Der erste ergibt sich aus unserer bisherigen Diskussion. Wenn die Überlegungen des vorangehenden Kapitels im Großen und Ganzen richtig sind, brauchen wir das Konzept inkohärenter Begriffe, um intellektuelle Anomalien zu erklären, die sich in letzter Analyse nicht auf individuelle Fehler oder Inkompetenzen zurückführen lassen. Denn weder Vagheit wie bei BECHER noch Leerheit wie bei PHLOGISTON, noch Offenheit wie bei WASSER sind Eigenschaften, durch die das Phänomen der kognitiven Anarchie erklärt werden kann. Wenn es jedoch Begriffe gibt, die derart sind, dass sie miteinander unvereinbare Anforderungen an die Bezugnahme oder an den Gegenstand der Bezugnahme enthalten, lässt sich *voraussagen*, dass auf solchen Begriffen beruhende Diskurse die Anzeichen intellektueller Anomalie aufweisen. Dass der Externalismus die Möglichkeit inkohärenter Begriffe ausschließt, ist daher kein Vorzug, sondern ein Nachteil dieser Theorie. Das Phänomen der kognitiven Anarchie der Menschenwürde-Konzeptionen spricht gegen eine externalistische und für eine ›klassische‹ Konzeption des Begriffs MENSCHENWÜRDE.

Dass die Festlegung auf eine ›klassische‹ Konzeption des Begriffs MENSCHENWÜRDE nicht gegen die Inkohärenzthese spricht, hat aber noch einen weiteren Grund. Für Begriffe natürlicher Arten wie WASSER oder GOLD besitzt der Externalismus deutlich mehr Überzeugungskraft als für normative Begriffe wie RICHTIG, FALSCH, GUT, SCHLECHT, ERSTREBENSWERT, GRUND, SOLLEN oder

---

[42] Vgl. Fodor (1998) 73 ff.

WÜRDE.[43] Zum einen scheint die Reflexion über das am Vorbild von Putnam erdachte Beispiel der *moralischen* Zwillingserde nicht die Intuition hervorzurufen, dass Erdlinge und Zwillingserdlinge etwas anderes meinen, wenn sie die phonetisch und graphisch gleichen Ausdrücke »gut«, »richtig« etc. gebrauchen.[44] Zum anderen scheint der Raum möglicher Ignoranz für Besitzer normativer Begriffe nicht so weit zu sein wie für Besitzer von Begriffen natürlicher Arten. Man kann den Begriff WASSER besitzen und sich über die Natur von Wasser irren. Ein Besitzer des Begriffs WASSER muss zum Beispiel nicht wissen, dass Wasser verschiedene Aggregatzustände annehmen kann. Daher kann er den Begriff besitzen und irrtümlich glauben, dass es für Wasser notwendig ist, flüssig und transparent zu sein. Epistemische Möglichkeiten dieser Art scheinen bei normativen Begriffen jedoch nicht gegeben zu sein. Um das zu sehen, betrachten wir:

[43] Dass Bedeutungen nicht im Kopf sind, hat Putnam in »Die Bedeutung von ›Bedeutung‹« zuerst am Beispiel der Indexikalität von Begriffen für natürliche Arten zeigen wollen, dann aber den Anspruch seiner Theorie generalisiert und behauptet, »unsere Ausführungen gelten genauso für viele andere Arten von Wörtern, für die weit überwiegende Zahl von Substantiven gleicherweise wie für andere Wendungen« – Putnam (2004/1975) 57. Putnams Argument dafür, dass Artefaktnamen wie »Bleistift« genauso indexikalisch sein sollen wie »Wasser« ist jedoch, wie Schwartz (1978) 568 f. gezeigt hat, unschlüssig. Auch scheint mir Schwartz' Auffassung korrekt zu sein, »that there is no (…) underlying nature of pencils, nor is there a presumption of such a nature. What makes something a pencil are superficial characteristics such as a certain form and function« Ebd. 571. Segal (2000) argumentiert, dass das Phänomen leerer Begriffe sogar gegen den Externalismus in seinem gleichsam angestammten Gebiet der Begriffe natürlicher Arten spricht.

[44] Bei Putnams ursprünglichem Beispiel scheint es intuitiv zu sein, dass naturforschende Erdlinge und naturforschende Zwillingserdlinge keinen genuinen Dissens haben, wenn die einen sagen »Wasser ist ein aus Hydrogen und Sauerstoff zusammengesetzter Stoff« und die anderen sagen »Wasser ist ein aus X, Y und Z zusammengesetzter Stoff«. Das trifft aber auf den analogen Fall von Erdlingsethikern und Ethikern auf der Zwillingserde nicht zu. Selbst wenn der Gebrauch von »richtig« auf der Zwillingserde durch die Eigenschaft, das Glück des Handelnden zu befördern, kausal reguliert sein sollte – bei Zwillingserdlingen werden Richtigkeitsgedanken in Abhängigkeit von Urteilen über das Eigeninteresse ausgelöst – scheinen Erdlingsethiker, die den ethischen Egoismus verwerfen, einen echten Dissens mit Zwillingserdlingen zu haben. Zu einer ausführlichen Darstellung und Diskussion von ›moral twin earth‹ vgl. Timmons (1999) 59 ff.

(1) Wenn Prügelstrafen *moralisch falsch* sind, gibt es etwas, das gegen Prügelstrafen spricht.

Wir akzeptieren (1). Aber nicht deshalb, weil wir Kenntnis von einer Untersuchung haben, die auf eine systematische Korrelation zwischen moralisch falschen und solchen Praktiken hinweist, die zu unterlassen es Gründe gibt. Wir akzeptieren (1) auch nicht auf der Basis einer moralischen Intuition über den Wert von Prügelstrafen. Denn (1) legt uns nicht auf eine moralische Sicht über Prügelstrafen fest. (1) ist ein Konditional, das lediglich etwas von dem artikuliert, was wir mit dem dem Prädikat »___ ist moralisch falsch« meinen. Wenn jemand (1) zurückweisen würde, betrachten wir das nicht als Ausdruck einer moralischen Meinungsverschiedenheit, sondern als Ausdruck entweder eines Missverständnisses oder eines Mangels an sprachlicher Kompetenz. Selbst jemand, der nicht genau weiß, was das Wort »Prügelstrafe« bedeutet, wird (1) noch immer zustimmen, sofern er in (1) eine Instanz der generalisierten Proposition erkennt, dass jede Handlung derart ist, dass etwas gegen sie spricht, wenn sie moralisch falsch ist. (1) hat also, kurz gesagt, den Status einer *Plattitüde* des moralischen Diskurses.

Wenn das so ist, ist es nicht möglich, den Begriff der moralischen Falschheit zu besitzen und keine Vorstellung von praktischen Gründen zu haben. Das heißt: Den Begriff der moralischen Falschheit kann man nur *als normativen Begriff* besitzen. Das wiederum ist nicht überraschend, sondern reflektiert, was wir meinen, wenn wir einen Begriff als normativen Begriff klassifizieren. Die klassifikatorische Unterscheidung zwischen normativen und nicht-normativen Begriffen *ist* eine sich auf unsere begriffliche Kompetenz stützende und an sie appellierende Unterscheidung. Der normative Gehalt normativer Begriffe ist daher nichts, worüber kompetente Verwender normativer Ausdrücke gänzlich ignorant sein könnten. Es kann also nicht sein, dass ein Denker den Begriff der moralischen Falschheit erwirbt, über den normativen Charakter dieses von ihm erworbenen Begriffs jedoch erst durch die normative Ethik in Kenntnis gesetzt wird. Ein normativer Begriff zu sein *heißt*, einen normativen Gehalt zu haben und nur als ein Begriff mit normativem Gehalt erfasst werden zu können. Dass (1) den Status einer Plattitüde hat, reflektiert also nichts anderes als die schlichte Tatsache, dass der

Begriff der moralischen Falschheit ein normativer Begriff ist.[45] Eine externalistische Theorie für normative Begriffe ist daher eine problematische Wahl. Denn es ist schwer zu sehen, wie der Externalismus dem essentiell normativen Gehalt normativer Begriffe überhaupt gerecht werden können sollte.[46] Die hier vertretene Inkohärenzthese beruht also nicht auf einer ungerechtfertigten Voraussetzung. Wir haben gute Gründe, das einer ›klassischen‹ Begriffskonzeption verpflichtete Projekt der Entlarvung des Begriffs der Menschenwürde zu verfolgen. Dabei können wir uns darauf stützen, dass es Sätze des Menschenwürde-Idioms gibt, die den Status von Plattitüden haben. Dass es solche Plattitüden gibt, zeigt uns zunächst, dass der Begriff MENSCHENWÜRDE einen bestimmten Gehalt hat und keineswegs, wie manche behauptet haben, eine unbestimmte Leerformel ist. Hier ist eine Plattitüde des Menschenwürde-Idioms:

(2) Es spricht etwas gegen eine Praxis, wenn sie die Menschenwürde verletzt.

Es ist kein Zufall, dass es weder unter Menschenwürde-Theoretikern noch zwischen Menschenwürde-Theoretikern und Moralphilosophinnen, in deren Ethik die Idee der Menschenwürde keine Rolle spielt, eine Debatte über (2) gibt. Die Abwesenheit sowohl einer internen als auch einer externen Kontroverse über (2) erklärt sich daraus, dass (2) nichts anderes als eine Artikulation dessen ist, was wir mit »Menschenwürde« und »Verletzung der Menschenwürde« meinen. Der Begriff der Verletzung der Menschenwürde ist *konstitutiv* mit dem Begriff eines Grundes, etwas zu unterlassen, verbunden: Durch die Behauptung, dass Prügelstrafen die Menschenwürde

---

[45] Wir können daher akzeptieren, dass es epistemische Bedingungen für den Besitz normativer Begriffe gibt, ohne deshalb den verständlichen Ratschlag von Williamson (2007) 129 in den Wind schlagen zu müssen, dass man der Versuchung widerstehen sollte, alle Bedingungen für die Partizipation an einer linguistischen Praxis als semantische Thesen über die Bedeutung sprachlicher Ausdrücke zu präsentieren.

[46] Eine detaillierte, rigorose und nach meiner Auffassung überzeugende Kritik des Versuchs, normative Begriffe auf der Basis einer externalistischen Semantik im Stile Putnams zu interpretieren, entwickelt Parfit (2011) 328–356. Vgl. auch die kurze, in einigen Punkten mit Parfit konvergierende Kritik von Blackburn (1998) 119ff.

verletzen, ist man aufgrund der beteiligten Begriffe darauf festgelegt, dass es einen moralischen Grund gegen Prügelstrafen gibt. Wer (2) zurückweist, muss diesen Satz missverstehen und besitzt wahrscheinlich nicht den Begriff der Menschenwürde.

Neben Plattitüden wie (2), die den normativen Gehalt des Menschenwürde-Idioms artikulieren, gibt es Plattitüden über die Verteilung dessen, was wir mit »Menschenwürde« meinen. Wer dem Satz

(3) Nur Männer europäischer Abstammung besitzen Menschenwürde

zustimmt, besitzt höchstwahrscheinlich nicht den Begriff der Menschenwürde. (3) widerspricht nicht etwa einem moralischen Konsens unter Menschenwürde-Ethikern; (3) widerspricht der *Idee* der Menschenwürde als solcher. Ohne sich näher mit dem Diskurs der Menschenwürde-Ethiker auseinandersetzen zu müssen, wissen daher auch die Gegner der Ethik der Menschenwürde, dass (3) paradox ist. Entsprechend hat niemand die Ethik der Menschenwürde jemals abgelehnt, weil sie geeignet ist, eine sexistische und eurozentristische Perspektive zu artikulieren. Und wir können sicher sein, dass ein kritisches Argumente dieser Art auch in Zukunft keine Rolle im ethischen Diskurs spielen wird. Da auch sie den Begriff MENSCHENWÜRDE besitzen, wissen nämlich auch die Gegner der Ethik der Menschenwürde, dass (3) nicht Gegenstand einer substantiellen Kontroverse sein kann. Auch die Gegner der Ethik der Menschenwürde wissen, dass die Ethik der Menschenwürde *begrifflich* auf die Negation von (3) festgelegt ist:

(4) Nicht nur Männer europäischer Abstammung besitzen Menschenwürde.

(4) ist also auch eine *Plattitüde* des Menschenwürde-Idioms. Wer immer eine sexistische und eurozentristische Auffassung hat, muss daher unterstellen, dass der Begriff der Menschenwürde leer ist. Plattitüden wie (2) und (4) zeigen uns, dass das Menschenwürde-Idiom einen distinkten Gehalt hat. Wir führen uns solche Plattitüden normalerweise nicht vor Augen. Aber wenn wir (2) und (4) betrachten, ist es offensichtlich, dass diese Sätze nicht den Status substantieller Thesen, sondern den von Plattitüden haben.

3.2 Die Struktur des Begriffs der Menschenwürde

Es scheint unbestimmt viele Sätze zu geben, die den Status von Plattitüden des Menschenwürde-Idioms haben. Genauso wie jeder Besitzer des Begriffs der Menschenwürde als solcher geneigt ist, den Satz

(4) Nicht nur Männer europäischer Herkunft haben Menschenwürde

zu bejahen, ist jeder auch geneigt, die folgenden Sätze zu bejahen:

(5) Nicht nur Frauen europäischer Herkunft haben Menschenwürde.

(6) Nicht nur Menschen mit höherer Schulbildung haben Menschenwürde.

Wir können unbestimmt viele Sätze dieser Art konstruieren und erhalten jedesmal einen Satz, der unter denjenigen, die Vertrauen in die Integrität des Begriffs der Menschenwürde haben, nicht umstritten ist und den Status einer Plattitüde des Menschenwürde-Idioms hat.

Ähnlich ist es mit Sätzen wie:

(7) Männer besitzen nicht mehr Menschenwürde als Frauen.

(8) Akademiker haben nicht mehr Menschenwürde als nicht-Akademiker.

(9) Ein alter Mensch hat nicht weniger Menschenwürde als ein junger Mensch.

Während (4), (5) und (6) Plattitüden über die Verteilung dessen sind, was wir mit »Menschenwürde« meinen, sind (7), (8) und (9) Plattitüden über die Ausprägung der Eigenschaft, auf die wir uns mit dem Begriff der Menschenwürde zu beziehen glauben. Die *Leichtigkeit* und *Langweiligkeit* der Aufgabe, solche Plattitüden zu konstruieren, deutet darauf hin, dass ihre Erzeugung eine systematische Grundlage im Begriff der Menschenwürde hat, die uns als Besitzern dieses Begriffs unmittelbar vertraut ist. Dieser Begriff, haben wir also Grund anzunehmen, hat eine Struktur und ist konstitutiv mit bestimmten Ideen verbunden, die es jedem von uns ermöglicht, beliebig viele derartige Plattitüden zu konstruieren.

Die Fähigkeit zur Konstruktion von Plattitüden der bisher betrachten Art beruht darauf, dass wir mit dem Begriff MENSCHENWÜRDE eine Würde meinen, die (A) allen Menschen zukommt und (B) jedem Menschen gleichermaßen zukommt. Im Begriff der Menschenwürde, können wir daher sagen, ist die Idee einer *fundamentalen moralischen Gleichheit aller Menschen* enthalten. Aufgrund von (A) schließt der Begriff der Menschenwürde aus, dass es einen prinzipiellen Unterschied im moralischen Status von Menschen geben könnte. Aufgrund von (B) schließt der Begriff der Menschenwürde aus, dass der moralische Status von Menschen graduierbar ist.

Zugleich meinen wir mit dem Begriff MENSCHENWÜRDE aber auch eine Würde, die (C) menschen*spezifisch* ist.[47] Die Idee einer menschenspezifischen Würde ist die Idee einer Würde, die ausschließlich Menschen zukommt. Mit dem Begriff der Menschenwürde, heißt das, ist eine Einschränkung in Bezug auf die Art der Individuen verbunden, die das Prädikat »___ besitzt Menschenwürde« erfüllen. MENSCHENWÜRDE ist ein anthropozentrischer Begriff, d. h. ein Begriff mit anthropozentrischem Gehalt.

Ein Einwand gegen diese Behauptung könnte sich daraus ergeben, dass einige Menschenwürde-Theoretiker (wie wir später noch sehen werden) diskutieren, ob auch einigen Tieren Menschenwürde zukommt.[48] Obwohl diese Theoretiker das verneinen, scheint die bloße Tatsache, dass sie diese Frage diskutieren, dafür zu sprechen, dass der Begriff der Menschenwürde es offen lässt, welcher Art die Individuen sind, die das Prädikat »___ besitzt Menschenwürde« erfüllen. Denn wenn der Begriff MENSCHENWÜRDE die Idee einer menschenspezifischen Würde enthält, sollte man, so der Einwand, nicht erwarten, dass Menschenwürde-Theoretiker über eine Frage diskutieren, die präsupponiert, dass der Begriff der Menschenwürde keinen anthropozentrischen Gehalt hat.

Eine naheliegende Replik auf diesen Einwand ist, dass die Analyse von philosophisch interessanten Begriffen informativ ist. Eine Analyse ist informativ, wenn man sie nicht kennen muss, um den

---

[47] Vgl. Bayertz (1996) 73, der den Begriff der Menschenwürde als »concept of a specifically human dignity« einführt.
[48] So zum Beispiel Balzer, Rippe, Schaber (1999). Zur Analyse von deren Diskussion der Verteilung der Menschenwürde vgl. II.4.2.

Zielbegriff überhaupt zu besitzen. Wenn man die Analyse eines Begriffs jedoch nicht kennen muss, um ihn zu besitzen, kann man ihn besitzen *und* für eine offene Frage halten, was keine offene Frage ist. Daher, so die Replik, ist es durchaus erwartbar, dass auch einige Menschenwürde-Theoretiker eine Diskussion führen, die voraussetzt, dass der Begriff MENSCHENWÜRDE keinen anthropozentrischen Gehalt hat. Diese Leute halten für begrifflich möglich, was in Wahrheit durch den Begriff der Menschenwürde ausgeschlossen ist – dass auch einige Tiere Menschenwürde besitzen.

Auf diese Replik möchte ich mich jedoch nicht stützen. Sie setzt voraus, dass der anthropozentrische Charakter des Begriffs MENSCHENWÜRDE leicht übersehen werden kann, weil er schwer zu entdecken ist. Ich glaube jedoch nicht, dass der anthropozentrische Gehalt dieses Begriffs schwer zu entdecken ist. Ich glaube vielmehr, dass der anthropozentrische Charakter von MENSCHENWÜRDE derart auffällig ist, dass man ihn *nicht* leicht übersehen kann, *wenn* man auf den Gehalt dieses Begriffs reflektiert. Sein anthropozentrischer Charakter ist nämlich genau die Eigenschaft, die den Begriff der Menschenwürde vom Begriff WÜRDE unterscheidet.

Der Begriff WÜRDE enthält *als solcher* keinerlei Einschränkungen in Bezug auf die Art von Individuen, für die es möglich ist, Würde zu haben. Individuen welcher Art das Prädikat »___ hat Würde« erfüllen, lässt der Begriff der Würde also offen. Die Anerkennung der Möglichkeit, dass Individuen unterschiedlicher Art Würde haben können, ist dabei ein wesentliches Charakteristikum unseres Verständnisses von WÜRDE. Das zeigt sich auch daran, dass der Begriff WÜRDE mit dem Begriff WÜRDEVERLEIHENDE EIGENSCHAFT verbunden ist, wobei der Begriff der Würde *keine* Festlegung in Bezug darauf enthält, welche Eigenschaft würdeverleihend ist.

(WVE) Wenn *A* Würde besitzt, dann gibt es eine (möglicherweise komplexe) Eigenschaft F, so dass (1) *A* Würde besitzt, *weil A* F ist, und (2) jedes Individuum, das F ist, ebenfalls Würde besitzt.

(WVE) drückt den begrifflich notwendigen Zusammenhang zwischen der Idee der Würde und der Idee einer würdeverleihenden Eigenschaft aus: Wer den Ausdruck »Würde« adäquat versteht und den Begriff WÜRDE besitzt, besitzt auch den Begriff einer würdeverleihenden Eigenschaft (was nicht bedeutet, dass diese Person den philosophischen Ausdruck »würdeverleihende Eigenschaft« kennt). Nun ist der Begriff einer *würdeverleihenden Eigenschaft* ›objektneutral‹, d. h. er enthält keinerlei Anforderungen an die Art der Individuen, die eine würdeverleihende Eigenschaft instantiieren können. Daher ist auch der Begriff WÜRDE selbst ›objektneutral‹: Der Begriff WÜRDE ist objektneutral, weil der Begriff WÜRDEVERLEIHENDE EIGENSCHAFT objektneutral ist.[49] Es ist daher unmöglich, den Ausdruck »Würde« adäquat zu verstehen und zum Beispiel zu glauben, dass Menschen Würde haben, weil sie ein bewusstes Leben haben, Delphine jedoch keine Würde haben, obwohl auch sie ein bewusstes Leben haben. Wer so etwas behaupten würde, würde nicht adäquat verstehen, was er sagt.

Dass sich der Begriff WÜRDE von dem der Menschenwürde gerade durch seine Offenheit oder Objektneutralität unterscheidet, lässt sich auch daran erkennen, dass es keine Plattitüden der Verteilung von *Würde* gibt. Während

(10) Menschenwürde haben nur hellhäutige Menschen europäischer Herkunft.

widersprüchlich ist, ist

(11) Würde haben nur hellhäutige Menschen europäischer Herkunft.

nicht widersprüchlich. (11) ist zwar falsch und, wie ich glaube, sogar

---

[49] Dem steht nicht entgegen, dass wir, wenn wir darüber nachdächten, welche Dinge Würde haben, nur eine beschränkte Klasse plausibler Kandidaten betrachten würden. Welche Kandidaten wir betrachten, hängt von Urteilen über würdeverleihende Eigenschaften und von empirischen Überzeugungen über die Instantiierungen dieser Eigenschaften ab. Dass wir Salatköpfe, Marmorblöcke oder Autoreifen nicht in Betracht ziehen, liegt daran, dass wir überzeugt sind, dass man solchen Dingen kein Unrecht tun kann. Und Dinge, denen man kein Unrecht tun kann, können auch keine Würde haben. Also besitzen Dinge, denen man kein Unrecht tun kann, auch keine würdeverleihenden Eigenschaften. Was Salatköpfen, Marmorblöcken und Autoreifen fehlt, sind geistige Eigenschaften. Zu unseren Kandidaten für Individuen, die Würde haben, scheinen nur Individuen mit geistigen Eigenschaften zu gehören. Geistige Eigenschaften können aber von Individuen *unterschiedlicher Art* instantiiert werden. Daher ist mit der Fokussierung unserer Reflexion keine ethisch substantielle Einschränkung verbunden. Fokussierungen dagegen, die eine ethisch substantielle Einschränkung verraten, können auf der Basis des Begriffs der Würde angefochten werden.

offensichtlich falsch, (11) ist aber nicht widersprüchlich. Wir weisen (11) zurück, weil es unmittelbar einleuchtet, dass *hellhäutig zu sein* und *europäischer Herkunft zu sein* keine würdeverleihenden Eigenschaften sind. Wir weisen (11) aber *nicht* deshalb zurück, weil der Begriff WÜRDE die Möglichkeit einer fundamentalen moralischen Ungleichheit unter den Menschen nicht zulässt. Dass nicht alle Menschen moralisch Gleiche sind, wird vom Begriff der Würde zugelassen. So hat Kant, der den Begriff WÜRDE – und nicht etwa, wie in der Menschenwürde-Literatur stereotyp behauptet wird, den Begriff der Menschenwürde – als einen fundamentalen Begriff der Ethik zu etablieren versucht hat, geglaubt, dass Suizidanten *keine* Würde haben. Unmissverständliche Worte in diese Richtung findet Kant in seiner *Vorlesung über Ethik*:

> Wer sich aber als so etwas nimmt, der die Menschheit nicht respektiert, der sich zur Sache gemacht hat, der wird als ein Objekt der freien Willkür für jedermann, mit dem kann hernach jeder machen, was er will, er kann von anderen als ein Tier, als eine Sache behandelt werden.[50]

An anderer Stelle hebt Kant ebenso unmissverständlich hervor:

> Derjenige aber, der bereit ist, sich sein Leben zu nehmen, ist gar nicht mehr wert zu leben.[51]

Aufgrund dieser Stellen können wir Kant die Auffassung zuschreiben, dass Leute, die sich das Leben zu nehmen versuchen, ihre Würde verlieren und folglich keine Würde mehr haben. Mit diesen Leuten, glaubte Kant, kann man machen, was man mit anderen Menschen durchaus nicht machen darf. Denn diese Leute haben, so behauptet Kant, den Status von *Sachen*. Sie sind damit (wie nach Kants Auffassung die Tiere) Individuen, denen gegenüber man keine Pflichten hat. Menschen, die sich das Leben zu nehmen versuchen, sind für Kant also nicht mehr Mitglieder der moralischen Gemeinschaft. Daher akzeptiert Kant, dass es eine *fundamentale* moralische Ungleichheit unter den Menschen gibt.[52] Der Begriff MENSCHENWÜRDE lässt das dagegen nicht zu.

[50] Kant (1990) 164. Zur Interpretation und Kritik von Kants Ethik des Suizids vgl. Lohmar (2006).
[51] Ebd. 165.
[52] Sofern man Kant die Auffassung zuschreiben kann, dass menschliche Föten Menschen sind, würde Kant eine fundamentale moralische Ungleichheit

So wie der Begriff WÜRDE eine moralische Ungleichheit unter den Menschen zulässt, lässt er auch zu, dass nicht-menschliche Individuen Würde haben. Nichts am Begriff der Würde schließt aus, dass Wölfe, Delphine, Orang-Utans oder Elefanten Würde besitzen. Die Verteilung der Würde unter den Lebewesen hängt also *alleine* von der Verteilung der würdeverleihenden Eigenschaften ab. Es wird durch den Begriff der Würde nicht ausgeschlossen, dass viele Menschen keine Würde haben, während viele Orang-Utans und Delphine usw. Würde haben. Der Begriff MENSCHENWÜRDE schließt eine solche Verteilung des moralischen Status dagegen aus, weil er die Vorstellung einer *menschenspezifischen* Würde enthält. Es ist ein Widerspruch, zu behaupten:

(12) Auch einige nicht-menschliche Individuen besitzen Menschenwürde.

Dass Moby Dick kein Mensch ist und dennoch Menschenwürde besitzt, ist eine Behauptung, die ebenso widersprüchlich ist wie die Behauptung, dass Moby Dick kein Mensch ist und dennoch eine menschenspezifische Eigenschaft besitzt.

Dass (12) widersprüchlich ist, spiegelt sich in Sätzen wieder, die wir als *Axiome* der Ethik der Menschenwürde betrachten können. Hier sind zwei Beispiele für solche Axiome:

(13) Wenn die Vertreibung von Menschen die Menschenwürde verletzt, ist die Vertreibung von Menschen schlechter als die Vertreibung von Wölfen.

(14) Wenn die Klonierung von Menschen die Menschenwürde verletzt, ist die Klonierung von Menschen schlechter als die Klonierung von Schafen.

auch in Bezug auf Menschen im fötalen Zustand und andere Menschen anerkennen. Denn Kants Theorie der Würde impliziert, dass menschliche Föten keine Würde haben. Würde haben wir, nach Kants Auffassung, weil wir als Vernunftwesen nicht Teil der Natur (d. h. der Sinnenwelt) sind. Menschliche Föten sind aber *nur* Teile der Natur, da Föten nicht »das Vermögen [haben], *nach der Vorstellung* der Gesetze, d.i. nach Prinzipien zu handeln«. Kant (1982a/1785) 41, BA 36. Föten sind durch Gesetze bestimmt, aber keines der ihr Leben bestimmenden Gesetze ist ein praktisches Gesetz oder eine Maxime, die sie sich zu eigen gemacht haben. Also können menschliche Föten, nach Kants Auffassung, keine Würde haben.

(13) und (14) sollten wir eher nicht als Plattitüden betrachten, da es begrifflich nicht ausgeschlossen und epistemisch möglich zu sein scheint, dass Wölfe oder Schafe Menschen sind.[53] Wenn wir diese Auffassung teilen (wovon hier allerdings nichts abhängt), müssen wir sagen, dass bei der Anerkennung von (13) und (14) ein bei jedem Menschenwürde-Theoretiker zu vermutendes empirisches Hintergrundwissen über Wölfe und Schafe mobilisiert wird. *Gegeben* dieses Hintergrundwissen, erscheinen uns (13) und (14) aber als unmittelbar einleuchtend. Diese Sätze würden uns aber nicht als unmittelbar einleuchtend erscheinen, wenn es begrifflich möglich wäre, dass auch Wölfe oder Schafe Menschenwürde besitzen. Wenn diese Möglichkeit durch den Begriff der Menschenwürde nicht ausgeschlossen wäre, würden wir (13) und (14) als *problematische* Thesen betrachten. Wir würden dann nämlich leicht bemerken, dass diese Behauptungen auf einer *substantiellen* Voraussetzung beruhen: Dass Wölfe und Schafe keine Menschenwürde haben. Um uns von (13) und (14) zu überzeugen, müssten wir uns dann erst von dieser substantiellen Voraussetzung überzeugen.

Hinzu kommt, dass wir in diesem Fall auch dafür sensibel wären, dass die Voraussetzung von (13) und die von (14) epistemologisch voneinander *unabhängig* sind. Wenn auch nicht-Menschen Menschenwürde haben könnten, müssten es von der Tatsache, dass sie keine Menschen sind, verschiedene Fakten über Wölfe sein, die verhindern, dass Wölfe Menschenwürde haben. Dafür, dass Fakten dieser Art auch unter den Fakten über Schafe vorkommen, hätten wir jedoch keine Garantie. Selbst wenn wir (13) als wahr bewerten würden, hätten wir damit keinen Grund, den Satz (13*) als wahr anzuerkennen, den wir dadurch erhalten, dass wir »Vertreibung von Wölfen« durch »Vertreibung von Schafen« ersetzen:

---

[53] In diesem Sinne unterstreicht Putnam, dass Begriffe wie »Katze« nicht den Begriff »Lebewesen« enthalten. Auch wenn Katzen notwendig Lebewesen sind, weil die Dinge in unserer Umgebung, auf die wir mit »Katze« Bezug nehmen, tatsächlich Lebewesen sind *und* nichts eine Katze ist, was nicht dieselbe Natur wie diese von uns »Katze« genannten Dinge hat, können wir uns vorstellen, herausgefunden zu haben, dass Katzen Roboter vom Mars sind. Dies ist, wenn Putnam hier recht hat, zwar metaphysisch unmöglich, aber eben nicht epistemisch unmöglich. Vgl. Putnam (1975/2004) 59 f.

(13*) Wenn die Vertreibung von Menschen die Menschenwürde verletzt, ist die Vertreibung von Menschen schlechter als die Vertreibung von Schafen.

Und genauso gäbe uns die Wahrheit von (14) keinen Grund, den Satz (14*) als wahr anzuerkennen, den wir dadurch erhalten, dass wir »Klonierung von Schafen« durch »Klonierung von Wölfen« ersetzen:

(14*) Wenn die Klonierung von Menschen die Menschenwürde verletzt, ist die Klonierung von Menschen schlechter als die Klonierung von Wölfen.

Es besteht aber kein Zweifel daran, dass wir (13*) und (14*) für *genauso* einleuchtend halten wie (13) und (14).

Die stärkste Evidenz dafür, dass der axiomatische Charakter von (13) und (14) darauf zurückzuführen ist, dass der Begriff MENSCHENWÜRDE die Idee einer *menschenspezifischen* Würde enthält, ist also unsere Fähigkeit, unbestimmt viele Axiome der Ethik der Menschenwürde produzieren zu können. Genauso einleuchtend wie die vier bisher betrachteten Sätze ist zum Beispiel:

(15) Wenn sexuelle Gewalt gegen Menschen die Menschenwürde verletzt, ist sexuelle Gewalt gegen Menschen schlechter als sexuelle Gewalt gegen Orang-Utans.

Obwohl (15) sowohl von einem ganz anderen Handlungstyp als auch von einer ganz anderen Art von Lebewesen als die bisher betrachteten Sätze handelt, ist die Hinzufügung von (15) zu unserer Liste *leicht* und *langweilig*. Dies wäre aber nicht leicht und langweilig, wenn die Bewertung von (15) in irgendeiner Weise von diesen Abweichungen abhängen würde. Also zeigt unsere Fähigkeit, beliebig viele axiomatische Sätze nach dem Vorbild von (13) konstruieren zu können, dass der Begriff der Menschenwürde als solcher die Möglichkeit ausschließt, dass nicht-Menschen Menschenwürde besitzen. Also ist der Begriff MENSCHENWÜRDE – im Unterschied zum Begriff WÜRDE – der Begriff eines *menschenspezifischen* moralischen Status.

Damit ergibt sich vorerst das folgende Bild über die Struktur des Begriffs der Menschenwürde: Mit »Menschenwürde« ist eine Würde gemeint, die (A) allen Menschen zukommt und die (B) jedem Menschen gleichermaßen zukommt und die (C) menschenspezifisch ist. Diese Definition weist aber noch einen kleinen Mangel auf. Sie lässt Raum für das Missverständnis, dass wir mit dem Begriff der Menschenwürde eine besondere *Art von Würde* meinen.[54] Dass das keine sinnvolle Interpretation sein kann, ist jedoch nicht schwer zu sehen. Denn was könnte mit dem Begriff einer *Art von Würde* überhaupt gemeint sein? Auf diese Frage scheint es keine vernünftige Antwort zu geben. Dinge unterschiedlicher Art mögen Würde haben; aber dass Dinge unterschiedliche Arten von Würde haben, ergibt einfach keinen Sinn.

Aber nehmen wir einmal an, dass wir unter »Menschenwürde« eine besondere Art von Würde verstehen. Dann müssten wir einräumen, dass es außer der Menschenwürde auch noch andere Arten von Würde wie zum Beispiel die wölfische Würde oder die Schafswürde geben kann. Aber dann könnten Sätze wie (13) und (14) keinen axiomatischen Status haben und uns nicht als unmittelbar einleuchtend erscheinen. Wir würden dann nämlich *aufgrund* unseres Verständnisses von »Menschenwürde« als Name für eine bestimmte Art von Würde mit der Möglichkeit rechnen, dass die Vertreibung von Wölfen auch eine besondere Art von Würde, nämlich die besondere Würde der Wölfe verletzt. Und (13) würden wir dann nur auf der Basis eines *zusätzlichen Arguments* akzeptieren.[55] Das wiederum hätte nichts damit zu tun, dass (13) speziell

---

[54] Als *Prima-facie*-Evidenz für diese Auffassung kann man eigentlich nur darauf verweisen, dass »Menschenwürde« demselben Wortbildungsmuster gehorcht wie »Menschenknochen«. Fakten über den Mechanismus der Wortbildung sind aber keine zuverlässigen Evidenzen für die Wortbedeutung. Katzengold ist überhaupt kein Gold, auch wenn das Muster der Wortbildung suggerieren mag, dass »Katzengold« auf eine bestimmte Art von Gold referiert. Der Ausdruck »menschliche Eigenschaft« ist nach demselben Muster gebildet wie der Ausdruck »moralische Eigenschaft«. Während aber »moralische Eigenschaft« tatsächlich eine besondere Art von Eigenschaften meint, meinen wir mit »menschliche Eigenschaft« lediglich Eigenschaften, die Menschen haben, um was für Eigenschaften auch immer es sich dabei handelt. Dass Habgier eine menschliche Eigenschaft ist, sagt uns daher etwas über Menschen, aber nichts darüber, was für eine Art von Eigenschaft *Habgier* ist.

[55] Das erforderliche Argument müsste entweder zeigen, dass es keine besondere Art von Würde gibt, die den Wölfen zukommt; oder es müsste zeigen, dass die besondere Würde der Wölfe durch Vertreibung nicht verletzt wird;

von Wölfen handelt. Folglich wären (13) bis (15) keine Axiome der Ethik der Menschenwürde, wenn wir mit »Menschenwürde« eine besondere Art von Würde meinten. Also meinen wir mit »Menschenwürde« nichts, was mit der verqueren Idee einer besonderen Art der Würde erfasst werden könnte. Anstatt zu sagen, dass »Menschenwürde« eine Würde meint, die den und den spezifizierenden Bedingungen genügt, sollten wir also sagen, dass damit gemeint ist: *die* menschenspezifische Würde, die allen Menschen gleichermaßen zukommt. Der Begriff MENSCHENWÜRDE hat also einen anthropozentrischen Gehalt in dem Sinne, dass damit die Eigenschaft der Würdigkeit als eine menschenspezifische Eigenschaft, die allen Menschen gleichermaßen zukommt, repräsentiert wird:

(MW) »Menschenwürde« $=_{df}$ die menschenspezifische Eigenschaft der Würdigkeit, die allen Menschen gleichermaßen zukommt.

3.3 *Der ethische Gehalt des Begriffs der Menschenwürde*

Wir haben eben gesehen, dass sich der Begriff MENSCHENWÜRDE vom Begriff WÜRDE grundsätzlich unterscheidet. Während WÜRDE ein objektneutraler Begriff ist, hat der Begriff MENSCHENWÜRDE einen dezidiert anthropozentrischen Gehalt. Mit dem Begriff der Würde teilt der Begriff der Menschenwürde jedoch auch etwas Wesentliches. Beide Begriffe dienen dazu, Individuen herauszugreifen, die eine besondere moralische Stellung haben.

Die Unterscheidung zwischen Individuen, die Würde, und solchen, die keine Würde haben, ist nach Kants Auffassung eine Unterscheidung, die die Grenzen der moralischen Gemeinschaft absteckt. Individuen, die keine Würde haben, sind bloße Sachen ohne moralische Bedeutung. Individuen, die Würde haben, haben daher einen *absoluten* moralischen Vorrang vor Individuen, die keine Würde haben. Während jene Adressaten von Pflichten sind, denen man Unrecht tun kann, ist man diesen gegenüber zu nichts verpflichtet. Individuen, die keine Würde und bloß den Status von Sachen haben, kann man kein Unrecht tun.

oder es müsste zeigen, dass die Verletzung der besonderen Würde der Menschen schlechter ist als die Verletzung der besonderen Würde der Wölfe.

Genau wie der Begriff der Würde dient auch der Begriff der Menschenwürde einer moralischen Grenzziehung. Auch er ist ein fundamentaler *moraltheoretischer* Begriff. Dazu kommt, dass der Begriff der Menschenwürde, wie der Begriff der Würde auch, ein nicht-konsequentialistischer Begriff, d. h. ein sich auf einen *nicht-konsequentialistischen Wert* beziehender Begriff ist. Wenn wir diese Begriffe anerkennen und nicht für leer halten, glauben wir, dass es Individuen gibt, die als Individuen einen Wert haben: Wenn *A* Würde hat, dann hat *A* einen Wert, der (1) von dem Nutzen, den andere Individuen aus dem Dasein von *A* ziehen, ebenso unabhängig ist wie (2) von dem Zustand, in dem sich *A* befindet, und (3) von den Einstellungen, die andere Individuen *A* gegenüber haben.[56] Die Ethik der Menschenwürde ist daher wie die Ethik der Würde eine nicht-konsequentialistische Ethik. Die Begriffe der Würde und der Menschenwürde sind folglich *entweder leer oder der Konsequentialismus ist falsch*.

Abgesehen davon, dass beide Begriffe nicht-konsequentialistische Wertbegriffe sind, ist mit der Anerkennung des Begriffs der Würde keine substantielle ethische Perspektive verbunden. Der Begriff WÜRDE, hatten wir gesehen, ist objektneutral und enthält als solcher keinerlei Einschränkung in Bezug auf die Art der Individuen, die Würde haben können. Der Begriff MENSCHENWÜRDE enthält dagegen als solcher eine spezifische ethische Perspektive. Er hat nicht nur eine abstrakte moraltheoretische Bedeutung für die Artikulation einer nicht-konsequentialistischen Ethik. Mit ihm ist *konstitutiv* verbunden, was wir als eine *moralische Weltanschauung* bezeichnen könnten. Die mit dem Begriff MENSCHENWÜRDE verbundene moralische Weltanschauung ist durch zwei Prinzipien definiert: (A) der anthropozentrische moralische Egalitarismus; (B) der anthropozentrische moralische Elitismus. Zusammengenommen konstituieren diese beiden Prinzipien (C) den moralischen Anthropozentrismus.[57]

---

[56] Die Unabhängigkeit von diesen Faktoren ist das, was Tom Regan mit dem Begriff des inhärenten Werts und was Kant mit dem Begriff eines Daseins, das ein Zweck an sich selbst ist, erfassen wollten. So wie Regan inhärenten Wert von intrinsischem Wert unterscheidet, ist das, was Kant mit einem Zweck an sich meint, nicht identisch mit dem, was wert ist, um seiner selbst willen erstrebt zu werden. Vgl. Regan (2005) 235 ff., Kant (1982a/1785) 59ff., BA 64 ff.

[57] So verstanden, ist der moralische Anthropozentrismus *nicht* identisch

Betrachten wir zunächst den *egalitaristischen* Gehalt von MENSCHENWÜRDE. Wenn wir in diesem Begriff denken, haben wir eine Neigung, bestimmte inegalitaristische Auffassungen spontan zurückzuweisen. Ein aristotelischer Elitismus, wie ihn beispielsweise Richard Taylor vertritt, ist eine Auffassung, die wir als eine mit der Idee der Menschenwürde *unvereinbare* Ethik wahrnehmen. Taylor schreibt:

> The claim, implicit in all egalitarian philosophy and in popular religion, that fools are just as good as their opposites flies in the face of empirical fact, and indeed, no one believes it anyway. We have been *taught*, for political and social reasons – some of them perhaps good reasons – to talk that way, to declare that no one is really any better as a human being than anyone else; that we are equals, notwithstanding appearances. But everyone knows that this is not true. It is simply another comfortable falsehood – comfortable, that is, to those among us who are fools, or who are singularly lacking in the gifts of intelligence, creativity, and resourcefulness that are the mark of great persons.[58]

Der springende Punkt ist, dass wir diesen Elitismus, demzufolge einige Menschen qua Menschen besser als andere Menschen sind und als bessere Menschen auch *mehr zählen* als andere Menschen, unmittelbar als mit der bloßen Idee der Menschenwürde unvereinbar wahrnehmen. Mit der Ethik der Menschenwürde ist Taylors Elitismus allein deshalb unvereinbar, weil er mit der bloßen Idee der Menschenwürde unvereinbar ist. Im Rahmen dieses Elitismus ist kein Platz für ein Denken im Begriff der Menschenwürde.[59] Denn die bloße Idee der Menschenwürde verlangt, dass Menschen trotz aller noch so großen und noch so bedeutenden Unterschiede moralisch Gleiche sind. Sie verlangt, den schlimmsten Verbrecher und

---

mit der Auffassung, dass ausschließlich Menschen oder menschliche Interessen zählen. Anthropozentrisch ist auch die von Nozick (1974) 39 diskutierte Position »utilitarianism for animals, Kantianism for people«, die uns sagt: »(1) maximize the total happiness of all living beings; (2) place stringent side constraints on what one may do to human beings.« Dass ausschließlich menschliche Interessen zählen, ist allerdings eine mögliche Ausprägung des moralischen Anthropozentrismus. Die Unterschiede anthropozentrischer Moraltheorien ergeben sich aus Unterschieden in der Ausformulierung seiner elitistischen Komponente.

[58] Taylor (1996) 19.
[59] Zur begrifflichen Unvereinbarkeit der aristotelischen Elitismus mit dem Egalitarismus der Moderne vgl. a. Taylor (2002) 64 ff.

den moralisch Vorbildlichsten unter uns als moralisch Gleiche zu betrachten. Auch der schlimmste Verbrecher, sind wir geneigt zu sagen, ist noch immer ein Mensch und besitzt als Mensch – wie jeder andere Mensch auch – die gleiche Menschenwürde. Teilnehmer am Menschenwürde-Diskurs müssen nicht die Unterschiede unter den Menschen leugnen. Sie müssen nicht einmal leugnen, dass es moralisch bedeutsame Unterschiede zwischen Menschen gibt. Was sie aufgrund des ihre Reflexion anleitenden Begriffs der Menschenwürde jedoch spontan verneinen, ist, dass die Unterschiede unter den Menschen einen Unterschied *im moralischen Status* begründen. Sie verneinen, dass einige Menschen *mehr zählen* als andere und dass einige Menschen einen *moralischen Vorrang* vor anderen Menschen haben. Daher ist die Ethik der Menschenwürde allein aufgrund des Begriffs MENSCHENWÜRDE nicht nur mit jeder Ethik unvereinbar, der zufolge der moralische Status eines Menschen in irgendeiner Weise von seiner *Leistung* abhängig ist. Sie ist auch mit jeder Ethik unvereinbar, der zufolge der moralische Status eines Menschen von seinen moralischen Attributen und damit von seinem Verhalten oder seinen Intentionen abhängig ist. Obwohl Kants Ethik mit dem aristotelischen Elitismus eines Richard Taylor unvereinbar ist, ist auch sie mit der Ethik der Menschenwürde *unvereinbar*, da sie, wie wir bereits gesehen haben, nicht unterschreibt, dass alle Menschen moralisch gleichermaßen zählen.

Der Zusammenhang zwischen der Idee der fundamentalen moralischen Gleichheit aller Menschen und dem Begriff der Menschenwürde ist also nichts, was wir unabhängig von dessen Aneignung gelernt hätten. Wir haben nicht den Begriff der Menschenwürde erst erworben und uns dann durch irgendein substantielles Argument davon überzeugt, dass alle Menschen gleichermaßen Menschenwürde besitzen und als solche moralisch Gleiche sind. Es ist vielmehr so, dass der Prozess des Erwerbs des Begriffs MENSCHENWÜRDE ein Prozess der Konzeptualisierung aller Menschen als moralisch Gleicher ist. Daher ist es der Begriff der Menschenwürde selbst, der uns, wenn wir ihn besitzen, geneigt macht, eine elitistische Auffassung wie die von Taylor zurückzuweisen oder in Zweifel zu ziehen. Sofern wir dem Begriff MENSCHENWÜRDE vertrauen, betrachten wir inegalitaristische Ethiken nicht als ernsthaft in Erwägung zu ziehende Möglichkeiten, sondern als durch die

Idee der Menschenwürde überwundene moralische Weltanschauungen. Der anthropozentrische Egalitarismus erschöpft aber nicht den ethischen Gehalt des Begriffs MENSCHENWÜRDE. Denn wie der Begriff der Würde ist auch MENSCHENWÜRDE der Begriff eines nicht-konsequentialistischen Werts, dessen Besitz ein *Kriterium moralischer Gleichheit* ist. Wie beim Begriff der Würde wird der Wert, auf den wir uns mit dem Begriff der Menschenwürde beziehen, als ein Wert gedacht, den zu besitzen für ein Individuum bedeutet, einen prinzipiellen, unüberbrückbaren oder absoluten moralischen Vorrang vor solchen Individuen zu haben, die ihn nicht besitzen. Die Besonderheit des Begriffs der Menschenwürde ist dabei, dass wir uns mit ihm auf die Eigenschaft der Würdigkeit *als eine menschenspezifische Eigenschaft* beziehen. Daher sind wir als Besitzer dieses Begriffs nicht nur geneigt, alle Menschen als moralisch Gleiche zu betrachten, sondern auch geneigt, Menschen als *diejenigen* Individuen anzusehen, die als Individuen zählen und als Individuen moralische Rücksicht verlangen. Das heißt, wir neigen dazu, Menschen als *diejenigen* Individuen zu betrachten, die Subjekte von Rechten und Adressaten von Pflichten sind. Daher ist mit der Idee der Menschenwürde die Idee der *moralischen Vorrangigkeit* menschlicher Individuen konstitutiv verbunden: Im Unterschied zum Begriff WÜRDE ist der Begriff MENSCHENWÜRDE der Begriff einer Eigenschaft, die *den Menschen* eine moralische Sonderstellung verleiht.[60]

Die unschwer zu erkennende Unvereinbarkeit des Utilitarismus mit der Ethik der Menschenwürde ist, letztlich, eine *begriffliche* Unvereinbarkeit. Wir können nicht dem Begriff der Menschenwürde vertrauen und zugleich, wie Jeremy Bentham und Henry Sidgwick,

---

[60] Die mit dem Begriff der Menschenwürde verbundene Konzeption der Sonderstellung im Sinne der Vorrangigkeit ist nicht die einzig mögliche. Der Theologe Andrew Linzey vertritt die Auffassung, dass Menschen eine moralische Sonderstellung im Kosmos gerade nicht im Sinne der Vorrangigkeit vor anderen Geschöpfen, sondern in dem Sinne haben, dass sie die ›dienende Spezies‹ sind: »The uniqueness of humanity consists in its ability to become the servant species. To exercise its full humanity as co-participants and co-workers with God in the redemption of the world.« Diese Konzeption, unterstreicht Linzey, »challenges the traditional notions that the world (…) exists largely in an instrumentalist relationship to human beings.« – Linzey (1995) 57.

glauben, dass der moralische Wert von Schmerz und Lust unabhängig davon ist, um wessen Schmerz oder Lust es sich handelt. Und genauso wenig können wir, wenn wir MENSCHENWÜRDE für einen intakten Begriff halten, das von Singer herausgestellte Prinzip der gleichen Berücksichtigung gleichartiger Interessen akzeptieren. Singer schreibt:

> Das Wesentliche am Prinzip der gleichen Interessenabwägung besteht darin, daß wir in unseren moralischen Überlegungen den ähnlichen Interessen all derer, die von unseren Handlungen betroffen sind, gleiches Gewicht geben. Dies bedeutet: Wenn X und Y von einer möglichen Handlung betroffen wären und X dabei mehr zu verlieren als Y zu gewinnen hätte, ist es besser die Handlung nicht auszuführen. Akzeptieren wir das Prinzip der gleichen Interessenabwägung, so können wir nicht sagen, es sei besser die Handlung auszuführen, weil uns, trotz der beschriebenen Fakten, Y mehr angehe als X. Worauf das Prinzip in Wirklichkeit hinausläuft, ist folgendes: Interesse ist Interesse, wessen Interesse es auch immer sein mag.[61]

Wenn wir Singers Prinzip der gleichen Berücksichtigung gleicher Interessen im Lichte der Idee der Menschenwürde betrachten, fällt auf, dass es nicht nur eine werttheoretische, sondern auch eine tiefergehende *begriffliche* Unvereinbarkeit zwischen dem Utilitarismus und der Ethik der Menschenwürde gibt. Singers Prinzip verlangt, dass bei der Bewertung einer Handlung von der Identität der betroffenen Individuen abstrahiert wird und ausschließlich die Interessen *als solche* berücksichtigt werden. Das macht Sinn, wenn der moralische Status der Individuen, deren Interessen zu berücksichtigen sind, in ihrer Eigenschaft gründet, Subjekte von Interessen zu sein. Es macht aber keinen Sinn, wenn Menschen einen moralischen Vorrang vor nicht-menschlichen Subjekten von Interessen haben. Denn einen moralischen Vorrang zu haben *heißt*, unter anderem, vorrangiger Berücksichtigung wert zu sein. Und umgekehrt macht auch die Idee eines moralischen Vorrangs von Menschen keinen Sinn, wenn die Interessen aller Subjekte von Interessen gleichermaßen zu berücksichtigen sind. Nun haben wir gesehen, dass der Begriff MENSCHENWÜRDE mit der Idee der moralischen Vorrangigkeit von Menschen konstitutiv verbunden ist. Also ist

[61] Singer (1994) 39.

die Ethik der Menschenwürde aus begrifflichen Gründen mit dem Prinzip der gleichen Berücksichtigung gleichartiger Interessen unvereinbar: Wenn der Begriff der Menschenwürde nicht leer ist, ist dieses Prinzip falsch, und wenn dieses Prinzip wahr ist, ist der Begriff der Menschenwürde leer.[62]

3.4 Die Inkohärenz des Begriffs der Menschenwürde

Die skeptische These, auf die die bisherigen Überlegungen zusteuern, lautet: MENSCHENWÜRDE ist ein *inkohärenter* Begriff. Damit ist gemeint, dass der Begriff der Menschenwürde in sich widersprüchlich ist und Anforderungen an seinen Gegenstand stellt, die miteinander unvereinbar sind. Obwohl diese These, wie schon gesagt, kontraintuitiv ist, hat sie die bedeutende Attraktion, dass sie die beste Erklärung für die Anarchie der Menschenwürde-Konzeptionen bereitstellt. Die Analyse von MENSCHENWÜRDE unterstützt diesen Punkt. Wenn wir über die Struktur und den ethischen Gehalt des Begriffs der Menschenwürde reflektieren und dabei auf den charakteristischen Unterschied zwischen den Begriffen WÜRDE und MENSCHENWÜRDE achten, fällt nämlich auf, dass der Begriff der Menschenwürde einige *sonderbare* Eigenschaften aufweist, durch die seine Kohärenz in Frage gestellt wird.

Dass die Idee der Menschenwürde als solche problematisch ist, zeigt sich an der Problematik der mit ihr verbundenen Kombination von anthropozentrischem Egalitarismus und Elitismus. Die Problematik dieser ethischen Weltanschauung lässt sich am besten

---

[62] Ein dialektischer Mangel in Singers Argument für das *principle of the equal consideration of interests* besteht darin, dass er die Vorstellung eines auf die Idee der Menschenwürde sich berufenden Egalitarismus nicht berücksichtigt. Dadurch verliert auch das im dritten Kapitel seiner *Praktischen Ethik* entwickelte Argument für einen speziesübergreifenden moralischen Egalitarismus an Überzeugungskraft. Denn jeder, dessen anthropozentrischer Egalitarismus auf der Idee der Menschenwürde basiert, wird bestreiten, dass uns die Anerkennung der moralischen Gleichheit der Menschen auch die Anerkennung von Tieren als moralisch Gleichen abnötigt. Wenn man Singers Argument durch die Kritik des Begriffs der Menschenwürde flankiert, ist jedoch schwer zu sehen, was man seiner prinzipiellen Stoßrichtung entgegensetzen könnte. Vgl. Singer (1994), Kap. 2 u. 3.

an dem ungelösten Problem verdeutlichen, mit dem das Projekt der Rechtfertigung einer anthropozentrischen Ethik konfrontiert ist. Das Problem besteht, abstrakt gesprochen, darin, eine einheitliche Basis für den Egalitarismus und den Elitismus zu finden. Konkret stellt sich das Problem als das Problem dar, eine Eigenschaft zu identifizieren, die (1) menschenspezifisch ist, die (2) alle Menschen besitzen und die (3) eine moralischen Status verleihende Eigenschaft ist. Dass es kaum eine begründete Hoffnung gibt, dieses Problem zu lösen, ist nicht schwer zu sehen.[63]

Wenn wir an Leistungen, Kompetenzen oder Befähigungen denken, durch die sich Menschen von anderen Lebewesen signifikant zu unterscheiden scheinen, denken wir vielleicht an die Fähigkeit zum moralischen Urteil. Diese Fähigkeit besitzen jedoch nicht alle Menschen. Anenzephalische Säuglinge, geistig schwer behinderte und demente Menschen sowie Menschen im Zustand dauerhafter Bewusstlosigkeit sind nicht fähig, in moralischen Begriffen zu denken und moralische Urteile zu fällen. Diese Menschen sind weder fähig, moralischen Überlegungen anderer zu folgen, noch können sie selbst moralische Überlegungen anstellen. Wenn ihnen Unrecht geschieht, können sie dieses Unrecht nicht als Unrecht erfassen; und wenn sie Würde haben, wissen sie nicht und können sie nicht

---

[63] Es ist evident, dass das Problem der Rechtfertigung des moralischen Anthropozentrismus ein Problem ist, das wir *im Lichte* des Wissens konzipieren, dass alle Menschen Menschen sind und kein nicht-Mensch ein Mensch ist. Die Tatsache, dass alle Menschen Menschen sind und kein nicht-Mensch ein Mensch ist, ist daher nicht einmal ein Kandidat für einen den moralischen Anthropozentrismus rechtfertigenden Grund. Es ist daher durchaus bemerkenswert, wenn Tugendhat (1997) 107 meint, der Mensch habe eine moralische Priorität vor dem Schaf, »nicht weil das Schaf irgendwelche Qualitäten nicht hätte (…) sondern weil das Schaf ein Schaf ist und der Mensch ein Mensch und weil *wir* Menschen sind«. Diese Antwort ergibt keinen Sinn. Wenige Zeilen später wird jedoch deutlich, dass Tugendhat die von ihm behauptete Priorität des Menschen doch auf bestimmte relationale Charakteristika stützen möchte: Die Menschheit sei nämlich »eine große Familie« und »jeder Mensch, der mir begegnet, [könnte] mein Bruder oder meine Schwester sein« (108) – eine Behauptung allerdings, die, wörtlich verstanden, falsch ist, oder, wenn wir sie nicht wörtlich, sondern im Sinne eines moralischen Aufrufs dazu verstehen sollen, alle Menschen als Mitglieder einer großen Familie zu betrachten, denen wir eine besondere Loyalität schulden, für die Rechtfertigung des moralischen Anthropozentrismus irrelevant ist.

den Gedanken denken, dass sie Würde haben. Wenn sich diese Menschen von nicht-menschlichen Tieren im Hinblick auf den moralischen Sinn unterscheiden, dann sicherlich nicht darin, dass sie etwas besitzen, was jenen fehlt.[64]

Wenn wir dagegen bemüht sind, einen kleinsten gemeinsamen Nenner zu finden, um die Vorstellung der Gleichheit aller Menschen nicht in Gefahr zu bringen, landen wir vielleicht (wie Fuat Oduncu) bei der Tatsache der körperlichen Verletzlichkeit oder der grundsätzlichen Vulnerabilität aller Menschen. Wir denken dann, dass wir, egal welche Fähigkeiten und Kompetenzen wir sonst noch haben, das gemeinsame menschliche Schicksal schutzbedürftiger Individuen haben, deren fragiles Leben von unzähligen schwer kontrollierbaren kontingenten Faktoren abhängig ist. *Diese* Eigenschaft ist jedoch keine spezifisch menschliche Eigenschaft. Verletzlichkeit, Fragilität, Schutzbedürftigkeit sind Eigenschaften, die wir mit anderen Lebewesen teilen.

So scheint unser Bestreben, die Besonderheit von Menschen auch angesichts von Evidenzen zu untermauern, die für eine Kontinuität unter den Spezies sprechen, die egalitaristische These der moralischen Gleichheit aller Menschen zu gefährden; und unser Bestreben, die moralische Gleichheit aller Menschen auch angesichts von unübersehbaren und bedeutsamen Unterschieden unter den Menschen selbst zu etablieren, scheint die elitistische These der Besonderheit der Menschen zu gefährden. Da es weder möglich ist, den moralischen Anthropozentrismus durch einen Hinweis auf Fähigkeiten von Menschen zu rechtfertigen, *die viele Menschen nicht besitzen*, noch möglich ist, ihn durch einen Hinweis auf Fähigkeiten zu rechtfertigen, *die auch bei Tieren vorkommen*, scheint das Projekt einer Rechtfertigung des moralischen Anthropozentrismus zum Scheitern verurteilt zu sein.[65]

---

[64] Rowlands (2013) argumentiert, dass auch Tiere aus moralischen Gründen handeln können.

[65] Es gibt keine rationale Antwort auf die Frage: Wie können Eigenschafen, *die unstrittig auch bei Tieren vorkommen*, eine moralische Sonderstellung des Menschen begründen? Die Diskussion über das sog. *Argument aus den Grenzfällen* (engl. *the argument from marginal cases*) hat zudem deutlich gemacht, dass es auch keine rationale Antwort auf die Frage gibt: Wie können Eigenschaften, *die unstrittig vielen Menschen fehlen*, eine moralische Sonderstellung der

Das Problem der Rechtfertigung des moralischen Anthropozentrismus macht deutlich, wie sonderbar diese These ist. Es ist aber wichtig zu sehen, dass der moralische Anthropozentrismus keineswegs inkohärent ist. Diese These ist ungerechtfertigt und falsch, aber nicht in sich widersprüchlich. Denn wir können uns eine Welt vorstellen, in der alle Menschen moralisch Gleiche sind *und* in der alle Menschen einen absoluten moralischen Vorrang vor allen nicht-menschlichen Individuen haben. Eine Welt, in der alle und nur die Menschen Vernunft haben, würden Kantianer als eine Welt betrachten, in der alle Menschen moralisch Gleiche sind und in der alle Menschen einen absoluten moralischen Vorrang vor allen nicht-menschlichen Individuen haben. Eine Welt, in der alle und nur die Menschen Empfindungen, Gefühle und Interessen haben, ist eine Welt, die Utilitaristen als eine Welt betrachten würden, in der alle Menschen moralisch Gleiche sind und in der alle Menschen einen absoluten moralischen Vorrang vor allen nicht-menschlichen Individuen haben. Ob diese Welten metaphysisch möglich sind, ist zwar zweifelhaft.[66] Es scheint aber, dass wir uns diese Welten *vorstellen* können. Und das reicht, um die Behauptung zu stützen, dass der moralische Anthropozentrismus begrifflich möglich und in diesem Sinne kohärent ist.

Die Inkohärenz des Begriffs der Menschenwürde kann sich daher nicht daraus ergeben, dass er uns auf *den moralischen Anthropozentrismus* festlegt. Die Inkohärenz hat aber damit zu tun, dass uns der Begriff MENSCHENWÜRDE auf den moralischen Anthropozentrismus *festlegt*. In aller Kürze lässt sich der Grundgedanke in zwei

---

Menschen begründen? Zu einer ausführlichen Diskussion und Darstellung der Debatte über das Argument aus den Grenzfällen vgl. Dombrowski (1997).

[66] Die Evolutionstheorie legt nahe, dass biologische Spezies *historische Entitäten* sind. Wenn wir diese Auffassung teilen, dann ist es für die Spezies »Mensch« *notwendig*, die Abstammung zu haben, die sie *de facto* hat. Die Spezies »Mensch« ist dann, wie Kladisten behaupten, notwendig ein bestimmter Zweig im Baum des irdischen Lebens. Aber dann scheint eine Welt, in der ausschließlich Menschen geistige Kapazitäten haben, metaphysisch unmöglich zu sein. Denn erstens stammen Menschen von Individuen mit geistigen Kapazitäten ab, und zweitens ist es unmöglich, dass sich eine Spezies mit hochentwickelten geistigen Kapazitäten durch natürliche Selektion aus einer Spezies ohne geistige Kapazitäten entwickelt. Zur kladistischen Spezieskonzeption vgl. Ridley (1989).

Schritten darstellen. Der erste Schritt besteht in einem Argument für die Leerheit von MENSCHENWÜRDE; der zweite Schritt in einem Argument dafür, dass die Leerheit von MENSCHENWÜRDE eine Folge der Inkohärenz dieses Begriffs ist.

Erster Schritt Wenn der Begriff der Menschenwürde nicht leer wäre, wäre der moralische Anthropozentrismus *nicht* mit dem Problem konfrontiert, eine Eigenschaft zu identifizieren, die (1) menschenspezifisch ist, die (2) alle Menschen besitzen und die (3) eine moralischen Status verleihende Eigenschaft ist. Denn der Begriff der Menschenwürde *ist* der Begriff einer solchen Eigenschaft. Da dieses Problem jedoch existiert, ist der Begriff der Menschenwürde *leer*.

Um die Schlüssigkeit des *erstens Schritts* zu sehen, brauchen wir keine neuen Überlegungen ins Spiel zu bringen. Dass das Problem der Rechtfertigung des moralischen Anthropozentrismus die angegebene Struktur hat, habe ich eben verdeutlicht. Die Struktur ergibt sich aus dem den moralischen Anthropozentrismus definierenden Anspruch, dass Menschen moralisch Gleiche sind und dass Menschen einen moralischen Vorrang vor nicht-menschlichen Individuen haben. Im Kapitel über die Struktur des Begriffs der Menschenwürde haben wir gesehen, dass MENSCHENWÜRDE eine menschenspezifische Eigenschaft meint, die allen Menschen gleichermaßen zukommt, wobei diese Eigenschaft die Eigenschaft der Würdigkeit ist. Im Kapitel über den ethischen Gehalt des Begriffs der Menschenwürde habe ich unterstrichen, dass dieser Begriff, wie auch der Begriff der Würde, ein nicht-konsequentialistischer Wertbegriff ist, durch den wir Individuen einen Wert zuschreiben, der sie zu Subjekten von Rechten und Adressaten von Pflichten macht. Daraus ergibt sich, dass das Problem der Rechtfertigung des moralischen Anthropozentrismus nicht existierte, wenn der Begriff der Menschenwürde nicht leer wäre. Dieses Problem existiert aber – es ergibt sich aus dem Anspruch des moralischen Anthropozentrismus. Also ist MENSCHENWÜRDE ein leerer Begriff.

Zweiter Schritt Das Problem der Rechtfertigung des moralischen Anthropozentrismus ergibt sich daraus, dass die moralischen Eigenschaften eines Individuums mit begrifflicher Notwendigkeit von seinen natürlichen Eigenschaften abhängig sind.[67] Da dieses Problem nicht existierte, wenn der Begriff der Menschenwürde intakt wäre, ist MENSCHENWÜRDE der Begriff einer moralischen Eigenschaft, deren Instantiierung von den natürlichen Eigenschaften der sie instantiierenden Individuen nicht abhängig ist. Also ist MENSCHENWÜRDE der Begriff einer Eigenschaft, deren Instantiierung von den natürlichen Eigenschaften der sie instantiierenden Individuen *sowohl* abhängig *als auch* unabhängig ist. Also ist MENSCHENWÜRDE ein inkohärenter Begriff.

Um die Schlüssigkeit des zweiten Schritts zu sehen, müssen wir nicht viel mehr tun, als unser intuitives Verständnis des Problems der *Rechtfertigung* des moralischen Anthropozentrismus zu mobilisieren. Wenn wir über die Auffassung reflektieren, dass alle Menschen moralisch Gleiche sind und dass Menschen einen moralischen Vorrang vor nicht-menschlichen Lebewesen haben, erkennen wir, dass diese These *rechtfertigungsbedürftig* ist, weil wir erkennen, dass sie *voraussetzt*, dass es eine *natürliche* Gleichheit unter den Menschen und eine *natürliche* Ungleichheit zwischen Menschen und Tieren gibt.

Das zeigt sich daran, dass wir *moralische* Rechtfertigungsversuche als inadäquat und untauglich zurückweisen würden. So lässt sich die Auffassung, dass Menschen einen moralischen Vorrang vor nicht-menschlichen Individuen haben, *nicht* durch die Behauptung rechtfertigen, dass alle Menschen Würde besitzen, während alle nicht-menschlichen Lebewesen keine Würde besitzen. Ebenso würde auch der Versuch fehlschlagen, die moralische Sonderstellung des Menschen durch die Behauptung zu rechtfertigen, dass Menschen Subjekte von Rechten sind, während nicht-menschliche Lebewesen keine Rechte haben. Wichtig ist, dass beide Behauptungen, selbst wenn sie als Rechtfertigungen *intendiert* sein sollten, keine Rechtfertigungen *sind*. Denn auf die Frage, *warum* Menschen einen moralischen Vorrang vor nicht-menschlichen Individuen besitzen, liefern sie nicht etwa eine problematische, angreifbare oder schlechte Antwort. Sie liefern gar keine Antwort. Diese Behauptun-

---

[67] Ich benutze »natürlich« hier nicht im Sinne von »naturalistisch«, sondern im Sinne von »nicht-evaluativ«. In diesem Sinne zählen geistige Eigenschaften auch dann zu den natürlichen Eigenschaften, wenn sie Eigenschaften von immateriellen Substanzen sind.

gen verfehlen das Thema der Frage. Warum das so ist, ist ebenfalls unschwer zu erkennen. Beide Behauptungen sind keine Rechtfertigungen, weil sie auf nichts verweisen, was man als den *Grund* der Vorrangigkeit ansehen könnte. Sie verweisen also auf keine Eigenschaft, *kraft* welcher Menschen einen moralischen Vorrang vor nicht-menschlichen Lebewesen haben könnten. Anstatt etwas über die Grundlagen der behaupteten moralischen Vorrangigkeit von Menschen zu sagen, sagen uns diese Behauptungen, *was es heißt*, einen moralischen Vorrang zu haben. Sie sind daher keine Rechtfertigungen, sondern bloß *Artikulationen* des moralischen Anthropozentrismus. Die Rechtfertigung des behaupteten moralischen Vorrangs kann sich also nicht auf moralische, sondern muss sich auf *natürliche* Eigenschaften von Menschen beziehen.

Wie selbstverständlich das ist, zeigt sich daran, dass wir die Rechtfertigung des moralischen Anthropozentrismus spontan als eine Frage der *Fähigkeiten* (und damit eben als eine Frage der natürlichen Eigenschaften) von Menschen und Tieren verstehen. Die Quelle dieser Selbstverständlichkeit liegt in der Natur moralischer Begriffe. Moralische Begriffe beziehen sich auf Eigenschaften, die den Dingen, die sie instantiieren, nur kraft anderer Eigenschaften zukommen können, wobei diese anderen Eigenschaften in letzter Analyse natürliche, d.h. nicht-evaluative Eigenschaften sein müssen.[68] Jede moralisch falsche Handlung ist falsch kraft ihrer natürlichen Eigenschaften. Jeder moralisch gute Wille ist gut aufgrund von anderen, nicht-evaluativen Eigenschaften des guten Willens. Entsprechendes gilt auch vom Begriff WÜRDE. Nichts kann *ein-*

---

[68] In der älteren Literatur hat man die Abhängigkeit moralischer von natürlichen Eigenschaften durch die Idee der *Supervenienz* ausdrücken wollen und gesagt, dass moralische Eigenschaften auf natürlichen Eigenschaften in dem Sinne supervenieren, dass es ohne einen Unterschied in den natürlichen Eigenschaften der Dinge auch keinen Unterschied in ihren moralischen Eigenschaften geben kann. Vgl. zum Beispiel Hare (1972) 110f. Die philosophische Debatte hat jedoch herausgebracht, dass die Idee der Supervenienz von der Idee der ontologischen Abhängigkeit verschieden ist und diese nicht enthält. Ontologische Abhängigkeit erklärt Supervenienz, Supervenienz schließt aber nicht ontologische Abhängigkeit ein. *Ontologische Abhängigkeit* ist eine asymmetrische Beziehung. *Supervenienz* dagegen ist nicht asymmetrisch. Wie zum Beispiel Armstrong (2009) 118 hervorhebt, scheint sowohl Wahrheit auf Sein als auch Sein auf Wahrheit zu supervenieren.

fach so oder *ohne Weiteres* Würde haben. Vielmehr hat jedes Individuum, das Würde hat, diese Würde aufgrund von natürlichen Eigenschaften, die ihm Würde verleihen: Der Begriff WÜRDE ist, wie schon gesagt, systematisch mit dem Begriff einer würdeverleihenden Eigenschaft verbunden.

Dass der moralische Anthropozentrismus voraussetzt, dass es eine natürliche Gleichheit unter den Menschen und eine natürliche Ungleichheit zwischen Menschen und Tieren gibt, ergibt sich also aus den *Begriffen* der moralischen Gleichheit und der moralischen Vorrangigkeit. Wir wissen a priori, dass diese Theorie nicht wahr wäre, wenn es keine (möglicherweise komplexe) *natürliche* Eigenschaft gibt, die (1) menschenspezifisch ist, die (2) allen Menschen zukommt und die (3) eine moralischen Status verleihende Eigenschaft ist.

Nun bezieht sich der Begriff MENSCHENWÜRDE auf eine *moralische* Eigenschaft, die (1) menschenspezifisch ist, die (2) allen Menschen gleichermaßen zukommt und die zu besitzen (4) *heißt*, den moralischen Status eines Individuums zu haben, das als solches moralische Rücksichtnahme, d. h. Respekt verlangt. Wenn daher der Begriff MENSCHENWÜRDE *nicht* leer wäre, wäre der moralische Anthropozentrismus auch dann wahr, wenn es *keine natürliche* Eigenschaft gäbe, die den Bedingungen (1), (2) und (3) genügt.

Daraus folgt aber, dass sich MENSCHENWÜRDE auf eine moralische Eigenschaft bezieht, deren Instantiierung von den natürlichen Eigenschaften der sie instantiierenden Individuen nicht abhängig ist. Damit steht MENSCHENWÜRDE im Widerspruch zum Begriff der moralischen Eigenschaft. MENSCHENWÜRDE stellt sich folglich als der Begriff einer Eigenschaft heraus, deren Instantiierung von den natürlichen Eigenschaften der sie instantiierenden Individuen *sowohl* abhängig *als auch* unabhängig ist. Also ist der Begriff MENSCHENWÜRDE ein in sich widersprüchlicher, d. h. inkohärenter Begriff.[69]

---

[69] Ich habe hier das Problem mit Hilfe des Begriffs der Eigenschaft formuliert. Diejenigen Menschenwürde-Theoretiker, die die Rede von Eigenschaften im Zusammenhang mit der Idee der Menschenwürde irgendwie problematisch finden, können sich das Problem auch mit Hilfe von alternativen Formulierungen verständlich machen. Ich hätte auch sagen können: (A) Mit dem Begriff der Menschenwürde scheinen wir etwas zu meinen, das von den natürlichen

3.5 Werttheoretische Paradoxien der Ethik der Menschenwürde

Die Inkohärenz des Begriffs der Menschenwürde ergibt sich daraus, dass MENSCHENWÜRDE eine in sich widersprüchliche Konzeption eines moralischen Werts enthält. MENSCHENWÜRDE ist, anders gesagt, ein Begriff von einem moralischen Wert, der im Widerspruch zum Begriff eines moralischen Werts steht. MENSCHENWÜRDE ist daher ein Begriff, der mit sich selbst im Widerspruch steht. Die Inkohärenz dieses Begriffs ist folglich kein lokaler Defekt im moralischen Denken, sondern ein Defekt, der sich auf die Struktur des moralischen Denkens als solche auswirkt: Im Begriff der Menschenwürde gerät das moralische Denken mit sich selbst in Widerspruch. Paradigmatisch dafür ist die mit dem Begriff der Menschenwürde verbundene paradoxe Vorstellung eines unverlierbaren, angeborenen moralischen Privilegs der Menschen. Zunächst zeige ich, dass das moralische Denken im Begriff der Menschenwürde auf diese Vorstellung festgelegt ist, und erläutere anschließend den widersprüchlichen werttheoretischen Gehalt dieser Vorstellung.

Der Begriff WÜRDE, hatte ich oben betont, ist in dem Sinne objektneutral, dass er keine Einschränkung in Bezug auf die Art der Individuen enthält, für die es möglich ist, Würde zu haben. Daher können wir auch durch bloße Reflexion über den Begriff WÜRDE nicht herausfinden, welche Individuen Würde besitzen. Der Begriff der Würde schließt aber auch nicht ein, dass die Würde eines Indi-

Eigenschaften der Menschen sowohl unabhängig als auch abhängig ist. (Dass wir mit dem Begriff der Menschenwürde *etwas* meinen, wird kein Menschenwürde-Theoretiker abstreiten wollen). Für diejenigen, die auch die Rede von Begriffen irgendwie problematisch finden, kann ich noch eine weitere, alternative Formulierung anbieten: (B) Mit dem Ausdruck »Menschenwürde« scheinen wir uns auf etwas zu beziehen, das von den natürlichen Eigenschaften der Menschen sowohl unabhängig als auch abhängig ist. (Dass es den Ausdruck »Menschenwürde« gibt und dass wir uns mit ihm auf etwas beziehen – dass wir etwas damit meinen –, sollte kein Menschenwürde-Theoretiker abstreiten.) Leute, die außerdem noch Schwierigkeiten mit der Rede von natürlichen Eigenschaften von Menschen haben, können sich nach dem Vorbild von (A) und (B) weitere Paraphrasen ausdenken, die ihnen dann keine Schwierigkeiten mehr bereiten sollten. – Eine berechtigte und wichtige Frage ist, ob dann auch der Begriff MENSCHENRECHT durch ein ähnliches skeptisches Argument unterminiert wird. Diese Frage diskutiere ich in Appendix C.

viduums diesem Individuum notwendig zukommt. Daher ist durch den Begriff WÜRDE nicht garantiert, dass diejenigen Individuen, die Würde haben, Würde für die Dauer ihrer gesamten Existenz haben. Kant, hatten wir gesehen, glaubte zum Beispiel, dass Menschen ihre Würde *verlieren* können. Diese Auffassung mag falsch sein. Sie ist aber kohärent, da es nicht begrifflich notwendig ist, dass würdeverleihende Eigenschaften notwendige Eigenschaften der sie instantiierenden Individuen sind.

Vom moralischen Status von Menschen gewinnen wir jedoch ein ganz anderes Bild, wenn wir in der Perspektive des Begriffs der Menschenwürde denken. In seinem Aufsatz »Menschenwürde als ethisches Prinzip« schreibt Otfried Höffe:

> Auch als Würde interpretiert, behält die Sonderstellung [des Menschen] ihre doppelte Bedeutung. Als angeborenes Privileg ist sie eine unverdiente Würde, die allen Menschen zukommt, während sie als angeborene Verantwortung von jedem noch verdient werden muss. Die Situation ist paradox und doch für den Begriff charakteristisch: Die Menschenwürde ist ein Privileg, dessen man durch seine Lebensweise würdig werden soll und das trotzdem auch der Unwürdige nie verliert.[70]

Menschenwürde, betont Höffe hier, ist ein nicht verlierbares angeborenes Privileg der Menschen. Diese Auffassung stellt nicht etwa eine besonders anspruchsvolle Ausformung der Ethik der Menschenwürde dar, sondern reflektiert definierende Merkmale des Begriffs der Menschenwürde. Denn mit »Menschenwürde«, haben wir gesehen, ist die menschenspezifische Würdigkeit gemeint, die *allen* Menschen *gleichermaßen* zukommt. Durch den Begriff der Menschenwürde ist daher nicht nur ausgeschlossen, dass es Menschen gibt, die keine Menschenwürde besitzen. Es ist auch ausgeschlossen, dass es eine Veränderung im Leben von Menschen gibt, die dazu führt, dass sie Menschenwürde erhalten, und ausgeschlossen, dass es eine Veränderung im Leben von Menschen gibt, die dazu führt, dass sie ihre Menschenwürde verlieren. Zusammengenommen heißt das, dass der *Begriff* der Menschenwürde ausschließt,

---

[70] Höffe (2002) 117. Wie viele andere Menschenwürde-Theoretiker benutzt Höffe »Würde« im Sinne von »Menschenwürde«; ein bedauerlicher Umstand, durch den der fundamentale Unterschied zwischen der Ethik der Würde und der Ethik der Menschenwürde aus dem Blick gerät.

dass es für Menschen möglich ist, keine Menschenwürde zu besitzen. MENSCHENWÜRDE meint daher einen Wert, für den es nicht möglich ist, dass ihn die ihn instantiierenden Individuen erwerben oder verlieren, wobei die ihn instantiierenden Individuen ausschließlich Menschen sein können. Es sind also nicht Fakten über Menschen, die – aus der Perspektive der Ethik der Menschenwürde – erklären, warum es für Menschen nicht möglich ist, die Eigenschaft der Würdigkeit zu erhalten oder zu verlieren. Aus der Perspektive der Ethik der Menschenwürde ist diese Unmöglichkeit ein fundamentales werttheoretisches *factum brutum*. Aber das ist paradox. Wenn es für Menschen nicht möglich ist, den moralischen Wert, durch den sie einen Anspruch auf Achtung haben, zu verlieren, müssen es Fakten über Menschen sein, die diese Unmöglichkeit erklären. Diese Unmöglichkeit kann also keine fundamentale werttheoretische Wahrheit sein.

Dieser Punkt lässt sich leicht an einem beliebigen Beispiel eines Dissenses über den moralischen Status beliebiger Individuen verdeutlichen. Kant, hatten wir gesehen, glaubte, dass sich Suizidanten, indem sie beabsichtigen, sich selbst das Leben zu nehmen, des Anspruchs auf Achtung begeben, so dass »nachher jeder mit ihnen machen kann, was er will«. Um dagegen die Auffassung zu verteidigen, dass Suizidanten ein gleiches Anrecht auf Achtung haben wie andere Leute, reicht es nicht aus, zu behaupten, dass der Anspruch auf Achtung von den Ausprägungen des Lebenswillens eines Individuums unabhängig ist. Wir müssen auch auf einen Grund verweisen, aus dem dieser Anspruch von Ausprägungen des Lebenswillens unabhängig ist. Und das können wir nur tun, indem wir auf eine natürliche Eigenschaft verweisen, von der wir (1) Grund zu glauben haben, dass sie von den Ausprägungen des Lebenswillens eines Individuums unabhängig ist, und von der wir (2) Grund zu glauben haben, dass sie einem Individuum einen moralischen Wert verleiht, durch den es einen Anspruch auf Achtung hat.

Wichtig und evident ist, dass wir diese Anforderungen nicht erfüllen würden, wenn wir, wie Höffe, darauf verweisen, dass auch der unwürdige Mensch seine Würdigkeit nicht verliert. Mit dieser paradoxen Behauptung (die Kant zugleich recht und unrecht zu geben scheint) behaupten wir in einer abstrakten werttheoretischen Form noch einmal, wofür wir einen *Grund* angeben müssen – dass der einen Anspruch auf Achtung erzeugende moralische Wert eines Individuums von dessen Intentionen (und damit auch von den Ausprägungen seines Lebenswillens) nicht abhängig ist. Der Punkt ist hier nicht, dass Höffes Behauptung dialektisch wertlos ist, weil man mit ihr voraussetzen würde, was in Frage steht. Das Problem ist, dass sie die Anforderungen (1) und (2) nicht erfüllt und folglich überhaupt keinen Grund für eine Alternative zu Kants Theorie über den moralischen Status von Suizidanten angibt. Die paradoxe These, dass auch der Unwürdige seine Würde niemals verliert, ist keine defiziente, sondern überhaupt keine Rechtfertigung des Anrechts auf Achtung von Suizidanten.

Sowenig wie es ein werttheoretisches *factum brutum* sein kann, dass die Absicht zur Selbsttötung nicht die Achtungswürdigkeit des Suizidanten untergräbt, so wenig kann es ein werttheoretisches *factum brutum* sein, dass es für Menschen unmöglich ist, einen moralischen Wert zu erhalten oder zu verlieren, der ihnen ein Anrecht auf Achtung gibt. Wir können das a priori wissen, weil wir a priori wissen, dass Werteigenschaften von natürlichen – nicht-evaluativen – Eigenschaften abhängig sind. Wir wissen daher auch a priori, dass der moralische Status von Menschen von natürlichen Fakten über Menschen abhängig ist.[71] Dies wiederum hat nichts Spezielles mit Menschen zu tun, sondern reflektiert eine werttheoretische

---

[71] Daran ändert sich auch nichts, wenn man behauptet, Menschen wären *notwendig* moralisch privilegiert. Denn auch dann muss es Fakten *über Menschen* geben, die erklären, warum Menschen einen besonderen moralischen Rang haben, der ihnen notwendig zukommt. Dass die modale Version des moralischen Anthropozentrismus keinen Unterschied für seine Erklärungsbedürftigkeit macht, ist evident. Eine Analogie kann den Punkt verdeutlichen helfen. Wenn wir dem philosophischen Theismus folgen, ist Gott nicht nur verehrungswürdig, sondern auch notwendig verehrungswürdig. Dass Gott notwendig verehrungswürdig ist, besagt aber nicht, dass seine Verehrungswürdigkeit ein *factum brutum* ist. Gott ist unter anderem deshalb verehrungswürdig, weil er moralisch vollkommen ist. Gott ist aber nicht zufällig moralisch vollkommen. Eine Person, die auch ungerecht oder missgünstig sein könnte, wäre nicht Gott. Dasselbe gilt für die anderen Vollkommenheiten Gottes. Da Gott also notwendig vollkommen ist und da Gott aufgrund dieser Vollkommenheiten verehrungswürdig ist, ist Gott auch *notwendig* verehrungswürdig. Sowohl dass Gott verehrungswürdig ist als auch dass Gott notwendig verehrungswürdig ist, ergibt sich also aus Fakten *über Gott* und nicht etwa aus Fakten über den Begriff der Verehrungswürdigkeit.

Tatsache über jedes beliebige Individuum: Der moralische Status eines Individuums hängt von natürlichen Fakten über dieses Individuum ab, egal ob es sich dabei um einen Menschen oder einen nicht-Menschen handelt. Moralisches Denken im Begriff der Menschenwürde hat dagegen die paradoxe Tendenz, die Abhängigkeit des moralischen Status eines Individuums von seinen natürlichen Eigenschaften nicht für Menschen, sondern nur für nicht-menschliche Wesen anzuerkennen.[72] Denn als ein anthropozentrischer Wertbegriff, der sich auf einen Wert bezieht, für den es nicht möglich ist, dass ihn die ihn instantiierenden Individuen erwerben oder verlieren, entbindet der Begriff der Menschenwürde das moralische Denken von der Verpflichtung zu erklären, warum Menschen einen besonderen moralischen Wert haben. Von einem Wert, zu dessen Begriff es gehört, für Menschen notwendig zu sein, macht es weder Sinn zu fragen, *warum Menschen* ihn besitzen, noch Sinn zu fragen, *warum alle Menschen* ihn besitzen. Beides ist so sinnlos wie von einem Wert, zu dessen Begriff es gehört, dass er menschenspezifisch ist, zu fragen, *warum ausschließlich Menschen* ihn besitzen. Moralisches Denken, das dem Begriff der Menschenwürde vertraut, schreibt daher Menschen nicht nur eine moralische Sonderstellung zu, sondern tendiert dazu, die behauptete *moralische* Sonderstellung der Menschen zugleich als ein *werttheoretisches Faktum sui generis* zu betrachten.

Exemplarisch für diese Tendenz scheint mir Höffes Behauptung zu sein, die Menschenwürde sei ein unverlierbares angeborenes *Privileg* aller Menschen. Damit will Höffe nicht nur zum Ausdruck bringen, dass Menschen eine moralische Sonderstellung haben. Es geht ihm nämlich darum, zu verdeutlichen, wie man die behauptete Sonderstellung verstehen muss, wenn man sie »als [Menschen-]Würde interpretiert«. So interpretiert, will Höffe sagen, haben Menschen eine Sonderstellung, weil Menschen *kraft* einer ausschließlich ihnen zukommende Würdigkeit, die sie weder erworben haben noch verlieren können, privilegiert sind, wobei diese Erklärung als eine vollständige Erklärung verstanden werden muss. Indem er dem Begriff der Menschenwürde vertraut, vertraut Höffe also

---

[72] Vgl. die ausführliche Analyse von typischen Argumentationsmustern der Ethik der Menschenwürde in Teil II Kap.4.

darauf, dass es eine rein *moralische Erklärung* für die behauptete Sonderstellung der Menschen gibt. Das zeigt, dass die bisherige Charakterisierung des Unterschieds zwischen den Begriffen WÜRDE und MENSCHENWÜRDE um einen Aspekt erweitert werden muss, der die werttheoretische Paradoxie der Idee der Menschenwürde besonders deutlich macht. Hervorgehoben hatte ich bereits, dass sich MENSCHENWÜRDE, im Unterschied zu WÜRDE, nicht auf einen Wert bezieht, der den Individuen, die ihn besitzen, kraft einer anderen – würdeverleihenden – Eigenschaft zukommt. Jetzt haben wir gesehen, dass Attributionen von Menschenwürde nicht nur als Artikulationen, sondern auch als Rechtfertigungen des moralischen Anthropozentrismus verstanden werden, wobei dieses Verständnis den Gehalt von MENSCHENWÜRDE reflektiert. MENSCHENWÜRDE, können wir daher sagen, ist ein anthropozentrischer Wertbegriff, der sich auf einen Wert bezieht, *kraft dessen* die Individuen, die ihn besitzen, einen Wert als Individuen haben. Der Begriff der Menschenwürde legt uns also nicht nur auf die inkohärente Idee eines von natürlichen Eigenschaften unabhängigen Werts fest. Er legt uns auch auf die inkohärente Idee eines (ursprünglich) wertverleihenden Werts fest.

Appendix A: Eine Konzeption, auf die sich alle einigen können?

Nachdem sie vier Konzeptionen der Menschenwürde als unzulänglich zurückgewiesen haben, stellen Philipp Balzer, Klaus Peter Rippe und Peter Schaber (im Folgenden: Balzer et al.) in ihrem Buch *Menschenwürde vs. Würde der Kreatur* fest, dass man deshalb nicht schließen sollte, dass MENSCHENWÜRDE undefinierbar sei. Es gäbe nämlich, behaupten sie, eine Minimalkonzeption, »die von allen geteilt wird«.[73] Die Autoren stellen also in Aussicht, eine Definition vorzulegen, die zumindest mit allen anderen Konzeptionen vereinbar und in diesem Sinne eine Konzeption ist, auf die sich alle einigen könnten. Wie sieht diese Definition aus? Balzer et al. behaupten:

[73] Balzer et al. (1999: 28)

(M) Menschenwürde ist etwas, das verletzt wird, wenn eine Person erniedrigt wird.[74]

Das erste, was an M auffällt, ist, dass M *keine* Definition von MENSCHENWÜRDE ist. M ist nicht mehr als eine Umschreibung dessen, worauf wir uns mit »Menschenwürde« beziehen. M würde daher nicht einmal als Wörterbucheintrag taugen. Wer das Wort »Menschenwürde« nicht kennt und wissen möchte, was es bedeutet, sähe sich enttäuscht, wenn er im Duden unter »Menschenwürde« nichts anderes fände als M. Dieser Eintrag wäre genauso uninformativ wie eine Erklärung der Bedeutung von »Glück« durch:

(G) Glück ist etwas, das man nicht erzwingen kann.

G ist offensichtlich keine Definition oder Konzeption von »Glück«. G ist vielleicht ein Satz, auf den sich alle Philosophen einigen können, egal welche Konzeption von Glück sie für richtig halten. Aber daraus lässt sich nicht schließen, dass G den Kern dessen ausdrückt, was Glück ist. G steht nicht in Konkurrenz zu Konzeptionen des Glücks, weil G selbst keine Konzeption des Glücks ist. Konzeptionen von »Glück« sind Antworten auf die Frage, was Glück ist, eine Frage also nach der Natur oder dem Wesen von Glück. Auf diese Frage gibt uns G keine Antwort. G könnte allenfalls die Rolle einer Adäquatheitsbedingung für Konzeptionen des Glücks spielen. Abgesehen von dieser Möglichkeit wird die philosophische Debatte über das Glück durch G genauso wenig vorangebracht wie die Epistemologie durch:

(W) Wissen ist etwas, über das sich schon viele Philosophen den Kopf zerbrochen haben.

W ist wahr. Aber W ist keine Konzeption des Wissens. Daher können sich alle Epistemologen auf W einigen.
Wie gewinnt man Sätze wie M, G und W? Sie sind Resultate einer bloß linguistischen Operation. »Glück ist etwas, das man nicht erzwingen kann«, entsteht durch eine Umformulierung des Satzes »Glück kann man nicht erzwingen«. Die beiden Sätze sind notwendig äquivalent, beide drücken ein und dieselbe Proposition

[74] Ebd. Die Autoren beziehen sich dabei selbst auf einen Definitionsversuch von William Parent.

aus. Ebenso ist der Satz »Wissen ist etwas, über das sich schon viele Philosophen den Kopf zerbrochen haben«, bloß eine linguistische Variation des Satzes »Schon viele Philosophen haben sich über das Wissen den Kopf zerbrochen«. Und genauso verhält es sich bei M. M gewinnt man (zum Beispiel) durch eine Umformulierung von:

(M') Wenn man eine Person erniedrigt, wird die Menschenwürde verletzt.

M' ist offensichtlich keine Definition von »Menschenwürde«. Mit der Bejahung von M' vertritt man keine Konzeption der Menschenwürde.

Manche Leute denken, dass die Klonierung von Menschen die Menschenwürde verletzt. Diese Leute können dann, wie Balzer et al., behaupten:

(M1) Die Menschenwürde ist etwas, das verletzt wird, wenn man Menschen kloniert.

M1 ist nicht äquivalent mit M, steht aber auch nicht in Konkurrenz zu M. Genauso wenig steht die Behauptung

(G1) »Glück ist etwas, das sich alle wünschen«

in Konkurrenz zu G. So gut wie alle Teilnehmer am Menschenwürde-Diskurs glauben auch, dass die Menschenwürde eines Menschen niemals verloren gehen kann. Also können sie behaupten:

(M2) Die Menschenwürde ist etwas, das ein Mensch niemals verlieren kann.

Auf diese Weise lassen sich *unzählige* andere Sätze wie M bilden. Balzer et al. scheinen aber zu denken, dass M gegenüber allen anderen M-artigen Sätzen privilegiert ist. M kann aber nur privilegiert sein, wenn das Prädikat »x wird verletzt, wenn eine Person erniedrigt wird« eine privilegierte Rolle spielt. Mit Hilfe dieses Prädikats muss der Referent von »Menschenwürde« identifiziert werden können. Balzer et al. sollten daher sagen:

(M*) Die Menschenwürde ist *das*, was verletzt wird, wenn eine Person erniedrigt wird.

M* ist eine ›strukturelle‹ Definition von »Menschenwürde«. Sie sagt uns nicht, was Menschenwürde ist, und auch nicht, was der Begriff MENSCHENWÜRDE bedeutet, sondern gibt uns eine definite, identifizierende Charakterisierung dessen, worauf wir uns mit »Menschenwürde« beziehen. Hier ist eine Analogie. Nehmen wir an, Glück wäre, wie Mill behauptet hat, tatsächlich das einzige, was sich ausnahmslos alle Menschen wünschen.[75] Wir könnten dann nicht nur sagen, dass Glück *etwas* ist, das sich alle Menschen wünschen. Wir könnten dann wahrheitsgemäß auch sagen, dass Glück *dasjenige* ist, das sich alle Menschen wünschen. Trotzdem ist klar, dass wir damit weder die Frage beantwortet haben, was Glück ist, noch die Frage beantwortet haben, was »Glück« bedeutet. Wir haben also damit weder eine philosophische These über das Wesen des Glücks aufgestellt noch eine Analyse des Begriffs GLÜCK gegeben. Wäre das eine echte Definition von GLÜCK, dürften wir schließen, dass es kein Glück gäbe, gäbe es nichts, was sich ausnahmslos alle Menschen wünschen. Das ist absurd. Und wir dürften darauf schließen, dass sich dann, wenn sich ausnahmslos alle Menschen wünschen würden, reich zu sein, Glück identisch mit Reichtum wäre. Auch das ist absurd.

Gleichartige Probleme tauchen für M* auf. Was wird verletzt, wenn man eine Person erniedrigt? Ein guter Kandidat ist die Selbstachtung. Auf der Grundlage von M* müssen wir dann schließen, dass Menschenwürde *dasselbe* ist wie Selbstachtung. Aber das ist widersinnig. MENSCHENWÜRDE ist kein psychologischer Begriff. Wenn Menschen andere Menschen erniedrigen, wird aber auch verletzt, was Kant für das oberste Prinzip der Moral gehalten hat. Also dürfen wir auf Grundlage von M* schließen, dass Menschenwürde *dasselbe* ist wie der Kategorische Imperativ. Auch das ergibt keinen Sinn. MENSCHENWÜRDE bezieht sich nicht auf eine Proposition.[76] Von einer Proposition zu behaupten, dass Menschen sie haben oder besitzen, ergibt keinen Sinn.[77]

---

[75] Vgl. Mill (2006/1861) 234.

[76] »Menschenwürde« kann daher, entgegen mancher Verlautbarungen, auch nicht auf ein *Prinzip* referieren. Der Slogan »Prinzip Menschenwürde« enthält, strikt genommen, einen Kategorienfehler.

[77] Wie wir an unseren beiden Beispielen sehen, wird durchaus Verschiedenes verletzt, wenn man Personen erniedrigt. Wenn wir M* akzeptieren, müssen

Auf den ersten Blick mag das, was Balzer et al. als die minimalistische Konzeption der Menschenwürde bezeichnen, einen gewissen Vorzug vor anderen Menschenwürde-Konzeptionen zu haben scheinen. Auf den zweiten Blick erweist sie sich aber als entweder gehaltlos oder konfus. Gehaltlos, wenn wir die minimalistische Konzeption mit M identifizieren. Konfus, wenn wir sie mit M* identifizieren.

Appendix B: Menschenwürde als das Recht, nicht erniedrigt zu werden?

Die kritische Diskussion in Appendix A hat sich alleine auf das bezogen, was Balzer et al. als »Minimalkonzeption der Menschenwürde« bezeichnen. Dort habe ich nicht berücksichtig, dass die drei Autoren das minimalistische M mit einer substantiellen Erläuterung versehen:

> [Die] Minimalkonzeption der Menschenwürde besagt: Menschenwürde ist etwas, das verletzt wird, wenn eine Person erniedrigt wird. Dabei wird durch die Erniedrigung kein physisches Gut, sondern vielmehr ein *Anspruch* verletzt, den Personen haben. Wenn wir einem Menschen also Würde zusprechen, sprechen wir ihm das moralische Recht zu, nicht erniedrigt zu werden.[78]

Warum ich diese Erläuterung bisher nicht berücksichtigt habe, hat einen einfachen Grund: Mit ihr verlassen wir den Minimalismus sowohl von M als auch von M* und erhalten, bei angemessener Rekonstruktion, eine substantielle *reduktive Definition* von »Menschenwürde«. Was wir erhalten ist nämlich:

(MER) »Menschenwürde« $=_{df.}$ »das Recht, nicht erniedrigt zu werden«.

wir daher auch zu dem absurden Schluss kommen, dass diese Dinge in Wirklichkeit miteinander identisch sind. Wir müssten dann unter anderem akzeptieren, dass Selbstachtung dasselbe ist wie der Kategorische Imperativ. Denn wenn Menschenwürde *dasselbe* ist wie Selbstachtung und auch *dasselbe* ist wie der Kategorische Imperativ, muss auch Selbstachtung *dasselbe* sein wie der Kategorische Imperativ.

[78] Ebd.

Diese Rekonstruktion stützt sich auf zwei Fakten. Erstens die Überschrift des Kapitels, in dem die zitierte Passage vorkommt. Sie lautet »Menschenwürde als das Recht nicht erniedrigt zu werden«.[79] Zweitens, und wichtiger, auf die im Zitat wiedergegebene Behauptung: »Wenn wir einem Menschen (…) Würde zusprechen, sprechen wir ihm das moralische Recht zu, nicht erniedrigt zu werden.« Es ist klar, dass Balzer et al. damit nur eins meinen können, nämlich, dass wir Menschen das Recht zuschreiben, nicht erniedrigt zu werden, *indem* wir ihnen Menschenwürde zuschreiben. Das wiederum ist dann und nur dann wahr, wenn Behauptungen des Satzes »Menschen besitzen Menschenwürde« dasselbe meinen wie Behauptungen des Satzes »Menschen besitzen das Recht, nicht erniedrigt zu werden.« Und das ist dann und nur dann wahr, wenn die genannten Sätze *bedeutungsgleich* sind. Also müssen wir Balzer et al. so interpretieren, dass sie eine *analytische Definition* von »Menschenwürde« vorschlagen, und diese Definition wird durch MER dargestellt.

Die damit vertretene Auffassung ist also nicht die, dass Menschen das Recht haben, nicht erniedrigt zu werden, *weil* sie Menschenwürde besitzen. Die Auffassung ist, dass Menschenwürde zu besitzen nichts anderes *heißt*, als das Recht zu haben, nicht erniedrigt zu werden. MER ist daher keine minimalistische Konzeption, »auf die sich alle einigen können«, weil sie gegenüber allen substantiellen Konzeptionen neutral wäre. MER ist, ganz im Gegenteil, eine *reduktive analytische Definition* von »Menschenwürde«. Und diese Definition ist *unvereinbar* mit den ›Konzeptionen‹, die von Balzer et al. abgelehnt werden, und ebenfalls unvereinbar mit all den Konzeptionen, die wir hier als Evidenzen für die kognitive Anarchie des Menschenwürde-Diskurses angeführt haben.[80]

---

[79] Ebd.
[80] Was Balzer et al. unter dem Titel »Vier unzulängliche Konzeptionen der inhärenten Menschenwürde« diskutieren, sind allerdings Thesen von ganz unterschiedlicher Art – Thesen, die gar nicht auf dieselbe Frage antworten. Insbesondere die Auffassung, die sie unter der Überschrift »Menschenwürde als Gruppe moralischer Rechte« diskutieren, ist ersichtlich kein Versuch einer Analyse des Begriffs *Menschenwürde*, sondern ein Versuch, die Frage zu beantworten, was es heißt, die Menschenwürde zu *respektieren*. Aus der Behauptung, dass der Respekt vor der Menschenwürde in der Beachtung von Rechten besteht, folgt nicht, dass Menschenwürde selbst in der Beachtung von Rechten besteht. Eine solche Behauptung wäre sinnlos. Es folgt aber auch nicht, dass Menschen-

Betrachten wir aber noch MER selbst. Was ist von dieser Definition zu halten? Es gibt zwei entscheidende, die Definition unterminierende Einwände.

Erstens, diese Definition konfligiert mit einer offensichtlichen Wahrheit über den Begriff der Menschenwürde: MENSCHENWÜRDE ist ein Wertbegriff und kein deontischer Begriff. Wie der Begriff WÜRDE gehört auch der MENSCHENWÜRDE nicht in die Kategorie solcher Begriffe wie: DÜRFEN, SOLLEN, VERPFLICHTUNG, BEFUGNIS, sondern zu solchen Begriffen wie: INTRINSISCHER WERT, GUT, VORZUGSWÜRDIG, ACHTENSWERT. Unsere erste Liste ist eine Liste deontischer Begriffe, die zweite eine Liste von Wertbegriffen. Mit MER behaupten Balzer et al. nun aber nichts anderes, als dass MENSCHENWÜRDE ein deontischer Begriff ist. MER widerstreitet daher einer begrifflichen Wahrheit. Wäre MENSCHENWÜRDE ein deontischer Begriff, wäre es nicht wahr, dass man, wenn man Menschen Menschenwürde zuschreibt, ihnen damit einen besonderen Wert zuschreibt. Ein Diskussionsbeitrag wie: »Zugestanden, Menschen besitzen Menschenwürde. Das heißt aber noch lange nicht, dass Menschen als solche einen besonderen Wert hätten« sollte dann nicht absonderlich sein. Aber natürlich ist diese Behauptung absonderlich. Mit einer Person, die das behauptet, würden wir (Teilnehmer am Menschenwürde-Diskurs) keine ethische Diskussion darüber beginnen, ob Menschen einen besonderen Wert haben. Wir würden vielmehr versuchen, sie begrifflich zu instruieren, und sie darauf aufmerksam machen, dass sie, wenn sie behauptet »Menschen besitzen Menschenwürde«, eben damit Menschen einen besonderen Wert zuschreibt.[81]

MER erfüllt also nicht einmal eine *Adäquatheitsbedingung* für die Definition von MENSCHENWÜRDE. Damit könnten wir die Diskussion dieses Vorschlags, MENSCHENWÜRDE als ein Recht würde in Rechten (oder einem Recht) *besteht*. Auch diese Behauptung ergibt keinen vernünftigen Sinn.

[81] Unsere Reaktion auf diesen Beitrag wäre also von ganz anderer Art als die auf den folgenden Diskussionsbeitrag: »Menschen haben als solche keinen besonderen Wert; denn es gibt keine Menschenwürde«. Diese Position werden Teilnehmer am Menschenwürde-Diskurs zwar nicht akzeptieren; sie werden aber einsehen, dass sie konsistent und nicht konfus ist. Auch wird ihnen klar sein, dass begriffliche Instruktionen hier nicht weiterhelfen. Sie werden also in eine ethische Debatte eintreten.

zu definieren, eigentlich abschließen. Denn wir wissen jetzt, dass er nicht zufällig, sondern aus prinzipiellen Gründen fehlschlägt. Da MENSCHENWÜRDE kein deontischer Begriff ist, muss jedes Projekt, den Begriff der Menschenwürde als ein Recht zu definieren, misslingen.

Dennoch möchte ich noch auf ein anderes Problem aufmerksam machen. Die Definition MER scheitert, zweitens, auch daran, dass sie, entgegen dem ersten Anschein, *zirkulär* ist. Und diese Zirkularität ist wiederum nicht zufällig, sondern ergibt sich zwingend aus einem systematischen Problem, das jeden Versuch, den Begriff der Menschenwürde durch den Begriff eines Rechts zu definieren, betrifft. Aus diesem Grund lässt sich die Zirkularität von MER durch keine Reformulierung beseitigen.

Um das zu sehen, nehmen wir einmal, *per impossibile*, an, MENSCHENWÜRDE wäre ein deontischer Begriff und würde sich auf ein moralisches Recht beziehen. Dann stellt sich noch immer die Frage, *welches* Recht denn mit diesem Begriff gemeint ist. Warum sollte MENSCHENWÜRDE definitorisch mit dem Begriff des Rechts, nicht erniedrigt zu werden, zusammenhängen, nicht aber, sagen wir, mit dem Begriff des Rechts auf Privatsphäre? Hier ist eine MER-analoge Definition:

(MP) »Menschenwürde« = $_{df.}$ »das Recht auf Privatsphäre«

Wer MER vertritt, muss uns sagen können, warum MP nicht adäquat sein soll. Warum sollten wir also MER gegenüber MP vorziehen? Hier ist eine Antwortmöglichkeit: Es gibt Verletzungen der Privatsphäre, die wir (d. h. die Teilnehmer am Menschenwürde-Diskurs) nicht als Verletzung der Menschenwürde ansehen würden, weil sie vergleichsweise harmlos sind. Diejenigen Verletzungen der Privatsphäre dagegen, die wir als Verletzungen der Menschenwürde ansehen, sind Fälle, in denen die Betroffenen durch den Eingriff in den Raum ihrer Privatheit *erniedrigt* werden. Erniedrigt zu werden ist dagegen in jedem Fall eine Verletzung der Menschenwürde. Denn es ist *begrifflich unmöglich*, dass jemand erniedrigt wird, ohne dass seine Menschenwürde verletzt wird.

Wichtig ist nun, dass eine andere Erklärung, warum MER den Vorzug vor MP erhalten sollte, arbiträr wäre. Denn wenn wir Verletzungen der Privatsphäre als Verletzungen der Menschenwürde ansehen würden – Verletzungen der Privatsphäre als Verletzungen der Menschenwürde *konzeptualisierten* –, Verletzungen der Privatsphäre zugleich aber nicht immer als Erniedrigung gedeutet werden können, ist nicht zu sehen, warum MER gegenüber MP vorzuziehen wäre. Wir hätten dann eine eigenständige Kategorie von Menschenwürde-Verletzungen. Und warum sollte der Begriff des Rechts auf eine unverletzte Privatsphäre unter diesen Bedingungen nicht ein *genauso guter* Kandidat für das *definiens* von MENSCHENWÜRDE sein wie der Begriff des Rechts, nicht erniedrigt zu werden?

Klar ist weiterhin, dass wir genau diese Frage auch in Bezug auf eine unbestimmte Anzahl anderer moralischer Rechte (oder was wir dafür halten) stellen können. Was ist zum Beispiel, könnte jemand sagen, mit dem Recht auf politische Partizipation? Ist die Verweigerung politischer Partizipation nicht auch immer eine Verletzung der Menschenwürde? Also können wir mit gleichem Recht wie Balzer et al. behaupten:

(MPP) »Menschenwürde« $=_{df.}$ »das Recht auf politische Partizipation«

Das einzige systematische, nicht-arbiträre Kriterium für eine Entscheidung zwischen MER und MP (und MPP und …) ist also das Kriterium des *Schutzes der Menschenwürde*: Der von dem Recht definierte Anspruch muss derart sein, dass seine Verletzung mit begrifflicher Notwendigkeit eine Verletzung der Menschenwürde darstellt. Denn ein Anspruch, dessen Verletzung nicht notwendig eine Verletzung der Menschenwürde ist, kann für MENSCHENWÜRDE nicht definierend sein.

Nun kann MER diese Bedingung nur dann erfüllen, wenn:

(ERM) »Das Recht, nicht erniedrigt zu werden« $=_{df.}$ »das Recht, menschenwürdig behandelt zu werden und menschenwürdig leben zu können«[82]

---

[82] Ich habe diese Formulierung gewählt, um der Tatsache Rechnung zu tragen, dass Balzer et al. zulassen, dass das Recht, nicht erniedrigt zu werden, auch durch so etwas wie absolute Armut verletzt wird. Es gibt, nach ihrer Auffassung, nicht nur erniedrigende Handlungen (wie: jemanden zwingen, sich vor anderen zu entblößen), sondern auch erniedrigende Umstände. Diese Vorstellung können wir nicht erfassen, wenn wir nur von einem Recht sprechen, menschenwür-

ERM ist eine reduktive analytische Definition des Begriffs des Rechts, nicht erniedrigt zu werden. Dieses Recht zu haben *heißt*, ERM zufolge, nichts anderes als das Recht zu haben, menschenwürdig behandelt zu werden und menschenwürdig leben zu können. Auf der Basis von ERM können wir daher sagen, dass MER nichts anderes sagt als:

(MM) »Menschenwürde« $=_{df.}$ »das Recht, menschenwürdig behandelt zu werden und menschenwürdig leben zu können.«

MM macht nun die ganze Misere aller Versuche, den Begriff der Menschenwürde als einen Rechtsbegriff zu konzipieren, deutlich. MM ist hoffnungslos zirkulär.[83] Und daran zeigt sich unmittelbar, dass Menschenwürde nicht als ein Recht definiert werden kann.

Wie kann es zu einem solchen Fehler kommen? Ich denke, dass die Überlegungen, die Balzer et al. zu der Auffassung geführt haben, MENSCHENWÜRDE als das Recht, nicht erniedrigt zu werden, zu definieren, auf einem Fehlschluss der Äquivokation beruhen. Der ihre Überlegungen anleitende Gedanke ist folgender: Wenn wir den Gehalt von MENSCHENWÜRDE bestimmen wollen, müssen wir untersuchen, was es ist, das verletzt wird, wenn, wie wir denken, die Menschenwürde verletzt wird. Dieser Gedanke ist jedoch irreführend, weil der Ausdruck »Verletzung« mehrdeutig ist. Das Problem lässt sich am besten anhand eines analogen Falls darstellen.

Niemand würde auf die Idee kommen, den Begriff PRIVATSPHÄRE mit dem Begriff des Rechts auf Privatsphäre zu identifizieren: *Privatsphäre als das Recht auf Privatsphäre* ist offenkundiger Nonsense. Wenn man der methodologischen Idee von Balzer et al. folgt, könnte es aber so scheinen, als wäre diese bizarre Idee das Resultat konsequenten philosophischen Denkens. Und das geht so:

Angenommen, wir suchen nach der Definition des Begriffs PRIVATSPHÄRE. Unsere Idee ist nun, dass wir das am besten herausfinden können, indem wir untersuchen, was allen Verletzungen der

---

dig *behandelt* zu werden. Wir erfassen sie aber mit der Rede von einem Recht, menschenwürdig behandelt zu werden und menschenwürdig leben zu können.

[83] Hoffnungslos zirkulär ist auch die von Neumann (2004) 61 vertretene These: »(…) [Menschen]Würde ist das, was von dem Prinzip der Menschenwürde geschützt ist.«

Privatsphäre gemeinsam ist. Wir erinnern uns außerdem daran, dass wir glauben, dass es ein moralisches Recht auf Privatsphäre gibt. Und dann wird uns klar, was wir suchen. Denn jede Verletzung der Privatsphäre ist *mit begrifflicher Notwendigkeit* eine Verletzung des moralischen Rechts auf Privatsphäre. Das Tagebuch eines anderen zu lesen ist dagegen nur unter bestimmten Umständen eine Verletzung der Privatsphäre, nämlich nur dann, wenn der andere nicht zugestimmt hat, dass wir sein Tagebuch lesen. Außerdem gibt es außer dem geheimen Lesen von Tagebüchern noch ganz andere Verletzungen der Privatsphäre. Es ist also weder begrifflich notwendig, dass man die Privatsphäre einer Person verletzt, wenn man ihr Tagebuch liest; noch ist es begrifflich notwendig, dass man das Tagebuch einer Person liest, wenn man ihre Privatsphäre verletzt. Ähnliches lässt sich vom Belauschen von Gesprächen und auch von all den anderen Dingen sagen, durch die die Leute die Privatsphäre anderer Leute verletzten. Der einzige Kandidat bleibt also die Verletzung des Rechts auf Privatsphäre. Also – so schließen wir, wenn wir der Methodologie von Balzer et al. folgen – bedeutet »Privatsphäre« eigentlich nichts anderes als »das Recht auf Privatsphäre«, d. h. der Begriff PRIVATSPHÄRE ist identisch mit dem Begriff RECHT AUF PRIVATSPHÄRE.

Wenn wir so denken, übersehen wir, dass der Ausdruck »Verletzung« in »Verletzung der Privatsphäre« etwas anderes bedeutet als in »Verletzung des Rechts auf Privatsphäre«. Das lässt sich wie folgt demonstrieren. Das Lesen fremder Tagebücher verletzt nicht in jedem Fall das Recht auf Privatsphäre. Es verletzt das Recht auf Privatsphäre dann und nur dann, wenn es eine Verletzung der Privatsphäre ist. Um also *wissen* zu können, ob jemand durch das Lesen eines fremden Tagebuchs das Recht des Tagebuchschreibers auf Privatsphäre verletzt hat, müssen wir wissen, ob dieses Lesen die Privatsphäre des Tagebuchschreibers verletzt hat. Das Urteil, dass es dieses Recht verletzt hat, ist nur dann gerechtfertigt, wenn wir es auf das Urteil *stützen*, dass das Lesen des Tagebuchs die Privatsphäre verletzt. Umgekehrt können wir aber das Urteil, dass dieses Lesen die Privatsphäre verletzt hat, nicht auf das Urteil stützen, dass es das Recht auf Privatsphäre verletzt hat. Denn das Letztere können wir nicht ohne das Erstere wissen. Diese epistemische Asymmetrie zeigt, dass »die Privatsphäre verletzen« nicht dasselbe bedeutet wie »das Recht auf Privatsphäre verletzen« – obwohl es wahr ist, dass das Recht auf Privatsphäre dann und nur dann verletzt wird, wenn die Privatsphäre verletzt wird.

Worin unterscheiden sich die Bedeutungen von »Verletzung«? Ob durch eine Handlung wie das Lesen eines fremden Tagebuchs die Privatsphäre einer Person verletzt wird, hängt von substantiellen Kriterien ab, zum Beispiel davon, ob dieses Lesen mit oder ohne Zustimmung der Tagebuchschreiberin geschieht. Der Begriff der Verletzung der Privatsphäre ist daher der Begriff eines substantiellen Handlungstypus. Der Begriff der Verletzung eines Rechts auf Privatheit ist dagegen nicht substantiell. Wie bei anderen Rechten auch, wird dieses Recht verletzt, wenn jemand die diesem Recht korrespondierende Pflicht verletzt; und diese Pflicht verletzt man, wenn man tut, was man dieser Pflicht zufolge nicht tun soll. Die Idee der Verletzung eines Rechts hat also – wie die der Verletzung einer Pflicht, einer Vorschrift, einer Abmachung – einen bloß *formalen* Gehalt. »Verletzung« bedeutet in diesen Kontexten nichts anderes als *Nicht-Übereinstimmung* mit einer Norm oder mit einem Prinzip. Wenn wir von einer Handlung sagen, sie verletze die Privatsphäre einer Person, charakterisieren wir die Handlung aber nicht in einer formalen Weise. Wir sagen etwas über die Relation aus, in der diese Handlung zu der Privatsphäre der Person steht, und das hat etwas zu tun mit der Relation, in der diese Handlung zum Willen und zu den Präferenzen und zur Lebensweise der anderen Person steht. Wir charakterisieren damit also ein *soziales Geschehen*, so wie wir auch mit der Behauptung, dass eine Handlung das Schamgefühl anderer verletzt, eine substantielle soziale und psychologische Information vermitteln.

Der Ausdruck »Verletzung der Menschenwürde« hat nun ersichtlich keine bloß formale Bedeutung wie der Ausdruck »Verletzung des Rechts, nicht erniedrigt zu werden«. Wenn jemand von einer Menschen erniedrigenden Praxis behauptet, sie sei menschenwürdeverletzend, charakterisiert er diese Praxis nicht nur auf formelle Weise als eine mit einem Recht nicht übereinstimmende Praxis. Er möchte etwas Substantielles über diese Praxis sagen. Er fällt damit nämlich ein negatives Werturteil. So wie MENSCHENWÜRDE ein Wertbegriff ist, ist auch der Begriff VERLETZUNG

DER MENSCHENWÜRDE ein Wertbegriff. Er hat keinen bloß formalen Gehalt wie der deontische Begriff der Rechtsverletzung.

Appendix C: Menschenwürde-Skeptizismus und der Begriff der Menschenrechte

Wenn der Begriff der Menschenwürde leer und (wie ich in Teil II argumentiere) eine Quelle falschen moralischen Bewusstseins ist – trifft das dann auch auf den Begriff MENSCHENRECHT zu? Dieser Verdacht ist naheliegend und auf jeden Fall ernstzunehmen. Angesichts der Inkohärenz der Idee der Menschenwürde muss die Idee der Menschenrechte als eine *problematische* Idee betrachtet werden, die einer Deduktion bedarf und ohne eine Deduktion keinen Platz in unserem ethischen Denken beanspruchen kann. In diesem Appendix möchte ich erklären, warum das so ist und worin die Herausforderung für eine Verteidigung der Idee der Menschenrechte besteht.

Auch wenn ich mich damit einer gewissen Redundanz schuldig mache, scheint es mir angebracht, zunächst darauf hinzuweisen, dass anti-skeptische *Argumente aus der moralischen Verderblichkeit* auch im gegenwärtigen Kontext deplatziert sind.[84] Ein Menschenrechts-Skeptizismus hat genauso wenig moralisch verderbliche Implikationen wie der Menschenwürde-Skeptizismus. Insbesondere würde daraus, dass die Idee der Menschenrechte leer ist, weder folgen, dass Menschen keine Rechte haben, noch würde daraus folgen, dass es keine universalen Rechte gibt, die alle Menschen haben. Nehmen wir etwa den Begriff eines Rechts auf Leben. Viele glauben, dass das Recht auf Leben ein Menschenrecht ist. Wenn wir nun die skeptische Auffassung vertreten würden, dass die Idee eines Menschenrechts leer ist, würde uns das nicht dazu zwingen zu glauben, dass kein Mensch ein Recht auf Leben hat. Wir würden uns nur auf die Auffassung festlegen, dass die *Kategorisierung* des Rechts auf Leben *als ein Menschenrecht* falsch ist. Diese Auffassung ist aber ohne Weiteres mit der Auffassung verträglich, dass alle Menschen ein Recht auf Leben haben. So wie die Kritik

[84] Vgl. S. 24 ff.

der Idee der Menschenwürde die Idee der Würde unangetastet lässt, würde auch eine gleichartige Kritik der Idee der Menschenrechte die Idee moralischer Rechte unangetastet lassen.

Unter der Annahme des Menschenwürde-Skeptizismus lässt sich nun eins mit Sicherheit sagen: Der Begriff MENSCHENRECHT ist ein leerer Begriff, wenn er mit dem Begriff der Menschenwürde definitorisch verbunden sein sollte. Wenn mit »Menschenrechte« also Rechte gemeint sein sollten, die Menschen *kraft ihrer Menschenwürde* haben[85], ist auch MENSCHENRECHT ein inkohärenter und darum leerer Begriff.

Abgesehen davon, dass er möglicherweise vom Begriff der Menschenwürde abhängig ist, wird der Begriff MENSCHENRECHT durch den hier vertretenen Menschenwürde-Skeptizismus auch deshalb in Frage gestellt, weil MENSCHENRECHT – genau wie MENSCHENWÜRDE – eine *anthropozentrische* Moralkategorie ist. Wir haben daher einigen Grund anzunehmen, dass die Definition des Begriffs eines Menschenrechts analog zur Definition des Begriffs der Menschenwürde ist:

(MR) »Menschenrecht« $=_{df}$ »menschenspezifisches Recht, das allen Menschen gleichermaßen zukommt«

Gegeben (MR), folgt aus:

(1) Das Recht auf Leben ist ein Menschenrecht.

die anthropozentrische Moralauffassung:

(2) Menschen und nur Menschen haben ein Recht auf Leben.

Nun ist es aber klar, dass es eine substantielle moralische Frage ist, ob alle und nur Menschen ein Recht auf Leben haben. Michael Tooley bestreitet, dass menschliche Föten und menschliche Säuglinge ein Recht auf Leben haben.[86] Diese Auffassung mag falsch sein, sie ist aber nicht inkonsistent und sicherlich nicht mit dem Hinweis darauf rational zurückweisbar, dass das Recht auf Leben ein Menschenrecht ist. Tom Regan vertritt die Auffassung, dass Tiere vie-

---

[85] Eine Auffassung, die bei Griffin (2008) 21 anklingt: »A satisfactory account of *human* rights (...) must contain some adumbration of that exceedingly vague term ›human dignity‹ (...) in its role as a ground for human rights.«
[86] Vgl. Tooley (1972)

ler unterschiedlicher Arten ein grundsätzliches moralisches Recht haben, nicht geschädigt zu werden – ein Recht, das das Recht auf Leben einschließt.[87] Auch diese Auffassung mag falsch sein, sie ist aber nicht inkonsistent und kann nicht rational mit dem Hinweis darauf zurückgewiesen werden, dass das Recht auf Leben ein Menschenrecht ist. Betrachten wir nun weiterhin Folgendes: Es scheint überaus plausibel zu sein, anzunehmen, dass, wenn es überhaupt Menschenrechte gibt, das Recht auf Leben dazu zählt. (1) wäre dann keine strittige These, sondern eine zentrale, nicht-verhandelbare Plattitüde des Menschenrechts-Idioms. Wenn das aber so ist und der Begriff eines Menschenrechts nicht leer wäre, würden die genannten Auffassungen von Tooley und Regan durch (1) als falsch *erwiesen*. Da sie sich dadurch aber nicht als falsch erweisen lassen – die Kategorisierung des Rechts auf Leben als ein Menschenrecht ist lediglich eine Artikulation, nicht aber eine Rechtfertigung der anthropozentrischen Verteilung des Rechts auf Leben –, muss der Begriff eines Menschenrechts leer sein.

Dass der anthropozentrische Gehalt von MENSCHENRECHT die *Existenz* von Menschenrechten fraglich macht, unterstreicht L.W. Sumner:

> (…) neither model [of rights, A.L.] is likely to support the existence of human rights, if these are rights whose criterion is the natural property of belonging to our species. On the choice model [the model of rights as protected choices, A.L.] all non-human beings will lack rights if they lack agency, but so will many human beings (fetuses, infants, and the severely mentally handicapped). On the interest model all human beings will have rights if they have interests, but so will many non-human beings (at least some animals). On both models it is quite inconceivable that the extension of any right should coincide exactly with the boundaries of the species. It is thus quite inconceivable that we have any rights simply because we are human. If this is what is implied in the rhetoric of human rights then that rhetoric has been used to serve a discriminatory, because speciesist programme.[88]

Sumner hebt hier den wichtigen Punkt hervor, dass sich eine Auffassung, der zufolge die Extension eines Rechts genau mit den Grenzen unserer Spezies koinzidiert, jedem rationalen Verständnis

---

[87] Vgl. Regan (2005) Kap. 8.
[88] Sumner (1989) 205/6.

entzieht. Eben eine solche Auffassung scheint aber gerade durch den Begriff MENSCHENRECHT erzwungen zu werden. Ein Begriff jedoch, dessen Verwendung unbegreifliche Auffassungen erzwingt, die sich rationalem Verständnis entziehen, steht in dem Verdacht, leer und inkohärent zu sein. Wenn wir (MR) zu Grunde legen, lässt sich zeigen, dass dieser Verdacht richtig liegt. (MR) vorausgesetzt, hätten Menschen nach (1) ein Recht auf Leben – aber nicht etwa *kraft* ihres Menschseins, sondern einfach aus rein *begrifflichen* Gründen: weil von einem Recht zu sagen, dass es ein Menschenrecht ist, nichts anderes heißt, als von ihm zu sagen, dass alle und nur die Menschen es besitzen. MENSCHENRECHT wäre dann der Begriff eines *nicht-fundierten Rechts* – eines Rechts, das von den natürlichen Eigenschaften seiner Inhaber – der Menschen – unabhängig ist. Die Idee eines nicht-fundierten Rechts ist aber genauso inkohärent wie die Idee eines nicht-fundierten moralischen Werts. Wenn daher (MR) eine korrekte Definition ist, ist der Begriff eines Menschenrechts genauso inkohärent wie der der Menschenwürde.

Um die Idee von Menschenrechten zu verteidigen, muss man daher zeigen, dass (MR) falsch ist. Aber das dürfte nicht leicht sein. So scheint es keine Alternative zu der Auffassung zu geben, dass wir mit dem Begriff eines Menschenrechts die Idee eines *menschenspezifischen Rechts* verbinden. Wenn man die Auffassung zurückweist, dass nur Menschen ein Recht auf Leben haben, scheint es keinen Sinn mehr zu machen, das Recht auf Leben als ein Menschenrecht zu kategorisieren. Zugleich ist aber klar, dass sich der Begriff eines Menschenrechts in der Idee eines menschenspezifischen Rechts nicht erschöpft. Wir meinen damit auch *grundlegende Rechte*, wobei die Vorstellung eines grundlegenden Rechts hier nicht so sehr auf eine Struktur von Rechten als vielmehr darauf verweist, dass sie in einer engen (vielleicht konstitutiven) Beziehung zum moralischen Status eines Individuums stehen. Wenn man daher die Auffassung zurückweist, dass alle Menschen ein Recht auf Leben haben, scheint es keinen Sinn zu machen, das Recht auf Leben als ein Menschenrecht zu kategorisieren.

(MR) ist folglich alles andere als unplausibel, sondern ein guter Kandidat für eine Analyse des Begriffs MENSCHENRECHT. Da dieser Begriff jedoch leer ist, wenn (MR) korrekt ist, muss eine Verteidigung des Begriffs MENSCHENRECHT (MR) zurückzuweisen und eine erkennbar bessere Alternative anbieten. Das heißt aber unter anderem, dass eine Verteidigung des Begriffs des Menschenrechts zeigen können müsste, dass MENSCHENRECHT keinen anthropozentrischen Gehalt hat. Es ist äußert zweifelhaft, dass ein solches Projekt gelingen könnte.

II. Aufklärung und falsches moralisches Bewusstsein

IN TEIL I HABE ICH in der Hauptsache für die skeptische These argumentiert, dass der Begriff der Menschenwürde inkohärent ist. Diese These impliziert, dass der Menschenwürde-Diskurs ein leerer Diskurs ohne Gegenstand ist. Dieser Verdacht lastet schon des Längeren auf diesem Diskurs, und insofern ist die im letzten Teil entwickelte Argumentation eine philosophische Bestätigung des meistenteils unartikulierten Gefühls, dass der Menschenwürde-Diskurs ein bloßes Sprachspiel, wenn auch ein Sprachspiel ist, das sich die Aura eines fortschrittlichen ethischen Bewusstseins zu geben weiß, das alte inegalitäre Irrtümer ein für alle Mal überwunden hat. Obwohl die Erklärung der Leerheit hier anders aussieht als bei Begriffen von mythischen Gestalten oder bei leeren Begriffen von natürlichen Arten, scheint die Leerheit des Begriffs der Menschenwürde das entscheidende Ergebnis der Kritik zu sein. So verstanden, würde sich die Kritik des Menschenwürde-Diskurses einreihen in die Kritik, sagen wir, der Phlogiston-Theorie oder des Geisterglaubens. Bei diesen lautet die skeptische Botschaft, dass der Phlogiston-Theoretiker und der an Geister Glaubende ontologischen Irrtümern unterliegen, da sie die Welt mit Entitäten ausstatten, die es gar nicht gibt. Wäre das die adäquate Sicht der Dinge, wäre das Projekt der Kritik der Idee der Menschenwürde jetzt abgeschlossen. Aber das ist nicht so.

Es wäre ein Fehler zu glauben, dass sich die Kritik des Menschenwürde-Diskurses in der Attribuierung eines ontologischen Irrtums oder überhaupt nur in der Attribuierung irgendwelcher Irrtümer erschöpft. In diesem Diskurs manifestieren sich nämlich intellektuelle Anomalien, die nicht einfach auf einen ontologischen Irrtum oder darauf zurückgeführt werden können, dass die Idee der Menschenwürde leer ist. Diese Anomalien haben nicht mit der Leerheit, sondern mit dem spezifischen ethischen Gehalt dieser Idee zu tun. Die Kritik der Idee der Menschenwürde muss daher auch die Untersuchung der Auswirkung dieser Idee auf unser moralisches Denken umfassen.

Dieser Aspekt der Kritik steht nun im Zentrum von Teil II. Der Fluchtpunkt der folgenden Untersuchungen ist dabei die These, dass die Idee der Menschenwürde eine *Quelle falschen Bewusstseins* ist. Die intellektuellen Anomalien des Menschenwürde-Diskurses lassen sich dann, wie ich im letzten Kapitel von Teil II zu zeigen versuche, als Manifestationen falschen Bewusstseins verstehen. Das zu zeigen, ist die Aufgabe einer spezifischen Art der philosophischen Kritik, die ich als *aufklärerische Analyse* bezeichne. Es handelt sich dabei um eine Methode der Aufklärung, d. h. um eine Methode, die im Dienst eines Projekts der Aufklärung steht. Die Grundlagen für das Verständnis dieser besonderen Art von Kritik werden vor allem im zweiten Kapitel entwickelt, in dem ich, ausgehend von einer Kritik an Kants populärer Konzeption der Aufklärung, eine Konzeption entwerfe, die den charakteristischen epistemischen Sinn der Aufklärung hervorhebt und unter anderem deutlich macht, dass Aufklärung keine besonderen weltanschaulichen Voraussetzungen hat, durch die sie selbst zum Gegenstand einer aufklärerischen Kritik werden könnte.

1. Kants Theorie der Aufklärung

Trotz aller Trivialisierungen der Rede von Aufklärung in außerphilosophischen Kontexten ist Aufklärung etwas, worüber eine philosophische Theorie zu haben sich lohnt. Wir können nach dem Ziel, den Adressaten, den Methoden und den Objekten der Aufklärung fragen. Wir können untersuchen, welchen Wert die Aufklärung hat und welchen Werten die Aufklärung verpflichtet ist. Wir können uns fragen, welche Konzeption der Aufklärung überzeugend ist, und wir sind in der Lage, zwischen Aufklärung und aufklärerischem Selbstverständnis zu unterscheiden. Nicht jede Beantwortung der Frage: »Was ist Aufklärung?" ist gleich gut; und nicht jede Beantwortung liefert überhaupt eine genuine Antwort auf diese Frage. Daher können Aufklärungskritiker falsch liegen, weil sie sich auf Meinungen über die Aufklärung festlegen, die auf die Aufklärung nicht zutreffen. Selbst wenn ihre Kritik auf Vorhaben zutreffen sollte, die sich den Namen der Aufklärung geben, können wir sinnvoll untersuchen, ob sie treffen, was Aufklärung ihrer besten Konzeption nach ist. So sind die Behauptungen von Adorno und Horkheimer, dass die Aufklärung das Ziel verfolgt, »von den Menschen die Furcht zu nehmen und sie als Herren einzusetzen«, und dass »das Programm der Aufklärung (...) die Entzauberung der Welt [war]«[1], problematische Thesen, die nicht denselben Stellenwert haben wie die Aussage, dass die Aufklärung dem Wert der Wahrheit verpflichtet ist. Ebenso scheint auch die Assoziation von Aufklärung mit Szientismus kontingent zu sein und einen ganz anderen Stellenwert zu haben als die Assoziation von Aufklärung mit der Überwindung intellektueller Unfreiheit.

Eine besonders *prägende* Konzeption der Aufklärung hat Kant in seinem Aufsatz »Beantwortung der Frage: Was ist Aufklärung?" umrissen. Wenn ich im vorliegenden Kapitel Kants Konzeption der Aufklärung zu rekonstruieren versuche, meine ich damit ausschließlich die Konzeption, die in diesem Aufsatz enthalten ist. Das bedeutet nicht, dass meine Rekonstruktion rein immanent ist und Äußerungen aus anderen Texten Kants unberücksichtigt lässt. Es bedeutet aber, dass der *Maßstab* der Rekonstruktion die Kohärenz mit der in Kants Aufklärungsschrift enthaltenen Theorie der Aufklärung ist. Obwohl die Slogans von Kants »Beantwortung der Frage: Was ist Aufklärung?" allzu bekannt sind, gibt es beträchtliche Probleme damit, seine Konzeption der Aufklärung zu identifizieren. Im gegenwärtigen Kapitel konzentriere ich mich auf die Interpretation der für Kants Theorie grundlegenden Kategorien der Unmündigkeit, der Reform der Denkungsart und des selbständigen Verstandesgebrauchs. Im nächsten Kapitel diskutiere ich dann Kants Auffassung über die Natur und den Wert der Aufklärung, versuche zu zeigen, warum sie letztlich unbefriedigend ist, um dann, vor dem Hintergrund dieser Kritik, meine eigene Antwort auf die Frage zu entwickeln, was Aufklärung ist.

---

[1] Horkheimer/Adorno (2013/1944), 9.

1.1 Selbst verschuldete Unmündigkeit

Zu den populärsten Stellen des gesamten Werks von Kant gehört sicherlich der Anfang seiner »Beantwortung der Frage: Was ist Aufklärung?«:

Aufklärung ist der Ausgang des Menschen aus seiner selbst verschuldeten Unmündigkeit. Unmündigkeit ist das Unvermögen, sich seines Verstandes ohne Leitung eines anderen zu bedienen. *Selbstverschuldet* ist diese Unmündigkeit, wenn die Ursache derselben nicht am Mangel des Verstandes, sondern der Entschließung und des Mutes liegt, sich seiner ohne Leitung eines anderen zu bedienen. Sapere aude! Habe Mut, dich deines *eigenen* Verstandes zu bedienen! Ist also der Wahlspruch der Aufklärung.[2]

Das Objekt der Aufklärung ist nach Kants Auffassung also ein Zustand der Unmündigkeit. Unmündigkeit kommt in zwei verschiedenen Formen vor – der selbstverschuldeten und der unverschuldeten. Mit unverschuldeter Unmündigkeit ist die Aufklärung, nach Kant, nicht befasst. Sie hat es nur mit der selbstverschuldeten Unmündigkeit zu tun.[3]

Aber warum sollte das Projekt der Aufklärung sich ausschließlich mit Unmündigkeit befassen, die selbstverschuldet ist? Die Antwort hat damit zu tun, dass der Unterschied zwischen unverschuldeter und selbstverschuldeter Unmündigkeit nach Kants Auffassung nicht nur ein Unterschied in den Ursachen der Unmündigkeit ist. Selbstverschuldete und unverschuldete Unmündigkeit sind vielmehr ganz unterschiedliche Phänomene. Unverschuldete Unmündigkeit liegt vor, wenn die Ursache der Unmündigkeit in einem *Mangel des Verstandes* liegt. Selbstverschuldet ist Unmündigkeit dann und nur dann, wenn sie das Resultat von *Bequemlichkeit* oder *Mutlosigkeit* ist. Im ersten Fall liegt ein Unvermögen oder eine Unfähigkeit im strikten Sinne vor. Unmündigkeit ist unverschuldet, wenn die Ursachen derart sind, dass der Akteur im strikten Sinne

---

[2] Kant (1977/1784) 53, A 481.
[3] Daran, dass Kant *nicht* zum Ausdruck bringen will, dass Unmündigkeit per se ein selbstverschuldeter Zustand ist, kann es keinen vernünftigen Zweifel geben. Bei Kritikern, die das unterstellen, vermutet Scholz (2009) 33 sogar einen Willen zum Missverstehen.

unfähig ist, sich seines eigenen Verstandes zu bedienen.[4] Im strikten Sinne unfähig dazu ist er, wenn seine Versuche, den eigenen Verstand ohne Leitung eines anderen zu gebrauchen, zumindest in relevanten Kontexten und bei relevanten Aufgaben systematisch fehlschlagen würden. Im strikten Sinne unfähig, den eigenen Verstand zu gebrauchen, ist also, wer nicht *lernen* kann, ohne die Leitung eines anderen Verstandes auszukommen. Selbstverschuldete Unmündigkeit ist dagegen kein Unvermögen im strikten Sinne. Wer unmündig in diesem Sinne ist, kann auf jeden Fall lernen, sich des eigenen Verstandes zu bedienen, und zwar deshalb, weil bei selbstverschuldeter Unmündigkeit kein Mangel des Verstandes vorliegt.

Mit dieser Erläuterung besitzen wir zwar eine gute Erklärung dafür, warum Kant meint, dass sich die Aufklärung nicht mit unverschuldeter Unmündigkeit befasst. Sie stellt uns aber zugleich vor ein neues und systematisch sehr viel bedeutenderes Problem: Ist das, was Kant in der Eingangspassage seiner Aufklärungsschrift als »selbstverschuldete Unmündigkeit« bezeichnet, überhaupt ein genuine Form von Unmündigkeit?

Hier sind Zweifel angebracht. Ist jemand, der sich vom Verstand anderer allein deshalb leiten lässt, weil er zu bequem ist, sich selbst ein Urteil zu bilden, *unmündig*? Ist jemand, der das Urteil einer anderen Person allein deshalb übernimmt, weil er sich davor scheut, deren Urteil nicht anzunehmen, *unmündig*? In beiden Fällen scheint die Antwort »Nein« lauten zu müssen. Ob jemand, der zu bequem ist, selbst nachzudenken, unmündig ist, hängt allein davon ab, ob er auch dann, wenn er sich dazu entschließen würde, nicht fähig wäre, sich ohne die Leitung eines anderen Verstandes ein Urteil zu bilden. Gleiches gilt im Falle der Mutlosigkeit. Ob der Mut-

---

[4] In Kants Aufklärungsschrift, in der es ihm nicht, wie in der Kritik der reinen Vernunft, um eine Analyse des Erkenntnisvermögens geht, bezieht sich die Rede vom eigenen *Verstand* nicht auf ein besonderes Vermögen der menschlichen Erkenntnis. So wechselt Kant innerhalb der wenigen Seiten der Aufklärungsschrift, ohne damit irgendeine inhaltliche Pointe zu verbinden, vom Ausdruck »Verstand« zum Ausdruck »Vernunft«. »Gebrauch des eigenen Verstandes« bedeutet genau wie »Gebrauch der eigenen Vernunft« in diesem Kontext für Kant dasselbe wie »selbst denken«. So spricht er davon, dass sich in einem Publikum immer einige *Selbstdenkende* finden – und es ist klar, dass er damit Leute meint, die ihren eigenen Verstand oder, äquivalent, ihre eigene Vernunft gebrauchen. Vgl. Kant (1977/1784) 54, A 483.

lose unmündig ist, hängt nur davon ab, ob er auch dann, wenn er den Mut aufbrächte, das Urteil der anderen Person nicht unbesehen anzunehmen, nicht fähig wäre, sich ein eigenes Urteil zu bilden. Bequemlichkeit und Mutlosigkeit spielen also für die Frage, ob ein Fall von Unmündigkeit vorliegt, gar keine Rolle. Relevant sind allein die kognitiven Fähigkeiten. Und das ist kein Zufall. Denn der Begriff der Unmündigkeit bezieht sich auf einen kognitiven Zustand. Von einer Person zu behaupten, sie sei unmündig, heißt, unter anderem, zu behaupten, dass sie zu einer kritischen Meinungsbildung nicht fähig ist. Von einer Person zu behaupten, sie sei unmündig *und* (1) fähig, aus den ihr zur Verfügung stehenden Informationen die richtigen Schlüsse zu ziehen, (2) fähig, ihr Urteil auf der Basis neuer Informationen zu korrigieren, (3) fähig, einen Bedarf nach zusätzlicher Information zu erkennen und sich eines Urteils im Falle einer unzureichenden Informationslage zu enthalten, und (4) fähig, den Einfluss wahrheitsfremder Motive auf ihr Urteil zu kontrollieren, ist zweifellos *widersprüchlich*. Unmündigkeit ist also eine Unfähigkeit zu kritischer Meinungsbildung und hat ihre Grundlage nicht allein in motivationalen, sondern wesentlich auch in kognitiven Defiziten.

Damit steht Kants Theorie, so wie wir sie bisher kennengelernt haben, vor einem beträchtlichen Problem. Das Projekt der Aufklärung, sollte man jedenfalls denken, ist eine Antwort auf eine besondere *epistemische* Problemsituation. Sie ist insbesondere eine Antwort auf eine epistemische Problemsituation, die ihre Quelle in kognitiven Mängeln hat. Menschen, die zu bequem und nicht mutig genug oder – nach Kants Worten – zu faul und zu feige sind, sich ihres eigenen Verstandes zu bedienen, scheinen jedoch unter einer tadelnswerten charakterlichen Schwäche, nicht aber notwendig unter *kognitiven* Defiziten zu leiden. Diese Leute können daher nicht zu den Adressaten der Aufklärung gehören. In der Eingangspassage seiner Aufklärungsschrift behauptet Kant zwar, dass solche Leute unmündig seien. Diese Behauptung scheint aber nicht gerechtfertigt zu sein. Der Begriff der Unmündigkeit bezieht sich wesentlich auf einen Mangel an kognitiven Fähigkeiten und nicht auf charakterliche oder intellektuelle Laster. Auch wenn wir den Mangel an Mut und den Mangel an Entschlossenheit, sich des eigenen Verstandes zu bedienen, als *intellektuelle* Laster konstruieren, ist das Problem nicht beseitigt. Zum einen deshalb, weil Unmündigkeit selbst kein Laster zu sein scheint, sondern eher bemitleidenswert als tadelnswert ist. Zum anderen deshalb, weil Leute, die in intellektuellen Dingen faul oder feige sind, nicht notwendig unfähig sind, sich ihres eigenen Verstandes zu bedienen.

Nach allem, was wir bisher wissen, sieht es also so aus, als würde Kant als Objekt der Aufklärung bestimmen, was kein Objekt der Aufklärung sein kann. Seine Theorie sagt uns, dass die selbstverschuldete Unmündigkeit das Objekt der Aufklärung ist, und erklärt, dass die Unmündigkeit eines Menschen selbstverschuldet ist, wenn sie *nicht* auf einem Mangel des Verstandes beruht. Diese Erklärung scheint aber mit dem Begriff der Unmündigkeit unvereinbar zu sein. Denn Unmündigkeit hat definitorisch etwas mit kognitiven Mängeln zu tun. Aber selbst wenn das nicht so wäre und es eine Art von Unmündigkeit gäbe, die nicht mit kognitiven Mängeln zusammenhängt, könnte das, was Kant »selbstverschuldete Unmündigkeit« nennt, eben deshalb, weil der damit bezeichnete Zustand dann in keinem Zusammenhang mit kognitiven Mängeln stünde, nicht das Objekt der Aufklärung sein.

Auf der Grundlage einer anderen Passage der Aufklärungsschrift können wir Kant aber eine bessere Theorie zuschreiben. Sie lautet:

> Nachdem sie ihr Hausvieh zuerst dumm gemacht haben, und sorgfältig verhüteten, daß diese ruhigen Geschöpfe ja keinen Schritt außer dem Gängelwagen, darin sie einsperreten, wagen durften: so zeigen sie ihnen nachher die Gefahr, die ihnen droht, wenn sie es versuchen, allein zu gehen. Nun ist diese Gefahr zwar eben so groß nicht, denn sie würden durch einigemal Fallen wohl endlich gehen lernen; allein ein Beispiel von der Art macht doch schüchtern, und schreckt gemeiniglich von allen ferneren Versuchen ab. Es ist also für jeden einzelnen Menschen schwer, sich aus der ihm beinahe zur Natur gewordenen Unmündigkeit herauszuarbeiten. Er hat sie sogar lieb gewonnen, und ist vor der Hand *wirklich unfähig sich seines eigenen Verstandes zu bedienen*.[5]

Adressaten der Aufklärung sind, dieser Stelle zufolge, Menschen, die *dumm gemacht* wurden. Menschen werden dumm gemacht, wenn man ihnen durch Bevormundung die Freiheit nimmt, sich des eigenen Verstandes zu bedienen, und ihnen, während sie sich

---

[5] Kant (1977/1784) 53/4, A 482/83; Herv. A.L.

an diese Bevormundung gewöhnen, einredet, sie wären nicht fähig, sich ihres eigenen Verstandes zu bedienen. Das Resultat dieses Prozesses der Verdummung ist Dummheit. Dummheit, wie Kant sie konstruiert, ist ein Zustand, in dem man (1) keinen Wert darauf legt, sich ein eigenes Urteil zu bilden, und in dem man (2) sich selbst für nicht fähig hält, sich ein eigenes Urteil zu bilden, und in dem man (3) auch tatsächlich unfähig ist, den eigenen Verstand zu gebrauchen, weil man sich daran gewöhnt hat, den eigenen Verstand durch andere leiten zu lassen.

Wichtig ist nun, dass (2) – und zwar trotz (3) – eine *Fehleinschätzung* repräsentiert. Die Fehleinschätzung besteht darin, eine durch Bevormundung induzierte und aufrechterhaltene, eben deshalb aber auch *überwindbare* Unfähigkeit als eine *strikte* Unfähigkeit anzusehen: Der dumm gemachte Mensch glaubt fälschlich, dass es sein kognitives Schicksal ist, auf den Verstand anderer angewiesen zu sein. Dieser Glaube trägt entscheidend zur Aufrechterhaltung der eigenen Unfähigkeit bei. In diesem Glauben findet jede Bevormundung ihre Vollendung, da die Unfähigkeit zum selbständigen Denken dann nicht mehr nur durch externe Faktoren, sondern durch einen Mechanismus im Bewusstsein des dumm Gemachten unterhalten wird.

Obwohl Kant betont, dass »Faulheit und Feigheit (…) die Ursachen [sind], warum ein so großer Teil der Menschen (…) gerne zeitlebens unmündig bleiben«[6], charakterisiert er den dumm Gemachten nicht nur als jemanden, der zu faul oder zu feige ist, selbst zu denken. Er charakterisiert ihn – und das sollte nicht überraschen – als einen schlechten *Denker*, d.h. als jemanden, der schlecht im Denken ist. Da nun die dumm Gemachten für Kant die Adressaten der Aufklärung sind und nicht zu denen gehören, deren Unmündigkeit unverschuldet ist, stellt sich die Frage, ob die kognitivistische Charakterisierung der Dummheit mit der These vereinbar ist, dass die Unmündigkeit eines selbstverschuldet Unmündigen ihre Ursache *nicht* in einem Mangel des Verstandes hat.

Prima facie schließen sich diese beiden Auffassungen aus. Unsere Diskussion der Verdummung durch Bevormundung bietet uns aber eine Möglichkeit diesen scheinbaren Widerspruch aufzulö-

---

[6] Kant (1977/1784) 53, A 481/82.

sen. Wir können Kant nämlich die Auffassung zuschreiben, dass Dummheit *kein* Mangel des Verstandes ist. Das ist möglich, wenn wir dem Ausdruck »Mangel des Verstandes« die *technische Bedeutung* von »Mangel an kognitiver Begabung« geben. Denn es ist klar, dass Dummheit, nach Kants Beschreibung, ein Mangel an denkerischer *Kompetenz*, nicht aber zwingend ein Mangel an *Begabung* ist. Und Leute, die man dumm *gemacht* hat, sind Leute, deren kognitive Defizite sich nicht aus einem Mangel an Begabung ergeben.

Wie ist diese Unterscheidung zu verstehen? Einige Leute sind nicht fähig, bestimmte Fehlschlüsse als Fehlschlüsse zu erkennen, und neigen sowohl dazu, solche Fehlschlüsse selbst zu produzieren, als auch dazu, die fehlschlüssigen Argumente anderer unkritisch anzuerkennen. Diese Inkompetenz ist eine strikte Unfähigkeit nur dann, wenn diese Leute ihre argumentativen Fähigkeiten nicht signifikant verbessern können. Nur in diesem Falle erklärt sich die Inkompetenz aus einem Mangel an denkerischer Begabung, d. h. aus einem Mangel an Verstand (im hier stipulierten Sinn). Wenn sie ihre Fähigkeiten in der Bewertung und Konstruktion von Argumenten jedoch signifikant verbessern könnten, liegt keine strikte, sondern eine überwindbare Unfähigkeit vor.[7]

Entsprechend können wir nun auch Kants Thesen über Unmündigkeit interpretieren. Unmündig ist eine Person notwendig aufgrund kognitiver Mängel oder kognitiver Defizite. Wenn sie unmündig ist, ist eine Person unmündig, *weil* sie (für relevante Kontexte und einschlägige Aufgaben) denkerisch *inkompetent* ist. Die Beziehung zwischen Unmündigkeit und Inkompetenz ist *begrifflicher* Natur. Inkompetenz ist für Unmündigkeit nicht *kausal* verantwortlich. Unmündigkeit *besteht* in denkerischer Inkompetenz. Unmündig machende Inkompetenz kann jedoch unterschiedliche *Ursachen* haben. Eine Art von Ursachen ist Mangel an Verstand (d. h. Mangel an denkerischer Begabung). Ist ein Mangel an Verstand die Ursache denkerischer Inkompetenz, haben wir es mit einer Art von Unmündigkeit zu tun, die nicht Gegenstand der Aufklärung ist. Inkompetenz kann aber auch bei Menschen vorliegen, die keinen Mangel an Verstand haben. Diese Menschen bringen die

---

[7] Dabei ist klar, dass das einschlägige Kriterium die Möglichkeit der Verbesserung durch *rationale* Methoden oder durch Lernen ist.

kognitiven Voraussetzungen für normale denkerische Kompetenz mit. Auch diese Leute sind unmündig, aber für Aufklärung zugänglich, weil ihre Inkompetenz auf rationale Weise – durch Lernen – überwunden werden kann.

In dieser Rekonstruktion von Kants Theorie über Gegenstand und Adressaten der Aufklärung spielt die Unterscheidung zwischen *unverschuldet* und *selbstverschuldet* keine Rolle. Daraus ergibt sich aber kein substantieller Einwand gegen unsere Rekonstruktion. Unsere Interpretation stützt sich in ausreichendem Maße auf den Kantischen Text; ohne sie lassen sich einschlägige Passagen, die *prima facie* miteinander unvereinbare Thesen enthalten, nicht harmonisieren; und ohne sie lassen sich einige inkonsistent erscheinende Thesen der Eingangspassage nicht als konsistent erweisen. Sie aufzugeben, nur um der Unterscheidung zwischen *unverschuldet* und *selbstverschuldet* ein Gewicht zu geben, die ihr durch die ersten Sätze der Aufklärungsschrift zugemessen zu werden scheinen, wäre unvernünftig und vor allem unnachsichtig. Hinzu kommt, dass nicht einsehbar ist, warum diese Unterscheidung eine systematische Bedeutung für die Bestimmung des Objekts der Aufklärung haben sollte. Die aus einem Mangel an Verstand resultierende Unmündigkeit ist nicht deshalb kein Gegenstand der Aufklärung, weil sie unverschuldet ist, sondern weil sie (durch rationale Methoden) nicht überwindbar ist. Ein Mensch, der aus Mangel an Verstand unmündig ist, kann eben deshalb, weil es ihm an Verstand mangelt, auch nicht aufgeklärt werden. Dass seine Unmündigkeit zudem noch unverschuldet ist, ist eine redundante Information. Entsprechendes gilt für die Eigenschaft, *selbstverschuldet* zu sein. Ein Mensch, der unmündig ist, obwohl es ihm nicht an Verstand mangelt, kann aufgeklärt werden, eben deshalb weil es ihm nicht an Verstand mangelt. Ob seine Unmündigkeit selbstverschuldet ist oder nicht, spielt für die Möglichkeit der Aufklärung keine Rolle.

Schließlich ist zu betonen, dass Kants eigene Beispiele sogar dagegen sprechen, dass es eine Korrelation zwischen *Selbstverschuldetheit* und *rationaler Zugänglichkeit* gibt. Das Beispiel der durch Bevormundung *dumm gemachten* Menschen ist sicherlich kein Beispiel für eine selbstverschuldete Unmündigkeit. Denn der dumm gemachte Mensch ist ein Mensch, dessen Urteil über seine eigenen Fähigkeiten, über die Fähigkeiten der ihn Bevormundenden, über die Berechtigung anderer, ihn zu bevormunden, und nicht zuletzt über den Wert eigener kognitiver Anstrengungen und Leistungen durch die sozialen Strukturen, denen er unterworfen ist, systematisch manipuliert wird. Die Unmündigkeit dumm gemachter Menschen ist daher nicht selbstverschuldet.

Wir haben bisher also gute Gründe, Kant die Auffassung zuzuschreiben, dass Adressaten der Aufklärung alle diejenigen Unmündigen sind, deren Unmündigkeit durch rationale Methoden überwunden werden kann. Ob die Unmündigkeit eines Menschen selbstverschuldet oder nicht selbstverschuldet ist, kann dagegen keine Rolle spielen. Was für Kant selbst das Paradigma aufklärungsbedürftiger Unmündigkeit ist – die Dummheit *dumm gemachter* Menschen –, ist kein Paradigma einer selbstverschuldeten Unmündigkeit. Und selbst wenn es Fälle gäbe, in denen ein dumm gemachter Mensch eine Mitschuld an seiner Unmündigkeit hat, ist es nicht diese Tatsache, die ihn zu einem Adressaten der Aufklärung macht. Relevant ist allein, dass er unmündig ist und dass seine Unmündigkeit durch rationale Methoden überwunden werden kann.

1.2 Die Reform der Denkungsart

Damit können wir zum zweiten systematisch interessanten Problem kommen. Bisher haben wir uns mit dem Objekt und den Adressaten der Aufklärung beschäftigt. Um Kants Theorie der Aufklärung zu verstehen, müssen wir aber noch untersuchen, was sie über das *Ziel* der Aufklärung zu sagen hat. Ein naheliegender Vorschlag ist folgender:

> Für Kant ist das Anliegen der Aufklärung die Überwindung der Unmündigkeit der Menschen. Da Unmündigkeit, nach Kant, in dem Unvermögen besteht, sich seines eigenen Verstandes ohne Leitung eines anderen zu bedienen, besteht Mündigkeit in der Fähigkeit, sich seines eigenen Verstandes ohne die Leitung eines anderen zu bedienen. Das Ziel der Aufklärung ist daher: die Leute zum *selbständigen Denken zu befähigen*.

Diese Darstellung ist zwar nicht gänzlich falsch, aber dennoch irreführend, weil sie den moralischen Sinn, den die Aufklärung für

Kant hat, nicht berücksichtigt. Sie legt insbesondere nahe, dass sich die Aufklärung (nach Kants Auffassung) darin erschöpft, die kognitiven Kompetenzen zu befördern, die erforderlich sind, um selbständig denken zu *können*. So verstanden, wäre *aufgeklärt*, wer die relevanten Kompetenzen besitzt. Diese kann man jedoch besitzen, ohne sie in geeigneter Weise zum Einsatz zu bringen. Es ist möglich, dass man selbständig denken kann, von dieser Fähigkeit aber selten oder gerade dann keinen Gebrauch macht, wenn es erforderlich ist. Aber das ist *nicht* Kants Auffassung. Das geht deutlich aus zwei Stellen hervor, an denen Kant über die Verwirklichung der Aufklärung nachdenkt. Kant unterstreicht, dass sich ein Publikum leichter selbst aufklären kann als ein einzelner Mensch:

> Denn da werden sich immer einige Selbstdenkende (…) finden, welche, nachdem sie das Joch der Unmündigkeit selbst abgeworfen haben, den Geist einer vernünftigen Schätzung des eigenen Werts und des Berufs [d.h. der Berufung, A.L.] jedes Menschen, selbst zu denken, um sich verbreiten werden.[8]

An der anderen Stelle unterstreicht Kant, dass »ein Publikum nur langsam zur Aufklärung gelangen [kann]«. Denn Aufklärung sei nicht durch eine Revolution zu erreichen, da durch eine Revolution »niemals wahre Reform der Denkungsart zu Stande kommen [wird]«.[9] Aus beiden Stellen geht hervor, dass das Anliegen der Aufklärung nicht nur in einer Beförderung kognitiver Kompetenzen liegt. Die Aufklärung zielt vielmehr auf eine »Reform der Denkungsart«. Der Kern dieser Reform liegt in der Veränderung der Einstellungen sowohl zur Bevormundung als auch zum Selbstdenken.

Wie wir gesehen hatten, ist ein charakteristischer Zug der Dummheit, so wie Kant sie versteht, die *Indifferenz* gegenüber Bevormundung und Selbstdenken. Der Dumme ist nicht nur unfähig, selbst zu denken, er legt auch keinen Wert darauf, selbst zu denken und sich ein eigenes Urteil, sagen wir in Fragen der Politik, der Religion und der Moral, zu bilden. Er sieht dementsprechend auch nichts Problematisches in der Bevormundung. Weder empört es ihn, bevormundet zu werden, noch ist er beschämt darüber, seinen Verstand von dem eines anderen leiten zu lassen. Seine Unmündig-

---

[8] Ebd. 54, A 483.
[9] Ebd. 55, A 484.

keit ist daher nicht nur ein Mangel an Kompetenz, sondern im Kern eine fehlgeleitete *ethische* Orientierung. Denn so wie er keinen Wert im Gebrauch des eigenen Verstandes sieht, besitzt der Dumme auch keine Wertschätzung für sich selbst als Denker. Ihm fehlt der Geist einer »vernünftigen Schätzung des eigenen Werts«. Die Eigenschaft, ein Denker zu sein, ist für ihn so unbedeutend wie die Eigenschaft, ein warmblütiges Wesen zu sein. Selbst zu denken, versteht er nicht als »Beruf jedes Menschen«. Daher fühlt er sich durch Bevormundung auch nicht herabgesetzt und lässt sie sich gefallen oder begrüßt sie sogar, da es »so bequem [ist], unmündig zu sein«.[10]

Was Kant als »falsche Denkungsart« bezeichnet – der Geist der Unmündigen –, besteht daher nicht nur in einem Irrtum bezüglich der eigenen Fähigkeiten, sondern vor allem auch in einem Mangel an Sensibilität für die moralische Bedeutsamkeit selbständigen Denkens. Und dieser Mangel an Sensibilität ist seinerseits ein moralischer Fehler. Unmündigkeit hat aus Kants Sicht also notwendig eine moralische Dimension. Nicht nur in dem Sinne, dass Unmündigkeit etwas Schlechtes ist, sondern auch in dem Sinne dass Unmündigkeit die Manifestation von Lastern ist. Die Laster des Unmündigen sind Lethargie und Mutlosigkeit im Denken, und diese sind für Kant primär moralische Laster. In ihnen zeigt sich ein Mangel an Achtung der eigenen Vernünftigkeit.[11]

Es ist daher zwar nicht falsch, zu behaupten, dass das Ziel der Aufklärung nach Kants Auffassung in einer Überwindung der Unmündigkeit und der Herstellung einer Gesellschaft von Mündigen besteht. Das bedeutet aber nicht, dass die Aufklärung sich in der Beförderung der Fähigkeit zum selbständigen Denken erschöpft. Aufklärung ist für Kant kein Bildungsprogramm – im dem engeren Sinn eines Programms zur Förderung von Wissen und Kompetenzen –, sondern ein ethisches Projekt der Überwindung einer falschen Lebenseinstellung.[12] Der Ausgang aus der Unmündigkeit

---

[10] Ebd. 53, A 482.
[11] Auf der Basis der Tugendlehre seiner *Metaphysik der Sitten* lässt sich das Verhalten des Unmündigen zum einen als eine Verletzung der Pflicht zur Entwicklung der eigenen Naturvollkommenheit, aber auch als Verletzung der aus Kants Sicht besonders wichtigen Pflicht zur Selbstschätzung als Vernunftwesen interpretieren. – Vgl. Kant (1982/1797) 568 ff. und 580 f. (§§ 11 u. 19).
[12] Vgl. Allison (2012) 229/30.

ist für Kant der Ausgang aus einem für den Wert des Denkens nicht hinreichend empfänglichen Bewusstseinszustand. Aufklärung ist die Kultivierung der Wertschätzung intellektueller Selbständigkeit durch die Kultivierung eines Habitus des selbständigen Denkens.

1.3 Sich des eigenen Verstandes ohne die Leitung eines anderen bedienen

Damit kommen wir zu einer Frage, die schon die ganze Zeit im Raum gestanden hat: Was genau meint Kant eigentlich, wenn er vom Gebrauch des *eigenen* Verstandes oder von der Fähigkeit redet, sich seines eigenen Verstandes *ohne Leitung eines anderen* zu bedienen? Offensichtlich ist, dass er damit *selbständiges Denken* meint. Aber damit ist nicht viel gewonnen. Jede meiner denkerischen Aktivitäten ist – trivialerweise – eine Aktivität von mir: Es ist notwendig, dass *ich* mich *meines* Verstandes bediene, wenn ich denke. Noch einfacher ausgedrückt: Es ist notwendig, dass *ich* denke, wenn ich denke. Denken, könnte man daher sagen, ist notwendig eine selbständige Aktivität. Aber diese Tatsache macht mein Denken nicht selbstständig. Wir sind nicht schon darum ›Selbstdenker‹, weil wir Denker sind. Dass Denken notwendig eine selbständige Aktivität ist, ist also kein Einwand gegen Kants Theorie, sondern zeigt uns nur, dass wir zwischen einem formalen und einem substantiellen Sinn von »Selbständigkeit« unterscheiden müssen.[13] In dem formalen Sinn verstanden, kann es kein unselbständiges Denken geben: Es kann nicht sein, dass ich in dem Sinne unselbständig denke, dass ein anderer *meine* denkerischen Aktivitäten an meiner Stelle ausführt. Es kann aber sein, dass ich unselbständig in dem Sinne denke, dass meine Urteile – verstanden als das, was ich als Resultat meiner kognitiven Aktivität glaube – fremdbestimmt sind.

---

[13] Genauso müssen wir das tun, wenn wir über die Zugehörigkeit von Wünschen zu einer Person sprechen. Jeder Wunsch, den ich habe, ist – trivialerweise – *mein* Wunsch. Aber daraus folgt nicht, dass jeder meiner Wünsche ein authentischer Wunsch von mir ist. Einige meiner Wünsche könnten das Resultat von Manipulationen sein. Sie sind dann, in einem substantiellen Sinn von »Meinigkeit«, nicht *meine* Wünsche.

Ob das der Sinn ist, den Kant vor Augen hat, ist nicht ohne Weiteres entscheidbar. Obwohl die Idee des selbständigen Denkens für seine Theorie der Aufklärung von zentraler Bedeutung ist, lässt uns Kant im Unklaren darüber, was selbständiges Denken seiner Auffassung nach ausmacht.[14] Es gibt jedoch eine Passage der Aufklärungsschrift, aus der man zu rekonstruieren versuchen kann, was Kant meint. An dieser Stelle kontrastiert Kant den eigenständigen mit einem Verstandesgebrauch, den man, aufgrund der verwendeten Metaphorik, als *mechanischen* Verstandesgebrauch bezeichnen könnte. Seinen Verstand vom Verstand eines anderen leiten lassen, heißt also, seinen Verstand nur auf mechanische Weise einsetzen:

> Nun ist zu manchen Geschäften, die in das Interesse des gemeinen Wesens laufen, ein gewisser Mechanism notwendig, vermittelst dessen einige Glieder des gemeinen Wesens sich bloß passiv verhalten müssen, um durch eine künstliche Einhelligkeit von der Regierung zu öffentlichen Zwecken gerichtet, oder wenigstens von der Zerstörung dieser Zwecke abgehalten zu werden. Hier ist es nun freilich nicht erlaubt, zu räsonnieren; sondern man muß gehorchen (…) So würde es sehr verderblich sein, wenn ein Offizier, dem von seinen Oberen etwas anbefohlen wird, im Dienste über die Zweckmäßigkeit oder Nützlichkeit dieses Befehls laut vernünfteln wollte; er muß gehorchen (…) Ebenso ist ein Geistlicher verbunden, seinen Katechismusschülern und seiner Gemeine nach dem Symbol der Kirche, der er dient, seinen Vortrag zu tun; denn er ist auf diese Bedingung angenommen worden.[15]

Das Modell des mechanischen Gebrauchs ist das Gehorchen oder der Gehorsam. Gehorsam bin ich nicht schon dadurch, dass ich tue, was von mir verlangt wird. Denn ich könnte X, das von mir verlangt wird, aus Gründen tun, die unabhängig davon sind, dass X von mir

---

[14] Zur Erläuterung von Kants Idee des selbständigen Verstandesgebrauchs verweisen Interpreten wie Allison (2002) 232, Scholz (2009) 31 und Zöller (2009) 90 häufig auf eine Fußnote aus dem drei Jahre nach der Aufklärungsschrift publizierten Aufsatz »Was heißt: sich im Denken orientieren?«. Dort schreibt Kant (1982/1786) 283, A 330: »*Selbstdenken* heißt den obersten Probierstein der Wahrheit in sich selbst (d.i. in seiner eigenen Vernunft) suchen; und die Maxime, jederzeit selbst zu denken, ist die *Aufklärung*.« Auf diese Stelle werde ich mich hier nicht stützen, weil eine daran orientierte Interpretation, wie ich später argumentiere, nicht geeignet ist, die Idee einer Unfähigkeit zum selbständigen Verstandesgebrauch – und damit auch die Idee der intellektuellen Unselbständigkeit – zu erhellen. Vgl. Fn. 100.

[15] Ebd. 55 f., A 485 f.

verlangt wird. Was einen Fall, in dem ich tue, was von mir verlangt wird, zu einem Fall macht, in dem ich gehorsam bin, hängt damit zusammen, dass der Befehl oder die Vorschrift der Grund ist, aus dem ich tue, was von mir verlangt wird. Gehorchen tue ich oder gehorsam bin ich also genau dann, wenn ich tue, was von mir verlangt wird, *weil es von mir verlangt wird*.[16] Wenn ich tue, was von mir verlangt wird, weil es von mir verlangt wird, lasse ich mich vom Willen einer anderen Person leiten. Mein Wollen hat seinen Ursprung im Wollen der anderen Person, und es kommt dadurch zu einer *künstlichen Einhelligkeit* unseres Wollens. Als Denker trete ich unter diesen Bedingungen gewissermaßen nicht in Erscheinung, ich bin ein ausführendes Organ oder, wie Kant es ausdrückt, Teil einer Maschine. Das ist das Modell.

Es ist nun aber unmöglich, auf Verlangen etwas zu glauben. Und dies scheint keine relative, sondern eine absolute Unmöglichkeit zu sein.[17] Dass wir nicht auf Verlangen glauben können, erklärt sich nicht aus Eigentümlichkeiten unserer kognitiven Vermögen, sondern daraus, dass ein Befehl zu glauben, dass p, in keinem Bezug zur Wahrheit von p steht: Ein Befehl ist der Ausdruck eines Wollens, und dass jemand will, dass ich glaube, dass p, ist auf transparente Weise ohne Bedeutung für die Wahrheit von p. Daher kann man p nicht als wahr betrachten, *weil* es jemand befiehlt.[18] Ein striktes epistemisches Analogon zum praktischen Gehorsam kann es folglich nicht geben. Um Kants Konzeption des unselbständigen Verstandesgebrauchs zu rekonstruieren, ist das aber nicht erforderlich. Erforderlich ist nur, dass es im Bereich der Meinungs- oder Urteilsbil-

---

[16] Diese Konzeption des Gehorsams deckt sich mit der Auffassung, die sich in der philosophischen Debatte über die Existenz einer Pflicht zum Rechtsgehorsam etabliert hat. Vgl. Gans (1992) 14 f., Simmons (2005) 94 f., Raz (2009) 233 ff., Wolff (1998) 14.

[17] Die Unmöglichkeit, auf Verlangen zu glauben, dass p, scheint noch viel offensichtlicher zu sein als die damit eng verbundene Unmöglichkeit, sich dazu zu entscheiden, p zu glauben. Zu Letzterem vgl. den klassischen Aufsatz von Williams (1978). In der sog. Jäsche-Logik unterstreicht Kant, dass der Wille keinen unmittelbaren Einfluss auf das Fürwahrhalten hat. Vgl. Kant (1977/1800) 503, A 113.

[18] Vgl. Adler (2006), der argumentiert, dass es aus rein begrifflichen Gründen ausgeschlossen ist, etwas ohne Evidenz zu glauben: Die Einstellung einer Person zu einer Proposition p wäre einfach kein Glauben, wenn sie keine Evidenzen für p hätte.

dung eine Abhängigkeit zwischen Personen gibt, die der einseitigen Abhängigkeit beim Handeln auf Befehl strukturell entspricht. Und eine derartige Entsprechung scheint es zu geben. Obwohl es nicht möglich ist, etwas zu glauben, weil es ein anderer verlangt, ist es möglich, etwas zu glauben, weil es ein anderer *behauptet*. Seine Meinung nach dem Zeugnis anderer Personen bilden, konstituiert aber noch keine problematische Unselbständigkeit im Denken. So wie ich nicht schon deshalb ein selbständiger Denker bin, weil *ich* denke, wenn ich zu glauben anfange, dass p, so bin ich nicht schon dann ein unselbständiger Denker, wenn ich zu glauben anfange, dass p, weil es ein *anderer* behauptet. Ein intellektuelles Abhängigkeitsverhältnis, das der einseitigen Abhängigkeit des Gehorchenden entspricht, liegt jedoch vor, wenn die Bereitschaft, der Behauptung der anderen Person Glauben zu schenken, dadurch bestimmt ist, dass die andere Person eine sozial höhergestellte Autorität ist, die Wert darauf legt, dass man glaubt, was sie behauptet. Ein solcher Fall ist von Allerweltsbeispielen für die Meinungsbildung nach dem Zeugnis anderer signifikant verschieden. Wenn ich auf der Straße jemanden nach der Uhrzeit frage und zu glauben anfange, dass es 15.00 Uhr ist, weil mir gesagt wird, dass es 15.00 Uhr ist, spielen Fakten über soziale Stellung und Macht und Meinungspräferenzen keine Rolle. Wo die Ausprägung der Neigung, den Behauptungen anderer zu folgen, jedoch von solchen Fakten bestimmt wird, liegt ein strukturelles Analogon zum praktischen Gehorsam vor – die *intellektuelle Folgsamkeit*.

Wenn wir von Fällen unaufrichtiger oder nicht ernst gemeinter Behauptungen absehen, ist das Resultat intellektueller Folgsamkeit eine Einhelligkeit der Überzeugung. Weil jedoch ihre Entstehung vom sozialen Status und der Meinungspräferenz der anderen Person bestimmt ist, hat die Überzeugung des Folgsamen ihre Quelle nicht in seinem eigenen Verstand, und daher ist die Einhelligkeit künstlich. Meine Behauptung ist hier nicht, dass die Meinung des intellektuell Folgsamen von den sozialen Fakten im selben Sinne bestimmt ist wie vom Zeugnis der anderen Person. Wie in Allerweltsfällen ist der *Grund* für die Meinung auch im Falle der intellektuellen Folgsamkeit *die Behauptung* der De-facto-Autorität. Der intellektuell Folgsame glaubt, dass p, weil ein anderer behauptet, dass p, und nicht deshalb, weil der andere, der behauptet, dass p, sozial höhergestellt ist. Die Behauptung wird für den Folgsamen aber dadurch zu einem Grund zu glauben, dass *p*, dass die andere Person eine sozial höhergestellte Autorität ist, die Wert darauf legt, dass man mit ihr in dem, was sie behauptet, übereinstimmt. Die Übereinstimmung der Überzeugungen geht daher einseitig von der Autorität aus *und* wird durch epistemisch irrelevante Fakten über die Autorität reguliert. Daher entspricht die resultierende doxastische Übereinstimmung einer erzwungenen Zustimmung. Die Meinungsbildung des intellektuell Folgsamen ist folglich durch eine ihn intellektuell bevormundende Autorität fremdbestimmt.

Obwohl wir unsere Meinungen von den Behauptungen anderer abhängig machen, wenn wir uns nach ihrem Zeugnis richten, ist unser Verstandesgebrauch dann nicht fremdbestimmt, es sei denn unsere Meinungsbildung wird dabei dadurch reguliert, dass die andere Person eine De-facto-Autorität ist, der an der Anerkennung ihrer Behauptung liegt.

Um die Wichtigkeit des Unterschieds zwischen der intellektuellen Folgsamkeit und einer auf den Behauptungen anderer basierenden Meinungsbildung zu sehen, nehmen wir an, wir würden hier keinen Unterschied machen. In diesem Falle müssten wir die These vertreten, dass wir unseren Verstand selbständig genau dann gebrauchen, wenn wir unsere Meinungen *nicht* auf Basis der Behauptungen anderer bilden. Diese These hätte jedoch äußerst problematische Implikationen für Kants Konzeption der Aufklärung. Da der durch Aufklärung zu überwindende Zustand der Unmündigkeit nach Kants Auffassung in der Unfähigkeit besteht, sich seines eigenen Verstandes ohne die Leitung eines anderen zu bedienen, müssten wir Kant, unter der genannten Annahme, die folgende Definition von Unmündigkeit zuschreiben: Unmündig ist, wer *unfähig* ist, sich eine Meinung unabhängig von den Meinungen anderer zu bilden. Damit schreiben wir Kant aber eine Auffassung zu, die *unmöglich* wahr sein kann. Denn es kann keinen epistemischen Akteur geben, der *in diesem Sinne* unmündig ist. Hier sind zwei Gründe dafür:

(1) Um eine Meinung auf der Basis der Behauptung einer anderen Person bilden zu können, muss ich einige Meinungen auf einer anderen Basis bilden können. Das ergibt sich schon daraus, dass

ich eine Meinung über die Äußerung einer anderen Person bilden muss, damit deren Äußerung für mich ein Grund sein kann, zu glauben, was die andere Person durch ihre Äußerung behauptet. Wenn ich nicht glaube, dass A den Satz »Es ist 15 Uhr« äußert, ist diese Behauptung nicht der Grund, aus dem ich zu glauben anfange, dass es 15 Uhr ist. Meine Überzeugung über die Äußerung von A könnte ich freilich auf der Basis der Behauptung einer dritten Person über die Äußerung von A erworben haben. Aber dazu muss ich wiederum eine Meinung über die Äußerung dieser dritten Person bilden usw. Der sich abzeichnende infinite Regress zeigt uns, dass wir, um *irgendeine* Überzeugung auf der Basis der Behauptungen einer anderen Person bilden zu können, über eine von den Behauptungen anderer unabhängige Methode der Meinungsbildung verfügen müssen. Also können wir nicht unfähig sein, unsere Meinungen unabhängig vom Zeugnis anderer zu bilden.

(2) Wer seine Meinungen nur auf der Grundlage des Zeugnisses anderer bilden kann, ist nicht fähig, auf der Basis seiner schon bestehenden Meinungen neue Meinungen zu bilden. Dazu nicht fähig zu sein, heißt aber nichts anderes als *nicht schlussfolgern können*. Gar nicht schlussfolgern zu können ist aber, im Unterschied zu *schlecht sein im Schlussfolgern*, nicht etwa ein Mangel des Verstandes, sondern das Fehlen von Verstand. Ein Individuum, das gar nicht schlussfolgern kann, ist kein epistemischer Akteur. Also können wir nicht unfähig sein, unsere Meinungen unabhängig vom Zeugnis anderer zu bilden und aufrechtzuerhalten.

Gegen den zweiten Punkt könnte man einwenden:

> Wenn A etwas glaubt, weil B es behauptet, und wenn A auf Basis dieser Meinung eine weitere Meinung bildet, dann verdankt sich die letztere Meinung unmittelbar zwar einer Schlussfolgerung, mittelbar aber der Behauptung von B. Denn A hätte seine neue Meinung nicht gebildet, hätte B nicht behauptet, was für A die Prämisse seiner Schlussfolgerung war. Also ist die Meinungsbildung von A weiterhin abhängig von der Meinung von B. Und folglich ist es, entgegen (2), sehr wohl möglich, dass

jemand unfähig ist, seine Meinung unabhängig vom Zeugnis eines anderen zu bilden, obwohl er fähig ist, auf der Basis einer übernommenen Meinung, neue Meinungen zu bilden.

Dieser Einwand kann nicht zutreffend sein. Das lässt sich an folgendem Szenario belegen:

(1) A glaubt, dass p, weil B, der ebenfalls glaubt, dass p, das behauptet.

(2) Auf der Basis dieser von B ›geerbten‹ Überzeugung kommt A zu dem Schluss, dass q.

(3) B glaubt nicht, dass q.

Dieses zweifellos mögliche Szenario verdeutlicht die doxastische Produktivität des Schließens. Es zeigt uns nämlich, dass man sein doxastisches Erbe verwenden kann, um *neue* Meinungen zu bilden – Meinungen, die auch in dem Sinne neu sind, dass die Person, von der man seine Meinungen geerbt hat, gar nicht besitzt. Das bedeutet aber, dass sich die Eigenschaft einer Meinung, von einer anderen Person ererbt zu sein, auf Meinungen, die aus dieser geschlossen werden, *nicht überträgt*.[19]

---

[19] Dieser Punkt hat eine bedeutende Konsequenz für die Interpretation von Kants Aufklärungskonzeption. In Fn. 95 habe ich schon angemerkt, dass viele Interpreten die Idee der intellektuellen Selbständigkeit durch eine Fußnote aus Kants Aufsatz »Was heißt: sich im Denken orientieren?" zu erklären versuchen. Dort schreibt Kant (1982/1786) 283, A 330: »*Selbstdenken* heißt den obersten Probierstein der Wahrheit in sich selbst (d.i. in seiner eigenen Vernunft) suchen; und die Maxime, jederzeit selbst zu denken, ist die *Aufklärung*.« Das Problem mit einer solchen Interpretation sollte jetzt deutlich geworden sein. Denn es ist klar, dass ein Denker, der eine Proposition aufgrund einer Schlussfolgerung für wahr hält, eben damit seine eigene Vernunft als ›Probierstein‹ der Wahrheit benutzt hat. Wäre nun Unmündigkeit die Unfähigkeit zum selbständigen Denken *im Sinne der zitierten Fußnote*, wäre Unmündigkeit die Unfähigkeit, den Probierstein der Wahrheit in sich selbst zu suchen. Dazu unfähig sein könnte aber nur jemand, der nicht schlussfolgern kann. Eine solche Unfähigkeit ist aber, wie gesagt, nicht ein Mangel an Verstand, sondern das Fehlen von Verstand (von Vernunft). Die Interpretation von Kants Aufklärungskonzeption im Lichte der zitierten Fußnote erweist sich damit als äußerst problematisch: Da Unmündigkeit nicht in einer Unfähigkeit bestehen kann, Meinungen unabhängig von den Behauptungen anderer zu bilden, kann Unmündigkeit (1) nicht in einer Unfähigkeit bestehen, den Probierstein der Wahrheit in sich selbst zu suchen; da Unmündigkeit aber (2) in einer Unfähigkeit zum selbständigen Denken be-

Damit kommen wir zu dem Schluss, dass epistemische Akteure nicht unfähig sein können, Meinungen unabhängig vom Zeugnis anderer zu bilden. Vielmehr ist jeder epistemische Akteur dazu fähig und bildet einen bedeutenden Teil seiner Meinungen unabhängig von anderen auf der Basis von Wahrnehmungen, von Erinnerungen, von Intuitionen und durch Schlussfolgerungen.

Damit sollte deutlich geworden sein, dass Kants Idee des selbständigen Verstandesgebrauchs *nicht* mit der Idee der unabhängigen Meinungsbildung identifiziert werden kann.[20] Unabhängige Meinungsbildung (im hier diskutieren Sinne) ist nichts, was der Rede wert ist. Und schließlich ist klar, dass Kants Definition der Unmündigkeit eine Absurdität wäre, würde man sie unter der Prämisse interpretieren, dass »den eigenen Verstand ohne die Leitung eines anderen gebrauchen« dasselbe meint wie »die eigenen Meinungen unabhängig vom Zeugnis anderer bilden«.

1.4 Unmündigkeit und intellektuelle Folgsamkeit

Auf Basis der Idee der intellektuellen Folgsamkeit können wir Kants Begriff der Unmündigkeit, die das Objekt der Aufklärung ist, besser verstehen. Vor allem können wir Kants implizite Behauptung besser verstehen, dass dem Unmündigen die Unmündigkeit »beinahe zur Natur geworden« ist.[21]

Es gibt das Phänomen des *gewohnheitsmäßigen* oder *habituellen* Gehorsams. Gewohnheitsmäßiger Gehorsam ist das Resultat eines

steht, kann selbständiges Denken (3) nicht darin bestehen, den Probierstein der Wahrheit jederzeit in sich selbst zu suchen.

[20] Diese Interpretation findet eine bedeutende Stütze in der in Kants Logik geäußerten Auffassung, dass wir uns in manchen Dingen des Zeugnisses anderer bedienen müssen und es in diesen Fällen unproblematisch ist, wenn das Ansehen der Person eine Rolle in unserer Meinungsbildung spielt: »Wenn wir in Dingen, die auf Erfahrung und Zeugnissen beruhen, unsere Erkenntnis auf das Ansehen andrer Personen bauen: so machen wir uns dadurch keiner Vorurteile schuldig; denn in Sachen dieser Art muß, da wir nicht alles selbst erfahren, und mit unserem Verstand umfassen können, das Ansehen der Person die Grundlage unserer Urteile sein.« – Kant (1977/1800) 508, A 120. Unter »Ansehen« kann Kant dabei aber nur so etwas wie das *intellektuelle* Ansehen verstehen (ob jemand glaubwürdig und zuverlässig ist, nicht zu Übertreibungen neigt etc.).

[21] Ebd. 54, A 482/83.

Lebens in hierarchisch strukturierten Gruppen, Organisationen und Institutionen. Jemand, der gewohnt ist, auf Verlangen zu handeln, ist auch gewohnt und erwartet, dass man ihm vorgibt, was er wie zu tun hat. Der gewohnheitsmäßig gehorsame Menschen lässt sich deshalb durchaus adäquat, wie Kant es tut, als Teil einer Maschine beschreiben, das sich nur bewegt, weil es von anderen in Bewegung gesetzt wird. Der springende Punkt ist nun, dass dann, wenn Gehorsamkeit ein Habitus und beinahe zur Natur geworden ist, die Fähigkeit verkümmert, sich unabhängig von Vorgaben und Anweisungen Ziele zu setzen und Pläne zur Realisierung selbstgesetzter Ziel zu entwerfen. Der Mensch mit dem Habitus des Gehorsams fühlt sich nicht wohl, wenn ihm nicht gesagt wird, was er zu tun hat, und ist desorientiert, wenn ihm keine Orientierung vorgegeben wird.

Genau wie es das Phänomen gewohnheitsmäßigen Gehorsams gibt, gibt es auch das Phänomen gewohnheitsmäßiger intellektueller Folgsamkeit. Der Habitus intellektueller Folgsamkeit lässt sich ebenfalls in hierarchisch organisierten Gruppen, Organisationen und Institutionen erkennen, und zwar besonders in solchen, die sich durch bestimmte Theorien, Meinungssysteme oder Weltanschauungen definieren. Wir können hier wie Kant an religiöse Sekten, aber auch an politische Parteien, an soziale Bewegungen oder an philosophische und andere Schulen denken. Abhängig von den Machtstrukturen und der Bedeutsamkeit der doxastischen Übereinstimmung für die Identität der organisierten Gruppen erzeugen solche Gebilde einen mehr oder weniger großen intellektuellen Konformitätsdruck. Da man unmöglich auf Verlangen etwas glauben kann, wird intellektueller Konformitätsdruck nicht durch Anordnungen oder Anweisungen erzeugt. Wir sollten nicht einmal erwarten, dass er in der Regel bewusst aufgebaut wird. Intellektueller Konformitätsdruck kann einfach dadurch entstehen, dass Autoritäten Wert darauf legen, dass bestimmte Behauptungen als wahr anerkannt werden, wobei das lediglich sozial sichtbar und nicht als artikulierter Wille der Autoritäten präsent sein muss. Daher ist die Bedrohung der abweichenden Meinung mit informellen Sanktionen ausreichend, um epistemischen Konformitätsdruck aufzubauen und zu unterhalten.[22] Ein Paradigma des gezielten Aufbaus

---

[22] Dass epistemischer Konformitätsdruck für Kant eine zentrale Rolle für

eines epistemischen Konformitätsdrucks ist die autoritäre Strategie, unliebsame Meinungen mit einer negativen Bewertung der sie vertretenden Personen zu assoziieren. Diese Strategie zielt nicht so sehr darauf, dass die Leute Angst haben, eine abweichende Meinung zu äußern. Sie zielt primär darauf, dass die Leute die abweichende Meinung als einen Makel, der auf die ganze Person zurückfällt, begreifen.[23] Wo eine abweichende Meinung zu haben ein sozialer Makel ist, gibt es einen ernsthaften Druck gegen die Bildung der abweichenden und für die Bildung der orthodoxen Meinung, und dieser Druck fördert den Habitus epistemischer Folgsamkeit. Unabhängig von einem solchen Habitus ist die Entstehung von relativ stabilen ideologischen Konformitäten schwer erklärbar. Denn bloße Leichtgläubigkeit – die Disposition, den Behauptungen anderer auch angesichts von Unglaubwürdigkeitsindikatoren Glauben zu schenken – ist dafür nicht hinreichend. Da er die Tendenz hat, Behauptungen undifferenziert Glauben zu schenken, ist der Leichtgläubige viel zu leicht formbar, als dass das Phänomen relativ stabiler ideologischer Konformität aus bloßer Leichtgläubigkeit erklärt werden könnte.[24]

Der Habitus der intellektuellen Folgsamkeit lässt sich als eine Methode der Meinungsbildung betrachten, die darauf angelegt ist,

die Entstehung und Aufrechterhaltung von Unmündigkeit spielt, geht daraus hervor, dass er zu den Ursachen der Unmündigkeit nicht nur Faulheit, sondern auch Feigheit zählt. Mut, sich selbst ein Urteil zu bilden, braucht man nur dort, wo doxastische Abweichung nicht einfach hingenommen, sondern sanktioniert wird. Entsprechend betont Kant auch, dass »der bei weitem größte Teil der Menschen (…) den Schritt zur Mündigkeit (…) auch für sehr *gefährlich* halte (…).« – Ebd. 53, A 482.

[23] Vgl. Peirce (1967) 305 ff. über Autorität als eine Methode der Meinungsbildung oder, in Peirce'schen Begriffen, der Festlegung von Überzeugungen.

[24] Gerade wenn in einer Gruppe intellektueller Konformitätsdruck herrscht, scheint die beste Erklärung von signifikanter Einhelligkeit in Bezug auf kontroverse Themen gerade nicht Leichtgläubigkeit, sondern epistemische Folgsamkeit zu sein. Dass Argumente dabei eine *bedeutende* Rolle spielen, ist umso unplausibler, je größer der Konformitätsdruck ist. So scheint bei politischen Parteien der Konformitätsdruck in Wahlkampfperioden zuzunehmen. Dass dieser Druck, wie man einwenden könnte, nur betrifft, was die Leute sagen, nicht aber, was sie meinen, scheint nicht plausibel, weil dadurch gerade eine Diskrepanz zwischen Meinen und Sagen befördert würde, durch die die Stabilität eher gefährdet als befördert wird.

eine Meinungskonformität im Sinne der Erwartungen einer Autorität zu erzeugen. Die durch diese Methode gebildeten Meinungen sind opportunistisch und fremdbestimmt und nicht die eigenen Meinungen der epistemisch folgsamen Person. Die intellektuelle Folgsamkeit ist aber keine Strategie, der ein epistemischer Akteur bewusst folgen und deren Einsatz er selbst kontrollieren würde. Wie beim habitualisierten Gehorsam entsteht mit der habitualisierten intellektuellen Folgsamkeit vielmehr ein Bedürfnis nach Orientierung. Der intellektuell Folgsame braucht und erwartet intellektuelle Orientierung von anderen und hätte Schwierigkeiten, sich unabhängig von den Vorgaben ein Urteil in Dingen zu bilden, die Nachdenken erfordern. In den Dingen, in denen er intellektuelle Orientierung erwartet, mangelt es ihm an Kompetenz. Dieser Mangel scheint ein mit dem Habitus der intellektuellen Folgsamkeit notwendig verbundener Aspekt zu sein. Denn der Opportunismus in der Meinungsbildung ist unter den Bedingungen einer Kompetenz zum kritischen Denken nicht erwartbar.

Wir können Kant daher die Auffassung zuschreiben, dass die durch Aufklärung zu überwindende Unmündigkeit eine Funktion habituell gewordener intellektueller Folgsamkeit ist. Unmündigkeit in diesem Sinne zu überwinden, heißt sich durch rationale Methoden vom Habitus der Folgsamkeit zu befreien. Die intellektuell Folgsamen müssen daher fähig sein, sich ein Urteil über den Habitus der Folgsamkeit zu bilden, wobei sie die Problematik einer diesem Habitus gehorchenden Meinungsbildung einsehen können müssen. Die mit der intellektuellen Folgsamkeit verbundene Unfähigkeit, sich des eigenen Verstandes zu bedienen, kann folglich nicht eine strikte Unfähigkeit zur Reflexion auf die eigenen Gewohnheiten der Meinungsbildung umfassen.[25] Sie besteht stattdessen in der spezi-

---

[25] Dass wir zur Interpretation von Kants Konzeption der Unmündigkeit zwischen intellektuellen Kapazitäten und Kompetenzen (d.i. intellektuellen Fertigkeiten und Tugenden) unterscheiden müssen, hat sich bereits im Kontext der Interpretation der Unterscheidung von selbstverschuldeter und unverschuldeter Unmündigkeit erwiesen. Wenn wir diese Unterscheidung beachten, entsteht auch keine Paradoxie in Kants Konzeption der Aufklärung, wie sie Zöller glaubt identifiziert zu haben. Zöller (2009) 87 schreibt: »Intellektuelle Selbständigkeit ist nämlich nicht nur das Ziel der Aufklärung, sondern auch deren Bedingung. Denn ohne ein zumindest ansatzweises Vorliegen selbständigen Denkens wird der bequeme Zustand der Unmündigkeit, in dem andere einem

fischen Inkompetenz zur kritischen Untersuchung und Evaluation von Behauptungen und Argumenten.

2. Was Aufklärung (nicht) ist

Dieses Kapitel beginnt mit einer kritischen Diskussion von Kants Theorie der Aufklärung. Kants Verständnis der Aufklärung erweist sich dabei als auffällig deflationär. So wie Kant sie konstruiert, lässt sich Aufklärung nicht als Auseinandersetzung mit einem intellektuellen Status quo verstehen, wie er sich mit der Inkohärenz des Begriffs der Menschenwürde ergibt. Dafür, werden wir sehen, gibt es mehrere Gründe. Ein Grund hat mit Kants Metaphysik der Aufklärung zu tun, ein anderer mit seiner Konzeption intellektueller Selbständigkeit. Insgesamt zeigt sich, dass Kants Konzeption der Aufklärung nicht einmal auf die Möglichkeit eingerichtet ist, dass unser Verstandesgebrauch durch defekte Begriffe korrumpiert ist. Wie Kant sie charakterisiert, geht es bei der Aufklärung nämlich eher um die Mobilisierung intakter denkerischer Kapazitäten als darum, unser Denken von korrumpierenden Faktoren zu befreien. Gerade deshalb erfasst Kants Konzeption aber nicht solche kognitiven Problemlagen, die das eigentliche Aufgabenfeld der Aufklärung ausmachen – das Problem des falschen Bewusstseins.

2.1 *Kants deflationäre Konzeption der Aufklärung*

Bei der Rekonstruktion von Kants Konzeption der Aufklärung habe ich mich der Vorstellung bedient, dass die Aufklärung ein *Projekt* ist. Diese Vorstellung ist so natürlich, dass es eher unwahrscheinlich ist, dass irgendjemand sie kritisch vermerkt hat. Für die Rekonstruktion der unterschiedlichen Elemente von Kants Konzeption war die Idee des Projekts auch nützlich. Daraus dürfen wir aber nicht schließen, dass die Aufklärung nach Kants Auffassung die Natur eines Projektes hat. Die implizite Metaphysik der Aufklärung von das Denken abnehmen, kaum verlassen werden. Man könnte es geradezu als das Paradox von Kants Aufklärungskonzept formulieren, dass nur der Aufgeklärte der Aufklärung fähig ist, aber genau darum ihrer nicht mehr bedarf.«

Kants Aufklärungsschrift scheint nämlich in eine andere Richtung zu gehen. Nach Kants Auffassung ist die Aufklärung ein *projektunabhängiger Prozess*, ein Prozess also, der nicht durch Versuche, ein definiertes Ziel zu realisieren, unterhalten wird. Dass die Aufklärung für Kant keinen Projektcharakter hat, ist ein herausstechender Zug seiner Theorie, an dem sich zudem besonders deutlich zeigt, dass die kantische Konzeption auf einem unangemessenen Bild des Zustands beruht, der durch Aufklärung überwunden werden soll. Das jedenfalls ist es, was ich im Folgenden zeigen möchte.

Wenn wir unter »Aufklärung« den Zustand des Aufgeklärtseins verstehen, ist die Aufklärung, nach Kants Verständnis, wesentlich ein *Nebenprodukt* des selbständigen öffentlichen Gebrauchs der eigenen Vernunft der Bürger. Kant schreibt: »Daß ein Publikum sich selbst aufkläre, (…) ist, wenn man ihm nur Freiheit läßt, beinahe unausbleiblich.«[26] An anderer Stelle unterstreicht er: »Zu dieser Aufklärung aber wird nichts erfordert als [die] Freiheit; (…) von seiner Vernunft in allen Stücken öffentlichen Gebrauch zu machen.«[27]

Diese Sätze, könnte man, wenn man sie zum ersten Mal liest, denken, verraten den fast naiven Fortschrittsoptimismus ihres Autors. Denn es scheint *sehr* optimistisch zu sein, zu glauben, dass die Illusionen, die Vorurteile, die Konfusionen und Irrtümer der Menschen überwunden werden und dass sich die Wahrheit durchsetzt, wenn nur alle Bürger im Staat die Freiheit haben, ihre Meinungen in die Arena der Öffentlichkeit zu tragen. Die Möglichkeit, dass aufklärerische Projekte zurückgeworfen werden oder scheitern, ist jedenfalls nicht so unausdenkbar, dass man vernünftiger Weise glauben könnte, es sei nicht mehr als das Recht auf freie Meinungsäußerung erforderlich, damit sie gelingt. Schon Platon hat im Kontext des Höhlengleichnisses hervorgehoben, dass jeder Versuch der Aufklärung mit Hindernissen zu rechnen hat:

> SOKRATES. Nun betrachte den Hergang ihrer [der in der Höhle Gefangenen, A. L.] Lösung von den Banden und ihrer Heilung von dem Unverstand, wie er sich natürlicherweise gestalten würde, wenn sich folgendes mit ihnen zutrüge: wenn einer von ihnen entfesselt und genötigt würde plötzlich aufzustehen, den Hals umzuwenden, sich in Bewegung zu setzen und nach dem Lichte empor zu blicken, und alles

[26] Kant (1977/1783) 54, A 483.
[27] Ebd. 55, A 484; Herv. getilgt.

dies nur unter Schmerzen verrichten könnte, und geblendet von dem Glanze nicht imstande wäre jene Dinge zu erkennen, deren Schatten er vorher sah, was, glaubst du wohl, würde er sagen, wenn man ihn versichert, er hätte damals lauter Nichtigkeiten gesehen, jetzt aber, dem Seienden nahegerückte und auf Dinge hingewandt, denen ein stärkeres Sein zukäme, sehe er richtiger? Und wenn man zudem noch ihn auf jedes der vorübergetragenen Menschenwerke hinwiese und ihn nötigte auf die vorgelegte Frage zu antworten was es sei, meinst du da nicht, er werde weder aus noch ein wissen und glauben, das vordem Geschaute sei wirklicher als das was man ihm jetzt zeigt?
GLAUKON. Weitaus.
SOKRATES. Und wenn man ihn nun zwänge seinen Blick auf das Licht selbst zu richten, so würden ihn doch seine Augen schmerzen und er würde sich abwenden und wieder jenen Dingen zustreben, deren Anblick ihm geläufig ist, und diese würde er doch für tatsächlich gewisser halten als die die man ihm vorzeigte?
GLAUKON. Ja.[28]

Die Lösung von den Fesseln wird in diesem Gleichnis als ein erster Schritt der Aufklärung präsentiert, durch den die Gefangenen für die Wahrheit empfänglich werden. Die Lösung der Fesseln ist noch nicht die Befreiung von der Illusion, sondern ein Schritt, der diese Befreiung ermöglicht. Es wird den Gefangenen ermöglicht (auch ihre Köpfe waren vorher durch Fesseln fixiert) sich umzublicken, d.h. ihre Situation wird so verändert, dass sie mit der Wahrheit konfrontiert werden können. Die Konfrontation mit der Wahrheit ist im Wesentlichen aber auch eine Konfrontation mit der Wahrheit über die eigene epistemische Beschränkung. Diese Wahrheit ist für die Höhlenbewohner jedoch so schmerzhaft, dass sie diese nicht anerkennen können. Auch die von den Fesseln befreiten Höhlenbewohner haben noch nicht die innere Fesselung ihrer falschen Weltanschauung abgelegt und daher eine innere Tendenz, auf die Konfrontation mit der Wahrheit mit Ablehnung und Regression zu reagieren.[29]

[28] Platon (1978) 270f. (515 St.)
[29] Dass Menschen im Allgemeinen dazu neigen, an ihren Überzeugungen auch unter Bedingungen festzuhalten, die auf deren Falschheit hinweisen, lehren sowohl die Alltagserfahrung als auch die Sozialpsychologie. Ariely erklärt dieses Phänomen als Ausdruck einer Aversion zu verlieren, was man besitzt: »Ownership is not limited to material things. It can also apply to points of view. Once we take ownership of an idea (…) we love it perhaps more than we should.

Wenn wir die zitierte Passage des Höhlengleichnisses als eine Darstellung der Schwierigkeiten ansehen, mit denen die Aufklärung typischer Weise konfrontiert ist, haben wir ein bestimmtes Bild der Aufklärung vor Augen. Zu diesem Bild gehört, dass die Aufklärung wesentlich in einer *Auseinandersetzung* mit falschen Weltbildern besteht, die das Resultat einer Meinungsbildung unter epistemisch *depravierten* Bedingungen sind, wobei ein wesentlicher Bestandteil dieser Auseinandersetzung die *Entlarvung* sowohl der Falschheit als auch der Quelle der Falschheit ist. Diese Konzeption entspricht ganz dem Bild, das Platon in seinem Höhlengleichnis zeichnet. Sie entspricht aber nicht dem von Kant in seiner Aufklärungsschrift entworfenen Bild der Aufklärung.

Denn Kant glaubt, dass sich der Zustand des Aufgeklärtseins unabhängig davon einstellt, *was* die individuellen Selbstdenker denken, und auch unabhängig davon, welche Ziele sie mit dem öffentlichen Gebrauch ihrer Vernunft verfolgen. Die Aufklärung, heißt das, wird von Kant nicht als ein *Projekt* angesehen, das man unterstützen oder das man sich zu eigen machen kann, dessen Umsetzung besser oder schlechter gelingen kann und für dessen Realisierung man Strategien haben muss, um mit erwartbaren Schwierigkeiten zu Rande zu kommen. Die Aufklärung ist für Kant kein Projekt, sondern ein *projektunabhängiger Prozess*, der durch den öffentlichen Vernunftgebrauch von Selbstdenkern in Gang gesetzt und unterhalten wird, ohne von ihnen oder überhaupt irgendjemandem intendiert zu sein. Aufklärung ist der Prozess einer Kultivierung des selbständigen Denkens und führt als solcher (glaubt Kant) zu einer Verbreitung des Habitus selbständigen Denkens, ohne dass irgendjemand es sich zum Ziel gemacht hätte, sich selbst oder andere Menschen zu Selbstdenkern zu machen.

Kant vertritt also, wenn man so will, eine *Unsichtbare-Hand-Theorie* der Aufklärung. Die individuellen Selbstdenker verfolgen ihre je eigenen Ziele. Sie wollen einer Öffentlichkeit ihre Ansichten zum Beispiel über Religion, über Politik, über Kunst, über Moral oder über die Ingredienzien eines guten Lebens darlegen. *Warum* sie das tun – ob aus bloßer Eitelkeit oder um die Mitmenschen zu

We prize it more than it is worth. And most frequently, we have trouble letting go of it because we can't stand the idea of its loss. What are we left with then? An ideology – rigid and unyielding.« – Ariely (2010) 177/8.

erziehen oder um Geld zu erwerben oder um zum kulturellen Fortschritt beizutragen usw. – spielt dabei kein Rolle. Die jeweiligen Ansichten mögen außerdem falsch und objektiv ungerechtfertigt sein – solange sie sich nicht der Methode der Folgsamkeit verdanken und in diesem Sinne durch *selbständiges* Denken produziert sind, ist ihre Darlegung, nach Kants Auffassung, eine Mitwirkung am Prozess der Aufklärung.[30]

Und genauso wie er durch die epistemische Wertlosigkeit der Beiträge von Selbstdenkern nicht zum Erliegen kommen kann, kann der Prozess der Aufklärung auch nicht dadurch ins Stocken geraten, dass die Selbstdenker miteinander unvereinbare Ansichten verfechten. Denn der Zustand des Aufgeklärtseins ist nicht zwangsläufig ein Zustand, in dem die Ansichten der Selbstdenker in Bezug auf bestimmte Fragen *konvergieren*. Er ist kein Zustand, in dem Illusionen, falsche Vorurteile oder ideologische Perspektiven überwunden sind und sich die *Wahrheit* über bestimmte Dinge durchgesetzt hat. Der Zustand des Aufgeklärtseins, so wie Kant ihn versteht, kann vielmehr ein Zustand sein, in dem weltanschauliche Dissense unter den Selbstdenkern hartnäckig fortbestehen, während, intuitiv gesehen, Aufklärung, wenn sie gelingt, eine *Konvergenz* von Meinungen befördert.

---

[30] Dass Selbstdenker falsche und objektiv ungerechtfertigte Meinungen haben können, könnte man nur ausschließen, wenn man Kant die Auffassung zuschreibt, selbständiges Denken sei notwendig in dem Sinne *vernünftig*, dass es unmöglich zu epistemisch kritisierbaren Resultaten führt. Das aber würde voraussetzen, dass selbständiges Denken stets nur epistemisch optimale doxastische Einstellungen produziert. Gegen diese perfektionistische Identifikation von selbständigem mit vernünftigem Denken (im angegebenen Sinn) sprechen einige Dinge. (1) Die Aufklärungsschrift enthält keine epistemische Kritik der Methode der Folgsamkeit. (2) Es gibt keinen Hinweis darauf, dass Kant glaubte, dass sich Selbstdenker notwendig seltener irren als Leute, die intellektuell unselbständig sind. (3) Kant glaubte, dass Selbstdenker vom Diskurs einer kritischen Öffentlichkeit *als Denker profitieren*. (4) Kant glaubte, dass der logische Egoismus – die Auffassung, dass niemand einen epistemischen Grund hat, sein Urteil am Urteil anderer zu überprüfen – falsch ist. Da der logische Egoist *definitionsgemäß* selbständig denkt, da er sich seine Meinungen so bildet, als gäbe es keine anderen Denker außer ihm, kann selbstständiges Denken nicht notwendig zu epistemisch nicht kritisierbaren Resultaten führen. – Zu Kants Einschätzung des logischen Egoismus vgl. Kant (1991/1798) 409, BA 6.

Aufgeklärtsein hat für Kant also nichts mit dem zu tun, *was* die Leute denken oder meinen. Das impliziert aber, dass Aufklärung nach Kants Konzeption *nichts* mit Wahrheit und Wissen zu tun hat. Denn wenn die Aufklärung unabhängig von dem realisiert sein kann, *was* die Leute denken, kann sie unabhängig davon realisiert sein, dass die Leute bestimmte Wahrheiten erfassen, und folglich auch unabhängig davon, dass sie ein bestimmtes Wissen erwerben. Wenn die Aufklärung nichts mit dem zu tun hat, *was* die Leute denken oder meinen, hat aber auch die Überwindung der Unmündigkeit nichts mit dem zu tun, *was* die Leute denken und meinen. Das impliziert aber, dass Unmündigkeit *nicht deshalb* ein durch Aufklärung zu überwindender Zustand ist, weil die Unmündigen signifikanten Irrtümern unterliegen oder weil sie signifikante Wahrheiten nicht kennen. Selbst wenn Unmündigkeit, wie Kant sie konstruiert, mit Unwissenheit und Irrtum korreliert wäre, könnten es also nicht diese Eigenschaften sein, deren Verschwinden das Verschwinden von Unmündigkeit wünschenswert machen.

Alles das sind Konsequenzen einer Metaphysik, der zufolge die Aufklärung ein *projektunabhängiger Prozess* ist, der sich unter der Bedingung der Meinungsfreiheit (der Freiheit des öffentlichen Vernunftgebrauchs) nicht nur unabhängig von den Intentionen und den Motiven der Selbstdenker, sondern auch unabhängig von dem vollzieht, *was* die Selbstdenker denken und meinen. Sich davon unabhängig vollziehen zu können, ist für die Aufklärung aber nur möglich, wenn das Ziel der Aufklärung nichts mit dem zu tun hat, *was* die Leute denken und meinen – und das heißt, wenn das Ziel der Aufklärung nichts mit der Überwindung eines epistemisch depravierten Zustandes von Unwissenheit und Irrtum zu tun hat. Wenn Kant daher glaubt, dass das einzige Hindernis für die Aufklärung die Beschränkung des öffentlichen Vernunftgebrauchs durch den Staat ist, ist das kein naiver Fortschrittsoptimismus. Denn nach Kants Auffassung ist ein Hindernis für die Aufklärung ein Hindernis für die Verbreitung des Selbstdenkertums und nicht etwa, wie für Platon, ein Hindernis für die Überwindung eines epistemisch depravierten Zustandes, in dem uns sogar der Zugang zur Wahrheit verbaut ist. Was Kants Glaube an die Unausbleiblichkeit der Aufklärung vor dem Vorwurf eines ungerechtfertigten Fortschrittsoptimismus bewahrt, ist lediglich eine außerordentlich *deflationäre*

Sicht der Aufklärung. Diese deflationäre Konzeption ist aber nicht überzeugend, weil sie die besondere Problematik einer depravierten epistemischen Situation, wie sie Platon im Höhlengleichnis anspricht, nicht erfasst.

Dieser Einwand ist bedeutend. Er sagt nicht nur, dass Kants Konzeption der Aufklärung ein wichtiges weiteres aufklärungsrelevantes Phänomen außer Acht lässt. Er deutet vielmehr darauf hin, dass Kants Konzeption gerade diejenige intellektuelle Problematik nicht berücksichtigt, die zu entlarven und zu überwinden Aufklärung gerade von anderen unspezifischen Formen intellektueller Kritik unterscheidet. Kants deflationäre Konzeption ist für eine Situation wie die des Höhlengleichnisses unempfindlich, weil sie versucht, die Aufklärung ohne die Begriffe der Wahrheit und des Wissens und damit auch unabhängig von epistemischen Werten zu charakterisieren. Dass die Aufklärung epistemischen Werten verpflichtet ist, scheint jedoch eine Wahrheit zu sein, die für eine Konzeption *der Aufklärung* nicht zur Disposition stehen kann. Wir können Kants Konzeption daher nicht verteidigen, indem wir behaupten, seine Konzeption sei eben eine ausschließlich auf das Problem des unselbständigen Denkens fokussierte Konzeption.

2.2 Kants deflationäre Konzeption intellektueller Selbständigkeit

Gegen die Kritik, dass Wahrheit und Wissen in ihr keine adäquate Rolle spielen, könnte man Kants Konzeption zu verteidigen versuchen, indem man das Problem als ein Problem von Kants Metaphysik der Aufklärung lokalisiert und es damit von der Idee isoliert, dass es bei der Aufklärung um eine Kultivierung intellektueller Selbständigkeit geht. Diese Strategie hat jedoch einen bedeutenden Nachteil: Sie unterstellt, dass Kant eine Konzeption des Ziels der Aufklärung hat, die mit seiner Metaphysik der Aufklärung unverträglich ist. Noch gravierender ist allerdings ein anderer Nachteil. Es gibt nämlich, wie ich im Folgenden zeigen möchte, sehr gute Gründe für die *gegenteilige* Auffassung. Kants Metaphysik der Aufklärung steht mit seiner Konzeption (des Werts) intellektueller Selbständigkeit im Einklang und reflektiert nur deren formalen

Charakter, die Tatsache also, dass intellektuelle Selbständigkeit und Unselbständigkeit, so wie Kant sie konzipiert, nicht an den Gehalt des Denkens gebunden sind.

Eine starke Evidenz dafür ist, dass sich Kant, um das Anliegen der Aufklärung zu definieren, weder auf einen das Denken der Menschen prägenden Irrtum noch auf einen irrtumsproduzierenden Mechanismus, noch auf eine ihr Selbstbild bestimmende kognitive Illusion bezieht. Die Reform der Denkungsart, die Kants Aufklärung anstrebt, hat daher keinerlei Verwandtschaft mit der in Platons Höhlengleichnis dargestellten Reform. Denn so wie Kant sie präsentiert, gibt es keinen Zusammenhang zwischen der Aufklärung und der *Entlarvung* eines intellektuellen Status quo. Was durch Aufklärung überwunden werden soll, ist nach Kants Auffassung der Zustand der Unmündigkeit. Unmündigkeit, so wie Kant sie versteht, ist aber keine Funktion eines falschen Weltbildes und daher auch kein Zustand, der durch philosophische Kritik erst als Illusion entlarvt werden muss, damit er überwunden werden kann.

Dem scheint zu widersprechen, dass Kant an einer Stelle seiner Aufklärungsschrift intellektuelle Bevormundung wenigstens implizit als ein Einpflanzen von *Vorurteilen* charakterisiert. Die Aufklärung des Publikums, hebt er dort hervor, kann nur langsam vor sich gehen, und zwar deshalb, weil das Publikum selbst nicht aufklärerisch eingestellt ist und die Selbstdenker, die vorher unter seinen Vormündern waren, seinerseits zu bevormunden trachtet. Und das, so Kant, zeige, »wie schädlich (…) es [ist], Vorurteile zu pflanzen, weil sie sich zuletzt an denen selbst rächen, die, oder deren Vorgänger, ihre Urheber gewesen sind«.[31] An dieser Überlegung, könnte man denken, zeigt sich sogar eine echte Verwandtschaft mit Platons Darstellung der Schwierigkeiten, die der aufgeklärte Philosoph zu erwarten hat, wenn er in die Höhle, aus der er sich befreit hat, zurückkehrt, um die noch immer gefesselten Höhlenbewohner mit der Wahrheit zu konfrontieren:

> SOKRATES. Und nun bedenke noch folgendes: wenn ein solcher wieder hinabstiege in die Höhle und dort wieder seinen alten Platz einnähme, würden dann seine Augen nicht förmlich eingetaucht werden in die Finsternis, wenn er plötzlich aus der Sonne dort anlangte?

---

[31] Ebd. 54, A 484.

GLAUKON. Gewiß.
SOKRATES. Wenn er nun wieder bei noch anhaltender Trübung des Blicks mit jenen ewig Gefesselten wetteifern müßte in der Deutung jener Schattenbilder (...) würde er sich da nicht lächerlich machen und würde es nicht von ihm heißen, sein Aufstieg nach oben sei schuld daran, daß er mit verdorbenen Augen wiedergekehrt sei, und schon der bloße Versuch, nach oben zu gelangen sei verwerflich?[32]

Die Ähnlichkeit mit Platons Darstellung ist aber nur oberflächlich. Im Höhlengleichnis werden die Gefesselten als Anhänger einer falschen Metaphysik und einer falschen Epistemologie porträtiert. Diese Leute wissen nicht, dass die Schatten, die sie beobachten, Schatten sind, und halten Schatten für grundlegende substantielle Entitäten; und sie wissen nicht, dass das Erkennbare sich nicht in dem erschöpft, was sie sehen, und identifizieren Erkenntnis mit sinnlicher Wahrnehmung. Es sind diese substantiellen Vorurteile, die sie dazu bringen, die kritische Sicht des Philosophen als lächerlich zurückzuweisen. Aufklärung, so wie Platon sie darstellt, ist also *wesentlich revisionär*. Aufklärung konfrontiert die Unaufgeklärten nicht bloß mit Wahrheiten, die ihnen unbekannt sind, sondern mit Wahrheiten, die sie aufgrund ihrer depravierten Situation nicht adäquat zu erfassen in der Lage sind. Daher konfrontiert Aufklärung die Unaufgeklärten immer auch mit ihrer intellektuellen Borniertheit, wobei das Fehlen des Bewusstseins der eigenen intellektuellen Begrenztheit zur Natur der Borniertheit gehört.

In Kants Aufklärungsschrift finden wir jedoch nichts Vergleichbares. Kant stellt in der oben zitierten Passage zwar einen Zusammenhang zwischen intellektueller Bevormundung und Vorurteilen her. Es gibt aber keinen Hinweis darauf, dass er sich dabei auf *substantielle* Vorurteile metaphysischer, epistemologischer oder auch religiöser, moralischer und politischer Art bezieht – auf falsche Vorurteile also, die Gegenstand philosophischer Kritik sind. Ginge es nach Kants Auffassung bei der Aufklärung um die Entlarvung und die Befreiung von substantiellen Vorurteilen, sollte sich das in seiner Charakterisierung der aufgeklärten Selbstdenker und des unaufgeklärten Publikums mit seinen unaufgeklärten Vormündern niederschlagen. Kants Charakterisierung dieser Figuren enthält je-

[32] Platon (1978) 272/3 (516/7 St.).

doch nichts von dem. Sie *verzichtet* auffällig auf die Attribution von Überzeugungen, Theorien, oder Weltanschauungen. Der Selbstdenker wird von Kant nicht als ein epistemischer Akteur charakterisiert, der den illusorischen Charakter einer von den epistemisch Folgsamen unkritisch akzeptierten Weltanschauung durchschaut hat. Die Unaufgeklärtheit des Publikums wird von Kant nicht darauf zurückgeführt, dass es einer falschen Sicht der Welt anhängt; und die Vormünder des »großen Haufens« werden nicht als Agenten einer Ideologie charakterisiert, die die Menschen (absichtlich oder unabsichtlich) irreführen und mit einer falschen Sicht der Dinge indoktrinieren. Damit wird nur bestätigt, was wir im letzten Kapitel herausgestellt haben: Aufgeklärtsein – und folglich auch intellektuelle Selbständigkeit – hat für Kant nichts mit dem zu tun, *was* die Leute denken und meinen. Der Übergang von der Unmündigkeit zur intellektuellen Selbständigkeit ist daher nicht notwendig revisionär und kann durchaus vollständig *konservativ* sein. Die in Kants Aufklärungsschrift figurierende Konzeption der intellektuellen Selbständigkeit ist folglich genauso deflationär wie die darin enthaltene Metaphysik der Aufklärung.

Trotzdem, könnte man einzuwenden versuchen, steht es für Kant außer Frage, dass intellektuelle Bevormundung die Unmündigen in Vorurteilen gefangen hält. Deshalb, so der Einwand, müssen wir Kant die Auffassung zuschreiben, dass die Überwindung der Unmündigkeit die Überwindung eines durch Vorurteile bestimmten intellektuellen Status quo ist. Intellektuelle Selbständigkeit können die Unmündigen dann nur durch die kritische Auseinandersetzung mit Vorurteilen gewinnen. Kants Konzeption der intellektuellen Selbständigkeit ist daher nicht bloß formal. Denn die Entstehung der intellektuellen Selbständigkeit aus der Überwindung der Unmündigkeit ist notwendig mit einer substantiellen Veränderung in den eigenen Meinungen verbunden.

Einwände dieser Art leben jedoch weniger von interpretatorischen Evidenzen als von dem Gemeinplatz, dass die Entlarvung und Überwindung von Vorurteilen ein charakteristisches Anliegen der Aufklärung ist. Eine Lesart, die der Entlarvung substantieller Vorurteile eine zentrale Rolle in Kants Konzeption der intellektuellen Selbständigkeit zuschreiben will, könnte sich aber lediglich darauf zu berufen versuchen, dass Kant den Unmündigen als einen Denker zu charakterisieren scheint, der dem Wert selbständigen Denkens entfremdet ist. Die Idee wäre dann, Kant so zu verstehen, dass er sagen will, dass die meisten Menschen eine falsche Vorstellung vom Wert intellektueller Selbständigkeit haben, dass ihnen diese falsche Vorstellung von Autoritäten eingepflanzt worden ist und dass das Anliegen der Aufklärung in der Entlarvung und Überwindung genau dieses falschen Vorurteils besteht.

Dieser Vorschlag übersieht jedoch einen wichtigen Punkt: Die Gleichgültigkeit gegenüber der Selbständigkeit im Denken ist für Kant ein *Nebenprodukt* und nicht etwa ein Gegenstand der Bevormundung. Die Autoritäten befördern einen dem selbständigen Denken gegenüber gleichgültigen Geist der Folgsamkeit, indem sie die ihnen unterworfenen Personen einem intellektuellen Konformitätsdruck aussetzen. Die Gleichgültigkeit wird also *unabhängig* von den *Inhalten* der Bevormundung bloß durch die Bevormundung als solche erzeugt. Sie wird daher insbesondere auch nicht dadurch erzeugt, dass Autoritäten *behaupten*, dass intellektuelle Selbständigkeit keinen Wert hat. Intellektuelle Bevormundung bringt die Menschen nicht durch falsche Urteile vom selbständigen Denken ab, sondern einfach dadurch, dass Bevormundung als solche einen Hang zur Unselbständigkeit befördert.

Dem entspricht, dass sich die mit der Aufklärung einhergehende Verbreitung der Wertschätzung intellektueller Selbständigkeit nicht auf philosophische Argumente, sondern auf die Ermutigung zum selbständigen Denken, die vom öffentlichen Vernunftgebrauch der Selbstdenker ausgeht, zurückführen lässt. Was immer mehr Leute dazu bringt, selbständig zu denken, ist also weder ein überzeugendes Argument noch eine Einsicht, sondern schlicht das *Vorbild* des intellektuellen Muts: Durch dieses Vorbild entwickelt sich beim Publikum allmählich ein dem Habitus der Folgsamkeit entgegengesetzter *Wille zum selbständigen Denken* und mit diesem auch die Wertschätzung des selbständigen Denkens. Was die Veränderung der Einstellung zur intellektuellen Selbständigkeit betrifft, ist der Motor der Aufklärung für Kant also gerade nicht die philosophische Kritik eines intellektuellen Status quo. Motor der Aufklärung sind der Mut und die Entschlossenheit und die Aktivitäten der Selbstdenker, deren Vorbild dann auch andere zum Selbstdenken ermutigt. Die daraus resultierende Wertschätzung für das selbständige Denken lässt sich dementsprechend dann auch nicht als eine Einsicht in eine zuvor unerkannte Wahrheit konstruieren. Was sich im Zuge der Aufklärung des Publikums verändert, ist die Einstellung, die die Leute zu sich selbst haben. Sie fangen nämlich an, sich selbst als Denker, d. h. als Vernunftwesen zu *achten*, wobei Achtung, nach Kants Auffassung, ein von Neigungen unabhängiges, durch die Vernunft unmittelbar hervorgebrachtes Gefühl ist.[33] Die Wertschätzung selbständigen Denkens besteht daher nicht in einem Urteil über den komparativen Wert des eigenständigen Verstandesgebrauchs. Sie besteht vielmehr in der Achtung, die der Selbstdenker für sich selbst als Vernunftwesen hat.

Die durch Aufklärung zu bewerkstelligende Überwindung der Unmündigkeit besteht also nicht in einer Überwindung substantieller Vorurteile, die den Unmündigen in einer falschen Weltanschauung und einem falschen Selbstbild gefangen halten. Anders als der hier diskutierte Einwand behauptet, lässt sich eine solche Interpretation nicht einmal in Bezug auf die Bewusstseinsveränderung aufrechterhalten, die für Kant mit der Überwindung der Unmündigkeit notwendig verbunden ist. Die Wertschätzung, von der Kant glaubt, dass sie der Selbstdenker für sich selbst entwickelt, ist ein *intrinsisches* Resultat seiner intellektuellen Selbständigkeit. Sie ist daher in keiner Weise davon abhängig, über welche Dinge der selbständig Denkende sich welche Meinungen bildet. Die mit dem selbständigen Verstandesgebrauch sich einstellende Selbstachtung beruht insbesondere auch nicht auf einer revisionären philosophischen Einsicht, durch die sich der Selbstdenker von den Irrtümern der epistemischen Folgsamkeit befreit. So wie Kant ihn konzipiert, ist der Übergang von der Unmündigkeit zur intellektuellen Selbständigkeit nicht notwendig mit einer substantiellen Veränderung in den eigenen Urteilen verbunden. Kants Konzeption lässt vielmehr die Möglichkeit eines nicht-revisionären, weltanschaulich *konservativen* Übergangs von der Unmündigkeit zur intellektuellen Selbständigkeit zu. Was sich mit der Überwindung des Habitus der epistemischen Folgsamkeit notwendig ändert, sind nicht die Urteile, sondern das Verhältnis, in dem der vormals unmündige Denker zu seinen Urteilen steht: Anders als der epistemisch Folgsame

---

[33] Vgl. Kant (1982/1785) 27 f., BA 16/7.

übernimmt der Selbstdenker für seine Urteile selbst die Verantwortung und bringt sich damit in seinen Urteilen als Vernunftwesen zur Geltung.[34]

Auch was Kants Konzeption der intellektuellen Selbständigkeit betrifft, bestätigt sich damit, was wir im vorangehenden Kapitel in Bezug auf Kants Metaphysik der Aufklärung festgestellt haben: Die inhaltliche philosophische Kritik eines intellektuellen Status quo ist weder Voraussetzung noch Bestandteil der Überwindung von Unmündigkeit. Die formale kantische Konzeption intellektueller Selbständigkeit ist daher nicht einmal eine entfernte Verwandte der in Platons Höhlengleichnis entworfenen substantiellen, wahrheits- und wissensbezogenen Konzeption intellektueller Autonomie. Die Kritik, dass Wahrheit und Wissen in ihr keine adäquate Rolle spielen, trifft folglich nicht nur Kants Metaphysik der Aufklärung, sondern seine Konzeption der Aufklärung im Ganzen (soweit sie in seiner Aufklärungsschrift enthalten ist).[35]

2.3 Der robuste epistemische Sinn der Aufklärung

Um der Idee der Aufklärung gerecht zu werden, muss man zwei Fehler vermeiden. Der eine Fehler ist der der Trivialisierung, der andere der der Ideologisierung der Aufklärung. Was Aufklärung ist, wird trivialisiert, wenn man Aufklärung mit der Kritik von gesellschaftlich etablierten, jedoch ungerechtfertigten Wahrheits- und Wissensansprüchen identifiziert. Die Aufklärung wird dagegen

---

[34] Es besteht hier eine deutliche Analogie zu Kants praktischer Philosophie, insbesondere zu seiner Auffassung über den Unterschied zwischen dem Handeln aus Neigung und dem Handeln aus Pflicht. Auch dort lässt Kant die Möglichkeit zu, dass der aus Neigung Handelnde *immer* pflichtgemäß handelt. Dennoch, betont er, hätten die Handlungen in diesem Fall niemals einen moralischen Wert, d. h. sie wären niemals lobenswert. Denn wer aus Neigung tut, was Pflicht ist, überlässt die Bestimmung seiner Willkür seinen natürlichen Dispositionen und bringt sich daher nicht als Vernunftwesen – als Subjekt einer praktischen Vernunft – zur Geltung. Vgl. Kant (1982/1785) 22 ff. BA 8 ff. – Zur Interpretation intellektueller und praktischer Autonomie als Verantwortungsübernahme vgl. Wolff (1998) 12 ff.

[35] In Appendix C versuche ich zu zeigen, dass sich auch Kants Theorie der (Problematik der) Vorurteile nahtlos in seine deflationäre Konzeption der Aufklärung einfügt.

ideologisiert, wenn man sie als ein Projekt zur Etablierung einer anti-traditionalistischen Weltanschauung interpretiert. Die Trivialisierung der Aufklärung verkennt ihren spezifisch philosophischen Charakter, die Ideologisierung der Aufklärung ihren essentiell kritischen Charakter. Beide Tendenzen haben jedoch eine interessante Gemeinsamkeit. Sie sind Ausprägungen der Tendenz, Projekte der Aufklärung als etwas Unspezifisches, d. h. als etwas wahrzunehmen, was sowieso geschieht, wann immer wir anerkannte Wahrheitsansprüche kritisieren und einer noch nicht etablierten Sicht der Dinge auf rationale Weise Anerkennung zu verschaffen versuchen.

Die Aufklärung trivialisierende Deutungen sind typisch in außerphilosophischen Kontexten. Es gibt sie aber auch vereinzelt innerhalb der Philosophie. Ein Beispiel ist Hans-Georg Gadamers gegen die Aufklärung gerichteter Versuch einer *Rehabilitierung des Vorurteils*. Seine Kritik an der Kritik des Vorurteils stützt Gadamer auf eine wortgeschichtlich inspirierte Definition, von der er glaubt, dass sie so etwas wie den ursprünglichen und authentischen Sinn von »Vorurteil« erfasst: »An sich heißt Vorurteil ein Urteil, das vor der endgültigen Prüfung aller sachlich bestimmenden Momente gefällt wird.«[36] Nun liest sich Gadamers These, dass das Vorurteil seinen schlechten Ruf nicht verdient, vor dem Hintergrund dieser außerordentlich großzügigen Konzeption, die ein Urteil sogar dann als Vorurteil kategorisiert, wenn es nach Überprüfung *so gut wie aller* vorliegenden Evidenzen gefällt wird, nicht mehr ganz so spektakulär, wie sie zunächst erscheint. Seine weitergehende Behauptung jedoch, dass der schlechte Ruf des Vorurteils lediglich das Produkt einer traditionsvergessenen Aufklärungsphilosophie sei, verliert dadurch nicht ihren falschen Klang. Gadamer scheint zu verkennen, dass der schlechte Ruf des Vorurteils höchstens indirekt damit zusammenhängt, dass Vorurteile vor der endgültigen Prüfung aller sachlich bestimmenden Momente gefällt worden sind. Die Vorurteile, die den schlechten Ruf des Vorurteils begründen, sind nämlich substantielle Vorurteile: motivierte falsche Urteile, die die Erkenntnis der Wahrheit verhindern, weil sie die Leute für genau die Fakten blind machen, die gegen das sprechen, was sie gerne glauben möchten. Gadamers Kritik der Kritik des Vorurteils trivialisiert daher das

[36] Gadamer (1986) 275.

Projekt der Aufklärung. Die Aufklärung kämpft gegen Unwahrheit und Verblendung und nicht gegen eine Voreiligkeit im Sinne von Gadamers Definition. Diese ist vielmehr so alltäglich und betrifft so langweilige Dinge, dass ein Kampf gegen »Urteile, die vor der endgültigen Prüfung aller sachlich bestimmenden Momente gefällt werden«, bestenfalls eine Parodie eines Projekts der Aufklärung ist.

Die Tendenz zur Ideologisierung findet sich in außerphilosophischen Kontexten wahrscheinlich so gut wie gar nicht, innerhalb der Philosophie aber nicht nur bei den sich selbst als gegenaufklärerisch begreifenden philosophischen Entwürfen, sondern durchaus auch bei Philosophen, die ihr eigenes Denken selbst als zur Aufklärung gehörig begreifen. Das ist keineswegs paradox. Denn auch Philosophen, die sich selbst in irgendeinem Sinn der Aufklärung verpflichtet fühlen, können selbstverständlich ein unangemessenes Bild der Aufklärung haben. Wenn Horkheimer und Adorno den logischen Positivismus als Ideologie kritisieren, kritisieren sie eine sich selbst als aufklärerisch verstehende Strömung und betreiben Aufklärung über die Aufklärung, wie sie sich in einem bestimmten Selbstverständnis präsentiert.[37]

Kant hat die Aufklärung dagegen weder trivialisiert noch ideologisiert. Denn er hat, was Aufklärung ist, im Hinblick auf das Problem der *Unmündigkeit* zu charakterisieren versucht, wobei Unmündigkeit für Kant einen *spezifischen* Zustand darstellt, der nicht auf dieselbe Weise überwunden werden kann wie Unwissenheit. So wie Kant sie versteht, lässt sich nämlich Unmündigkeit im Unterschied zu Unwissenheit nicht durch Lernen, durch die Befreiung von Irrtümern und den Erwerb neuen Wissens überwinden. Wie wir gesehen haben, ist das Problem der Überwindung von Unmündigkeit für Kant das Problem der Überwindung von Fremdbestimmtheit, und zwar derjenigen Fremdbestimmtheit, die aus dem Habitus der intellektuellen Folgsamkeit resultiert. Da dieser Habitus keine Funktion von Irrtümern und Illusionen ist, spielen die Kritik und die Revision von Weltanschauungen keine Rolle in der kantischen Konzeption

---

[37] Vgl. Horkheimer/Adorno (1944/2013) 32 f. Als Paradigma einer ideologisierenden Interpretation der Aufklärung durch Vertreter der Aufklärung kann das von Neurath, Hahn und Carnap gemeinsam veröffentlichte Manifest *Wissenschaftliche Weltauffassung – der Wiener Kreis* angesehen werden. Vgl. Neurath et al. (1979).

der Aufklärung. Durch diese Charakterisierung der aufklärungsbedürftigen Situation vermeidet Kants deflationäre Konzeption zwar die Fehler der Trivialisierung und der Ideologisierung. Sie tut das aber gerade dadurch, dass sie die Aufklärung ihres epistemischen Sinns beraubt. Nach Kants Auffassung antwortet die Aufklärung gar nicht auf eine besondere epistemische Problematik, hat nicht einmal die Natur eines Projektes und findet daher auch nicht in der Form einer intellektuellen Auseinandersetzung statt. Wie Auffassungen, die die Aufklärung trivalisieren oder ideologisieren, vermittelt daher auch Kants deflationäre Konzeption den Eindruck, dass es keine spezifische epistemische Problemsituation gibt, die zu erhellen und zu überwinden die Aufgabe der Aufklärung ist.

Die Aufklärung hat aber, erstens, einen epistemischen Sinn und ist den epistemischen Werten der Wahrheit und des Wissen verpflichtet, und sie ist darüber hinaus, zweitens, ein Projekt, das sich weder in der Kritik etablierter, aber ungerechtfertigter Wahrheitsansprüche noch in dem Vorhaben der Etablierung einer anti-traditionalistischen Weltanschauung erschöpft.

Hätte die Aufklärung keinen epistemischen Sinn, verfolgte sie also kein epistemisches Ziel, dann könnten auch in epistemischer Hinsicht nicht verbesserungsfähige Situationen aufklärungsbedürftig sein. Die Aufklärung würde sich dann überhaupt nicht an epistemische Akteure richten, und die Überwindung aufklärungsbedürftiger Zustände wäre nicht notwendig mit einem Erkenntnisfortschritt verbunden. Hätte die Aufklärung keinen epistemischen Sinn, würde Aufklärung auch nicht zu einer Konvergenz der Meinungen führen, d.h. die Aufklärung würde zur Auflösung von Dissensen nichts beitragen. Es wäre dann auch nicht notwendig, dass es zwischen dem aufgeklärten und dem unaufgeklärten Menschen eine epistemische Ungleichheit gibt, und es wäre sogar möglich, dass der unaufgeklärte Mensch dem aufgeklärten epistemisch etwas voraushat. Schließlich könnte Aufklärung, wenn sie nicht ein der Wahrheit verpflichtetes Projekt wäre, sogar mit dem Wert der Wahrheit in Konflikt geraten. Dann aber müssten wir es als eine Möglichkeit betrachten, dass es Situationen gibt, in denen es um der Aufklärung willen besser ist, die Erkenntnis einzuschränken; und wir müssten es als eine Möglichkeit betrachten, dass es Situationen gibt, in denen es um der Erkenntnis willen besser ist, auf Aufklärung zu verzichten. Alles das ist hinreichend paradox, um uns ausreichende Gewissheit zu geben, dass die Aufklärung einen epistemischen Sinn hat.[38] Um tatsächlich eine Konzeption *der Aufklärung* zu sein, muss eine als Konzeption der Aufklärung intendierte Theorie folglich mit folgenden Fakten harmonieren:

(1) Die Aufklärung richtet sich an epistemische Akteure in einer aufklärungsbedürftigen Situation.

(2) Ein aufklärungsbedürftiger Zustand ist epistemisch verbesserungsfähig.

(3) Es gibt eine charakteristische und signifikante epistemische Ungleichheit zwischen aufgeklärten und unaufgeklärten Akteuren.

(4) Die Überwindung eines aufklärungsbedürftigen Zustands ist mit einem Fortschritt der Erkenntnis verbunden.

(5) Die Aufklärung trägt zur epistemisch rationalen Auflösung von hartnäckigen Dissensen bei.

(6) Die Überwindung eines aufklärungsbedürftigen Zustands harmoniert mit den Zielen (idealer) epistemischer Akteure.

Diese Wahrheiten deuten nun schon darauf hin, dass und warum trivialisierende und ideologisierende Interpretationen den spezifischen Sinn der Aufklärung, nämlich gerade das verfehlen, was die Aufklärung von den üblichen Aktivitäten intellektueller Kritik einerseits und von Weltanschauungspolitik andererseits unterscheidet. Um das genauer zu sehen, betrachten wir die Ungleichheitsthese (3). Dass es eine charakteristische und signifikante epistemische Ungleichheit zwischen aufgeklärten und unaufgeklärten Akteuren gibt, ist vielleicht die für die Konstruktion einer adäquaten Konzeption der Aufklärung aufschlussreichste Wahrheit. Mit ihr im Blick, können wir fragen:

Welche Ausprägung epistemischer Ungleichheit ist derart, dass eine der Parteien als aufgeklärt, die andere als unaufgeklärt charakterisiert werden kann?

---

[38] Das soll nicht besagen, dass die Aufklärung ausschließlich einen epistemischen Sinn hat. Im dritten Teil werde ich die ethische Grundlage des Projekts der Aufklärung – die Ethik der Aufklärung – betrachten und dabei herausstellen, dass das von der Aufklärung verfolgte epistemische Ziel zugleich ein moralisches Ziel ist.

Diese Frage gibt uns den Schlüssel zu allem, was wir hier wissen wollen. Da nämlich ein unaufgeklärter Akteur ein Akteur in einer aufklärungsbedüftigen epistemischen Situation ist, wissen wir, wenn wir diese Frage beantwortet haben, auch, unter welchen Bedingungen sich ein Akteur in einer aufklärungsbedürftigen epistemischen Lage befindet. Und da es der Aufklärung darum geht, aufklärungsbedürftige Zustände zu überwinden, gibt uns die Beantwortung der genannten Frage schließlich auch eine Charakterisierung des Projekts der Aufklärung.

Zunächst sollte nicht kontrovers sein, dass die gesuchte Ungleichheit eine Ungleichheit in der Dimension des *Wissens* und nicht in der Dimension der Rechtfertigung ist. Ein Unterschied bloß in der Rechtfertigung ist zu schwach, um den Unterschied zwischen Aufgeklärtheit und Unaufgeklärtheit tragen zu können. Betrachten wir eine mögliche Welt, in der niemand etwas weiß und keine epistemische Veränderung derart ist, dass sie zu Wissen führt. Die Behauptung, dass in dieser Welt einige Akteure aufgeklärt sind, wäre dann ebenso paradox wie die Behauptung, dass es in dieser Welt für die Unaufgeklärten möglich ist, aufgeklärt zu werden. Aufklärung ist nur möglich, wo es Wissen gibt, und die Überwindung einer aufklärungsbedürftigen Situation ist nur für solche Akteure möglich, die von einem Zustand des Nicht-Wissens zu einem Zustand des Wissens übergehen können. Wir dürfen und müssen also davon ausgehen, dass die aufgeklärte Partei etwas *weiß*, was die unaufgeklärte *nicht* weiß, wobei dieser Unterschied im Wissen den Unterschied in der Aufgeklärtheit erklärt.

Weiterhin scheint klar zu sein, dass die hier in Frage kommende Ungleichheit nicht gradueller, sondern *prinzipieller* Art ist. Obwohl also die aufgeklärte Partei aufgeklärt ist, weil sie etwas weiß, was die unaufgeklärte Partei nicht weiß, ist sie nicht deshalb aufgeklärt, weil sie mehr weiß als die unaufgeklärte. Warum das so ist, wird deutlich, wenn wir über die Bedingungen nachdenken, unter denen die epistemische Situation eines Denkers als aufklärungsbedürftig angesehen werden kann. Der wichtigste Punkt ist dabei der folgende: Obwohl sich Aufklärung und epistemischer (wissensbezogener) Skeptizismus nicht vertragen, scheinen die durch Aufklärung zu überwindenden Situationen eine Verwandtschaft mit skeptischen Täuschungsszenarien zu haben.

Nehmen wir an, ein mutwilliger Geist würde viele Menschen dazu bringen, für erstrebenswert zu halten, was ihnen schadet und was sie, würden sie nicht getäuscht, unschwer als nicht erstrebenswert erkennen würden. Die von dieser mutwilligen Täuschung betroffenen Menschen sind in einer besonderen, aufklärungsbedürftigen Situation. Sie irren sich nicht nur, sondern irren sich in einer systematischen Weise. Sie irren sich aber nicht nur deshalb systematisch, weil ein Irrtum den anderen nach sich zieht. Sie irren sich in einer systematischen Weise, weil ihre Irrtümer eine gemeinsame *produktive Quelle* haben – es gibt einen Mechanismus, der *dafür sorgt*, dass sie sich in ihren Werturteilen irren, einen irrtumsproduzierenden Mechanismus. Ihr Irrtum ist daher auch stabil: Irrtumsproduzierende Mechanismen erzeugen *stabile* Irrtümer. Die Stabilität ergibt sich daraus, dass der Mechanismus der Täuschung auch *dafür sorgt*, dass die von ihm Getäuschten ihre Irrtümer in der Regel nicht entdecken. Die Täuschung des mutwilligen Geistes sorgt also entweder auch dafür, dass die Getäuschten gar nicht darüber reflektieren, was erstrebenswert ist, oder dafür, dass sie, wenn sie darüber reflektieren, regelmäßig zu dem von dem mutwilligen Geist erwünschten Ergebnis kommen. Für den Mechanismus der Täuschung ist es also wesentlich, dass er die kognitive Selbstkontrolle der Getäuschten manipuliert. Die Bedingungen der Täuschung sind also, mit anderen Worten, derart, dass sie die Fähigkeit zur Entdeckung der Täuschung und damit die Fähigkeit zur Entdeckung und Berichtigung der Irrtümer korrumpieren. Die so Getäuschten irren sich nicht nur. Vielmehr ist ihre Erkenntnis *korrumpiert*, d. h. sie denken und urteilen unter den Bedingungen *falschen Bewusstseins*.

Es sind nun intuitiv Situationen genau dieser Art, die nach Aufklärung verlangen: In einer aufklärungsbedürftigen Lage befinden sich epistemische Akteure genau dann, wenn ihre Erkenntnis korrumpiert ist, d. h. wenn und insofern ihre Meinungsbildung unter Bedingungen falschen Bewusstseins erfolgt. Das erklärt, warum es inadäquat wäre, die epistemische Ungleichheit zwischen aufgeklärten und unaufgeklärten Denkern auf einen quantitativen Unterschied in der Menge des Wissens oder der Irrtümer zurückzuführen. Die epistemische Situation des Unaufgeklärten ist die Situation eines Denkers, der einer systematischen Täuschung unterliegt, eines Denkers also, dessen Meinungs- oder Urteilsbildung durch einen irrtumsproduzierenden Mechanismus korrumpiert ist. So wie sich daher Unaufgeklärtheit nicht darin erschöpft, bestimmten Irrtümern zu unterliegen, kann sich auch Aufgeklärtheit nicht darin erschöpfen, den Irrtümern des Unaufgeklärten nicht zu unterliegen. Als Alternative zu dieser trivialisierenden Sicht scheint sich nun eine Auffassung anzubieten, die die epistemische Ungleichheit zwischen aufgeklärten und unaufgeklärten Denkern am Kriterium des falschen Bewusstseins festmacht: Der aufgeklärte unterscheidet sich vom unaufgeklärten Denker dadurch, dass er kein falsches Bewusstsein hat. Eine Konzeption dieser Art scheint aber auch inadäquat zu sein, da es ihr nicht gelingt, verständlich zu machen, dass die epistemische Ungleichheit zwischen dem Aufgeklärten und dem Unaufgeklärten eine Ungleichheit im Wissen ist. Dass der Aufgeklärte etwas weiß, was der Unaufgeklärte nicht weiß, wird von dieser Konzeption zwar nahegelegt. Sie führt die epistemische Ungleichheit aber nicht auf einen Unterschied im Wissen der aufgeklärten und unaufgeklärten Partei zurück und wird daher der grundlegenden Intuition nicht gerecht, dass der Aufgeklärte *aufgrund eines Wissens, das er speziell dem Unaufgeklärten voraus hat*, aufgeklärt ist. Eine adäquate Konzeption der gesuchten epistemischen Ungleichheit erhalten wir jedoch, wenn wir das falsche Bewusstsein des Unaufgeklärten als das Objekt des Wissens konstruieren, das der Aufgeklärte dem Unaufgeklärten voraus hat. Unsere Konzeption besagt dann, dass der für die epistemische Ungleichheit zwischen dem aufgeklärten und dem unaufgeklärten Denker charakteristische Zug der ist, dass der aufgeklärte Denker die epistemische Lage des Unaufgeklärten erfasst, während der Unaufgeklärte in einer epistemischen Situation ist, die gerade verhindert, dass er seine eigene epistemische Situation erfasst.

Betrachten wir dazu noch einmal unser Täuschungsszenario. Der mutwillige Geist, wurde stipuliert, täuscht zwar viele, aber nicht alle Menschen. Nehmen wir nun an, dass er die Masse dazu bringt, zu glauben, dass nichts erstrebenswert ist außer Selbstzufriedenheit. Diejenigen, die er nicht täuscht, glauben das nicht. Sie erkennen unschwer, dass Selbstzufriedenheit kein Lebensziel ist. Sind nun diese Leute, die der Manipulation des mutwilligen Geistes zufällig entgangen sind, in Bezug auf die Frage des Werts der Selbstzufriedenheit aufgeklärt? Das scheint nicht der Fall zu sein. Denn um in diesem Kontext aufgeklärt zu sein, ist es nicht ausreichend, sich in Bezug auf den Wert der Selbstzufriedenheit nicht zu irren. Selbst wenn wir zusätzlich annehmen würden, dass die ungetäuschten Denker wissen, dass sich irrt, wer einzig Selbstzufriedenheit für erstrebenswert hält, wäre das noch immer nicht ausreichend, um die ungetäuschten zu Recht als aufgeklärte Denker zu bezeichnen. Denn Aufgeklärtsein verlangt die *Einsicht in den systematischen Charakter und in die Quellen eines Irrtums*. Der aufgeklärte Denker ist also aufgeklärt, weil er weiß, dass diejenigen, die Selbstzufriedenheit für das einzig Erstrebenswerte halten, dies tun, weil sie einer systematischen Täuschung unterliegen, und weil er weiß, dass ihr Urteil nicht nur ein Allerweltsirrtum, sondern eine Manifestation falschen Bewusstsein ist.

Damit zeichnet sich eine Konzeption der Aufklärung ab, die in Kontinuität zu der in Platons Höhlengleichnis enthaltenen Konzeption steht. Das *formale* Ziel der Aufklärung ist die Überwindung aufklärungsbedürftiger Zustände. In einem aufklärungsbedürftigen Zustand, haben wir jetzt gesehen, befinden sich epistemische Akteure genau dann, wenn ihre Meinungsbildung korrumpiert ist und Züge falschen Bewusstseins trägt. Das ist der Fall, wenn sie ihre Meinungen unter dem Einfluss eines produktiven Täuschungsmechanismus bilden, der nicht nur für Irrtümer und Fehlurteile, sondern auch dafür sorgt, dass diese Irrtümer und Fehlurteile von dem betreffenden Akteur nicht erkannt werden. In einem Zustand falschen Bewusstseins entwickeln epistemische Akteure also falsche Meinungen, Urteile oder Auffassungen, über die sie keine oder nur geringe kognitive Kontrolle haben. Die durch einen Mechanismus der Täuschung hervorgebrachten und unterhaltenen Irrtümer und Fehlurteile, in denen sich das falsche Bewusstsein manifestiert, haben eine charakteristische Stabilität und sind mit einem hohen Grad an subjektiver Gewissheit ausgestattet. Sie gehören zu den Bausteinen der Weltanschauung des betreffenden Akteurs. Falsches Bewusstsein ist daher – ganz wie Platon es im Höhlengleichnis charakterisiert – eine Einheit aus Täuschungsmechanismus, Weltanschauung und epistemischem Selbstbild. Es ist ein Zustand der Korruption der Erkenntnis. Das Ziel der Aufklärung ist daher die Überwindung falschen Bewusstseins, d.h. eines dem Unaufgeklärten selbst nicht bewussten Zustands der Korruption der Erkenntnis.

Nun ist es aber klar, dass nicht jede denkbare Befreiung aus einem Zustand falschen Bewusstseins Aufklärung ist. Nehmen wir an, unser mutwilliger Geist verlöre seinen Spaß daran, die Leute glauben zu machen, Selbstzufriedenheit sei das höchste Gut, und beendete deshalb sein manipulatives Geschäft. Und nehmen wir an, mit der Beendigung der Täuschung würden die Leute ihre Meinung über den Wert der Selbstzufriedenheit auf die richtige Weise ändern. Obwohl sie sich dann nicht mehr irren würden, wären sie doch so wenig aufgeklärt wie die Leute, die nicht zu täuschen dem mutwilligen Geist schon zuvor gefallen hatte. Wie diesen fehlt nämlich auch ihnen die Einsicht in die Quellen und den systematischen Charakter des Irrtums der Selbstzufriedenheit und damit auch die Einsicht in den besonderen Charakter dieses Irrtums als einer Manifestation falschen Bewusstseins. Oder nehmen wir, an, es gäbe ein Mittel, das die Leute wie eine Impfung gegen die Ethik der Selbstzufriedenheit resistent machte. In diesem Falle würden sie, wenn sie geimpft werden, für die Manipulation des mutwilligen Geistes nicht mehr anfällig sein und ihre Meinung über den Wert der Selbstzufriedenheit ändern. Auch diese Art der Befreiung wäre keine Aufklärung. Denn die Überwindung falschen Bewusstseins ist nur dann Aufklärung, wenn sie auf eine *rationale* Weise erfolgt, während die Impfung lediglich eine Unempfänglichkeit für Erwägungen erzeugt, die leichtsinnige Denker dazu verleiten können zu glauben, dass es im Leben vor allem darauf ankomme, mit sich selbst zufrieden zu sein.

Dass nicht jede denkbare Befreiung aus einem Zustand falschen Bewusstseins Aufklärung ist, erklärt sich daraus, dass es der Aufklärung nicht nur um die Überwindung aufklärungsbedürftiger Zustände, sondern auch um Aufgeklärtheit geht, wobei das nicht zwei unterschiedliche Ziele, sondern Aspekte des einen formalen Ziels der Aufklärung sind. Das *formale* Ziel der Aufklärung ist also, genauer gesagt, eine zur Aufgeklärtheit führende Überwindung aufklärungsbedürftiger Zustände. Der Aufklärung geht es daher um eine zur Aufgeklärtheit führende Überwindung falschen Bewusstseins, und diese ergibt sich ausschließlich durch die *Kritik falschen Bewusstseins*, die das falsche Bewusstsein als falsches Bewusstsein entlarvt. Die Kritik falschen Bewusstseins – seine Entlarvung als falsches Bewusstsein – ist nicht bloß ein Mittel zur Beförderung des Ziels der Aufklärung, sie ist selbst ein konstitutiver Aspekt dieses Ziels. Da nämlich Aufgeklärtheit eine Einsicht in die Quellen von Fehlurteilen und Irrtümern verlangt, ist es für eine zur Aufgeklärtheit führende Überwindung falschen Bewusstseins wesentlich, dass diese Fehlurteile und Irrtümer als Manifestationen falschen Bewusstseins entlarvt werden. Das Ziel der Aufklärung ist folglich nicht allein die Überwindung falschen Bewusstseins, sondern die Überwindung falschen Bewusstseins durch die Kritik falschen Bewusstseins. Damit gelangen wir zu folgender Charakterisierung der Aufklärung:

(AUF) Ein Projekt der Aufklärung ist ein Projekt zur Überwindung falschen Bewusstseins durch die Kritik falschen Bewusstseins.

Diese Konzeption ist das Resultat der Reflexion über den Charakter der zwischen aufgeklärten und unaufgeklärten Akteuren bestehenden epistemischen Ungleichheit. Sie macht deutlich, warum die Aufklärung nicht nur von der Unaufgeklärtheit und den Methoden, sie zu überwinden, handelt, sondern sich an die Unaufgeklärten *richtet*. Sie verdeutlicht außerdem die epistemologische Besonderheit aufklärungsbedürftiger Zustände und zeigt damit auch, dass deren Überwindung eine epistemische Verbesserung besonderer Art ist. Es handelt sich nämlich nicht nur um eine quantitative, sondern um ein qualitative epistemische Verbesserung des sein falsches Bewusstsein hinter sich lassenden Akteurs. (AUF) substantiiert damit die mit der Idee der Aufklärung verbundene Idee des Erkenntnisfortschritts. Auch wird durch die hier entwickelte Konzeption verständlich, warum die Aufklärung, wenn sie erfolgreich ist, auf eine besondere Weise zur epistemisch rationalen Auflösung von hartnäckigen und unauflösbar erscheinenden Dissensen beiträgt. Und schließlich wird auf Basis der hier entwickelten Konzeption verständlich, warum die Aufklärung kein in partikularen Interessen verankertes Projekt ist, sondern mit den Zielen epistemischer Akteure als solcher harmoniert. Denn einen Zustand falschen Bewusstseins aufrechterhalten zu wollen ist für einen epistemischen Akteur so irrational wie der Wunsch nach kognitiver Korruption oder der Wunsch, einer systematischen Täuschung zu unterliegen.[39]

---

[39] Später, wenn ich in Teil III die Grundlagen der *Ethik* der Aufklärung zu

Zum Schluss möchte ich noch auf zwei weitere wichtige Aspekte der hier entwickelten Konzeption der Aufklärung hinweisen. Der ersten Punkt ist, dass (AUF) die aufklärerische Natur eines Projekts nicht auf das Selbstverständnis von Personen oder Gruppierungen von Personen zurückführt. Sich selbst als Aufklärer verstehen, reicht nicht aus, um ein Aufklärer zu sein. Ebenso können Leute ihre eigenen Projekte als aufklärerische Projekte *missverstehen*.[40] Wenn zum Beispiel Religionskritiker wie Feuerbach mit ihrer Meinung, dass der Glaube an Gott eine menschliche Projektion ist, falsch liegen, ist das auf diese These gestützte Vorhaben einer Entlarvung des religiösen Glaubens als falschen Bewusstseins *kein* aufklärerisches Projekt, auch wenn Anhänger der projektivistischen These das sicher denken würden. Die Unterscheidung zwischen genuin aufklärerischen und solchen Projekten, denen lediglich ein aufklärerisches Selbstbild zugrunde liegt, erlaubt es uns aber nicht nur, sich als aufklärerisch präsentierende Vorhaben an den mit der Idee der Aufklärung verbundenen Ansprüchen zu messen und gegebenenfalls als pseudo-aufklärerisch zu kritisieren. Sie erlaubt es uns auch, sich selbst als Aufklärungskritik verstehende Projekte daraufhin zu überprüfen, ob der Gegenstand ihrer Kritik tatsächlich ein Projekt der Aufklärung ist. Denn auch Denker, die sich selbst als Gegner der Aufklärung verstehen, können sich eben darin irren. Sie tun das, wenn ihre Gegnerschaft Projekten gilt, die sich zwar selbst als aufklärerisch verstehen, in Wahrheit aber gar nicht aufklärerisch sind. Wenn zum Beispiel eine sich auf Feuerbachs Projektionsthese stützende Religionskritik nicht aufklärerisch ist, dann wäre es, unter

explizieren versuche, diskutiere ich die weitergehende Frage, ob die Überwindung von Unaufgeklärtheit nur eine epistemische oder auch eine moralische Verbindlichkeit hat.

[40] Dass die Ansprüche und Selbstverständnisse von einzelnen Denkern oder von intellektuellen oder politischen Bewegungen nicht festlegen, dass das von ihnen verfolgte Projekt ein aufklärerisches Projekt ist, zieht Kosellek (2006) nicht einmal als Möglichkeit in Betracht, wenn er aufgrund seiner Befunde über die Verwendung des Aufklärungs-Idioms behauptet, dass »Aufklärung auch Ideologie produziert« (322), dass sich »der Aufklärungsbegriff selbst immunisiert« (323) oder dass der Begriff der Aufklärung selbst Ideologieverdacht produziere (324). Diese Urteile sind allein deshalb schon überraschend, weil gerade auch aus einer begriffs- oder sprachgeschichtlichen Perspektive deutlich werden müsste, dass es notwendig und systematisch von allergrößter Bedeutung ist, zwischen Aufklärung und bloßer Aufklärungsrhetorik zu unterscheiden.

der gemachten Annahme, ein Fehler, die Kritik an dieser Religionskritik als anti-aufklärerisch zu kategorisieren. Alles, was wir dabei vor uns hätten, wäre ein als Aufklärung *intendiertes* Projekt, von dem sich (so nehmen wir hier an) herausstellt, dass es auf einer falschen Voraussetzung beruht: Wenn der theistische Glaube *nicht* Produkt einer Projektion ist, ist ein Projekt zur Entlarvung dieses Glaubens als einer bloßen Projektion kein aufklärerisches Projekt und dann ist die Kritik an dieser Religionskritik nicht anti-aufklärerisch.[41]

Als ein weiterer wichtiger Aspekt der Idee der Aufklärung hat sich ergeben, dass die Zustände des Aufgeklärt- und des Unaufgeklärtseins keine vollständige Disjunktion bilden. Neben aufgeklärten und unaufgeklärten gibt es eine dritte Kategorie von Denkern. Nennen wir sie die Nicht-Aufgeklärten. Da diese – im Unterschied zu den Aufgeklärten – nicht wissen, dass die Irrtümer der Unaufgeklärten ihre Quelle in einer systematischen Täuschung haben, betrachten sie die intellektuelle Auseinandersetzung mit aufklärungsbedürftigen Meinungen fälschlich als einen Standardfall von intellektueller Kritik. Sie betrachten aufklärungsbedürftige Meinungen als einfache Irrtümer und treten mit den Unaufgeklärten in die normale intellektuelle Auseinandersetzung gewöhnlicher Diskurse. Sie sehen nicht, dass die Irrtümer der Unaufgeklärten gerade keine

---

[41] Dass der Aufklärungscharakter eines Projekts von objektiven epistemischen Fakten abhängig ist und nicht durch das Selbstbild derjenigen fixiert wird, die sich selbst als Anhänger oder Gegner der Aufklärung verstehen, schließt aus, dass die Kritik von Aufklärung selbst aufklärerisch sein könnte. Es gibt keine Aufklärung der Aufklärung, sondern höchstens eine Aufklärung, die pseudoaufklärerische Projekte entlarvt. Dieser Punkt ist besonders wichtig, um zu verhindern, dass die Idee der Aufklärung zu einer bloß legitimatorischen Floskel degeneriert, wie es in den Diskussionen über die ›wahre Aufklärung‹ geschehen ist. Auf diese die Idee der Aufklärung selbst aushöhlende Aufklärungsrhetorik weist Schmidt (1989) 10 hin: »(…) wie schon der im 18. Jahrhundert ausgetragene Streit um die »wahre Aufklärung« zeigt, beanspruchen sowohl die Anhänger wie die religiösen Gegner der Vernunftaufklärung für sich die »wahre Aufklärung«, und bis in die Romantik hinein zieht sich der Anspruch einer Über-Aufklärung, die Aufklärung über die Aufklärung verspricht. Je nach Standpunkt lassen sich die Begriffe scheinbar mühelos in ihr Gegenteil verkehren.« Das Problem dieser Aufklärungsrhetorik und -polemik scheint nicht zu sein, dass nicht zwischen Aufklärung und aufklärerischem Selbstbild unterschieden wird, sondern dass die Kriterien für diese Unterscheidung vollkommen verwässert werden.

Allerweltsirrtümer, sondern Manifestationen falschen Bewusstseins sind. Der Diskurs der Nicht-Aufgeklärten mit den Unaufgeklärten wird also von *beiden* Parteien unter der falschen Voraussetzung geführt, es handele sich dabei um eine intellektuelle Auseinandersetzung zwischen für epistemische Gründe gleichermaßen empfänglichen epistemischen Akteuren. Nehmen wir an, Feuerbach hätte recht, so dass Religion ihre Quelle in einer menschlichen Projektion hat und tatsächlich falsches Bewusstsein ist. Unter dieser Annahme hätten Atheisten, die in einen argumentativen Diskurs mit Gläubigen eintreten, ein falsches Bild von der epistemischen Situation ihrer Opponenten. Von ihrem Projekt einer natürlichen Atheologie würden sie vielleicht denken, es sei aufklärerisch. Aber das wäre ein Irrtum. Aufklärerisch wäre unter den gemachten Annahmen nur das Projekt der Entlarvung des religiösen Bewusstseins als falsches Bewusstsein. Dieses aufklärerische Projekt würde, wenn es erfolgreich ist, sowohl bei den Unaufgeklärten als auch bei den Nicht-Aufgeklärten einen subtantiellen Erkenntnisfortschritt bewirken. Zwar richtet sich die Aufklärung primär an die Unaufgeklärten. Durch die Kritik falschen Bewusstseins ist sie aber auch darum bemüht, das falsche Bild, das sich die Nicht-Aufgeklärten von den Diskursen, die sie mit den Unaufgeklärten führen, zu berichtigen. Denn indirekt *stabilisieren* die Nicht-Aufgeklärten das falsche Bewusstsein der Unaufgeklärten, indem sie deren Selbstbild als wahrheitsorientierte Denker unterstützen und sich mit ihren Auffassungen auseinandersetzen, als würden sie durch epistemische Gründe kontrolliert. Mit dem Ziel der Überwindung falschen Bewusstseins ist daher das Ziel der Überwindung *defekter Diskurse* verbunden, in denen sich falsches Bewusstsein durch fälschlich unterstellte Rationalität zu reproduzieren weiß.

2.4 *Der Begriff des falschen Bewusstseins*

In diesem Kapitel möchte ich vor allem ein Missverständnis des Begriffs des falschen Bewusstseins ausräumen, das dem Verdacht zu Grunde liegt, dieser Begriff sei nur zu polemischen Zwecken entworfen, um Opponenten in einer Kontroverse zu diskreditieren und die eigene Postion gegenüber Einwänden zu immunisieren.

Der Verdacht ist, mit anderen Worten, dass Attributionen falschen Bewusstseins philosophische, politische oder ethische Debatten präjudizieren, indem sie den trügerischen Schein einer unangreifbaren dialektischen Überlegenheit auf der einen und den einer prinzipiellen Ungeeignetheit zur rationalen Rechtfertigung auf der anderen erzeugt. Dieser Verdacht ist jedoch unbegründet. Der Begriff FALSCHES BEWUSSTSEIN, so meine These, ist ein diagnostischer Begriff, der keine dialektische Funktion hat und daher angemessen auch nicht dazu verwendet werden kann, eine intellektuelle Kontroverse zu entscheiden. Das wiederum schließt jedoch *nicht* ein, dass Akteure im Zustand falschen Bewusstseins in geeigneter Weise zu einem rationalen wahrheitsorientierten Diskurs in dem Bereich beitragen könnten, in dem ihr falsches Bewusstsein liegt. Denn in einem solchen Zustand zu sein heißt unter anderem, einer systematischen Täuschung über die eigene Meinungsbildung zu unterliegen.

Attributionen falschen Bewusstseins sind für sich genommen so wenig polemisch oder dialektisch unfair wie Attributionen von Irrtümern. Wie der Begriff des Irrtums oder der der falschen Überzeugung dient auch der Begriff des falschen Bewusstseins der Charakterisierung eines epistemischen Zustands. FALSCHES BEWUSSTSEIN ist ein epistemischer Begriff.[42] Wie andere episte-

[42] Nicht alle Autoren, die ihn verwenden, scheinen den Terminus »falsches Bewusstsein« durchgehend in einem epistemischen Sinn zu verwenden. So schreibt Marcuse (1972) 16: »Die Unterscheidung zwischen wahrem und falschem Bewußtsein, wirklichem und unmittelbarem Interesse ist noch immer sinnvoll. Aber diese Unterscheidung muß bestätigt werden. Die Menschen müssen dazu gelangen, sie zu sehen, und müssen vom falschen zum wahren Bewusstsein finden, von ihrem unmittelbaren zu ihrem wirklichen Interesse«. Was Marcuse hier sagen will, lässt sich jedoch leicht so umformulieren, dass der epistemische Sinn des Begriffs des falschen Bewusstseins bewahrt bleibt. Falsches Bewusstsein, will Marcuse sagen, ist ein Zustand, in dem die Menschen systematisch verkennen, was ihre wahren Interessen sind, weil die Wahrnehmung ihrer Interessen durch die gesellschaftlichen Verhältnisse so geformt ist, dass sie ihre unmittelbaren Interessen (z. B. ihre Konsumwünsche) mit ihrem wahren oder wirklichen Interesse identifizieren. Diese Auffassung ist als solche übrigens keineswegs marxistisch. Marxistisch ist erst die These, dass der Kapitalismus eine Quelle falschen Bewusstseins ist oder dass die kapitalistischen Produktionsverhältnisse beides produzieren: unechte Bedürfnisse, die nicht mit den wahren Interessen der Menschen harmonieren, und die Illusion, dass diese unechten Bedürfnisse die wahren Interessen der Menschen sind.

mische Begriffe auch, ist der Begriff des falschen Bewusstseins mit einem Objektivitätsanspruch verbunden. Attributionen falschen Bewusstseins können falsch sein, auch wenn wir sie für wahr halten, und sie können ungerechtfertigt sein, auch wenn wir sie für gerechtfertigt halten. In unserem Kontext wichtiger ist aber ein anderer Aspekt der Objektivität falschen Bewusstseins: Das Urteil von epistemischen Akteuren im Zustand falschen Bewusstseins ist, unabhängig von seiner möglichen subjektiven Gewissenhaftigkeit, *objektiv nicht wahrheitsorientiert*, hat daher keine Beweiskraft und kann zu Recht diskontiert werden.[43]

Die Erklärung dafür ergibt sich daraus, dass falsches Bewusstsein ein Zustand der *Korruption* der Erkenntnis ist.[44] Charakteristisch für kognitive Korruption ist eine Beeinträchtigung der Empfänglichkeit für epistemische Gründe und dabei vor allem der Empfänglichkeit für epistemische Anfechtungsgründe. Da die Meinungsbildung eines Akteurs nur dann epistemisch rational ist, wenn sie auf die richtige Weise für Anfechtungsgründe (für Anfech-

---

[43] Marxistische Theoretiker wie Lukács (1986) 124 ff. haben es für ›undialektisch‹ gehalten, falsches Bewusstsein nur negativ durch den Begriff der Falschheit zu charakterisieren. Das falsche Bewusstsein gesellschaftlicher Klassen sei nämlich geschichtlich notwendig und würde aus den objektiven Produktionsbedingungen der Gesellschaft hervorgehen und diese insofern auch ›widerspiegeln‹. Deshalb, so Lukács, sei falsches Bewusstsein aus diesen Produktionsbedingungen verstehbar und insofern auch richtiges Bewusstsein. Aber das ist kaum mehr als terminologische Konfusion. Dass falsche Auffassungen der Welt verstehbar – d. h. erklärbar – sind, macht sie nicht zu irgendwie auch richtigen Auffassungen der Welt. Vgl. dazu Meyerson (1991) 5.

[44] Obwohl der Terminus »falsches Bewusstsein« vorwiegend von marxistischen Theoretikern gebraucht wird, ist er kein marxistischer Begriff in dem substantiellen Sinn, dass er einen marxistischen Gehalt hätte. Auch die christliche Theologie könnte im Kontext der Sündenlehre den Begriff des falschen Bewusstseins verwenden. Sofern nämlich Sünde nicht nur moralisch, sondern auch kognitiv korrumpierend ist, ist Sünde eine Quelle falschen Bewusstseins. So unterstreicht Plantinga (2000) 214: »The most serious noetic effects of sin have to do with our knowledge of God. Were it not for sin and its effects, God's presence and glory would be as obvious and uncontroversial to us all as the presence of other minds, physical objects, the past. Like any cognitive process, however, the *sensus divinitatis* can malfunction; as a result of sin, it has indeed been damaged. Our original knowledge of God and his glory is muffled and impaired; it has been replaced (by virtue of sin) by stupidity, dullness, blindness, inability to perceive God or to perceive him in his handiwork.«

tungsgründe als Anfechtungsgründe) empfänglich ist, sind im Zustand falschen Bewusstseins nicht nur die Meinungen, sondern die diese Meinungen bildenden Akteure epistemisch irrational.[45] Ihre Meinungsbildung ist nämlich – weil für Anfechtungsgründe nicht auf die richtige Weise empfänglich – *nicht wahrheitsorientiert*. Das Fehlen von Wahrheitsorientierung ergibt sich dabei aber alleine aus der Beeinträchtigung der Empfänglichkeit für Anfechtungsgründe und hat nichts mit den Absichten und den bewussten Bestrebungen des epistemischen Akteurs zu tun.

Dass ein Mangel an Wahrheitsorientierung sogar bei einem subjektiv gewissenhaften Akteur vorkommen kann, der es sich zur Maxime gemacht hat, eine Meinung aufzugeben, wenn die Evidenzen gegen sie sprechen, wird klar, wenn wir den Zustand der Unempfänglichkeit für Anfechtungsgründe betrachten. In einem solchen Zustand zu sein heißt nicht etwa starrsinnig, sondern vielmehr unfähig zu sein, sich von Anfechtungsgründen als Anfechtungsgründen bestimmen zu lassen. Um das zu sehen, nehmen wir an, dass q entscheidend gegen die Wahrheit von p spricht, so dass ein epistemisch rationaler Akteur die Überzeugung, dass p, aufgibt, wenn er damit konfrontiert ist, dass q. Wir können dann zwei Fälle unterscheiden, je nachdem, ob A ein Wissen von q hat oder nicht:

(I) A weiß, dass q. Dann ist A in Bezug auf p für epistemische Anfechtungen nicht empfänglich, wenn seine Überzeugung, dass p, eine Quelle hat, die zugleich dafür sorgt, dass A nicht einsieht, dass q entscheidend gegen p spricht.

(II) A weiß nicht, dass q. Auch in diesem Fall kann die Aufrechterhaltung der Überzeugung, dass p, das Resultat einer Unempfänglichkeit für epistemische Anfechtungen sein. Das ist möglich, wenn die Überzeugung, dass p, eine Quelle hat, die dafür sorgt, dass A nicht erkennt, dass q.

---

[45] »Meinungsbildung« verstehe ich in dem umfassenderen Sinn, dass sowohl der Erwerb als auch die Aufrechterhaltung einer Meinung darunter fallen. Ein Prozess, durch den eine bereits bestehende Meinung zum Beispiel im Angesicht von Anfechtungsgründen aufrechterhalten wird, ist daher, in meiner Terminologie, genauso ein Meinungsbildungsprozess wie ein Prozess, durch den ein Akteur eine neue Meinung formt.

In beiden Fällen haben wir es mit dem für Zustände kognitiver Korruption charakteristischen Mangel an Wahrheitsorientierung zu tun, da die Überzeugung, dass *p*, auch angesichts des entscheidend gegen sie sprechenden Grundes, dass *q*, aufrechterhalten wird. Dieser Mangel lässt sich aber nicht auf eine volitionale Gleichgültigkeit gegen die Wahrheit zurückführen, sondern ist das Resultat einer nicht willentlich kontrollierten Unempfänglichkeit für Anfechtungsgründe. Das Resultat ist ein dem epistemischen Akteur selbst nicht bewusser und von ihm selbst nicht willentlich beeinflusster Dogmatismus.[46]

Nun sollte deutlich sein, dass falsches Bewusstsein manifestierende oder aus falschem Bewusstsein resultierende Urteile keine Bedeutung in einem wahrheitsorientierten Diskurs haben können. Falsches Bewusstsein manifestierende Urteile sind das Resultat einer für Anfechtungsgründe nicht in der richtigen Weise empfänglichen Meinungsbildung und verdanken sich daher nur dem Umstand, dass der betroffene Denker in Bezug auf den Gegenstand seines Urteils objektiv nicht wahrheitsorientiert denkt. Wäre er in der richtigen Weise für Anfechtungen seines Urteils empfänglich, hätte er sein Urteil, anstatt es aufrechtzuerhalten, entweder revidiert oder es erst gar nicht als wahr akzeptiert. Folglich sind Denker, sofern sie falschem Bewusstsein unterliegen, keine Teilnehmer an einem epistemisch rationalen – wahrheitsorientierten – Diskurs.

Und das erklärt nun, warum der Begriff des falschen Bewusstseins den Verdacht erregen kann, er sei zu polemischen Zwecken entworfen und diene nur der dialektischen Vorteilnahme. Theorien falschen Bewusstseins, die von bestimmten Auffassungen behaupten, sie seien Manifestationen falschen Bewusstseins, legen uns

---

[46] Die Strategien zur Stabilisierung der Illusion, Selbstzufriedenheit sei das einzig Erstrebenswerte, sind, diesen Fällen entsprechend, Strategien, die Getäuschten für Anfechtungen der Ethik der Selbstzufriedenheit unempfänglich zu machen. So konnte unser mutwilliger Geist entweder dafür sorgen, dass die Leute über die Frage, ob Selbstzufriedenheit erstrebenswert ist, gar nicht erst reflektieren, woraus sich eine Unempfänglichkeit im Sinne des zweiten Falls ergibt. Oder er konnte dafür sorgen, dass die Leute, wenn sie über den Wert der Selbstzufriedenheit nachdenken, regelmäßig dazu kommen, ihre vorgefasste Meinung zu bestätigen, woraus sich, je nachdem, welche Details wir dabei hinzufügen, eine Unempfänglichkeit im Sinne des ersten oder des zweiten Falls ergibt.

nämlich darauf fest, unsere Sicht auf Meinungsverschiedenheiten radikal zu revidieren. Sobald wir dazu kommen, die Auffassungen unserer Opponentin als das Resultat falschen Bewusstseins anzusehen, sehen wir diese nicht mehr als durch Evidenzen korrigierbare Allerweltsirrtümer, sondern als *anomale Irrtümer* einer korrumpierten Erkenntnis an, in denen unsere Opponentin *gefangen* ist. Das bedeutet aber, dass wir glauben müssen, dass der Dissens zwischen uns und unserer Opponentin nicht mit den üblichen Methoden des intellektuellen Austauschs, sondern nur durch die Entlarvung des falschen Bewusstseins, also durch Aufklärung, auflösbar ist. Unsere Sicht auf die Meinungen und Argumente unserer Opponentin verändert sich dann grundsätzlich hin zu einer *therapeutischen* Einstellung. Wir diskontieren ihre Meinungen und Argumente, da wir ihnen keine dialektische Bedeutung mehr zuschreiben und es sogar als einen Fehler betrachten müssen, sie als Ausdruck einer ernsthaft in Erwägung zu ziehenden Sicht der Dinge zu betrachten. Denn Urteile, die das Resultat einer objektiv nicht wahrheitsorientierten Meinungsbildung sind, kann man rationaler Weise nicht so betrachten wie Urteile, die einer nicht-korrumpierten Erkenntnis entstammen. Es wäre epistemisch irrational, unser eigenes Urteil am Urteil von Opponenten zu messen, deren Urteil eine Manifestation falschen Bewusstseins ist.

So wäre es – um an unser Beispiel aus dem letzten Kapitel anzuknüpfen – epistemisch irrational, wenn wir der Verbreitung, der subjektiven Gewissheit oder der Beständigkeit der Ethik der Selbstzufriedenheit eine epistemologische Relevanz zumessen würden. Selbst wenn die überragende Mehrzahl aller Menschen glauben würde, dass Selbstzufriedenheit das einzig Erstrebenswerte ist, und wenn darüber hinaus auch noch die subjektive Gewissheit, die diese Meinung für sie hat, signifikant größer wäre als die subjektive Gewissheit, mit der wir glauben, dass Selbstzufriedenheit keinen intrinsischen Wert hat, wäre das für die Einschätzung der Glaubwürdigkeit der Ethik der Selbstzufriedenheit dennoch vollkommen irrelevant, da diese Ethik, wie sich aus den von uns stipulierten Fakten ergibt, eine Manifestation falschen Bewusstseins ist. Gleiches würde auch für die Beständigkeit der Selbstzufriedenheitsethik gelten. Denn selbst wenn die Versuche, ihre Anhänger auf dem Wege einer Diskussion vom Gegenteil zu überzeugen, regelmäßig fehlschlagen und diese ihre Ethik immer wieder von Neuem spontan affirmieren würden, würde das gerade nicht auf einen rationalen Vorzug der Doktrin der Selbstzufriedenheit, sondern nur auf die Tiefe der kognitiven Korruption ihrer Anhänger verweisen.

Obwohl alle diese Konsequenzen radikal und einschneidend sind, wird die Legitimität des Begriffs des falschen Bewusstseins dadurch in keiner Weise in Frage gestellt. Wenn er problematisch erscheint, dann nur dadurch, dass man den revisionären Charakter von Theorien falschen Bewusstseins übersieht und sich stattdessen vorstellt, welche Folgen sich aus dem dialektischen Gebrauch solcher Theorien ergeben. Der Begriff des falschen Bewusstseins erscheint dann als ein polemisches Werkzeug, durch dessen Einsatz die offene Diskussion kontroverser Auffassungen unterbunden und der Auffassung einer Dissens-Partei eine unanfechtbare Überlegenheit zugesprochen wird.

Betrachten wir dazu das Beispiel eines typischen philosophischen Dissenses und nehmen wir an, wir vertreten eine *Projektionstheorie des Ekligen*. Diese Theorie behauptet, dass *eklig zu sein* keine objektive Eigenschaft der Dinge, sondern eine Projektion ist: Wir reagieren auf bestimmte Dinge mit Ekel und projizieren dann diese Emotion auf die Dinge, in deren Angesicht wir Ekel empfinden. Projektion ist also ein psychologischer Mechanismus, der dafür sorgt, dass uns die Dinge selbst als eklig erscheinen, obwohl sie in Wahrheit nicht selbst eklig sind.[47] Dass uns die Dinge selbst als eklig erscheinen, ist nach unserer projektivistischen Theorie also eine Illusion. Wenn wir zum Beispiel von einer Qualle behaupten, sie sei eklig, glauben wir zwar, dass die Qualle selbst die Eigenschaft hat, eklig zu sein, dieser Glaube (behaupten wir Projektivisten) ist aber die Folge einer Täuschung, der wir aufgrund des Mechanismus der Projektion erliegen.

Wichtig ist nun, dass die Projektionstheorie *impliziert*, dass wir uns irren, wenn wir urteilen, dass Quallen eklig sind. (Das ist nur ein arbiträres Beispiel. Wer Quallen attraktiv findet und aus *diesem* Grund verneint, dass Quallen eklig sind, denke an etwas anderes …) Der Punkt, um den es hier geht, ist nun folgender. Um

---

[47] Daher sind projektivistische Theorien, wie Joyce (2007) 127 hervorhebt, auch notwendiger Weise kontraintuitiv.

wissen zu können, dass die Projektionstheorie wahr ist, müssen wir gute Gründe für die These haben, dass die Ekligkeit der Dinge eine Illusion ist. Die Position unserer Opponentin, die darauf besteht, dass die Ekligkeit von Quallen nicht nur im Auge des Betrachters liegt, sondern objektiv ist, können wir deshalb nicht anfechten, indem wir darauf bestehen, dass ihre realistische Überzeugung nichts anderes als die Manifestation eines projektiven Mechanismus ist.[48] Diese Behauptung wäre *question begging*: Sie setzt voraus, was gerade der Gegenstand der Kontroverse zwischen uns und der Realistin ist. Aus genau demselben Grund können wir unsere eigene Theorie aber auch nicht mit Verweis auf den Realismus unserer Opponentin stützen: Da die Projektionstheorie erklären will, warum uns die Dinge selbst als eklig erscheinen, *obwohl sie nicht eklig sind*, könnte das Phänomen einer realistischen Philosophie des Ekligen nur dann Evidenz für die Projektionstheorie sein, wenn Ekligkeit *keine* objektive Eigenschaft ist.

Die Projektionstheorie – und das ist der hier entscheidende Punkt – ist also eine *wesentlich unselbständige Theorie*. Da es einen projektiven Mechanismus, der die Illusion der Objektivität der Ekligkeit erzeugt, gar nicht geben *kann*, wenn der Realismus über das Eklige wahr ist, zehrt die Projektionstheorie von anti-realistischen Argumenten. Ohne unabhängige Gründe für eine anti-realistische und gegen eine realistische Sicht der Dinge hat niemand einen Grund, an die Projektionstheorie zu glauben. Daher kann die Projektionstheorie keine dialektische Rolle in der Kontroverse über die Metaphysik des Ekligen spielen. Mit ihrer Hilfe können wir weder den Realismus anfechten noch den Anti-Realismus stützen.[49]

---

[48] John Mackie hat daher niemals auf der Basis einer Projektionstheorie für den moralischen Nihilismus – die These der nicht-Existenz moralischer Werte – argumentiert. Seine Projektionstheorie soll lediglich die Erklärung dafür liefern, warum es uns so scheint, als gäbe es moralische Werte, obwohl es, wie Mackie mit seinem Argument aus der Absonderlichkeit und seinem Argument aus der Relativität zu zeigen versuchte, keine moralischen Werte gibt. Vgl. Mackie (1977) 42 ff.

[49] Es scheint mir daher irreführend zu sein, wie Blackburn (1984) 182, zu behaupten, dass es ein Vorzug der projektivistischen Theorie gegenüber einer realistischen Auffassung moralischer Werte ist "[that it] intends to ask no more from the world than what we know is there – the ordinary features of things on the basis of which we make decisions about them, like or dislike them, fear

Wenn wir das zu tun versuchten, würden wir die Projektionstheorie zu dialektischen Zwecken gebrauchen. Da sie dafür objektiv unbrauchbar ist und uns keinerlei Gründe für die Bevorzugung der anti-realistischen Metaphysik des Ekligen liefert, erzeugt der dialektische Gebrauch der Projektionstheorie den trügerischen Schein einer unangreifbaren Überlegenheit des Anti-Realismus. Wir diskreditieren dann nämlich beides: den Realismus als Position *und* die Vertreterin des Realismus. Wir weisen den Realismus als das Resultat einer Projektion von Ekelgefühlen zurück und bestreiten, indem wir sie als Opfer einer projektiven Täuschung darstellen, zugleich die objektive Wahrheitsorientierung unserer realistischen Opponentin. Dadurch bringen wir die Realistin in eine *dialektische Auswegslosigkeit*, da sie für ihre Position nichts vorbringen kann, was wir nicht zugleich als weitere Evidenz für die Wirksamkeit der projektiven Täuschung glauben ansehen zu dürfen. Ohne tatsächlich irgendeinen Grund gegen den Realismus vorgebracht zu haben, machen wir dadurch uns selbst und andere glauben, dass der Realismus hoffnungslos ist und von Leuten mit klarem ungetrübtem Verstand nicht vertreten werden kann.

So wie der dialektische Gebrauch der Projektionstheorie irreführend ist, ist auch der dialektische Gebrauch von Theorien falschen Bewusstseins irreführend. Dieser Zusammenhang ergibt sich daraus, dass die von Projektionstheorien postulierten Mechanismen Quellen falschen Bewusstseins sind. Projektive Mechanismen sind produktive Quellen von Irrtümern, die zugleich die Fähigkeit der betroffenen Akteure beinträchtigen, diese Irrtümer zu erkennen. Projektive Mechanismen sind also Quellen falschen Bewusstseins, und jede Projektionstheorie impliziert die Existenz falschen Bewusstseins. Der Grund, aus dem Theorien falschen Bewusstseins ungeeignet sind, dialektische Aufgaben zu übernehmen, ist dabei derselbe wie bei Projektionstheorien: Theorien falschen Bewusstseins sind wesentlich unselbständige Theorien. Sie dienen ausschließlich der *Diagnose* epistemischer Fehlleistungen und zeigen

---

them and avoid them (…).« Diese Behauptung *setzt voraus*, dass der moralische Realismus falsch ist – denn jede Realistin würde zum Beispiel behaupten, dass es Gutes und Schlechtes gibt und dass wir das wissen und dass gut oder schlecht zu sein zu den gewöhnlichen Eigenschaften von Dingen gehört, die uns einen Grund geben, sie zu mögen oder nicht zu mögen usw.

uns deren Natur; sie geben uns aber nicht die originalen Gründe für die Falschheit des weltanschaulichen Gehalts des falschen Bewusstseins. Dass der weltanschauliche Gehalt falsch ist, ist aber Voraussetzung dafür, dass der Glaube an ihn das Resultat eines falschen Bewusstseins ist. Wenn es zum Beispiel wahr wäre, dass Selbstzufriedenheit das einzig Erstrebenswerte ist, könnte die Anhängerschaft an die Ethik der Selbstzufriedenheit nicht Ausdruck falschen Bewusstseins sein. Im Zustand falschen Bewusstseins müssen uns also Dinge als wahr erscheinen, die nicht wahr sind. Es ist daher zwar *notwendig*, dass eine Proposition falsch und unglaubwürdig ist, wenn von ihr überzeugt zu sein Ausdruck falschen Bewusstseins ist. Um aber wissen zu können, dass diese Proposition, wenn sie geglaubt wird, Ausdruck falschen Bewusstseins ist, müssen wir erst einmal wissen, dass sie falsch und unglaubwürdig ist. Wir brauchen also, um die Diagnose des falschen Bewusstseins stellen zu können, *unabhängige* Gründe, die die betreffenden Überzeugungen unterminieren.

Der Begriff FALSCHES BEWUSSTSEIN ist also ein diagnostischer Begriff und gleicht darin den Begriffen der Illusion oder der Selbsttäuschung. Er ist ein Begriff zur Erklärung systematischer epistemischer Fehlleistungen. Mit ihm beziehen wir uns auf Zustände der Korruption der Erkenntnis, auf Zustände also, in denen die Meinungsbildung epistemischer Akteure objektiv nicht wahrheitsorientiert ist. Um der diagnostischen Natur des Begriffs des falschen Bewusstseins gerecht zu werden, müssen wir die *epistemologische Unselbständigkeit* von Theorien falschen Bewusstseins beachten:

(1) Theorien falschen Bewusstseins können nur dort gerechtfertigt sein, wo es Gründe für die Attribution systematischer Irrtümer gibt.

(2) Für die Attribution systematischer Irrtümer muss es Gründe geben, die von der Attribution falschen Bewusstseins unabhängig sind.

Diese beiden Prinzipien schließen *nicht* ein, dass man sich auf eine Theorie falschen Bewusstseins nicht stützen kann, um die Meinungen eines Akteurs anzufechten. Wenn wir zum Beispiel gute Gründe für die Theorie haben, dass die Ethik der Selbstzufriedenheit ein

Resultat falschen Bewusstseins ist, haben wir auch gute Gründe dafür, dass diese Ethik falsch ist. Und dann wird die Selbstzufriedenheitsdoktrin jedes einzelnen Akteurs durch unsere Theorie auch angefochten, weil wir Grund haben zu glauben, dass die Anhänger dieser Doktrin Opfer falschen Bewusstseins sind. Was die beiden Prinzipien aber ausschließen, ist, dass diese Anfechtung unabhängig von Gründen für die Falschheit der Selbstzufriedenheitsdoktrin erfolgen könnte. Dass es Gründe für die Falschheit dieser Doktrin gibt, wird nämlich von unserer Theorie falschen Bewusstseins vorausgesetzt. Die Anfechtung durch die Theorie falschen Bewusstseins zehrt daher von der Anfechtung der Ethik der Selbstzufriedenheit, und deshalb brauchen wir von der Attribution falschen Bewusstseins unabhängige Gründe dafür, dass der Glaube an die Ethik der Selbstzufriedenheit falsch ist.[50]

Wenn wir die aus ihrer epistemologischen Unselbständigkeit erwachsenen Anforderungen beachten und der Versuchung widerstehen, sie zu dialektischen Zwecken zu gebrauchen, können Theorien falschen Bewusstseins eine wichtige Rolle für unser Verständnis epistemischer Fehlleistungen spielen, die durch unsere gewöhnlichen diskursiven Methoden weder vermieden noch beseitigt werden und daher nach einer anderen rationalen Methode, der Methode der Aufklärung, verlangen. Theorien falschen Bewusstseins weisen uns auf Quellen kognitiver Korruption, d. h. auf die Ursachen eines objektiven Mangels an Wahrheitsorientierung hin und zeigen auf, wie

---

[50] Der Status von Theorien falschen Bewusstseins ist daher ein anderer als der Status von genealogischen Theorien zum Beispiel über unseren moralischen Sinn. Die in der Literatur als *Evolutionary Debunking Arguments* (EDAs) bezeichneten Argumente sind skeptische Argumente, die sich auf darwinistische Theorien über die Entstehung unseres moralischen Sinns, d. h. unserer Fähigkeit zum moralischen Urteil stützen. Diese skeptischen Argumente dienen aber nicht dazu, die Wahrheit, sondern ausschließlich dazu, die Rechtfertigung moralischer Urteile zu unterminieren. Die Beschränkung auf die Rechtfertigung erklärt sich daraus, dass die genealogischen Thesen, die als Prämissen in EDAs eingehen, gegenüber der Frage des Wahrheitswerts unserer moralischen Urteile neutral und daher von der Attribution systematischer Irrtümer epistemologisch unabhängig sind. Im Unterschied zu einer Projektionstheorie, die eine Theorie falschen Bewusstseins ist, setzen EDAs die Falschheit des moralischen Realismus nicht voraus und können ihrerseits als Argumente in der Debatte über den moralischen Realismus figurieren. Zur Darstellung und Diskussion von EDAs vgl. Street (2006), Joyce (2007) 179 ff., Shafer-Landau (2012) und FitzPatrick (2015)

auch Akteure, die subjektiv intellektuell gewissenhaft sind, objektiv gleichgültig gegen die Wahrheit sein können. Von besonderem philosophischen Interesse ist das Phänomen falschen Bewusstseins, wenn es kein individualpsychologisches, sondern ein soziales oder kulturelles Phänomen ist. Theorien falschen Bewusstseins können dann überindividuelle Phänomene kognitiver Korruption verständlich machen und den Weg zu einer therapeutischen Betrachtung von Diskursen ebnen, die wir zuvor fälschlich aus der Perspektive eines Teilnehmers als Medium epistemisch rationaler Meinungsbildung betrachtet haben. Der Begriff FALSCHES BEWUSSTSEIN ist daher keineswegs illegitim. Illegitim ist lediglich sein dialektischer Gebrauch, der sich der Terminologie des falschen Bewusstseins bedient, nicht um kognitive Anomalien zu erklären und unsere bisherige Betrachtungsweise einer Debatte zu revidieren, sondern um sie weiterzuführen und in ihr Partei zu ergreifen.

3. Die Idee der Menschenwürde als Quelle falschen Bewusstseins

3.1 Fideistische Illusionen

Die Überzeugung vieler Menschen, dass Menschen einen privilegierten moralischen Status haben, der ihren Interessen einen absoluten moralischen Vorrang vor den Interessen jedes anderen Lebewesens gibt, das kein Mensch ist, ist eine substantielle moralische Überzeugung, die sich nicht durch eine bloße Betrachtung ihres Gehalts als wahr erweisen kann und die überdies dem Verdacht ausgesetzt ist, nichts anderes als Ausdruck einer Voreingenommenheit menschlicher Denker für sich selbst und ihresgleichen zu sein. Der moralische Anthropozentrismus gehört daher nicht zu den rechtmäßig basalen moralischen Überzeugungen und hat nicht den Status eines ethischen Axioms. Der moralische Anthropozentrismus bedarf vielmehr sowohl einer substantiellen Rechtfertigung als auch einer Verteidigung.[51]

[51] Zur Problematik der Rechtfertigung des moralischen Anthropozentrismus s. o. Teil I 3.4. Unter dem Begriff einer substantiellen Rechtfertigung verstehe ich, dieser Problematik entsprechend, eine Rechtfertigung, die auf

Diese epistemologische Tatsache ist nicht abhängig von Veränderungen im Wortschatz oder im Begriffssystem einer Denkerin. Die bloße Hinzufügung eines neuen Begriffs zu unserem Begriffssystem kann den epistemologischen Status des moralischen Anthropozentrismus nicht verändern. Sowenig wie man durch die Konstruktion eines neuen Begriffs einen moralischen Vorrang menschlicher Interessen hervorzubringen vermag, kann man durch die Verbreitung eines neuen Begriffs dafür sorgen, dass sich der moralische Anthropozentrismus in ein ethisches Axiom verwandelt. Was sich durch die Verbreitung eines Begriffs allerdings verändern kann, ist die *epistemische Selbstwahrnehmung* anthropozentrisch orientierter Moralisten. Durch den Begriff MENSCHENWÜRDE, ist hier meine These, wird die epistemische Selbstwahrnehmung anthropozentrisch denkender Moralisten so manipuliert, dass sie geneigt sind, den moralischen Anthropozentrismus für eine Überzeugung zu halten, die keiner substantiellen Rechtfertigung und keiner Verteidigung bedarf. Der Begriff der Menschenwürde, behaupte ich also, ist die Quelle einer *fideistischen Illusion*. Als solche korrumpiert er die moralische Erkenntnis von anthropozentrisch denkenden Moralisten und beeinträchtigt deren Empfänglichkeit für die Anfechtungen ihrer moralischen Weltanschauung. Als Quelle einer fideistischen Illusion ist der Begriff der Menschenwürde daher auch eine Quelle falschen moralischen Bewusstseins.

Wie lässt sich diese Behauptung rechtfertigen? Oben hatte ich bereits auf den fundamentalen Unterschied zwischen dem Begriff WÜRDE und dem Begriff MENSCHENWÜRDE hingewiesen. Um zu zeigen, dass sich die *Wahrnehmung* des epistemologischen Status des moralischen Anthropozentrismus mit der Verbreitung des Begriffs MENSCHENWÜRDE verändert, betrachten wir die Verän-

Überzeugungen oder auf Fakten zurückgreift, die nicht schon mit dem bloßen Verständnis des Gehalts einer Aussage gegeben sind. Überzeugungen, die substantiell rechtfertigungsbedürftig sind, gehören nicht zu den gerechtfertigterweise basalen Überzeugungen und können nicht den Status eines Axioms haben. Der moralische Anthropozentrismus ist substantiell rechtfertigungsbedürftig, weil weder der anthropozentrische Egalitarismus noch der anthropozentrische Elitismus – die beiden Komponenten aller anthropozentrischen Moralauffassungen – den Status moralischer Axiome haben. Keine dieser moralischen Thesen ist intuitiv und keine lässt sich allein durch Begriffskompetenz oder durch semantische Intuitionen u. Ä. rechtfertigen.

derungen in der dialektischen Situation, wie sie sich den Vertretern des moralischen Anthropozentrismus darstellt, die nach und nach vom Würde-Idiom zum Menschenwürde-Idiom übergehen. Wir betrachten also, wie sich die Wahrnehmung des Dissenses über den moralischen Status von Menschen und Tieren auf der Seite derjenigen verändert, die dazu übergehen, ihren Standpunkt mit Hilfe des Begriffs der Menschenwürde zu artikulieren. Da sich durch die Einführung des Menschenwürde-Idioms an der dialektischen Struktur des Dissenses *objektiv* nichts ändert, weisen Veränderungen in der *Wahrnehmung* des Dissenses auf den manipulativen Charakter des Begriffs der Menschenwürde hin.

Um die gesamte Argumentation richtig einschätzen zu können, ist es wichtig zu beachten, dass das folgende Szenario einer idiomatischen Veränderung des moralischen Diskurses als eine idealisierende Rekonstruktion und nicht als eine Darstellung der tatsächlichen Geschichte der Etablierung des Menschenwürde-Idioms zu verstehen ist. Das bedeutet aber nicht, dass die betrachteten kognitiven Veränderungen bloß stipulierte Veränderungen sind. Es handelt sich nämlich um Veränderungen, die, so behaupte ich, stattfinden *müssen*, damit sich unter den Bedingungen eines multilateralen Dissenses über den moralischen Status von Menschen und Tieren das Menschenwürde-Idiom überhaupt etablieren und das ältere Würde-Idiom ersetzen *kann*. Unterstellt wird dabei, dass diejenigen, die das Würde-Idiom zugunsten des Menschenwürde-Idioms aufgeben, nicht schon von vorneherein ein fehlerhaftes Verständnis der dialektischen Situation haben. Diese Idealisierung ist notwendig, da der manipulative Effekt des Begriffs der Menschenwürde nicht zuverlässig erfasst werden könnte, wenn wir die Möglichkeit zuließen, dass einige anthropozentrische Moralisten sowieso schon fideistischen Illusionen erliegen. Unter den idealisierten Bedingungen lässt sich aber zeigen, dass sich der Begriff der Menschenwürde nur durch die Manipulation der epistemischen Selbstwahrnehmung anthropozentrischer Denker etablieren kann. Die These, dass der Begriff der Menschenwürde eine Quelle fideistischer Illusionen ist, muss dann dementsprechend nicht als eine These über externe Effekte, sondern als eine These über die *Funktion* dieses Begriffs verstanden werden. Der Begriff der Menschenwürde, besagt unsere These also, dient dazu, über den problematischen Status des moralischen Anthropozentrismus hinwegzutäuschen und die fideistische Illusion zu erzeugen, dass der moralische Anthropozentrismus den Status einer zu Recht basalen ethischen Überzeugung hat.

Betrachten wir also eine Diskursgemeinschaft *D*, die zunächst über den Begriff der WÜRDE, aber noch nicht über den Begriff der MENSCHENWÜRDE verfügt. Die große Mehrheit der Mitglieder von *D* vertritt einen moralischen Anthropozentrismus und glaubt, dass es eine unüberbrückbare moralische Kluft, d. h. einen absoluten moralischen Wertunterschied zwischen Menschen und nicht-menschlichen Individuen gibt. Die allermeisten glauben zum Beispiel daran, dass ein Pferd zu stehlen etwas *unvergleichbar* Schlechteres ist als ein Pferd, um sein Fleisch zu verkaufen, zu schlachten. Wer ein Pferd stiehlt, glauben diese Leute, verletzt das Eigentumsrecht eines Menschen; wer jedoch ein Pferd, das er besitzt, schlachtet, um sein Fleisch zu verkaufen, verletzt (glauben diese Leute) keine Rechte, sondern macht nur von seinem eigenen Recht als Eigentümer Gebrauch.

Dass sie Handlungen vollkommen unterschiedlich bewerten, je nachdem, ob Menschen oder Pferde von ihnen betroffen sind, macht sich die Majorität, die sich selbst als Orthodoxie begreift, mit Hilfe des Begriffs WÜRDE verständlich: Während alle Menschen, behaupten sie, Würde (und daher unveräußerliche Grundrechte) haben, haben Pferde und andere Tiere keine Würde (und daher keine unveräußerlichen Grundrechte). Nun teilen aber nicht alle Mitglieder von *D* den moralischen Anthropozentrismus der Mehrheit. Diese Gegner der Orthodoxie bestreiten, dass menschliche Interessen einen absoluten moralischen Vorrang vor tierlichen Interessen haben. Diese Leute glauben zum Beispiel, dass es auch dann falsch ist, ein Tier zu quälen, wenn dies der Volksbelustigung dient. Sie glauben, dass das menschliche Interesse an Zerstreuung und Unterhaltung für die Bewertung von Stierkämpfen nicht ausschlaggebend sein kann. Einige glauben sogar, dass es moralisch *irrelevant* ist, ob Stierkämpfe für einige Menschen unterhaltend sind. Und einige glauben, dass ein Pferd schlachten etwas *viel* Schlechteres ist, als ein Pferd zu stehlen. Denn Pferde, behaupten sie, gehören wie Menschen – und anders als Pflanzen – nicht zu den Dingen, über deren Leben irgendjemand befugt sein könnte frei zu verfügen.

Eine von der Majorität als heterodox angesehene Minorität von *D* akzeptiert also nicht, dass es eine unüberbrückbare evaluative Kluft zwischen Menschen und Tieren gibt. *Daher* akzeptieren diese Leute auch nicht die Behauptung, dass Tiere keine Würde haben, während alle Menschen Würde besitzen. Konfrontiert mit dieser geläufigen Begründung, kritisieren sie zu Recht, dass die Vertreter der moralischen Orthodoxie ihren Standpunkt damit lediglich *artikulieren*, nicht aber *begründen*. Sie weisen damit darauf hin, dass die orthodoxe These über die Verteilung der Würde unter den Lebewesen epistemologisch von eben der Überzeugung abhängt, zu deren Rechtfertigung sie angeführt wird, und daher nicht geeignet ist, deren Glaubwürdigkeit zu erhöhen. Außerdem verweisen sie darauf, dass die Gründe, die gegen den moralischen Anthropozentrismus sprechen, *ipso facto* auch Gründe sind, die gegen die These sprechen, dass, während kein Tier Würde hat, ausnahmslos alle Menschen Würde besitzen.

Diesen Punkt sehen auch eine ganze Reihe von orthodoxen Moralisten ein. Untereinander führen sie zur Bestätigung ihrer anthropozentrischen Überzeugungen und Praktiken zwar weiterhin an, dass ausschließlich Menschen Würde besitzen. Aufgrund der substantiellen Anfechtungen durch die heterodoxe Minderheit wird aber mehr und mehr orthodoxen Moralisten bewusst, dass der Appell an die anthropozentrismusfreundliche Verteilung der Würde kaum mehr als ein affirmativer Gestus ist, der außerhalb des Kontextes orthodoxer Selbstverständigung und Selbstbestätigung bedeutungslos ist. Auch wenn sie ihre anthropozentrische Perspektive nicht aufgeben, haben sie doch das Gefühl verloren, diese sei nicht rechtfertigungsbedürftig und könne nicht Gegenstand eines begründeten Zweifels sein. Daher revidieren sie ihre vormalige Meinung, dass der Glaube an die moralische Sonderstellung des Menschen ein Merkmal aller vernünftigen Moralisten ist. Obwohl ihre Auffassung noch immer die einer deutlichen Majorität von *D* ist, haben sie damit aufgehört, sich selbst als Vertreter der *Orthodoxie* zu begreifen.

Innerhalb von *D* ist jedoch eine epochale Entwicklung im Gange. Nach und nach entwickelt sich ein neues moralisches Idiom – das Idiom der Menschenwürde. Diese Entwicklung geschieht zunächst so gut wie unbemerkt. Die erkennbar auf bereits bestehendes lexikalisches Material zurückgreifende Konstruktion der immer mehr in Gebrauch kommenden Ausdrücke »Menschenwürde«, »menschliche Würde«, »die Würde des Menschen« täuscht zunächst darüber hinweg, dass sich im moralischen Diskurs von D eine echte *begriffliche* Neuerung abzeichnet. Genaue Beobachter können die Ernsthaftigkeit dieser Neuerung aber daran festmachen, dass das Menschenwürde-Idiom immer mehr zum bevorzugten Idiom der Verfechter des moralischen Anthropozentrismus wird. Ihren Glauben an den privilegierten moralischen Status der Menschen assoziieren diese Repräsentanten der Majoritätsmoral nicht mehr mit dem Begriff der Würde, sondern mit dem der Menschenwürde. Sie behaupten:

(1) Allen Menschen kommt die gleiche menschliche Würde zu.
(2) Tiere besitzen keine menschliche Würde.

Diese Plattitüden werden von den Vertretern der Majoritätsmoral jedoch nicht nur zu Zwecken der Selbstverständigung, sondern auch im Kontext der Debatte über den moralischen Anthropozentrismus verwendet. Mit diesen Plattitüden glauben sie den moralischen Anthropozentrismus *auf eine besondere Weise* vindiziert zu haben. Sie glauben nämlich, damit die *Unanfechtbarkeit* ihres Glaubens an die moralische Sonderstellung des Menschen erwiesen zu haben. Diese Veränderung ihrer epistemischen Überzeugungen zeigt sich an der fundamentalen Veränderung ihrer Reaktionen auf die Kritik am moralischen Anthropozentrismus.

Unter den Kritikern lassen sich drei verschiedene Gruppen unterscheiden. *Kritiker der ersten Gruppe* (zu ihnen gehören Utilitaristen) kritisieren den moralischen Anthropozentrismus, ohne das Menschenwürde-Idiom der Neuen Orthodoxie aufzugreifen. Diese Kritiker werden von der Neuen Orthodoxie nicht als Ebenbürtige, ihre Kritik nicht einmal als eine Herausforderung angesehen. Da (1) und (2) aus der Sicht der Neuen Orthodoxie vernünftiger Weise nicht bezweifelt werden können, betrachten sie eine Kritik, die den moralischen Anthropozentrismus unabhängig von der Idee der Menschenwürde diskutiert, als einen Beweis für die *Unfähigkeit* des Kritikers, über den moralischen Status von Menschen in den angemessenen Begriffen zu denken. Was Kritiker dieser Couleur auch immer als Gründe gegen den moralischen Anthropozentris-

mus anführen, wird von der Neuen Orthodoxie als Ausdruck einer inadäquaten reduktionistischen Werttheorie verworfen.[52]
Kritiker der zweiten Gruppe greifen dagegen das Menschenwürde-Idiom auf, bestreiten aber (1) und (2), indem sie behaupten:

(3) Einigen Menschen fehlt die Menschenwürde.
(4) Auch einige Tiere haben menschliche Würde.

Auch die Kritiker dieser zweiten Gruppe werden von der Neuen Orthodoxie nicht als ebenbürtige Diskutanten angesehen. Denn an ihrer Kritik lässt sich ablesen, dass sie mit dem Begriff MENSCHENWÜRDE noch nicht in der richtigen Weise vertraut sind. (3) und (4) sind Fehlschläge, an denen, aus der Sicht der Neuen Orthodoxie, deutlich wird, dass diesen Kritikern die mit (1) und (2) ausgedrückten Wahrheiten begrifflich noch nicht zugänglich sind. Wie jemand, der behauptet, es gäbe Tiere mit menschenspezifischen Eigenschaften, bedürfen auch diese Kritiker einer begrifflichen Instruktion.

Schließlich gibt es noch *Kritiker einer dritten Gruppe*. Kritiker dieser Gruppe bestreiten weder (1) noch (2), bestehen aber darauf, dass viele Tiere, auch wenn sie keine Menschenwürde besitzen, dennoch Würde haben. Die Vertreter der Neuen Orthodoxie sind jetzt also mit folgender Auffassung konfrontiert:

(1) Allen Menschen kommt die gleiche menschliche Würde zu.
(2) Tiere besitzen keine menschliche Würde.
(5) Viele Tiere haben Würde.

Da sie (5) für hinreichend halten, um den moralischen Anthropozentrismus zurückzuweisen, können wir den Kritikern der dritten Gruppe die Auffassung zuschreiben, dass (2) eine für die Frage des

---

[52] Es ist wichtig zu sehen, dass »Reduktionismus« und »reduktionistisch« im Mund vieler Leute *pejorative* Wörter sind, mit denen sie ausdrücken wollen, dass eine bestimmte Auffassung eine unangemessen simplifizierende, für die Besonderheit ihres Gegenstands insensitive und daher gleichsam ›gemeine‹ Sicht der Dinge manifestiert. In diesem Sinne kritisiert Krantz (2002) 121 die Orientierung am Prinzip der gleichen Berücksichtigung gleicher Interessen: »But letting a quasi-quantitative calculus decide [ethical issues, whose presence we can all feel even if we cannot articulate them precisely] seems to threaten our commitment to unquantifiable human values. The intrinsic value of any human infant, the transcendent value of humanity, cannot be reduced to quantitative considerations without terrible loss.«

moralischen Status von Tieren irrelevante Wahrheit ist. Aus demselben Grund können wir ihnen auch die Auffassung zuschreiben, dass (1) für die Frage des moralischen Status von Tieren irrelevant ist. Welchen moralischen Wert Menschen haben, wollen sie den Neuorthodoxen mitteilen, hat *keinen* Einfluss auf den moralischen Wert von nicht-menschlichen Tieren: Wenn Orang-Utans Würde haben, kann *niemand* ein Eigentumsrecht an Orang-Utans haben, darf *niemand* Orang-Utans versklaven, foltern, jagen oder sexuell missbrauchen und darf *niemand* Orang-Utans dem absoluten Zwang biomedizinischer Experimente unterwerfen. Dass viele Tiere Würde haben, *impliziert* daher die Falschheit des moralischen Anthropozentrismus.

Für einen außenstehenden Beobachter erweist sich die Kritik der dritten Gruppe als besonders aufschlussreich. Im Unterschied zu den Kritikern der ersten und zweiten Gruppe anerkennen die der dritten Gruppe, was die Neuorthodoxen über die Verteilung der Menschenwürde behaupten, bestreiten aber dennoch die moralische Sonderstellung und Vorrangigkeit der Menschen. Dabei stützen sie sich auf den weltanschaulich offenen, objektneutralen Begriff der Würde und machen gegen die Neuorthodoxen etwas geltend, was sie auch schon früher gegen die Altorthodoxen geltend gemacht haben: dass es Tiere gibt, die Würde besitzen. Das zeigt aber, dass sich der Dissens zwischen den Altorthodoxen und den Tierrechtlern in dem neuen Kontext des Menschenwürde-Idioms *reproduziert*. Warum das so ist, erklärt sich daraus, dass auch die erneuerte Kritik der Tierrechtler dem Prinzip folgt: Die Würde eines Individuums ist vom moralischen Status anderer Individuen nicht abhängig. Aufgrund dieses Prinzips wissen wir, dass wir Gründe gegen den moralischen Anthropozentrismus haben, wenn wir Gründe haben, an die Würde von Tieren zu glauben. Daher stellt die Position der Tierrechtler für die Neuorthodoxen genau dieselbe Herausforderung dar wie für die Altorthodoxen.

Deshalb, könnte man nun meinen, ist zu erwarten, dass die Neuorthodoxen, sobald sie mit dieser dritten Kritik konfrontiert werden, einsehen, dass die Einführung des Menschenwürde-Idioms nichts als eine oberflächliche Veränderung der Sprechweise ist, durch die die substantiellen Probleme der Rechtfertigung und Verteidigung des moralischen Anthropozentrismus nicht berührt werden. Diese Einschätzung ist jedoch problematisch, da sie der Erklärung der Etablierung des Menschenwürde-Idioms im Wege steht (jedenfalls einer Erklärung, die der Adäquatheitsbedingung genügt, dass die Etablierung dieses Idioms mit der Idee der Menschenwürde zusammenhängt). Im Kontext eines Dissenses über den moralischen Anthropozentrismus könnte sich dieses Idiom nämlich überhaupt nicht etabliert haben, wenn die Neuorthodoxen angesichts der Kritik der Tierrechtler einsehen müssten, dass das Menschenwürde-Idiom ein auswechselbarer Jargon ist. Unter den Bedingungen eines solchen Dissenses kann sich das Menschenwürde-Idiom daher nur etablieren, wenn sich für die Neuorthodoxen mit der Idee der Menschenwürde das Bild verändert, das sie sich von der Epistemologie ihrer moralischen Weltanschauung machen. Und das wiederum ist nur möglich, wenn ihre moralische Perspektive durch die Idee der Menschenwürde so geprägt wird, dass sie die Herausforderung durch die Tierrechtler nicht mehr als Herausforderung wahrnehmen.

Die Erwartung, dass die Neuorthodoxen, konfrontiert mit der dritten Kritik, einsehen müssen, dass das Menschenwürde-Idiom ein austauschbarer Jargon ist, ist aber auch deshalb problematisch, weil sie auf einem fehlerhaften Schluss beruht. Sie entsteht, weil an der dritten Kritik deutlich wird, dass sich an der dialektischen Situation trotz der Ersetzung des Würde- durch das Menschenwürde-Idiom nichts geändert hat. Aufgrund dieser *richtigen* Beobachtung wird man leicht dazu gebracht, darauf zu schließen, dass der Übergang vom Würde- zum Menschenwürde-Idiom nur eine oberflächliche Veränderung der Sprechweise ist. Diese Schlussfolgerungen sind zwar naheliegend, aber trotzdem falsch. Die idiomatische Veränderung, die die Neuorthodoxen von den Altorthodoxen trennt, ist zwar in dem Sinne oberflächlich, dass sie das Problem der Rechtfertigung des moralischen Anthropozentrismus unverändert lässt. Sie ist aber *nicht* in dem Sinne oberflächlich, dass darin nur eine idiosynkratische Vorliebe für einen neuen Jargon zum Ausdruck kommt. Denn die Neuorthodoxen sprechen nicht nur anders, sondern *denken* auch anders als die Altorthodoxen.

Die Auffassung, dass die dritte Kritik den Neuorthodoxen selbst die Augen für die Oberflächlichkeit der idiomatischen Veränderung öffnen müsste, übersieht, dass mit dem Menschenwürde-Idiom eine echte *begriffliche* Neuerung verbunden ist. Und sie übersieht, dass diese Neuerung *perspektivenbildend* und nicht bloß die Erweiterung einer bereits bestehenden ethischen Auffassung ist. Die Neue Orthodoxie lässt sich angemessen nämlich nicht als eine um die Idee der Menschenwürde bloß erweiterte altorthodoxe Perspektive interpretieren. Diesen Fehler begehen die Kritiker der dritten Gruppe. Sie akzeptieren die beiden Prinzipien des neuorthodoxen Anthropozentrismus, glauben aber zugleich, den sich auf diese Prinzipien stützenden Anthropozentrismus auf eine Weise anfechten zu können, die die neuorthodoxen Denker genauso anerkennen werden, wie es die altorthodoxen getan haben. Sie unterstellen damit, dass die Ethik der Menschenwürde nur eine Erweiterung des altorthodoxen Anthropozentrismus ist. Dass sie damit falsch liegen, ist für die Etablierung des Menschenwürde-Idioms entscheidend. Das Neue an der Neuen Orthodoxie macht sich nämlich gerade daran bemerkbar, dass ihre Vertreter die Anfechtung durch die dritte Gruppe gar nicht als Anfechtung, sondern genauso als einen *Fehlschlag* wahrnehmen wie die von der zweiten Gruppe vorgebrachte Kritik. Die Letzteren verneinen zwar die Prinzipien, die die dritte Gruppe anerkennt. Die Reaktion der Neuen Orthodoxie ist jedoch in beiden Fällen die gleiche, da die Auffassung der dritten Gruppe impliziert, dass es für den moralischen Status von Tieren nicht relevant ist, dass sie keine Menschenwürde besitzen. Aus der Sicht der Neuen Orthodoxie zeigt das aber, dass auch die Vertreter der dritten Gruppe den Begriff der Menschenwürde nicht adäquat erfasst haben. Dass Tiere keine Menschenwürde haben, ist nämlich für die Neue Orthodoxie ein unmittelbar einleuchtendes Axiom, das die Möglichkeit ausschließt, tierliche Interessen könnten moralisch genauso zählen wie menschliche Interessen. Indem die Kritiker der dritten Gruppe (1) und (2) bejahen, zugleich aber mit (5) – der These, dass viele Tiere Würde haben – die moralische Sonderstellung des Menschen in Frage zu stellen versuchen, stellen sie nur unter Beweis, dass sie die neuorthodoxen Prinzipien missverstehen. Sie haben den Begriff der Menschenwürde noch nicht adäquat erfasst, und daher ist ihr Versuch, die Neue Orthodoxie anzufechten, ein Fehlschlag.

Das Modell der Etablierung des Menschenwürde-Idioms unter den Bedingungen eines moralischen Dissenses über den moralischen Status von Menschen und Tieren zeigt, wie die bloße Einübung des Menschenwürde-Idioms zu einer *Dogmatisierung* des moralischen Anthropozentrismus (MA) führt. Das geschieht dadurch, dass die Prägung des moralischen Denkens durch den Begriff der Menschenwürde die Empfänglichkeit für Gründe beeinträchtigt, die gegen den MA sprechen. So haben wir gesehen, dass die neuorthodoxen Denker auf Anfechtungen, die die altorthodoxen korrekt als Anfechtungen wahrgenommen haben, wie auf Kritiken reagieren, die gar nicht erst erfassen, was sie kritisieren. Auch die Herausforderung, zu zeigen, dass die statusverleihenden Eigenschaften unter den Lebewesen genau so verteilt sind, wie es der MA verlangt, wird von der Neuen Orthodoxie nicht mehr als Herausforderung wahrgenommen. Eine solche Demonstration zu verlangen, ist aus der Sicht der Neue Orthodoxie nämlich *ein Fehler*. Wer sie verlangt, bevor er die besondere moralische Stellung der Menschen anzuerkennen bereit ist, abstrahiert, so denken die Neuorthodoxen, in unzulässiger Weise von den unmittelbar einleuchtenden Axiomen der Verteilung der Menschenwürde und damit vom Faktum der besonderen Würdigkeit aller Menschen. Für die Neue Orthodoxie ist also die Idee der moralischen Sonderstellung der Menschen *grundlegend*: Die statusverleihenden Eigenschaften sind unter den Lebewesen im Sinne des MA verteilt, weil die Menschen – wie die Reflexion auf den Begriff der Menschenwürde zeigt (so glauben die Neuorthodoxen) – eine moralische Sonderstellung haben.[53]

Obwohl sich durch die Einführung des Menschenwürde-Idioms am epistemologischen Status des MA nichts geändert hat, haben die Anhänger der Neuen Orthodoxie epistemische Überzeugungen entwickelt, in deren Perspektive der MA weder einer Verteidigung

---

[53] Eine Verwandte im Geiste ist hier Cora Diamond mit ihren berühmt-berüchtigten Thesen über die Grundlagen der Ethik der Mensch/Mensch- und der Mensch/Tier-Beziehungen. So schreibt sie: »[Our having duties to human beings] is not a consequence of what human beings are, it is not justified by what human beings are. It is itself one of the things which go to build our notion of human beings. And so too – very much so – with the idea of the difference between human beings and animals. We learn what a human being is in – among other ways – sitting at a table where *we* eat *them*. We are around the table and they are on it.« – Diamond (2004) 98.

noch einer Rechtfertigung bedarf. Der Dissens über den MA erscheint aus ihrer Sicht nicht wie ein genuiner Dissens, sondern als eine Auseinandersetzung, die der Tatsache geschuldet ist, dass die Kritiker des MA die Neue Orthodoxie nicht adäquat verstehen. Durch diese Auffassung unterscheidet sich die Neue *grundlegend* von der Alten Orthodoxie. Da sie über die Frage der moralischen Stellung von Menschen und Tieren im Begriff der Würde und noch nicht im Begriff der Menschenwürde nachgedacht haben, haben die Vorgänger der Neuen Orthodoxie lernen können, den MA korrekt als eine substantielle These zu begreifen, die man adäquat verstehen und dennoch verneinen kann. Für diese Möglichkeit ist die Neue Orthodoxie unempfänglich geworden. Ihre Epistemologie entspricht der von *radikalen Fideisten*, die sich, wie Wittgenstein, davon überzeugt haben, dass der Glaube an Gott nicht verneint werden könne und folglich weder gerechtfertigt noch verteidigt werden muss.[54]

An dem modellhaften Szenario der Etablierung des Menschenwürde-Idioms unter den Bedingungen eines multilateralen Dissenses über den MA zeigt sich also, dass der Begriff der Menschenwürde die Quelle einer fideistischen Illusion ist. Er etabliert sich, *indem* er die Empfänglichkeit moralischer Denker für die epistemischen Anfechtungen des MA systematisch beschädigt und dadurch eine Disposition für einen radikal fideistischen Glauben an die moralische Sonderstellung der Menschen erzeugt. Dies zu bewerkstelligen gehört zu den Funktionen des Begriffs der Menschenwürde. Er dient dazu, über den problematischen Charakter des MA hinwegzutäuschen und die fideistische Illusion zu erzeugen, dass

---

[54] Wittgenstein behauptet tatsächlich, dass man den religiösen Glauben nicht verneinen könne. In seinen *Vorlesungen über den religiösen Glauben* sagt er unter anderem Folgendes: »Wenn man mich fragt, ob ich an das Jüngste Gericht glaube oder nicht, in dem Sinne, in dem religiöse Menschen daran glauben, dann würde ich nicht sagen »Nein, ich glaube nicht, daß es so etwas geben wird«. Es würde mir ganz verrückt vorkommen, das zu sagen. Und dann erkläre ich »Ich glaube nicht an ...«, aber dann glaubt der Religiöse niemals, was ich beschreibe. *Ich kann es nicht sagen. Ich kann ihm nicht widersprechen.*« Wittgenstein (1968), 90, Herv. A.L. Wittgenstein vertritt daher in Bezug auf den religiösen Glauben das, was ich als *radikalen* Fideismus bezeichne. Gewöhnliche Fideisten glauben nicht, dass der religiöse Glaube nicht verneint werden kann, sie glauben nur, dass dieser Glaube keiner Rechtfertigung bedarf.

der MA den Status einer zu Recht basalen ethischen Überzeugung hat. Der Begriff der Menschenwürde ist eine Quelle falschen moralischen Bewusstseins.

3.2 Die Methode der Konfusion von Bedeutung und Wahrheit

Im letzten Kapitel habe ich dafür argumentiert, dass der Begriff der Menschenwürde eine Quelle falschen Bewusstseins ist. Der leitende Gedanke meiner Argumentation war, dass sich das zeigen lässt, indem man darlegt, dass sich der Begriff der Menschenwürde nicht etablieren könnte, würde er nicht die Empfänglichkeit moralischer Denker für die epistemischen Anfechtungen des moralischen Anthropozentrismus systematisch beschädigen. Ausgehend von dieser Idee habe ich dann an einem modellhaften Szenario verdeutlicht, dass eine solche Korruption der Erkenntnis für die Etablierung des Menschenwürde-Idioms tatsächlich erforderlich ist. Der Begriff der Menschenwürde, hat sich dabei gezeigt, ist eine Quelle einer den moralischen Status von Menschen betreffenden fideistischen Illusion. In diesem Kapitel geht es mir nun darum zu untersuchen, *wie* diese Illusion zustande kommt, d.h. wie der Begriff der Menschenwürde es bewerkstelligt, diese Illusion zu erzeugen. Die Frage betrifft also die dem Begriff der Menschenwürde *inhärente* Methode der kognitiven Täuschung. Meine Antwort auf diese Frage ist, dass es sich dabei um die Methode der Konfusion von Bedeutung und Wahrheit handelt.

Um zu sehen, was mit einer Methode der Konfusion von Bedeutung und Wahrheit gemeint ist, betrachten wir zunächst einen anderen philosophischen Kontext. In seiner Diskussion des Theismus hat John Mackie anhand des Begriffs REMARSBEWOHNER zu verdeutlichen versucht, wie ontologische Argumente für die Existenz Gottes nicht funktionieren können:

> Wir kennen (...) schon den Begriff »Marsbewohner«, definiert als »ein intelligentes Wesen, das vom Planeten Mars stammt«. Dennoch bezweifeln wir aus guten Gründen die Existenz solcher Wesen. *Um solche Zweifel auszuräumen*, wollen wir den Begriff »Remarsbewohner« (als Kurzformel für »realer Marsbewohner«) so definieren, daß er die Existenz als Teil seiner Bedeutung einschließt und der andere

Teil das meint, was wir bereits unter »Marsbewohner« verstehen. In diesem Fall wäre der Satz »Der Remarsbewohner existiert nicht« in sich widersprüchlich, wir müssen ihn also verwerfen und dem Satz zustimmen »Der Remarsbewohner existiert« und daher folgern, daß es wenigstens ein intelligentes Wesen gibt, das vom Mars stammt.[55]

Der Begriff REMARSBEWOHNER ist entworfen, *um Zweifel an der Existenz von Marsbewohnern auszuräumen*. Er ist also unter anderem entworfen, um die epistemischen Überzeugungen über die Überzeugung, dass Marsbewohner existieren, zu manipulieren. Dieser Begriff wird die ihm zugedachte Rolle jedoch aller Voraussicht nach niemals spielen und niemals Eingang ins Denken der Leute finden, weil sein manipulativer Zweck allzu offensichtlich ist. Dass sich in einer Debatte über die Existenz von Marsbewohnern der Begriff des Remarsbewohners etablieren könnte, ist sehr schwer vorstellbar, da die an der Existenz von Marsbewohnern Zweifelnden unschwer erkennen würden, dass dieser Begriff dazu dient, ihre Zweifel auszuräumen. Aber nehmen wir einmal an, dieser Begriff *würde* Eingang ins Denken vieler Menschen finden. Wie würde sich das auf ihre Meinungen über die Existenz von Marsbewohnern auswirken? Diese Leute werden alleine aufgrund dieses Begriffs eine starke Tendenz haben, zu *glauben*, dass es Marsbewohner gibt. Das Urteil »Remarsbewohner existieren« ist schließlich eine Plattitüde, die von allen kompetenten Verwendern von »Remarsbewohner« anerkannt wird. Diese Plattitüde wird sie geneigt machen zu glauben, dass es intelligentes Leben auf dem Mars gibt, und damit auch geneigt machen zu glauben, dass es Marsbewohner gibt. Viele dieser Leute werden also zu glauben anfangen, dass es Marsbewohner gibt. Wenn das geschieht, sind sie von einer Plattitüde ihres Diskurses zu einem *falschen empirischen* Urteil gelangt.

Der Fehler, der ihnen dann unterläuft, besteht in einer Konfusion von *Bedeutung* und *Wahrheit*. Ob Marsbewohner existieren – ob es *wahr* ist, dass Marsbewohner existieren –, lässt sich nicht durch bloße Reflexion auf die Begriffe MARSBEWOHNER und EXISTENZ entscheiden. Denn unser Verständnis dieser Begriffe gibt uns keinen *Grund*, zu glauben (es für *wahr* zu halten), dass Marsbewohner existieren. Das liegt aber nicht an einer Besonderheit speziell dieser

---

[55] Mackie (1985) 70/1; Herv. A.L.

Begriffe. Wer die Aussage, dass Marsbewohner existieren, adäquat versteht, weiß vielmehr, dass es sich um eine Aussage handelt, die allein auf der Basis semantischen Wissens *weder* gewusst *noch* gerechtfertigt geglaubt werden kann.

Der Fehler, der den Verwendern des Begriffs REMARSBEWOHNER unterläuft, ist nun ein Fehler, den zu produzieren eine *untergeordnete Aufgabe* dieses Begriffs ist. Seine übergeordnete Aufgabe – seine Funktion oder das, wozu er entworfen wurde –, ist es, Zweifel an der Existenz von Marsbewohnern auszuräumen. Zweifel an der Existenz von Marsbewohnern, die daraus resultieren, dass es keine Anzeichen für intelligentes Leben auf dem Mars gibt, könnte ein Begriff aber nur ausräumen, wenn es ihm gelingt, die Frage nach der Existenz von Marsbewohnern als eine Frage nur des adäquaten Verständnisses, d. h. als eine Frage erscheinen zu lassen, die durch bloßes Nachdenken entschieden werden kann. Diesen trügerischen Schein kann er aber nur erzeugen, indem er seine Benutzer darüber hinwegtäuscht, dass »Marsbewohner existieren« eine Behauptung ist, die man adäquat verstehen und doch für falsch halten kann. Wir können daher sagen, dass die dem Begriff REMARSBEWOHNER *zugedachte* Methode die Methode der Konfusion von Bedeutung und Wahrheit ist. Diese Methode gehört zum Design dieses Begriffs und ist die ihm *inhärente* Methode zur Verwirklichung seines übergeordneten Zwecks, d. h. seiner Funktion, Zweifel an der Existenz von Marsbewohnern auszuräumen.

Den fundamentalen Fehler, den niemand in Bezug auf die Existenz von Marsbewohnern begehen würde, begehen Leute, wenn sie über Fragen, die sich auf die moralische Stellung von Menschen und Tieren beziehen, im Begriff der Menschenwürde nachdenken. Leute, die in diesem Begriff denken, tendieren dazu, zu glauben, dass es zwischen Menschen und Tieren (oder auch transhumanen Individuen) eine unüberbrückbare Kluft der moralischen Berücksichtigung gibt. Plattitüden des Menschenwürde-Diskurses, die lediglich die Idee der Menschenwürde artikulieren, machen sie geneigt, den moralischen Anthropozentrismus für wahr zu halten. So wie die hypothetischen Benutzer des Begriffs REMARSBEWOHNER den Fehler begehen, von der Plattitüde »Remarsbewohner existieren« zu dem *synthetischen* empirischen Urteil überzugehen, dass Marsbewohner existieren, begehen Teilnehmer am Menschenwürde-Diskurs den Fehler, *synthetische* Urteile über den moralischen Status von Menschen und nicht-Menschen als Implikationen von Plattitüden wie »Alle Menschen haben Menschenwürde« und »Tiere haben keine Menschenwürde« anzusehen. Sie verkennen damit, dass uns bloße Artikulationen des *Begriffs* der Menschenwürde keinen Grund geben können, zu glauben, dass es zwischen Menschen und Tieren eine unüberbrückbare Kluft der moralischen Berücksichtigung gibt. Um diese Verwechselung noch deutlicher zu sehen, betrachten wir zunächst den Begriff:

(1) MENSCHENSPEZIFISCHE EIGENSCHAFT

Menschenspezifisch ist eine Eigenschaft F genau dann, wenn einige Menschen F sind und kein nicht-Mensch F ist. Ob es menschenspezifische Eigenschaften (in einem informativen Sinne) gibt,[56] ist eine Frage, die durch die Definition des Begriffs einer menschenspezifischen Eigenschaft offensichtlich nicht beantwortet werden kann. Auch wenn wir diesen Begriff adäquat verstehen, ist es, relativ zu unserem Begriffsverständnis, epistemisch möglich, dass es keine menschenspezifische Eigenschaft gibt. Das heißt, für keine Eigenschaft F, die irgendein Mensch besitzt, wird durch das Verständnis des Begriffs einer menschenspezifischen Eigenschaft ausgeschlossen, dass es irgendetwas Nicht-Menschliches gibt, das F ist. Was für den Begriff der menschenspezifischen Eigenschaft gilt, gilt dann aber auch für komplexere Begriffe, die den Begriff der menschenspezifischen Eigenschaft enthalten wie zum Beispiel:

(2) ANGEBORENE MENSCHENSPEZIFISCHE EIGENSCHAFT

Auch diesen Begriff kann man adäquat verstehen, ohne irgendeine Meinung darüber zu haben, ob es menschenspezifische Eigenschaften gibt, die zudem noch angeboren sind. Denn wenn man schon

---

[56] Die Eigenschaft, ein Mensch zu sein, erfüllt den Begriff der menschenspezifischen Eigenschaft in einem trivialen Sinne. Um der Lesbarkeit willen möchte ich aber darauf verzichten, diesen uninteressanten Fall immer mitzubedenken und ausdrücklich auszuschließen. Gleiches soll für andere uninteressante Fälle gelten wie zum Beispiel die Eigenschaft, mit einem Menschen identisch zu sein. Es soll also immer um informative und interessante Fälle von menschen-spezifischen Eigenschaften gehen.

aufgrund des bloßen Begriffsverständnisses nicht wissen kann, ob es menschenspezifische Eigenschaften gibt, kann man durch bloßes Begriffsverständnis erst recht nicht wissen, ob es menschenspezifische Eigenschaften gibt, die noch die weitere Bedingung erfüllen, angeboren zu sein. Entsprechendes gilt dann auch von noch komplexeren Begriffen als (2), die (2) als Bestandteil enthalten, wie zum Beispiel:

(3) ANGEBORENE UND UNVERLIERBARE MENSCHENSPEZIFISCHE EIGENSCHAFT

Wenn aber auch ein adäquates Verständnis der Begriffe (1) – (3) niemandem irgendeinen Grund gibt zu glauben, dass diese Begriffe nicht leer sind, muss das auch für folgenden Begriff gelten:

(4) ANGEBORENE UND UNVERLIERBARE MENSCHENSPEZIFISCHE EIGENSCHAFT, DIE ALLE MENSCHEN BESITZEN

Unsere Unwissenheit in Bezug auf die Frage, ob es menschenspezifische Eigenschaften gibt, die angeboren und unverlierbar sind, können wir nicht dadurch überwinden, dass wir über den Gehalt von (4) reflektieren. So können wir, ausgehend von unserem Ausgangsbegriff einer menschenspezifischen Eigenschaft, beliebig komplexere Begriffe oder Prädikate konstruieren, ohne jemals unsere Unwissenheit über die Existenz menschenspezifischer Eigenschaften in Wissen verwandeln zu können.

Was für die gerade betrachteten Begriffe gilt, gilt nun aber auch für Begriffe wie:

(5) MENSCHENSPEZIFISCHER MORALISCHER STATUS

Ein menschenspezifischer moralischer Status ist ein moralischer Status, den einige Menschen haben und den kein nicht-Mensch hat. Vielleicht gibt es einen menschenspezifischen moralischen Status. Durch die bloße Betrachtung des Begriffs eines solchen können wir das aber nicht wissen.[57] Und diese Unwissenheit können wir nicht dadurch überwinden, dass wir über den anspruchsvolleren Begriff eines *angeborenen* menschenspezifischen moralischen Sta-

[57] Im Unterschied zum Begriff der menschenspezifischen Eigenschaft hat der Begriff eines menschenspezifischen moralischen Status nicht einmal eine triviale Erfüllung. Vgl. S. 184, Fn 56.

tus reflektieren, und auch nicht dadurch, dass wir über den Begriff eines menschenspezifischen moralischen Status reflektieren, der angeboren und zudem noch *unverlierbar* ist. Und so wenig, wie uns (4) dabei hilft, herauszufinden, ob es angeborene und unverlierbare menschenspezifische Eigenschaften gibt, hilft uns der Begriff

(5) ANGEBORENER UND UNVERLIERBARER MENSCHENSPEZIFISCHER MORALISCHER STATUS; DEN ALLE MENSCHEN BESITZEN

bei der Frage, ob alle Menschen einen ihnen angeborenen moralischen Status haben, den sie nicht verlieren können. Aus dem Verständnis von (5) erwächst nicht der geringste Grund, an so etwas zu glauben. Das Gleiche, und das ist jetzt keine Überraschung mehr, gilt auch für den Begriff:

(6) UNVERLIERBARE ABSOLUTE MORALISCHE VORRANGIGKEIT ALLER MENSCHEN VOR ALLEN TIEREN

Wem das nicht ins Auge springt, betrachte diesen Begriff:

(7) UNVERLIERBARE ABSOLUTE MORALISCHE VORRANGIGKEIT ALLER MÄNNER VOR ALLEN FRAUEN

Niemand, der dieses Buch liest, wird denken, dass man dann, wenn man (7) adäquat versteht, dadurch auch einen *Grund* hat, zu *glauben*, dass es eine unüberbrückbare moralische Kluft zwischen Männern und Frauen gibt. Was uns hilft, das zu sehen, ist unsere moralische Überzeugung, dass Frauen *nicht* weniger zählen als Männer. Weil wir das glauben, springt es uns unmittelbar in die Augen, dass die Einführung von (7) in einen moralischen Diskurs an der *substantiellen* Frage der Gleichheit von Männern und Frauen nichts ändert.[58] Dass es sich hier um eine substantielle ethische Frage und

---

[58] Unter »substantielle moralische Frage« verstehe ich Fragen nach der Wahrheit moralischer Urteile, die nicht auf der Basis bloß ihres Verständnisses gewusst oder gerechtfertigt geglaubt werden können. Eine Frage kann daher substantiell sein, auch wenn die Antwort auf sie nicht kontrovers ist. So ist die Überzeugung von der moralischen Gleichheit von Männern und Frauen in unserer Gesellschaft weitgehend unkontrovers. Aber dennoch handelt es sich dabei um eine substantielle moralische Überzeugung. Entsprechend ist die Frage, ob Männer und Frauen moralisch Gleiche sind, zwar weitgehend unkontrovers (in unserer Gesellschaft), aber dennoch substantiell.

nicht etwa um eine begriffliche Frage – oder gar nur um eine Frage der linguistischen Stipulation – handelt, wird deutlich, wenn wir uns vorstellen, jemand wollte unsere egalitäre Überzeugung durch die Einführung von (7) zu unterminieren versuchen. Wir würden das zu Recht für genauso albern halten wie den Versuch, uns durch die Einführung des Begriffs REMARSBEWOHNER von der Existenz von Marsbewohnern zu überzeugen.

Dass sich aus dem Verstehen des Begriffs einer absoluten moralischen Vorrangigkeit aller Männer vor allen Frauen kein Grund ergibt, zu glauben, dass Frauen weniger zählen als Männer, ist eine *notwendige* Wahrheit. Daran, dass ein solcher Inegalitarismus unmöglich auf der Basis eines Begriffsverständnisses gerechtfertigt sein kann, ändert sich folglich auch nichts durch die Einführung eines Männerwürde-Idioms:

(8) »Männerwürde« = df. die männerspezifische Würde, die alle Männer gleichermaßen besitzen

Dennoch können wir uns eine Gesellschaft vorstellen, in der sich das Männerwürde-Idiom etabliert und deren moralisches Denken in der Folge davon vom Begriff MÄNNERWÜRDE bestimmt wird. In dieser inegalitären Gesellschaft wird der behauptete Vorrang der Männer auf der Basis von Plattitüden gerechtfertigt, die das Verständnis des Begriffs der Männerwürde artikulieren. Diese Leute begehen einen fundamentalen Fehler. Sie halten für wahr, was unmöglich wahr sein kann: dass die Idee der Männerwürde als solche für die Wahrheit eines Inegalitarismus der Geschlechter spricht.

Nicht anders verhält es sich aber mit dem Begriff MENSCHENWÜRDE. So wie uns (5) – der Begriff eines angeborenen und unverlierbaren menschenspezifischen moralischen Status, den alle Menschen besitzen – keinen Grund geben kann, zu glauben, dass es einen menschenspezifischen moralischen Status dieser Art gibt, gibt uns auch der Begriff MENSCHENWÜRDE keinen Grund, das zu glauben. Und so wie uns (6) – der Begriff der absoluten moralischen Vorrangigkeit aller Menschen vor allen Tieren – keinen Grund geben kann, zu glauben, dass es wirklich so ist, dass es eine unüberbrückbare moralische Kluft zwischen Menschen und Tieren gibt, kann uns auch der Begriff MENSCHENWÜRDE keinen Grund geben, dies zu glauben. Dennoch erscheint es den Anhängern der

Neuen Orthodoxie so, als müsste man den Begriff der Menschenwürde nur adäquat verstehen, um einzusehen, dass Menschen eine moralische Sonderstellung einnehmen. Ihnen erscheint damit als wahr, was *unmöglich* wahr sein kann: dass die Idee der Menschenwürde als solche die Überzeugung von der moralischen Sonderstellung der Menschen rechtfertigt. Dieser Illusion können die neuorthodoxen Denker nur erliegen, weil sie, wenn sie über den moralischen Status von Menschen nachdenken, kein klares Bewusstsein des Unterschieds zwischen Bedeutung und Wahrheit mehr haben. Wäre ihnen dieses Bewusstsein nicht verloren gegangen, wäre ihnen klar gewesen, dass das Problem der Rechtfertigung des moralischen Anthropozentrismus durch die Einführung des Menschenwürde-Idioms nicht verschwindet. Sie hätten dann die Anfechtungen ihrer Position als Anfechtungen und den moralischen Anthropozentrismus als eine Auffassung wahrgenommen, die der Verteidigung und der Rechtfertigung bedarf. Die vom Begriff der Menschenwürde provozierte fideistische Illusion ist also das Resultat einer durch ihn selbst erzeugten Konfusion von Wahrheit und Bedeutung. Durch diese Konfusion realisiert er seine Funktion, Zweifel am moralischen Anthropozentrismus auszuräumen.

3.3 *Pseudo-Rationalität*

Wenn der Begriff der Menschenwürde die Quelle einer fideistischen Täuschung ist, sollten wir nicht nur, wie im letzten Kapitel, fragen, wie er diese Täuschung hervorbringt, sondern auch fragen, wie sich dieser Zustand falschen Bewusstseins *manifestiert*. Im gegenwärtigen Kapitel betrachte ich zunächst die *unspezifische* Frage, worin sich falsches Bewusstsein im Allgemeinen manifestiert. Im nächsten Kapitel versuche ich dann anhand detaillierter Einzelanalysen darzulegen, wie sich die speziell vom Begriff der Menschenwürde hervorgebrachte Täuschung im philosophischen Diskurs der Ethik der Menschenwürde manifestiert.

Die Antwort auf die unspezifische Frage lautet: Die charakteristische Manifestation falschen Bewusstseins ist nicht etwa ein Zusammenbruch von Rationalität, sondern *Pseudo-Rationalität*. Im Zustand falschen Bewusstseins scheinen die Meinungsbildung und das Urteil einer Person rationaler Kontrolle zu unterliegen, ohne es wirklich zu sein. Bei einem Zusammenbruch von Rationalität entsteht dagegen nicht einmal der Schein rationaler Kontrolle. Der Schein rationaler Kontrolle entsteht, wenn sich Personen rationaler Methoden in einer nur nachahmenden, d. h. *mimikryhaften* Weise bedienen, was genau dann der Fall ist, wenn ihr Gebrauch dieser Methoden im Dienste wahrheitsfremder Zwecke steht.

Dass die Meinungsbildung unter Bedingungen falschen Bewusstseins pseudo-rational ist, täuscht darüber hinweg, dass sie nicht wahrheitsorientiert ist. Daher sind die Manifestationen falschen Bewusstseins, anders als die eines Zusammenbruchs von Rationalität, oft nicht ohne eine besondere Untersuchung als solche erkennbar. Das erklärt, warum nicht nur die defekten Diskurse von Unaufgeklärten, sondern auch die zwischen Unaufgeklärten und nicht-Aufgeklärten existieren. Die nicht-Aufgeklärten lassen sich von der Pseudo-Rationalität der Unaufgeklärten täuschen, glauben von den Unaufgeklärten, dass diese für epistemische Gründe in der richtigen Weise empfänglich sind und halten für Ausprägungen rationaler, wenn auch fehleranfälliger Meinungsbildung, was in Wirklichkeit nur eine Mimikry epistemischer Rationalität ist.[59]

Ihr rationaler Schein unterscheidet Äußerungen falschen Bewusstseins von typischem *bullshit*. Wenn wir Frankfurts Analyse folgen, ist der charakteristische Zug des *bullshitters* der einer gänzlichen Unbesorgtheit um die Wahrheit seiner Behauptungen.[60] Wem es jedoch gleichgültig ist, ob seine Behauptungen wahr sind, dem ist es auch gleichgültig, ob er überhaupt irgendwelche Gründe für sie hat, und es ist ihm egal, ob seine Behauptungen Anfechtungen unterliegen. Es ist ihm egal, ob die Dinge, die er zugunsten seiner Behauptung anführt, echte Gründe sind und für die Wahrheit seiner Behauptungen sprechen. Und es ist ihm egal, ob die Behauptungen, die er aufstellt, untereinander kohärent und konsistent sind. Typisches *bullshitting* ist daher nicht pseudo-rational, und es bedarf in der Regel keiner besonderen Aufmerksamkeit, um es als solches zu erkennen. Zur Gewohnheit geworden, führt es zu einer Zerrüttung

---

[59] Diese Mimikry zu entlarven ist Aufgabe dessen, was ich als *aufklärerische Analyse* bezeichne. Im nächsten Kapitel gebe ich Beispiele für solche Analysen.
[60] Vgl. Frankfurt (2007b) 132.

des Denkens, die auf einen Zusammenbruch epistemischer Rationalität hindeutet.[61]

Warum die für typisches *bullshitting* charakteristische *Zügellosigkeit* der Urteilsbildung für Manifestationen falschen Bewusstseins nicht charakteristisch ist, erklärt sich daraus, dass die Quellen falschen Bewusstseins die Meinungsbildung einer Person durch eine Manipulation der Empfänglichkeit für epistemische Gründe und nicht durch eine Manipulation der Einstellung der Person zur Wahrheit korrumpiert. Die Gleichgültigkeit gegen die Wahrheit, die dem Hang zum *bullshitting* zugrunde liegt, ist daher kein Merkmal falschen Bewusstseins.[62] [63]

Obwohl es nicht zügellos ist, zeichnet sich das Denken auch solcher Personen, denen an der Wahrheit liegt, unter den Bedingungen falschen Bewusstseins durch eine für pseudo-rationales Denken charakteristische epistemische Leichtfertigkeit aus. Epistemische Leichtfertigkeit ist die Tendenz zu einem epistemisch verantwortungslosen Umgang mit Evidenzen, wobei das im weitesten Sinne verstanden werden soll. Epistemisch leichtfertig sind wir nicht nur, wenn wir unsere Urteile auf eine notorisch unzuverlässige Quelle stützen, sondern zum Beispiel auch dann, wenn wir uns auf Argumente stützen, deren Unschlüssigkeit leicht entdeckbar ist, wenn wir Gründe ignorieren, die gegen unsere Meinung sprechen oder wenn wir epistemische Doppelstandards verwenden.[64] Epistemische

---

[61] Obwohl Frankfurt *bullshitting* primär als ein Phänomen auf der Ebene von Behauptungen thematisiert, bemerkt er, dass es, wenn es zur Gewohnheit wird, einen korrumpierenden Effekt auch auf die Meinungsbildung einer Person hat: »Through excessive indulgence in the latter activity [i.e. bullshitting], which involves making assertions without paying attention to anything except what it suits one to say, a person's normal habit of attending to the ways things are become attenuated or lost.« – ebd.

[62] Daher sind, anders als bei Kant, die Unaufgeklärten nach der hier vertretenen Theorie nicht zwingend Personen, die die Wahrheit nicht wertschätzen.

[63] Daraus folgt nicht, dass Manifestationen falschen Bewusstseins nicht mit Manifestationen einer mangelnden Wertschätzung der Wahrheit zusammen auftreten könnten. Auf einer überindividuellen Ebene ist es sogar plausibel, dass eine Kultur der Pseudo-Rationalität auch eine Gleichgültigkeit gegen die Wahrheit befördert und dass eine gewisse Leichtfertigkeit in Bezug auf epistemische Werte auch eine Kultur der Pseudo-Rationalität unterstützt.

[64] Epistemische Leichtfertigkeit ist also nicht dasselbe wie Leichtgläubigkeit. Diese ist nur eine Quelle der Leichtfertigkeit. Eine andere Quelle ist Starrsin-

Leichtfertigkeit muss nun nicht die Folge einer Gleichgültigkeit gegen die Wahrheit, sondern kann auch die Folge einer Täuschung sein, durch die die Empfänglichkeit für epistemische Gründe beeinträchtigt wird. Sie tritt dann, wie im Falle falschen Bewusstseins, als ein strukturelles Merkmal pseudo-rationalen Denkens auf. Pseudo-rationales Denken ist also als solches durch die Tendenz zu einem epistemisch verantwortungslosen Umgang mit Evidenzen ausgezeichnet.

Zusammengefasst ergibt sich damit bisher die folgende Auffassung: Falsches Bewusstsein manifestiert sich in pseudo-rationalem Denken, wobei sich pseudo-rationales Denken, weil es nicht wahrheitsorientiert ist, durch die Tendenz zu einem unverantwortlichen Umgang mit Evidenzen, d. h. durch epistemische Leichtfertigkeit auszeichnet. Die Leichtfertigkeit pseudo-rationalen Denkens ist jedoch nicht die Folge einer Gleichgültigkeit gegen die Wahrheit, sondern einer dem falschen Bewusstsein inhärenten epistemischen Täuschung.

Was uns jetzt noch fehlt, ist eine genauere Vorstellung davon, *wie* die Mimikry rationalen Denkens bewerkstelligt wird. Um das zu verstehen, müssen wir vor allem einen Begriff davon haben, an welchem Ziel sich das Denken unter den Bedingungen falschen Bewusstseins orientiert. Klar ist, dass falsches Bewusstsein rationale Kapazitäten und Methoden in den Dienst eines *nicht-epistemischen Ziels* stellt. Die Frage ist jedoch, wie das möglich ist, ohne dass das daraus resultierende Denken wahrheitsorientiertem Denken so unähnlich wird, dass es, wie exzessives Wunschdenken, kaum noch mit einem Schein von Rationalität versehen ist. Die Antwort hat wesentlich damit zu tun, dass das Denken im Kontext falschen Bewusstseins durch eine übergeordnete *fideistische* Voreingenommenheit für einen Glauben – in unserem Fall also für den moralischen Anthropozentrismus (MA) – angeleitet wird. So angeleitet, dient es objektiv nicht der Ermittlung der Wahrheit oder der epistemisch besten Sicht der Dinge, sondern allein der Aufrechterhal-

nigkeit. Wenn wir in Bezug auf *p* leichtgläubig sind, tendieren wir dazu, als gute Gründe für *p* anzusehen, was keine guten Gründe für *p* sind; wenn wir in Bezug auf *p* starrsinnig sind, tendieren wir dazu, nicht als gute Gründe gegen *p* anzusehen, was gute Gründe gegen *p* sind. Wir sind daher leichtfertig, sowohl wenn wir uns leichtgläubig als auch wenn wir uns starrsinnig verhalten.

tung eines Glaubens oder vielmehr *der Anhängerschaft* an ihn. Die Funktion dieses Denkens ist also die Bewahrung der Robustheit der eigenen Glaubenseinstellung als solcher. Aus der fideistisch voreingenommenen Perspektive des falschen Bewusstseins betrachtet, sind seine Auseinandersetzungen mit gegnerischen Auffassungen jedoch gerade der Wahrheit verpflichtet. Und daher ist fideistisch voreingenommenes Denken pseudo-rational. Eine Mimikry rationalen Denkens, könnte man auch sagen, entsteht immer dort, wo sich, kraft einer Täuschung, Dogmatiker als kritische Denker missverstehen.

Um zufriedenstellend zu sein, muss diese Erklärung aber vielleicht noch mit einer Antwort auf die Frage ergänzt werden, warum sich fideistisch voreingenommene Denker überhaupt mit Auffassungen auseinandersetzen sollten, die verneinen, wofür sie fideistisch voreingenommen sind. Warum also ist falsches Bewusstsein nicht intellektuell selbstgenügsam? Natürlich, könnte man einräumen, bedeutet einer fideistischen Täuschung zu unterliegen für die betroffenen Denker nicht, dass sie nicht mehr fähig sind, zu erfassen, dass die Kritiker des MA Gründe für ihre Kritik zu haben *glauben*. Sie sind sich aber der Falschheit des MA nicht mehr in adäquater Weise als einer genuinen epistemischen Möglichkeit bewusst. Was auch immer ihre Opponenten als Gründe gegen den MA anführen, betrachten die vom Begriff der Menschenwürde Getäuschten nicht als Anfechtungen, die geeignet sind, den MA in Frage zu stellen. Sie betrachten sie stattdessen so, als seien es nur *sophistische Irreführungen, die von der Wahrheit ablenken*. Und warum sollte man sich mit Argumenten auseinandersetzen, von denen man überzeugt ist, dass sie sophistisch sind und nur dazu dienen, von der Wahrheit abzulenken? Warum also ist falsches Bewusstsein nicht intellektuell selbstgenügsam?

Die Antwort scheint hier die sein zu müssen, dass ein fideistischer Dogmatiker, auch wenn er am MA nicht zweifelt, durch dissentierende Auffassungen, für die ihre Anhänger, wie er weiß, gute Gründe zu haben glauben, verunsichert wird. Diese Verunsicherung betrifft nicht so sehr die Glaubwürdigkeit der Auffassung, für die er fideistisch voreingenommen ist. Sie ist eher eine Verunsicherung über die Stabilität und Dauerhaftigkeit der Glaubenseinstellung, d. h. der Anhängerschaft an den MA. Denn Argumente, die als von der Wahrheit ablenkende Sophismen angesehen werden, erscheinen zwar einerseits als wertlos. Sie werden aber andererseits auch als *Verführungen zum Zweifel* wahrgenommen.[65] Sie präsentieren sich daher auch dem fideistisch Voreingenommenen als Gefahren – als Gefahren nämlich für die Anhängerschaft an den MA. Der fideistisch voreingenommene Dogmatiker hegt also zwar keinen Zweifel an seiner Auffassung; er ist sich aber nicht sicher, niemals in Zweifel geraten zu können. Daher setzt er sich mit Argumenten auseinander, von deren epistemischer Wertlosigkeit er überzeugt ist.

Aber wenn es nur die unbestimmte Gefahr der Abtrünnigkeit ist, gegen die sich der Dogmatiker wappnen will – warum ist sein intellektuelles Engagement dann nicht abstrakt und minimalistisch? Warum zum Beispiel sollten sich fideistisch voreingenommene Anhänger des MA mit *besonderen* Auffassungen ihrer Kritiker auseinandersetzen, anstatt sich durch eine Betrachtung der Idee der menschlichen Würde vor Augen zu führen, dass alle Verneinungen der moralischen Gleichheit der Menschen grundlos und falsch sein müssen. Für die Bewahrung seiner Glaubensstärke scheint ein derart minimales intellektuelles Engagement hinreichend zu sein. Falsches Bewusstsein mag also zwar nicht selbstgenügsam sein. Aber warum sollten wir erwarten, dass sich falsches Bewusstsein darüberhinaus auch in detaillierteren intellektuellen Auseinandersetzungen zeigt?

Die Antwort darauf ist, dass wertlose Argumente von unterschiedlicher Überredungskraft sein können. Argumente können also epistemisch gleichermaßen wertlos und doch, weil ihre Überredungskraft unterschiedlich groß ist, mehr oder weniger verführerisch sein. Dabei ist die Überredungskraft eines wertlosen Arguments davon abhängig, wie schwer seine Unschlüssigkeit zu entdecken ist. So hat Kant dem von ihm als Paralogismus der ratio-

---

[65] Argumente zugleich als wertlos und als Gefahrenquelle zu sehen, ist ein Phänomen, das in der philosophischen Literatur mit einiger Regelmäßigkeit in Diskussionen von revisionären, vom gerade herrschenden Common-Sense abweichenden moralischen Auffassungen zu beobachten ist. Gute Beispiele sind hier die Verteidigung des Speziesismus in Cohen (1986) und die Zurückweisung einer individuellen Verpflichtung zur Bekämpfung absoluter Armut in Kekes (2002).

nalen Psychologie abgelehnten Argument aus der Unmöglichkeit zusammengesetzter denkender Substanzen eine bedeutende Überredungskraft zugesprochen, wenn er schreibt:

> [Dieser Schluß ist] nicht etwa bloß ein sophistisches Spiel, welches ein Dogmatiker erkünstelt, um seinen Behauptungen einen flüchtigen Schein zu geben, sondern ein Schluß, der sogar die schärfste Prüfung und die größte Bedenklichkeit des Nachforschens auszuhalten scheint.[66]

Nach Kants Auffassung handelt es sich bei diesem Argument also um ein *verführerisches* Argument, d. h. um ein Argument, das zwar unschlüssig und epistemisch wertlos, aber dennoch von großer Überredungskraft ist. Seiner intellektuellen Verführung kann man zuverlässig nur entgehen, wenn man es genau untersucht und sich bewusst macht, wo sein Fehler liegt. Argumente dagegen, deren Wertlosigkeit jeder durchschnittlich Begabte leicht erkennen kann, mangelt es an Überredungskraft, weshalb sie keine Verführungen darstellen.[67]

Dass fideistisch voreingenommene Dogmatiker nicht in der richtigen Weise für Gründe empfänglich sind, die auf die Falschheit ihrer Auffassung hindeuten, bedeutet nun nicht, dass ihnen jede gegnerische Position und jedes kritische Argument als gleichermaßen belanglos erscheinen würde. So kann ein religiöser Fideist durchaus davon überzeugt sein, dass alle atheistischen Argumente gleichermaßen wertlos sind, und zugleich glauben, dass einige atheistische Argumente echte Verführungen darstellen, während andere nicht die geringste Überredungskraft haben. Und genauso kann ein für den MA fideistisch voreingenommener Denker überzeugt sein, dass alle Einwände gegen die moralische Gleichheit der Menschen Fehlschläge sind, und zugleich glauben, dass von einigen dieser Einwände eine Verführung zu einer nicht-egalitaristischen Ethik ausgeht, während andere so gut wie keine Überredungskraft haben. Auch von der Idee der Menschenwürde geleitete Denker können

---

[66] Kant (1982/1781), A 351
[67] Was für Argumente gilt, gilt auch für Gedankenexperimente. Auch imaginierte Szenarien, die eine Theorie nicht falsifizieren und insofern als Gegenbeispiele scheitern, können uns, weil sie eine große Überredungskraft haben, dazu verführen, eine Theorie für falsch zu halten.

zum Beispiel erkennen, dass es, was ihre Überredungskraft betrifft, einen *deutlichen* Unterschied gibt zwischen: (a) Reiche Menschen zählen, weil sie reich sind, mehr als arme Menschen; und: (b) Die tugendhaften zählen, weil sie tugendhaft sind, mehr als die lasterhaften Menschen. Während (a) albern ist, hat (b) eine nicht unerhebliche Überredungskraft und sollte daher in den Augen eines Anhängers der Idee der Menschenwürde als ein verführerischer Appell des inegalitären Denkens aufgefasst werden.[68]

Es gibt daher keinen Grund zu vermuten, dass das intellektuelle Engagement falschen Bewusstseins minimalistisch sein müsste. Einwände gegen den MA sind für den fideistisch Voreingenommenen Anlässe zur intellektuellen Auseinandersetzung, wenn sie, aus seiner Perspektive, von der Wahrheit ablenkende Verführungen zum Zweifel sind. Dieses intellektuelle Engagement ist objektiv nicht wahrheitsorientiert, sondern dient dem nicht-epistemischen Ziel, das moralische Denken gegen die Gefahr der Abtrünnigkeit zu wappnen. Dem falschen Bewusstsein selbst erscheint seine Auseinandersetzung dagegen als eine Untersuchung, die die epistemische Wertlosigkeit dissentierender Auffassungen *in concreto* unter Beweis stellt. Diese Inkongruenz erklärt beides: warum sich falsches Bewusstsein in pseudo-rationalem Denken manifestiert und warum pseudo-rationales Denkens epistemisch leichtfertig ist, d. h. die Tendenz zu einem unverantwortlichen Umgang mit Evidenzen aufweist.

Bevor ich im nächsten Kapitel an einigen exemplarischen Fällen die Pseudo-Rationalität der Ethik der Menschenwürde aufzuzeigen versuche, möchte ich die Leichtfertigkeit pseudo-rationalen Denkens an einem Beispiel aus dem Kontext rassistischen Denkens illustrieren. Das Beispiel entstammt William Styrons Roman *The Confessions of Nat Turner*. Nat Turner ist der Initiator und Anfüh-

---

[68] (b) scheint unter anderem von der Auffassung impliziert zu werden, dass es moralische Gründe gibt, eine Welt, in der die Tugendhaften glücklicher als die Lasterhaften sind, einer Welt, in der die Lasterhaften glücklicher als die Tugendhaften sind, vorzuziehen. Denn mit einer solchen Auffassung legen wir uns darauf fest, dass das Glück der Tugendhaften mehr zählt als das Glück der Lasterhaften. Während der klassische Utilitarismus das bestreitet, hat Feldman (1995) versucht, diese Vorstellung in einer konsequentialistischen Ethik umzusetzen, bei der Glück in Abhängigkeit davon, ob es verdient ist, unterschiedlich gewichtet wird.

rer des erfolglosen Sklavenaufstandes, der sich 1831 in Virginia ereignet hat. In einer bedeutenden Szene des Romans steht Turner vor Gericht und hört mit an, wie sich sein Anwalt Gray, ein Rassist durch und durch, anstatt ihn zu verteidigen, zu einer Verteidigung der Sklaverei hinreißen lässt. Ein zentraler Punkt dieser Verteidigung ist eine Argumentation für die Dauerhaftigkeit der Institution der Sklaverei und die Aussichtslosigkeit aller Sklavenaufstände:

> (...) your Honors, I will endeavor to make it plain that all such rebellions are not only likely to be exceedingly rare in occurence but are ultimately doomed to failure, and this as a result of the basic weakness and inferiority, the moral deficiency of the negro character.[69]

Mit diesen seine Beweisführung einleitenden Sätzen kündigt Gray nicht bloß an, worauf er seine für die weiße Gesellschaft beruhigend günstige Prognose über die Zukunft der Sklavenaufstände stützen möchte. Gray appelliert hier vielmehr an die unter seinen Zuhörern unkontroverse, für ihre hierarchische Weltanschauung konstitutive und grundlegende Überzeugung, dass es eine unverrückbare natürliche, auf Unterschiede in ihrem Wesen basierende Rangordnung unter den Menschen gibt. Seine Prognose erscheint dadurch nicht als eine induktiv gestützte Voraussage, sondern als eine zwingende deduktive Schlussfolgerung aus einer grundlegenden Überzeugung, die keiner Überprüfung bedarf. Die Beweisführung, wird schon hier deutlich, dient weder dem Ziel der richtigen Erklärung des vergangenen Ereignisses noch dem der akkuraten Voraussage der zukünftigen Entwicklung. Das Ziel ist es alleine, jede Art von Verunsicherung und Zweifel, die sich im Gefolge des Aufstandes in der weißen Bevölkerung eingeschlichen haben oder noch einschleichen könnten, einzudämmen und zu verhindern. Dieses nicht-epistemische Ziel vor Augen, antizipiert Gray, dass der von Nat Turner angeführte Aufstand nicht nur materielle Unsicherheitsgefühle und Ängste vor Wohlstandsverlust auslöst, sondern auch die Festigkeit und Solidität der Sklavenhalterideologie zu gefährden droht. Der Aufstand bedroht nämlich das Bewusstsein der moralischen Rechtmäßigkeit der Sklaverei, da er, so empfindet es Gray, leicht als ein Ereignis missverstanden werden könnte, das den Mut und die Tapferkeit der Aufständischen unter Beweis stellt, und zwar

[69] Styron (2004/1966) 83/4.

einen moralischen Mut, das eigene Leben im Kampf gegen Ungerechtigkeit und Benachteiligung dranzusetzen. Die von dem Aufstand ausgehende ideologische Gefahr vorwegnehmend, versucht Gray zu zeigen, dass die Fakten über den Aufstand tatsächlich ein ganz anderes Bild unterstützen und nicht etwa die Unrechtmäßigkeit, sondern, ganz im Gegenteil, die moralische Rechtmäßigkeit der Sklaverei beweisen:

(...) logic and naked fact compel us to admit that this insurrection has caused us to rearrange, at least provisionally, some of our traditional notions about Negro cowardice. For certainly, whatever the deficiencies of the Negro character – and they are many, varied, and grave – this uprising has proved beyond any captious argument that the ordinary Negro slave (...) will leap to his master's defense and fight as bravely as any man, *and by so doing give proud evidence of the benevolence of a system so ignorantly decried by the Quakers and other such moralistically dishonest detractors.* (...) So much for Northern ignorance.[70]

Aber was ist mit der Tapferkeit von Nat Turner und der Tapferkeit der anderen Aufständischen? Dieser seinen Beweis für die Rechtmäßigkeit der Sklaverei grundsätzlich in Zweifel ziehenden Frage begegnet Gray, indem er zunächst die Vorstellung von Nat Turner als eines tapferen Anführers ridikülisiert, um dann das unausweichliche Scheitern aller Sklavenaufstände als eine zwingende Konsequenz dessen zu präsentieren, was er für essentielle Defizite der Natur der Sklaven hält.

(...) the defendant, this purported bold, intrepid, and resourceful leader, was unable to carry out a *single feat of arms!* Not only this, but at the end his quality of leadership, such as it was, utterly deserted him! (...) I humbly submit to this court and your Honors the inescapable fact that the qualities of irresolution, instability, spiritual backwardness, and plain habits of docility are so deeply embedded in the negro nature that any insurgent action on the part of this race is doomed to failure (...).[71]

Grays Ausführungen sind kein Beispiel für zügelloses Denken, sondern ein Beispiel für pseudo-rationales Denken. Es stellt rationale

[70] Ebd. 85, Herv. A.L.
[71] Ebd. 87/8.

Methoden der Diskussion in den Dienst des wahrheitsfremden nicht-epistemischen Ziels der Bewahrung der ideologischen Glaubensstärke. Dass Grays Argumentation eine bloße Mimikry rationaler Diskussion ist, zeigt sich insbesondere an seinem tendenziösen Umgang mit von ihm selbst antizipierten Einwänden gegen die rassistischen Stereotypen, die, essentialistisch als Ausdruck der Natur von Schwarzen gedeutet, zu den Grundbausteinen der Sklavenhalterideologie gehören.[72]

Um den tendenziösen Charakter von Grays Beweisführung zu erkennen, muss man sich nur vor Augen führen, dass Mut und Entschlossenheit Dinge sind, ohne die Aufstände gegen ökonomisch, politisch und militärisch überlegene Gegner im Allgemeinen gar nicht erst zustande kommen können. So wie das bloße Faktum des Sklavenaufstands gegen die Vorstellung einer allgemeinen Zufriedenheit mit dem Status quo spricht, spricht es daher auch gegen das Bild des feigen, unentschlossenen, unselbständigen schwarzen Sklaven. Dass er einen Aufstand initiiert und angeführt hat, ist also, kurz gesagt, Evidenz für eine nicht alltägliche mutige Entschlossenheit auf der Seite von Nat Turner. Die Sklaven dagegen, die sich den Aufständischen nicht angeschlossen, sondern sie, den Anweisungen ihrer Aufseher und Herren folgend, bekämpft haben, brauchten dazu keinerlei Entschlossenheit und keinen dem Mut des Initiators eines Aufstandes vergleichbaren Mut. Ihr Verhalten lässt sich daher nicht, wie das von Nat Turner, als Evidenz für Mut und Entschlossenheit ansehen.

Auf diese die Sklavenhalterideologie grundlegend in Frage stellende evidentielle Situation reagiert Gray durch eine *Abänderung der Kriterien* für mutiges und feiges Verhalten: »(...) logic and naked fact compel us to admit that this insurrection has caused us to rearrange, at least provisionally, some of our traditional notions

---

[72] Genovese und Fox-Genovese (2011) haben ausführlich dokumentiert, dass insbesondere das Bild der schwarzen Sklaven als von Natur aus unselbständiger, schwacher, stets einer leitenden Hand bedürftiger kindlicher Wesen zum Kern der Sklavenhalterideologie der Südstaaten gehörte, so dass die Beibehaltung der Institution der Sklaverei von vielen Südstaatlern tatsächlich als eine moralische und christliche Pflicht angesehen wurde. Genovese und Fox-Genovese verstehen diesen nicht bloß vorgetäuschten Sklavenhalter-Paternalismus als Produkt einer systematischen Selbsttäuschung.

about Negro cowardice.« Gray unterstreicht hier nicht etwa, dass der Aufstand unter Beweis stellen würde, dass sich die weiße Sklavenhaltergesellschaft geirrt hätte, wenn sie glaubt, dass Schwarze Menschen mit einer eigenen Natur seien, die sie zum Sklavendasein bestimmt. Die nachfolgenden Sätze machen vielmehr deutlich, dass Gray hier sagen will, dass der Aufstand ein zwingender Anlass ist, die Begriffe von Mut und Feigheit – und zwar *insofern sie Anwendung auf Schwarze* haben – neu zu definieren. Die nach seiner Auffassung erforderliche Neudefinition, heißt das, findet im Rahmen und vor dem Hintergrund der Auffassung statt, dass Schwarze eine ihnen eigene und konstitutiv defizitäre Natur haben. Was Gray im Sinn hat, ist also nicht eine Neudefinition von Mut, Tapferkeit und Feigheit, sondern von, wie er sagt,»Negro cowardice«, d. h. einer für Schwarze angeblich spezifischen Feigheit, und entsprechend einer für Schwarze angeblich spezifischen Tapferkeit. Es ist im Sinne dieser rassistischen Kategorien zu verstehen, was Gray behauptet, wenn er sagt, dass der Aufstand gezeigt habe, dass der normale Sklave (»the ordinary negro slave«) tapfer für seinen Herren kämpfen und eben dadurch die Wohltätigkeit des Sklavensystems unter Beweis stellen würde. Auch Sklaven, scheint Gray hier einzuräumen, können mutig und tapfer sein. Aber – und das ist der springende Punkt in seiner Beweisführung – für einen schwarzen Sklaven heißt mutig zu sein, seinen Herren zu verteidigen, so dass, umgekehrt, feige zu sein für einen schwarzen Sklaven heißt, seinen Herren nicht zu verteidigen.

Dieses neue ideologische Kriterium für Mut oder Tapferkeit von Sklaven erlaubt es Gray nun, die tatsächliche evidentielle Situation so umzudeuten, dass der von Nat Turner initiierte Aufstand nicht mehr als Evidenz für die Falschheit der Sklavenhalterideologie erscheint. Durch die ideologische Umdeutung der Begriffe des Muts, der Tapferkeit und der Feigheit wird der Rassismus der weißen Gesellschaft gegen eine bedeutende Anfechtung immunisiert.[73] Somit

---

[73] Einen mit der hier beschriebenen Immunisierung von Überzeugungen verwandten Mechanismus betrachten Michel et al. (2010) als das, was paradigmatische Selbsttäuschungen von anderen Formen motivierter Meinungsbildung unterscheidet. Der Fokus ihrer Konzeption liegt jedoch auf idiosynkratischen Anpassungen begrifflicher Kriterien zum Zweck der Aufrechterhaltung von Meinungen von persönlicher Wichtigkeit. Ich tendiere zu der Auffassung, dass

zeigt sich die Pseudo-Rationalität von Grays Beweisführung in einem epistemisch unverantwortlichen Umgang mit der evidentiellen Situation, denn es ist epistemisch unverantwortlich, die tatsächliche epistemische Relevanz der Fakten durch begriffliche Manipulation ideologisch zu verschleiern.

4. Die Ethik der Menschenwürde: Dogmatismus im Gewand eines argumentativen Sprachspiels

Im vorangehenden Kapitel habe ich zu zeigen versucht, dass der Begriff der Menschenwürde eine Quelle falschen Bewusstseins ist. Da wir unter Bedingungen falschen Bewusstseins nicht wahrheitsorientiert denken, sagt unsere Theorie voraus, dass der Menschenwürde-Diskurs kein wahrheitsorientierter Diskurs ist. Im gegenwärtigen Kapitel soll die Untersuchung einiger exemplarischer Beiträge zu den Grundlagenfragen der Ethik der Menschenwürde zeigen, dass Argumentationen in diesem Bereich tatsächlich nicht wahrheitsorientiert sind, sondern dem nicht-epistemischen Ziel dient, den Glauben an die moralische Sonderstellung der Menschen im Angesicht von Anfechtungen, die als Verführungen zum Zweifel wahrgenommen werden, zu stabilisieren. Damit soll zum einen die zuvor entworfene Theorie über die kognitiven Auswirkungen des Begriffs der Menschenwürde weiter untermauert werden; zum anderen aber sollen diese Untersuchungen beispielhaft für die Praxis des Projekts der Aufklärung stehen.

Es handelt sich bei diesen Untersuchungen nicht um kritische philosophische Auseinandersetzungen im üblichen Sinne, sondern um eine spezielle Form der kritischen philosophischen Diskussion, die ich als *aufklärerische Analyse* bezeichnen möchte. Während die philosophische Diskussion einer Theorie im üblichen Sinne ein Beitrag zu dem Diskurs ist, dem auch die diskutierte Theorie angehört, versucht die aufklärerische Analyse einen bestehenden Diskurs als einen pseudo-rationalen Diskurs zu entlarven. Der aufklärerischen

auch Leute wie Gray einer Selbsttäuschung unterliegen. Wenn das richtig ist, benötigen wir ein umfassenderes Modell der Selbsttäuschung, das Raum lässt für die ideologische, nicht nur in den Wünschen, sondern im Begriffssystem der Person verankerte Immunisierungen.

Analyse geht es in erster Linie daher nicht darum, zu zeigen, dass eine bestimmte Theorie die Wahrheit *verfehlt*, sondern vor allem darum, zu zeigen, dass die Argumentation nicht einmal auf Wahrheit *zielt*.

Die Pseudo-Rationalität eines unter Bedingungen falschen Bewusstseins geführten Diskurses ist dabei *nicht* auf einen mangelnden Willen zur Wahrheit zurückzuführen, sondern auf die von der Quelle falschen Bewusstseins erzeugte fideistische Täuschung. Im Zustand falschen Bewusstseins sind vielmehr auch die Überlegungen von Denkern, die sich aufrichtig darum bemühen, die Wahrheit zu ermitteln, nicht wahrheitsorientiert. Was zum Beispiel Gray, die Figur aus Styrons Roman, betrifft, haben wir keine Evidenzen dafür, dass er unaufrichtig ist und selbst nicht glaubt, was er sagt. Um unaufrichtig zu sein, müsste er vielmehr die von ihm unterstütze Ideologie als Ideologie durchschaut haben. Aber das ist nicht der Fall. Gray *ist* ein Rassist. Und das heißt eben nicht nur, dass er ein rassistisches Weltbild hat, sondern auch, dass er über moralische, politische, rechtliche und soziale Fragen in rassistischen Kategorien denkt. Die rassistische Begrifflichkeit ist der Zement seines Weltbildes. In rassistischen Kategorien denkend, ist sich Gray der Pseudo-Rationalität seiner Beweisführung nicht bewusst. Insbesondere ist er nicht fähig, den grundlegenden Unterschied zwischen der Rechtfertigung seines Rassismus und seiner Artikulation zu erkennen. Durch leere Kategorien wie »Negro nature« geprägt, erscheint ihm, was eine bloße Artikulation des rassistischen Vorurteils ist, als eine Rechtfertigung seines Weltbildes. Daher ist sich Gray nicht bewusst, dass er *als Dogmatiker* argumentiert.

Gray ist daher kein Theoretiker, dessen Auffassungen man sinnvoller Weise zum Gegenstand einer gewöhnlichen philosophischen Diskussion machen könnte. Gray ist vielmehr eine Figur, über deren Denken man Gray selbst und andere *aufklären* muss. Um Leute wie Gray und diejenigen, die sich eine falsche Vorstellung von Leuten wie Gray machen, aufzuklären, ist es nicht ausreichend, auf Irrtümer und auf argumentative Fehler in seinem Denken zu verweisen. Eine aufklärerische Analyse muss vielmehr versuchen, darzulegen, dass die für das rassistische Denken charakteristischen Fehler keine Allerweltsfehler sind, die auch einem gewissenhaften Denker unterlaufen können. Eine aufklärerische Analyse muss deutlich zu machen versuchen, dass die Fehler solcher Denker nicht auf das Konto der üblichen Ursachen gehen und insbesondere nicht nur Anzeichen von *Fehlbarkeit*, sondern Anzeichen einer *Korruption* der Meinungsbildung sind.[74] Um Leuten wie Gray – und Leuten, die sich ein falsches Bild von Denkern wie Gray machen – ein adäquates Verständnis der Fehler vermitteln zu können, die rassistischen Denkern unterlaufen, muss man ihnen vor Augen führen, dass diese Denker Fehler begehen, *die sie nicht begehen würden, wäre ihr Denken an der Wahrheit orientiert.*

In diesem Sinne sind auch die nachfolgenden Untersuchungen nicht als gewöhnliche philosophische Diskussionen, sondern als aufklärerische Analysen gedacht. Da der Begriff der Menschenwürde die Tendenz zu einer fideistischen Sichtweise des moralischen Anthropozentrismus befördert, können wir erwarten, im Bereich von Grundlagendiskussionen der Ethik der Menschenwürde auf das eigentümliche Phänomen eines Dogmatismus im Gewand eines argumentativen Sprachspiels zu stoßen. Denn gerade bei der Diskussion von Problemen, die die Ethik der Menschenwürde grundlegend und als ganze in Frage stellen, sollte sich die fideistische Täuschung bemerkbar machen. Eben das möchte ich an drei verschiedenen Beiträgen aufzeigen. Bei allen diesen Beiträgen wird sichtbar, dass der Glaube an die Menschenwürde das A und O der Beweisführung der jeweiligen Autoren ist, obwohl sie über Dinge diskutieren, die diesen Glauben selbst in Frage stellen. Bei allen diesen Beiträgen werde ich das zu zeigen versuchen, indem ich Fehler in der Argumentation herausstelle, die in einer Weise auffällig sind, dass wir allen Grund zu der Vermutung haben, dass die Autoren diese Fehler nicht begehen würden, wäre ihre Diskussion wahrheitsorientiert und epistemischen Werten verpflichtet.

---

[74] Fehlbarkeit gestehen die Leute gerne ein (»wie jeder von uns, kann auch ich mich natürlich irren ...«), weil dieses Zugeständnis keine Kosten verursacht – es ist ohne jede Konsequenz für die eigene Meinungsbildung – und zugleich einen psychologischen und sozialen Gewinn abwirft – man präsentiert sich vor sich und anderen als selbstkritischer, bescheidener und undogmatischer Denker. Da das Zugeständnis der eigenen Fehlbarkeit häufig auch dazu dient, die anderen an *ihre* Fehlbarkeit und sich selbst an die Fehlbarkeit *der anderen* zu erinnern, ist es sogar ein Mittel zur *Ablenkung* von Schwächen in der eigenen Argumentation. Auf diese Weise lässt sich durch das Eingeständnis der Fehlbarkeit sogar ein Gefühl der Sicherheit erlangen.

Zum Abschluss werde ich dann rückblickend auf die vorangehenden Untersuchungen noch einmal die Besonderheiten der Methode und des Status aufklärerischer Analysen herausstellen. Dabei werde ich vor allem auch deutlich machen, dass die Adressaten der Aufklärung nicht selbst das Objekt der Aufklärung sind: Indem sie den fideistischen Dogmatismus der Ethik der Menschenwürde entlarvt, entlarvt die Aufklärung nicht etwa ein intellektuelles Laster der Menschenwürde-Theoretiker; sie entlarvt die Ethik der Menschenwürde als eine Manifestation falschen Bewusstseins.

4.1 Tendenziöser Anti-Skeptizismus

Wenn wir in der Philosophie über grundlegende Fragen debattieren, ist es selbstverständlich, dass wir zwischen Bedeutung und Wahrheit oder zwischen begrifflichen und ontologischen Fragen unterscheiden. Laien machen dagegen häufig den Fehler, diese Fragen nicht strikt voneinander zu unterscheiden. Sie scheinen den Unterschied häufig nicht erkennen zu können oder sie verstehen, wenn sie ihn erkennen, nicht die Wichtigkeit der Beachtung des Unterschieds. Wer jemals mit philosophischen Laien über das Thema »Freiheit« diskutiert hat, weiß, dass es eine echte Herausforderung ist, ihnen deutlich zu machen, dass das sogenannte Kompatibilitätsproblem von anderer Art ist als die Frage, ob wir einen freien Willen haben. Auch ist es in der Philosophie selbstverständlich, zwischen der Anführung und dem Gebrauch eines Begriffs zu unterscheiden. Der Unterschied ist anhand von Beispielen sehr leicht zu erfassen, es scheint aber für Laien keineswegs leicht zu sein, ihr Denken so einzurichten, dass sie diesen Unterschied zuverlässig beachten. Begriffe zu gebrauchen, wo man sie anführen müsste, führt, ähnlich wie Ambiguitäten, zu unnötigen Konfusionen, Fehlschlüssen und, allgemein, zu einem Mangel an intellektueller Kontrolle.

Konfusionen dieser Art, die wir sonst typischer Weise bei Laien beobachten können, durchziehen die Menschenwürde-Literatur, und zwar auch die Beiträge von professionellen Philosophen. Wir wissen, dass das kein Zufall ist. Der Begriff der Menschenwürde dient dazu, Zweifel an der Wahrheit des moralischen Anthropozentrismus auszuräumen. Wer ihn besitzt und das Gefühl der begrifflichen Kompetenz hat, neigt dazu, den MA so zu betrachten, als sei er eine zu Recht basale ethische Überzeugung. Der Gebrauch dieses Begriffs kann daher schwerlich als ein genuines Problem erscheinen. Denn dazu müsste man sich klar machen, was durch den Begriff der Menschenwürde gerade verdunkelt wird: dass es, nach allem, was wir wissen, keine guten Gründe für den MA, zugleich aber starke Einwände gegen ihn gibt. Philosophen, die ihre Überlegungen vom Begriff der Menschenwürde leiten lassen, werden daher, wie Laien, dazu tendieren, begriffliche und ontologische Fragen zu verwechseln und den Begriff der Menschenwürde unkritisch in Kontexten zu gebrauchen, in denen begriffliche Analyse die primäre Aufgabe ist.

Ein aussagekräftiges Beispiel für diese vom Begriff der Menschenwürde selbst provozierte Konfusion sehen wir in dem Aufsatz »Menschenwürde und das Bedürfnis nach Respekt« von Peter Baumann.[75] Der Hauptteil dieses Aufsatzes widmet sich der Frage »Worauf beruht Menschenwürde?«. Bevor Baumann diese Frage zu beantworten versucht, finden wir in der Einleitung eine Passage, die den Leser davon überzeugen will, dass der Menschenwürde-Skeptizismus unbegründet ist. Nachdem er eingangs die prominente skeptische Stimme Schopenhauers zitiert hat, versucht Baumann zu zeigen, dass der Begriff der Menschenwürde trotz aller Vorbehalte legitim ist und sich auf einen respektablen Gegenstand der philosophischen Untersuchung bezieht. Baumann schreibt:

> Aber auch wenn die Rede von Menschenwürde manchmal oder gar oft von dieser Art [von der Art einer hohlen pathetischen Rede] ist, so doch nicht immer. Man denke etwa nur an Folter und Vergewaltigung: Einige der schrecklichen Dinge, die Menschen anderen Menschen antun, stellen eine Verletzung dessen dar, was man – mangels eines besseren Ausdrucks – »Menschenwürde« nennen kann. Das Wort hat eine Bedeutung und steht für etwas. Wir sind uns dessen wohl dann am meisten bewusst, wenn es [das Wort? das, wofür es steht? - A.L.] fehlt oder verletzt wird. Menschenwürde ist sehr wichtig und wir sollten sie auch philosophisch ernst nehmen.[76]

Im Anschluss an diese Passage konzediert Baumann zwar, dass Schopenhauer einen wunden Punkt berührt hätte, da »[d]er Aus-

---

[75] Baumann (2002).
[76] Ebd. 19.

druck »Menschenwürde« (...) sehr vage, vieldeutig und unklar [ist]«, und er stellt sich und seinen Lesern die Frage, »wie man sagen kann, dass Menschenwürde wichtig ist, wenn man gar nicht so genau weiß, was das eigentlich ist«.[77] Aber diese Frage versteht Baumann nicht als Herausforderung. Sie scheint nur die rhetorische Funktion zu haben, dem Leser zu signalisieren, dass der Autor seine Position im Lichte eines adäquaten Bewusstseins der Problematik seines Gegenstandes entwickeln wird. Denn Baumann nennt uns keinen Grund, warum man, wenn man nicht genau weiß, was »Menschenwürde« bedeutet, dennoch zu Recht glauben kann, dass der Begriff der Menschenwürde wichtig ist oder sich auf etwas Wichtiges bezieht.

Das deutet, wie der ganze Beginn des Aufsatzes, darauf hin, dass Baumann die Probleme, die er selbst offen benennt, nicht richtig ernst nimmt. Was er tut, ist vielmehr etwas, was auf ermüdende Weise Autorinnen und Autoren in diesem Bereich regelmäßig tun: Sie setzen ihre Leser darüber in Kenntnis, dass einige Ethiker glauben, dass der Begriff der Menschenwürde unbrauchbar oder redundant oder illegitim ist, um dann – so als gäbe es derartige Anfechtungen gar nicht – stillschweigend dazu überzugehen, Überlegungen anzustellen, die die Brauchbarkeit und Legitimität des Begriffs der Menschenwürde *voraussetzen*.[78] Dieses dogmatische Verfahren, kritische Thesen zu benennen, um sie dann zu übergehen, ist typisch, und, wie wir gesehen haben, erwartbar. Die Passage, die ich zitiert habe, fügt sich diesem Verfahren ein. Denn es scheint so, als würde Baumann sich auf dieses Argument nicht wirklich stützen

[77] Ebd.
[78] Wer jemals Texte aus diesem Bereich gelesen hat, erkennt sehr schnell ein Muster, dem viele in der Fabrikation ihrer Texte folgen: Man bemerke zunächst, dass der Begriff der Menschenwürde umstritten ist, dann betone man, dass ›die Menschenwürde‹ aber dennoch wichtig ist, dann gehe man über zu ›Konzeptionen der Menschenwürde‹, dann sage man, dass die alten ›metaphysischen‹ Konzeptionen nichts taugen (sie sind nämlich ›metaphysisch‹ und daher, behaupte man, kontrovers, und daher behaupte man, nicht akzeptabel), und dann füge man eine eigene ›Theorie‹ an, die die angeblichen Problem der ›metaphysischen‹ Konzeption nicht enthält – das heißt, man verweise auf ›unsere Praxis‹, auf ›unsere Konzeption der Humanität‹, auf ›reziproke Anerkennungsverhältnisse‹ oder auf ›unser Bedürfnis nach Respekt‹ oder auf ›unser liberales Verständnis der Menschenrechte‹ oder auch einfach auf ›unser Grundgesetz mit seiner Menschenwürdenorm‹.

wollen. Beim ersten Lesen hat man den Eindruck, dass dieses Argument allzu simpel ist, um die skeptische These, auf die es antworten soll, zu widerlegen. Und bei etwas näherer Betrachtung erkennt man dann auch, dass es tatsächlich in einer Weise fehlerhaft ist, dass es schwer ist, zu glauben, dass sein Autor das Wohl und Wehe seiner ethischen Position von ihm abhängig machen wollen würde. Die zitierte Passage scheint eher einen *argumentativen Gestus* denn ein genuines Argument zu enthalten. Um das zu sehen, betrachten wir Baumanns ›Deduktion‹ des Begriffs der Menschenwürde noch mal etwas genauer. Hier sind die entscheidenden Behauptungen:

(1) Einige Dinge, die Menschen Menschen antun, stellen Verletzungen dessen dar, was man »Menschenwürde« nennen kann.[79]

(2) Das Wort »Menschenwürde« hat eine [kohärente] Bedeutung und steht für etwas.[80]

(3) Menschenwürde ist wichtig und wir sollen sie philosophisch ernst nehmen.

[79] Die Parenthese »mangels eines besseren Ausdrucks« ist für die Rekonstruktion irrelevant. Allerdings verrät gerade dieser Einschub eine deutliche Voreingenommenheit gegen den Menschenwürde-Skeptizismus. Mit ihm legt der Verfasser nämlich nahe, dass wir auf den Begriff der Menschenwürde gar nicht verzichten können, da unsere sonstige moralische Sprache einfach nicht reich genug sei, um adäquat auszudrücken, was an Dingen wie Vergewaltigung und Folter falsch ist. Ohne ihre Kategorisierung als »Menschenwürde-Verletzungen«, ist also die implizite Behauptung, bliebe der unmoralische Charakter solcher Handlungen unbegriffen. Abgesehen davon, dass sie die Falschheit des Menschenwürde-Skeptizismus voraussetzt, ist diese These bemerkenswert insensitiv dafür, dass (1) die Begrifflichkeit der Würde eine gleichartige Funktion erfüllt; dass (2) die Kategorisierung einer Vergewaltigung als einer Verletzung der Menschenwürde durchaus nicht die spezifischen Übel von Vergewaltigungen zum Ausdruck bringt; und dass (3) diese These sehr leicht parodierbar ist, da jemand in gleicher Weise auch behaupten könnte, dass man nicht auf Begriffe wie »Blutschande« und »Familienehre« verzichten könnte, um die besondere Verwerflichkeit von Vergewaltigungen adäquat zu charakterisieren.

[80] Die Einfügung »[kohärente]« habe ich vorgenommen, da (2) sonst gar nicht gegen den Skeptizismus spricht. Denn auch inkohärente Begriffe haben eine Bedeutung. Entsprechend muss »für etwas stehen« auch in dem Sinne gelesen werden, dass damit die objektive Realität des Begriffs behauptet wird. Auch der Begriff *Vierseitiges Dreieck* hat eine Bedeutung, aber er hat keine objektive Realität, es gibt nichts, das unter ihn fällt, auf das er zutrifft oder was das Prädikat »*x* ist ein vierseitiges Dreieck« erfüllt. In diesem Sinne steht er für nichts und ist ein leerer Begriff.

(1) ist die Prämisse, aus der Baumann (2) folgert, um dann, scheint es, aus (2) (3) zu folgern.[81] Dass dieses Argument nicht geeignet ist, die skeptischen Einwände, auf die es antworten soll, zurückzuweisen, zeigt sich, wenn man (1) ersetzt durch:

(1*) Einige Dinge, die Menschen Menschen antun, stellen Verletzungen der Menschenwürde dar.

(1) ist äquivalent mit (1*). (1) kann nicht wahr sein, wenn (1*) falsch ist. Denn wenn es nichts gibt, was eine Verletzung der Menschenwürde darstellt, gibt es auch keine Verletzungen dessen, was man »Menschenwürde« nennen kann. Und (1*) kann nicht wahr sein, wenn (1) falsch ist. Denn wenn es, umgekehrt, keine Verletzungen dessen gibt, was man »Menschenwürde« nennen kann, gibt es keine Verletzungen der Menschenwürde. Also ist (1) genau dann wahr, wenn (1*) wahr ist.

Die Prämisse (1), sehen wir daran, setzt voraus, dass Urteile wie »Vergewaltigungen sind Verletzungen der Menschenwürde« *wahr* sind. Urteile wie dieses können aber nur wahr sein, wenn der Begriff MENSCHENWÜRDE ein legitimer Begriff ist, wenn er also eine »[kohärente] Bedeutung hat und sich auf etwas bezieht«. Also setzt Prämisse (1) die Wahrheit der Konklusion (2) und damit die Falschheit des Skeptizismus voraus.

Diese ›Deduktion‹ des Begriffs MENSCHENWÜRDE ist also zirkulär. Die Zirkularität ist dabei aber nicht so unoffensichtlich und subtil, dass sie einem geschulten Denker auch nach längerem Nachdenken entgehen kann. Daher ist es schwer zu glauben, dass Baumann dieses Argument philosophisch ernst nimmt. Die beste Erklärung dafür, dass er seinen Lesern diese Verteidigung der Ethik der Menschenwürde anbietet, scheint daher die zu sein, dass seine Auseinandersetzung mit dem Menschenwürde-Skeptizismus unauthentisch ist, weil er von vorneherein glaubt, dass der Begriff der Menschenwürde eigentlich gar keiner Deduktion oder Verteidigung bedarf. Und das wiederum lässt sich am besten daraus erklären, dass

---

[81] Letzteres ist nicht ganz deutlich. Es könnte auch sein, dass Baumann (3) aus (2) zusammen mit einer weiteren (impliziten) Prämisse schließen will, die besagt, dass Dinge wie Folter und Vergewaltigung falsch sind, weil sie Verletzungen der Menschenwürde darstellen. Diese Unsicherheit beeinträchtigt aber nicht den Punkt meiner Kritik.

er den Glauben an die Menschenwürde als einen zu Recht basalen und unanfechtbaren Glauben ansieht. Die beste Erklärung ist also, kurz gesagt, die, dass Baumann den Menschenwürde-Skeptizismus unter den Bedingungen der fideistischen Täuschung wahrnimmt, die zu produzieren die Funktion des Begriffs der Menschenwürde ist.

Dass das die beste Erklärung ist, lässt sich auch an der Argumentation im Hauptteil des Aufsatzes zeigen, der die Frage »Worauf beruht Menschenwürde?« beantworten soll. Wichtig ist, dass Baumann mit dieser Frage *nicht* die Frage beantworten will, ob der Glaube an die Menschenwürde gerechtfertigt ist. Die Frage der Rechtfertigung stellt sich für ihn gar nicht. Das wird deutlich an der alternativen Formulierung seiner Fragestellung: »Worauf gründet sich unsere Menschenwürde (…)?«.[82] Hier wird klar, dass der Verfasser keinerlei Zweifel daran hat, dass es Menschenwürde gibt und dass wir sie besitzen, und ebenso wird klar, dass er unterstellt, dass dieser Glaube weder gerechtfertigt noch verteidigt werden muss. Der Glaube an die Menschenwürde figuriert in seinen Untersuchungen stattdessen als ein ethisches Axiom – und zwar so, als müsse auch die implizite epistemologische Auffassung, *dass* dieser Glaube axiomatischen Status hat, weder begründet noch verteidigt werden.[83] Der Glaube an die Menschenwürde, kann man daher sagen, hat in Baumanns Untersuchung die Stellung einer über jeden Zweifel *erhabenen* Wahrheit.

Dagegen könnte man einwenden, dass es für einen Autor vollkommen legitim sei, sein Thema auf die Frage der Grundlage unserer Menschenwürde zu beschränken und diese Untersuchung *unter der Annahme* durchzuführen, dass der Glaube an die Menschenwürde gerechtfertigt ist. Gegen diese Lesart spricht aber *erstens*,

---

[82] Ebd. 21
[83] Es ist nicht nur möglich, sondern tatsächlich häufig der Fall, dass Leuten als selbst-evident oder unbezweifelbar oder als absolut sicher erscheint, was sich bei näherer Betrachtung als falsch, zweifelhaft oder gar inkonsistent herausstellt. Daher verlangt Sidgwick für die philosophische Ethik: »The self-evidence of the [apparently self-evident] proposition must be ascertained by careful reflection. It is needful to insist on this, because most persons are liable to confound intuitions (…) with mere opinions, to which familiarity that comes from frequent hearing and repetition often gives a false appearance of self-evidence which attentive reflection disperses.« – Sidgwick (1983/1907) 239.

dass der Autor uns an keiner Stelle irgendeinen Hinweis auf eine solche Lesart gibt. Dagegen spricht vor allem aber, *zweitens*, dass jemand, der etwas unter einer Annahme untersucht, gerade *nicht* voraussetzt, dass das Angenommene wahr ist (Annahmen glaubt man nicht; und Annahmen sind keine Prämissen einer Beweisführung), *und* die Annahme bereit ist, fallen zu lassen, sollte sich herausstellen, dass sie uns zu falschen Schlussfolgerungen führt (Propositionen nehmen wir an, um sie zu testen). Dass Baumann nicht bloß unter der Annahme diskutiert, sondern tatsächlich voraussetzt, dass Menschen, weil sie Menschenwürde besitzen, einen besonderen moralischen Status haben, der sie von allen nichtmenschlichen Individuen trennt, zeigt sich nun besonders deutlich an zentralen Argumenten in seiner Diskussion, die Evidenz dafür sind, dass die Ethik der Menschenwürde eine *wahrheitsfremde* artifizielle Stipulation ist. So diskutiert Baumann die Frage, ob unsere Menschenwürde darauf beruht, dass wir Fähigkeiten haben, die uns zu Personen machen. Diese Auffassung verneint er mit folgenden Argumenten:

> Ob bestimmte nicht-menschliche Tiere diese Fähigkeiten aufweisen, ist eine kontroverse Frage. Viel weniger kontrovers (wenn überhaupt) ist aber, dass diesen Tieren nicht das zukommt, was wir »Menschenwürde« nennen. Hinzu kommt, dass manche Menschen nicht oder nur zum Teil über jene kognitiven Fähigkeiten verfügen (Säuglinge oder sehr schwer behinderte Menschen), ihnen aber sicherlich Menschenwürde zukommt.
> Wie verhält es sich mit Autonomie? Ist sie nicht würde-stiftend? In der Künstliche-Intelligenz-Forschung spielt die Idee autonomer Agenten eine große Rolle, aber ich bezweifle, dass wir solche »künstlichen« Agenten in der besonderen Weise behandeln würden, die die Menschenwürde Menschen gegenüber verlangt. Umgekehrt schreiben wir sicherlich Menschenwürde auch Wesen zu, denen es an Autonomie in großem Maße mangelt.[84]

Da diese Argumente, wie Baumann glaubt, zeigen, dass unsere Menschenwürde nicht auf den Fähigkeiten beruht, die uns zu Personen machen, zeigen sie uns nach seiner Auffassung auch, dass unsere Menschenwürde *auf etwas anderem beruhen muss*. Das macht aber deutlich, dass es für ihn *außer Frage* steht, dass es Menschenwürde

[84] Ebd. 23.

gibt, und dass wir tatsächlich Individuen sind, die sich von anderen dadurch unterscheiden, dass sie Menschenwürde besitzen.

Jeder Außenstehende wird dagegen sehen, dass diese Argumentation uns nicht so sehr einen Grund gibt, zu glauben, dass die Menschenwürde auf etwas anderem als auf den Fähigkeiten beruht, die uns zu Personen machen, sondern uns viel eher einen Grund dafür gibt, zu glauben, *dass die Ethik der Menschenwürde auf einem Fehler beruht.* Als nicht im Menschenwürde-Diskurs engagierten Denkern fällt es uns nämlich nicht so schwer, zwischen Bedeutung und Wahrheit unterscheiden. Wir können zugestehen, dass das *Menschenwürde-Idiom* verlangt, dass wir jedem Menschen, aber keinem nicht-Menschen Menschenwürde zuschreiben. Diese bloß linguistische Tatsache wird uns aber nicht dazu bringen, zu *glauben*, dass man Personen, die keine Menschen sind, mit weniger Respekt begegnen darf als Menschen und sogar als Menschen, die keine Personen sind. Linguistische Gründe, auf eine bestimmte Weise zu reden, werden uns nicht dazu bringen, zu *glauben*, dass transhumane Individuen, die die meisten Menschen an moralischer Sensibilität und moralischer Urteilsfähigkeit weit übertreffen, weniger Rücksicht verdienen als alle Menschen und sogar weniger Rücksicht verdienen als diejenigen unter uns Menschen, die gar keine moralischen Kapazitäten haben. Es ist – im Gegenteil – *absurd*, diese substantiellen Fragen über den moralischen Status von Menschen und nicht-Menschen so zu betrachten, als könnten sie durch den Hinweis darauf, was wir unter »Menschenwürde« verstehen, oder durch den Hinweis darauf beantwortet werden, welche Sätze mit dem Prädikat »___besitzt Menschenwürde« als grammatisch korrekt gelten.

Baumann dagegen hält, was bloße Plattitüden des Menschenwürde-Idioms sind, für substantielle ethische Urteile, die den Status von objektiven Gewissheiten haben. Dabei ist leicht einsehbar, dass es sich dabei um einen Irrtum handeln muss. Niemand würde ein Argument der folgenden Art unterschreiben:

(4) Wir sagen von Schimpansen nicht »Sie haben Menschenwürde«.
(5) Wir sagen von allen Menschen »Sie haben Menschenwürde«.

Daher:

(6) Während es moralisch in Ordnung ist, Schimpansen zu instrumentalisieren, ist es moralisch verwerflich, Menschen zu instrumentalisieren.

Dieses Argument ist nicht gerade vielversprechend. Jeder kann sehen, dass seine Prämissen für die Rechtfertigung der Konklusion irrelevant sind. Genauso schlecht ist aber auch dieses Argument:

(7) Es ist ungrammatisch, von Schimpansen zu sagen »Sie haben Menschenwürde«.

(8) Es ist grammatisch korrekt, von Menschen zu sagen »Sie haben Menschenwürde«

Daher:

(9) Während es moralisch in Ordnung ist, Schimpansen zu instrumentalisieren, ist es moralisch verwerflich, Menschen zu instrumentalisieren.

Obwohl Baumann mit seinem Argument keineswegs beabsichtigt, eine Konklusion wie (6) oder (9) zu etablieren, ist klar, dass seine Argumente nahe Verwandte der hier vorgestellten Argumente sind. Auch er schließt nämlich von linguistischen Fakten wie (4), (5), (7) und (8) auf eine substantielle ethische Position über den moralischen Status von Menschen und nicht-Menschen. Das wird deutlich, wenn man seine Argumentation im Kontext seiner einleitenden Überlegungen liest. Dort betont er nämlich, dass die Menschenwürde von großem Interesse für Moralphilosophen ist und »in moralischer Hinsicht viel tiefer [reicht] als Würde *simpliciter*«. Die besondere Bedeutsamkeit der Menschenwürde zeigt sich nach seiner Auffassung daran, dass »[d]er »Schaden« aufgrund ihrer Verletzung (…) sehr schwer zu reparieren (…) oder zu vergessen [ist].«[85] Diese Passagen machen deutlich, dass Baumann glaubt, dass Individuen, die Menschenwürde besitzen, einen besonderen moralischen Status haben. Er glaubt (oder ist darauf festgelegt zu glauben), dass Menschen, weil sie Menschenwürde besitzen, auf eine spezifische und moralisch besonders ›tief gehende‹ Weise verletzt werden können, während das auch von Personen, die keine Menschen sind, nicht gilt. Nicht-Men-

[85] Ebd. 20.

schen fehlt diese Verletzbarkeit *sui generis*, die ausschließlich Menschen zukommt, weil sie Menschenwürde besitzen.

Die beste Erklärung, warum Baumann nicht bemerkt, dass seine Argumentation ein naher Verwandter der hier exponierten Fehlschlüsse ist, ist die, dass der Begriff der Menschenwürde eine Konfusion von Bedeutung und Wahrheit provoziert. Wäre er nicht im Menschenwürde-Diskurs engagiert, würde er wahrscheinlich leicht bemerkt haben, dass seine Argumentation Evidenz dafür ist, dass die Ethik der Menschenwürde auf einem Fehler beruht. So aber diskutiert er über den moralischen Status von Menschen und nicht-Menschen, als sei der Glaube an die Menschenwürde eine über jeden Zweifel *erhabene* Wahrheit.

Damit verhält sich Baumann wie der Theist Cleanthes in Humes *Dialogues Concerning Natural Religion*. Cleanthes präsentiert sich und versteht sich selbst als ein kritischer Denker, der seinen Theismus verwerfen würde, gäbe es nicht einen ›natürlichen‹ Beweis für die Existenz Gottes. Viele Leser haben dann auch seiner Selbstdarstellung vertraut und Cleanthes als Vertreter einer evidentialistischen natürlichen Theologie gesehen. Sie haben dabei nicht bemerkt, dass Hume dieses Selbstbild als Selbsttäuschung entlarvt.[86] Die für uns interessanteste Passage finden wir bereits am Ende des ersten Teils der Dialoge. Dort behauptet Cleanthes:

> (...) sicherlich kann nichts eine gewichtigere Wahrheitsvermutung zugunsten irgendwelcher Prinzipien darstellen als die Beobachtung, daß sie zur Bestätigung der wahren Religion sowie zur Widerlegung der Spitzfindigkeiten aller Schattierungen von Atheisten, Ungläubigen und Freigeistern dienlich ist.[87]

Das ist die Stimme des Dogmatikers, nicht die Stimme eines Denkers, der bereit ist, seine eigenen Überzeugungen, sollten die Evidenzen gegen sie sprechen, zu revidieren. Indem er ihm diese Worte in den Mund legt, macht Hume deutlich, dass Cleanthes' theologisches Denken nicht wahrheitsorientiert ist. Was Cleanthes behauptet, ist, dass es für die Wahrheit eines Prinzips spricht, dass es der Bestätigung der wahren Religion dienlich ist. Er behauptet also, dass es für die Wahrheit eines Prinzips spricht, *dass es dann,*

---

[86] Vgl. Lohmar (2010) insbes. 97 ff.
[87] Hume (1994/1779) 20.

wenn es wahr wäre, für die Wahrheit der wahren Religion spräche. Sein theistischer Glaube steht für Cleanthes daher niemals zur Disposition. Das zeigt sich im Verlauf der Dialoge spätestens dann, wenn er das Problem des Übels, das der Skeptiker Philo gegen den Theismus ins Spiel bringt und auf das Cleanthes keine mit seinem Theismus kompatible Antwort zu geben weiß, einfach *ignoriert*.[88] Cleanthes betrachtet sich zwar selbst als einen Vertreter der natürlichen Theologie, er verhält sich aber wie ein radikaler Fideist. Sein argumentatives Engagement täuscht lediglich darüber hinweg, dass er den Theismus als eine Position von intrinsischer und übergeordneter Glaubwürdigkeit auffasst, die weder einer Rechtfertigung noch einer Verteidigung bedarf. Seine Einstellung zum theistischen Glauben entspricht daher ganz der des *ungeschminkt* dogmatischen Demea, der zu Beginn des zweiten Teils anmahnt, die theologische Diskussion ausschließlich innertheologisch – als eine Diskussion unter Gläubigen – zu führen:

> Nach dem gesamten Tenor deiner Ausführungen sollte man meinen (...) [dass du, Cleanthes,] dich genötigt [siehst] das fundamentale Prinzip aller Religion zu verteidigen. Doch das steht, so hoffe ich, zwischen uns überhaupt nicht in Frage. Kein Mensch, jedenfalls kein Mensch mit gesundem Menschenverstand, hat nach meiner Überzeugung an einer so gewissen und selbstverständlichen Wahrheit jemals ernsthaft gezweifelt. Nicht die *Existenz*, sondern das *Wesen* Gottes steht zur Debatte.[89]

Auf frappierend ähnliche Weise argumentieren philosophische Autoren wie Baumann, wenn es um das Thema »Menschenwürde« geht. Ihre Beiträge zur Ethik der Menschenwürde sind wie die Beiträge von Gläubigen, die zu Gläubigen sprechen. Darin ähneln sie auch juristischen Beiträgen, die ihre Aufgabe ausschließlich darin sehen, die Menschenwürdenorm des Grundgesetzes zu interpretieren und zu artikulieren. Juristen mögen nun unter der Fiktion operieren, die Menschenwürdenorm des Grundgesetzes sei eine höhere ethische Offenbarung, die man als absolut autoritativ akzeptieren muss und lediglich auszulegen habe.[90] Wenn jedoch die Untersu-

[88] Vgl. Lohmar (2010) 97.
[89] Hume (1994/1779) 21.
[90] Nach Radbruch operiert die ›juristische Geltungslehre‹ unter der Fiktion, dass die Verfassung des Rechtssystems, auf das sie sich bezieht, intrinsische *de*

chungen von Philosophen und Philosophinnen solchen dogmatischen Verfahren gleichen und den mit der Idee der Menschenwürde verbundenen moralischen Anthropozentrismus kritiklos voraussetzen als sei er eine zu Recht basale Überzeugung, muss eine systematische Täuschung über den epistemologischen Status der Ethik der Menschenwürde vorliegen.

4.2 Inkonsistenzen, Themenwechsel und epistemische Doppelstandards

Wenn Starrsinnigkeit eine Disposition zum Festhalten an einer Meinung im Angesicht von Beweisen für das Gegenteil ist, ist der Dogmatismus, den wir hier betrachten, keine Manifestation von Starrsinnigkeit. Was sich in dem hier betrachteten Dogmatismus manifestiert, ist vielmehr eine Unfähigkeit, Beweise für das Gegenteil als solche oder in adäquater Weise zu erkennen. Der Dogmatismus der Menschenwürde-Theoretiker ist der Dogmatismus von Leuten, die, was sie für wahr halten, wie eine über jeden Zweifel erhabene Wahrheit ansehen, weil sie die Anfechtbarkeit ihrer Überzeugung nicht einzusehen vermögen. Wie wir gesehen haben, ist es weder zwingend noch besonders wahrscheinlich, dass sich dieser fideistisch voreingenommene Dogmatismus in einer Verweigerung argumentativer Auseinandersetzung äußert. Er äußert sich vielmehr darin, dass die argumentativen Aktivitäten pseudo-rational

---

iure Autorität hat. Eben deshalb ist sie ungeeignet, die philosophische Frage nach der Geltung des Rechts zu beantworten. Radbruch schreibt: »Die Rechtswissenschaft begreift also den Rechtsinhalt *mit methodologischer Notwendigkeit* als etwas Geltendes, etwas Gesolltes, etwas Verpflichtendes. Aber auf der Suche nach dem Grunde dieser Geltung stößt die juristische Geltungslehre irgendeinmal auf die Tatsächlichkeit eines nicht weiter ableitbaren autoritativen Wollens. Sie wird die Geltung eines Rechtssatzes aus anderen Rechtssätzen ableiten, die Geltung einer Verordnung aus dem Gesetze, die Geltung eines Gesetzes aus der Verfassung. *Die Verfassung selbst aber kann und muß eine solche rein juristische Geltungslehre als eine causa sui auffassen.* Sie kann wohl die Geltung eines Rechtssatzes im Verhältnis zu anderen Rechtssätzen, aber niemals die Geltung der höchsten Rechtssätze, der Grundgesetze, und deshalb niemals die Geltung der Rechtsordnung als Ganzen dartun.« Radbruch (2003/1932) 78f. – Herv. A. L.

und nicht wahrheitsorientiert sind. Das wiederum lässt sich an der Nonchalance ablesen, die der fideistische Dogmatiker gegenüber dem Wert seiner eigenen Argumente – und damit auch gegenüber dem Wert der Argumente seiner Opponenten – an den Tag legt. Der fideistisch Voreingenommene lässt sich gut daran erkennen, dass es ihm letztendlich nicht besonders wichtig ist, ob die Argumente, die er fabriziert, geeignet sind, seine Überzeugung zu stützen oder zu verteidigen. Im letzten Kapitel ist uns diese Nonchalance in einer Deduktion des Begriffs der Menschenwürde begegnet, deren Zirkularität nicht gerade unoffensichtlich ist. In diesem Kapitel betrachte ich ein anderes, aber nicht weniger frappierendes Beispiel argumentativer Nonchalance. Es handelt sich um eine Argumentation, der man geradezu ansehen kann, dass sie die Funktion hat, von einem manifesten Widerspruch in der Menschenwürde-Konzeption ihrer Autoren abzulenken.

Im Appendix B hatte ich bereits die These von Balzer, Rippe und Schaber diskutiert, dass »Menschenwürde« dasselbe bedeutet wie »das Recht, nicht erniedrigt zu werden«. Nachdem sie diese Definition von »Menschenwürde« vorgestellt und erläutert haben, gehen die drei Autoren dazu über, dafür zu argumentieren, dass »die inhärente Menschenwürde (...) allen Menschen zu[kommt], ohne verloren gehen oder angeeignet werden zu können.«[91] Dass dies überhaupt ein Diskussionspunkt ist, erklärt sich aus ihrer Definition von »Menschenwürde«. Denn diese Definition impliziert, dass diejenigen und nur diejenigen Individuen Menschenwürde besitzen, die ein Recht haben, nicht erniedrigt zu werden. Ein Individuum, das dieses Recht nicht besitzt, besitzt also auch keine Menschenwürde. Nun scheint klar zu sein, dass ein Recht, nicht erniedrigt zu werden, nur diejenigen Individuen besitzen können, die erniedrigt werden können. Da Balzer et al. außerdem glauben, dass »Menschenwürde (...) etwas [ist], was verletzt wird, wenn eine Person erniedrigt wird«[92], dürfen wir annehmen, dass sie allen Individuen, die erniedrigt werden können, das Recht zuschreiben, nicht erniedrigt zu werden. Wir haben bisher also folgenden Gedankengang:

[91] Balzer et al. (1999) 31.
[92] Ebd. 28.

(1) »Menschenwürde« =$_{df.}$ »das Recht, nicht erniedrigt zu werden«.
(2) Das Recht, nicht erniedrigt zu werden, haben alle und nur die Individuen, die erniedrigt werden können.

Daher:

(3) Menschenwürde haben alle und nur die Individuen, die erniedrigt werden können.

Wer dieses Argument akzeptiert, kann sich zunächst weder sicher sein, dass alle Menschen Menschenwürde haben, noch sicher sein, dass kein Tier Menschenwürde hat. Denn dass es für ein Individuum möglich ist, erniedrigt zu werden, hat *prima facie* mit geistigen Fähigkeiten zu tun, von denen wir nicht einfach unterstellen können, dass alle Menschen und kein Tier sie besitzen. Auch wenn die Frage, was genau *Erniedrigung* ist, eine subtile Angelegenheit ist, bleibt es letztendlich eine *empirische* Frage, ob zum Beispiel Hunde, Wölfe, Schimpansen und Bonobos erniedrigt werden oder Erniedrigung erfahren können. Durch bloße Reflexion auf die Begriffe MENSCH und TIER und ERNIEDRIGUNG lässt sich das jedenfalls nicht entscheiden.

Balzer et al. vertreten nun die Auffassung, dass nur solche Wesen erniedrigt werden können, die fähig sind, Selbstachtung zu haben. Selbstachtung kann man nun aber nur dann besitzen, wenn man – so Balzer et al. – »ein *praktisches Selbstverständnis* besitz[t]«, denn »[o]hne ein solches praktisches Selbstverständnis könnte man das, was man tut, bzw. das, was einem widerfährt, nicht als wertlos oder inakzeptabel ansehen«.[93] Ein praktisches Selbstverständnis setzt nicht nur Selbstbewusstsein, sondern auch die Fähigkeit voraus, »sich auf das eigene Wollen reflexiv beziehen zu können« und »die Fähigkeiten, werten zu können und die eigene Situation im Lichte der Bewertungen zu beurteilen«.[94] Da hier nichts davon abhängt, alle diese Dinge genau zu unterscheiden, können wir Balzer et al. als Summe ihrer Überlegung die Auffassung zuschreiben, dass nur solche Individuen erniedrigt werden können, die die *Fähigkeit zur Selbstachtung* haben:

[93] Ebd. 29
[94] Ebd.

(4) Alle und nur die Individuen können erniedrigt werden, die die Fähigkeit zur Selbstachtung haben.

(3) und (4) zusammen implizieren nun, dass Menschenwürde die und nur die Individuen haben, die die Fähigkeit zur Selbstachtung haben:

(3) Menschenwürde haben alle und nur die Individuen, die erniedrigt werden können.

(4) Alle und nur die Individuen können erniedrigt werden, die die Fähigkeit zur Selbstachtung haben.

Daher:

(5) Menschenwürde haben alle und nur diejenigen Individuen, die die Fähigkeit zur Selbstachtung haben.

Und nun dürfte jedem ins Auge springen, dass Balzer et al. in eine für Menschenwürde-Theoretiker unschöne Lage geraten. Wir wissen nämlich (und Balzer et al. glauben, wie wir gleich sehen werden, ebenfalls![95]):

(6) Nicht alle Menschen haben die Fähigkeit zur Selbstachtung.

Nun implizieren (5) und (6), dass einige Menschen keine Menschenwürde haben:

(5) Menschenwürde haben alle und nur diejenigen Individuen, die die Fähigkeit zur Selbstachtung haben.

(6) Nicht alle Menschen (nicht alle Individuen, die Menschen sind) haben die Fähigkeit zur Selbstachtung.

Daher:

(7) Einige Menschen (einige Individuen, die Menschen sind) haben keine Menschenwürde.

(7) ist eine offensichtliche Implikation von (5) und (6): Wer (5) und (6) glaubt *und* sich dessen bewusst ist *und* gewöhnliche argumentative Kompetenzen hat, kann nicht umhin, sich darüber klar zu sein, dass er auf (7) *rational festgelegt* ist. Es wäre daher irrational für die

[95] Vgl. Fn. 179.

Autoren, (5) und (6) zu glauben, (7) jedoch zu verneinen oder etwas zu bejahen, was die Falschheit von (7) impliziert.

Balzer et al. vertreten nun aber tatsächlich eine These, die die Falschheit von (7) impliziert. Wie schon gesagt, behaupten sie nämlich, dass »die inhärente Menschenwürde (…) *allen* Menschen zu[kommt], ohne verloren gehen oder angeeignet werden zu können«.[96] Diese These präsentieren sie dabei als das *Ergebnis* ihrer Untersuchung. Vor dem Hintergrund dessen, was wir bisher über ihre Argumentation wissen, wissen wir Folgendes: Zu diesem Ergebnis können Balzer et al. nur dann rational gelangen, wenn sie (a) wenigstens eine der Prämissen der zu (7) führenden Argumentation verwerfen; und wenn sie (b) gute Gründe dafür haben. Tatsächlich ist es aber so, dass Balzer et al. keine einzige der zu (7) führenden Prämissen verwerfen. Es gibt daher in ihrer Konzeption einen *manifesten Widerspruch*, und ihr offizielles Ergebnis ist *nicht auf rationale Weise* zustande gekommen.

Da es uns hier nicht um eine philosophische Auseinandersetzung mit dieser Position, sondern um eine aufklärerische Analyse geht, ist für uns von einigem Interesse zu betrachten, wie die drei Autoren *de facto* zu diesem Ergebnis gelangt sind. Was also hat sie dazu bewogen, zu behaupten, dass *alle* Menschen Menschenwürde besitzen, obwohl ihre eigene Argumentation sie zu der Auffassung nötigt, dass *einige* Menschen *keine* Menschenwürde besitzen?

Nachdem sie uns klar zu machen versucht haben, dass ein praktisches Selbstverständnis zu haben eine *notwendige Bedingung* für Selbstachtung und damit auch eine *notwendige Bedingung* für Menschenwürde ist, schreiben Balzer et al.:

> Wenn wir diese Bedingung der Selbstachtung betrachten, dann wird klar, daß nicht alle Menschen Selbstachtung haben können (sie können entsprechend auch nicht erniedrigt werden. (…) Heißt das, daß diesen Menschen keine Menschenwürde zukommt?[97]

Wenn wir »heißt das?« im Sinne von »folgt daraus?« lesen – eine andere Lesart macht hier keinen Sinn – ist klar, dass die Antwort nur heißen kann: Ja, daraus *folgt*, dass diesen Menschen keine Menschenwürde zukommt! Denn es ist unmöglich, dass ein Mensch

---

[96] Ebd. 31, Herv. A.L.
[97] Ebd. 29f.

Menschenwürde besitzt und zugleich die *notwendige Bedingung* für den Besitz der Menschenwürde nicht erfüllt. Wer die Bedeutung von »notwendige Bedingung« versteht, weiß das. Wer das nicht weiß, versteht nicht die Bedeutung von »notwendige Bedingung«. Balzer et al. scheinen das jedoch nicht zu bemerken und fahren fort:

> Heißt das, daß diesen Menschen keine Menschenwürde zukommt? Dies wäre dann der Fall, wenn es keine Gründe gäbe, ihnen das moralische Recht zuzuschreiben, nicht erniedrigt zu werden. Es gibt aber Gründe, allen Menschen ab ihrer Geburt eine inhärente Menschenwürde zuzusprechen. Dieser Vorschlag drängt sich aus *sozialpsychologischen Erwägungen* auf. Wir fühlen uns Kleinstkindern und Geistigbehinderten in besonderer Weise verbunden.

Diese Stelle ist in jeder Hinsicht bemerkenswert. Sie lenkt die Aufmerksamkeit der Leserin von der bisherigen Argumentation weg, indem sie suggeriert, dass die Frage, ob Menschen, die keine Fähigkeit zur Selbstachtung haben, Menschenwürde besitzen, eine vollkommen *neuartige* Frage sei, für die die bisherige Argumentation keinerlei Relevanz hat. Der unverkennbar rhetorische Charakter der Frage »Heißt das, daß diesen Menschen keine Menschenwürde zukommt?« – jeder, der das liest, weiß sofort, dass die Autoren sie genauso mit »nein« beantworten werden wie der Pfarrer die von ihm in den Raum gestellte Frage »Heißt das etwa, dass Gott nicht alle Menschen liebt?« – signalisiert, dass man nun *unabhängig von allem bisher Gesagten* frei darüber reflektieren möge, ob geistig behinderte Menschen Menschenwürde besitzen. Es dürfte keine allzu verwegene Hypothese sein, dass diese Frage, wenn sie im Anschluss an die uns bekannte Argumentation in einem Vortrag in den Raum geworfen wird, beim Standardpublikum solcher Themen den Effekt einer moralischen Erleichterung hat. Denn die Leute können, sobald sie diese Frage hören, endlich aufatmen und alles bisher Gesagte endlich vergessen, nachdem sie zuvor bereits befürchten mussten, dass die drei Autoren pfeilgerade auf eine, wie sie empfunden hätten, *moralisch anstößige* Schlussfolgerung zusteuern. Mit dieser untergründig moralisierenden Rhetorik, die von philosophischer Argumentation gar nichts mehr wissen will, erwecken Balzer, Rippe und Schaber scheinbar auch bei sich selbst den Eindruck, dass der Raum der ihnen zur Verfügung stehenden

Antwortmöglichkeiten durch das bisher Gesagte in keiner Weise begrenzt worden sei.

Aber wie gelingt es ihnen, ihre Aufmerksamkeit und die ihrer Leser *nachhaltig* von der Tatsache abzulenken, dass ihre Prämissen implizieren, dass einige Menschen keine Menschenwürde haben? Die Antwort darauf lautet: Begünstigt durch eine (allerdings recht bekannte) Ambiguität in der Rede von Gründen, fangen sie an, *das Thema zu wechseln*. Die Frage, die sie vorgeben, beantworten zu wollen, ist die Frage:

(F1) ob geistig behinderten Menschen Menschenwürde *zukommt*.

Die Frage war, mit anderen Worten, ob es so ist, dass geistig behinderte Menschen Menschenwürde *haben*. Gründe für die Bejahung dieser Frage (F1) können nun ausschließlich solche Gründe sein, die dafür sprechen, dass alle Menschen Menschenwürde *haben*. Gründe dieser Art sind Gründe, die die Überzeugung, dass geistig Behinderte Menschenwürde haben, als solche – als ein Für-wahr-Halten – rechtfertigen. Kurz, Gründe, die für die Bejahung von (F1) sprechen, sind *epistemische Gründe*.

Balzer et al. sprechen jedoch nicht von epistemischen Gründen. Sie sprechen nicht von Gründen, die dafür sprechen, dass allen Menschen Menschenwürde *zukommt*, sondern von Gründen, die dafür sprechen, dass *wir* allen Menschen Menschenwürde *zusprechen*. Damit haben sie aber ihre ursprüngliche Frage (F1) aus den Augen verloren. Anstelle dieser Frage haben sie angefangen über die Frage zu diskutieren:

(F2) ob *wir* geistige behinderten Menschen Menschenwürde *zusprechen* sollten.

(F2) ist eine Frage anderer Art als (F1). Es ist eine Frage darüber, wie *wir* uns gegenüber geistig behinderten Menschen *verhalten* sollen. Diese Frage provoziert eine *praktische* Überlegung, eine Überlegung also, die praktische Gründe – Gründe etwas zu tun – anführt. Und genau das beobachten wir in der Antwort von Balzer et al. Sie unterstreichen nämlich, dass wir uns geistig behinderten Menschen in besonderer Weise *verbunden fühlen*. Verbundenheitsgefühle können aber kein Grund sein, von einem Menschen zu glauben, dass er Menschenwürde besitzt, egal ob dieser Mensch geistig behindert ist oder nicht. Vor dem Hintergrund der von Balzer et al. selbst vertretenen Konzeption von Menschenwürde könnte es vielmehr nur eine einzige Art von Gründen geben, so etwas zu glauben: Gründe, die dafür sprechen, dass ein Individuum die Fähigkeit zur Selbstachtung hat. Dass wir uns einem Menschen verbunden fühlen, ist aber kein Grund zu glauben, dass er die Fähigkeit zur Selbstachtung hat. Das zeigt, dass die von Balzer et al. angeführten Gründe *keine Relevanz* für die Beantwortung von (F1) haben. Die von ihnen angeführten Gründe sind pragmatische Gründe. Gründe dieser Art sind allenfalls Gründe dafür, *so zu tun, als ob* auch solche Menschen, die nicht die Fähigkeit zur Selbstachtung haben, Menschenwürde hätten. Wenn überhaupt, dann sind Verbundenheitsgefühle also Gründe für die Fabrikation einer *Fiktion*. Wenn das Argument von Balzer et al. überhaupt etwas zeigt, dann ist es nicht, dass alle Menschen Menschenwürde haben, sondern so etwas wie:

(8) Wir haben Gründe dafür, so zu tun, als ob allen Menschen die inhärente Menschenwürde zukäme.

Die Autoren bemerken das allerdings nicht. Sie scheinen zu glauben, dass sie mit dem Hinweis auf Gefühle der Verbundenheit gezeigt haben, dass »die inhärente Menschenwürde allen Menschen *zukommt*«, wobei das, wenn wir ihrer Definition von »Menschenwürde« folgen, bedeutet, dass alle Menschen das Recht haben, nicht erniedrigt zu werden – und zwar auch die, die nicht erniedrigt werden können.

Abgesehen davon, dass sie nicht das, sondern höchstens (8) gezeigt haben, kommt hier noch ein weiteres Problem zu Tage: Was sie behaupten gezeigt zu haben, ist eine an sich inkohärente These. Denn wie können Individuen, die nicht erniedrigt werden können, ein Recht haben, nicht erniedrigt zu werden? Das Problem ist, dass dieses Recht niemanden zu irgendetwas verpflichten könnte. Denn da man diese Individuen, *ex hypothesi*, nicht erniedrigen kann, kann man auch nichts tun, was dieses behauptete Recht verletzen könnte. Ein Recht, das unmöglich verletzt werden kann und das daher niemanden zu irgendetwas verpflichtet, kann es aber nicht geben: Der Begriff eines solchen Rechts ist inkohärent.

Wenn wir weiterhin daran denken, dass Balzers et al. Definition von »Menschenwürde« impliziert, dass »Verletzung der Menschenwürde« dasselbe bedeutet wie »Verletzung des Rechts, nicht erniedrigt zu werden«, ergibt sich eine weitere eigenartige Konsequenz. Balzer et al. müssen nämlich behaupten:

(9) Es ist unmöglich, die Menschenwürde von Menschen zu verletzen, die nicht erniedrigt werden können.

Da die Idee der Menschenwürde notwendig verbunden ist mit jener der Verletzung der Menschenwürde und ohne diese Idee keinen Sinn ergibt (davon, dass sie inkohärent ist, abstrahieren wir im gegenwärtigen Kontext), ist es sogar *mit dem Menschenwürde-Idiom unvereinbar*, Individuen Menschenwürde zuzuschreiben, für die es unmöglich ist, Opfer einer Verletzung der Menschenwürde zu werden.

Fassen wir kurz zusammen. Balzer et al. sind aufgrund ihrer eigenen Thesen über die Bedeutung von »Menschenwürde« und über die Bedingungen, unter denen Individuen das Recht haben können, nicht erniedrigt zu werden, auf die These festgelegt, dass nicht alle Menschen Menschenwürde besitzen. Diese These widerspricht jedoch ihrer eigenen offiziellen These, der zufolge alle Menschen Menschenwürde besitzen. Diese Inkonsistenz wird von den Autoren nicht bemerkt. Im Widerspruch zu ihren eigenen Prämissen argumentieren sie sogar dafür, dass auch Menschen, die nicht die Fähigkeit zur Selbstachtung haben, ein Recht haben, nicht erniedrigt zu werden. Das wäre unerklärlich, wenn sie nicht durch rhetorische Ablenkung, dann aber vor allem durch einen unbemerkten Wechsel des Themas den Eindruck erweckten, die Prämissen ihrer ursprünglichen Argumentation würden die Frage, ob Menschen, denen die Fähigkeit zur Selbstachtung fehlt, Menschenwürde haben, offenlassen. Der Themenwechsel wird durch eine Ambiguität der Rede von Gründen erleichtert. Sie nennen uns *pragmatische* Gründe dafür, dass wir allen Menschen Menschenwürde zusprechen sollen, nicht aber *epistemische* Gründe, die dafür sprechen, dass alle Menschen Menschenwürde haben. Aufgrund ihrer Verwechselung von epistemischen mit pragmatischen Gründen glauben sie schließlich gezeigt zu haben, dass auch Menschen, die nicht erniedrigt werden können, das Recht haben, nicht erniedrigt zu werden. Diese Auffassung erweist sich aber als inkohärent, da es keine Rechte (im Sinne von moralischen Ansprüchen) geben kann, die niemanden zu irgendetwas verpflichten.

Die Probleme, die wir aufgezeigt haben, sind nun keineswegs derart subtil, dass sie auch leicht dem Blick eines geübten Philosophen entgehen könnten.[98] Außerdem haben wir es bei dem Text, den wir betrachtet haben, mit einem Produkt der denkerischen Zusammenarbeit von drei Philosophen zu tun. Daher drängt sich die Frage auf: Wie konnten den Autoren derart frappierende Fehler unterlaufen? Die beste Erklärung ergibt sich aus der Theorie, die besagt, dass der Begriff der Menschenwürde eine Quelle falschen moralischen Bewusstseins ist, und macht dem entsprechend geltend, dass die hier betrachtete Argumentation das Resultat eines unbewussten Dogmatismus ist. Die Fehler, die wir gesehen haben, sind daher keine gewöhnlichen Fehler, sondern Indikatoren einer fideistischen Täuschung und damit auch Indikatoren für Pseudo-Rationalität. Insbesondere die Tatsache, dass sie eine bedeutende Implikation ihrer eigenen Prämissen nicht anerkennen und stattdessen eine Behauptung aufstellen, die in einem manifesten Widerspruch zu diesen Prämissen steht, hat ihre beste Erklärung darin, dass es für Balzer et al. *von vorneherein* ausgemacht war, dass »die inhärente Menschenwürde (...) allen Menschen zu[kommt], ohne verloren gehen oder angeeignet werden zu können«.[99] Als unausdrücklicher Leitfaden ihrer Diskussion hat diese Auffassung den Spielraum ihrer philosophischen Reflexion so begrenzt, dass sie die durch ihre eigene Konzeption der Menschenwürde provozierte These, dass Unterschiede in Bezug auf die Fähigkeit zur Selbstachtung Unterschiede in Bezug den moralischen Status von Menschen mit sich bringen, niemals ernsthaft in Erwägung gezogen haben. Statt eine Konsequenz des eigenen Denkens darin zu erkennen, haben sie diesen Gedanken wie eine gänzlich fremdartige Perspektive beiseite geschoben. Die Anfechtung ihrer Grundüberzeugung, dass alle Menschen moralisch Gleiche sind, haben sie nicht als eine Anfechtung wahrgenommen, sondern nur als einen Umstand, der sie dazu auffordert, den Egalitarismus des Menschenwürde-Ethos erneut zu bekräftigen. Daher haben sie sich, ohne auf die Konsequenz des eigenen Denkens zu achten, davon überzeugt, dass der

---

[98] Was das betrifft, unterscheiden sind die hier betrachteten Fehler deutlich von dem Fehler, »Menschenwürde« als ein Recht zu definieren. Vgl. dazu Appendix B.
[99] S. Fn. 173.

moralische Status eines *Menschen* in keinem Zusammenhang mit seinen geistigen Kapazitäten steht. Es ist schwer vorstellbar, dass die drei Autoren die Inkonsistenz ihrer Argumentation auch dann nicht bemerkt hätten, hätten sie sich nicht von der Idee der Menschenwürde leiten lassen.

Eine weitere starke Evidenz dafür, dass die Argumentation der drei Autoren unter den Bedingungen eines vom Begriff der Menschenwürde unterstützten Dogmatismus stattfindet, finden wir in ihrer Anwendung epistemologischer Doppelstandards. Nachdem sie sich selbst und ihre Leser davon zu überzeugen versucht haben, dass auch alle diejenigen Menschen Menschenwürde haben, denen die Fähigkeit zur Selbstachtung fehlt, betonen sie:

> Wenn nicht-menschlichen Lebewesen im Sinne der oben skizzierten Minimalkonzeption Menschenwürde zukommen soll, *müßten sie zumindest jene kognitiven Fähigkeiten haben, die Voraussetzung für Selbstachtung sind*.[100]

Dieser geradezu unbemäntelte Ausdruck einer epistemologischen Doppelmoral ist frappierend. Es gibt kaum ein deutlicheres Zeichen dogmatischen Argumentierens als die Anpassung epistemologischer Maßstäbe zur Erzielung eines dialektischen Vorteils. Die dialektische Unfairness besteht dabei nicht nur in einer unfairen Verteilung der Beweislast, sondern in einer unfairen Verteilung der Kriterien der Rechtfertigung zu Ungunsten der gegnerischen Auffassung. Bei menschlichen Individuen, unterstellen Balzer et al., muss man nicht beweisen, dass sie die Fähigkeit zur Selbstachtung haben, um gerechtfertigt glauben zu können, dass sie Menschenwürde besitzen. Bei nicht-menschlichen Individuen sollen Beweise für ihre Fähigkeit zur Selbstachtung dagegen *unerlässlich sein*, um gerechtfertigt glauben zu können, dass sie Menschenwürde besitzen.[101] Während Menschen nicht einmal »jene kognitiven Fähigkeiten haben [müssen], die Voraussetzung der Selbstachtung

---

[100] Ebd. 41, Kursivierung A. L.
[101] Dass von nicht-menschlichen Individuen nicht sinnvoll behauptet werden kann, sie besäßen Menschenwürde, muss uns hier nicht interessieren. Es ist aber klar, dass die gesamt argumentative Strategie von Balzer et al. die Tatsache widerspiegelt, dass »Alle Menschen haben Menschenwürde« und »Nichtmenschliche Individuen haben keine Menschenwürde« zu den Plattitüden des Menschenwürde-Idioms gehört.

sind«, müssen nicht-menschliche Lebewesen »*zumindest* jene kognitiven Fähigkeiten haben, die Voraussetzung der Selbstachtung sind«, wenn ihnen »die Minimalkonzeption der Menschenwürde zukommen soll«. Während nach ihrer Auffassung Menschen, die nicht die Fähigkeit zur Selbstachtung haben, dennoch Menschenwürde besitzen, weil wir uns ihnen »in besonderer Weise verbunden [fühlen]«[102], spielen Erwägungen emotionaler Verbundenheit *keine* Rolle, wenn es um die Attribution von Menschenwürde bei Tieren geht. Wenn es um Menschen geht, betrachten es Balzer et al. offensichtlich schon als hinreichend, dass *irgendjemand* sich *irgendeinem* zur Selbstachtung nicht fähigen Menschen in besonderer Weise verbunden fühlt, damit wir berechtigt sind, zu glauben, dass *alle* zur Selbstachtung nicht fähige Menschen Menschenwürde besitzen. Wenn es um nicht-menschliche Lebewesen geht, wäre es nach der Auffassung von Balzer et al. für die gerechtfertigte Attribution von Menschenwürde dagegen nicht einmal hinreichend, wenn *alle* Menschen sich in besonderer Weise einem Tier verbunden fühlten. Ja, es wäre nicht einmal hinreichend, wenn *alle* Menschen sich in besonderer Weise *allen* Tieren verbunden fühlten. Denn diese müssen »*zumindest* jene kognitiven Fähigkeiten haben, die Voraussetzung der Selbstachtung sind«.

Auch wenn sie nicht bewusst ist, dient die arbiträre Einführung epistemologischer Doppelstandards, wie wir sie bei Balzer et al. beobachten können, der systematischen Begünstigung der eigenen vorgefassten Meinung und ist daher ein sicheres Zeichen für ein dogmatisches Argumentieren, das sich dem nicht-epistemischen Ziel der Bewahrung der Glaubensstärke verschrieben hat. Die Einführung dieser Doppelstandards ist arbiträr, aber nicht unerklärlich. Sie ist eine Manifestation des falschen Bewusstseins, das seine Quelle im Begriff der Menschenwürde hat.

[102] Ebd. 29.

4.3 Die Suggestion der Unmöglichkeit der Aufklärung

Am Ende seines Aufsatzes »Human Dignity: Philosophical Origin and Scientific Erosion of an Idea« resümiert Kurt Bayertz: »The concept of human dignity is characterised by inner tension and contradiction.« Ich denke, wir dürfen Bayertz hier beim Wort nehmen. Bei Nicht-Philosophen muss man immer etwas vorsichtig sein, wenn sie von etwas sagen »Das ist widersprüchlich«. Bei einem Philosophen müssen wir dagegen annehmen dürfen, dass er tatsächlich auf einen Widerspruch hinweisen will, wenn er das Wort »Widerspruch« (oder »contradiction«) gebraucht. Wir müssen also annehmen dürfen, dass Bayertz hier behauptet, dass der Begriff der Menschenwürde einen *Widerspruch* enthält. Nennen wir diese Behauptung die Inkonsistenzthese.

Wenn die Inkonsistenzthese wahr ist, sollte bloße Reflexion auf den Begriff der Menschenwürde miteinander unverträgliche Intuitionen produzieren. Das heißt wir müssen erwarten, dass es Intuitionen gibt, für die gilt: (1) Sie beruhen auf unserem Verständnis von MENSCHENWÜRDE, (2) man kann sie nicht als epistemologisch wertlos verwerfen, ohne den Begriff der Menschenwürde zu verwerfen; (3) diese Intuitionen führen zu einander *widersprechenden* Urteilen. So könnte man zum Beispiel denken, dass der bloße Begriff der Menschenwürde sowohl das Urteil unterstützt, dass aktive Sterbehilfe moralisch verwerflich ist, als auch das Urteil unterstützt, dass aktive Sterbehilfe moralisch erlaubt oder sogar geboten ist. Nehmen wir an, das wäre so. In diesem Fall würde jeder, der für eine dieser Positionen Partei ergreift, dies auf der Basis einer Intuition tun, die auf dem Begriff der Menschenwürde beruht und die man nicht als epistemologisch wertlos verwerfen könnte, ohne diesen Begriff selbst zu verwerfen. Sofern nun die Disputanten aufrichtig sind und die Bereitschaft haben, die Position ihrer jeweiligen Opponentin im Lichte der Idee der Menschenwürde zu betrachten, wird jede zu dem Schluss kommen müssen, dass jede der Parteien sich mit genau demselben Recht auf die Idee der Menschenwürde berufen kann. Das bedeutet aber, dass sie einsehen, dass *keine* der im Spiel befindlichen Intuitionen für und gegen die aktive Sterbehilfe einen epistemischen Wert hat. Sie werden diese Intuitionen daher als epistemologisch wertlos verwerfen, und das bedeutet, dass sie eine ethische Methode verwerfen, die sich, in letzter Instanz, auf die Idee der Menschenwürde stützt. Damit verwerfen sie aber diese Idee selbst. In ihrem Nachdenken über die Ursache der Unauflösbarkeit ihres moralischen Dissenses hat sich gezeigt, dass der Begriff der Menschenwürde diesen Dissens sowohl provoziert als auch unauflösbar macht. Damit hat sich aber gezeigt, dass der Begriff MENSCHENWÜRDE ein illegitimer Begriff ist, auf den sich niemand zu Recht berufen kann.

Es wäre folglich irrational daran festzuhalten, dass der Begriff der Menschenwürde ein legitimer Begriff ist, wenn man, wie Bayertz, glaubt, dass er inkonsistent ist. Wir sollten daher erwarten, dass ein Autor, der die Inkonsistenzthese vertritt, seinen Lesern zumindest zu bedenken gibt, dass die Fortsetzung ethischer Debatten im Begriff der Menschenwürde vielleicht keine allzu gute Idee ist. Aber selbst diese Minimalerwartung sieht der Leser bei Bayertz nicht erfüllt. Er vertritt die These, dass wir nicht fähig sind, unser Denken vom Begriff der Menschenwürde loszulösen. Nehmen wir das in Kombination mit der Inkonsistenzthese, müssen wir Bayertz eine wahrlich atemberaubende Auffassung zuschreiben: *Wir Menschen sind zu inkonsistentem moralischem Denken verdammt.*

Es lohnt sich, Bayertz ausführlich zu Wort kommen zu lassen. Um den Überblick zu behalten, teile ich die Textpassage, auf die ich mich beziehe, in zwei Blöcke auf, und kommentiere jeden einzelnen für sich genommen.

> In view of this, it would seem a good idea to do away with the concept of human dignity altogether. It would, of course, be easy to give up the *term* »human dignity«. But this would not help us in the slightest. Whether this term is used or another one: the concept of human dignity is (…) much too deeply embedded in Modern Age thinking for us to dispose of it like a piece of clothing which no longer fits us.[103]

Diese Stelle ist zwar die für uns am wenigsten wichtige, aber doch wert, kurz kommentiert zu werden. Bayertz unterstreicht hier zu Recht den Unterschied zwischen dem Ausdruck (dem Wort) »Menschenwürde« (respektive »human dignity«) und dem Begriff MENSCHENWÜRDE. Er unterstreicht auch zu Recht, dass *den Begriff aufgeben* etwas anderes ist als *auf das Wort verzichten*. Die Stelle

---

[103] Bayertz (1996) 88.

hat aber einen tendenziösen Klang, insofern sie suggeriert, dass der Aufklärer, der für die Aufgabe des Begriffs der Menschenwürde eintritt, die naive Vorstellung hätte, man könne diesen Begriff aufgeben, indem man ihn wie ein Stück Kleidung ablegt. Es mag nun Leute geben, die ein derart naives voluntaristisches Bild von dem Verhältnis von Denkern und ihren Begriffen haben. Es ist aber klar, dass das Projekt der Aufklärung ein solches Bild gerade nicht unterschreibt. Die Einsicht in die Falschheit eines solchen begrifflichen Voluntarismus ist ein Bestandteil der Einsicht in die Möglichkeit eines durch Begriffe korrumpierten Denkens. Wer auch immer eine solche naive voluntaristische Sicht vertritt, ist vielleicht der Intention nach ein Aufklärer. Er ist aber kein Aufklärer. Denn der Aufklärer verfolgt ein Projekt der Überwindung falschen Bewusstseins durch die Kritik falschen Bewusstseins. Eine Aufklärerin in Bezug auf den Begriff der Menschenwürde muss daher wissen, dass dieser Begriff eine Quelle falschen Bewusstseins ist, und ist sich daher im Klaren darüber, dass dieser Begriff nicht im Entferntesten einem Kleidungsstück ähnelt, das man ablegen kann, wenn man es nur ablegen will. Sie weiß auch, dass eine bloß linguistische Disziplin für die Aufklärung nicht ausreicht. Sie weiß aber auch – und das ist ein Punkt, den Bayertz übersieht –, dass die kulturelle Reproduktion des Glaubens an die Menschenwürde ohne die entsprechenden linguistischen Vehikel genauso in Stocken gerät wie die kulturelle Reproduktion rassistischer Ideologien, wenn ihr die Vehikel rassistischer Ausdrücke fehlen.[104]

Dass es schwierig ist, sich selbst und andere dazu zu bringen, nicht mehr im Begriff der Menschenwürde zu denken, ist also nichts, was man gegen das Projekt der Aufklärung einwenden könnte. Trotzdem kann man dem Ton der Passage entnehmen, dass Bayertz nicht nur auf eine die Verwirklichung der Aufklärung betreffende Schwierigkeit hinweisen will, wenn er davon spricht, dass

---

[104] Joyce (2007) 82 ff. argumentiert, dass dichte Begriffe wie *Köter* ausschließlich durch die Einübung entsprechender Wörter wie eben »Köter« erworben und vermittelt werden können. Die Bedeutung linguistischer Vehikel lässt sich allgemein an der menschlichen Sprachpolitik ablesen. Wenig wirkt nachhaltiger auf das moralische Bewusstsein der Leute als die Einübung pejorativer Ausdrücke, mit denen sie ihren Abscheu, ihren Hass oder ihren Ekel artikulieren lernen. Vgl. die eindrucksvolle Studie von Patterson (2002) 27 ff.

der Begriff der Menschenwürde tief in das Denken der Moderne eingebettet (»deeply embedded in Modern Age thinking«) ist. Wer, wie wahrscheinlich die meisten Leserinnen dieses Buchs, öfter philosophische Texte im Bereich der Ethik oder der Politischen Philosophie liest, weiß, dass das Auftauchen solcher Ausdrücke mit einiger Wahrscheinlichkeit das Auftauchen anderer Ausdrücke wie »identitätstiftend«, »zu unserer Identität gehörig«, »konstitutiv für unser Selbstverständnis« nach sich zieht. Alle diese Ausdrucksweisen gehören zum gegenwärtig ziemlich populären *Identitäts-Idiom*. Charakteristisch für dieses Idiom ist, dass »Identität« eine *positive ethische Konnotation* hat. Wer das Identitäts-Idiom spricht, glaubt fälschlich, etwas Positives zu sagen, wenn er darauf hinweist, dass etwas »Teil unserer Identität« ist, oder wenn er unterstreicht, dass etwas »tief in unserem Denken verankert« ist oder »zu unserem Selbstverständnis« gehört. Wie das Identitäts-Idiom im Allgemeinen, haben alle diese Ausdrucksweisen einen legitimatorischen Klang. Das Identitäts-Idiom ist insgesamt ein *anti-revisionäres* und insofern auch anti-*aufklärerisches* Idiom. Dass »unser Selbstverständnis« falsch, illusorisch, borniert, vorurteilsbeladen oder auch einfach uninformiert sein könnte, sind Möglichkeiten, die das Identitäts-Idiom nicht in Rechnung stellt. Wenn ein Wert oder eine Überzeugung »zu unserer Identität« gehört, dann wäre es eine *Selbstentfremdung* oder ein *Identitätsverlust*, wenn man diesen Wert oder diese Überzeugung aufgeben müsste. Da diese beiden Begriffe durch das Identitäts-Idiom eine feste negative Konnotation erfahren haben, tendieren viele dazu, zu glauben, dass Veränderungen, die die Identität betreffen, als solche problematisch sind – obwohl es unzweifelhaft ist, dass die Aufrechterhaltung einer Identität falsch und verwerflich sein kann. Wenn Bayertz daher vom Begriff der Menschenwürde behauptet, er sei »deeply embedded in Modern Age thinking«, suggeriert er damit zumindest, dass der Begriff der Menschenwürde eine *positive* Rolle in unserem Denken spielt. Hätte er nur gesagt, dass dieser Begriff unser Denken *prägt*, wäre der Gedanke, dass er eine *schlechte* Rolle spielt, der naheliegende Gedanke gewesen. Denn wenn ein inkonsistenter Begriff unser Denken *prägt*, dann spielt er eine schlechte Rolle, und es scheint dann rational gefordert zu sein, sich von ihm zu befreien. So aber bereitet Bayertz sich selbst und seine Leser mit einer legitimatorisch anmutenden Ausdrucksweise auf eine anti-aufklärerische Position vor, ohne klarzustellen, dass es sich um eine anti-aufklärerische Position handelt. Die Aufklärung ist in Bayertz' Diskussion vielmehr gar nicht als eine genuine Alternative präsent, geschweige denn als die Alternative, für die es (wie ich im nächsten Teil argumentiere) eine rationale und moralische Präsumption gibt.

Bayertz fährt fort:

> It is not only difficult to give up a view of the Self and the World which is anchored in history; in this case, it even seems to be *impossible*. For if we were to take the problems surrounding the concept of human dignity which I have described here as a reason to overthrow this concept and all the normative orientations connected with it, then this could only be interpreted as an expression of our rationality and autonomy, *in other words, as an expression of our human dignity*.[105]

Schon bei der ersten Lektüre stellt sich hier das Gefühl ein, dass diese Schlussüberlegungen von Bayertz mit großer Wahrscheinlichkeit in mehreren Dimensionen fehlerhaft sind. Das erste, was jedem auffallen muss, ist, dass die *Unmöglichkeitsthese*, wenn sie überhaupt für das Thema der Loslösung vom Begriff der Menschenwürde relevant sein soll, vollkommen unglaubwürdig ist. Relevanz für unser Thema hat Bayertz' Unmöglichkeitsbehauptung nur dann, wenn sie diese These enthält:

(UT) Sich vom Begriff der Menschenwürde zu lösen, ist für jeden einzelnen von uns und für unsere Kultur insgesamt unmöglich.

Wenn (UT) wahr wäre, wäre die Aufklärung keine genuine Möglichkeit. Wir wären dann – da der Begriff der Menschenwürde (wie auch Bayertz denkt) inkohärent ist – dazu *verdammt*, in einem inkohärenten Begriff zu denken. Wir wären dazu verdammt, unser moralisches Denken nicht verbessern zu können, unsere moralischen Urteile auf der Basis einer unzuverlässigen ethischen Methode zu bilden, und dazu verdammt, diskreditierten moralischen Überzeugungen weiter anhängen zu müssen. Allein diese Implikationen sollten uns stutzig machen. Kann es wahr sein, dass wir schlechte Denkgewohnheiten nicht ablegen können, selbst wenn wir sie als solche erkannt haben? Wer sich angesichts von (UT) so etwas fragt,

---

[105] Bayertz (1996) 88/9, Herv. A.L.

ist schon auf der richtigen Spur. Denn für jeden Einzelnen von uns kann es nur dann *unmöglich* sein, sich von einem Begriff *B* zu lösen, wenn es für jeden Einzelnen von uns unmöglich ist, nicht im Begriff *B* zu denken. Das könnte aber nur dann der Fall sein, wenn in *B* zu denken gar keine Denkgewohnheit, sondern ein *angeborenes* Charakteristikum ist, d. h. wenn (1) *B* angeboren ist und zudem auch (2) die *Verwendung* von *B* in einschlägigen Kontexten angeboren ist. (UT) kann also nur dann wahr sein, wenn Menschen zum Beispiel über die moralische Stellung von Menschen oder über Fragen wie Eugenik, Euthanasie oder Klonierung nicht anders können, als im Begriff der Menschenwürde zu denken.

Wir *wissen* aber, dass das nicht so ist. Weder ist der Begriff MENSCHENWÜRDE angeboren, noch – und wichtiger – ist der *Gebrauch* dieses Begriffs angeboren. Auch wenn wir die Prägung durch diesen Begriff nicht ablegen können wie ein Kleidungsstück, können wir den Gebrauch dieses Begriffs kontrollieren. Wir können uns zum Beispiel den fundamentalen Unterschied zwischen WÜRDE und MENSCHENWÜRDE verdeutlichen; wir können uns verdeutlichen, dass der moralische Anthropozentrismus eine substantielle ethische Position ist und dass der Begriff der Menschenwürde eben darüber hinwegtäuscht; wir können uns die kognitive Anarchie der Menschenwürde-Konzeptionen oder den Dogmatismus und die Pseudo-Rationalität der Ethik der Menschenwürde vor Augen führen. Alles das wird uns ein lebendiges Bewusstsein der Fehlerhaftigkeit dieses Begriffs vermitteln und uns genauso befähigen, uns von diesem Begriff nach und nach zu befreien, wie uns die Einsicht, dass er entworfen wurde, um Zweifel an der Existenz von Marsbewohnern zu zerstreuen, befähigen würde, uns nach und nach vom Begriff REMARSBEWOHNER zu befreien, wäre uns dieser Begriff jemals eingepflanzt worden.[106]

(UT) ist so gut wie sicher falsch. Aber vielleicht meint Bayertz nicht, dass die Loslösung unseres moralischen Denkens vom Begriff der Menschenwürde eine natürliche Unmöglichkeit ist, sondern dass es *rational unmöglich* ist, sich davon zu lösen. Auf diese Lesart deutet die nachfolgende Begründung der Unmöglichkeits-

---

[106] Auf kulturelle Ebene ist die Kontrolle viel einfacher. Wir können uns dazu entscheiden, die pädagogischen Anstrengungen zur kulturellen Reproduktion des Menschenwürde-Idioms zu unterlassen.

behauptung hin. Im zweiten Satz der zitierten Passage unterstreicht Bayertz, dass der Versuch, sich vom Begriff der Menschenwürde zu lösen, ein Ausdruck unserer Rationalität und Autonomie *und eben damit auch ein Ausdruck unserer menschlichen Würde sei* (»… this could only be interpreted as an expression of our rationality and autonomy, in other words, as an expression of our human dignity«). Dem entspricht Bayertz' Behauptung, dass man den Begriff der Menschenwürde nicht aufgeben kann, ohne ihn zu rechtfertigen (zu stützen, zu vindizieren): »one cannot give up the concept of human dignity without confirming it.« Bevor wir diese Begründung betrachten, betrachten wir zunächst das Gesamtbild, das sich ergibt, wenn wir Bayertz die These der rationalen Unmöglichkeit zuschreiben:

(RUT) Sich vom Begriff der Menschenwürde zu lösen, ist für jeden einzelnen von uns und für unsere Kultur insgesamt rational unmöglich.

Dass es rational unmöglich ist, etwas zu tun oder zu glauben, heißt, dass es keinen rechtfertigenden Grund für dieses Tun oder diese Überzeugung geben kann. Also besagt (RUT), dass es *keine rechtfertigenden Gründe dafür geben kann, nicht im Begriff der Menschenwürde zu denken.* Wenn man sich das klar macht, wird sofort klar, dass (RUT) in Kombination mit der Inkonsistenzthese, die offensichtliche Falschheit impliziert, dass es einen *inkonsistenten* Begriff gibt, den man keinen Grund haben kann, nicht zu gebrauchen. Diese Implikation ist *atemberaubend*. Denn es ist offensichtlich, dass die Inkonsistenz eines Begriffs *notwendig* ein Grund ist, ihn nicht zu gebrauchen, so wie die Inkonsistenz einer Überzeugung notwendig ein Grund ist, sie aufzugeben.

Aber hat Bayertz nicht recht damit, dass wir unsere menschliche Würde gleichsam durch die Rationalität unseres Verhaltens unter Beweis stellen, wenn wir versuchen, den inkonsistenten Begriff der Menschenwürde nicht mehr zu gebrauchen? Es ist recht einfach zu sehen, dass diese Vermutung nicht besonders viel Sinn ergibt, da sie sowohl voraussetzt, dass der Begriff der Menschenwürde konsistent ist, als auch voraussetzt, dass er inkonsistent ist. Und eben das lässt sich auch an Bayertz' Argumentation ablesen. Bayertz argumentiert nämlich so:

(1) Was auch immer Evidenz für unsere Rationalität und Autonomie ist, ist Evidenz für unsere menschliche Würde.

(2) Wenn wir den Begriff der Menschenwürde aufzugeben versuchen, weil er inkonsistent (problematisch) ist, demonstrieren wir damit unser Rationalität und Autonomie.

Daher:

(3) Wenn wir den Begriff der Menschenwürde aufzugeben versuchen, weil er inkonsistent (problematisch) ist, demonstrieren wir damit unsere menschliche Würde.

Daher:

(4) Wir können den Begriff der Menschenwürde nicht aufzugeben versuchen, ohne ihn eben damit zu legitimieren.

Daher:

(RUT) Sich vom Begriff der Menschenwürde zu lösen, ist für jeden Einzelnen von uns und für unsere Kultur insgesamt rational unmöglich.

Wenn man dieses Argument im Kontext der Inkonsistenzthese betrachtet, fällt sofort auf, dass Bayertz mit (1) eine These vertritt, die er nicht zu vertreten berechtigt ist. Denn wenn der Begriff der Menschenwürde inkonsistent ist, kann es das, worauf sich dieser Begriff beziehen soll, nicht geben, und dann kann es auch keine Evidenzen für unsere Menschenwürde geben. Kurz, Bayertz setzt mit (1) schlicht voraus, dass der Begriff der Menschenwürde ein *konsistenter* und *legitimer* Begriff ist, mit dem wir nicht nur beanspruchen, uns auf etwas zu beziehen, sondern der sich tatsächlich auf etwas bezieht. Damit steht (1) in unmittelbarem Widerspruch zu Bayertz eigener Problematisierung des Begriffs der Menschenwürde. Anstatt *über* den Begriff MENSCHENWÜRDE zu reden, *verwendet* Bayertz hier diesen Begriff und vertraut damit auf seine Integrität und Legitimität. Diese Inkonsistenz in seinem Denken ist bemerkenswert, weil sie offen zu Tage liegt und weil die einander widersprechenden Thesen sogar in unmittelbarer textlicher Nachbarschaft auftauchen. Sogar *innerhalb* des Arguments selbst tritt diese Inkonsistenz auf, da die Prämisse (2) die Wahrheit der

Inkonsistenzthese voraussetzt. Bayertz Argument setzt also beides voraus: dass der Begriff MENSCHENWÜRDE konsistent und legitim ist und dass eben dieser Begriff zugleich auch inkonsistent und illegitim ist. Also ist sein Argument inkonsistent.

Die eigentlich sehr schlichte Wahrheit ist: Wenn der Begriff der Menschenwürde inkonsistent ist, haben wir einen Grund, ihn nicht mehr zu verwenden. Wenn wir kognitiv diszipliniert sind und diesen Begriff nicht mehr weiter verwenden, zeigt sich in dieser kontrollierten Veränderung unseres moralischen Denkens die Rationalität und Autonomie reflektierter und kognitiv disziplinierter menschlicher Denker. Was sich darin aber *nicht* zeigt, ist die Menschenwürde menschlicher Individuen. Denn wenn der Begriff der Menschenwürde inkonsistent ist, kann es nicht wahr sein, dass Manifestationen von Rationalität und Autonomie zugleich Manifestationen dessen sind, worauf unbedarfte Teilnehmer am Menschenwürde-Diskurs glauben, sich mit dem Begriff MENSCHENWÜRDE zu beziehen. Und genau das *wissen* wir reflektierten und kognitiv disziplinierten menschlichen Denker.

Für kognitiv disziplinierte Denkerinnen ist es folglich auch einsichtig, dass der Versuch, sein eigenes Denken vom Begriff der Menschenwürde loszulösen, nichts Paradoxes an sich hat. Das Bestreben, das eigene moralische Denken von diesem Begriff nicht mehr beeinflussen zu lassen, ist so wenig paradox wie das Bestreben, das eigene Denken von rassistischen oder sexistischen Kategorien zu befreien. Betrachten wir das etwas genauer.

Denken wir uns zum Beispiel eine Kultur mit einer männerverherrlichenden Ideologie, die ihren Ausdruck in der Idee einer spezifisch männlichen Würde – der Idee der Männerwürde – findet, wobei der entsprechende Begriff ausschließlich von Männern verwendet wird. Nun gibt es einen indigenen Theoretiker, der den Begriff der Männerwürde als inkonsistent verwirft, zugleich aber glaubt, dass Männer nicht aufhören können, diesen Begriff zu verwenden, weil ein Mann, wenn er dies zu tun versucht, eben damit seine überlegene Rationalität und Autonomie unter Beweis stellt, jene Charakteristika also – glaubt dieser indigene Theoretiker –, die ihm seine spezifisch männliche Würde verleihen.

Als Außenstehende würden wir erkennen, dass dieser indigene Theoretiker inkonsistent denkt und unfähig ist, die *schlichte* Wahrheit zu erkennen, dass es für die Präsenz dessen, worauf sich die Männer seiner Kultur mit dem Begriff MÄNNERWÜRDE zu beziehen vermeinen, keine Evidenz geben kann, wenn der Begriff MÄNNERWÜRDE inkonsistent ist. Aber wie lässt sich diese Unfähigkeit des indigenen Theoretikers am besten erklären? Seine Unfähigkeit ist eine Unfähigkeit, aus der semantischen These, dass der Begriff MÄNNERWÜRDE inkonsistent ist, den richtigen Schluss zu ziehen, dass der Glaube an eine Männer privilegierende männerspezifische Würdigkeit, die allen Männern gleichermaßen zukommt, eine bloße Illusion ist. Die Frage ist dann, wie jemand unfähig sein kann, diese sich aufdrängende Schlussfolgerung zu erkennen. Eine Antwort ist, dass der indigene Theoretiker inkompetent ist und entweder nicht zuverlässig zwischen der Anführung und dem Gebrauch eines Begriffs unterscheiden kann oder nicht versteht, was er eigentlich behauptet, wenn er behauptet, dass MÄNNERWÜRDE ein inkonsistenter Begriff sei. Diese Erklärung wäre plausibel, wenn der indigene Theoretiker ein philosophischer Laie wäre. Aber nehmen wir an, er wäre philosophisch geübt und würde in anderen Kontexten ohne Probleme erkennen, dass der Glaube an die Existenz von *F*s durch die Überzeugung, dass der Begriff »F« inkonsistent ist, unterminiert wird. Das würde die Erklärung aus der Inkompetenz unbrauchbar machen. Die intellektuellen Fehler, die unserem Theoretiker unterlaufen, wären unerklärlich, es sei denn, der Glaube an den privilegierten moralischen Status von Männern figuriert in seinem Denken als ein ethisches Axiom, das weder gerechtfertigt noch verteidigt werden muss. In diesem Falle ist es wahrscheinlich, dass seine moralische Perspektive seine skeptische These über den *Begriff* der Männerwürde überlebt. Wenn wir außerdem berücksichtigen, dass die skeptische These kontraintuitiv ist und dass daher auch das Gefühl der begrifflichen Kompetenz die skeptische These überleben kann, ist es nicht weiter verwunderlich, wenn der indigene Theoretiker seinen Glauben an die moralische Sonderstellung der Männer weiterhin mit Hilfe des Begriffs der Männerwürde artikuliert. Wenn er das tut, nimmt er eine Position ein, deren Inkonsistenz für jeden Außenstehenden unschwer zu erkennen ist. Sein vom Begriff der Männerwürde beförderter Dogmatismus hat ihn dann unfähig gemacht, die richtigen Schlüsse aus seiner skeptischen These zu ziehen.

Diese Art der Erklärung scheint auch die einzige zu sein, unter der die entsprechenden Fehler in der Argumentation von Bayertz erwartbar sind. Dass er eine manifest inkonsistente Position vertritt und den Begriff MENSCHENWÜRDE in seiner Argumentation weiterhin unkritisch *gebraucht*, so als hätte er seine eigene These, dass dieser Begriff inkonsistent ist, vergessen, ist erwartbar, wenn Bayertz' Position durch die anthropozentrische Ethik bestimmt ist, über deren Anfechtbarkeit hinwegzutäuschen gerade die Funktion des Begriffs der Menschenwürde ist. Das wird insbesondere an der ansonsten vollkommen rätselhaften These (RUT) deutlich. Dass ein philosophischer Autor, von dem wir erwarten müssen, dass er weiß, was er sagt, wenn er eine Unmöglichkeitsbehauptung aufstellt, eine These wie (RUT) vertritt, scheint schwer erklärlich zu sein, es sei denn, er unterliegt einer epistemischen Täuschung. Nun haben wir aber sehr gute Gründe zu glauben, dass die Behauptung von (RUT) von einer epistemischen Täuschung bestimmt ist. (RUT) besagt, dass es *rational unmöglich* ist, sich vom Begriff der Menschenwürde loszulösen. Damit sagt uns (RUT) aber auch, dass wir nicht umhin können, unser Urteil über den moralischen Status von Menschen und nicht-Menschen von der Idee der Menschenwürde leiten zu lassen. Wenn das aber so wäre, gäbe es für uns keine rationale Alternative zum Glauben an den privilegierten moralischen Status aller Menschen. Es gäbe dann, mit einem Wort, keine rationale Alternative zum moralischen Anthropozentrismus. Das zeigt aber, dass (RUT) das Resultat jener fideistischen Voreingenommenheit für den MA ist, die zu produzieren die Funktion des Begriffs der Menschenwürde ist.

Dagegen, könnte man vielleicht einwenden wollen, spricht, dass die Pointe des Aufsatzes von Bayertz die These ist, dass die Ethik der Menschenwürde *paradox* ist:

> I can therefore only conclude with a paradox: one cannot hold onto the concept of human dignity without destroying it; one cannot give up the concept of human dignity without confirming it.[107]

Zunächst ist hier zu bemerken, dass nicht ganz klar ist, worauf sich Bayertz mit dem Pronomen »it« bezieht. Diese Stelle für sich betrachtet, muss sich »it« in beiden Vorkommnissen auf »concept of

[107] Bayertz (1996) 89.

human dignity« beziehen. In einer durch den vorangehenden Text nahegelegten Lesart würde sich »it« jedoch auf »human dignity« beziehen. Ich denke, dass wir die zweite Lesart favorisieren sollten. Denn in der ersten Lesart würde herauskommen: (1) Es ist unmöglich am Begriff der Menschenwürde festzuhalten, ohne den Begriff der Menschenwürde zu zerstören; (2) es ist unmöglich, den Begriff der Menschenwürde aufzugeben, ohne ihn zu bekräftigen. Diese Behauptungen sind jedoch derart bizarr, dass wir besser daran tun, die Stelle in der zweiten Lesart zu verstehen – auch wenn der erste Satz dann bedeuten würde, dass es unmöglich ist, am Begriff der Menschenwürde festzuhalten, ohne die Menschenwürde zu zerstören. Für diese Lesart spricht aber, wie gesagt, sowohl das, was uns Bayertz in den unmittelbar vorangehenden Sätzen, als auch das, was er im Hauptteil seines Aufsatzes sagt. Dort hebt er den ambivalenten Charakter der modernen Wissenschaft und Technologie hervor. Auf der einen Seite, betont er, seien Wissenschaft und Technologie (die paradigmatischen) Manifestationen der menschlichen Würde, auf der anderen Seite jedoch auch die ernsthaftesten Bedrohungen der menschlichen Würde. Das scheint das zu sein, was Bayertz eigentlich meint, wenn er von einer Paradoxie spricht. An den einschlägigen Stellen heißt es:

> (...) there can be no doubt that science and technology in their specifically modern interpretations *are manifestations of human dignity*. They have become (theoretically) perhaps the most unambiguous expression of human rationality, and (practically) decisive means within the process of human self-unfolding.[108]
>
> Science knows no subjectivity and no spontaneity. Human behaviour which becomes part of science *eo ipso* also becomes part of Nature. (...) By making its physical nature an object, the human being also makes its subjectivity an object – and thus a part of Nature. The strict difference between subjectivity and Nature, which forms the basis for the concept of human dignity, disappears. Briefly: there is no room within a scientific picture of humanity for the idea of human dignity.[109]

Am besten können wir Bayertz also so verstehen: Wissenschaft und Technologie – die paradigmatischen Manifestationen der menschli-

---

[108] Ebd. 82, Herv. A. L.
[109] Ebd. 85/6.

chen Würde – bedrohen die menschliche Würde, weil sie ein nivellierendes Menschenbild entwerfen, in dem kein Raum für die Vorstellung ist, dass ›der Mensch‹ eine besondere Stellung im Ganzen der natürlichen Welt hat. Zugleich aber geht diese tiefste Bedrohung gerade von einer Praxis aus, die wie keine andere die menschliche Würde manifestiert, weil sie zum Ausdruck bringt, was Menschen so besonders macht – Streben nach Erkenntnis, Rationalität, Autonomie, Selbstkontrolle.
Der Inhalt dieser Position muss uns hier nicht weiter beschäftigen.[110] Für uns ist nur wichtig, ob diese Überlegungen Evidenz dafür sind, dass sich der Autor vom Begriff der Menschenwürde und dem mit ihm verbundenen moralischen Anthropozentrismus distanziert. Aber das ist nicht der Fall. Es gibt keinen einzigen Hinweis darauf, dass Bayertz das, was er für eine Paradoxie hält, als einen Grund ansieht, der gegen die Ethik der Menschenwürde spricht. Die Botschaft von Bayertz, werden wir sehen, ist nämlich nicht, dass die Ethik der Menschenwürde, weil sie paradox ist, aufgegeben werden muss. Das Paradoxon (oder was er dafür hält) dient ihm nicht einmal dazu, diese Ethik zu problematisieren, sondern (inkonsistenter Weise) dazu, diese Ethik zu *bekräftigen*. Um das zu sehen, halten wir zunächst fest, dass Bayertz explizit die These vertritt:

»Wissenschaft und Technologie sind Manifestationen der menschlichen Würde.«

[110] Dass an der Situation, anders als Bayertz behauptet, gar nichts Paradoxes ist, kann man sich schnell klar machen. Setzen wir voraus, dass Bayertz recht damit hat, dass das wissenschaftliche Bild vom Menschen mit der Auffassung, dass Menschen vor allen anderen Lebewesen durch eine spezifisch menschliche Würde ausgezeichnet sind, *unvereinbar* ist. Nehmen wir nun an, dass das wissenschaftliche Bild korrekt ist. Unter der genannten Voraussetzung folgt dann, dass es keine spezifisch menschliche Würde gibt. Aber das ist natürlich nicht paradox. Denn dann folgt ebenfalls, dass die Wissenschaft keine Manifestation menschlicher Würde ist. Also gibt es hier nichts Paradoxes zu beklagen oder zu bestaunen. Nehmen wir jedoch an, dass die Wissenschaft tatsächlich eine Manifestation der menschlichen Würde ist. Dann ergibt sich, unter der genannten Voraussetzung, dass das wissenschaftliche Bild vom Menschen nicht korrekt ist und revidiert werden muss. Also gibt es hier auch kein Paradoxon. So oder so haben wir hier kein rätselhaftes Phänomen vor uns, sondern nur eine Verrätselung durch die Verwechselung von *Bild der Wirklichkeit* und *Wirklichkeit*.

Außerdem behauptet er von dieser These, sie stünde außer Zweifel und sei *unbezweifelbar* (»there can be no doubt ...«). Da Bayertz wissen muss, dass diese Behauptung von Menschenwürde-Skeptikern *de facto* bezweifelt werden würde, müssen wir ihn so interpretieren, dass er sagen will, es könne keinen *begründeten* Zweifel daran geben, dass Wissenschaft und Technologie Manifestationen der menschlichen Würde sind. Also ist auch klar, dass Bayertz keinen Zweifel daran hat, dass es menschliche Würde gibt, *und* dass er glaubt, dass dies nicht rational bezweifelbar sei. Eine rational nicht bezweifelbare Überzeugung ist eine unanfechtbare Überzeugung oder eine Überzeugung, zu der es keine rationale Alternative gibt. Wie zuvor (RUT) finden wir daher selbst in Bayertz' Darstellung dessen, was er für eine paradoxe Situation hält, Evidenz für den anthropozentrischen Dogmatismus, über dessen epistemologischen Status uns zu täuschen die Funktion des Begriffs der Menschenwürde ist. Selbst wenn es daher – wie der von uns erwogene Einwand besagt – eine Pointe von Bayertz' Aufsatz ist, dass die Ethik der Menschenwürde *paradox* ist, ist das kein Einwand, da Bayertz die (vermeintliche) Paradoxie nicht als einen Grund präsentiert, der gegen diese Ethik spricht. Das vermeintliche Paradoxon, auf das er mit seinem letzten Satz verweist, dient nicht der Anfechtung der Ethik der Menschenwürde, sondern der Anfechtung der Aufklärung. Die Aufklärung, so nämlich der Tenor seiner Schlussüberlegungen, hat eine allzu oberflächliche Vorstellung von der Stellung, die die Idee der Menschenwürde in unserem Denken einnimmt. Das Paradoxon soll uns daran erinnern, dass wir Menschen der Idee der Menschenwürde nicht entrinnen können. Der Aufklärer ist derjenige, der den Begriff der Menschenwürde aufgeben will. Aber das ist nicht möglich, sagt uns Bayertz. Ob sie will oder nicht – die Aufklärung ist eine Bestätigung oder Bekräftigung der (Idee der) Menschenwürde.

Alles das entspricht der dogmatischen Strategie in theologischen Debatten, den Atheisten als jemanden zu beschreiben, der sich *von Gott* entfernt hat und in seiner Gottesferne noch immer Zeugnis von dem ablegt, was er bestreitet. Diese Strategie verdunkelt, worum es in der Auseinandersetzung zwischen Theisten und Atheisten geht. Sie verdunkelt die Tatsache, dass der Atheismus eine *Verneinung* des Theismus ist, indem sie uns glauben machen will, dass eine solche Verneinung gar nicht möglich sei. Sie erreicht das, indem sie den Atheisten als jemanden präsentiert, der »Nein« *zu Gott* sagt. Aber das ist natürlich nicht wahr. Der Atheist sagt nicht etwa »Nein« *zu Gott* – er ist kein Hiob, der mit Gott hadert oder der Ihm Vorwürfe macht –, der Atheist sagt »Nein« zu der theistischen Behauptung, dass Gott existiert. Wenn man den Atheisten jedoch als jemanden präsentiert, der Gott verleugnet, präsentiert man seine Lage irreführend und tendenziös als das (existentielle) Paradoxon, dass die eigene Gotteskindschaft nicht umhin kann zu bekräftigen, wer Gott verleugnet.[111] Die dogmatische Strategie zur Neutralisierung des Atheismus besteht in der Konstruktion eines existentiellen Paradoxons.

Auf dieselbe Weise versucht Bayertz die Position der Aufklärung zu neutralisieren, indem er das Paradoxon konstruiert, dass man den Begriff der Menschenwürde nicht aufgeben kann, ohne ihn (eben damit) zu bekräftigen oder zu legitimieren. Um dieses konstruierte Paradoxon aufrichtig als eine Darstellung der Situation der Aufklärerin ansehen zu können, muss man buchstäblich *unfähig* sein, zu verstehen, dass die Aufklärerin nicht etwa irgendeine negative Einstellung *zur Menschenwürde* hat, sondern die skeptische These vertritt, dass der *Begriff* der Menschenwürde inkohärent ist, woraus folgt, dass es keinen legitimen Gebrauch dieses Begriffs gibt. Wie wir gesehen haben, ist die beste und wahrscheinlich einzige Erklärung dafür, dass ein philosophischer Autor diesen Unterschied nicht bemerkt, die, dass er der durch den Begriff der Menschenwürde induzierten epistemischen Täuschung unterliegt und sich von seinem Glauben an die moralische Sonderstellung der Menschen so leiten lässt, als hätte dieser den Status eines unanfechtbaren und keiner Rechtfertigung bedürftigen ethischen Axioms. Daher ist die Behauptung, die Aufklärung sei ein paradoxes Unternehmen, nicht etwa ein Zeichen für metakritisches Denken, sondern, im Gegenteil, ein sicheres Zeichen für die Abwesenheit kritischen Denkens.[112]

---

[111] Die Radikalkritik des Säkularismus durch die Theologie der *Radical Orthodoxy* beruht, so argumentiere ich in Lohmar (2017), auf eben dieser Methode, theologiekritische als kryptotheologische Einstellungen zu deuten und sie dadurch theologisch zu vereinnahmen.

[112] Oben, in Kap. 2.3, habe ich argumentiert, dass die Idee einer Aufklärung

4.4 Rückblick: Status und Methode aufklärerischer Analysen

In der Einleitung zum gegenwärtigen Kapitel habe ich bereits einiges über das Ziel und die Methode aufklärerischer Analyse gesagt. Um keinerlei Missverständnisse über deren Charakter aufkommen zu lassen, möchte ich abschließend noch einmal herausstellen, dass aufklärerische Analysen, wie ich sie in den letzten drei Unterkapiteln durchgeführt habe, nicht mit gewöhnlichen philosophischen Auseinandersetzungen verwechselt werden dürfen, die mit dem Ziel geführt werden, einen Beitrag zu einem bestehenden Diskurs zu leisten.

Auch bei einer gewöhnlichen philosophischen Auseinandersetzung wäre es von Bedeutung gewesen, die Fehler zu identifizieren, auf die auch die aufklärerische Analyse hinweist. Epistemische Zirkularitäten, Inkonsistenzen, die Konfusion von epistemischen und praktischen Gründen, die Einführung epistemischer Doppelstandards, die Konfusion von Bedeutung und Wahrheit, die Verwechslung von Anführung und Gebrauch eines Begriffs sowie eklatante Missverständnisse der gegnerischen Position sind Dinge, auf die man auch bei einer gewöhnlichen philosophischen Kritik hinweisen würde. Das würde man aber tun, um die Rechtfertigung einer Position zu unterminieren. Eben das gehört aber nicht zum Ziel der aufklärerischen Analyse. Das Ziel der aufklärerischen Analyse besteht darin, das Bild, das sich die Theoretiker der Menschenwürde von sich selbst, von ihrem Projekt und von der Ethik der Menschenwürde insgesamt machen, als eine Illusion zu entlarven.

Wenn wir nicht wissen, dass der Begriff der Menschenwürde eine Quelle falschen Bewusstseins ist, denken wir, dass diese Theoretiker ein Projekt verfolgen, dem es um die epistemische Rechtfertigung und die Verteidigung der Ethik der Menschenwürde geht. Wir glauben dann, dass diese Philosophen eine Grundlagendiskussion führen, durch die sie versuchen, zu Einsichten über den moralischen Status von Menschen und nicht-Menschen zu gelangen. Es erscheint uns dann sogar so, als hätten wir es mit einer Grundlagendiskussion zu tun, die verschiedenen skeptischen

über Aufklärung sowieso keinen Sinn ergibt und nur einem ideologisierenden Missverständnis dessen entspringt, was Aufklärung ist.

Anfechtungen der Ethik der Menschenwürde gerecht zu werden versucht. Wir glauben dann also, kurz gesagt, dass es sich bei der Grundlagendiskussion der Menschenwürde-Theoretiker um eine echte wahrheitsorientierte philosophische Untersuchung handelt, und teilen damit das Verständnis, dass auch die Menschenwürde-Theoretiker von ihrem Diskurs haben. Dementsprechend geht es der aufklärerischen Analyse darum, zu zeigen, dass der von den Menschenwürde-Theoretikern geführte Diskurs pseudo-rational und nicht wahrheitsorientiert ist. In den Untersuchungen des gegenwärtigen Kapitels ging es deshalb nicht darum, Evidenzen dafür zu finden, dass die Autoren die Wahrheit verfehlen. Denn dass sie das tun, wussten wir und ist eine Voraussetzung des Projekts der Aufklärung. Es ging vielmehr darum, Evidenzen dafür zu finden, dass ihre Argumentationen nicht einmal auf die Wahrheit zielen.

Wichtig ist, dass damit *nicht* gesagt ist, dass die Autoren unlauter oder unaufrichtig sind und sich ihre Auffassungen durch strategisches Argumentieren, durch rhetorische Kniffe und geschicktes Verbergen eigener Schwächen und fremder Stärken erschleichen wollen. Eine solche Diagnose, möchte ich hier ausdrücklich hervorheben, wäre mit dem hier verfolgten Projekt sogar *unvereinbar*. Denn wer unter den Bedingungen falschen Bewusstseins argumentiert, ist nicht unaufrichtig, sondern unterliegt einer *fideistischen Täuschung*, die er als solche nicht zu durchschauen in der Lage ist. Wir dürfen daher annehmen, dass Menschenwürde-Theoretiker, gerade weil sie einer Täuschung unterliegen, tatsächlich glauben, mit ihren Überlegungen einen Beitrag zu einem insgesamt wahrheitsorientierten, durch die Argumente und die epistemische Selbstkritik der ihn betreibenden Akteure rational kontrollierten Diskurs zu leisten. Wenn die Diagnose des falschen Bewusstseins richtig ist, sind die Autoren, deren Beiträge wir untersucht haben, also durchaus nicht unaufrichtig. Ihr Problem ist vielmehr, dass sie ihre kritischen Fähigkeiten aufgrund einer vom Begriff der Menschenwürde induzierten Täuschung nicht zum Einsatz bringen und daher den Wert ihrer Argumente, ihrer Thesen und ihrer Theorien nicht adäquat zu beurteilen in der Lage sind.

Im Unterschied zu gewöhnlichen philosophischen Diskussionen, für die die *Erklärung* von Fehlleistungen nicht relevant ist, ist die Methodologie der aufklärerischen Analyse durch die Anforderungen bestimmt, denen Erklärungen pseudo-rationalen Argumentierens aus zugrundeliegenden Täuschungen (oder Selbsttäuschungen) im Allgemeinen unterliegen. Für Erklärungen dieser Art haben wir sehr gute Gründe, wenn folgende Bedingungen erfüllt sind: (1) Für Außenstehende ist es unschwer erkennbar, dass die betreffende Argumentation nicht rational ist; (2) der Akteur, um dessen Argumentation es geht, ist ein ansonsten rationaler Denker und würde (3) in analogen Fällen genauso urteilen, wie ein Außenstehender seine Argumentation beurteilt.[113]

Aufgrund der dritten Bedingung habe ich mich auf das argumentative Verhalten von professionellen Philosophen konzentriert und nicht etwa das von Juristen, Politikern, Feuilletonisten oder anderen Leuten untersucht. Bei professionellen Philosophen haben wir allen Grund anzunehmen, dass sie für die Ausprägungen des Werts von Argumenten besonders sensibel und durch ihre Schulung auch besonders befähigt sind, den logischen, den epistemischen und den dialektischen Wert von Argumenten mit einiger Zuverlässigkeit zu erkennen. Wenn solchen Leuten Fehler unterlaufen, die auch ein nicht derart geschulter Denker, wenn man ihn darauf hinweist, unschwer als Fehler erkennen würde, ist es unplausibel, diese Fehler auf idiosynkratische Fehler oder auf die außerordentliche Komplexität und Schwierigkeit der Thematik zurückzuführen. Viel plausibler ist es, diese Fehler als Ausdruck einer eng umgrenzten, themenspezifischen Beeinträchtigung zu betrachten, in unserem Fall also als eine Beeinträchtigung der Empfänglichkeit für Anfechtungsgründe im Kontext von Grundlagenfragen der Ethik der Menschenwürde.

Die Überzeugungskraft dieser Erklärung ist aber nicht bloß der Tatsache geschuldet, dass alternative Erklärungsmuster für intellektuelle Fehlleistungen in den von uns betrachteten Fällen unpassend zu sein scheinen. Sie ergibt sich vor allem auch daraus, dass unsere Theorie über die Funktion und die Methode des Begriffs der Menschenwürde eine bereichsspezifische Beschränkung der

---

[113] Mele (2007) 167 hat mit seinem ›impartial observer test‹ etwas Ähnliches wie einen Test für Selbsttäuschung vorgeschlagen. Was Meles Test jedoch nicht enthält, ist ein Analogon zu (3). Diese Bedingung scheint mir aber wichtig zu sein, um Manifestationen von (Selbst-)Täuschung von solchen von Inkompetenz zu unterscheiden.

einschlägigen kritischen Kompetenzen *voraussagt*. Die Theorie, dass der Begriff der Menschenwürde die Quelle einer fideistischen Voreingenommenheit für den moralischen Anthropozentrismus ist, lässt uns nämlich erwarten, dass insbesondere Untersuchungen über die Grundlagen der Ethik der Menschenwürde tendenziös und dogmatisch sind. Deshalb fokussiert die aufklärerische Analyse auf Evidenzen dafür, dass Menschenwürde-Theoretiker als Dogmatiker argumentieren, Evidenzen also dafür, dass ihre Argumentation einem nicht-epistemischen Ziel dient, d. h. pseudo-rational ist. Für pseudorationales dogmatisches Argumentieren haben wir in jedem der hier betrachteten Beiträge sehr deutliche Evidenzen gefunden. Zu den Evidenzen für dogmatisches Argumentieren gehören dabei auch rhetorische Charakteristika, deren Funktion es ist, von kritischen Punkten der Argumentation abzulenken oder unglaubwürdige Thesen als unproblematisch erscheinen zu lassen. Wie die Fehler, die ein professioneller Philosoph nicht begehen würde, wäre sein Denken wahrheitsorientiert, machen auch solche rhetorischen Eigenheiten den Dogmatismus der Ethik der Menschenwürde deutlich. Im Unterschied zu philosophischen Standarddiskussionen berücksichtigt die aufklärerische Analyse daher auch die rhetorische Seite von Argumentationen.

Die aufklärerische Analyse führt den von ihr entlarvten Dogmatismus der Ethik der Menschenwürde nicht auf ein intellektuelles Laster der Menschenwürde-Theoretiker zurück. Das ist kein Zufall, sondern hat seinen Grund in der systematischen Abhängigkeit der aufklärerischen Analyse von der ihr zugrundeliegenden Theorie falschen Bewusstseins. Dieser Theorie zufolge ergibt sich der Dogmatismus der Ethik der Menschenwürde aus einer Voreingenommenheit, die ihre Quelle im Begriff der Menschenwürde hat. Daher ist die Entlarvung dieses Dogmatismus nicht etwa eine Entlarvung der Menschenwürde-Theoretiker, sondern die Entlarvung ihrer epistemischen Lage als eines Zustands falschen Bewusstseins. Die Menschenwürde-Theoretiker sind nicht das Objekt der Aufklärung, sondern gehören zu den Adressaten der Aufklärung.

Appendix D: Kant über Vorurteile

Obwohl Kants Theorie der Vorurteile selbst einige Interpretationsschwierigkeiten bietet, lässt sich auch an ihr, ohne dass dazu eine umfassende Rekonstruktion nötig wäre, zeigen, dass Vorurteile für Kant nicht so sehr deshalb überwunden werden sollen, weil sie uns von der Wahrheit abbringen und unsere Meinungsbildung beschädigen, sondern deshalb, weil wir durch Vorurteile uns selbst als Vernunftwesen beschädigen oder uns von uns selbst als Vernunftwesen entfremden.

In seiner Logik, ist eine naheliegende Interpretation, betrachtet Kant Vorurteile als degenerierte vorläufige Urteile: »Vorurteile sind vorläufige Urteile, *in so ferne sie als Grundsätze angenommen werden.*«[114] Ein vorläufiges Urteil als einen Grundsatz anzunehmen, heißt aber, ihm einen kognitiven Status und eine kognitive Rolle einzuräumen, die seinem Charakter als einem vorläufigen Urteil widerspricht. Denn:

> Ein vorläufiges Urteil ist ein solches, wodurch ich mir vorstelle, daß zwar mehr Gründe *für* die Wahrheit einer Sache, als *wider* dieselbe da sind, daß aber diese Gründe noch nicht zureichen zu einem *bestimmenden* oder *definitiven* Urteile, dadurch ich geradezu für die Wahrheit entscheide.[115]

Vorläufige Urteile sind also so etwas wie begründete Vermutungen[116]; und Vorurteile wären dann Urteile, die sich ergeben, wenn wir, was nur eine begründete Vermutung ist, als zureichend begründete Wahrheit anzusehen beginnen. So verstanden, wären Vorurteile (nach Kants Auffassung) ungerechtfertigte Urteile mit einer spezifischen Genese.

---

[114] Kant (1977/1800) 505, 116 (Herv. im Original).
[115] Ebd. 504, A 114.
[116] Direkt anschließend an die zitierte Passage behauptet Kant: »Das vorläufige Urteilen ist also ein mit Bewußtsein bloß problematisches Urteilen.« Berücksichtigt man Kants Charakterisierung problematischer Urteile in der KrV B 100 / A 75, könnte man aufgrund dieses Satzes zu der Auffassung gelangen, dass vorläufige Urteile, noch schwächer, als Annahmen interpretiert werden müssen. Diese Lesart ist aber zu schwach: Ein vorläufiges Urteil ist kein Urteil, das genauso gut wahr wie falsch sein kann, es ist ein Urteil, das eher wahr als falsch ist.

Diese Interpretation berücksichtigt aber nicht, dass Vorurteile nach Kants Auffassung »Grundsätze« oder »bestimmende Urteile« oder »Prinzipien zu urteilen« sein sollen. Vorurteile sind also nicht nur zu definitiven Urteilen verkommene vorläufige Urteile, sondern so etwas wie Maximen des Verstandesgebrauchs, d. h. Regeln der Urteilsbildung. Wären Vorurteile lediglich vorläufige Urteile, die zu definitiven Urteilen degenerieren, weil wir unsere Zurückhaltung aufgeben, könnten auch singuläre und partikuläre Urteile Vorurteile im Sinne Kants sein. Das ist aber nicht möglich, wenn Vorurteile Regeln des Verstandesgebrauchs sein sollen. Regeln des Verstandesgebrauchs betreffen die Bedingungen des Fürwahrhaltens, d. h. die Bedingungen, unter denen eine Propositon als wahr anzunehmen ist. Als Regeln des Verstandesgebrauchs müssen Vorurteile aber universalen Charakter haben. Dass Vorurteile für Kant universale Urteile sind, geht aus seinen Beispielen für Vorurteile hervor. So schreibt er:

> Man muss (…) die falsche Erkenntnis, die aus dem Vorurteil entspringt, von ihrer Quelle, dem Vorurteil selbst, unterscheiden. So ist z. B. die Bedeutung der Träume an sich selbst kein Vorurteil, sondern ein Irrtum, der aus der angenommenen allgemeinen Regel entspringt: Was einmal eintrifft, trifft immer ein oder ist immer für wahr zu halten. Und dieser Grundsatz, unter welchen die Bedeutung der Träume mit gehört, ist ein Vorurteil.

Wenn Vorurteile allgemeine Regeln des Verstandesgebrauchs sind, können wir Vorurteile nicht als degenerierte Vermutungen interpretieren. Wir können aber trotzdem daran festhalten, dass sie entstehen, wenn wir ein vorläufiges Urteil – eine Vermutung – als definitiv wahr betrachten. Die Idee ist, dass wir durch eine derartige Änderung unserer Einstellung zu einem nicht hinreichend begründeten Urteil eine Regel des Fürwahrhaltens anerkennen und als Maxime unseres Verstandesgebrauchs annehmen. Wenn wir z. B. vermuten, dass p, weil eine Autorität behauptet, dass p, dann aber, ohne dass wir zusätzliche Evidenzen hätten, unsere doxastische Zurückhaltung aufgeben und urteilen, dass p, verändern wir unsere Einstellung zur Behauptung der Autorität. Was wir vorher als einen nichtzureichenden Grund für p betrachtet haben, akzeptieren wir jetzt als einen epistemisch zureichenden Grund. Wir haben also durch die Aufgabe unserer doxastischen Zurückhaltung die Regel angenommen, für wahr zu halten, was die Autorität behauptet. Das Vorurteil wäre dann, nach der gegenwärtigen zweiten Interpretation, diese Regel und nicht das Urteil, durch das wir die Regel annehmen.

Es gibt also zwei miteinander konkurrierende Interpretationen von Kants Theorie des Vorurteils. Nach der einen sind Vorurteile degenerierte vorläufige Urteile, nach der anderen Regeln des Verstandesgebrauchs, die wir annehmen, wenn wir unsere doxastische Zurückhaltung aufgeben und als wahr betrachten, was wir nur Grund haben zu vermuten. Auch wenn sie nicht sämtliche Aussagen von Kant in vollkommener Weise integrieren kann, scheint die zweite Interpretation die bessere zu sein, da die erste unfähig ist, Kants mehrfach geäußerter Ansicht Rechnung zu tragen, dass Vorurteile Grundsätze, Regeln oder Prinzipien des Verstandesgebrauchs sind.[117] Der für unseren Kontext wichtige Punkt hängt aber nicht von einer Entscheidung in dieser Hinsicht ab. Entscheidend ist für uns allein Folgendes: Das spezifische Übel des Vorurteils hat nach Kants Auffassung nichts mit seinem epistemischen Status als einem ungerechtfertigten Urteil zu tun.

Das spezifische Übel des Vorurteils besteht für Kant in der mit ihm notwendig verbundenen Fremdbestimmtheit des Verstandes. Wenn wir dazu kommen, ein vorläufiges Urteil definitiv für wahr zu halten, geben wir unsere doxastische Zurückhaltung auf und lassen unser Urteil von nicht-zureichenden Gründen bestimmen. Wir verzichten dann gleichsam darauf, uns als Vernunftwesen ins Spiel zu bringen. Denn wir lassen von »dem Vorsatze [ab], ein bloß *vorläu-*

---

[117] Die zweite Interpretation hat den weiteren Vorteil, dass sie die Verwandtschaft von Kants Theorie des Vorurteils mit seiner praktischen Philosophie transparent macht. Das führt allerdings auch dazu, dass Kants Theorie des Vorurteils mit dem systematischen Problem der Individuierung von Vorurteilen belastet wird – ein Problem, das sich nicht ergibt, wenn Vorurteile degenerierte vorläufige Urteile sind. Dass dieses Problem unter der zweiten Interpretation auftaucht, spricht aber durchaus eher für als gegen sie, da es das Problem der Individuation der Handlungsmaximen in Kants praktischer Philosophie reflektiert. Die zweite Interpretation hat aber auch einen Nachteil, der beträchtlich zu sein scheint: Nach dieser Interpretation sind Vorurteile immer falsch. Wenn wir sie wörtlich nehmen, gibt es aber eine Stelle, an der Kant behauptet, dass Vorurteile wahr sein können: »Zuweilen sind Vorurteile wahre vorläufige Urteile (...).« – a.a.O. 505, A 116. Diese Stelle lässt sich mit der zweiten Interpretation allerdings harmonisieren, wenn man sie so liest: »Zuweilen *entstehen* Vorurteile aus wahren vorläufigen Urteilen«.

figes Urteil nicht zu einem *bestimmenden* werden zu lassen«,[118] und lassen uns eben damit in epistemischer Hinsicht so bestimmen wie in praktischer Hinsicht jemand, der der Versuchung seiner sinnlichen Neigungen nachgibt. In der Zurückhaltung des Urteils betätigen wir uns als Vernunftwesen, das eine natürliche Neigung zum (definitiven) Urteilen hat. Denn unser Verstand, betont Kant, ist »*begierig* (…), durch Urteilen sich zu erweitern und mit Kenntnissen zu bereichern (…)«.[119] Urteilen wir aufgrund dieser Begierde, ist unser Urteil durch ein starkes natürliches Motiv bestimmt. Es ist dann ein fremdbestimmtes Urteil, für das wir zu Unrecht keine Verantwortung übernommen haben.[120] In diesem Sinne unterstreicht Kant, dass wir »über nichts urteilen [können und dürfen], ohne zu *überlegen*«, und dass die Ursache von Vorurteilen ein »*Mangel an Überlegung* ist, die allem Urteilen vorhergehen muß.«[121]

Die von Kant aufgezählten Quellen der Vorurteile – Nachahmung, Gewohnheit und Neigung – sind Quellen von Vorurteilen, weil sie uns zu vorschnellen Urteilen verleiten. Als *Regeln* des Verstandesgebrauchs *verfestigen* Vorurteile auf systematische Weise die von diesen Quellen ausgehende Fremdbestimmtheit des Verstandes. Damit verfestigen Vorurteile, in letzter Analyse, einen Zustand der Fremdbestimmtheit vernünftiger Wesen. Dass vernünftige Wesen nicht selbst-, sondern fremdbestimmt sind, ist aber ein grundlegendes nicht-epistemisches moralisches Übel. Entsprechend ist Kants Bewertung des Vorurteils und seiner Quellen, obwohl sie im Kontext seiner Logik steht, eine ethische, ganz auf unsere Lebensführung bezogene Bewertung:

> Vernunft ist zwar ein tätiges Prinzip, das nichts von bloßer Autorität anderer, auch nicht einmal, wenn es ihren reinen Gebrauch gilt, von der Erfahrung entlehnen soll. Aber die Trägheit sehr vieler Menschen macht, daß sie lieber in anderer Fußstapfen treten, als ihre eigenen Verstandeskräfte anstrengen. Dergleichen Menschen können immer nur Kopien von anderen werden (…).[122]

---

[118] Ebd. 504, A 114.
[119] Ebd. 504, A 115, meine Herv.
[120] Zur Interpretation von Autonomie als Verantwortungsübernahme vgl. Wolff (1998) 12 ff.
[121] Ebd. 506, A 117/18.
[122] Ebd. 506, A 118.

Auch Kants Konzeption des Vorurteils gibt uns daher keinen Grund, ihm die Auffassung zuzuschreiben, dass die Aufklärung den epistemischen Werten der Wahrheit oder des Wissens verpflichtet ist. Das Problem des Vorurteils, so wie Kant es versteht, ist, in letzter Analyse, ein *nicht-epistemisches* moralisches Problem. Die epistemische Schädlichkeit von Vorurteilen ist nicht der eigentliche Grund, aus dem Vorurteile vermieden oder überwunden werden sollen. Der eigentliche Grund ist, dass Vorurteile (so wie Kant sie versteht) uns als Vernunftwesen beschädigen. Sie tun das nicht, weil sie uns von der Wahrheit, sondern weil sie uns, ähnlich sinnlichen Neigungen, davon abbringen, selbst für unsere Urteile einzustehen. Dabei ist für Kant klar, dass wir von Vorurteilen so wenig einfach bestimmt sein können wie von sinnlichen Neigungen. Vorurteile können unseren Verstand nur bestimmen, weil wir sie zu Grundsätzen *machen* und damit zulassen, dass unser Urteil von ihnen bestimmt wird. Wenn wir es zulassen, in unserem Urteil fremdbestimmt zu sein, achten wir uns jedoch nicht als Vernunftwesen, so wie wir uns nicht als Vernunftwesen achten, wenn wir unsere Willkür durch sinnliche Triebfedern bestimmen lassen. Darin liegt, für Kant, das eigentliche Problem des Vorurteils.

III. Die Präsumption für die Aufklärung

Die negativen Urteile, die es nicht bloß der logischen Form, sondern auch dem Inhalte nach sind, stehen bei der Wißbegierde der Menschen in keiner sonderlichen Achtung; man sieht sie wohl gar als neidische Feinde unseres unablässig zur Erweiterung strebenden Erkenntnistriebes an, und es bedarf beinahe einer Apologie, um ihnen nur Duldung, und noch mehr, um ihnen Gunst und Hochschätzung zu verschaffen.

Immanuel Kant[1]

DER BEGRIFF DER MENSCHENWÜRDE ist nicht nur inkohärent und leer, sondern auch eine Quelle falschen Bewusstseins. Als epistemische Akteure haben wir daher allen Grund, unser moralisches Denken vom Begriff der Menschenwürde zu befreien und den Menschenwürde-Diskurs aufzugeben. Aber bedeutet das, dass es *falsch* von uns wäre, wenn wir den Menschenwürde-Diskurs trotz seiner intellektuellen Korruption weiterführen würden? Oder gibt es sogar gute moralische Gründe für die Aufrechterhaltung und Kultivierung der Idee der Menschenwürde?

Diese Fragen bilden das gemeinsame Thema der Teile III und IV. Dem vorliegenden dritten Teil kommt die Aufgabe zu, die werttheoretischen und normativen Voraussetzungen für die Diskussion der moralischen Konsequenzen des Menschenwürde-Skeptizismus zu erörtern. Dabei geht es mir vor allem darum, zu zeigen, dass es ein Irrtum wäre, die moralischen Fragen in dem Sinne als autonom zu betrachten, dass ihre Beantwortung von dem, was wir über den Begriff der Menschenwürde und seine kognitiven Auswirkungen wissen, systematisch unabhängig sind.

Würden wir in diesem Sinne an die ›Autonomie des Praktischen‹ glauben, müssten wir auch glauben, dass eine konservative Sicht der Dinge, die für die Bewahrung des Menschenwürde-Diskurses eintritt, keine besondere Beweislast trägt. Wir müssten dann glauben,

---

[1] Kant (1982/1781) 610, B 737/38.

dass Konservatismus und Aufklärung *prima facie* gleichwertige ethische Alternativen sind. Aber das ist ein Irrtum. Es gibt eine Präsumption für die Aufklärung. Die Verneinung dieser Präsumption ist äquivalent mit einer werttheoretischen Sicht, die ich als *intellektuellen Wertenihilismus* oder auch einfach als *Anti-Intellektualismus* bezeichne. Nach dieser Auffassung zählen intellektuelle Werte nicht. Diese Auffassung lässt sich nicht verteidigen. Die Verneinung des intellektuellen Wertenihilismus lässt aber einen beträchtlichen Spielraum für unterschiedliche Interpretationen der Präsumption für die Aufklärung, für unterschiedliche Auffassung darüber, heißt das, warum und in welchem Sinne es eine Präsumption für die Aufklärung gibt. Eine ganze Klasse von Interpretationen ist deflationistisch. Nach diesen Auffassungen reflektiert die zu Ungunsten des Konservatismus ausfallende Beweislastverteilung lediglich den Umstand eines noch unentwickelten Diskussionsstandes, ohne uns etwas Substantielles über den Wert des liberationistischen im Vergleich zum anti-liberationistischen Projekt zu sagen. Derartige Interpretationen beruhen jedoch auf inadäquaten Vorstellungen von der Bedeutsamkeit intellektueller Werte. Gegen die verschiedenen deflationistischen Interpretationen werde ich die Auffassung zu etablieren versuchen, dass Wahrheit ein Wert von eigenständiger, intrinsischer und vor allem auch *kontexttranszendierender* Bedeutsamkeit ist. Das schließt ein, dass Wahrheit ein intrinsischer Wert ist, dem wir nicht nur qua epistemische, sondern eben auch qua praktische Akteure verpflichtet sind. Letzteres lässt sich daran zeigen, dass eine anti-intellektualistische Praxis intrinsisch irrational ist. Wenn das aber so ist, gibt es eine Verpflichtung zur Orientierung an der Wahrheit, wobei diese Verpflichtung, behaupte ich, alle Charakteristika einer genuinen moralischen Verpflichtung hat – eine Auffassung, die ich zum Schluss gegen diverse Einwände verteidige, die sich auf die Vorstellung berufen, gleichgültig gegen die Wahrheit zu sein sei zwar irrational, aber nicht moralisch falsch.

1. Reformismus, Aufklärung und Konservatismus

Eine begriffliche Reform des Menschenwürde-Diskurses – die Ersetzung unseres Begriffs der Menschenwürde durch einen reformierten Begriff MENSCHENWÜRDE* – ist unmöglich und keine echte Option. Eine reformierende Definition müsste unseren Begriff MENSCHENWÜRDE so transformieren, dass der resultierende Begriff MENSCHENWÜRDE* keinen anthropozentrischen Gehalt hat und weder die egalitaristische Vorstellung der moralischen Gleichheit noch die elitistische Vorstellung der moralischen Vorrangigkeit aller Menschen enthält. Der Begriff, der sich aus der Transformation des ursprünglichen Begriffs MENSCHENWÜRDE ergeben würde, wäre also nicht der Begriff eines menschenspezifischen moralischen Status, den alle Menschen teilen. Es wäre dann keine Plattitüde, sondern eine substantielle ethische Behauptung, dass alle Menschen gleichermaßen Menschenwürde* besitzen. Ebenso würden die Sprecher des neuen Menschenwürde*-Idioms unschwer einsehen, dass es eine Herausforderung ist, zu zeigen, dass die Menschenwürde* genau so verteilt ist, dass Menschen einen privilegierten moralischen Status haben. Diese Anforderungen machen aber deutlich, dass eine Reform des Begriffs der Menschenwürde unmöglich ist. Das Ziel der Reform – die Etablierung einer kohärenten Interpretation von »Menschenwürde«, die in Kontinuität zum Begriff MENSCHENWÜRDE steht –, ist nicht realisierbar, da eine kohärente Interpretation von »Menschenwürde« so wenig in Kontinuität zum Begriff MENSCHENWÜRDE stehen kann wie eine kohärente Interpretation von »dreieckiger Kreis« in Kontinuität zum Begriff eines dreieckigen Kreises. Eine lexikalische Reform, die dem Ausdruck »Menschenwürde« einen kohärenten Sinn verleiht, ist nur möglich, wenn man eine Bedeutung für »Menschenwürde« stipuliert, die mit dem Begriff MENSCHENWÜRDE gerade nicht kontinuierlich ist. Aber das wäre dann eben keine Reform des Begriffs der Menschenwürde, sondern die Ersetzung eines moralischen Idioms durch ein anderes.[2]

---

[2] Gegenüber der Idee einer Begriffsreform, die einen begrifflich inkohärenten Diskurs in einen kohärenten Diskus überführen soll, sollten wir im Allgemeinen skeptisch sein. Denn jede Begriffsreform scheint, wie Loeb (2008) 357 hervorhebt, unausweichlich zu einem *Themenwechsel* zu führen. Der tiefere

Da eine Reform des Menschenwürde-Diskurses, die ihn intellektuell respektabel machen würde, nicht möglich ist, müssen wir diesen Diskurs entweder aufgeben oder, unreformiert, weiterführen. Das Bestreben, den Menschenwürde-Diskurs aufzugeben, ergibt sich dabei aus dem *liberationistischen* Ziel, unser moralisches Denken von seiner Prägung durch den Begriff der Menschenwürde zu befreien. Diesem Ziel verschreibt sich das Projekt der *Aufklärung*. Wenn wir das liberationistische Projekt der Aufklärung ablehnen und denken, dass der Menschenwürde-Diskurs aufrechterhalten werden soll, treten wir für den *Konservatismus* ein.[3]

Für die Diskussion des Konservatismus müssen wir nicht jede anti-aufklärerische Einstellung in Betracht ziehen. Unberücksichtigt lassen können wir insbesondere die Einstellung von Leuten, die das Projekt der Aufklärung bloß aus Gründen *epistemischer Vorsicht*, also nur deshalb ablehnen, weil man sich, wie sie denken, ja niemals ganz sicher sein kann, ob die skeptische Inkohärenzthese wirklich wahr ist. Wer nur aus epistemischer Vorsicht für die Aufrechterhaltung des Menschenwürde-Diskurses eintritt, zählt gar nicht zu den Vertretern des Konservatismus. Die Einstellung einer solchen Person manifestiert lediglich eine bizarre epistemologische Voreingenommenheit für den Status quo, ist aber, anders als der Konservatismus, mit der Politik der Aufklärung grundsätzlich verträglich.[4]

Grund dafür ist nach meiner Auffassung folgender. Solche Begriffsreformen müssten die Identität des Ausgangsbegriffs bewahren und doch zu einer signifikanten Veränderung des Begriffs führen, da ein mit dem Ausgangsbegriff assoziiertes Problem durch die Reform behoben werden soll. Das setzt voraus, dass es (1) für die Identität eines Begriffs unwesentliche semantische Charakteristika gibt und dass (2) ein Begriff aufgrund eines für seine Identität unwesentlichen Charakteristikums problematisch sein könnte. Beide Voraussetzungen scheinen falsch zu sein.

[3] Der Konservatismus ist also nicht nur in dem oberflächlichen formellen Sinne anti-aufklärerisch, dass er eine nicht-aufklärerische Option befürwortet. Er ist in dem substantiellen Sinne anti-aufklärerisch, dass er das liberationistische Projekt der Revision unseres moralischen Denkens zurückweist. Der Konservatismus ist also eine Position, die die Präsupposition der Aufklärung, dass die Loslösung unseres moralischen Denkens vom Begriff der Menschenwürde ein Prozess der Befreiung des moralischen Denkens von einer Quelle falschen Bewusstseins ist, anerkennt oder zumindest nicht in Frage stellt.

[4] Der Konservatismus aus epistemischer Vorsicht ist *genauso* bizarr, wie es eine Politik der Revolution aus epistemischer Vorsicht wäre. Denn wenn die Fallibilität des Kritikers einer Praxis als Grund für deren Aufrechterhaltung

Denn wer *ausschließlich* aus Gründen epistemischer Vorsicht vor dem liberationistischen Projekt der Aufklärung zurückschreckt, akzeptiert (oder muss rationalerweise zu akzeptieren bereit sein), dass der Menschenwürde-Diskurs aufgegeben werden sollte, *wenn* der Begriff der Menschenwürde tatsächlich inkohärent ist. Das macht deutlich, dass eine sich nur aus epistemischer Vorsicht speisende Ablehnung des Projekts der Aufklärung mit dem Konservatismus sogar unvereinbar ist. Denn der Konservatismus enthält die Auffassung, dass der Menschenwürde-Diskurs selbst dann nicht aufgegeben werden darf, wenn der Begriff der Menschenwürde inkohärent ist. Der Konservatismus, den wir hier betrachten, ist also – genau wie die Position der Aufklärung – wesentlich als eine *Reaktion auf den Menschenwürde-Skeptizismus* konzipiert. Er gibt uns eine Antwort auf die Frage, was wir *angesichts* der Inkohärenz des Begriffs der Menschenwürde tun sollen. Im Kontext dieser Frage abstrahieren wir von allen Fragen, die den epistemischen Status des Menschenwürde-Skeptizismus betreffen. Daher würde, wer das Projekt der Aufklärung aus Gründen epistemischer Vorsicht zurückweist, einfach das Thema verfehlen, dem wir uns mit dieser Frage zuwenden. Auffassungen wie diese sind für unsere Diskussion von Aufklärung und Konservatismus irrelevant.[5]

Die Positionen der Aufklärung und des Konservatismus werden hier als echte ethische Alternativen interpretiert, d. h. so, dass sie einander ausschließen. Der konservativen Position zu Folge ist es nicht nur erlaubt, sondern *geboten*, dass für die Bewahrung der

angeführt werden könnte, könnte man genauso gut und mit demselben Recht die Fallibilität der Teilnehmer an einer Praxis als einen Grund für die Aufgabe dieser Praxis anführen. Das zeigt, dass jede dieser Auffassungen irrational und willkürlich ist.

[5] Um eine konservative Position einzunehmen, ist es nicht einmal erforderlich, dass man glaubt, dass der Begriff der Menschenwürde inkohärent ist. Eine konservative Position würde auch jemand vertreten, der kein Menschenwürde-Skeptiker ist, aber glaubt, dass der Menschenwürde-Diskurs wie bisher weitergeführt werden sollte, *selbst wenn* der Menschenwürde-Skeptizismus wahr wäre. Dieser *vorauseilende* Konservatismus ist eine bemerkenswerte Geisteshaltung, die wir hier aber nicht gesondert diskutieren müssen. Denn die Gründe, die für oder gegen den vorauseilenden Konservatismus sprechen, sind keine anderen als die Gründe, die für oder gegen den Konservatismus einer Menschenwürde-Skeptikerin sprechen.

Idee der Menschenwürde Sorge getragen und nichts unternommen wird, was die Aufrechterhaltung des Menschenwürde-Diskurses gefährden könnte. Wer die Aufrechterhaltung des Menschenwürde-Diskurses zwar als erlaubt, zugleich aber als nicht geboten ansieht, vertritt folglich keine konservative Position. Es wäre einfach missverständlich, diese ›latitudinistische‹ Auffassung »konservativ« zu nennen, da sie nicht nur nicht die Falschheit, sondern sogar die Erlaubtheit einer aufklärerischen Praxis impliziert. Sie *impliziert*, dass die Politik der Aufklärung nicht falsch ist, und lässt sich daher schwerlich als eine konservative Position klassifizieren. Die Position der Aufklärung müssen wir dann dementsprechend so verstehen, dass sie die Befreiung unserer moralischen Diskurse und unseres moralischen Denkens vom Begriff der Menschenwürde für ein *gebotenes* Anliegen hält. Wer es lediglich für erlaubt – nicht aber für geboten – hält, dass man für diese Befreiung eintritt, vertritt auch die latitudinistische Auffassung – jedenfalls in dem Sinne, dass er eine mit dieser Auffassung äquivalente Sicht der Dinge hat –, und es wäre missverständlich, wenn nicht paradox, diese Sicht als eine aufklärerische Position zu klassifizieren. Denn sie impliziert, dass eine konservative, die Loslösung unseres moralischen Denkens vom Begriff der Menschenwürde *verhindernde* Praxis, nicht falsch ist.[6]

Nun wird sich unsere Diskussion ausschließlich mit der aufklärerischen und der konservativen Position befassen. Die Erklärung dafür ist, dass die latitudinistische Auffassung, die sowohl die Aufrechterhaltung als auch die Eliminierung des Menschenwürde-Diskurses als erlaubt ansieht, keine eigenständige dialektische Rolle spielt. Der Latitudinismus stellt lediglich in dem Sinne eine eigenständige Alternative dar, dass er eine weitere Möglichkeit im von der Aufklärung und dem Konservatismus nicht erschöpften Raum denkbarer Reaktionen auf den Menschenwürde-Skeptizismus dar-

---

[6] Die relevanten logischen Beziehungen sind die folgenden und erklären sich wie folgt: (1) Wenn es nicht geboten, aber erlaubt ist, X zu unterlassen, kann es nicht geboten sein, X zu tun (da die Unterlassung von X erlaubt ist), und muss es erlaubt sein, X zu tun (da die Unterlassung von X nicht geboten ist). (2) Wenn es nicht geboten, aber erlaubt ist, X zu tun, kann es nicht geboten sein, X zu unterlassen (da das Tun von X erlaubt ist), und muss es erlaubt sein, X zu unterlassen (da das Tun von X nicht geboten ist).

stellt. Er ist aber keine in dialektischer Hinsicht eigenständige Alternative. Der Grund dafür ist, dass es, wie ich im folgenden Kapitel argumentieren werde, eine *Präsumption für die Aufklärung* gibt. Dass es eine Präsumption für die Aufklärung gibt, heißt, dass die Fakten, *angesichts* derer sich die Frage, ob der Menschenwürde-Diskurs aufrechterhalten werden soll, stellt, bereits *für* die Aufklärung sprechen. Die Rede von einer Präsumption für die Aufklärung ist hier also nicht in dem schwachen Sinne gemeint, dass man die Aufklärung akzeptieren muss, sofern es keine besonderen Gründe gegen sie gibt. Sie ist in dem substantiellen Sinne gemeint, dass die Aufklärung diejenige Position ist, von der wir nicht erst herausfinden müssen, ob irgendetwas für sie spricht, weil wir *von vorneherein* gute Gründe für sie haben. Der Latitudinismus kann daher nur gerechtfertigt sein, wenn es *zusätzliche* Gründe gibt, die gegen die Aufklärung und für den Konservatismus sprechen. Es muss also Gründe geben, aus denen unter anderem hervorgeht, dass die kulturelle Tradierung der Idee der Menschenwürde nicht aufgegeben werden soll, obwohl die moralische Erkenntnis der uns anvertrauten Unmündigen dadurch korrumpiert wird. Für die latitudinistische Auffassung wird es folglich keine eigenständigen substantiellen Gründe geben. Die substantielle Diskussion über die Konsequenzen des Menschenwürde-Skeptizismus ist eine Diskussion ausschließlich über die Meriten der liberationistischen Auffassung der Aufklärung und der anti-liberationistischen Position des Konservatismus. Eine Rechtfertigung der latitudinistischen Sicht könnte nur ein Nebenprodukt der substantiellen Diskussion zwischen der Aufklärung und dem Konservatismus sein und sich nur daraus ergeben, dass es hinreichend gute Gründe sowohl gegen die Aufklärung als auch gegen den Konservatismus gibt. Aufgrund dieser dialektischen Unselbständigkeit der latitudinistischen Sicht brauchen wir sie nicht gesondert zu diskutieren.

2. Intellektueller Wertenihilismus und die Präsumption für die Aufklärung

In diesem Kapitel argumentiere ich, dass es eine Präsumption für die Aufklärung, d. h. für das liberationistische Projekt der Befreiung unseres moralischen Denkens von der Idee und der Ideologie der Menschenwürde gibt. Mein Argument hat die Form einer *reductio*. Wenn wir verneinen, dass es eine Präsumption für die Aufklärung gibt, verneinen wir, dass die Fakten, angesichts derer sich die Frage stellt, ob wir unser Denken von der Idee der Menschenwürde befreien sollen, Fakten sind, die *für* die Aufklärung (und *gegen* den Konservatismus) sprechen. Wenn wir das verneinen, unterschreiben wir jedoch eine Auffassung, die ich als *intellektuellen Wertenihilismus* bezeichne, die Auffassung nämlich, dass intellektuelle Werte nicht zählen. Diese Auffassung ist jedoch *absurd*. Das ist mein Argument *in nuce*.

Ich beginne mit der Betrachtung einer konservativen Stellungnahme, von der ich denke, dass sich ihre Rätselhaftigkeit nicht erst nach eingehender Reflexion erschließt:

> (...) der übliche Terminus der »Würde« ist notorisch ungenau, da weder über die Intension noch über die Extension dieses Begriffs Einigkeit herrscht; so wie der Begriff tatsächlich verwendet wird, ist weder klar, was er alles beinhaltet, noch ist klar, wer überhaupt Träger von Würde ist oder sein kann. Andererseits handelt es sich um einen wichtigen Begriff der Ethik, den man nicht aufgeben sollte.[7]

Einige werden vielleicht nicht mit der Behauptung der beiden Autoren übereinstimmen, dass der Begriff »Würde« notorisch ungenau ist und dass es unklar ist, was wir damit meinen. Diese skeptisch anmutende These ist zwar kontrovers, aber nicht rätselhaft.[8] Was diese Stellungnahme rätselhaft macht, ist allein die Tatsache, dass die Autoren uns auf den problematischen Charakter des Begriffs der (Menschen-)Würde hinweisen und im selben Atemzug

---

[7] Damschen/Schönecker (2002), 203.

[8] Aus dem Kontext geht hervor, dass Damschen und Schönecker hier eigentlich nicht über den Begriff der Würde, sondern über den Begriff der Menschenwürde sprechen wollen und lediglich, wie so viele im Menschenwürde-Diskurs engagierte Autoren, das Würde-Idiom für die Ethik der Menschenwürde usurpieren.

betonen, dass dieser Begriff ein wichtiger Begriff sei, den man nicht aufgeben sollte. Die Absonderlichkeit wird deutlich, wenn wir einige Fragen stellen, die sich angesichts dieser Kombination von skeptischer Infragestellung und konservativem Bewahrungsgestus aufdrängen.

Die Behauptung, dass der Begriff der (Menschen-)Würde ein für die Ethik wichtiger Begriff ist, ist nicht im Sinne einer soziologischen Behauptung zu verstehen. Die beiden Autoren geben nicht lediglich eine Beobachtung über die Verwendungshäufigkeit des Ausdrucks »Würde« in ethischen Diskursen wieder, sondern sagen etwas über den *Wert* des Begriffs der (Menschen-)Würde für die Ethik. Wollten sie nur eine soziologische Bemerkung machen, würden sie nicht behaupten können, dass der Begriff der (Menschen-)Würde nicht aufgegeben werden sollte. Die erste Frage, die sich hier aufdrängt, ist daher:

(1) Wie können die Autoren überhaupt beurteilen, dass ein Begriff, über dessen Bedeutung sie sich nicht im Klaren sind, ein für die Ethik wichtiger Begriff ist?

Nehmen wir an, jemand wüsste nicht, was der Ausdruck »supererogatorisch« bedeutet. Diese Person könnte vielleicht bemerken, dass dieser Ausdruck in ethischen Debatten mit einiger Regelmäßigkeit verwendet wird. Sie könnte aber nicht beurteilen, ob er für die Ethik *wichtig* ist. Nach allem, was diese Person weiß, könnte dieser Ausdruck zum Beispiel redundant oder leer oder inkohärent sein.[9]

Die Autoren der zitierten Passage machen aber nicht nur eine Aussage über ihr eigenes semantisches Wissen oder ihr eigenes Verständnis von »Würde«. Sie sagen uns, dass dieser Begriff ungenau ist und dass unbekannt ist, was »Würde« bedeutet. Daher drängt sich auch diese Frage auf:

(2) Wie kann ein Begriff, dessen Bedeutung unklar und unbestimmt ist, ein wichtiger Begriff für die Ethik sein?

Ein Begriff, der unbestimmt oder dessen Gehalt unklar ist, kann vielleicht ein Begriff sein, von dem die Leute *glauben*, dass er für

---

[9] Der Utilitarismus scheint zu implizieren, dass der Begriff der Supererogation leer ist.

die Ethik wichtig ist. Er kann aber kein Begriff sein, der einen *Wert für die Ethik hat*, so dass er nicht aufgegeben werden sollte. Die Verwendung eines solchen Terminus kann nur zur Verwirrung, nicht aber zur Klärung irgendwelcher Probleme beitragen. Termini, von denen wir nicht wissen, was sie eigentlich bedeuten, weil ihre Bedeutung unklar und unbestimmt ist, sind Termini, die wir nicht kompetent zu verwenden fähig sind. Solche Termini können nicht wichtig sein.[10]

Das größte Rätsel von allen ist aber:

(3) Wie ist es möglich, dass die Autoren nicht bemerken, dass ihre These, der Begriff der Würde sei wichtig und solle nicht aufgegeben werden, *angesichts* ihrer skeptischen Behauptung problematisch und rechtfertigungsbedürftig ist?

Wer die zitierte Passage liest, wird aller Wahrscheinlichkeit nach vermuten, dass die beiden Autoren hier eine These präsentieren, für die sie im Anschluss zumindest einige Argumente ins Spiel bringen. Diese Erwartung wird vom Text der Autoren jedoch enttäuscht. Es gibt dort weder ein Argument, mit dem Damschen und Schönecker ihre These zu rechtfertigen versuchen, noch ein Argument, mit dem sie ihre These gegen die naheliegenden Einwände, die wir hier betrachtet haben, zu verteidigen versuchen. Die Autoren präsentieren uns ihre These vom Wert des Begriffs der (Menschen-)Würde vielmehr so, als handele es sich um eine unanfechtbare Wahrheit, deren Status durch die von ihnen selbst unterschriebene skeptische These in keiner Weise tangiert wird.

Wie absonderlich der Konservatismus von Damschen und Schönecker ist, wird besonders deutlich, wenn wir deren Auffassung kontrastieren mit der aufklärerischen Reaktion:

(...) der übliche Terminus der »Würde« ist notorisch ungenau, da weder über die Intension noch über die Extension dieses Begriffs Einigkeit herrscht; so wie der Begriff tatsächlich verwendet wird, ist weder klar, was er alles beinhaltet, noch ist klar, wer überhaupt Träger von Würde ist oder sein kann. *Daher sollten wir es vermeiden, moralische Fragen weiterhin im Begriff der Würde zu diskutieren.*

[10] Vgl. Sidgwick (1981/1907) 338/9.

Diese Reaktion ist in keiner Weise rätselhaft oder absonderlich. Sie ist, im Gegenteil, die erwartbare Reaktion. Wer, konfrontiert mit einem solchen aufklärerischen Argument, den Begriff der (Menschen-)Würde verteidigen wollte, würde zweifellos versuchen, die semantischen Prämissen zu attackieren. Er würde zu zeigen versuchen, dass der Begriff der (Menschen-)Würde durchaus bestimmt ist und dass wir auch wissen, was wir meinen, wenn wir diesen Begriff verwenden. Niemand würde jedoch das aufklärerische Argument als ein Argument kritisieren, dessen Prämissen für die Konklusion *gar keine Relevanz* haben und sie in keiner Weise stützen. Das aufklärerische Argument ist nicht von der Art: »Wir wissen nicht, was der Begriff *Würde* beinhaltet; daher sollten wir den Begriff *Mensch* aufgeben.« Dieses Argument wäre ziemlich eigenartig. Denn es springt ins Auge, dass die Prämisse keine Relevanz für die Konklusion hat. Das Argument: »Wir wissen nicht, was der Begriff der Würde beinhaltet; daher sollten wir den Begriff der Würde aufgeben« ist dagegen ernstzunehmen. Die Prämisse ist für die Konklusion *relevant*. Sie benennt einen *guten Grund* für die Konklusion. Die Rätselhaftigkeit der konservativen Stellungnahme von Damschen und Schönecker besteht darin, dass sie vollkommen insensitiv dafür ist, dass die von ihnen behaupteten Fakten Gründe für eine Revision unseres moralischen Diskurses – d. h. Gründe gegen den Konservatismus – sind.

Die Stellungnahme der Autoren lässt sich als eine Reaktion auf die Frage verstehen, wie sich die Ethik *angesichts* der (von ihnen als problematisch angesehenen) Ungenauigkeit von »Würde« und *angesichts* unserer (von ihnen behaupteten) Unkenntnis der Bedeutung von »Würde« verhalten sollte. Auf diese Frage reagieren sie jedoch so, als stellten die behaupteten Fakten gar keine Herausforderung für die Beibehaltung des Status quo dar. Sie reagieren so, als würde eine sich auf die Idee der (Menschen-)Würde berufende Ethik durch einen eben diese Idee betreffenden Skeptizismus überhaupt nicht angefochten. Stattdessen behandeln sie die skeptische These so, als wäre sie nichts als ein *Anlass*, sich über den Wert des unterminierten Begriffs der (Menschen-)Würde Gedanken zu machen. Sie verhalten sich damit wie Leute in einer Diskussion, die das skeptische Argument ihres Opponenten zum Anlass nehmen, die Festigkeit und Unabänderlichkeit ihrer Überzeugung zu unterstreichen.

An der Absonderlichkeit des Konservatismus von Damschen und Schönecker können wir ablesen, dass konservative Reaktionen auf skeptische Thesen *im Allgemeinen* problematisch sind. Konservative Reaktionen, heißt das, präsentieren sich *nicht* als *prima facie* gleichwertige Alternativen zum liberationistischen Projekt der Aufklärung, sondern als Positionen, bei denen die Beweislast liegt, weil sie *von vorneherein* mit bedeutenden Anfechtungsgründen konfrontiert sind. Niemand, der bei Sinnen ist, würde beispielsweise denken, dass der konservative Befürworter eines als physikalisch unmöglich erwiesenen Forschungsprogramms – wie das in *Gulliver's Travels* geschilderte Projekt, Sonnenlicht aus Gurken zu ziehen[11] – keine besondere Beweislast trägt. Die konservative Einstellung unterliegt nämlich aus *genau denselben* Gründen einer Anfechtung wie das physikalisch unmögliche Projekt selbst: Die Gründe, die das Projekt, Sonnenlicht aus Gurken zu ziehen, unterminieren, *sind* Gründe gegen die Fortsetzung dieses Programms und eben damit auch Gründe gegen die konservative Auffassung, dass dieses Programm weitergeführt werden sollte.

Dass Aufklärung und Konservatismus keine *prima facie* gleichwertigen Alternativen sind, scheint unmittelbar einleuchtend zu sein. Dass es eine Präsumption für die Aufklärung gibt, würde vermutlich auch so gut wie jeder spontan bejahen, würden wir nicht über die Ethik der Menschenwürde im Besonderen sprechen. Wenn wir den Bezug zur Idee und zur Ethik der Menschenwürde vollständig tilgen und die Frage nach dem Wert der Ziele der Aufklärung und des Konservatismus gänzlich unspezifisch stellen, ist voraussagbar, dass ansonsten rationale Personen das Ziel der Aufklärung favorisieren. Die unspezifische Frage, mit der wir das testen können, könnte so lauten:

Wenn der Grundbegriff *B* eines Diskurses *D* defekt ist, so dass sämtliche von *B* abhängigen Urteile und Argumente epistemisch wertlos sind und es kein *D*-spezifisches Wissen gibt und *D*-spezifische Gedanken keinen genuinen kognitiven Gehalt haben – ist es dann, *ceteris paribus*,

---

[11] Vgl. Swift (1981/1726) 254.

(A) vorzuziehen, dass der *B*-Diskurs weitergeführt wird,
(B) vorzuziehen, dass der *B*-Diskurs aufgegeben wird,
(C) gleichgültig, ob der *B*-Diskurs weitergeführt oder aufgegeben wird?

Es dürfte nicht kontrovers sein, wenn wir behaupten, dass ansonsten rationale Personen *nicht* für (C) votieren würden. Es dürfte aber auch nicht kontrovers sein, dass sie unter den verbleibenden Alternativen nicht etwa (A), sondern (B) wählen würden. Denn sie würden gegen (C) deshalb votieren, weil sie glauben, dass (B) richtig ist, und nicht etwa deshalb, weil sie (A) für richtig halten. Eine ansonsten rationale Person würde also die Auffassung zurückweisen, dass es gleichgültig ist, ob ein begrifflich defekter Diskurs weitergeführt wird, weil sie urteilt, dass begrifflich defekte Diskurse, ceteris paribus, aufgegeben werden sollen. Ansonsten rationale Personen würden also unterschreiben, dass es eine *Präsumption für die Aufklärung* gibt.

Um diese Behauptungen richtig würdigen zu können, ist es wichtig, den Fehler zu vermeiden, bei der Reflexion über die dargestellten Optionen irrelevante Details hinzu zu assoziieren. Die Aufgabe ist gezielt so gestellt, dass wir uns keinen besonderen Diskurs vorstellen *sollen*. So könnte jemand dazu tendieren, (A) für richtig zu halten, weil er seine Antwort von imaginierten Details über die Auswirkungen der Aufgabe eines *besonderen* Diskurses beeinflussen lässt. Diese Person würde dann für (A) votieren, weil sie von einem bestimmten Diskurs überzeugt ist, dass dieser selbst dann fortgeführt werden sollte, wenn sich herausstellen würde, dass er einen grundlegenden begrifflichen Fehler enthält. Damit würde diese Person aber einen entscheidenden Fehler begehen. Sie glaubt nämlich, ein Beispiel vor Augen zu haben, das gegen die Alternative (B) spricht, was aber nicht richtig ist. (B) sagt uns nämlich *nicht*, dass jeder Diskurs aufgegeben werden soll, dessen begriffliche Grundlagen defekt sind. (B) sagt uns nur, dass die Aufgabe eines solchen Diskurses vorzuziehen ist, *gegeben* die Aufgabe und die Weiterführung weisen in anderen Dimensionen keine relevanten Unterschiede auf. Aufgrund der Ceteris-paribus-Klausel sind wir also aufgefordert, von einer unbestimmten Vielzahl von Gesichtspunkten, die man für die Bewertung konservativer und aufklärerischer Projekte anführen könnte, zu *abstrahieren*. Daher würde auch derjenige einen Fehler machen, der behauptet, dass die gestellte Frage *unentscheidbar* sei, weil es immer darauf ankomme, um welchen Diskurs es sich handelt. Diese Person würde die Frage nicht richtig verstehen. Da es zulässig und geboten ist, Reaktionen unberücksichtigt zu lassen, die auf einem *Missverständnis* der gestellten Aufgabe beruhen, können wir daran festhalten, dass es unkontrovers ist, dass ansonsten rationale Personen (B) für richtig halten.

Diese Behauptung ist keine bloße Stipulation. Sie steht zum einen in Kontinuität mit der exemplarischen Erklärung der Absonderlichkeit des Konservatismus von Damschen und Schönecker. Zum anderen habe ich sie auf das Urteil gestützt, dass ansonsten rationale Personen nicht für (C) – die Auffassung, dass es, ceteris paribus, gleichgültig ist, ob ein defekter Diskurs weitergeführt wird – votieren würden. Warum meine Behauptung dadurch gestützt wird, geht auf folgende Überlegungen zurück.

Wer für (C) votieren würde, wäre auf die Auffassung festgelegt, dass epistemische und dianoetische Werte *keine Bedeutung* für die Bewertung der Ziele des Konservatismus und der Aufklärung haben.[12] Da diese Auffassung nicht an eine Besonderheit der Ziele gebunden ist, ist, wer für (C) votiert, auf die philosophische Position festgelegt, dass epistemische und dianoetische Werte *im Allgemeinen* keine Bedeutung für die Bewertung einer Praxis haben können. In dieser Weise irrelevant könnten epistemische und dianoetische Werte aber nur dann sein, wenn sie keine praktischen Gründe sein können. Da uns diese Auffassung sagt, dass epistemische und dianoetische Werte nicht zählen, können wir sie als *intellektuellen Wertenihilismus* bezeichnen.

Der intellektuelle Wertenihilismus sollte nicht mit der These des epistemischen Nihilismus verwechselt werden.[13] Er ist eine Theorie

---

[12] Unter epistemischen Werten verstehe ich epistemische Güter und Übel – Dinge also wie Wissen, Wahrheit, gerechtfertigte Meinung auf der einen und Ignoranz, Irrtum, Falschheit, ungerechtfertigte Meinung auf der anderen Seite; unter dianoetischen Werten verstehe ich die Tugenden und Laster epistemischer Akteure – Dinge also wie Unvoreingenommenheit und intellektuelle Redlichkeit auf der einen und Voreingenommenheit und intellektuelle Frivolität auf der anderen Seite. Epistemische und dianoetische Werte sind beide intellektuelle Werte.

[13] Zur Diskussion des epistemischen Nihilismus vgl. Cuneo (2007), 115 ff.

anderer Art. So wie der moralische Nihilismus die Existenz moralischer Werte oder die Existenz moralischer Wahrheiten bestreitet, bestreitet der epistemische Nihilismus die *Existenz* epistemischer Werte oder die Existenz epistemischer Wahrheiten. Der intellektuelle Wertenihilismus bestreitet dagegen nicht die Existenz, sondern die *Relevanz* epistemischer Werte. Er bestreitet, dass epistemische Werte Gründe sind. Da die Verneinung der Relevanz epistemischer Werte keinen Sinn ergibt, wenn es, wie der epistemische Nihilismus behauptet, gar keine epistemischen Werte und Fakten gibt, sollten wir den intellektuellen Wertenihilismus als eine Auffassung konstruieren, die die Existenz intellektueller Werte voraussetzt. So verstanden ist der intellektuelle Wertenihilismus mit dem epistemischen Nihilismus sogar unvereinbar. Der relevante Unterschied zwischen diesen Theorien besteht darin, dass der intellektuelle Wertenihilismus, anders als der epistemische Nihilismus, eine Werttheorie ist. Dass intellektuelle Werte nicht zählen, ist eine werttheoretische These genauso wie die These, dass intellektuelle Werte weniger bedeutsam sind als ästhetische Werte, oder wie die These, dass Werte wie intellektuelle Redlichkeit nicht weniger wichtig sind als Werte wie Großzügigkeit. Der intellektuelle Wertenihilismus ist daher eine substantielle *ethische* These und ist weder Teil der Erkenntnistheorie noch eine Meta-Theorie über den epistemologischen Diskurs.

Der intellektuelle Wertenihilismus ist *absurd*. Denn er sagt uns, unter anderem, dass die Falschheit einer Theorie als solche kein Grund dafür sein kann, sie aufzugeben; dass die Unschlüssigkeit eines Arguments als solche kein Grund dafür sein kann, es nicht mehr in Debatten zu verwenden; dass die Zuverlässigkeit einer Methode als solche kein Grund dafür sein kann, sie einer weniger zuverlässigen Methode vorzuziehen. Er sagt uns aber auch, dass die Überwindung von Unwissenheit, wenn sie etwas Gutes ist, dann nicht deshalb gut sein kann, weil es sich dabei um die Überwindung von *Unwissenheit* handelt. Er sagt uns, dass die Indoktrination falscher Weltanschauungen nicht deshalb schlecht sein kann, weil sie zu *falschen* Weltanschauungen führt. Der intellektuelle Wertenihilismus impliziert daher auch, dass Wissen als solches nicht besser ist als Irrtum; dass falsches Bewusstsein als solches nichts Schlechtes sein kann. Der intellektuelle Wertenihilismus unterminiert daher den Sinn *jeder* intellektuellen Aktivität, die Auseinandersetzung mit der Frage nach dem Wert intellektueller Werte eingeschlossen. Da der intellektuelle Wertenihilismus absurd ist, würde eine ansonsten rationale Person, wenn sie die gestellte Frage richtig versteht, nicht für (C) votieren. Sie würde das aber *nicht* deshalb tun, weil sie glaubt, dass, ceteris paribus, ein defekter Diskurs *weitergeführt* werden sollte. Denn wer für (A) votiert, legt sich zwar nicht auf den intellektuellen Wertenihilismus, aber auf die offenbar ebenso absurde Auffassung fest, dass intellektuelle *Übel* Gründe *für* die Aufrechterhaltung eines Diskurses sind. Da auch diese Auffassung keine These speziell über die Aufrechterhaltung von Diskursen ist, legt man sich mit (A) auf die allgemeine philosophische These fest, dass intellektuelle Übel als solche einen *positiven* Wert haben, d. h. Güter sind, die man als solche einen Grund hat zu befördern und zu bewahren. Die Absurdität dieser Auffassung liegt auf der Hand. Folglich votiert eine rationale Person nicht deshalb nicht für (C), weil sie (A) für richtig hält, sondern deshalb, weil sie (B) für richtig hält und glaubt, dass, ceteris paribus, ein begrifflich defekter Diskurs aufgegeben werden sollte.[14]

Nur wer die gestellte Frage missversteht, könnte also (C) oder (A) für richtig halten. Da solche Missverständnisse nicht allzu unwahrscheinlich sind, möchte ich zum Schluss noch einmal das Design der Frage hervorheben. Was sich an den Reaktionen auf diese Frage zeigen soll, ist, dass epistemische und intellektuelle Werte praktische Relevanz haben, d. h. *praktische Gründe* sind.[15] Wenn

---

[14] Cuneo (2007) 123 hebt hervor, dass ein minimal rationaler Akteur kein epistemischer Nihilist sein kann, da man nicht rational sein kann und zugleich glauben kann, dass man keine Gründe für die eigenen Überzeugungen hat. Dasselbe muss dann auch für das Verhältnis zum intellektuellen Wertenihilismus gelten: Ein minimal rationaler Akteur kann nicht glauben, dass die epistemischen Gründe für seine Überzeugungen nicht zählen. Zusammen genommen bedeutet dass, dass den epistemischen Nihilismus und den intellektuellen Wertenihilismus nicht zu akzeptieren für die Rationalität eines Akteurs *konstitutiv* ist.

[15] Diese These ist eine These u.a. über epistemische Werte, nicht über epistemische Gründe. Sie besagt nicht, dass epistemische Gründe praktische Gründe sind. Epistemische Gründe sind Gründe, eine Proposition für wahr zu halten, d.h. Gründe, die für die Wahrheit einer Proposition sprechen. Praktische Gründe sind Gründe, die für die Ausführung oder Unterlassung von Handlungen sprechen. Dass epistemische Werte praktisch relevant sind, impliziert

wir glauben, dass die Tatsache, dass ein Diskurs *D* begrifflich defekt und intellektuell nicht respektabel ist, dafür spricht, dass man *D* aufgeben sollte, glauben wir, dass intellektuelle Übel *praktische Gründe* sind. Das alleine reicht, um einzusehen, dass es eine *Präsumption* für die Aufklärung und eine dieser Präsumption korrespondierende Beweislast für den Konservatismus gibt.

Dass Umstände denkbar sind, unter denen es für eine Person schlechter wäre, würde sie die Wahrheit über einen Sachverhalt erfahren, spricht in keiner Weise gegen das Bestehen einer Präsumption für die Aufklärung. Ein Gegenbeispiel könnten solche Szenarien nur liefern, wenn sie ein Gegenbeispiel gegen die These sind, dass epistemische Werte praktische Gründe sind. Ein einschlägiges Gegenbeispiel *müsste* daher Eigenschaften aufweisen, die von einem Szenario der schmerzlichen Wahrheit aber gar nicht erfüllt werden. Für ein Gegenbeispiel brauchen wir wenigstens zwei zu vergleichende Zustände A und B, für die gilt: (1) A und B unterscheiden sich *ausschließlich* in epistemischer Hinsicht; (2) A ist in epistemischer Hinsicht besser als B (oder umgekehrt); (3) A ist nicht besser als B und B ist nicht besser als A. Solche Gegenbeispiele, habe ich eben argumentiert, sind jedoch nicht zu erwarten. Denn der intellektuelle Wertenihilismus – die Auffassung, dass epistemische und dianoetische Werte nicht zählen – ist absurd.

Aus den gleichen Gründen ist es auch nicht möglich, auf der Basis von Szenarien beglückender Illusionen auf die praktische Irrelevanz epistemischer Werte zu schließen. Dass Fälle von beglückenden Illusionen möglich sind, in denen die Aufrechterhaltung der Illusion alles in allem betrachtet besser zu sein scheint als ihre Eliminierung, spricht nicht dagegen, dass Illusionen als solche etwas Schlechtes sind. Was solche Szenarien zeigen können, ist lediglich, dass Glück etwas Gutes ist. Sie können aber nicht zeigen, dass andere Dinge als Glück nicht zählen. Um das zu zeigen, müsste

jedoch, dass aus dem epistemischen Status eines Glaubens praktische Gründe erwachsen können. Wenn ich z. B. einsehe, dass die Gründe, aus denen ich *p* für wahr halte, gar nicht für die Wahrheit von *p* sprechen, ergibt sich aus dieser Tatsache ein Grund, mich um eine Abänderung meiner Glaubensdispositionen zu bemühen. Daher können aus der Ausprägung der epistemischen Rechtfertigung praktische Gründe erwachsen, obwohl die epistemische Rechtfertigung selbst nicht auf praktischen Gründen beruht.

man Zustände miteinander vergleichen, die sich gerade nicht im Hinblick auf ihren hedonischen Wert, sondern *ausschließlich* in einer nicht-hedonischen Dimension unterscheiden. Wenn die zu vergleichenden Zustände *unter diesen Bedingungen* als gleichwertig zu beurteilen sind, würde das dagegen sprechen, dass Unterschiede in der betreffenden nicht-hedonischen Dimension praktisch relevant sind.[16]

Während die Absonderlichkeit des Konservatismus an konkreten Beispielen wie der Stellungnahme von Damschen und Schönecker sofort auffällt, ist es etwas schwerer, ohne die Unterstützung von Beispielen zu einem akkuraten Urteil über die dialektische Situation von Aufklärung und Konservatismus zu kommen. Wenn wir nur *in abstracto* über die Aufklärung und den Konservatismus als praktischen Alternativen nachdenken, droht insbesondere die Tatsache, dass die Behauptung einer Präsumption für die Aufklärung eine bescheidene Behauptung ist, leicht übersehen zu werden. Dass es eine Präsumption für die Aufklärung gibt, kann stattdessen wie eine These aussehen, durch die man sich auf außerordentlich kontroverse werttheoretische Annahmen festlegt. Aber gerade das ist, wie ich zu zeigen versucht habe, ein Irrtum. Die Präsumption für die Aufklärung resultiert aus werttheoretischen Annahmen, die in dem Sinne bescheiden sind, dass wir sie durch unser bloßes intellektuelles Engagement implizit anerkennen und als epistemische Akteure rational nicht verneinen können.

---

[16] Das berühmte Szenario der *experience-machine* von Robert Nozick ist daher mit einem bedeutenden methodologischen Fehler behaftet. Denn Nozicks Beschreibung legt nicht fest, dass das Leben in der Erlebnismaschine und das wirkliche Leben außerhalb der Erlebnismaschine *in hedonischer Hinsicht gleichwertig* sind. Wenn man jedoch, wie Nozick, testen will, ob »how people›s experiences feel ›from the inside‹« das Einzige ist, was zählt, muss man eben diese Gleichheit in hedonischer Hinsicht stipulieren. Dieser Fehler in Nozicks Darstellung führt zu bedeutenden Fehleinschätzungen insbesondere über den Status möglicher positiver Reaktionen. Positive Reaktionen auf die Frage »Would you plug in?« sagen in Bezug auf die Belange des Hedonismus so gut wie nichts, da zu vermuten ist, dass sie unter der Annahme erfolgen, dass man in der Maschine viel glücklicher ist als außerhalb der Maschine. Ein sich dialektisch anders auswirkender Fehler ist, dass Nozick seine Leser fragt »Would you plug in?«, anstatt ihnen einen unparteilichen Vergleich zweier Szenarien abzuverlangen. – Nozick (1974) 42 (Kursivierung getilgt); 43.

3. Die Besonderheit intellektueller Werte

3.1 Die werttheoretischen Grundlagen der Präsumption für die Aufklärung

Dafür, dass es eine Präsumption für die Aufklärung gibt, habe ich im letzten Kapitel damit argumentiert, dass jede andere Konzeption der dialektischen Situation absurde werttheoretische Implikationen hat. Damit ist die dialektische Situation aber noch nicht hinreichend beschrieben. So könnte jemand denken, dass sich die Beweislastverteilung zu Gunsten des Konservatismus verschiebt, sobald sich herausstellt, dass das liberationistische Projekt der Aufklärung Nachteile einer nicht-intellektuellen Art besitzt. Wenn wir so denken, glauben wir, dass die Präsumption für die Aufklärung lediglich der Tatsache eines noch unentwickelten Diskussionsstands geschuldet ist, uns aber nichts Substantielles über den Wert des liberationistischen im Vergleich zum anti-liberationistischen Projekt sagt. Nennen wir Auffassungen dieser Art *deflationäre Interpretationen der Präsumption für die Aufklärung.*

Deflationäre Interpretationen sind werttheoretisch keineswegs unschuldig. Durch sie verneint man, dass intellektuelle Werte die Bedeutsamkeit haben, die das liberationistische Projekt der Aufklärung ihnen zumisst. Deflationäre Interpretationen der Präsumption für die Aufklärung beruhen also auf einer deflationistischen Theorie über die Bedeutsamkeit intellektueller Werte. Eine Version dieses Deflationismus besagt, dass intellektuelle Werte nur zählen, insofern sie die Realisierung nicht-intellektueller Werte befördern. Wissen hat demzufolge nur einen instrumentellen Wert: Wenn Wissen gut ist, dann nur deshalb, weil es nicht-intellektuelle Güter gibt, die man ohne Wissen nicht oder nicht zuverlässig erlangen kann. Eine andere Version des Deflationismus besagt, dass intellektuelle Werte als solche zählen, dass sie aber von untergeordneter, lexikalisch nachrangiger Bedeutung sind. Obwohl Wissen nach dieser Auffassung nicht nur eine instrumentelle Bedeutsamkeit hat, sondern etwas Gutes an sich ist, ist seine intrinsische Bedeutsamkeit praktisch vernachlässigbar.

Um das zu sehen, nehmen wir zum Beispiel an, jemand würde einen derartigen Deflationismus vertreten und behaupten, dass intellektuelle Werte hedonischen Werten in lexikalischer Weise untergeordnet sind. Wer das glaubt, glaubt zwar, dass ein Irrtum als solcher immer schlechter ist als Wissen; er glaubt aber auch, dass ein Irrtum, sobald er in einer noch so bescheidenen Weise glücksfördernd ist, jedem hedonisch unproduktiven Wissen vorzuziehen ist. Wenn Zufriedenheit ein zuverlässiges Indiz für Glück und Unzufriedenheit für die Abwesenheit von Glück ist, dann impliziert diese Theorie über die Bedeutsamkeit intellektueller Werte, dass eine ausschließlich von selbstzufriedenen Idioten bevölkerte Welt an sich besser ist als eine Welt, in der es außer selbstzufriedenen Idioten auch einen unzufriedenen Sokrates gibt. Sie impliziert dann auch, dass es besser wäre, wenn der unzufriedene Sokrates sich in einen selbstzufriedenen Idioten verwandelte.[17] In praktischer Hinsicht verschwindet daher der von diesem Deflationismus anerkannte intrinsische Wert hinter dem instrumentellen Wert des Wissens. Das Streben nach Wissen wird nach dieser Auffassung im Standardfall rational nur dann sein, wenn es sich um ein Streben nach hedonisch produktivem Wissen handelt. Ob wir nach einem Wissen streben sollen, wird folglich regelmäßig davon abhängig sein, wie sich dieses Streben auf die vorrangigen hedonischen Ziele auswirkt. Praktisch gesehen konvergiert dieser Deflationismus über intellektuelle Werte mit einer hedonistischen Werttheorie, die intellektuellen Werten eine Bedeutsamkeit ausschließlich als Mittel zur Erlangung von Glück zuschreibt.

Ihre werttheoretischen Voraussetzungen machen deutlich, dass deflationäre Interpretationen der Präsumption für die Aufklärung, wenn auch nicht dem Buchstaben, so doch dem Geist des intellektuellen Wertenihilismus überaus nahe stehen. Dass unsere Meinungsbildung unter Bedingungen falschen Bewusstseins nicht wahrheitsorientiert ist, kann nach der Auffassung des intellektuellen Wertenihilismus nicht für das liberationistische Projekt der Aufklärung sprechen. Da sie intellektuellen Werten eine Bedeutsamkeit zuschreiben, verneinen deflationistische Theorien diese Implikation des Nihilismus. Trotzdem sind sie Verwandte der nihilistischen Auffassung, weil sie die Auffassung unterstützen, dass die

---

[17] Dabei nehme ich, was sowieso plausibel ist, an, dass die Selbstzufriedenheit der Idioten von der Unzufriedenheit von Sokrates kausal unabhängig ist.

Beweislast des Konservatismus unsubstantiell und unbedeutend ist. Denn das liberationistische Projekt der Aufklärung lässt sich nach diesen Auffassungen schon dann mit guten Gründen zurückweisen, wenn es Gründe für die Annahme gibt, dass die Aufrechterhaltung falschen Bewusstseins in hedonischer Hinsicht marginal besser abschneidet als der Versuch seiner Überwindung. Deflationistische Thesen über die Bedeutsamkeit intellektueller Werte spielen dem Konservatismus tatsächlich so in die Hand, dass sie die *Erwartung* stützen, dass das anti-liberationistische Projekt sich als das bessere herausstellt, obwohl es eine Präsumption für die Aufklärung gibt. Diese Situation ist *paradox*. Eine Präsumption für die Aufklärung ist zugleich eine Präsumption gegen den Konservatismus. Und wenn es eine Präsumption gegen den Konservatismus gibt, haben wir keinen Grund zu erwarten, dass sich der Konservatismus als die vorzugswürdige Alternative herausstellt, sondern, im Gegenteil, Grund zu erwarten, dass die Aufklärung die rationale Alternative ist. Eine Werttheorie, die sowohl die Auffassung, dass es eine Präsumption für die Aufklärung gibt, als auch die Erwartung, dass der Konservatismus vorzuziehen ist, unterstützt, kann daher keine adäquate Theorie sein. Wir dürfen daher schließen, dass deflationäre Interpretationen der Präsumption für die Aufklärung auf einer inadäquaten Theorie über die Bedeutsamkeit intellektueller Werte beruhen.

Anders als durch deflationistische Auffassungen nahegelegt wird, sind intellektuelle Werte weder von nur instrumenteller noch von nur nachrangiger Bedeutsamkeit. Einige intellektuelle Werte sind vielmehr entweder an sich gute oder an sich schlechte Dinge, deren Bedeutsamkeit von ihrer hedonischen Produktivität unabhängig ist. Aus der Verneinung deflationistischer Auffassungen ergibt sich folglich die Auffassung, dass intellektuelle Werte eine eigenständige, unabhängige Bedeutsamkeit haben. Die Eigenständigkeit intellektueller Werte – ihre eigenständige Bedeutsamkeit – erkennen wir an, wenn wir nicht nur glauben, dass Wissen immer an sich besser ist als Irrtum, sondern darüberhinaus auch glauben, dass hedonisch unproduktives Wissen besser sein kann als ein glücksfördernder Irrtum.

Darüberhinaus, behaupte ich, weisen intellektuelle Werte aber auch eine Besonderheit auf, die sie von hedonischen (oder welfaristischen) Werten grundlegend unterscheidet. Während nämlich eine

Werttheorie, die die Eigenständigkeit hedonischer Werte – die eigenständige Bedeutsamkeit also von Glück und Unglück oder von Freude und Leid oder von Lust und Schmerz – bestreitet, zwar äußert unplausibel, epistemologisch aber nicht inkohärent ist, ist eine Werttheorie, die die Eigenständigkeit intellektueller Werte bestreitet, selbstunterminierend. Es gibt also intellektuelle Werte, deren eigenständige Bedeutsamkeit anzuerkennen man nicht umhin kann.[18] Im Gegensatz zu dem, was deflationistische Auffassung nahelegen, sind also einige intellektuelle Werte sogar in einzigartiger Weise bedeutsam – sie sind eigenständige Güter, die unersetzbar und in diesem Sinne von fundamentaler Bedeutsamkeit sind. Hedonische (oder welfaristische) Werte sind dagegen zwar eigenständig, aber nicht fundamental.

Die Auffassung, dass intellektuelle Werte einen besonderen Status haben, werde ich in den beiden folgenden Kapiteln verdeutlichen und verteidigen.[19] Zunächst betrachte ich den Versuch von Hilary Kornblith, die Besonderheit intellektueller Werte im Rahmen einer pragmatischen Konzeption epistemischer Normativität zu erklären. Ich argumentiere, dass pragmatische Konzeptionen eine solche Erklärung aus prinzipiellen Gründen nicht leisten können, wobei dieser Fehlschlag darauf zurückzuführen ist, dass sie qua pragmatische Konzeptionen die Eigenständigkeit intellektueller Werte verneinen. Im anschließenden Kapitel argumentiere ich dann, dass intellektuelle Werte nicht nur eigenständig, sondern auch von fundamentaler Bedeutsamkeit sind.

3.2 *Epistemische Werte und epistemische Normativität*

Im vorletzten Kapitel seines Buchs *Knowledge and its Place in Nature* beschäftigt sich Kornblith mit der Frage nach den Quellen epistemischer Normativität. Diese Frage stellt sich für ihn vor

---

[18] Vielleicht bildet der universale Wertenihilismus – die werttheoretische These, dass *nichts* zählt – eine Ausnahme. Wenn das so ist, kann die These über die Besonderheit intellektueller Werte problemlos mit einer entsprechenden Klausel versehen werden.

[19] Die Klasse der intellektuellen Werte hat einen besonderen Status, wenn es intellektuelle Werte gibt, die einen besonderen Status haben.

dem Hintergrund seiner naturalistischen Konzeption, der zufolge Erkenntnistheorie eine empirische Wissenschaft oder die Teildisziplin einer empirischen Wissenschaft ist. So verstanden, ist die Theorie des Wissens eine rein deskriptive Untersuchung, deren Status sich von dem psychologischer Theorien nicht unterscheidet. Als Naturalist steht Kornblith deshalb vor der Herausforderung, den normativen Anspruch epistemischer Werturteile entweder als leer zurückzuweisen oder in naturalistischen Begriffen erklären zu müssen. Da er die Existenz epistemischer Normen nicht bezweifelt, ist für ihn das Problem epistemischer Normativität ein Problem der Erklärung des Ursprungs der bindenden oder verpflichtenden Kraft epistemischer Normen. Er fragt: »What, ultimately, is the source of epistemic normativity?«[20] Was also zum Beispiel erklärt, dass ich eine Meinung, von der ich urteile, dass sie unbegründet ist, aufgeben sollte? Warum bindet mich dieses negative epistemische Urteil? Und warum wäre es falsch von mir, an meiner Meinung trotz eines negativen epistemischen Verdikts festzuhalten?

Überzeugt, dass epistemische Normativität ihre Quelle in unseren Wünschen haben müsse, glaubt Kornblith, dass sich auf Fragen wie diese eine Antwort abzeichnet, wenn man das Ziel epistemischer Bewertung oder, besser gesagt, das Interesse untersucht, das wir mit epistemischen Bewertungen verfolgen. Seine Idee ist also, dass wir die Normativität epistemischer Bewertungen erklären kön-

---

[20] Kornblith (2005) 139. Kornblith glaubt zwar, dass das eine Frage ist, die sich nicht nur einer naturalistischen Erkenntnistheorie stellt. Aber das scheint nicht richtig zu sein. Für einen Naturalisten lässt sich die Frage nach den Quellen epistemischer Normativität übersetzen in die Frage nach deren naturalistischen Quellen. Das heißt, ein Naturalist muss epistemische Normativität auf nicht-normative, naturalistische Wahrheiten zurückführen. Aus der Perspektive einer nicht-naturalistischen Auffassung ist die Rede von Quellen epistemischer Normativität dagegen irreführend. Sie kann zwar die verpflichtende Kraft besonderer epistemischer Normen auf eine Quelle zurückführen. Diese Quelle wird aber, nach Auffassung des nicht-Naturalisten, als solche eine verpflichtende Kraft haben. D.h. für den nicht-Naturalisten ist Normativität eine grundlegende, nicht-reduzierbare Eigenschaft. Daher macht die Rede von einer Quelle der Normativität aus nicht-naturalistischer Sicht streng genommen keinen Sinn und spielt nur einem nach seiner Auffassung fehlerhaften naturalistischen Weltbild in die Hände. Es ist aus seiner Sicht ein *Fehler* nach der Quelle der Normativität zu fragen, so wie es ein Fehler ist, nach der Quelle, sagen wir, der Notwendigkeit notwendiger Wahrheiten zu fragen. Vgl. Parfit (2006).

nen, wenn wir ausfindig machen, warum es für uns überhaupt wichtig ist, kognitive Zustände oder Prozesse epistemisch zu bewerten.

Mit dieser Idee entwirft Kornblith eine *pragmatische* Theorie epistemischer Normativität auf der Basis einer *pragmatischen* Theorie epistemischer Evaluation, wobei eine pragmatische Theorie epistemischer Evaluation eine Theorie ist, die uns sagt, dass unsere Praxis epistemischer Evaluation ihren Sinn dadurch gewinnt, dass sie, in letzter Analyse, im Dienst *nicht-epistemischer* Ziele oder Wünsche steht.

Eine in diesem Sinne pragmatische Theorie kognitiver Evaluation entwirft auch Stephen Stich:

> Here, then, is a first pass at a pragmatic account of cognitive evaluation. In evaluating systems of cognitive processes, the system to be preferred is the one that would be most likely to achieve those things that are intrinsically valued by the person whose interests are relevant to the purposes of evaluation. In most cases the relevant person will be the one who is or might be using the system. So, for example, if the issue at hand is the evaluation of Smith's system of cognitive processes in comparison with some actual or hypothetical alternative, the system that comes out higher on the pragmatist account of cognitive evaluation is the one that is most likely to lead to the things that Smith finds intrinsically valuable.[21]

Wichtig ist, dass »kognitive Evaluation« bei Stich nicht dasselbe meint wie »epistemische Evaluation«. Epistemische Evaluation ist die Bewertung einer Sache im Lichte epistemischer Werte; kognitive Evaluation, so wie Stich sie versteht, ist die Bewertung kognitiver Systeme. Mit seinem Begriff der kognitiven Evaluation will Stich also nicht die Kriterien oder Maßstäbe der Bewertung, sondern ausschließlich einen besonderen Gegenstand der Bewertung herausgreifen. Das ermöglicht es ihm (und zwingt ihn dazu), seine Theorie als eine *Konzeption kognitiver Bewertung* zu präsentieren, so als wäre eine kognitive Bewertung eine Praxis, die durch eine pragmatische Konzeption besser als durch eine epistemische Konzeption beschrieben wird. Aber das ist irreführend. Wer Überzeugungen oder kognitive Prozesse nicht nach epistemischen, sondern nach hedonischen Maßstäben bewertet, hat nicht etwa eine andere

---

[21] Stich (1990) 131/2.

Konzeption kognitiver Bewertung, sondern *verwirft* die Maßstäbe der kognitiven Bewertung. Er sagt uns nicht etwa, dass kognitive Bewertung eine Spezies hedonischer Bewertungen ist, sondern dass kognitive Werte *keine Relevanz* für die Bewertung von Überzeugungen haben. Stichs Pragmatismus in Bezug auf kognitive Systeme ist also keine Theorie über den Sinn kognitiver Bewertung, sondern eine Theorie darüber, wie kognitive Systeme bewertet werden sollten. Er gleicht damit einer Auffassung wie der, dass künstlerische Werte keine Bedeutung für die Bewertung von Kunstwerken haben. Diese Auffassung ist weder eine Auffassung darüber, was künstlerische Bewertung ist, noch eine Auffassung darüber, was künstlerische Bewertung sein soll, sondern eine Auffassung, die uns sagt, dass künstlerische Bewertung für die Bewertung von Kunstwerken irrelevant ist. Denn im Unterschied zum Beispiel zur von künstlerischen Werten abstrahierenden ökonomischen Bewertung von Kunstwerken ist künstlerische Bewertung die Bewertung von Kunstwerken nach dem Maßstab künstlerischen Werts. Da Stichs Pragmatismus die Bewertung kognitiver Systeme alleine von der Interessenlage der Person, um deren kognitives System es sich handelt, abhängig macht, verneint er die *Zuständigkeit* epistemischer Evaluation und damit die *Relevanz* epistemischer Werte. Stichs Pragmatismus ist folglich eine Version des intellektuellen Wertenihilismus: Er bestreitet nicht, wie der epistemische Nihilist, die Existenz von epistemischen Werten, er bestreitet aber, dass epistemische Werte zählen.[22]

Wenn man die Zuständigkeit epistemischer Evaluation verneint, verneint man auch die Existenz *epistemischer* Normativität. Stichs pragmatische Theorie erklärt zwar, warum wir überhaupt Gründe dafür haben, kognitive Zustände, Prozesse oder Systeme anderen vorzuziehen. Die Erklärung nimmt aber nicht auf epistemische

---

[22] Während meine Diagnose die ist, dass Stich die Zuständigkeit epistemischer Evaluation und damit die Bedeutsamkeit epistemischer Werte bestreitet, denkt Kornblith (fälschlich, nach meiner Auffassung), dass Stichs Pragmatismus die *Existenz* einer von der pragmatischen Bewertung verschiedenen epistemischen Bewertung bestreitet: »Indeed, it seems to me that the natural way to describe Stich's pragmatic view is to say that it is eliminativist about epistemic evaluation: there is nothing distinctively epistemic about the kind of evaluation Stich proposes.« – Kornblith (2005) 152.

Werte als solche Bezug, sondern unterscheidet sich als pragmatische Erklärung nicht grundsätzlich von Erklärungen für die Vorzugswürdigkeit von Autos, Waschmaschinen oder Fernsehapparaten.[23] Die Erklärung ist in allen diesen Fällen die gleiche: Vorzugswürdig für eine Person ist, was auch immer ihre Wünsche am besten befriedigt. Da Stich in seinen Pragmatismus keine Restriktionen in Bezug auf Wünsche einbaut – weder der Inhalt noch die Genese eines intrinsischen Wunsches können nach Stichs Auffassung seine Relevanz für die Bewertung kognitiver Zustände und Prozesse untergraben –, können irrtumsproduzierende kognitive Mechanismen nach seiner Auffassung vorzugswürdige *kognitive Instrumente* sein.

Kornblith argumentiert nun gegen diesen Pragmatismus, dass pragmatische Bewertungen kognitiver Prozesse nicht an die Stelle epistemischer treten können. Er argumentiert also dafür, dass die epistemische Bewertung kognitiver Angelegenheiten *unersetzbar* ist. Kornblith macht damit nicht nur geltend, dass die epistemische Evaluation eigenständig und irreduzibel ist; die Idee ist vielmehr, dass wir nicht umhin können, unsere kognitiven Angelegenheiten in der Dimension epistemischer Werte zu beurteilen. Der Grund dafür ist, dass alle pragmatischen Bewertungen – die Bewertung einer Sache im Lichte der gesamten Interessenlage oder der Ziele einer Person – von epistemischen Bewertungen abhängig ist. Diese Abhängigkeit lässt sich relativ leicht verdeutlichen. Die pragmatische Bewertung kognitiver Systeme, so wie Stich sie sich vorstellt, ist nichts anderes als ein Anwendungsfall des Standardmodells rationaler Entscheidung unter Unsicherheit, d. h. der Erwartungsnutzentheorie:

> Suppose, now, that we take [the] »expected value« approach to technology assessment as our model in pragmatic cognitive evaluation. To assess the comparative merits of a pair of cognitive systems that a person might exploit requires that we compute the expected value of adopting each system. To do that, we must determine the probability

---

[23] Im Hintergrund des Bilds der Unzuständigkeit epistemischer Evaluation steht die etwas eigenartige Auffassung, dass Wahrheit nicht das Ziel kognitiver Prozesse ist: »Cognitive processes, pragmatists will insist, should not be thought of primarily as devices for generating truths. Rather they should be thought of as something akin to tools or technologies or practices that can be used more or less successfully in achieving a variety of goals.« – Stich (1990) 131.

of each option leading to various possible outcomes and then multiply those probabilities by the cardinal number indices of the values we have assigned the outcomes. The consequences that are important for a pragmatic evaluation will be things that the person in question takes to be intrinsically valuable.[24]

Der Einwand gegen Stichs pragmatische Theorie der kognitiven Bewertung sollte nun offensichtlich sein. Die von ihm als Modell herangezogene Erwartungsnutzentheorie sagt uns, dass wir unter einer Menge von Alternativen die mit dem höchsten Erwartungsnutzen, d. h. die Option, die den Erwartungsnutzen maximiert, herausgreifen sollen. Das tun wir aber nicht, wenn uns entweder Fehler in der Bestimmung der Wahrscheinlichkeiten oder Fehler in der Bestimmung des Werts der mit den jeweiligen Optionen verbundenen Konsequenzen unterlaufen. Die Erwartungsnutzentheorie präsupponiert also die epistemische Rationalität von Entscheidern und die Zuverlässigkeit der von ihnen verwendeten Methoden. Kornblith unterstreicht daher zu Recht:»Stich bases this account [of cognitive evaluation] on standard cost-benefit models of decision. But the presupposition of cost-benefit calculations undermine Stichs attempt to turn this into an account of cognitive evaluation.«[25]

Um den Punkt zu illustrieren, stellen wir uns einen egoistischen Hedonisten vor, d. h. eine Person, deren letztes, übergeordnetes Ziel darin besteht, dass sie selbst möglichst glücklich ist. Diese Person ist also bestrebt, immer das zu tun, was ihr eigenes Glück maximiert. Nach Stichs pragmatischer Theorie, die uns sagt, dass wir kognitive Systeme auf dieselbe Art bewerten sollten wie Werkzeuge – nämlich nach ihrer Nützlichkeit für uns, die Benutzer des Werkzeugs –, sollte dieser Hedonist ein ihn glücklich machendes kognitives System bevorzugen, ein System also, das Überzeugungen generiert, die ihn glücklich machen.[26] Das Problem ist nun, dass ein solches System

[24] Stich (1990) 133/4.
[25] Kornblith (2005) 153.
[26] Ich nehme hier nur zu Zwecken der Argumentation an, dass ein kognitives System nicht wahrheitsorientiert, sondern glücksorientiert operieren könnte. Nach meiner Auffassung ist das unmöglich. Prozesse, die glücksorientiert sind, sind keine kognitiven Prozesse und die Resultate solcher Prozesse keine Meinungen. Denn ein Prozess, der dazu dient, Zustände zu produzieren, die glücklich machen, ist *seiner Natur nach* für epistemische Gründe nicht oder nicht in der richtigen Weise ansprechbar. Die Resultate eines solchen Prozesses

seinem ›Benutzer‹ gerade nicht die Überzeugungen bereitstellt, die er braucht, um Entscheidungen zu treffen, die sein Glück maximieren. Wenn unser Hedonist ein nur mittelmäßig begabter Pianist ist, wird ihm sein hedonistisch eingerichtetes Meinungsbildungssystem die schmerzliche Einsicht ersparen, dass er nur mittelmäßig begabt ist, und stattdessen die lustvolle Überzeugung produzieren, dass er sich auf dem besten Weg zu einem umjubelten Stern der Klaviermusik befindet. Aufgrund dieser falschen Meinung wird er dann Entscheidungen treffen, die er im Lichte seines Ziels, möglichst glücklich zu werden, gerade hätte vermeiden müssen. Ich stimme daher Kornblith zu, wenn er resümiert:

> Ironically enough, Stich's attempt to devise a pragmatic scheme of cognitive evaluation runs into difficulty precisely where a pragmatic account should be strongest: namely, in allowing us to act so as to serve whatever interests we may care about.[27]

Was für eine Konsequenz sollte der egoistische Hedonist aus dieser Einsicht ziehen? Es scheint klar zu sein, dass er dasjenige kognitive System bevorzugen muss, das am verlässlichsten Überzeugungen hervorbringt, die es ihm ermöglichen, Entscheidungen zu treffen, die sein Glück maximieren. Er wird ein kognitives System bevorzugen, das verlässlich *wahre* Überzeugungen über die Konsequenzen seiner Handlungsalternativen, über den Wert, den diese Konsequenzen für ihn haben, und über die Wahrscheinlichkeit, mit der sie eintreten, produziert. Der egoistische Hedonist wird also, wenn es um die Bewertung kognitiver Systeme geht, gerade nicht hedonische, sondern epistemische Maßstäbe zur Grundlage seiner Bewertung machen. Das wiederum hat offenbar nichts mit den speziellen Zielen des Hedonisten zu tun. Daher scheint sich das Ergebnis dieser Argumentation verallgemeinern zu lassen. In diesem Sinne schreibt Kornblith:

> It seems that someone who cares about acting in a way that furthers the things he cares about, and that includes all of us, has pragmatic reasons to favor a cognitive system that is effective in generating

können daher keine epistemisch bewertbaren Zustände und folglich keine Meinungen sein. Vgl. dazu auch Adler (2006), der dafür argumentiert, dass es unmöglich ist, etwas ohne Evidenzen zu glauben.
[27] Kornblith (2005) 156.

truths, whether he otherwise cares about the truth or not. We should thus adopt a method of cognitive evaluation that endorses truth-conducive processes.[28]

So gelangt Kornblith aufgrund seiner Beobachtung, dass pragmatische Bewertungen die epistemische Zuverlässigkeit des verwendeten kognitiven Systems voraussetzen, zu einer *pragmatischen Vindizierung* epistemischer Evaluation. Er macht uns darauf aufmerksam, dass es nützlich für uns ist, bei der Bewertung kognitiver Systeme von Nutzenerwägungen zu abstrahieren und stattdessen lediglich epistemische Maßstäbe walten zu lassen. Epistemische Evaluation ist für uns also nicht nur dann relevant, wenn wir epistemische Ziele haben, sondern sogar auch dann relevant für uns, wenn wir ausschließlich nicht-epistemische Ziele haben. Daher lässt sich die epistemische Evaluation kognitiver Systeme durch andere Arten der Bewertung nicht ersetzen.

Kornblith' Anliegen war es jedoch nicht nur, die Unersetzbarkeit epistemischer Evaluation aufzuzeigen; es ging ihm in letzter Instanz darum, die bindende Kraft oder den verpflichtenden Charakter epistemischer Normen oder Bewertungen, d. h. epistemische Normativität, zu erklären. Kornblith glaubt nun, dass zu dieser Erklärung kein weiterer Schritt mehr getan werden muss. Er glaubt, dass die pragmatische Unersetzbarkeit epistemischer Evaluation diese Erklärung liefert: Was epistemische Evaluation pragmatisch unersetzbar für uns macht, ist zugleich auch das, was die normative Kraft epistemischer Normen oder Urteile erklärt. Kornblith schreibt:

> Precisely because our cognitive systems are required to perform evaluations relative to our many concerns, and to perform these evaluations accurately, the standards by which we evaluate these cognitive systems themselves must remain insulated from most of what we intrinsically value. This provides a reason to care about the truth whatever we may otherwise care about. It also provides us with a reason to evaluate our cognitive systems by their conduciveness to truth.[29]

Meine These ist nun, dass Kornblith, obwohl ich glaube, dass wir seiner Kritik an Stichs Pragmatismus folgen sollten, in diesem besonders wichtigen Punkt unrecht hat: Die pragmatische Unersetzbar-

---

[28] Ebd.
[29] Kornblith (2005) 158.

keit epistemischer Evaluation liefert uns keine geeignete Erklärung epistemischer Normativität. Kornblith' These der pragmatischen Unersetzbarkeit epistemischer Evaluation sagt uns lediglich, dass jeder ein Interesse daran hat, dass sein eigener Geist (das kognitive System, das er benutzt) im Großen und Ganzen zuverlässig und geeignet ist, ein System von großenteils wahren Überzeugungen zu generieren. Sie sagt uns aber nicht, dass jeder ein Interesse daran hat, dass alle von seinem kognitiven System produzierten Überzeugungen wahr sind. Ein Interesse an der Zuverlässigkeit meines kognitiven Systems als Ganzem kann vielmehr mit einem spezifischen Interesse an Ignoranz oder Irrtum in bestimmten Wissensbereichen verbunden sein.

Betrachten wir zum Beispiel die in der sozialpsychologischen Literatur als *victim denigration* bezeichnete Disposition von Menschen, unschuldigen Opfern von Gewalt oder von Katastrophen eine signifikante Mitschuld an ihrem Schicksal zuzuschreiben, wobei diese Tendenz mit der Wehrlosigkeit der Opfer *zunimmt*. Psychologen interpretieren diese Voreingenommenheit gegen unschuldige Opfer als einen Schutzmechanismus, der Menschen dazu dient, das optimistische, lebensdienliche Bild einer grundsätzlich gerechten Welt aufrechterhalten zu können.[30] Eine in unserem Zusammenhang interessante Variante der Methode, wehrlose und unschuldige Opfer von Gewalt nicht als unschuldige Opfer anzuerkennen, ist die Methode, die Begrifflichkeit von Opfern, Tätern und Gewalt im Ganzen abzuwehren. So haben Bastian et al. gezeigt, dass Menschen, die Fleisch essen, dazu neigen, Tieren einen Geist abzusprechen, und zwar (1) eher solchen Tieren, die als für den Fleischkonsum geeignet gelten, und (2) eher dann, wenn sie sich in einem Essenskontext befinden, als wenn sie keine Gedanken an Mahlzeiten hegen.[31] Die Neigung also beispielsweise eines Fleischessers aus unserer Kultur zu glauben, dass ein Schwein Bewusstsein hat, ist signifikant geringer als seine Neigung zu glauben, dass ein Hund Bewusstsein hat. Und seine Neigung zu glauben, dass ein Schwein Bewusstsein hat, ist in der Kantine signifikant geringer als in Umgebungen, in denen Essen keine Rolle spielt.

[30] Vgl. Cooney (2011) 39.
[31] Vgl. Bastian et al. (2012).

Victim Denigration ist eine ›kognitive Strategie‹, die nicht existierte, hätten Menschen nicht ein Interesse daran, in bestimmten Kontexten gerade *falsche* anstatt wahre Überzeugungen auszubilden. Wie andere irrtumproduzierende Mechanismen würde die Opferverunglimpfung aber auch dann nicht existieren, würde ihre Implementierung die Fehlerrate eines kognitiven Systems auch in anderen Wissenskontexten signifikant erhöhen, in denen Wissen im Interesse von Menschen liegt. Die Existenz solcher Irrationalitätsphänomene zeigt also, dass das wünschebasierte Interesse an der Wahrheit gerade nicht kontextübergreifend und universell, sondern ausgesprochen selektiv ist. Anders als Kornblith behauptet, haben die Leute daher pragmatische ›Gründe‹, ein kognitives System zu bevorzugen, das in ausgewählten Bereichen zuverlässig die Wahrheit von ihnen fern hält. Denn ihre Ziele werden sie dann am effektivsten verfolgen können, wenn ihr kognitives System es ihnen ermöglicht, sich an ihren Zielen *ohne Gewissensbisse* und *moralische Skrupel* zu orientieren. Das aber zeigt: Epistemische Normativität lässt sich nicht aus der pragmatischen Unersetzbarkeit epistemischer Evaluation erklären.

Um epistemische Normativität zu erklären (ich unterstelle zu Zwecken der Argumentation, dass das ein sinnvolles Projekt ist), muss man erklären, warum epistemische Kritik durch pragmatische Einwände *nicht* getroffen wird. Pragmatische Einwände berufen sich auf die Wünsche (die Ziele, die Interessen) einer Person und machen geltend, dass diese Wünsche die Person von epistemischen Verpflichtungen entbinden und ihr gleichsam die Freiheit geben, epistemisch irrational zu sein. Mit pragmatischen Einwänden wird also in Bezug auf eine epistemische Kritik der Anspruch erhoben, dass diese nicht zuständig sei. Pragmatische Einwände sind aber generell verfehlt oder es gibt keine epistemische Normativität.

Wie im Falle von pragmatischen Einwänden gegen moralische Kritik sind sie generell verfehlt. So wie wir die moralische Kritik, uns rücksichtslos verhalten zu haben, nicht durch einen Hinweis auf die Opportunität rücksichtslosen Verhaltens abwehren können, können wir die epistemische Kritik, gegen unsere Meinung sprechende Evidenzen zu ignorieren, nicht dadurch abwehren, dass wir geltend machen, es sei in unserem Interesse, alles zu ignorieren, was gegen unsere Meinung spricht. So wie moralische Kritik nicht voraussetzt, dass das kritisierte Verhalten nicht im Interesse der betreffenden Person ist, setzt auch epistemische Kritik nicht voraus, dass die Aufrechterhaltung der kritisierten Meinung nicht im Interesse der betreffenden Person ist. Sowohl für moralische als auch für epistemische Kritik ist es vielmehr *konstitutiv*, dass sie die Interessenlage der Person nicht zum Maßstab der Bewertung machen. Daher sind pragmatische Einwände so wie gegen moralische auch gegen epistemische Kritik *prinzipiell* verfehlt. Pragmatische Einwände missverstehen den Sinn moralischer und epistemischer Kritik.

Um epistemische Normativität zu erklären, muss man also erklären, warum epistemische Kritik von pragmatischen Einwänden nicht getroffen wird. Man muss, mit anderen Worten, erklären, warum wir einen Grund haben können, eine zu Recht kritisierte Überzeugung aufzugeben, auch wenn es nicht in unserem Interesse ist, sie aufzugeben. Dass Kornblith' Pragmatismus genau das nicht leisten kann, zeigt das Beispiel der ›kognitiven Strategie‹ der Opferverunglimpfung. Da sie in einem kognitiven System implementiert sein kann, ohne die Wahrheitsorientierung von Meinungsbildungsprozessen in anderen Bereichen zu untergraben, ist ein kognitives System, das *selektiv* Irrtümer produziert, für manche Leute aus pragmatischen Gründen vorziehenswert. Trotzdem wird auch für diese Leute epistemische Evaluation pragmatisch unersetzbar sein, weil es in ihrem wünschebasierten Interesse ist, dass ihr kognitives System in einer Vielzahl von Bereichen wahrheitsdienlich operiert.

Wir kommen damit zu dem Ergebnis, dass es Kornblith' Pragmatismus nicht gelingt, epistemische Normativität zu erklären. Und wie wir jetzt gesehen haben, erklärt sich dieses Scheitern daraus, dass *pragmatische* Unersetzbarkeit nicht etwa Unersetzbarkeit *simpliciter*, sondern Unersetzbarkeit relativ zu einer Interessenlage ist. Von einer pragmatischen Unersetzbarkeit epistemischer Evaluation zu sprechen, heißt von der Unersetzbarkeit epistemischer Evaluation für eine Person im Lichte ihrer Ziele zu sprechen. Und solange ihre Ziele besser befördert werden, wenn der Geist dieser Person sie von bestimmten Wahrheiten fern hält, ist epistemische Evaluation für sie beides: pragmatisch unersetzbar *und* pragmatisch ersetzbar. Schon die bloße Möglichkeit dieser Kombination impliziert, dass epistemische Normativität nicht auf die pragmatische Unersetzbareit epistemischer Evaluation zurückgeführt werden kann.

Dass es keine pragmatische Erklärung epistemischer Normativität gibt, zeigt, dass pragmatische Konzeptionen ein inadäquates Bild von der Bedeutsamkeit epistemischer Werte vermitteln. Aus pragmatischer Perspektive besteht die Bedeutsamkeit epistemischer Werte in ihrer Bedeutsamkeit für Personen mit bestimmten Interessenlagen. Epistemische Werte, heißt das, *gewinnen* ihre Bedeutsamkeit durch ihre Rolle, die sie für die Ziele einer Person haben; ihre Bedeutsamkeit ist von bloß instrumenteller Art. Dem naheliegenden Einwand, dass solche Konzeptionen die Bedeutsamkeit von Wissen und Wahrheit von mehr oder weniger idiosynkratischen Vorlieben abhängig und damit zu einer Frage des persönlichen Geschmacks machen, versucht Kornblith durch die Behauptung vorzugreifen, dass Wissen und Wahrheit von uneingeschränkter Relevanz sind:

> Knowledge is of extraordinary instrumental value, for it allows us to achieve our biologically given goals, as well as our more idiosyncratic goals, whatever those goals may be. This makes it a condition that is universally valuable.[32]

Diese Behauptung, haben wir gesehen, ist jedoch falsch. Denn auch wenn Wissen einen außerordentlichen instrumentellen Wert hat, ist sein instrumenteller Wert keineswegs universell. Es gibt vielmehr Leute, die Ziele haben, die am besten durch Unkenntnis der Wahrheit und durch die Produktion falscher Meinungen befördert werden.

Aber selbst wenn Wissen tatsächlich uneingeschränkt nützlich wäre, würde die Unangemessenheit der pragmatischen Konzeption nicht verschwinden. Denn unter solchen Bedingungen wäre es, der pragmatischen Konzeption zufolge, noch immer wahr, dass epistemische Kritik durch pragmatische Einwände (die korrekte Einschätzung der involvierten Interessen vorausgesetzt) abgewehrt werden *könnte*, was nicht der Fall ist. Das zeigt, dass die Bedeutsamkeit von Wissen und Wahrheit von den Wünschen epistemischer Akteure unabhängig ist: Epistemische Werte sind nicht nur von instrumenteller, sondern auch von intrinsischer Bedeutsamkeit. Wenn daher epistemische Werte unersetzbar sind, sind sie es aufgrund ihrer intrinsischen Bedeutsamkeit. Aber dann sind sie unersetzbar nicht in

---

[32] Kornblith (2005) 160.

einem pragmatischen und relativen Sinn, sondern in dem *absoluten* Sinn, dass sie Gründe einer besonderen Art konstituieren, so dass es falsch ist, sie nicht (in der richtigen Weise) zu berücksichtigen.

3.3 Die fundamentale Bedeutsamkeit der Wahrheitsorientierung

In diesem Kapitel argumentiere ich, dass es intellektuelle Werte gibt, die im absoluten Sinne unersetzbar sind. Um das zu zeigen, betrachte ich den Hedonismus – *das* paradigmatische Beispiel für eine anti-intellektualistische Werttheorie – und argumentiere, dass er, weil er die Eigenständigkeit intellektueller Werte verneint, eine Theorie ist, die ihre eigene Glaubwürdigkeit unterminiert.

Nicht alle Philosophinnen und Philosophen verstehen die Philosophie als ein wesentlich der Wahrheit verpflichtetes Unternehmen. Ein bekannter Vertreter des meta-philosophischen Anti-Intellektualismus ist Epikur mit seiner *therapeutischen* Auffassung vom Sinn der Philosophie: Philosophie, denkt Epikur, steht ganz im Dienst der Heilung der Seele.[33] In seinen Erörterungen über Tod und Sterblichkeit geht es Epikur daher in erster Linie gar nicht darum, zu zeigen, dass wir keinen Grund haben, den Tod zu fürchten. Das übergeordnete Ziel der argumentativen Anfechtung der Todesfurcht ist vielmehr *die Befreiung* der Seele von der Last dieser Furcht. Die Unterordnung der Erkenntnis unter das therapeutische Ziel reflektiert nun zwar Epikurs anti-intellektualistische Konzeption der Philosophie, ihre grundlegende Erklärung findet sie jedoch in der hedonistischen Ethik Epikurs.

Die Auffassung, dass das höchste Ziel eines jeden darin besteht, ein glückliches Leben zu haben, ist die Grundlage sowohl der Thanatologie als auch der Meta-Philosophie Epikurs. Alle Aktivitäten, und dazu gehört eben auch die diskursive Aktivität der Philoso-

---

[33] Seinen Brief an Menoikeus beginnt Epikur mit diesem Hinweis: »Weder soll, wer noch ein Jüngling ist, zögern zu philosophieren, noch soll, wer schon Greis geworden, ermatten im Philosophieren. Denn weder ist jemand zu unerwachsen noch bereits entwachsen mit Blick auf das, was in der Seele gesunden läßt. Wer aber sagt, zum Philosophieren sei noch nicht das rechte Alter, oder, vorübergegangen sei das rechte Alter, ist dem ähnlich, der sagt, für das Glück sei das rechte Alter noch nicht da oder nicht mehr da.« – Epikur (1997) 41.

phie, sind, wenn sie zu diesem Ziel nicht beitragen, entweder wertlos oder schlecht. Wenn wir also durch Philosophie Wissen erlangen, ist das nur dann gut, wenn dieses Wissen zu unserem Glück beiträgt. Selbst wenn die Argumente, mit denen Epikur zu zeigen versucht, dass niemand einen Grund hat, sich vor dem Tod zu fürchten, schlüssig wären und tatsächlich zeigten, dass die Furcht vor dem Tod unbegründet ist, wären sie nach seinen eigenen hedonistischen Maßstäben *wertlos*, würden sie die Furcht vor dem Tod nicht beseitigen helfen. Deshalb ist die Frage, ob diese Argumente schlüssig sind, aus hedonistischer Perspektive nur von untergeordneter Bedeutung. Primär zählt für den konsequenten Hedonisten allein die Frage, ob eine Person, wenn sie die Prämissen der thanatologischen Argumente anerkennt und anerkennt, dass die Konklusionen aus den Prämissen folgen, und deshalb auch die Konklusionen selbst anerkennt, von ihrer Frucht vor dem Tod befreit wird. Das für die Bewertung eines Arguments entscheidende Kriterium ist die (egozentrische) Nützlichkeit, d. h. seine Fähigkeit, das Glück einer Person zu befördern.[34] Nach hedonistischer Auffassung ist es daher, allgemein gesagt, nicht wichtig, *wie* eine Person dazu kommt, etwas zu glauben, sondern nur wichtig, ob ihr Glaube nützlich für sie ist. Wir können daher das folgende *hedonistische Prinzip der Glaubwürdigkeit* aufstellen:

(HPG) Eine Proposition *p* ist für eine Person *S* dann und nur dann wert geglaubt zu werden, wenn *p* zu glauben das Glück von *S* befördert.

Da diesem Prinzip zufolge die Glaubwürdigkeit einer Proposition von ihrem epistemologischen Status unabhängig ist, impliziert (HPG), dass epistemische Werte nicht zählen. Der Hedonismus impliziert also den intellektuellen Wertenihilismus. Was ich nun

---

[34] Wenn sich herausstellt, dass eine Thanatologie, die die Vorstellung verneint, das Sterben sei ein Prozess, der mit der vollständigen und endgültigen Annihilation der eigenen Person endet, eher geeignet ist, den Leuten die Furcht vor dem Tod zu nehmen als Epikurs materialistische Thanatologie, wäre diese Thanatologie nach Epikurs eigenen Maßstäben diejenige, die wir anerkennen sollten. In Lohmar (2012) diskutiere ich Epikurs Thanatologie im Lichte dieser Herausforderung und argumentiere, dass Epikurs Lehre weder den pragmatischen Test der Nützlichkeit noch den Test der Wahrheit besteht.

zeigen möchte ist, dass der Hedonismus, weil er (HPG) impliziert, seine eigene Glaubwürdigkeit unterminiert – und zwar dadurch, dass er die Idee der Glaubwürdigkeit einer Proposition als solche entleert. Der Hedonist glaubt daher nicht nur etwas, was, nach seinen eigenen Maßstäben, nicht wert ist, geglaubt zu werden. Er endet damit, dass es für ihn nichts gibt, was wert ist geglaubt zu werden.

Betrachten wir, um das zu sehen, die Konsequenzen, die sich daraus ergeben, dass sich das hedonistische Kriterium der Glaubwürdigkeit auf *alle* Propositionen erstreckt. Aufgrund seines universellen Anspruchs hat (HPG) unter anderem auch auf sich selbst Anwendung: (HPG) impliziert, dass (HPG) für S nur dann wert ist geglaubt zu werden, wenn (HPG) zu glauben das Glück von S befördert.

Ist das ein Problem für (HPG) oder für den Hedonismus? Nehmen wir an, dass durch den Glauben an (HPG) niemandes Glück befördert wird. In diesem Falle ist (HPG) nach dem hedonistischen Kriterium nicht wert geglaubt zu werden. Das ist zwar eine seltsame Konsequenz, eine Inkohärenz des Hedonismus scheint sich daraus aber nicht zu ergeben: Der Hedonismus impliziert (HPG), und (HPG) in Verbindung mit der *kontingenten* Prämisse, dass der Glaube an (HPG) hedonisch unproduktiv ist, impliziert, dass (HPG) nicht wert ist geglaubt zu werden. Der Hedonismus würde uns also in diesem Fall die Anweisung geben, (HPG) nicht zu glauben. Diese Möglichkeit scheint den Hedonismus aber so wenig zu gefährden wie die Möglichkeit, dass es hedonistisch gesehen am besten für uns sein kann, wenn wir nicht immer ausschließlich auf unser eigenes Glück bedacht sind.

Diese Analogie ist jedoch in einer anderen Hinsicht irreführend. Die etwas paradox anmutende Auffassung, dass wir um unseres eigenen Glückes willen unser Leben nicht darauf ausrichten sollten, möglichst glücklich zu sein, entsteht durch eine Schlussfolgerung der folgenden Art:

(1) Das Einzige, was für jeden zählt, ist sein eigenes Glück.

(2) Das eigene Glück befördert man am besten, wenn man nicht auf das eigene Glück bedacht ist.

Daher:

(3) Es ist für jeden besser, nicht auf das eigene Glück bedacht zu sein.

Wenn wir uns aufgrund einer solchen Schlussfolgerung von (3) überzeugen würden, hielten wir (3) für wahr und glaubwürdig, weil wir (1) und (2) für wahr und glaubwürdig hielten. Wir stützten uns dann auf (1) und (2) als einen für die Wahrheit von (3) sprechenden – und (3) damit glaubwürdig machenden – epistemischen Grund. Obwohl wahrscheinlich die meisten von uns dieses Argument vor allem wegen der ersten Prämisse als unschlüssig bewerten, macht es verständlich, wie *ein Hedonist* dazu kommen kann, zu glauben, dass es besser für jeden ist, nicht auf das eigene Glück bedacht zu sein.

Das folgende Argument dagegen ist nicht auf eine derart banale Weise fehlerhaft; es stellt eine *Anomalie* dar:

(4) Das Einzige, was für jeden zählt, ist sein eigenes Glück.

Daher:

(5) (HPG) Eine Proposition *p* ist für eine Person *S* dann und nur dann wert geglaubt zu werden, wenn *p* zu glauben das Glück von *S* befördert.

Wenn wir Hedonisten sind und uns durch diese Schlussfolgerung von (5) überzeugen, halten wir (5) für wahr und glaubwürdig, *weil* wir (4) für wahr und glaubwürdig halten. Das offensichtliche Problem ist jetzt aber, dass das durch (5) behauptete hedonistische Kriterium der Glaubwürdigkeit impliziert, dass es zwischen der Glaubwürdigkeit von (5) und der Glaubwürdigkeit von (4) *keinen* Zusammenhang gibt. D. h. wenn und sobald wir (5) glauben, können wir nicht mehr glauben, dass (5) glaubwürdig ist, *weil* (4) wahr und glaubwürdig ist und (5) aus (4) folgt. Aber dann haben wir keinen Grund mehr, (5) zu glauben, und können (5) – obwohl wir (5) aus der unsere ethische Perspektive definierenden Überzeugung geschlossen haben – nicht als glaubwürdig anerkennen.

Die Anomalie dieser Schlussfolgerung erklärt sich also daraus, dass man mit seiner Konklusion ein Kriterium der Glaubwürdigkeit anerkennt, das anzuerkennen heißt, den Glaubwürdigkeitsstatus der Konklusion als einen zu betrachten, der in keinem Zusammenhang mit dem der Prämisse steht, wobei die Konklusion gar nicht glaubwürdig sein könnte, wenn es die Prämisse nicht wäre. Dieses

Argument unterminiert sich also selbst: Seine Prämisse führt zu einer Konklusion, die impliziert, dass die Prämisse keine Rolle für die Glaubwürdigkeit der Konklusion spielt.

Der Schluss von der hedonistischen Prämisse (4) auf das hedonistische Kriterium der Glaubwürdigkeit (5) hat aber neben diesem ersten noch zwei weitere bemerkenswerte Effekte, die ihn zu einer Anomalie machen. Der *zweite* Effekt ist, dass die Glaubwürdigkeit der hedonistischen Prämisse durch die Konklusion in Zweifel gezogen wird. Denn solange man keinen Grund zu glauben hat, dass (4) zu glauben das eigene Glück befördert, hat man – (5) zufolge – keinen Grund, (4) für glaubwürdig zu halten. Diese rückwirkende Anfechtung der Prämisse durch die Konklusion macht deutlich, dass sich der Hedonismus selbst unterminiert. Denn nehmen wir an, wir wären Hedonisten, hätten auf (5) geschlossen und machten uns nun klar, dass wir (4) nicht glauben sollten, wenn dies nicht unser Glück befördern würde. Dann müssten wir jedoch auch anerkennen, dass wir (5) nicht glauben sollten, solange wir nicht wissen, ob die Prämisse, die uns allererst zu (5) gebracht hat, dem hedonistischen Kriterium der Glaubwürdigkeit genügt. D. h. wir müssten dann anerkennen, dass wir *weder* (4) *noch* (5) glauben sollten, solange wir nicht wissen, ob der Glaube an den Hedonismus glücklich macht. Wenn wir uns dann aber in Bezug auf (5) der Meinung enthalten, haben wir keinen Grund mehr zu glauben, dass der Hedonismus nur dann glaubwürdig ist, wenn er glücklich macht. Als konsequente Hedonisten gelangen wir also auf der Basis unserer Werttheorie zu einem Kriterium der Glaubwürdigkeit, das (A) unsere hedonistische Werttheorie in Zweifel zieht; eben damit aber auch (B) den Zweifelsgrund selbst in Zweifel zieht; und eben damit wiederum (C) auch unsere hedonistische Werttheorie in Zweifel zieht. Aus dieser vertrackten Situation gibt es kein Entkommen. Der Hedonismus ist also nicht bloß eine Theorie, die unter kontingenten Bedingungen die Auffassung rechtfertigt, dass es besser für die Leute ist, keine Hedonisten zu sein. Er ist nicht bloß eine sich selbst zum Verschwinden bringende Theorie, d. h. eine ›*self-effacing-theory*‹ im Sinne Derek Parfits.[35] Der Hedonismus

---

[35] Diesen Terminus führt Parfit wie folgt ein: »Suppose that S [the Self-interest Theory] told everyone to cause himself to believe some other theory. S would then be *self-effacing*. If we all believed S, but could also change our

ist vielmehr eine sich selbst unterminierende Theorie, für die man keine Gründe haben kann, die man nicht wissen kann und die eben das auch noch impliziert.

Aber nehmen wir an, wir hätten einen Grund zu glauben, dass der Glaube an den Hedonismus glücklich macht. Hätten wir dann nicht auch einen Grund, an den Hedonismus zu glauben, der dem hedonistischen Kriterium selbst entspricht? Und zeigt das nicht wiederum – so könnte man einwenden –, dass der Glaube an den Hedonismus und an (HPG) kohärent ist?

Nehmen wir also, wie dieser Einwand es will, an, wir hätten einen Grund zu glauben, dass der Hedonismus glücklich macht. Unsere Schlussfolgerung wäre dann komplexer und um einen Schritt erweitert:

(0) Zu glauben, dass das Einzige, was für jeden zählt, sein eigenes Glück ist, befördert das Glück eines jeden.

Daher:

(4) Das Einzige, was für jeden zählt, ist sein eigenes Glück.

Daher:

(5) (HPG) Eine Proposition p ist für eine Person S dann und nur dann wert geglaubt zu werden, wenn p zu glauben das Glück von S befördert.

Es ist leicht zu sehen, dass das Problem, das sich beim Schluss von (4) auf (5) ergibt, durch die Hinzufügung der Prämisse (0), durch die (4) gestützt werden soll, nicht auflösen lässt. Denn genauso wie wir im Lichte unserer Konklusion (5) (4) nur noch dann als glaubwürdig betrachten dürfen, wenn (4) zu glauben glücklich macht, dürfen wir auch (0) nur unter diesen Bedingungen als glaubwürdig betrachten. Also ist (0) im Lichte von (5) betrachtet *in genau derselben Weise* problematisch wie (4), und dieses Problem wird auch jede weitere Proposition betreffen, auf die man versuchen könnte (0) zu stützen.[36] Das zeigt aber: (HPG) hebt die Glaubwürdigkeit der

beliefs, S would remove itself from the scene. It would become a theory that no one believed.« Anschließend unterstreicht er: »But to be self-effacing is not to be self-defeating.« – Parfit (1987) 24.

[36] Dass jeder Versuch, die Glaubwürdigkeit einer Proposition von ihrer

Prämisse auf, auf deren Basis der Hedonist allererst dazu kommt, (HPG) anzuerkennen.

Der *dritte* Effekt des Schlusses auf (HPG) ist, dass die Glaubwürdigkeit der Konklusion durch die Konklusion in Zweifel gezogen wird. Denn solange man keinen Grund zu glauben hat, dass (5) zu glauben das eigene Glück befördert, hat man – (5) zufolge – keinen Grund, (5) für glaubwürdig zu halten. Der Hedonismus, zeigt das, impliziert ein sich selbst unterminierendes Prinzip der Glaubwürdigkeit von Propositionen. Denn nehmen wir an, wir wären Hedonisten und hätten auf (5) geschlossen und machten uns nun klar, dass wir (5) nicht glauben sollten, wenn dies nicht unser Glück befördern würde. Wir wären dann wahrscheinlich versucht, Gründe dafür zu finden, dass (5) zu glauben unser Glück befördert. Und nehmen wir an, wir hätten den Eindruck, so einen Grund entdeckt zu haben, und würden dann wie folgt schließen:

(6) (HPG) zu glauben befördert unser Glück.

Daher:

(7) (HPG) Eine Proposition *p* ist für eine Person *S* dann und nur dann wert geglaubt zu werden, wenn *p* zu glauben das Glück von *S* befördert.

Das Problem ist hier, dass dieser Schluss von (HPG) zwar lizensiert wird, die Prämisse die Konklusion aber in keiner Weise stützt: (6) gibt uns keinen Grund, (7) zu glauben. Der von (HPG) selbst erzeugte Zweifel an der Glaubwürdigkeit von (HPG) kann daher nicht behoben werden, indem man sich von der hedonischen Produktivität des Glaubens an (HPG) überzeugt. (HPG) unterminiert sich selbst.

Der Schluss von der hedonistischen Werttheorie (4) auf das hedonistische Kriterium der Glaubwürdigkeit (5) ist nicht bloß irgendein unüberzeugendes Allerweltsargument mit einer kontro-

Nützlichkeit abhängig zu machen, notwendig in einen viziösen Regress mündet, hebt Zemach (1997) hervor. Wichtig dabei ist, dass dieses Problem nicht nur entsteht, wenn wir die Glaubwürdigkeit einer Proposition ausschließlich von nicht-epistemischen Kriterien abhängig machen. Der viziöse Regress ergibt sich vielmehr sobald wir die Nützlichkeit eines Glaubens überhaupt zu einem Gesichtspunkt der Bewertung seiner Glaubwürdigkeit machen.

versen Prämisse und einer noch kontroverseren Konklusion. Eine genauere Analyse zeigt vielmehr, dass dieses Argument in multipler Weise inkohärent ist. An ihm zeigt sich, dass es keine Gründe gibt, die den Glauben an den Hedonismus stützen können. Die Anomalien des Schlusses auf das hedonistische Glaubwürdigkeitskriterium zeigen darüber hinaus aber auch, dass der Hedonismus den Sinn rationalen Denkens untergräbt, weil er von uns verlangt, nicht auf die Gründe für unsere Meinungen, sondern ausschließlich auf deren hedonische Konsequenzen zu achten. Dass der Hedonismus nicht bloß ein lokales Irrationalitätsphänomen, sondern ein systematisch unser Denken als Ganzes betreffender irrationaler Glaube ist, sollte dabei nicht überraschen. Denn der Hedonismus ersetzt die Wahrheitsorientierung im Denken durch die Glücksorientierung und verneint damit die Bedeutung epistemischer Werte. Er ist also irrational aufgrund seines anti-rationalen Gehalts. Er unterminiert sich daher selbst, weil er, aufgrund seines anti-rationalen Gehalts, die Idee der Glaubwürdigkeit einer Überzeugung überhaupt entleert.

Die Erklärung für die epistemologische Inkohärenz des Hedonismus lässt sich verallgemeinern. Denn der relevante Punkt in der Erklärung ist nicht der, dass die Wahrheitsorientierung durch die Glücksorientierung ersetzt wird, sondern der, dass die Wahrheitsorientierung überhaupt durch ein nicht-epistemisches Ziel ersetzt wird. Der Hedonismus ist inkohärent, weil er den intellektuellen Wertenihilismus einschließt. Daher ist *jede* die eigenständige Bedeutsamkeit intellektueller Werte verneinende Werttheorie epistemologisch inkohärent. Eine Werttheorie, die Glück nicht berücksichtigt, ist unplausibel, aber sie ist nicht inkohärent. Eine Werttheorie dagegen, die Wahrheit nicht berücksichtigt, ist nicht bloß unplausibel, sondern selbstunterminierend. Wahrheit ist daher ein Wert von fundamentaler Bedeutsamkeit, so dass die Orientierung an der Wahrheit nicht bloß pragmatisch, sondern absolut unersetzbar ist.[37]

---

[37] Dieses Ergebnis unterminiert nicht nur die pragmatische Meta-Philosophie eines Epikur, sondern auch einen meta-philosophischen Subjektivismus und Relativismus, wie ihn Double (1996) vertritt.

4. Praktischer Anti-Intellektualismus

Im vorangehenden Kapitel habe ich argumentiert, dass es eine robuste Präsumption für das liberationistische Projekt der Aufklärung, d. h. für das Projekt der Befreiung unseres moralischen Denkens vom Begriff der Menschenwürde, gibt. Dabei habe ich zunächst zu zeigen versucht, dass es eine Präsumption für die Aufklärung gibt, und anschließend, dass deflationäre Interpretationen dieser Präsumption inadäquat sind. Deflationär ist dabei jede Interpretation, der zufolge das Bestehen einer Präsumption für die Aufklärung lediglich einen unentwickelten Diskussionsstand reflektiert, uns aber nichts Substantielles über den Wert des liberationistischen im Vergleich zum anti-liberationistischen Projekt sagt. Die Inadäquatheit solcher Deutungen zeigt sich daran, dass sie die Präsumption für die Aufklärung bejahen, zugleich aber eine Erwartung zu Gunsten des anti-liberationistischen Projekts des Konservatismus erzeugen, was *paradox* ist. Die Inadäquatheit deflationärer Interpretationen, habe ich dann unterstrichen, lässt sich auf eine inadäquate Theorie über die Bedeutsamkeit intellektueller Werte zurückführen. Deflationäre Interpretationen unterstellen, dass intellektuelle Werte *per se* von untergeordneter Bedeutung sind. Gegen diese Auffassung habe ich dann für die Eigenständigkeit und Besonderheit intellektueller Werte argumentiert, indem ich zu zeigen versucht habe, dass Wahrheit ein Wert von absolut unersetzbarer Bedeutsamkeit ist. Meine Argumentation bestand dabei in drei großen Schritten. Zunächst habe ich die Auffassung von Hilary Kornblith unterstützt, dass epistemische Evaluation pragmatisch unersetzbar ist; habe dann aber in einem zweiten Schritt gegen Kornblith argumentiert, dass pragmatische Unersetzbarkeit nicht das Fundament epistemischer Normativität sein kann; um dann, drittens, zu zeigen, dass die Orientierung an der Wahrheit absolut unersetzbar oder unersetzbar *simpliciter* ist. Mein Argument für diesen letzten Schritt hat sich dabei auf eine Untersuchung der epistemologischen Konsequenzen des Hedonismus gestützt, aus der hervorgehen sollte, dass anti-intellektualistische Werttheorien inkohärent und selbstuntermineriend sind, wobei eine Werttheorie anti-intellektualistisch ist, wenn sie die Orientierung an der Wahrheit durch ein nicht-epistemisches Ziel ersetzt.

Die Behauptung, dass es eine Präsumption für die Aufklärung gibt, ist jedoch noch einem weiteren Missverständnis ausgesetzt. Es gibt nämlich eine mit den bisher betrachteten deflationistischen Theorien verwandte Auffassung, die die Bedeutsamkeit intellektueller Werte dadurch einschränkt, dass sie diese *provinzialisiert*. Die Vorstellung ist dabei die, dass die Bedeutsamkeit intellektueller Werte kontextrelativ ist. Wahrheit wäre demzufolge etwa ein kognitives, aber kein praktisches Ziel; oder sie wäre ein Wert, dem wir zwar qua epistemische Akteure, nicht aber qua praktische Akteure verpflichtet sind; oder sie wäre ein der theoretischen, aber kein der praktischen Vernunft zugehöriger Wert; oder sie wäre von intrinsischer Bedeutsamkeit im Kontext unserer kognitiven, aber nur von instrumenteller Bedeutsamkeit im Bereich unser praktischen Untersuchungen.

Behauptungen dieser Art sind keineswegs Binsenweisheiten, sondern substantielle Thesen, die uns, auf die eine oder andere Weise, zu verstehen geben, dass die Orientierung an der Wahrheit nur innerhalb theoretischer Kontexte verpflichtend ist. Sofern wir uns außerhalb solcher Kontexte bewegen, sind wir dagegen, wenn wir gleichgültig gegen die Wahrheit sind, nicht kritisierbar. Wir haben demnach also keinen Grund, um die Zuverlässigkeit unserer Meinungsbildung als solche besorgt zu sein, es sei denn wir befinden uns kraft einer ausdrücklichen epistemischen Zielsetzung in einem theoretischen Kontext. Solange wir uns nicht auf ein epistemisches Ziel verpflichten, muss uns die Wahrheit unserer Meinungen nur so weit interessieren, wie dies unseren nicht-epistemischen Zielen dient.

Derartige die Bedeutsamkeit der Wahrheit relativierende Auffassungen unterstützen nicht nur den von Kant kritisierten Gemeinspruch »Das mag in der Theorie richtig sein, taugt aber nichts für die Praxis«.[38] Sie stehen auch im Hintergrund von solchen konservativen Auffassungen, die besser durch den Slogan repräsentiert werden: »Das mag in der Theorie falsch sein, taugt aber für die Praxis«. Dieser Slogan fängt insbesondere den Geist des konservativen Skeptikers, d. h. eines Verfechters anti-liberationistischer Projekte, ein. Dass die intrinsische Bedeutsamkeit der Wahrheit kontextüber-

---

[38] Vgl. Kant (1977/1793).

greifend und nicht auf Kontexte eingeschränkt ist, die durch eine ausdrückliche epistemische Zielsetzung generiert werden, soll im Folgenden anhand einer Kritik der Figur des konservativen Skeptikers gezeigt werden. Dabei geht es zunächst um die Konstruktion der Figur und die Kriterien, denen sie unterworfen werden sollte. Anschließend argumentiere ich, dass der konservative Plan dieser Figur eine inkohärente Zielstruktur hat und daher *intrinsisch irrational* ist. Im dritten Abschnitt versuche ich dann zu verdeutlichen, dass dieser Plan nicht nur aufgrund seiner Struktur, sondern auch deshalb irrational ist, weil er die Manifestation eines gegen die Wahrheit gleichgültigen Willens ist. Da die Irrationalität des konservativen Plans unserer Modellfigur nicht davon abhängt, ob diese sich ein epistemisches Ziel gesetzt hat, ergibt sich, dass die Orientierung an der Wahrheit nicht nur innerhalb theoretischer Kontexte verpflichtend ist. Dieses Resultat sollte vor dem Hintergrund unserer bisherigen werttheoretischen Überlegungen allerdings nicht überraschend sein. Denn wenn sich der Anti-Intellektualismus als Werttheorie selbst unterminiert, kann eine anti-intellektualistische, Wahrheit als Wert gar nicht berücksichtigende Praxis schwerlich rational sein.

4.1 Den konservativen Skeptizismus dekontextualisieren

Ein konservativer Skeptiker in Bezug auf einen Diskurs *D* ist eine Person, die sich davon überzeugt hat, dass *D* einen grundlegenden, irreparablen Fehler enthält, aber dennoch glaubt, dass *D* weitergeführt werden soll. Wenn ihre Meinungsäußerungen authentisch waren, sind mir konservative Skeptiker mit einer durchaus auffälligen Regelmäßigkeit nach Vorträgen und Diskussionen begegnet: Leute, die meiner skeptischen Diagnose des Begriffs der Menschenwürde (allem Anschein nach) zugestimmt, sich dann aber für die Bewahrung der Idee und der Ethik der Menschenwürde ausgesprochen haben. Der Tenor dieser konservativ reagierenden Skeptiker lief dabei auf ungefähr Folgendes hinaus: Wichtige moralische, rechtliche und politische Errungenschaften der Moderne wie die Idee der Menschenrechte und die Idee der Gleichheit aller Menschen – so wurde behauptet oder nahegelegt – seien so eng mit der

Idee der Menschenwürde assoziiert, dass eine Emanzipation unseres Denkens von dieser Idee nahezu verantwortungslos wäre. Diese Leute, hatte es den Anschein, waren so auf das fokussiert, was sie als unausweichliche Folgen des Projekts der Aufklärung befürchteten, dass die skeptische These, die sie mir allem Anschein nach zugestanden haben, in ihrer Bewertung der Aufrechterhaltung des Menschenwürde-Diskurses keine signifikante Rolle gespielt hat.

Insbesondere die Spontaneität ihrer Reaktion ist eine starke Evidenz dafür, dass sie sich nicht klar gemacht haben, was es heißt, einen nicht wahrheitsorientierten und bloß pseudo-rationalen moralischen Diskurs fortzuführen.

Die Spontaneität ist aber auch Evidenz dafür, dass der konservative Skeptizismus diesen Leuten weder als paradox noch als absonderlich erscheint. Ein Bewusstsein dafür, dass der Konservatismus dem Verdacht der Gleichgültigkeit gegen die Wahrheit ausgesetzt ist, habe ich entsprechend niemals beobachten können. Beides deutet darauf hin, dass sich diese Leute nicht klar gemacht haben, dass die Fortführung des begrifflich fehlerhaften Menschenwürde-Diskurses ein *problematisches* Projekt darstellt, das sich – was auch immer sonst damit bezweckt werden soll – der *Kultivierung falschen Bewusstseins* verschreibt. Nach allem, was wir bisher wissen, könnten wir – genau wie bei einem Plan zur Kultivierung von intellektuellen Lastern – rational und moralisch *verpflichtet* sein, uns ein solches Vorhaben nicht zu eigen zu machen.

Dass konservative Reaktionen auf die skeptische Unterminierung einer diskursiven Praxis so selten als problematisch wahrgenommen werden, ist unter anderem der *Macht der Vorbilder* geschuldet. Der konservative Skeptiker ist heutzutage zu einem philosophischen Rollenmodell avanciert. Die vielleicht bekannteste Verkörperung dieses Modells finden wir in der Gestalt des Moralskeptikers John Mackie.[39] Und es ist sicher nicht übertrie-

---

[39] Vgl. Mackie (1977). Mackie ist von seinem eigenen moralischen Skeptizismus unbeeindruckt, da er glaubt, dass die Irrtumstheorie, weil sie eine Theorie zweiter Stufe ist, keine praktischen Konsequenzen haben kann. Mackie glaubt also an die Autonomie praktischer Fragen. Das ist jedoch ein Irrtum. Der Menschenwürde-Skeptizismus ist keine ethische Theorie, sondern eine Theorie über den Begriff der Menschenwürde, die aber dennoch für die praktische Frage der Fortführung des Menschenwürde-Diskurses relevant ist.

ben, zu behaupten, dass Mackie mit seiner konservativen Haltung entscheidend dazu beigetragen hat, dass anti-liberationistische Einstellungen kaum noch als ungewöhnlich, geschweige denn als potentiell irrational wahrgenommen werden.[40] Dabei ist der konservative Moralskeptiker lediglich eine Art der Gattung der konservativen Skeptiker. Zur gleichen Gattung gehören auch Spezies wie der konservative Freiheits- und Verantwortlichkeitsskeptiker, der konservative Religionsskeptiker oder eben auch die Spezies des konservativen Menschenwürde-Skeptikers.[41] Die genaue Anzahl der Arten von konservativen Skeptikern ist unbekannt. Es ist aber zu vermuten, dass sie nicht bedeutend geringer ist als die Anzahl der Arten von Skeptikern.

Neben der Macht der Vorbilder trägt aber auch der *Stereotyp der nützlichen Illusion* einen nicht unbeträchtlichen Teil dazu bei, dass nicht einmal in Betracht gezogen wird, dass das konservative Projekt als solches irrational sein könnte. Wenn wir über die Aufklärung und den Konservatismus in der Perspektive dieses Stereotyps nachdenken, tendieren wir dazu, die Nützlichkeit als das für die Aufrechterhaltung des Menschenwürde-Diskurses allein ausschlaggebende Kriterium anzusehen. Der Stereotyp der nützlichen Illusion suggeriert nämlich, dass der Nachweis der Nützlichkeit einer Illusion ihre Produktion und Aufrechterhaltung abschließend rechtfertigt, während die intellektuellen Konsequenzen der Kultivierung von Illusionen diskontiert werden können. Wenn wir unser

[40] Eine von Nützlichkeitserwägungen so unbeeindruckte Auffassung wie die von Lucas (1993) 20 hat Seltenheitswert. In Bezug auf die Frage, ob wir einen objektiven Standpunkt gegenüber Personen und ihrem Verhalten einnehmen sollten, falls der Determinismus wahr ist und moralische Verantwortlichkeit ausschließt, schreibt er »(…) once truth is admitted to our conceptual scheme, it cannot be ignored. If determinism is true, it is worthy to be believed. Once a man is allowed to adopt the objective attitude of a spectator, he will seek to see things as they are, and will assess the tenability of the agent's standpoint not only in terms of its potential for human happiness and fulfilment, but on the score of its compatibility with the truth. Unless truth is altogether extruded from the conceptual scheme of the metaphysician (…) he will reckon that if something is true he ought to believe it, and if that requires him to give up the reactive attitude, he ought to give it up, no matter what the cost in terms of the impoverishment of the texture of human life.«
[41] Vgl. zum Beispiel Smilansky (2002), Wetz (2005), Damschen/Schönecker (2002).

Urteil daher von diesem Stereotyp leiten lassen, unterstellen wir, dass der praktische Wert des anti-liberationistischen Projekts nicht von den intrinsischen intellektuellen, sondern ausschließlich von den extrinsischen nicht-intellektuellen Konsequenzen bestimmt wird.[42] Die stereotype Idee der nützlichen Illusion befördert daher eine die Präsumption für die Aufklärung herunterspielende, wenn nicht negierende Voreingenommenheit für den Konservatismus.

Außer der Macht der Vorbilder und dem Stereotyp der nützlichen Illusion gibt es noch einen dritten Faktor, der erheblich dazu beiträgt, dass der konservative Skeptizismus kaum einmal als paradox wahrgenommen wird. Wir tendieren nämlich dazu, uns diese Einstellung nicht in Reinform, sondern als die Einstellung einer ansonsten rationalen konkreten Person vor Augen zu führen. Wenn wir das tun, stellen wir uns die konservative Reaktion als in einen umfassenderen Kontext von Zielen und Überzeugungen eingebettet vor und unterstellen dann unausweichlich, dass die anderweitigen Ziele und Überzeugungen des konservativen Skeptikers es rational nachvollziehbar machen, dass er um die als Quelle falschen Bewusstseins entlarvte Idee der Menschenwürde besorgt ist. Die *Tendenz zur Konkretisierung* lenkt in problematischer Weise vom Gehalt des anti-liberationistischen Projekts und damit von der Tatsache ab, dass es sich dabei um ein Projekt handelt, dessen Realisierung nicht etwa zufälligerweise, sondern *konstitutiv* mit der Beförderung und Kultivierung intellektueller Übel verbunden ist. Dass der konservative Skeptiker nichts anderes als die Verkörperung einer inkohärenten anti-intellektualistischen Wertperspektive sein könnte, ist eine Möglichkeit, die das der Konkretion verhaftete Denken nicht in Betracht zieht. Wenn wir ihn nicht als eine bloße

---

[42] Unter den intrinsischen Konsequenzen verstehe ich die Konsequenzen eines Projekts, die sich durch seine Realisierung notwendig ergeben, weil sie für seine Realisierung konstitutiv sind, d.h. weil das Projekt bloß als solches betrachtet sie erfordert. Dass der König ermordet worden ist und dass der König tot ist, sind intrinsische Konsequenzen des Vorhabens eines Attentäters, den König zu ermorden. Die Bestürzung des Hofstaats dagegen ist eine extrinsische Konsequenz. Die intrinsischen Konsequenzen eines Projekts ergeben sich daher in beliebigen Kontexten, während extrinsische Konsequenzen kontingente, kontextabhängige Konsequenzen sind. Der Begriff der intrinsischen Konsequenzen entspricht dem in der Handlungstheorie verwendeten technischen Begriff eines Handlungsresultats. Vgl. dazu Enç (2006) 8 f.

Figur, sondern als eine konkrete Person konstruieren, erscheint der konservative Skeptiker in erster Linie sogar als ein Bewahrer, dem es darum geht, den Skeptizismus nicht praktisch werden, d. h. nicht in unser Leben eindringen zu lassen. Den *aufklärerischen* Skeptiker, dessen liberationistische Auffassung die *prima facie* folgerichtige ist, sind wir dagegen geneigt, als eine Figur wahrzunehmen, gegen die der Konservatismus etwas Bedeutsames zu verteidigen versucht.[43]

Die Macht der Vorbilder, der Stereotyp der nützlichen Illusion und der Hang zur Konkretisierung bleiben auch dann wirksam, wenn wir die Präsumption für die Aufklärung akzeptiert haben. Diese Faktoren machen uns dabei in einer besonderen Weise voreingenommen, indem sie dem Konservatismus den Schein von Paradoxie und Irrationalität nehmen und sein anti-liberationistisches Projekt stattdessen als einen Standardfall konservativ gesonnener Praxis erscheinen lässt. Sie tun das, indem sie unsere Aufmerksamkeit von den intrinsischen Konsequenzen des anti-liberationistischen Projekts ablenken.

Da nun die intrinsischen intellektuellen Konsequenzen des anti-liberationistischen Projekts für die Bewertung des Konservatismus zweifellos relevant sind, ist es von entscheidender Bedeutung, dass wir den konservativen Skeptizismus *dekontextualisieren*. Das erreichen wir am besten, indem wir den konservativen Skeptiker als eine durch und durch *artifizielle* Figur konstruieren. Denn nur so können wir den Konservatismus gleichsam in Reinform oder als einen bloßen Typus studieren. Jede realistische oder lebensnahe Darstellung würde dagegen die Fehler begünstigen, die wir gerade vermeiden wollen. Wir wollen vermeiden, dass unsere Figur und ihr Plan als in Kontinuität mit philosophischen Vorbildern wahrgenommen wird; wir wollen auch vermeiden, dass es in der Darstellung der Figur einen Anhalt für den Stereotyp der nützlichen

---

[43] Dass wir skeptische Positionen als solche bereits als beunruhigend und als echte Herausforderungen empfinden, zeigt dagegen, dass wir eine Auffassung über die Bedeutung intellektueller Werte haben, in deren Licht betrachtet der Konservatismus als problematisch erscheint. Es scheint daher auch ein Mangel an Selbsterkenntnis zu sein, durch den es möglich wird, dass viele dazu tendieren, die Aufklärung spontan als problematisch und den Konservatismus spontan als harmlos zu betrachten.

Illusion gibt; und schließlich wollen wir vermeiden, dass die Figur als eine konkrete Person wahrgenommen wird, was uns zu der Vermutung verleiten würde, ihr Konservatismus sei Teil einer im Großen und Ganzen rationalen praktischen Perspektive. Die Figur, die wir betrachten wollen, soll also möglichst sparsam beschrieben sein. Sie soll eine Figur sein, über deren Biographie und über deren Werte und Überzeugungen wir so gut wie nichts wissen. Damit schalten wir jede Spekulation über die Beweggründe des konservativen Skeptikers aus. Außerdem soll auch der konservative Plan möglichst so banal sein, dass die Neigung, über weitergehende Zielsetzungen oder umfassendere Pläne unserer Figur zu spekulieren, keinen Anhaltspunkt findet. Die Ansprüche an das Design unseres konservativen Skeptikers sind also das Gegenteil von den Ansprüchen, denen Romanfiguren unterliegen. Was wir brauchen, ist eine *möglichst blutleere* Figur mit einem *möglichst banalen* Vorhaben. Hier ist eine solche Figur:

> *Der Kompassprüfer.* Aufgrund bestimmter Evidenzen, die sie in Frage stellen, will K. die Zuverlässigkeit seines Kompasses überprüfen. K. führt die Überprüfung durch und stellt fest, dass die Aufhängung der Kompassnadel irreparabel defekt ist. Überzeugt, dass dieser Defekt nicht nur ein zufälliger Defekt seines Kompasses ist, untersucht K. weitere Kompasse des gleichen Typs und stellt fest, dass der gleiche irreparable Fehler bei jedem der Kompasse dieses Typs auftaucht. Gefragt, welche Konsequenzen man aus diesem Resultat ziehen sollte, sagt K., dass er vorhat, seinen Kompass weiter wie bisher zu benutzen.

Dass das Verhalten und die Geschichte von K. als ganze betrachtet merkwürdig, absonderlich oder paradox sind, dürfte unkontrovers sein. K. verhält sich insgesamt so, wie wir es von einem rationalen Akteur nicht erwarten würden. Was uns interessiert, ist jedoch, ob das Verhalten von K. lediglich unorthodox ist oder ob es in dem strikteren Sinne paradox ist, dass es rational unzugänglich ist. Unser unmittelbar intuitiver Eindruck scheint in Bezug auf diese Distinktion unterbestimmt oder schwankend oder undeutlich zu sein. Der Kompassprüfer scheint sich weder bloß fremdartig zu verhalten wie Leute, die einem uns unbekannten Ritus anhängen. Sein Verhalten scheint aber auch nicht vollkommen unzugänglich zu sein, wie es vielleicht das Verhalten von Leuten in schweren Rauschzuständen ist. Der Kompassprüfer erscheint uns als eine absonderliche Figur, gerade weil er weder dem gewöhnlichen Bild eines rational noch dem Stereotyp eines vollkommen konfusen Akteurs zu entsprechen scheint. Gleiches scheint auch für seinen Plan zu gelten. Denn obwohl wir uns keinen Reim auf diesen Plan machen können, mutet er nicht wie der Plan einer verworrenen Person an, die über ihre Willensbildung keine Kontrolle hat.

Die Ambivalenz des ersten Eindrucks könnte uns zu denken geneigt machen, dass wir einfach nicht genügend Informationen über die Ziele und die Motive des Kompassprüfers haben, um sein Verhalten bewerten zu können. Wenn wir das glauben, unterstellen wir jedoch, dass die Geschichte von K. ein Fragment ist, dessen Verständlichkeit und Sinnhaftigkeit allein von einem umfassenderen motivationalen Kontext abhängt, in den sie eingebettet ist. Und genau diese Auffassung ist, wie ich im Folgenden zeigen möchte, ein Irrtum. Um abschließend beurteilen zu können, ob die Prüfung des Kompasses und der Entwurf des Plans, ihn trotz seines irreparablen Defekts weiterhin zu verwenden, eine sinnvolle Geschichte konstituieren, müssen wir keine Zusatzinformationen konsultieren. Denn der Plan des Kompassprüfers ist *intrinsisch irrational* – er ist an sich, d. h. alleine aufgrund seines Gehalts oder seiner intrinsischen Konsequenzen irrational.

4.2 *Intrinsisch irrationale Pläne*

Um die Geschichte von K. richtig einschätzen zu können, ist es wichtig zu sehen, dass sie nicht bloß eine Manifestation praktischer Inkonsequenz ist. Natürlich ist man geneigt zu fragen, warum K. den Kompass überhaupt überprüft, wenn er ihn dann trotz seines Defekts doch weiterbenutzen will. Oder man ist, umgekehrt, zu fragen geneigt, warum K. vorhat, auch den defekten Kompass weiterhin benutzen, wenn er zuvor die Anstrengung unternimmt, seine Funktionsfähigkeit zu überprüfen. Beide Fragen haben durchaus ihre Berechtigung. Denn die Überprüfung eines Instruments macht dann und nur dann Sinn, wenn seine Benutzung vom Ergebnis der Überprüfung abhängig ist. Wenn das Ergebnis einer Instrumentenprüfung für die Benutzung des geprüften Instruments keine Rolle spielt, ist es inkonsequent, ein Instrument zu überprüfen; und wenn man ein Instrument überprüft, ist es inkonsequent, es auch im Falle eines negativen Prüfergebnisses weiter verwenden zu wollen. Daher ist die Geschichte von K. tatsächlich eine Manifestation praktischer Inkonsequenz.

Die Absonderlichkeit unserer Geschichte lässt sich jedoch nicht auf Inkonsequenz zurückführen. Vielmehr ist die Inkonsequenz, derer sich K. durch seinen Plan, den als defekt entlarvten Kompass weiter zu verwenden, schuldig macht, sogar ein gänzlich nebensächlicher Aspekt der Geschichte. Das Vorhaben, den defekten Kompass weiterhin zu verwenden, ist *als solches* absonderlich, wobei diese Absonderlichkeit durch die Inkonsequenz von K., sich in Anbetracht seiner vorangehenden Bemühungen einem solchen Plan zu verschreiben, nicht einmal gesteigert wird.

Dass es zwischen der Absonderlichkeit und der Inkonsequenz keinen interessanten Zusammenhang gibt, erklärt sich daraus, dass Inkonsequenz als solche *kein* Irrationalitätsphänomen ist. Praktisch inkonsequent zu sein ist *nicht an sich* und auch *nicht immer* irrational, sondern wenn irrational, dann nur deshalb, weil es gegen das Verhalten, das eine Person praktisch inkonsequent sein lässt, entscheidende Gründe gibt. Die Irrationalität eines inkonsequenten Verhaltens liegt also nicht in der Inkonsequenz selbst, und daher wird praktische Irrationalität durch Inkonsequenz auch nicht verstärkt. Dem entspricht, dass auch *konsequentes* Verhalten *nicht per se* rational, sondern wenn rational, dann nur deshalb rational ist, weil es gute Gründe für das Verhalten gibt, durch das sich eine Person konsequent verhält. Gibt es dagegen gute Gründe gegen das Verhalten, durch das eine Person praktisch konsequent ist, ist ihre praktische Konsequenz irrational.

Konsequenz und Inkonsequenz sind also nicht selbst Ursprünge oder Gründe praktischer Rationalität und Irrationalität. Dass sich eine Person *S* konsequent verhielte, würde sie *A* tun, und inkonsequent, würde sie *A* unterlassen, gibt ihr nicht nur keinen entscheidenden, sondern überhaupt keinen Grund, *A* zu tun. Wenn sich *S*, um stark nikotinabhängig zu werden, vorgenommen hat, ab sofort täglich mindestens zwanzig Zigaretten zu rauchen, würde sie sich inkonsequent verhalten, wenn sie nur eine, und konsequent, wenn sie zumindest zwanzig Zigaretten am Tag rauchte. Daraus ergibt sich aber nicht, dass S einen guten Grund hat, mindestens zwanzig am Tag zu rauchen. Konsequenz in der Umsetzung eines Plans, wird hier vielmehr deutlich, kann selbst Züge einer bizarren Irrationalität tragen, während das Inkonsequente rational sein kann. Die Absonderlichkeit der Geschichte des Kompassprüfers lässt sich also nicht darauf zurückführen, dass es inkonsequent ist, einen defekten Kompass verwenden zu wollen, wenn man ihn zuvor auf seine Funktionsfähigkeit überprüft hat. Indem sich K. diesem Plan verschreibt, durchkreuzt er zwar den Sinn seines vorangehenden Tuns. Aber das tun auch Leute, die sich eine Packung Zigaretten gekauft haben, sich dann aber entschließen, mit dem Rauchen aufzuhören. Und das ist nicht paradox, irrational oder absonderlich. Die Absonderlichkeit der Geschichte beruht daher allein auf dem Plan, dem sich K. verschreibt. Dieser Plan scheint allein aufgrund seines Gehalts, d. h. an sich oder intrinsisch irrational zu sein.

Um das zu sehen, betrachten wir einen Plan, bei dem es unstrittig sein dürfte, dass er allein aufgrund seines Gehalts irrational ist: der Plan, ein irreparabel defektes Instrument zu reparieren. Um sich diesem Plan zu verschreiben, müsste man unterstellen, dass ein Instrument, das nicht repariert werden kann, repariert werden kann, was offensichtlich widersprüchlich ist. Man müsste sich daher einem Ziel verschreiben können, das offensichtlich unerreichbar ist, und zwar unerreichbar in dem starken Sinne, dass es unmöglich ist, seiner Realisierung auch nur näher zu kommen. Der Plan, ein irreparabel defektes Instrument zu reparieren, ist daher *selbstunterminierend*. Durch ihn würde man sich ein Ziel setzen, in Anbetracht dessen es vollkommen irrelevant ist, was man tut, weil nichts von dem, was man tun könnte, ein Beitrag zur Realisierung des gesetzten Ziels sein würde. Daher hebt sich der Plan, ein irreparabel defektes Instrument zu reparieren, selbst auf, so dass niemand einen Grund dafür haben kann, sich ihm zu verschreiben.

Der Plan, ein irreparabel defektes Instrument zu reparieren, ist rational unzugänglich. Als einem echten Vorhaben könnten wir ihm nur dann zu begegnen erwarten, wenn wir ihn *de re* – als einen auf ein irreparabel defektes Instrument bezogenen Plan, es zu reparieren – interpretieren und unterstellen, dass die Person, um deren Vorhaben es sich handelt, nicht weiß, dass das Instrument, das sie sich zu reparieren vorgenommen hat, irreparabel defekt ist. *De dicto* interpretiert, ist es dagegen unvorstellbar, dass sich irgendjemand diesem Plan verschreiben könnte.

Der Plan, ein irreparabel defektes Instrument zu *verwenden*, scheint nun ebenfalls nur dann begreifbar sein zu können, wenn wir ihn *de re* – als ein auf ein defektes Instrument bezogenes Vorhaben, es zu verwenden – interpretieren und unterstellen, dass die Person, um deren Vorhaben es sich handelt, *nicht* weiß, dass das Instrument, das sie zu verwenden vorhat, defekt ist. Der Plan des Kompassprüfers muss jedoch *de dicto* gelesen werden. Es ist nämlich gerade im Lichte des Wissens, dass er defekt ist, dass K. seinen Kompass weiterhin zu verwenden beschließt, und das ist es, was sein Vorhaben so absonderlich macht. Trotz seiner Absonderlichkeit scheint es aber nicht inkonsistent zu sein wie der Plan, ein *irreparabel* defektes Instrument zu *reparieren*. Dieser Plan schreibt ein inkonsistentes Ziel vor, während der Plan des Kompassprüfers keine inkonsistente Beschreibung enthält. Das Problem mit dem Plan, einen defekten Kompass weiter zu verwenden, muss also anders gelagert sein. Durch ihn, ist meine These, verschreibt man sich zwei miteinander unverträglichen Zielen. Obwohl er keine inkonsistente Zielbeschreibung enthält, ist daher auch dieser Plan in sich widersprüchlich und inkohärent.

Um die Inkohärenz zu sehen, betrachten wir zunächst die erste Episode unserer Geschichte. K. hat Hinweise darauf, dass der von ihm verwendete Kompass defekt ist, geht diesem Verdacht nach und macht sich daran, zu überprüfen, ob der Kompass noch richtig funktioniert. Der im gegenwärtigen Kontext relevante Punkt ist nun der, dass die Überprüfung des Kompasses unter den gegebenen Bedingungen *rational erforderlich* (und in diesem Sinne auch das zu erwartenden Verhalten) ist. Denn man kann einen Kompass nicht benutzen wollen und zugleich gleichgültig gegen seine Funktionsfähigkeit sein; wobei das offenbar keine Wahrheit speziell über die Einstellungen zu Kompassen, sondern nur eine besondere Instanz der allgemeinen Wahrheit ist, dass es dem Benutzer eines Instruments nicht gleichgültig sein kann, ob es funktioniert. Gründe, ein Instrument zu benutzen, sind nämlich Gründe, ein *funktionsfähiges* Instrument zu benutzen. Wer Gründe hat, einen Kompass zu benutzen, braucht daher nicht zusätzliche Gründe dafür, unter den Kompassen einen funktionsfähigen zu wählen, sondern hat bereits Gründe, *ausschließlich* einen funktionsfähigen Kompass zu benutzen.

Die Erklärung dieser Zusammenhänge liegt auf der Hand. Sie hat mit der *Zweckhaftigkeit* von Instrumenten zu tun. Instrumente sind Dinge, die einem Zweck dienen, d. h. Dinge, die konstruiert werden, um einen spezifischen Zweck zu erfüllen, diesen also erfüllen können sollen. Mit der Konstruktion eines Instruments verfolgt man daher das Ziel, eine distinkte Methode zur Realisierung des spezifischen Zwecks verfügbar zu machen, dem das Instrument dient. Ein Plan, ein defektes Instrument zu *konstruieren*, wäre daher inkohärent. Mit einem derartigen Plan würde man sich dem in sich widersprüchlichen Vorhaben verschreiben, eine Methode zur Realisierung eines Zwecks verfügbar zu machen, die nicht funktioniert. Dabei besteht die innere Widersprüchlichkeit darin, dass man sich mit diesem Vorhaben *nolens volens* zwei verschiedenen Ziele verschreibt, die miteinander unverträglich sind: Zum einen dem Ziel, eine Methode zur Realisierung des Zwecks verfügbar zu machen, dem das Instrument dient, zum anderen dem Ziel, das Instrument so zu konstruieren, dass es nicht benutzt werden kann, um den Zweck zu realisieren, dem es dient.[44]

Wichtig ist, dass man dieses inkohärente Vorhaben in ein kohärentes nicht dadurch verwandeln könnte, dass man das erste Ziel fallenlässt. Denn das erstgenannte Ziel *ist* das Ziel der Konstruktion eines Instruments. Auf dieses Ziel ist man *festgelegt*, wenn man ein bestimmtes Instrument zu konstruieren vorhat. Folglich sind Gründe, ein Instrument zu konstruieren, Gründe, ein *funktionsfähiges* Instrument zu konstruieren. Der Plan, ein defektes Instrument zu konstruieren, erweist sich damit als irrational, wobei diese Irrationalität intrinsisch und nicht relativ zu kontextuellen Faktoren ist.

---

[44] Die Inkohärenz dieses Vorhabens zeigt sich deutlich auch daran, dass es zwar für die Konstruktion eines Instruments, nicht aber für die Konstruktion eines defekten Instruments spezifische Erfolgsbedingungen gibt. Muss ein defekter Kompass überhaupt eine Magnetnadel besitzen? Muss er überhaupt eine Nordmarke haben? Braucht er eine Kompassrose? Auf diese Fragen gibt es entweder gar keine oder eine negative Antwort. Das zeigt, dass das Ziel, einen defekten Kompass zu konstruieren, nicht grundsätzlich verschieden ist von dem Ziel, eine defekte Uhr zu konstruieren, wobei dieses Ziel wiederum nicht grundsätzlich verschieden ist von dem Ziel, eine defekte Schere zu konstruieren. Alles das sind leere, weil inkohärente Ziele.

Der Plan, ein defektes Instrument zu *benutzen*, gleicht nun in relevanten Hinsichten dem Plan, ein defektes Instrument für den eigenen Gebrauch zu konstruieren: Wenn es für eine Person einen Grund gäbe, ein defektes Instrument zu benutzen, dann hätte sie eben damit auch einen Grund, ein defektes Instrument für den eigenen Gebrauch zu konstruieren. Da jedoch Gründe für die Konstruktion eines Instruments Gründe für die Konstruktion eines funktionsfähigen Instruments sind, hat niemand einen Grund, ein defektes Instrument für den eigenen Gebrauch zu konstruieren. Und folglich hat niemand einen Grund, ein defektes Instrument zu benutzen. Gründe, Instrumente zu benutzen, sind also Gründe für die Benutzung funktionsfähiger Instrumente. Die Vorstellung, man bräuchte, wenn man einen Grund hat, ein Instrument zu benutzen, noch zusätzliche Gründe dafür, ein funktionsfähiges Instrument zu benutzen, ist so inkohärent wie die Vorstellung, man bräuchte, wenn man einen Grund hat, ein bestimmtes Ziel zu verfolgen, noch zusätzliche Gründe dafür, dieses Ziel zu realisieren zu versuchen.

Pläne, ein defektes Instrument zu benutzen, erweisen sich damit als inkohärent. Mit Plänen dieser Art würde man sich dem in sich widersprüchlichen Vorhaben verschreiben, eine Methode zur Realisierung eines Zwecks zu verwenden, die nicht funktioniert, wobei das widersprüchlich ist, weil man sich mit der Methode auch dem Ziel verschreibt, dem sie dient, eben dieses Ziel mit der Bedingung der Dysfunktion der Methode zugleich aber auch verwirft. Daher sind Pläne dieser Art selbstunterminierend.

Zusammengefasst ergibt sich damit, dass die Absonderlichkeit der Geschichte des Kompassprüfers nicht auf die Inkonsequenz seines Willens, sondern auf die innere Widersprüchlichkeit, d. h. auf die Inkohärenz seines konservativen Vorhabens, zurückzuführen ist.[45] Da es keinen Grund gibt, einen Kompass zu benutzen, wenn es

---

[45] Im Unterschied zu Fällen, in denen sich eine Person inkonsequent verhält, wäre das Verhalten des Kompassprüfers auch dann noch irrational, wenn er den Kompass trotz der auf seine Untauglichkeit hinweisenden Indizien nicht überprüft hätte. Da K. in diesem Falle nicht herausgefunden hätte, dass der Kompass defekt ist, könnten wir ihm nicht den *De-dicto*-Plan zuschreiben, den defekten Kompass weiter zu verwenden. Aber das ist irrelevant. Denn wir müssten ihm dann die Maxime zuschreiben, seinen Kompass auch dann zu verwenden zu

keinen Grund gibt, einen funktionsfähigen Kompass zu benutzen, ist der Plan, einen irreparabel defekten Kompass zu benutzen, als solcher irrational und daher rational unzugänglich. Der Kompassprüfer, diese reine Figur eines konservativen Skeptikers, ist folglich nicht bloß eine unorthodoxe oder exotische Figur, sondern die Verkörperung eines intrinsisch irrationalen Willens.

4.3 Gleichgültigkeit gegen die Wahrheit

Im letzten Kapitel habe ich die Absonderlichkeit der Figur des Kompassprüfers auf die inkohärente Zielstruktur zurückgeführt, die jedem Vorhaben innewohnt, ein defektes Instrument zu verwenden, und dabei davon abstrahiert, dass die Verwendung von Kompassen eine Methode der Meinungsbildung ist. Im gegenwärtigen Kapitel sollen nun nicht mehr die unspezifischen strukturellen Eigenschaften, sondern das spezifische Charakteristikum des konservativen Projekts im Vordergrund stehen, dass es sich dabei um das Vorhaben handelt, eine defekte *epistemische* Praxis aufrecht zu erhalten. Ein solches Vorhaben hat charakteristische Realisierungsbedingungen, die von den Realisierungsbedingungen konservativer Projekte nicht-epistemischer Art fundamental verschieden sind. Die Realisierung eines Plans zur Weiterführung einer defekten epistemischen Praxis verlangt nämlich die systematische Unterbindung der Entstehung des Bewusstseins seiner Realisierung. Sie ist daher nur durch eine die Erkenntnisfähigkeit der die defekte Praxis fortführenden Personen systematisch beeinträchtigende Manipulation möglich. Um eine nicht wahrheitsorientierte Praxis der Meinungsbildung installieren zu können, muss also die Wahrheitsorientierung der betroffenen Denker, ihre Sensitivität für epistemische Gründe, korrumpiert werden. Der Plan des Kompassprüfers lässt sich daher nur durch eine Strategie der kognitiven Selbstverstümmelung realisieren. Eine solche Strategie muss dabei als ein *integraler Bestandteil* dieses Plans aufgefasst werden, so dass sich in

wollen, wenn er defekt ist. Da diese Maxime ebenfalls allein aufgrund ihres Gehalts irrational ist, wäre K. auch in der Version der Geschichte, in der er den Kompass nicht überprüft, die Verkörperung eines intrinsisch irrationalen Willens.

Plänen zur Fortführung einer irreparabel defekten epistemischen Praxis die Gleichgültigkeit gegen die Wahrheit auch in Form eines Willens zur kognitiven Selbstverstümmelung manifestiert. Daran zeigt sich, dass der Plan des Kompassprüfers in einer substantiellen Weise irrational ist. Er ist eine praktische Manifestation des intellektuellen Wertenihilismus.

Wie Waagen, Thermometer oder Uhren dienen Kompasse der Repräsentation bestimmter Aspekte der Realität und damit, anders als Sägen oder Fahrräder, unserer Meinungsbildung. Wir benutzen sie, um Wahrheiten zu entdecken. In dem Plan, einen defekten Kompass weiter zu verwenden, manifestiert sich daher ein gegen die Wahrheit gleichgültiger Wille zur Manipulation der eigenen Meinungsbildung. Man kann nicht einen defekten Kompass verwenden wollen und um die Wahrheit der eigenen topographischen Meinungen besorgt sein. Die Gleichgültigkeit betrifft dabei aber nicht nur den epistemischen Wert topographischer Meinungen. Sie betrifft auch die Grundlagen der Meinungsbildung, nämlich die epistemischen Fähigkeiten der Person, die einen solchen Plan verfolgt. Man kann sich nämlich nicht dem Vorhaben verschreiben, einen defekten Kompass zu verwenden, und um die Wahrheitsorientierung der eigenen kognitiven Vermögen besorgt sein, d. h. darum, dass das eigene Erkennen in der richtigen Weise für epistemische Gründe empfänglich ist. Dass sich die Gleichgültigkeit gegen die Wahrheit nicht nur auf die Resultate, sondern auch auf die Grundlagen der Meinungsbildung erstreckt, erklärt sich daraus, dass die Ausrichtung der Erkenntnis auf die Wahrheit *das* zentrale Hindernis für die Realisierung des Vorhabens darstellt, einen defekten Kompass zu verwenden, wobei dieses Hindernis wiederum so offenkundig ist, dass jemand, der nicht nur den Wunsch, sondern den *Plan* hat, einen defekten Kompass zu verwenden, bereit sein muss, die eigene Empfänglichkeit für epistemische Gründe zu manipulieren.[46]

---

[46] Wünsche kann man haben, ohne irgendeine Vorstellung davon zu haben, was erforderlich wäre, um sie zu verwirklichen. Pläne, Vorhaben oder Projekte zu haben, verlangt dagegen, dass man außer einer Zielvorstellung auch eine Vorstellung davon entwickelt hat, wie das anvisierte Ziel zu verwirklichen ist. Dazu muss man nicht alle Probleme antizipieren, die sich bei verschiedenen Ausprägungen relevanter Parameter einstellen würden. Man muss aber zumindest die Probleme antizipieren, die sich mit Notwendigkeit oder sehr großer Wahr-

Betrachten wir das Problem genauer. Sich nach Instrumenten wie Kompassen, Thermometern, Landkarten oder Uhren zu richten, ist für einen Denker unmöglich, wenn er von einem solchen Instrument weiß und sich bewusst ist, dass es defekt ist. Es ist uns zum Beispiel nicht möglich, auf der Grundlage unserer Wahrnehmung der Zeigerstellung einer Uhr die Meinung zu bilden, dass es 15 Uhr ist, wenn unsere Wahrnehmung von dem Bewusstsein begleitet ist, dass die Uhr nicht funktioniert. Und genauso wenig ist es uns möglich, unsere Meinung über die Uhrzeit durch einen Blick auf eine Uhr zu revidieren, wenn uns dabei deutlich wird, dass die Uhr nicht funktioniert. Die Erklärung dafür ist in beiden Fällen dieselbe. Wenn wir von einer Uhr wissen, dass sie nicht funktioniert, sind wir uns im Klaren darüber, dass uns die Anzeige der Uhr *keinen Grund* gibt, zu glauben, dass es *n* Uhr ist. Wir sind uns dann, mit anderen Worten, im Klaren darüber, dass wir unsere Meinung nicht nach dieser Uhr richten können. Unsere Meinung über die Uhrzeit nach einer Uhr, von der wir wissen, dass sie nicht funktioniert, auszurichten, ist uns genauso unmöglich wie sie nach dem Urteil einer anderen Person auszurichten, von der wir wissen, dass sie die Uhrzeit bloß rät.

Wichtig ist, dass diese Unmöglichkeit eine Konsequenz alleine des Wissens ist, dass die (Wahrnehmung der) Anzeige einer defekten Uhr keinen Grund für die Wahrheit irgendeiner Meinung über die Uhrzeit liefert. Wie bedeutsam es für uns ist, die Uhrzeit zu wissen, spielt für die Begrenzung der Möglichkeiten unserer Meinungsbildung dagegen überhaupt keine Rolle. Auch unter Umständen, unter denen es uns nicht wichtig ist, akkurate Meinungen über die Uhrzeit zu haben, kann uns der Blick auf eine Uhr, von der wir wissen, dass sie defekt ist, nicht dazu bringen zu glauben, dass es 15 Uhr ist. Dass wir unsere Meinung nicht nach der Anzeige ei-

scheinlichkeit ergeben. Wenn ich nicht nur den Wunsch habe, in Amerika zu sein, sondern nach Amerika zu reisen plane, muss ich zum Beispiel das Problem antizipiert haben, dass ich dazu mit irgendeinem Verkehrsmittel einen Ozean werde überqueren müssen. Die Probleme, die man antizipiert, wenn man einen Plan hat, muss man dann aber auch bereit sein zu bewältigen zu versuchen: Ich wünsche mir vielleicht in Amerika zu sein, habe aber nicht vor, nach Amerika zu reisen, wenn ich nicht bereit bin, einen Ozean zu überqueren. Daher manifestiert sich in Plänen, Vorhaben oder Projekten notwendig auch der Wille, die zur Realisierung des anvisierten Ziels erforderlichen Schritte zu unternehmen.

nes Instruments zu richten vermögen, von dem wir wissen, dass es nicht funktioniert, hat also weder etwas mit unseren speziellen epistemischen noch mit unseren nicht-epistemischen Zielen oder Interessen zu tun. Es handelt sich dabei vielmehr um eine *absolute* Unmöglichkeit – die absolute Unmöglichkeit nämlich, p wegen q zu glauben, wenn man weiß oder sich bewusst ist, dass q nicht für die Wahrheit von p spricht.

Würde das Bewusstsein, dass q nicht für die Wahrheit von p spricht, es für S nicht unmöglich machen, p wegen q zu glauben, wäre es für S möglich, alles Beliebige aus allen beliebigen Gründen zu glauben. S könnte dann sowohl wegen eines geraden als auch wegen eines ungeraden Würfelergebnisses sowohl glauben, dass die Zahl der Sterne gerade, als auch glauben, dass sie ungerade ist. Und dass ein Würfelergebnis gerade ist, könnte S dann sowohl deshalb glauben, weil es ihm so scheint, als sei die Anzahl der Augen gerade, als auch deshalb, weil es ihm so scheint, als sei sie ungerade – usw. ohne jede Begrenzung. Alles das sind aber keine genuinen Möglichkeiten: Es kann keinen Denker geben, der Beliebiges aus beliebigen Gründen glauben kann. Denn wenn S die Einstellung Ep auf der Grundlage der Einstellung Eq gebildet hat und sich bewusst ist, dass q nicht für die Wahrheit von p spricht, kann Ep gar keine doxastische Einstellung von S zu p, d. h. eine Einstellung des Für-Wahr-Haltens sein. Die Proposition p wegen q zu glauben, wenn man weiß, dass q nicht für die Wahrheit von p spricht, ist schlechterdings unmöglich, weil es, im Unterschied zur Ausbildung von Wünschen, Interessen oder Präferenzen, für Prozesse der Meinungsbildung *konstitutiv* ist, für das Bewusstsein evidentieller Beziehungen sensitiv zu sein.[47] Dass wir unsere Meinung nicht nach einer Methode richten können, von der wir wissen, dass sie unzuverlässig und nicht wahrheitsorientiert ist, ergibt sich also aus grundlegenden

---

[47] Eine ähnliche Auffassung vertritt Bernard Williams in seiner Diskussion des doxastischen Voluntarismus. Willentlich glauben, dass p, unterstreicht er, könnte man nur, wenn man ohne Rücksicht auf die Wahrheit von p glauben könnte, dass p. Aber das, betont er, sei unvorstellbar, weil glauben, dass p, dasselbe ist wie p für wahr zu halten: »Könnte man bei vollem Bewußtsein wollen, einen Glauben ohne Rücksicht auf seine Wahrheit anzunehmen, so ist nicht klar, wie man ihn sich vor diesem Ereignis auch nur als Glauben vorstellen könnte, d. h. als etwas, das die Wirklichkeit darstellen soll.« Williams (1978) 236.

intrinsischen Begrenzungen der Möglichkeiten der Meinungsbildung. Die intrinsischen Begrenzungen wiederum ergeben sich aus der Natur der Erkenntnis oder der kognitiven Vermögen selbst, die nämlich bereits als solche und nicht erst durch einen besonderen Willen ihrer Subjekte auf die Wahrheit ausgerichtet sind.[48] Dass wir nicht Beliebiges aus beliebigen Gründen glauben können, erweist sich damit als eine fundamentale Wahrheit über uns selbst als denkende Wesen. Wir sind denkende Wesen nur deshalb, weil wir für das Bewusstsein evidentieller Beziehungen sensitiv sind.

Betrachten wir nun wieder das Vorhaben, dem sich unsere Figur des Kompassprüfers verschrieben hat. Die Realisierung dieses Vorhabens steht und fällt damit, dass K. seine topographischen Meinungen auch künftig nach der Anzeige seines Kompasses richtet, der defekt ist. Dass er sich, um seinen Plan zu realisieren, nach seinem Kompass richten muss, ergibt sich daraus, dass er sich mit diesem Plan auf das Ziel festlegt, seinen Kompass (als Kompass) weiter zu benutzen, die Benutzung eines Kompasses (als Kompass) aber darin besteht, mit seiner Hilfe topographisch relevante Werte als Grundlage der eigenen topographischen Meinungen zu ermitteln.[49] Nun haben wir aber gesehen, dass es für einen Denker un-

---

[48] Daher wird das hedonistische Prinzip der Glaubwürdigkeit zusätzlich auch dadurch unterminiert, dass ein ihm gehorchendes kognitives System metaphysisch unmöglich ist. Auch dieses Problem zeigt, dass anti-intellektualistische Werttheorien wie der Hedonismus nicht bloß ›self-effacing‹ im Sinne Parfits sind. Vgl. 208 und Fn 235.

[49] Natürlich kann man sich mit einem Kompass auch an der Backe kratzen oder ihn als Rasierspiegel benutzen usw. Man benutzt ihn dann aber eben nicht als Kompass, und es wäre irreführend, von jemandem, der einen Kompass nicht als Kompass benutzt, zu behaupten, er würde einen Kompass benutzen. So würden wir auch nicht von einem Kleinkind, das mit einem Kompass Sandkuchen zu formen versucht, behaupten, es würde einen Kompass benutzen. Dass wir, wenn wir von der Benutzung eines Instruments *simpliciter* sprechen, damit die Benutzung des Instruments zu dem Zweck, für den es entworfen ist, meinen, wird vielleicht noch deutlicher, wenn wir eine Behauptung wie die betrachten, dass einige Ameisen Kompasse benutzen. Diese Behauptung, würden wir auf Basis unseres Hintergrundwissens über Ameisen nicht zögern zu verneinen. Denn Ameisen haben, wie wir wissen, gar nicht die kognitiven Fähigkeiten, die zur Kompassbenutzung erforderlich sind. Es wäre kaum mehr als ein Scherz, wenn uns jemand darauf aufmerksam machte, dass ein Fall belegt sei, in dem Ameisen mit einem Kompass ein Loch in ihrem Bau verstopft hätten. Ich glaube also, dass es für die These, dass wir mit der Benutzung eines Kompasses die Be-

möglich ist, sich nach einem Kompass zu richten, von dem er weiß, dass seine Anzeige defekt ist. Um zu erkennen, dass die Realisierung seines Plans mit diesem Problem konfrontiert ist, ist es nicht erforderlich, dass K. die Gründe dieser Unmöglichkeit einsieht. Wir müssen von unserer Figur lediglich annehmen, dass sie die Situation der Benutzung ihres irreparabel defekten Kompasses antizipiert. Das aber ist eine Leistung, die wir gar nicht umhinkommen ihr zuzuschreiben, weil sie eben nicht nur den Wunsch, sondern den Plan hat, einen defekten Kompass weiter zu benutzen. Durch die Antizipation der Benutzung wird sich das Problem der Realisierung dieses Plans aber unausweichlich zeigen. Denn K. wird sich nicht vorstellen können, sich nach dem Kompass zu richten, während er sich bewusst ist, dass dieser nicht funktioniert. Also ist klar, dass K., um seinem Vorhaben nicht untreu zu werden, eine Strategie zur Manipulation der eigenen Erkenntnis entwerfen muss, wobei diese Strategie als ein *integraler Bestandteil* seines Plans aufzufassen ist.[50] Insofern *ist* der Plan zur Verwendung eines defekten Kompasses ein Plan zur Manipulation der eigenen Erkenntnis.

Wie muss diese Manipulation aussehen? Auch die Grundzüge der manipulativen Strategie sind so offenkundig, dass wir unserer Figur nicht nur im Allgemeinen einen Willen zur Manipulation der eigenen Erkenntnis, sondern einen Willen zu spezifischen Manipulationen zuschreiben müssen. Zunächst muss durch die Manipulation das Haupthindernis für die Umsetzung des konservativen Plans umgangen werden, nämlich das Bewusstsein, dass der Kompass defekt ist. K. wird also etwas tun müssen, was dazu führt, dass sein Wissen über den Zustand seines Kompasses für ihn selbst unzugänglich wird. Er muss darüber hinaus aber auch dafür sorgen, dass sich das Wissen und das Bewusstsein des Defekts in der Verwendung des defekten Kompasses nicht wieder von Neuem einstellt. Er müsste also auch etwas tun, was dafür sorgt, dass er die Indizien, die auf den Defekt des Kompasses hindeuten, nicht mehr *als Evidenzen* für einen solchen Defekt wahrnimmt. Während die erste Manipula-

---

nutzung eines Kompasses als Kompass meinen, gute Gründe gibt. Ich brauche sie hier aber nicht näher zu diskutieren, da in unserem Kontext klar ist, dass das konservative Vorhaben des Kompassprüfers ein Vorhaben zur Benutzung des defekten Kompasses als Kompass ist.
[50] Zur internen Komplexität von Plänen vgl. Bratman (1983) 278.

tion das *Resultat* einer Meinungsbildung betrifft, betrifft die zweite Manipulation den *Prozess* der Meinungsbildung. Die zweite Manipulation ist der tiefere Eingriff als die erste. Sie ist eine Manipulation der Sensitivität für epistemische Gründe. Da diese Sensitivität auch sehr grundlegende Fähigkeiten wie die Fähigkeit zum Abgleich von Voraussagen und Erfahrungen umfasst – schließlich darf es K. nicht auffallen, dass die auf der Basis seines Kompasses getroffenen Richtungsentscheidungen regelmäßig falsch sind –, ist die zweite Art der Manipulation ein korrumpierender Eingriff, durch den K. sich selbst grundlegend als ein rationales Wesen und nicht nur im Hinblick auf eine besondere Funktion, Rolle oder Aufgabe beschädigt.

Damit zeigt sich, dass man, um eine als defekt erkannte epistemische Praxis weiterführen zu können, die mit unseren kognitiven Vermögen selbst gegebenen Mechanismen rationaler Kontrolle aktiv außer Kraft setzen muss. Dabei muss nicht nur das Wissen, dass die betreffende Praxis defekt und nicht wahrheitsorientiert ist, unzugänglich gemacht werden; vielmehr muss auch die Empfänglichkeit für die in einer defekten epistemischen Praxis regelmäßig auftauchenden Anzeichen von Fehlerhaftigkeit – die Empfänglichkeit also für die Anzeichen einer kognitiver Anomalie – so beeinträchtigt werden, dass diese Anzeichen nicht mehr als Anzeichen für einen grundlegenden Defekt erfasst werden. Es muss also dafür Sorge getragen werden, dass es bei den Teilnehmern an einer solchen Praxis nicht zu einer Kritik der eigenen Meinungsbildung kommt, und das lässt sich nur durch einen manipulativen Mechanismus bewerkstelligen, der die Grundlagen der Fähigkeit zur epistemischen Selbstkritik beeinträchtigt. Ein Plan zur Fortführung einer epistemisch defekten Praxis beinhaltet daher als einen notwendigen Bestandteil einen Plan zur Hervorbringung falschen Bewusstseins. Um sich einem Plan wie dem des Kompassprüfers verschreiben zu können, muss man daher einen Willen zur kognitiven Selbstverstümmelung entwickelt haben.

An diesen intrinsischen Konsequenzen von Plänen zur Fortführung epistemisch defekter Praktiken zeigt sich, dass die Irrationalität des Plans, einen defekten Kompass zu verwenden, substantiell und nicht alleine das Resultat einer inkohärenten Zielstruktur ist. Die substantielle Irrationalität liegt in einer fundamentalen Gleichgültigkeit gegen die Wahrheit, die sich nicht nur auf die Resultate der topographischen Meinungsbildung, sondern systematisch auch auf die ihr zugrundeliegenden Erkenntniskräfte und schließlich auch auf die Fähigkeit zur Selbsterkenntnis und auf das Selbstbild der Person erstreckt, die sich einem solchen Plan verschreibt. Der Plan des Kompassprüfers ist die praktische Verkörperung des intellektuellen Wertenihilismus, der Auffassung also, dass intellektuelle Werte nicht zählen, und ist als solcher substantiell irrational.

5. Der moralische Sinn des liberationistischen Projekts

5.1 Die Verpflichtung zur Orientierung an der Wahrheit

In den vorangehenden Kapiteln habe ich zunächst dafür argumentiert, dass es eine Präsumption für die Aufklärung gibt, und dann, nach und nach, die werttheoretischen Grundlagen dieser Präsumption zu rekonstruieren versucht. Die Rekonstruktion ergab sich im Zuge der Kritik verschiedener deflationistischer Interpretationen, denen zufolge die Präsumption für die Aufklärung nichts Substantielles über den Wert des liberationistischen im Vergleich zum konservativen Projekt sagt, sondern lediglich den noch unentwickelten Diskussionsstand reflektiert. Dabei hat sich gezeigt, dass anti-intellektualistische Auffassungen wie der Hedonismus, denen zufolge Wahrheit keine eigenständige Bedeutsamkeit hat, nicht bloß unplausibel, sondern inkohärent und selbstunterminierend sind. Im letzten Kapitel habe ich dann zu zeigen versucht, dass die Provinzialisierung der Bedeutsamkeit der Wahrheit, ihre Relativierung auf Kontexte mit ausdrücklich epistemischen Zielsetzungen, zum Scheitern verurteilt ist. Dazu habe ich die artifizielle Figur des Kompassprüfers konstruiert, dessen Verhalten, wäre Wahrheit von intrinsischer Bedeutsamkeit ausschließlich in der Provinz theoretischer Ambitionen, nicht absonderlich sein sollte. Diese Figur verhält sich nämlich so, als gäbe es eine werttheoretisch grundlegende Dichotomie zwischen ›Theorie‹ und ›Praxis‹, die bewirkt, dass sie die Werte, denen sie als ein epistemischer Akteur verpflichtet ist, im Kontext ihres praktischen Lebens nicht berücksichtigen muss. Der Kompassprüfer verhält sich wie eine gespaltene Persönlichkeit, deren abgespaltener praktischer Persönlichkeitsteil den seinem theoretischen Persönlichkeitsteil am Herzen liegenden Werten gegenüber gleichgültig und unempfänglich ist. Anders als provinzialisierende Interpretationen voraussagen, ist der Kompassprüfer jedoch eine absonderliche Figur. Ihre Absonderlichkeit ist nicht einer manifesten praktischen Inkonsequenz geschuldet (sich inkonsequent zu verhalten kann, wie wir gesehen haben, sogar rational gefordert sein), sondern die Folge allein des konservativen Plans, durch den der Kompassprüfer seine ›Praxis‹ von der Orientierung an der Wahrheit abspaltet. Dieser Plan, habe ich argumentiert, ist intrinsisch irrational, sowohl weil er eine inkohärente Zielstruktur aufweist, als auch weil er anti-intellektualistisch ist und einen Plan zur Hervorbringung falschen Bewusstseins, d. h. einen Plan beinhaltet, sich selbst durch eine systematische Korruption der eigenen Erkenntnis von der Orientierung an der Wahrheit abzubringen.

Dass es eine Präsumption für die Aufklärung und gegen den Konservatismus gibt, ist daher nicht dem uninteressanten äußeren Umstand eines noch unentwickelten Diskussionsstandes geschuldet, sondern die Konsequenz der Bedeutsamkeit der Wahrheit und der von intellektuellen Werten insgesamt. Wahrheit, hat sich herausgestellt, ist ein Wert von eigenständiger und fundamentaler Bedeutsamkeit, die zudem absolut und kontexttranszendierend ist. Das anti-liberationistische Projekt des Konservatismus steht daher unter dem Verdacht, der Ausdruck eines prinzipiell ungerechtfertigten, sich selbst unterminierenden Anti-Intellektualismus, der Ausdruck also einer Gleichgültigkeit gegen die Wahrheit zu sein. Mit diesem Verdacht wird nicht nur ein nachteiliger Aspekt des Konservatismus herausgestellt, der durch mögliche Vorteile zum Beispiel in hedonischer Dimension problemlos ausgeglichen oder überwogen werden könnte. Der Verdacht der anti-intellektualistischen Gleichgültigkeit stellt vielmehr in Frage, ob das konservative Projekt überhaupt gerechtfertigt sein kann. Dass es eine Präsumption für die Aufklärung gibt, reflektiert also beides: sowohl den Umstand, dass die Bedeutsamkeit intellektueller Werte von vorneherein für das liberationistische Projekt spricht, als auch den Umstand, dass das anti-liberationistische Projekt des Konservatismus einer Verteidigung bedarf.

Dass der Konservatismus einer Verteidigung bedarf, weil er dem Verdacht der Gleichgültigkeit gegen die Wahrheit ausgesetzt ist, impliziert, dass es eine *Verpflichtung zur Orientierung an der Wahrheit* gibt. Diese Verpflichtung hat nun die charakteristischen oder definierenden Eigenschaften einer moralischen Verpflichtung: Sie ist erstens *kategorisch*, zweitens *autoritativ*, drittens *praktisch*. Es handelt sich, mit anderen Worten, um eine die Lebensführung von Personen betreffende kategorische und autoritative Verpflichtung. Eine solche Verpflichtung ist eine *moralische* Verpflichtung.

Betrachten wir zunächst die Eigenschaft der *Kategorizität*. An der Figur des Kompassprüfers sollte deutlich geworden sein, dass der praktische Anti-Intellektualismus die Probleme des werttheoretischen Anti-Intellektualismus erbt. Die Inkohärenz anti-intellektualistischer Werttheorien spiegelt sich nämlich in der intrinsischen Irrationalität des Plans zur Fortführung einer als defekt entlarvten epistemischen Praxis. Sowenig der Hedonist den Hedonismus vor dem Einwand der Inkohärenz durch das ›heroische‹ Beharren darauf bewahren kann, dass ihm einfach an nichts außer der Lust gelegen ist, so wenig kann der reine konservative Skeptiker seinem Vorhaben dadurch Respektabilität verschaffen, dass er eine besondere Vorliebe für Illusionen, Irrtümer und falsches Bewusstsein geltend macht. Dem Einwand der Gleichgültigkeit gegen die Wahrheit kann dementsprechend niemand durch einen Verweis auf besondere Vorlieben oder Abneigungen entgehen. Dieser Einwand konstituiert vielmehr eine Kritik, die durch pragmatische Erwägungen genauso wenig zurückgewiesen werden kann wie die epistemische Kritik von Meinungen oder Argumenten.[51] Wenn wir die epistemische Kritik an unseren Meinungen mit dem Hinweis darauf zurückzuweisen versuchten, dass uns an der Wahrheit unserer Meinungen nicht gelegen ist, würden wir eben dadurch selbst zu einem Ziel der Kritik. Wir würden dann für unsere epistemische Frivolität und unsere Gleichgültigkeit gegen die Wahrheit kritisiert werden können. Folglich ist die Verpflichtung zur Orientierung an der Wahrheit keine hypothetische, sondern eine *kategorische* Verpflichtung. Ihre Kategorizität ist dabei eine direkte Konsequenz davon, dass die Bedeutsamkeit der Wahrheit nicht kontextgebunden, sondern kontexttranszendierend ist.

Daraus folgt unmittelbar, dass die Verpflichtung zur Orientierung an der Wahrheit nicht nur kategorisch, sondern auch *autoritativ* ist. Die Kategorizität dieser Verpflichtung hat ihre Quelle in den werttheoretischen Charakteristika der Wahrheit, durch die gewähr-

[51] Vgl. S. 281 f.

leistet ist, dass ihre Bedeutsamkeit von unseren Präferenzen oder Interessen unabhängig ist. Es ist zwar möglich, dass jemand die Verbindlichkeit dieser Verpflichtung nicht erkennt; es ist aber nicht möglich, dass es für jemanden keine Gründe gibt, sich an der Wahrheit zu orientieren. So haben wir bereits gesehen, dass es intrinsisch irrational ist, eine epistemische Methode zu verwenden, von der wir wissen, dass sie unzuverlässig ist. Wenn wir daher wissen, dass eine Methode unzuverlässig ist, haben wir einen Grund, sie nicht zu verwenden, wobei dieser Grund ein kategorischer Grund ist. Und wenn wir wissen, dass uns die Verwendung einer Methode kognitiv korrumpiert und in einen Zustand falschen Bewusstseins versetzt, haben wir eben damit einen kategorischen Grund, diese Methode nicht zu verwenden.[52]

Die Verpflichtung zur Orientierung an der Wahrheit ist aber nicht nur kategorisch und autoritativ, sondern auch eine unsere Lebensführung insgesamt betreffende praktische Verpflichtung. Auch diese Eigenschaft ergibt sich unmittelbar daraus, dass die intrinsische Bedeutsamkeit der Wahrheit nicht kontextrelativ, sondern kontexttranszendierend ist. An der Figur des Kompassprüfers haben wir insbesondere sehen können, dass die Vorstellung einer werttheoretischen Autonomie des Praktischen nicht aufrechterhalten werden kann. Die für diese Figur charakteristische Gleichgültigkeit gegen die Wahrheit ist nichts anderes als die praktische Ausprägung eines inkohärenten und sich selbst unterminierenden Anti-Intellektualismus. Und Anti-Intellektualismus in der Praxis – oder vielmehr *als* Praxis – fährt nicht besser als Anti-Intellektua-

---

[52] Foot (1997/1972) hat mit Hinweis auf Vorschriften der Etikette herausgestellt, dass die Kategorizität keine logisch hinreichende Bedingung für die Verbindlichkeit moralischer Verpflichtungen ist. Dass man bei der Nobelpreisverleihung nicht in Jeans und T-Shirt erscheinen soll, ist sicherlich nicht bloß ein Ratschlag, den man zurückzieht, wenn man erfährt, dass es viel besser zu den Zielen oder Präferenzen des Adressaten passt, in Jeans und T-Shirt zur Nobelpreisverleihung zu gehen. Obwohl nicht nur hypothetisch, ist das in dieser Etikettevorschrift ausgedrückte Sollen jedoch nicht autoritativ: Wenn die Person keine Ziele hat, um deren Willen es ratsam für sie ist, sich so anzuziehen, wie es den Gepflogenheiten (die auf die besonderen Präferenzen und Geschmäcker keine Rücksicht nehmen) entspricht, hat sie keinen Grund dies zu tun. Dass Kategorizität nicht Autorität einschließt, impliziert natürlich nicht, dass es (wie Foot aufgrund ihrer subjektivistischen Theorie von Gründen glaubt) keine autoritativen kategorischen Verpflichtungen gibt.

lismus als Theorie: Er ist allein aufgrund seines Gehalts, d. h. intrinsisch irrational. Der Grund, eine Methode, durch die man sich kognitiv korrumpiert, nicht zu verwenden, hat sich damit als ein praktischer, unsere Lebensführung als solche betreffender Grund herausgestellt. Also ist die Verpflichtung zur Orientierung an der Wahrheit eine kategorische, autoritative und kontexttranszendierende praktische Verpflichtung. Eine solche Verpflichtung ist eine *moralische* Verpflichtung.

Die Behauptung, dass es eine moralische Verpflichtung zur Orientierung an der Wahrheit gibt, lässt sich als eine Konjunktion von zwei Thesen präsentieren: (a) Es gibt eine Verpflichtung zur Orientierung an der Wahrheit; (b) diese Verpflichtung ist eine moralische Verpflichtung. (b) schließt dabei nicht aus, dass die Verpflichtung zur Orientierung an der Wahrheit eine intellektuelle Verpflichtung ist. Vielmehr ist diese Verpflichtung eine moralische Verpflichtung intellektueller Art.

Dieser Punkt ist für das Verständnis der Aufklärung und der dialektischen Asymmetrie des aufklärerischen und des konservativen Projekts von besonderer Relevanz. Denn es wäre ein Missverständnis der Aufklärung, würde man das liberationistische Projekt lediglich als ein intellektuellen Werten verpflichtetes Projekt beschreiben. Das Projekt der Aufklärung verschreibt sich dem intellektuellen Ziel der Orientierung an der Wahrheit vielmehr als einem moralischen Ziel. Dieses Projekt lebt von der Überzeugung, dass die Beförderung intellektueller Korruption als solche ein moralischer Fehler ist. Daher hat die Präsumption für die Aufklärung auch einen moralischen Sinn: Es handelt sich um eine Präsumption für die moralische Richtigkeit des Liberationismus. Ein anderes Missverständnis ergibt sich aus der Auffassung, dass moralische Verpflichtungen intellektueller Art bereichsspezifische Verpflichtungen sein müssten. Nach dieser Auffassung gehörte die Verpflichtung zur Orientierung an der Wahrheit zu einer spezifischen Ethik des intellektuellen Lebens und müsste als solche eine abgeleitete Verpflichtung sein. Aber diese Auffassung ist, wie wir schon gesehen haben, falsch. Die Verpflichtung zur Orientierung an der Wahrheit ist nicht bereichsspezifisch, sondern hat eine kontexttranszendierende Verbindlichkeit.

Um diesen beiden Missverständnisse so gut es geht vorzubeugen, sollte es sich lohnen, einen kurzen Blick auf Cliffords berühmten

Essay *The ethics of belief* zu werfen. Wenn Clifford dort behauptet: »it is wrong always, everywhere, and for anyone, to believe anything upon insufficient evidence«[53], meint er damit, dass es moralisch falsch ist, irgendetwas ohne hinreichende Evidenz zu glauben. Clifford glaubte aber natürlich auch, dass es ein intellektueller Fehler ist, etwas zu glauben, wofür man nicht hinreichend Evidenz hat. Die Beispiele, auf deren Basis er seine zentrale These zu etablieren versuchte, zeigen, dass seine Grundidee gerade die der moralischen Falschheit intellektueller Leichtfertigkeit, d. h. der Leichtfertigkeit in der Meinungsbildung ist. Daher ist für Clifford der intellektuelle Fehler zum Beispiel der Leichtgläubigkeit – der Neigung, Dinge ohne hinreichende Evidenz für wahr zu halten – ein moralischer Fehler, und das heißt, dass wir, nach Clifford, eine moralische Verpflichtung haben, nicht leichtgläubig zu werden.[54] Wenn wir Clifford folgen, müssen wir also sagen, dass die intellektuelle Verpflichtung, nicht leichtgläubig zu sein, auch eine moralische Verpflichtung ist. Dies ist aber *keine* reduktionistische These. Clifford will uns nicht sagen, dass intellektuelle Fehler in moralischen Fehlern *bestehen* oder *nichts anders sind* als moralische Fehler. Er will sagen, dass der intellektuelle Fehler der Leichtgläubigkeit außer seiner epistemischen auch eine moralische Bedeutsamkeit hat. Die Behauptung, dass es falsch ist, etwas ohne hinreichende Evidenz zu glauben, ist also eine moralische These in genau demselben Sinn wie die Behauptung, dass es falsch ist zu lügen, eine moralische These ist.[55] Es handelt sich um eine substantielle These der Ethik.[56]

[53] Clifford (1999/1887) 77.

[54] So hebt Clifford ausdrücklich hervor, dass es eine »universal duty of questioning all that we believe« gibt. – Ebd. 75. – Zur Leichtgläubigkeit (»credulity«) vgl. ebd. 76 f.

[55] Dougherty (2014) unterstreicht zu Recht, dass die sog. *ethics of belief* eben genau das ist – Ethik und sonst nichts. – Verwirrend ist dagegen Sosas Unterscheidung zwischen der Theorie des Wissens und dem, was er als »intellektuelle Ethik« bezeichnet: »[Intellectual ethics] concerns evaluation and norms pertinent to intellectual matters generally, with sensitivity to the full span of intellectual values. It is therefore a much broader discipline than a theory of knowledge focused on the nature, conditions, and extend of human knowledge«. Die Verwirrung ergibt sich daraus, dass Sosas »intellectual ethics« trotz ihres Namens gar keine Ethik sein soll, denn Sosa betrachtet »theory of knowledge« und »intellectual ethics« als »two parts of epistemology«. – Sosa (2009) 89.

[56] Dass Cliffords Evidentialismus keine erkenntnistheoretische, sondern

Wenn wir von einem intellektuellen Fehler behaupten, es sei moralisch falsch, ihn zu begehen, legen wir uns auf die Auffassung fest, dass wir für Fehler dieser intellektuellen Art genauso und im selben Sinne kritisierbar sind wie zum Beispiel für leichtfertige Lügen. Das heißt, wir glauben dann, dass wir eine Verpflichtung *simpliciter* haben, Fehler dieser Art zu vermeiden. Wenn es intellektuelle Fehler gibt, die zu vermeiden wir moralisch verpflichtet sind, ist die Vermeidung dieser Fehler eine rollenunabhängige Verpflichtung, der wir unterliegen, egal welche Präferenzen oder Interessen wir sonst noch haben. Und genau das ist es, was Clifford mit seiner These, dass es für jede Person zu jeder Zeit und an jedem Ort falsch ist, etwas ohne zureichende Evidenz zu glauben, unterstreicht.[57]

Dass es eine moralische Verpflichtung zur Orientierung an der Wahrheit gibt, schließt also nicht aus, dass die Orientierung an der Wahrheit eine intellektuelle Verpflichtung ist, sondern besagt gerade, dass eben diese intellektuelle Verpflichtung eine kontexttranszendierende moralische Verpflichtung ist. Diese Auffassung ist

ausschließlich eine ethische und folglich auch keine Auffassung in irgendeinem vermeintlichen ›Grenzgebiet‹ von Ethik und Erkenntnistheorie ist, wird durch unglückliche terminologische Verhältnisse verdunkelt. So wird »Evidentialismus« in der Philosophie auch für eine erkenntnistheoretische Auffassung über die Natur der epistemischen Rechtfertigung verwendet. »The evidentialism we defend« heben Conee/Feldman (2004) 2 hervor, »makes no judgment about the morality of belief. Instead, it holds that the epistemic justification of belief is a function of evidence.« Um beides nicht zu vermengen, könnte man die Clifford'sche These besser als *ethischen Evidentialismus* bezeichnen, wobei aber auch dieser Terminus nicht ganz frei von potentiell irreführenden Assoziationen sein dürfte. Der ethische Charakter von Cliffords Evidentialismus schließt aber nicht die Möglichkeit einer erkenntnistheoretischen Kritik aus. Denn grundsätzlich kann man die Auffassung von Clifford von zwei Richtungen aus angreifen: Entweder man bestreitet die in seinem Evidentialismus enthaltene Auffassung intellektueller Fehler – und behauptet, dass es nicht immer ein intellektueller Fehler ist, etwas ohne zureichende Evidenz zu glauben –, oder man bestreitet, dass das, was Clifford für einen intellektuellen Fehler hält, immer auch ein moralischer Fehler ist. Vertreter der sog. Reformierten Epistemologie greifen vor allem, wenn nicht ausschließlich, das in Cliffords Evidentialismus enthaltene Bild der intellektuellen Fehlerhaftigkeit an. Vgl. z. B. Plantinga (1981).

[57] Und die Existenz einer solchen Pflicht ist genau das, was William James verneint, wenn er seinem Publikum in der Einleitung von *The Will to Believe* ankündigt: »eine Verteidigung unseres Rechts, in religiösen Fragen uns auf den Standpunkt des Glaubens zu stellen, auch wenn unser rein logischer Intellekt sich nicht dazu gezwungen sieht« – James (1992) 128.

die ethische Grundlage der Aufklärung. Auf sie legen wir uns fest, wenn wir das liberationistische Vorhaben befürworten. Es gibt also eine der Aufklärung *inhärente* Ethik, und deren Kern besteht in der Auffassung, dass es eine moralische Verpflichtung zur Orientierung an der Wahrheit gibt.

Nennen wir diese Ethik *die Ethik der Aufklärung*. Dann können wir aber auch festhalten, dass Cliffords ethischer Evidentialismus mit der Ethik der Aufklärung zwar eng verwandt, aber nicht identisch ist.

(1) Im Unterschied zur Ethik der Aufklärung trägt Cliffords moralische Kritik intellektueller Leichtfertigkeit zum Teil pragmatische Züge.

(2) Die Ethik der Aufklärung ist grundlegender als der ethische Evidentialismus: Dieser setzt voraus, dass es eine Verpflichtung zur Orientierung an der Wahrheit gibt.

Angesichts des intellektualistischen Pathos' von Cliffords Essay[58] mag die erste These etwas überraschend sein. Trotzdem deutet einiges darauf hin, dass Clifford die Verpflichtung, nichts ohne hinreichende Evidenz zu glauben, nicht (oder jedenfalls nicht konsequent) für eine *rein* intellektuelle Verpflichtung hält, die als eine solche auch eine moralische Pflicht ist. Denn an einigen Stellen seines Essays versucht er die moralische Falschheit intellektueller Leichtfertigkeit aus deren Schädlichkeit zu erklären, wobei er die behauptete Schädlichkeit als eine Funktion ausschließlich von praktischen Konsequenzen, d.h. als eine Funktion ausschließlich von nicht-intellektuellen Übeln präsentiert.[59]

Dieser pragmatische Zug zeigt sich vor allem an Cliffords Replik auf den *pragmatischen Einwand*: »it is not the belief which is judged to be wrong, but the action following upon it.«[60] Dieser Einwand

---

[58] Madigan (2009) 83 meint, man könne Cliffords Essay als eine Art von Predigt lesen: »Indeed, one can even read the essay as a whole as a sort of secular sermon, written to exhort people to use their intellectual powers to the utmost, and refrain as much as possible from relying upon authority as the basis of their beliefs.«

[59] Dass Clifford diese nicht-intellektuellen Übel welfaristisch konzipiert, wird durch einige Stellen seines Essays nahegelegt, ist aber nicht ganz eindeutig.

[60] Clifford (1999/1887) 72.

betrifft nichts Geringeres als die werttheoretischen Grundlagen der Ethik der Meinungsbildung.[61] Er besagt, dass Fehler der Meinungsbildung nicht als solche, sondern nur insofern moralisch bedeutsam sind, als sie sich in moralisch bedeutsamer Weise auf unser Handeln auswirken. Ohne hinreichende Evidenz zu glauben, dass *p*, wäre dementsprechend nur in solchen Fällen moralisch falsch, in denen sich die Leute moralisch falsch verhalten, weil sie *p* trotz unzureichender Evidenzen für wahr halten.

Wenn Clifford angesichts des pragmatischen Einwands die Auffassung aufrechterhalten will, dass es immer und überall, d. h. in jedem Fall, falsch ist, irgendetwas auf einer unzureichenden Evidenzgrundlage zu glauben, stehen ihm eigentlich nur zwei Wege offen: Er müsste entweder (1) dafür argumentieren, dass intellektuelle Fehler der beschriebenen Art unweigerlich zu moralisch falschem Verhalten führen; oder er müsste (2) die werttheoretische Voraussetzung des pragmatischen Einwandes – die Auffassung nämlich, dass intellektuelle Fehler *als solche* keine moralische Bedeutsamkeit haben – angreifen. Dass der pragmatische Einwand eine substantielle werttheoretische Voraussetzung hat, scheint Clifford aber nicht bewusst zu sein. Ohne die zweite Möglichkeit überhaupt in Erwägung zu ziehen[62], konzentriert er seine Anstrengungen ganz darauf zu zeigen, dass Überzeugungen grundsätzlich niemals ohne relevante praktische Konsequenzen sind:

> Nor is that truly a belief at all which has not some influence upon the actions of him who holds it. (…) No real belief, however trifling and fragmentary it may seem, is ever truly insignificant; it prepares us to

---

[61] Obwohl Cliffords Essay »The ethics of belief« heißt und sich dieser Titel in der philosophischen Diskussion auch durchgesetzt hat, ist es sehr viel passender, von der Ethik der Meinungsbildung oder des Verstandesgebrauchs zu sprechen. So wählt auch Clifford selbst für den ersten Teil seines Essays, in dem er für sein berühmtes Prinzip argumentiert, den Titel »The ethics of inquiry«. Vgl. auch Dougherty (2014).

[62] Clifford verliert daher in seiner Diskussion aus den Augen, was er zuvor unterstrichen hat – dass nämlich die Leichtfertigkeit in der Meinungsbildung auch dann moralisch falsch ist, wenn sich daraus keine schlimmen praktischen Konsequenzen ergeben: »The question of right and wrong has to do with the origin of his [the shipowner's] belief, not the matter of it, not what it was, but how he got it; not whether it turned out to be true or false, but whether he had a right to believe on such evidence as was before him.« – Ebd. 71.

receive more of its like, confirms those which resembled it before, and weakens others; and so gradually it lays a stealthy train in our inmost thoughts, which may some day explode into overt action, and leave its stamp upon our character for ever.[63]

Cliffords Replik ist nicht sehr überzeugend. Dass uneingeschränkt *jede* Überzeugung eine relevante praktische Wirksamkeit entfaltet, ist sicherlich falsch (einige Überzeugungen sind zu ephemer, um irgendeine praktische Wirksamkeit zu entfalten, andere sind praktisch unwirksam aufgrund ihres allzu esoterischen Gehalts, wieder andere sind unwirksam, weil sie gänzlich unwichtige Details der Welt betreffen); dass uneingeschränkt jede Überzeugung eine praktische Wirksamkeit entfalten *könnte*, ist für das Beweisziel von Clifford nicht relevant; und dass *jede* nicht mit der größtmöglichen Gewissenhaftigkeit erfolgende Meinungsbildung einen unauslöschbar korrumpierenden Eindruck in unserem intellektuellen Charakter zurücklässt, scheint weniger eine seriöse psychologische Hypothese denn Angstmacherei zu sein.

Der für uns interessante Punkt betrifft allerdings nicht die Frage, ob Cliffords Replik auf den pragmatischen Einwand überzeugend ist. Der eigentlich relevante Punkt ist vielmehr der, dass Clifford mit seiner Replik die Voraussetzung des Einwands, dass es einen werttheoretisch fundamentalen Unterschied zwischen theoretischen und praktischen Angelegenheiten gibt, implizit anerkennt. Um nämlich zeigen zu können, dass wir nicht nur als epistemische Akteure verpflichtet sind, nur das zu glauben, wofür wir ausreichende Evidenz haben, glaubte Clifford zeigen zu müssen, dass leichtfertig gebildete Überzeugungen unvermeidlich auch in Kontexten Schaden anrichten, die nicht von intellektuellen Zielen regiert werden. Er glaubte also, dass die Prinzipien des richtigen Verstandesgebrauchs nur dann von uneingeschränkter moralischer Verbindlichkeit sind, wenn ihre ausnahmslose Befolgung notwendig ist, nicht nur, um intellektuelle, sondern auch, um nicht-intellektuelle Übel abzuwehren.

Die Präsumption für die Aufklärung, haben wir dagegen gesehen, zeigt, dass die werttheoretische Partitionierung in theoretische und praktische Kontexte verfehlt ist: Wahrheit ist als solche oder

[63] Ebd. 73.

intrinsisch bedeutsam, sie ist ein fundamentaler und absolut unersetzbarer Wert, und ihre Bedeutsamkeit ist nicht kontextrelativ. Die Ethik der Aufklärung reflektiert den kontexttranszendierenden Charakter der Bedeutsamkeit der Wahrheit und *verneint* damit die von Clifford gar nicht erst untersuchte Auffassung, dass die moralische Verbindlichkeit einer intellektuellen Verpflichtung ihre Basis in nicht-intellektuellen Werten haben müsse.

Neben dieser werttheoretischen Differenz unterscheidet sich die Ethik der Aufklärung von Cliffords Evidentialismus zweitens aber auch darin, dass die von ihr geltend gemachte Verpflichtung *fundamental* und als solche grundlegender ist als die Clifford'schen Verpflichtungen. Wenn wir, wie Clifford unter anderem behauptet, die Pflicht haben, alle unsere Überzeugungen in Frage stellen, haben wir auch eine Verpflichtung zur Orientierung an der Wahrheit. Denn nehmen wir an, gleichgültig gegen die Wahrheit zu sein wäre als solches kein moralischer Fehler. Unter dieser Annahme wäre es als solches nicht falsch von uns, wenn wir substantielle Anfechtungen unserer Meinungen ignorierten. Wenn das aber nicht als solches falsch ist, ist es als solches auch nicht falsch, Meinungen völlig ungeachtet ihres epistemologischen Status aufrechtzuerhalten. Dann wiederum könnte es aber auch nicht als solches falsch von jemandem sein, epistemisch wertlose Meinungen zu bilden. Und folglich könnten wir, wenn es nicht moralisch falsch wäre, gleichgültig gegen die Wahrheit zu sein, weder die Pflicht haben, keine unserer Meinungen unüberprüft zu lassen, noch könnten wir moralisch oder schlechthin verpflichtet sein, nichts ohne ausreichende Evidenz zu glauben. Also setzt Cliffords ethischer Evidentialismus die kategorische Verpflichtung zur Orientierung an der Wahrheit voraus.

5.2 *Einwände und Erwiderungen*

Zuletzt habe ich dafür argumentiert, dass es eine Verpflichtung zur Orientierung an der Wahrheit gibt und dass diese Verpflichtung eine moralische Verpflichtung ist. Zur weiteren Verdeutlichung und Bekräftigung dieses Resultats sollen im gegenwärtigen Kapitel Einwände gegen die Ethik der Aufklärung diskutiert werden, wobei es sich dabei um Einwände handelt, die sich *ausschließlich* gegen die Auffassung richten, es handele sich bei der Verpflichtung zur Orientierung an der Wahrheit um eine *moralische* Verpflichtung.

Zur Diskussion stehen also nur Einwände, die konzedieren, dass es eine kategorische und autoritative, unsere Lebensführung betreffende Verpflichtung zur Orientierung an der Wahrheit gibt. Die Fokussierung auf diese grundlegende Gemeinsamkeit ermöglicht uns eine systematische Diskussion der Kritik der Ethik der Aufklärung. Denn aufgrund dessen, was sie der Ethik der Aufklärung konzedieren, stehen alle hier in Frage kommenden Kritiken vor der gemeinsamen Herausforderung, eine Alternative zur Ethik der Aufklärung zu formulieren, die verständlich macht, was die Verpflichtung zur Orientierung an der Wahrheit von einer moralischen Verpflichtung unterscheidet. Eine Alternative scheint sich dabei einzig durch die Auffassung abzuzeichnen, dass gleichgültig gegen die Wahrheit zu sein zwar irrational, aber nicht moralisch falsch ist. Die Kritik wird sich also auf den Slogan »irrational, aber nicht moralisch falsch« berufen.

Zunächst argumentiere ich, dass die mit diesem Slogan verbundene aufklärungskritische Intention fehlschlägt, da die Irrationalität des praktischen Anti-Intellektualismus nicht der Grund seiner moralischen Falschheit ist. Zugleich stellt sich für die Kritik die Frage: Wie ist es möglich, dass wir als rationale, nicht aber als moralische Wesen eine Verpflichtung zur Orientierung an der Wahrheit haben? Auf diese Frage gibt es jedoch, wie ich anschließend zu zeigen versuche, keine Antwort. Die mit dem Slogan anvisierte Alternative zur Aufklärung erweist sich vielmehr als inkohärent, da sie im Widerspruch zum Begriff der moralischen Erlaubtheit steht. Im Zuge der Diskussion betrachte ich aber auch eine ›anti-theoretische‹ Kritik, die die Herausforderung zu erklären, was die Verpflichtung zur Orientierung an der Wahrheit von einer moralischen Verpflichtung unterscheidet, als illegitim zurückweist und sich auf den Standpunkt zurückzieht, es sei unmittelbar einsichtig, dass es kein moralischer Fehler ist, gleichgültig gegen die Wahrheit zu sein. Die anti-theoretische Kritik setzt jedoch fälschlich voraus, dass unser Sinn für moralische Relevanz nicht auf kritische Reflexion und konstruktives ethisches Denken angewiesen ist.

5.2.1 »Irrational, aber nicht moralisch falsch« (1)

Solange man sich nicht davon überzeugt hat, dass der Anti-Intellektualismus nicht nur als Theorie, sondern auch in seinen praktischen Manifestationen irrational ist, könnte man auf die Idee verfallen, dass die Verpflichtung zur Wahrheitsorientierung deshalb keine genuin moralische Verpflichtung ist, weil sie uns nur als epistemische Akteure betrifft. Auf dem gegenwärtigen Diskussionsstand sind derartige Erklärungen jedoch obsolet. Für jemanden, der vor der Herausforderung steht, eine Alternative zur Ethik der Aufklärung zu artikulieren, scheint sich daher nur noch die Möglichkeit anzubieten, sich auf die Idee eines bedeutenden Unterschieds zwischen *praktischer Irrationalität* einerseits und *moralischer Korruption* andererseits zu berufen und zu behaupten, dass eine gegen die Wahrheit gleichgültige Praxis zwar (substantiell) irrational, als solche aber nicht moralisch korrumpiert ist.[64]

Und gerade diese Auffassung, könnte man argumentieren, wird durch die Betrachtung der Figur des Kompassprüfers nahegelegt:

> Der Kompassprüfer scheint weit davon entfernt zu sein, einen Zustand moralischer Korruption zu verkörpern. Obwohl erkennbar ist, dass der Plan, die Einstellung und das Verhalten dieser Figur an sich irrational sind, haben wir nicht die Intuition, dass sich K. eines moralischen Fehlers schuldig macht. Folglich ist es zwar irrational, aber nicht moralisch falsch von K., sich dem Plan zu verschreiben, seine als irreparabel defekt entlarvte epistemische Praxis weiterzuführen. Und folglich kann die Verpflichtung zur Orientierung an der Wahrheit keine moralische Verpflichtung sein.

[64] Dass es hier um Irrationalität in einem substantiellen Sinn geht, sollte aufgrund der vorangehenden Kapitel deutlich sein. Daher werde ich diesen Punkt im Folgenden nicht jedesmal betonen. Der Diskussionstand, in dessen Kontext sich der Kritiker der Ethik der Aufklärung mit seiner Unterscheidung von Irrationalität und moralischer Falschheit positioniert, beinhaltet also auch, dass praktische Rationalität nicht bloß in einer ›Konsistenz‹ zwischen Zwecken und Mitteln besteht. Typisch für diese im gegenwärtigen Kontext obsolete Auffassung ist die allem Anschein nach als Definition intendierte Behauptung von Foot (1997) 95: »Irrationale Handlungen sind solche, bei denen jemand auf irgendeine Art seine eigenen Absichten zunichte macht, indem er etwas tut, das vermutlich nachteilig ist oder seine Ziele vereitelt.«

Ein Kritiker der Ethik der Aufklärung, können wir also sagen, muss sich auf den Slogan »irrational, aber nicht moralisch falsch« (SLIRR) berufen. Damit die von SLIRR repräsentierte Auffassung Sinn ergibt, darf man sie allerdings nicht so verstehen, als würde sie besagen, dass die Gleichgültigkeit gegen die Wahrheit nicht als eine moralische Korruption zählt, *weil* sie irrational ist. Andernfalls wäre unser Kritiker auf die These festlegt, dass eine Praxis *nur dann* moralisch falsch ist, wenn es sich dabei um eine rationale Praxis handelt, was absurd ist.[65] Sofern SLIRR überhaupt Sinn macht, müssen wir seinen Gebrauch daher so verstehen, dass damit die Überzeugung zum Ausdruck gebracht werden soll, dass ein Verdikt der Irrationalität *nicht geeignet* ist, um ein Verdikt der moralischen Korruption oder der moralischen Falschheit zu rechtfertigen.

Aber auch so verstanden lässt sich diese Auffassung nicht verteidigen. Im nächsten Kapitel werde ich argumentieren, dass die mit SLIRR anvisierte Alternative zur Ethik der Aufklärung dem Begriff der moralischen Erlaubtheit widerspricht. Im gegenwärtigen Kapitel versuche ich zu zeigen, dass die mit SLIRR assoziierte Kritik die Ethik der Aufklärung missversteht. Um das zu sehen, betrachte ich einen vergleichbaren Diskussionskontext, in Bezug auf den es nicht kontrovers sein dürfte, dass eine sich auf SLIRR stützende Kritik vollkommen deplatziert ist: Sidgwicks Deduktion der ›Maxime der Benevolenz‹.

Wie Sidgwick sie präsentiert, besagt die Maxime der Benevolenz in ihrer abstraktesten Form, dass es für jeden eine moralische Verpflichtung gibt, das Gut eines jeden anderen in gleicher Weise zu berücksichtigen wie das eigene Gut: »(…) each one is morally bound to regard the good of any other individual as much as his own (…).«[66] Dass es eine derartige *moralische* Verpflichtung gibt,

---

[65] Gegen Kants Ethik ist insbesondere von Autoren, die sich, wie Blackburn (1996) Kap. 7 und 8, in der ein oder anderen Weise an Humes Auffassung orientieren, dass es für praktisches Denken notwendig ist, durch ›passions‹ bestimmt zu sein, von verschiedener Seite immer wieder vorgebracht worden, dass es nicht notwendig unvernünftig ist, das moralisch Falsche zu tun. Aber niemand hat gegen Kants vermeintliche Reduktion von Moralität auf Rationalität (Vernünftigkeit) die bizarre Auffassung geltend gemacht, dass nichts moralisch falsch ist, wofür es nicht gute Gründe geben könne.

[66] Sigdwick (1981/1907) 382. Sidgwick fügt dabei an: »(…) except insofar as he judges it to be less, when impartially viewed, or less certainly knowable or

lässt sich nach Sidgwicks Auffassung aus zwei Prinzipien deduzieren, von denen er behauptet, sie hätten den Status von rationalen Intuitionen oder, äquivalent, von selbstevidenten Wahrheiten. Grundlegend für Sidgwicks Deduktion ist die wertheoretische Prämisse: »(…) the good of any individual is of no more importance (…) than the good of any other.«[67] Wenn wir sie welfaristisch interpretieren und das Gut eines Individuums in seinem Wohl bestehen lassen, ergibt sich daraus die Auffassung, dass für beliebige Individuen X und Y gilt: Das Wohl von X ist nicht weniger bedeutsam als das Wohl von Y und das Wohl von Y ist nicht weniger bedeutsam als das Wohl von X. Wenn das aber so ist, kann keine eine Ungleichheit der Bedeutsamkeit des Wohls verschiedener Individuen *voraussetzende* Praxis gerechtfertigt sein. Denn für jede derartige Praxis wäre es konstitutiv, die Bedeutsamkeit des Wohls von den jeweiligen Charakteristika der Individuen und damit von etwas abhängig zu machen, wovon es, evidentermaßen, nicht abhängig ist. Gleiches gilt auch auf der Ebene individueller Aktivitäten. Wenn ein Vorhaben nur gerechtfertigt wäre, wenn das Wohl eines bestimmten Individuums grundsätzlich weniger bedeutsam als das eines anderen ist, können wir nicht rechtfertigen, es zu verfolgen.

Die zweite Prämisse von Sidgwicks Argument ist eine These über praktische Rationalität: »(…) as a rational being I am bound to aim at good generally, – sofar as it is attainable by my efforts, – not merely at a particular part of it.«[68] Wenn wir zusätzlich annehmen, dass das Gut eines Individuums Teil des Guten schlechthin ist (so dass wir, ceteris paribus, das Gute im Ganzen befördern, wenn wir das Gut eines Individuums befördern), scheint diese These zu

---

attainable by him.« Diese Formulierung scheint mir jedoch etwas unglücklich zu sein, da sie nahelegt, die genannten Umstände würden Ausnahmen darstellen. Aber das ist sicherlich nicht das, was Sidgwick meint. Wenn A von meiner Hilfe mehr profitiert als B, dann behandle ich das Gut von B nicht als weniger bedeutsam als das von A, wenn ich nicht B, sondern A helfe. Unter den genannten Umständen würde ich mich vielmehr einer ungerechtfertigten Parteilichkeit schuldig machen, wenn ich B und nicht A helfen würde. Unter den genannten Umständen ist die Ungleichbehandlung also gerade eine Konsequenz der Gleichheit in der Berücksichtigung des Wohls von A und B und nicht etwa eine Ausnahme von der gleichen Berücksichtigung.

[67] Ebd.
[68] Ebd.

den Konsequenzen der ersten Prämisse zu gehören. Denn wenn ich rational nur verpflichtet wäre, irgendeinen Teil des Guten zu befördern, wäre es rational zulässig, dass ich mich ausschließlich auf die Beförderung des Guts einer bestimmten Person A verlege. Aber dann wäre ich gerechtfertigt, das Gut einer anderen Person B nicht zu berücksichtigen, selbst wenn ich es mehr befördern könnte als das Gut von A. Das aber ist nur möglich, wenn das Gut von B entweder nicht genauso bedeutsam ist wie das von A oder wenn die Bedeutsamkeit des Guts einer Person generell kontextrelativ und perspektivenabhängig ist. Beides widerspricht aber dem fundamentalen Prinzip der gleichen Bedeutsamkeit des Guts aller Individuen. Sidgwicks *ethische* Schlussfolgerung aus den beiden Prämissen ist dann die, dass wir eine *moralische* Verpflichtung haben, das Gut eines jeden anderen in gleicher Weise zu berücksichtigen wie das eigene Gut. Daher ist eine die Ungleichheit der Bedeutsamkeit des Wohls verschiedener Individuen *voraussetzende* Praxis nach Sidgwicks Auffassung *sowohl irrational als auch moralisch falsch*.

So wie er sie selbst präsentiert, wird Sidgwicks Deduktion jedoch nicht viele Philosophen überzeugen.[69] Manche werden gegen die werttheoretische Prämisse gelten machen, dass die Bedeutsamkeit des Wohls eines Individuums von seinen Verdiensten abhängt.[70] Andere, und deutlich mehr, werden gegen die zweite Prämisse geltend machen wollen, dass es in einem unproblematischen Sinne rational ist, ausschließlich auf die Beförderung eines Teils des Guten zu zielen.[71] Wieder andere, und nicht wenige, werden auch die Schlussfolgerung als kontraintuitiv zurückweisen, weil sie überzeugt sind, dass es moralisch ganz in Ordnung ist, wenn die Leute dem Wohl einiger Individuen eine grundsätzlich größere Bedeutsamkeit beimessen als dem Wohl anderer.[72] So gut wie niemand,

---

[69] Dies ist eine rein soziologische Bemerkung und soll nichts in Bezug auf den Wert von Sidgwicks Deduktion nahelegen.
[70] So zum Beispiel Feldman (1995) oder auch Ross (2002/1930) 138.
[71] Man denke hier nur an all die kontraktualistisch denkenden Autoren, die wie Gauthier (2002) glauben, dass es für rational gerechtfertigte moralische Handlungseinschränkungen notwendig ist, im Eigeninteresse des Handelnden zu sein. Das gesamte Projekt dieses Kontraktualismus setzt damit voraus, dass rationale Wesen *nicht* verpflichtet sind, nicht nur um eines bestimmten Teils des Guten willen zu handeln.
[72] Darauf weisen die gegen den Utilitarismus regelmäßig vorgebrachten

glaube ich, wird jedoch SLIRR bemühen, um Sidgwick entgegenzuhalten, er hätte, wenn überhaupt, dann nur gezeigt, dass es irrational, nicht aber, dass es moralisch falsch von einer Person ist, ihr Leben ohne Rücksicht auf die gleiche Bedeutsamkeit des Wohls anderer zu führen.

Warum sollte das so sein? Die Erklärung scheint damit zu tun zu haben, dass wir die Frage einer Verpflichtung zur Benevolenz von vorneherein als eine moralische Frage auffassen, und zwar deshalb, weil wir Benevolenz als eine moralische Einstellung der benevolenten Person konzipieren. Wenn es daher ein Argument gibt, das uns davon überzeugt, dass Benevolenz rational gefordert ist, bedarf es keines weiteren substantiellen Schrittes, um uns auch noch davon zu überzeugen, dass Benevolenz moralisch gefordert ist. Warum wir aber Benevolenz als eine moralische Einstellung konzipieren, hat mit dem Charakter der Werte zu tun, für deren Beförderung sich die benevolente Person einsetzt. Das Gut oder das Wohl von Individuen verstehen wir als einen Wert von moralischer Bedeutsamkeit. Daher können wir nicht die Auffassung akzeptieren, dass das Gut eines jeden von gleicher Bedeutsamkeit ist, und es zugleich für eine offene Frage ansehen, ob diese Gleichheit eine moralische Relevanz hat.

Ein Kritiker, der gegen Sidgwicks Deduktion einwenden wollte, diese würde lediglich zeigen, dass es eine Verpflichtung zur Benevolenz gäbe, nicht aber, dass es sich dabei um eine moralische Verpflichtung handelt, wäre daher wie jemand, der ein Argument dafür verlangte, dass eine Verpflichtung zur Verhinderung von Leiden eine moralische Verbindlichkeit hat. Einen solchen Kritiker müssen wir fragen: Was könnte Leid davon abhalten, ein moralisch bedeutsames Übel zu sein? Und was könnte eine Verpflichtung zur Verhinderung von Leiden davon abhalten, eine moralische Verpflichtung

---

Überforderungs- oder Entfremdungseinwände hin, die der Perspektive des Entscheiders (oder dem ›personalen Standpunkt‹) eine besondere Autorität (oder, wie bei Scheffler (1994), ein ›Prärogativ‹) zumessen und geltend machen, dass die Verfolgung persönlicher Projekte eine solche Wichtigkeit für uns hat, dass es nicht moralisch von uns gefordert sein kann, persönliche Projekte aufzugeben, auch wenn sie nicht aufzugeben bedeutet, dass wir unserem eigenen Gut mehr Bedeutsamkeit beimessen als dem Gut anderer Individuen. Populär wurde der Entfremdungseinwand besonders durch Williams (1988).

zu sein? Wir können ihn schließlich fragen: Wie ist es möglich, dass wir als rationale, nicht aber als moralische Wesen verpflichtet sind, nicht malevolent zu sein? Auf diese Fragen gibt es keine Antwort. Im Kontext einer Diskussion über die moralische Verbindlichkeit einer Verpflichtung zur Benevolenz wäre SLIRR folglich deplatziert. Das zeigt aber, dass die Frage, ob ein Verdikt der Irrationalität als solches geeignet ist, ein Verdikt der moralischen Falschheit zu rechtfertigen, gar nicht die mit SLIRR unterstellte Relevanz hat. Relevant wäre diese Frage nur dann, wenn Sidgwick auf die These festgelegt wäre, dass die Irrationalität der Gleichgültigkeit gegen das Gut anderer der eigentliche *Grund* der moralischen Falschheit einer solchen Gleichgültigkeit ist. Es ist aber nicht zu sehen, warum Sidgwick so etwas voraussetzen müsste. Es scheint im Gegenteil vollkommen klar zu sein, dass Sidgwick die Gleichgültigkeit gegen das Gut anderer für einen moralischen Fehler hält, weil es sich dabei um eine Gleichgültigkeit gegen Werte handelt, die von der gleichen moralischen Bedeutsamkeit sind wie das eigene Gut.

Aus den gleichen Gründen ist SLIRR aber auch in unserem Kontext deplatziert. Die Ethik der Aufklärung ist nicht auf die Auffassung festgelegt, dass gleichgültig gegen die Wahrheit zu sein deshalb ein moralischer Fehler ist, weil es irrational ist, gleichgültig gegen die Wahrheit zu sein. Die Kultivierung falschen Bewusstseins involvierende Vorhaben sind aus aufklärerischer Sicht nicht etwa deshalb moralischer Kritik ausgesetzt, weil sie irrational, sondern weil sie, aufgrund ihres nihilistischen Charakters, *intrinsisch destruktiv* sind. Die Kultivierung falschen Bewusstseins besteht in der Kultivierung einer strukturellen Unempfänglichkeit für epistemische Gründe. Daher wird mit einem die Kultivierung falschen Bewusstseins involvierenden Vorhaben die Bedeutsamkeit der Wahrheit praktisch verneint, so wie mit der Kultivierung einer strukturellen Unempfindlichkeit für das Leid anderer die Bedeutsamkeit des Wohls anderer praktisch verneint wird. Als praktische Ausprägungen des Anti-Intellektualismus sind Pläne zur Kultivierung falschen Bewusstseins intrinsisch destruktiv und als solche Gegenstand moralischer Kritik.

Der Einwand, dass ein Verdikt der Irrationalität nicht geeignet ist, ein Verdikt der moralischen Korruption zu rechtfertigen, beruht also auf einem Missverständnis der Ethik der Aufklärung. Dass die Verpflichtung zur Wahrheitsorientierung eine moralische Verpflichtung ist, habe ich argumentiert, zeigt sich daran, dass sie eine kategorische, autoritative und praktische Verpflichtung ist, wobei sich das wiederum daran zeigt, dass der praktische Anti-Intellektualismus irrational ist. Die Irrationalität eines anti-intellektualistischen Willens ist aber nicht der Grund seiner moralischen Korruption. Der Grund besteht in seiner charakteristischen intrinsischen Destruktivität.

5.2.2 »Irrational, aber nicht moralisch falsch« (2)

Die im gegenwärtigen Kontext zu berücksichtigende Kritik bestreitet *ausschließlich*, dass es eine *moralische* Verpflichtung zur Orientierung an der Wahrheit gibt. Sie bestreitet aber nicht, sondern konzediert vielmehr, dass es eine intellektuelle Verpflichtung zur Orientierung an der Wahrheit gibt. Zugleich – und das ist der für unsere Diskussion eigentlich interessante Punkt – wird aber *nicht* behauptet, dass die Verpflichtung zur Orientierung an der Wahrheit eine nur kontextrelative Verbindlichkeit hat. Die Kritikerin der Ethik der Aufklärung konzediert folglich, dass die Verpflichtung zur Orientierung an der Wahrheit kategorisch, autoritativ und kontexttranszendierend ist, bestreitet aber, dass es sich dabei um eine moralische Verpflichtung handelt. Werttheoretisch betrachtet, bestreitet sie die von der Ethik der Aufklärung behauptete *moralische Bedeutsamkeit* intellektueller Werte. Sie bestreitet aber nicht, sondern konzediert vielmehr, dass Wahrheit ein absolut unersetzbarer Wert von kontexttranszendierender intrinsischer Bedeutsamkeit ist.

Daher ergibt sich für jeden, der die Ethik der Aufklärung in diesem spezifischen Sinne zurückweisen will, das Problem, verständlich zu machen, worin der Unterschied zwischen der intellektuellen Verpflichtung zur Wahrheitsorientierung einerseits und einer genuin moralischen Verpflichtung andererseits bestehen soll. Und das scheint alles andere als eine einfache Herausforderung zu sein. Denn was könnte einen Wert von der Bedeutsamkeit der Wahrheit davon abhalten, auch moralisch bedeutsam zu sein? Und was könnte die Verpflichtung zur Orientierung an einem Wert von der Bedeutsamkeit der Wahrheit davon abhalten, auch eine moralische Verpflichtung zu sein? Und schließlich: Wie ist es möglich, dass wir als rationale, nicht aber als moralische Wesen eine Verpflichtung zur Orientierung an der Wahrheit haben?

Auf diese Fragen gibt es keine Antwort. Bevor ich erkläre, warum das so ist, möchte ich, vor allem mit Blick auf diejenigen unter uns, denen die Idee der moralischen Bedeutsamkeit intellektueller Werte und Verpflichtungen unvertraut oder sogar fremd ist, mit einigen zusätzlichen Überlegungen verdeutlichen, dass man die Ethik der Aufklärung nicht zurückweisen kann, ohne eine konstruktive Antwort auf die genannten Fragen zu geben.

Nehmen wir also an, jemand würde diese Herausforderung als illegitim zurückweisen und sich auf den Standpunkt zurückziehen, es sei *unmittelbar einsichtig*, dass eine Verpflichtung zur Wahrheitsorientierung keine moralische Verpflichtung ist. Um zu wissen, dass es sich bei dieser Verpflichtung nicht um eine moralische Verpflichtung handelt, müsste man danach nicht einmal eine Vorstellung davon haben, *warum* es kein moralischer Fehler ist, gleichgültig gegen die Wahrheit zu sein. Mit dem Standpunkt der unmittelbaren Einsichtigkeit wird also beansprucht, dass die Kritik an der Ethik der Aufklärung keiner theoretischen Grundlage bedarf und sich, unabhängig von jedem Entwurf einer Konzeption moralischer Verpflichtung, alleine auf den eigenen *Sinn für moralische Relevanz* zu stützen berechtigt ist.

Der Sinn für moralische Relevanz ist jedoch, wenn er nicht durch systematisches und kritisches ethisches Denken angeleitet wird, kaum zuverlässig. Unser Sinn für moralische Relevanz ist unter anderem von unseren Dispositionen zur Entwicklung von Verpflichtungsgefühlen bestimmt. Zugleich, ist aber klar, bilden sich moralische Verpflichtungen nicht zuverlässig in den Verpflichtungsgefühlen der Leute ab. Menschen, die entsprechend erzogen worden sind, haben das Gefühl einer moralischen Verpflichtung zum Rechtsgehorsam, ob es eine solche Verpflichtung gibt, ist aber zweifelhaft, und wenn es eine solche Verpflichtung gibt, dann nur in einem substantiell eingeschränkten Sinn, wobei die erforderlichen Einschränkungen weder in der Struktur noch in der Stärke der Verpflichtungsgefühle reflektiert werden.[73] Umgekehrt haben viele

---

[73] Es dürfte in der Debatte über Existenz einer Pflicht zum Rechtsgehorsam unkontrovers sein, dass es eine solche Pflicht nur unter der Bedingung legitimer politischer Herrschaft geben kann (vgl. etwa Wellman (2005), Kap. 3 und 4).

der absolut Reichen nicht das Gefühl, moralisch zu substantiellen Spenden für die absolut Armen verpflichtet zu sein, ob wir jedoch in dieser Beziehung keiner Verpflichtung unterliegen, ist, da es gute Gründe für eine solche Sichtweise gibt, äußert zweifelhaft.[74] Wie Schuldgefühle oder Gefühle der Empörung können also auch unsere Verpflichtungsgefühle fehlgeleitet und irrational sein. Gleiches gilt für unsere Dispositionen zur Ausbildung von Verpflichtungsgefühlen. Zugleich ist aber unser Sinn für moralische Relevanz entscheidend von der Struktur und der Ausrichtung solcher Dispositionen abhängig. Wir tendieren dazu, als eine moralisch ›neutrale‹ Angelegenheit zu betrachten, was für uns nicht mit Gefühlen der Verpflichtung verbunden ist. Wessen moralische Dispositionen derart sind, dass er, konfrontiert mit den Bedürfnissen der absolut Armen, keine Tendenz hat, ein Gefühl der Verpflichtung zur Wohltätigkeit zu entwickeln, wird die Auffassung, dass die absolut Reichen moralisch zu substantiellen Spenden für die absolut Armen verpflichtet sind, als unauthentisch, leer und ›moralistisch‹ empfinden, und zwar auch dann, wenn es sehr gute Gründe für diese Auffassung gibt.

Eine charakteristische psychologische Einschränkung von Verpflichtungsgefühlen hat damit zu tun, dass Verpflichtungsgefühle typischerweise in Kontexten besonderer persönlicher Beziehungen situiert sind und daher bereits die bloße Idee einer impersonalen moralischen Verpflichtung, d. h. einer moralischen Verpflichtung auf einen impersonalen Wert, dem unvermittelten Sinn für moralische Relevanz unauthentisch und fremdartig vorkommt.[75] Aus eben diesem Grund wirken auch philosophische Thesen über die Grundlagen der Moral aus der mit Verpflichtungsgefühlen eng verwobenen Perspektive der Alltagsmoral unauthentisch oder, wie Mill hervorhebt, paradox:

Menschen, die in illegitimen totalitären Diktaturen leben, haben keine Pflicht zum Rechtsgehorsam. Aber gerade unter solchen Regimen ist zu erwarten, dass viele der ihnen unterworfenen Menschen ein besonders ausgeprägtes Gefühl einer Verpflichtung zum Rechtsgehorsam entwickeln.

[74] Vgl. dazu Singer (1994) 278–314 und Unger (1996).
[75] Es bedarf daher systematischer ethischer Reflexion, um einzusehen, dass die zunächst so einsichtig erscheinende Vorstellung, dass nichts gut (schlecht) ist, was nicht gut (schlecht) für jemanden ist, alles andere als selbst-evident ist. Vgl. dazu Parfit (1987) Kap.16 und Temkin (1993) Kap. 9.

(...) the customary morality, that which education and opinion have consecrated, is the only one which presents itself to the mind with the feeling of being *in itself* obligatory; and when a person is asked to believe that this morality *derives* its obligation from some general principle round which custom has not thrown the same halo, the assertion is to him a paradox (...); the supposed corrolaries seem to have a more binding force than the original theorem; the superstructure seems to stand better without, than with, what is represented as its foundation. He says to himself, I feel that I am bound not to rob or murder, betray or deceive; but why am I bound to promote the general happiness? If my own happiness lies in something else, why may I not give that the preference.[76]

Die Person, die Mill hier die Frage stellen lässt, warum sie verpflichtet sein sollte, das allgemeine Glück zu befördern, sieht nicht ein, dass die Beförderung des allgemeinen Glücks, nach allem was sie weiß, etwas sein könnte, wozu sie *moralisch* verpflichtet ist. Und das liegt daran, dass ihre Verpflichtungsgefühle ausschließlich mit persönlichem Unrechttun assoziiert sind, d. h. mit solchen Handlungen, durch die man, ohne Rücksicht auf deren Interessen zu nehmen, anderen Personen einen beträchtlichen, ihr Leben ernsthaft beeinträchtigenden Schaden zufügt. Die Idee einer moralischen Verpflichtung zur Beförderung des allgemeinen Glücks entspricht daher nicht dem der Alltagsmoral innewohnenden Sinn für moralische Relevanz. Weil es kein Verpflichtungsgefühl evoziert, wird die Beförderung des Glücks aller vielmehr spontan als ein optionales Ziel betrachtet, das zu verfolgen man keinen Grund hat, wenn das eigene Glück die Verfolgung eines anderen Ziels verlangt.

Es ist nun schwer vorstellbar, dass irgendjemand gegen die Ethik der Aufklärung aus dem Fehlen eines Verpflichtungsgefühls argumentieren würde. Das Fehlen eines Verpflichtungsgefühls dürfte jedoch die eigentliche Quelle der hier betrachteten Kritik sein.[77]

---

[76] Mill (2006/1861) 227. Was Mill hier sagt, lässt sich, mit den entsprechenden Abänderungen, zweifellos auch auf Kants Ethik übertragen.

[77] In Bezug auf die Einstellungen vieler Leute zu Cliffords Prinzip bemerkt Wood (2002) 2: »When in comes to Clifford‹s Principle, many people just don't seem to get it. This is the way things used to be about other moral issues, such as smoking in public places or sexual harrassment on the job or in the classroom. It used to be that nearly everyone thought that subjecting others to the danger and annoyance of second-hand smoke, and employees and students to unwanted

Denn wer es ernstlich für unmittelbar einsichtig hält, dass die Verpflichtung zur Orientierung an der Wahrheit keine moralische Verpflichtung ist, stützt sich auf das spontane Verdikt seines Sinns für moralische Relevanz, und dieses spontane Verdikt würde nicht gegen die Ethik der Aufklärung ausfallen, wenn sich die Betrachtung der Gleichgültigkeit gegen die Wahrheit mit einer negativen moralischen Reaktion und einem Gefühl der Verpflichtung zur Orientierung an der Wahrheit verbinden würde. Das Problem mit dieser Kritik ist, dass sie sich damit implizit einer Vorstellung der *Transparenz moralischer Verpflichtungen* bedient. Indem sie sich auf ihren unvermittelten Sinn für moralische Relevanz stützt, unterstellt sie nämlich, dass wir ohne Weiteres – unabhängig von systematischer ethischer Reflexion – einsehen würden, dass es ein moralischer Fehler ist, gleichgültig gegen die Wahrheit zu sein, wenn wir eine moralische Verpflichtung zur Wahrheitsorientierung haben. Dass die Vorstellung der Transparenz moralischer Verpflichtungen eine wesentliche, wenn auch unartikulierte Funktion für die hier betrachtete Kritik hat, wird deutlich, wenn wir noch einmal diese Reaktion auf die Ethik der Aufklärung betrachten:

> Obwohl erkennbar ist, dass der Plan, die Einstellung und das Verhalten des Kompassprüfers an sich irrational sind, haben wir nicht die Intuition, dass sich K. eines moralischen Fehlers schuldig macht. *Folglich* ist es zwar irrational, aber nicht moralisch falsch von K., sich dem Plan zu verschreiben, seine als irreparabel defekt entlarvte epistemische Praxis weiterzuführen. Und folglich kann die Verpflichtung zur Orientierung an der Wahrheit keine moralische Verpflichtung sein.

Es ist nun unschwer zu sehen, dass die hervorgehobene erste Konklusion nicht aus der Prämisse folgt. Damit sie folgt, müsste das Argument aus der fehlenden moralischen Intuition um folgende Prämisse erweitert werden:

> Wenn die Verpflichtung zur Orientierung an der Wahrheit eine moralische Verpflichtung wäre, würden wir intuitiv einsehen, dass sich K. eines moralischen Fehlers schuldig macht.

sexual advances, raise no moral issues at all, or at least none worth making a fuss over. They were in moral denial about these matters.«

Diese Behauptung ist nichts als eine Instanz der These der Transparenz moralischer Verpflichtungen. Die Transparenzthese ist jedoch falsch. Sie setzt voraus, dass unser Sinn für moralische Relevanz vollkommen zuverlässig ist, und damit unter anderem auch, dass das *Ausbleiben* von Verpflichtungsgefühlen (wie auch das Ausbleiben von Schuldgefühlen oder von Gefühlen der Empörung) ein vollkommen sicherer Indikator für die moralische ›Neutralität‹ bestimmter Übel ist. Das aber macht den irrationalen Zug einer jeden Kritik deutlich, die die Herausforderung, zu erklären, warum die Verpflichtung zur Orientierung an der Wahrheit keine moralische Verpflichtung ist, meint überhaupt nicht annehmen zu müssen: Jede Kritik dieser Art muss sich letztendlich auf ein Argument aus dem Fehlen moralischer Verpflichtungsgefühle berufen.

Bisher habe ich dafür argumentiert, dass man die Ethik der Aufklärung nicht rational zurückweisen kann, ohne eine konstruktive Antwort unter anderem auf die Frage zu geben: Wie ist es möglich, dass wir als rationale, nicht aber als moralische Wesen eine Verpflichtung zur Orientierung an der Wahrheit haben? Ich hatte schon angedeutet, dass es auf diese Frage – wie auch auf die anderen der oben genannten Fragen – keine Antwort gibt. Um das zu sehen, betrachten wir im Folgenden noch einmal den Slogan »irrational, aber nicht moralisch falsch« (SLIRR).

SLIRR ist nicht nur, wie ich oben argumentiert habe, dialektisch deplatziert, sondern noch in einer anderen Hinsicht irreführend. SLIRR suggeriert nämlich, dass intrinsisch irrationale Praktiken moralisch erlaubt sein könnten. SLIRR suggeriert, mit anderen Worten, dass Praktiken, die wir aus kategorischen Gründen nicht implementieren oder weiterführen sollen, dennoch moralisch erlaubt sein könnten. Das aber, möchte ich hier zeigen, ist falsch. Denn der Begriff der moralischen Erlaubtheit schließt die Möglichkeit aus, dass Dinge, die nicht zu tun wir kategorische Gründe haben, moralisch erlaubt sind. Meine These ist, mit anderen Worten, dass es keine kategorischen Gründe für die Unterlassung einer moralisch erlaubten Handlung geben kann.

Wenn wir urteilen, dass es in einer Situation S moralisch erlaubt ist, zu φ-en, scheinen wir damit gerade zum Ausdruck zu bringen, dass es *keine* kategorischen Gründe gibt, in S nicht zu φ-en. Moralische Erlaubtheit ist, mit anderen Worten, Erlaubtheit *simplici-*

ter. Man kann natürlich Gründe haben, moralisch Erlaubtes nicht zu tun. Aber solche Gründe können keine kategorischen Gründe sein – es können keine Gründe sein, die jeder rationale Akteur unabhängig von seinen besonderen persönlichen Zielen und Präferenzen hat. Gründe, etwas moralisch Erlaubtes nicht zu tun, können vielmehr immer nur hypothetische oder relative Gründe sein.

Nehmen wir an, es ist *moralisch erlaubt*, in einer Situation S schneller als die gesetzlich vorgeschriebene Höchstgeschwindigkeit von 50 km/h zu fahren. Wie sollen wir dann eine Behauptung wie

(1) In S darf man nicht schneller als 50 km/h fahren

bewerten? Es scheint klar zu sein, dass es eine Interpretation gibt, unter der wir (1) als wahr bewerten, und eine andere, unter der wir (1) als falsch bewerten. Als *wahr* bewerten wir (1) dann und nur dann, wenn wir (1) als äquivalent mit

(1*) Die gesetzlich vorgeschriebene Höchstgeschwindigkeit in S ist 50 km/h

interpretieren. Unter dieser Interpretation (und unter der Annahme der moralischen Erlaubtheit der Übertretung der Höchstgeschwindigkeit in S) hat (1) aber *keinen* normativen Gehalt. (1*) impliziert nämlich nicht, dass es für irgendjemanden einen Grund gibt, in S nicht schneller als 50 km/h zu fahren. (1*) sagt uns lediglich etwas über die das Fahren in S betreffenden gesetzlichen Bestimmungen.[78] Wenn wir (1) jedoch nicht als eine Bemerkung über rechtliche Bestimmungen, sondern als eine Aussage mit normativem Gehalt interpretieren, bewerten wir (1) als falsch. Denn als normative Aussage verstanden, drückt (1) aus, dass niemand gerechtfertigt sein kann, in S schneller als 50 km/h zu fahren, was aber unter der An-

---

[78] Dass es einen rein deskriptiven Gebrauch deontischer Ausdrücke gibt, ist eine wichtige Beobachtung insbesondere für die Diskussion über den Rechtspositivismus. Wenn beispielsweise Austin erklärt, dass »Befehl« (*command*) und »Pflicht« (*duty*) korrelative Begriffe seien, ist klar, dass er von Pflicht in einem normativ neutralen deskriptiven Sinne spricht. So kann ein Soldat im Sinne eines bloßen Faktenberichts mitteilen, dass er die Pflicht hat, seine Schusswaffe regelmäßig zu reinigen (dass er seine Schusswaffe regelmäßig reinigen muss/ reinigen soll). Vgl. Austin (2000/1832) 14. Zum rein deskriptiven Gebrauch von »sollen« vgl. a. Iorio (2011) 208 ff.

nahme, dass es moralisch erlaubt ist, in S schneller als 50 km/h zu fahren, falsch ist. Das *moralische* Urteil, dass es in einer Situation S erlaubt ist zu φ-en, unterscheidet sich von dem *rechtlichen* (auf das Recht bezogenen) Urteil, dass es in S erlaubt ist zu φ-en, gerade dadurch, dass es die Handlung als absolut zulässig, d. h. als zulässig *simpliciter* präsentiert. Wenn wir dagegen ausschließlich wissen, dass die Handlung rechtlich zulässig ist, wissen wir nicht, ob sie absolut zulässig oder zulässig *simpliciter* ist. Nicht jedes Rechtssystem bedroht jede moralische Falschheit mit Strafe.[79] Rechtliche Zulässigkeit ist mit moralischer Falschheit kompatibel. Wenn wir unserem Wissen, dass es rechtlich zulässig ist zu φ-en, aber noch das Wissen hinzufügen, dass es auch moralisch zulässig ist zu φ-en, ist die Frage, ob man φ-en darf, nicht mehr offen, sondern *abschließend* beantwortet. Es kann nicht schlechthin falsch sein, zu φ-en, wenn es moralisch erlaubt ist, zu φ-en. Wenn wir also urteilen, dass eine Handlung moralisch zulässig ist, glauben wir, dass wir gerechtfertigt sind, unsere Entscheidung bezüglich dieser Handlung alleine im Lichte unserer persönlichen Ziele und Präferenzen zu betrachten. Wir glauben dann, mit anderen Worten, dass sie absolut oder zulässig *simpliciter* ist.

Die Idee der moralischen Erlaubtheit schließt also die Möglichkeit aus, dass es kategorische Gründe dafür geben könnte, etwas moralisch Erlaubtes nicht zu tun. Dagegen kann es kategorische Gründe dafür geben, nicht zu tun, was rechtlich erlaubt ist. So kann kann es zum Beispiel moralische Gründe dafür geben, langsamer zu fahren, als es das Gesetz erlaubt (in welchem Falle es falsch wäre, so schnell zu fahren, wie es das Gesetz erlaubt). Während also Gründe, moralisch Erlaubtes nicht zu tun, nur hypothetische oder relative Gründe sein können, können Gründe, das rechtlich Erlaubte nicht zu tun, kategorisch sein. Es kann also, mit anderen Worten, sein, dass man nicht tun darf, was rechtlich erlaubt ist. Es kann aber nicht sein, dass man nicht tun darf, was moralisch erlaubt ist.

Mit SLIRR legt sich der Kritiker der Ethik der Aufklärung jedoch auf die Auffassung fest, dass es kategorische Gründe geben

---

[79] Wenn wir legalistische Konzeptionen der moralischen Richtigkeit ausschließen, ist ein Rechtssystem, das für jede moralische Falschheit eine Sanktion bereithält, sogar undenkbar.

kann, zu unterlassen, was nicht moralisch falsch ist. Er legt sich, anders gesagt, auf die Auffassung fest, dass man verpflichtet sein kann, nicht zu tun, was moralisch erlaubt ist. Diese Auffassung, haben wir jetzt gesehen, ist jedoch inkohärent. Sie widerspricht dem Begriff der moralischen Erlaubtheit (und damit auch den Begriffen der moralischen Falschheit und der moralischen Verpflichtung). Denn im Unterschied zu rechtlicher (künstlerischer, modischer, grammatischer etc. Erlaubtheit) ist moralische Erlaubtheit absolute Erlaubtheit oder Erlaubtheit *simpliciter*.

Die Auffassung, anti-intellektualistische Vorhaben seien zwar an sich irrational, aber nicht moralisch falsch, beruht, hat sich jetzt herausgestellt, auf einer irreführenden perspektivischen Konzeption moralischer Werte. Sie unterstellt, dass moralische Erlaubtheit analog zu rechtlicher (oder künstlerischer, modischer etc.) Erlaubtheit zu verstehen ist, d. h. als Erlaubtheit in einem eingeschränkten oder perspektivischen Sinne. Diese mit SLIRR verbundene deflationäre Interpretation der moralischen Erlaubtheit ist bemerkenswert, weil damit die Bedeutsamkeit moralischer Werte insgesamt provinzialisiert wird. Es mag daher zwar so sein, dass die hier betrachtete Kritik an der Ethik der Aufklärung monieren *möchte*, diese würde der Besonderheit moralischer Werte nicht gerecht, wenn sie die Gleichgültigkeit gegen die Wahrheit nicht nur als ein intellektuelles, sondern auch als ein moralisches Übel begreift. Und auf den ersten Blick mag es daher auch so ausgesehen haben, als diente SLIRR der Kritik gerade dazu, herauszustellen, dass moralische Werte von höherrangiger Bedeutsamkeit sind als die mit den Begriffen der Rationalität und Irrationalität assoziierten Werte. In Wahrheit, hat sich jetzt gezeigt, beruht beides jedoch auf einer Illusion. Denn eine Kritik, die die moralische Verbindlichkeit der Verpflichtung zur Orientierung an der Wahrheit bestreitet, impliziert, dass es kategorische Gründe geben kann, moralisch Erlaubtes zu unterlassen. Wer sich auf SLIRR beruft, verneint daher die kontexttranszendierende Bedeutsamkeit, damit die Autorität und damit gerade auch die Besonderheit moralischer Werte.

IV. Kritik des Konservatismus

SOKRATES. ... und würde es nicht von ihm heißen, sein Aufstieg nach oben sei schuld daran, daß er mit verdorbenen Augen wiedergekehrt sei, und schon der bloße Versuch nach oben zu gelangen, sei verwerflich?

Platon[1]

Ein Zeitalter kann sich nicht verbünden und darauf verschwören, das folgende in einen Zustand zu setzen, darin es ihm unmöglich werden muß, seine (vornehmlich so sehr angelegentliche) Erkenntnisse zu erweitern, von Irrtümern zu reinigen, und überhaupt in der Aufklärung weiter zu schreiten.

Immanuel Kant[2]

DAS ÜBERGEORDNETE ANLIEGEN des dritten Teils war es, deutlich zu machen, dass und warum es eine Präsumption für das liberationistische Projekt der Aufklärung gibt. Dass die Idee der Menschenwürde inkohärent und eine Quelle falschen Bewusstseins ist, sind Fakten, die von vorneherein für die Aufklärung sprechen. Das liberationistische Projekt ist *prima facie* die einzig vernünftige und moralisch einzig gerechtfertigte Reaktion auf die Entlarvung der Idee der Menschenwürde. Der Konservatismus steht dagegen von vorneherein unter dem Verdacht der Gleichgültigkeit gegen die Wahrheit. Durch diesen Verdacht wird in Frage gestellt, ob das anti-liberationistische Projekt überhaupt gerechtfertigt sein kann. Es scheint nämlich so, als wäre der Anti-Liberationismus mit der Verpflichtung zur Orientierung an der Wahrheit unvereinbar. Beim Konservatismus liegt daher nicht nur die Beweislast. Er bedarf auch einer Verteidigung, um überhaupt als Alternative zur Aufklärung in Betracht zu kommen.

In diesem Teil werde ich nun argumentieren, dass der Konservatismus tatsächlich keine vernünftige Alternative zur Aufklärung ist. Um das zeigen zu können, ist es erforderlich, die konservative Ethik

[1] Platon (1988) 272/3, 517 St.
[2] Kant (1784/1977) 57 f., A 488.

zunächst etwas detaillierter zu rekonstruieren. Dabei lassen sich zwei verschiedene Arten konservativen Denkens unterscheiden: Der aktive Konservatismus, der eine Ethik des epistemischen Tabus, und der passive Konservatismus, der eine Ethik der epistemischen Quarantäne vertritt. Der aktive Konservatismus verlangt, dass die Aufgeklärten unter das Regime der Idee der Menschenwürde zurückkehren; der passive Konservatismus, dass die Aufgeklärten ihre skeptische Einsicht von der Gesellschaft abkapseln sollen. Auch wenn es zunächst so aussehen mag, ist der Unterschied zwischen dem tabuisierenden Konservatismus und einer Ethik epistemischer Quarantäne nicht nur ein Unterschied auf der Ebene praktischer konservativer Politik. Es handelt sich in Wahrheit um einen Unterschied in der systematischen Grundorientierung konservativen Denkens. Der aktive, das Menschenwürde-Ethos tabuisierende Konservatismus, argumentiere ich dann, lässt sich nicht verteidigen. Dieser Konservatismus konstruiert nicht etwa die Korruption des Menschenwürde-Ethos, sondern die Erkenntnis dieser Korruption als eine Quelle der Nicht-Idealität; er verlangt von uns die Preisgabe der Integrität unseres moralischen Denkens und ersetzt moralische Erkenntnis durch ein irrationales moralisches Bekennertum. Obwohl die Ethik epistemischer Quarantäne die Laster des tabuisierenden Konservatismus nicht erbt, lässt sich auch von dieser Ausprägung anti-aufklärerischen Denkens zeigen, dass sie außer Stande ist, die Bedeutsamkeit der Werte, die eine Präsumption für die Aufklärung erzeugen, in angemessener Weise zu berücksichtigen. Daher lässt sich der passive genauso wenig verteidigen wie der aktive Konservatismus.

Mit diesem Ergebnis wird sich die Frage nach der Rechtfertigung epistemischer Quarantäne eigentlich erübrigt haben. Weil aber konservatives Denken, solange wir es nicht in einer systematisch rekonstruierten Form betrachten, in der Form einer *naiven praktischen Ethik* auftritt, die sich in einer besorgten Hervorhebung vermeintlicher Nachteile der Aufklärung, die angeblich entscheidend gegen das liberationistische Projekt sprechen, erschöpft, werde ich, um diesen Sorgen *in concreto* Rechnung zu tragen, zum Schluss auch die Gründe untersuchen, auf die sich das anti-aufklärerische Denken meint stützen zu können. Dabei lassen sich die Argumente für den Konservatismus auf zwei Typen reduzieren: Argumente aus der Erosion der Moral einerseits und Argumente aus der moralischen Errungenschaft andererseits. Beide Argumente stellen sich jedoch als unbrauchbar heraus – sie präsupponieren Wahrheiten, die ihre eigenen Prämissen unterminieren, was darauf hindeutet, dass die konservative Furcht vor der Aufklärung selbst ein aufklärungsbedürftiges Phänomen ist.

1. Zwei Arten anti-aufklärerischen Denkens

Das Problem der Verteidigung des Konservatismus ist in unserem Kontext besonders heikel, weil sich das anti-liberationistische Projekt der Aufrechterhaltung einer korrumpierten ethischen Methode und Weltanschauung verschreibt. Der Konservatismus steht daher auch unter dem speziellen Verdacht der Gleichgültigkeit gegen die *moralische* Wahrheit. Er scheint also nicht nur die Bedeutsamkeit der Wahrheit, sondern auch die Bedeutsamkeit der moralischen Wahrheit zu verneinen. Daraus ergibt sich ein besonderes Problem, da der Konservatismus selbst eine moralische Position ist, die die Aufrechterhaltung des Menschenwürde-Diskurses als aus moralischen Gründen geboten und die Aufklärung für einen moralischen Fehler hält. Der konservative Skeptiker glaubt also, dass es moralisch falsch wäre, das liberationistische Projekt zu verfolgen. Und er glaubt natürlich, dass das liberationistische Projekt eben deshalb auch nicht verfolgt werden soll. Nicht nur die Identifizierbarkeit, sondern auch die Identität des Konservatismus sowohl als einer moralischen Perspektive als auch als einer moralisch motivierten Praxis hängt folglich entscheidend von der Anerkennung der Bedeutsamkeit der moralischen Wahrheit ab. Der Konservatismus würde sich selbst aufheben, wenn er als einen Grund, aus dem das liberationistische Projekt nach seiner Auffassung nicht verfolgt werden sollte, angeben würde, dass die moralische Wahrheit nicht zählt. Denn in diesem Fall wäre es aus seiner eigenen Perspektive irrelevant, ob der Konservatismus wahr ist, d. h. es wäre aus seiner eigenen Perspektive irrelevant, ob die Aufrechterhaltung des Menschenwürde-Diskurses moralisch geboten ist. Der Konservatismus würde dann zu der Auffassung *degenerieren*, dass die Aufrechterhaltung des Menschenwürde-Diskurses geboten ist, auch wenn es nicht wahr ist, dass sie geboten ist, d. h. auch wenn sie nicht geboten ist. Selbst wenn wir unser Denken von der Idee der Menschenwürde befreien sollen, müsste der konservative Skeptiker dann behaupten, sollten wir unser Denken nicht von dieser Idee befreien.

Mit dem Verdacht der Gleichgültigkeit gegen die moralische Wahrheit steht der Konservatismus also auch unter dem Verdacht, sowohl theoretisch als auch praktisch inkohärent zu sein. Anders als das Selbstverständnis und die Selbstpräsentation des konservativen Skeptikers es wollen, ist der Status des Konservatismus der einer in sich problematischen *ethischen Anomalie*. Wer den Konservatismus daher als eine Position wahrnimmt, deren intellektuelle und moralische Integrität nicht in Zweifel stehen, dürfte unzureichend aufmerksam auf den anti-liberationistischen Gehalt konservativer Ethik sein. Der Konservatismus, darf man in der Diskussion nicht vergessen, befürwortet die Aufrechterhaltung einer die Kultivierung falschen moralischen Bewusstseins involvierenden diskursiven Praxis. Es wäre daher unangemessen verharmlosend und naiv, würde man im konservativen Skeptizismus lediglich einen einzig von der Sorge um die Bewahrung bedeutender Werte und Errungenschaften geleiteten Standpunkt sehen wollen. Was auch immer die besonderen Motive eines konkreten konservativen Menschenwürde-Skeptikers sein mögen – mit seiner anti-liberationistischen Sicht und seiner Gegnerschaft zur Aufklärung scheint er einen nicht nur für die moralische Bedeutsamkeit intellektueller Werte im Allgemeinen, sondern auch einen gegen die moralische Wahrheit im Besonderen gleichgültigen Standpunkt einzunehmen. Ein nicht-naiver konservativer Skeptiker muss daher einsehen, dass er seinen Standpunkt entweder aufgeben oder ihn in einer seine Kohärenz sicherstellenden Weise ausformulieren muss.

Um den konservativen Standpunkt diskutieren zu können, müssen wir uns daher der Aufgabe widmen, ihn zu konkretisieren, d. h. seinen besonderen ethischen Gehalt zu rekonstruieren. Und als Erstes stellt sich dabei die Frage, ob es erforderlich ist, verschiedene Arten des Konservatismus zu unterscheiden. Bei dieser Untersuchung geht es nicht darum, verschiedene Begründungen für den konservativen Standpunkt, sondern darum, verschiedene Ausprägungen dieses Standpunkts selbst ausfindig zu machen.

Bisher haben wir den Konservatismus in einer einheitlichen Weise als eine Position charakterisiert, die die Aufrechterhaltung des Menschenwürde-Diskurses und der Ethik der Menschenwürde für ein moralisch gebotenes Ziel hält, und zwar angesichts der Entlarvung der Idee der Menschenwürde als einer Quelle falschen Bewusstseins. Diese Beschreibung lässt nun aber Raum für verschiedene Konkretionen des konservativen Projekts. Unter Konkretionen des konservativen Projekts verstehe ich dabei bestimmte Ausprägungen dieses Projekts als eines solchen und nicht *praktische Maßnahmen* zu seiner Umsetzung. Konkretionen des Projekts bestehen in unterschiedlichen *Konkretionen des anti-liberationistischen Ziels* und von *projekteigenen Strategien*, von Maßnahmen, heißt das, die zum Entwurf des Projekts selbst dazugehören, weil sie als für die Realisierung des Ziels notwendig erachtet werden. Im Unterschied zu projekteigenen Strategien sind praktische Maßnahmen Mittel der Implementierung des Projekts. Praktische Maßnahmen werden durch die externen Bedingungen der Umsetzung eines Projekts bestimmt und sind für das Projekt als solches nicht wesentlich. Sie sind dem Entwurf des Projekts nachgeordnet. Konkretionen des konservativen Projekts gehören dagegen selbst zu seinem Entwurf, sind wesentlich für das Projekt und bestimmen seine Identität. Arten des Konservatismus beruhen dann auf Unterschieden in der Konkretion des anti-liberationistischen Projekts; Unterschiede auf der Ebene der praktischen Maßnahmen ergeben Typen *konservativer Politik*. So verstanden, gibt es keine strenge Korrelation zwischen Arten des Konservatismus und Typen konservativer Politik. Anhänger ein und derselben Art von konservativer Ethik können unterschiedlicher Meinung über die geeigneten Maßnahmen zur Umsetzung des anti-liberationistischen Projekts sein. Und Befürworter unterschiedlicher anti-liberationistischer Zielvorstellungen müssen nicht vollkommen verschiedene Ansichten zur konservativen Politik haben. Unsere Diskussion wird sich ausschließlich auf die konservative Ethik, von der es möglicherweise unterschiedliche Ausprägungen gibt, und nicht auf die praktischen Maßnahmen konservativer Politik beziehen.

Gibt es also unterschiedliche Arten des Konservatismus? Ich denke, dass wir zwei grundsätzlich verschiedene Ausprägungen der konservativen Ethik unterscheiden können, und zwar je nachdem, ob das konservative Projekt so verstanden wird, dass es von den Aufgeklärten verlangt, selbst die Perspektive der Ethik der Menschenwürde zu übernehmen oder nicht. Im ersten Fall soll der aufgeklärte Skeptiker in die Höhle des falschen Bewusstseins zurückgehen, aber nicht etwa, um die Gefesselten von ihren Fesseln zu befreien, sondern um sich selbst wieder vom falschen Schein fesseln zu lassen. Im zweiten Fall soll der aufgeklärte Skeptiker nicht in die Höhle zurückkehren, sondern sein Wissen von den Gefesselten fern halten. Nach dem Modell des Höhlengleichnisses konstruiert, haben wir damit genau die beiden grundlegenden Alternativen zur Aufklärung identifiziert. Das liberationistische Projekt verlangt, dass die Aufgeklärten in die Höhle zurückgehen, um die dort vom falschen Schein Gefesselten zu befreien. Das anti-liberationistische Projekt kann daher entweder verlangen, dass die Aufgeklärten in den unaufgeklärten Zustand zurückkehren, oder es kann verlangen, dass die Aufgeklärten die Unaufgeklärten in ihrem Zustand belassen. Die erste konservative Alternative zur Aufklärung könnte man dementsprechend als *aktiven*, die zweite als *passiven Konservatismus* bezeichnen.

Obwohl sie darin übereinkommen, dass der Glaube an die Menschenwürde aufrechterhalten werden soll, haben aktiver und passiver Konservatismus daher ein grundsätzlich anderes Verhältnis zur Aufklärung. Aus der Perspektive des aktiven Konservatismus ist das Aufgeklärtsein über die Idee der Menschenwürde ein Zustand, in dem die Aufgeklärten nicht bleiben sollen. Aus der Perspektive des passiven Konservatismus ist dagegen das falsche unaufgeklärte Bewusstsein ein Zustand, in dem die Unaufgeklärten bleiben sollen.

Hier muss man sich jedoch fragen, warum denn die Unaufgeklärten unaufgeklärt bleiben sollen, wenn es moralisch zugleich unproblematisch ist, aufgeklärt zu sein. Ist also der passive Konservatismus überhaupt eine eigenständige stabile Position? Oder muss er letztendlich auf den aktiven Konservatismus zurückfallen? Dafür spricht, dass die einzig konsequente anti-aufklärerische Position die des aktiven Konservatismus zu sein scheint. Nach dieser Auffassung sollen die Aufgeklärten ihren voraufgeklärten Zustand wiederherstellen, weil der voraufgeklärte Glauben an die Menschenwürde dem aufgeklärten Menschenwürde-Skeptizismus moralisch vorzuziehen ist. Eben das würde aber zugleich auch erklären, warum die

Unaufgeklärten unaufgeklärt bleiben sollen. Die Ethik des aktiven Konservatismus ist also konsequent anti-aufklärerisch. Demgegenüber scheint der passive Konservatismus unsystematisch und prinzipienlos zu sein und deshalb vor der Herausforderung zu stehen, zu erklären, warum die Aufgeklärten die Idee der Menschenwürde verwerfen dürfen, wenn zugleich die Aufrechterhaltung des falschen Bewusstseins der Unaufgeklärten ihrer Aufklärung vorzuziehen ist.

Unsere Frage ist jetzt, ob der passive Konservatismus als eine eigenständige Ausprägung anti-aufklärerischen Denkens aufgefasst werden kann. Die Antwort darauf ist »Ja«. Bei näherer Betrachtung wird nämlich deutlich, dass sich der passive vom aktiven Konservatismus durch ein anderes Verständnis des konservativen Ziels unterscheidet. Für den passiven Konservatismus ist es nicht relevant, dass der Menschenwürde-Diskurs von den Aufgeklärten nicht respektiert wird, solange deren aufgeklärte Ablehnung die kulturelle Reproduktion des Glaubens an die Menschenwürde nicht destabilisiert. Der passive Konservatismus ist daher nicht in dem Sinne anti-aufklärerisch, dass er die Kritik der Idee der Menschenwürde als einen moralischen Fehler zurückweist. Er ist anti-aufklärerisch allein in dem Sinne, dass er die Verfolgung des liberationistischen Projekts zurückweist. Er tut das, weil die Aufklärung die kulturelle Reproduktion des Glaubens an die Menschenwürde beeinträchtigen und damit destabilisierend auf die Grundlagen unserer gesellschaftlichen Moral einwirken würde. Wenn daher der passive Konservatismus dafür eintritt, dass die Aufgeklärten ihre Einsicht von der Gesellschaft abkapseln sollen, ist das *nicht* als eine Konkretisierung des konservativen Ziels zu verstehen. Es ist aber auch nicht bloß als eine praktische Maßnahme zur Implementierung des Projekts, sondern als ein integraler Bestandteil dieses Projekts selbst zu verstehen. Die soziale Abkapselung des aufgeklärten Bewusstseins ist für den passiven Konservatismus eine projekteigene Strategie, auf die wir, nach seiner Auffassung, durch das moralisch verpflichtende Ziel der Aufrechterhaltung des Menschenwürde-Diskurses festgelegt sind. Dass die Unaufgeklärten in ihrem Zustand falschen Bewusstseins bleiben, ist dagegen nicht Teil der Strategie, sondern *ein Aspekt des Ziels* des passiven Konservatismus: Dieser Auffassung zufolge sollen die Aufgeklärten ihre Einsicht zurückhalten, weil es so sein soll, dass die Unaufgeklärten in ihrem unaufgeklärten Zustand bleiben.

Dass die Unaufgeklärten in ihrem unaufgeklärten Zustand bleiben, ist auch ein Aspekt des Ziels des *aktiven* Konservatismus. Zu seinem Ziel gehört darüber hinaus aber auch, dass die Aufgeklärten in den unaufgeklärten Zustand, d. h. unter das Regime der Idee der Menschenwürde, zurückkehren. Aus der Perspektive des aktiven Konservatismus hat die Rückkehr in den unaufgeklärten Zustand also gerade nicht den Status, den die Abkapselung des aufgeklärten Bewusstseins für den passiven Konservatismus hat. Die Rückkehr ist keine Strategie zur Bewahrung der kulturellen Reproduktion der Idee der Menschenwürde unter den Bedingungen ihrer Entlarvung; sie ist, nach Auffassung des aktiven Konservatismus, ein wesentlicher Bestandteil des Ziels der Bewahrung des Glaubens an die Menschenwürde. Im Unterschied zum passiven Konservatismus geht es dem aktiven also um *die Überwindung des aufgeklärten* Bewusstseins.

Mit dieser Rekonstruktion sollte nun deutlich geworden sein, dass die konservative Ethik – und damit die Gegnerschaft zur Aufklärung – zwei grundsätzlich verschiedene Formen annehmen kann. Der passive Konservatismus ist eine eigenständige Ausprägung anti-aufklärerischen Denkens, weil es ihm zwar um die Bewahrung des Glaubens an die Menschenwürde, aber nicht, wie dem aktiven, um die Überwindung des aufgeklärten Bewusstseins geht. Der passive Konservatismus betrachtet das aufgeklärte Bewusstsein als äußere Gefahr für die kulturelle Reproduktion der Idee der Menschenwürde, nicht aber, wie der aktive Konservatismus, als eine innere Zerrüttung des mit dieser Idee verbundenen Ethos. Daher ist das anti-liberationistische Ziel für den passiven Konservatismus von vornerein darauf eingeschränkt, dass die Unaufgeklärten unaufgeklärt bleiben, während es für den aktiven Konservatismus gerade nicht darauf eingeschränkt ist, sondern systematisch mit der Überwindung des aufgeklärten Bewusstseins zusammenhängt.

Dieser Unterschied zeigt, dass der aktive Konservatismus in einem radikaleren Sinne anti-aufklärerisch ist als der passive Konservatismus. Leute, die den passiven Konservatismus befürworten, sind nicht darauf festgelegt, die Kritik der Ethik der Menschenwürde als einen moralischen Fehler anzusehen. Wer dagegen konservativ im Sinne des aktiven Konservatismus ist, muss diese Kritik als moralisch ungerechtfertigt betrachten. Denn wenn der Aufgeklärte in den voraufgeklärten Stand eines Teilnehmers am Menschenwürde-Diskurs zurückkehren soll, muss die diesen Diskurs entlarvende Kritik ein moralisches Übel sein, und zwar unabhängig davon, ob sie eine signifikante kulturelle Wirksamkeit entfaltet oder nicht.

Der aktive Konservatismus ist also anti-aufklärerisch, insofern er eine *Ethik des epistemischen Tabus* vertritt, der passive Konservatismus ist anti-aufklärerisch, insofern er eine *Ethik der epistemischen Quarantäne* vertritt. Als eine Ethik des epistemischen Tabus unterscheidet sich der aktive Konservatismus vom passiven auch in Bezug auf die Stärke seines anti-liberationistischen Imperativs. Denn während eine Ethik der epistemischen Quarantäne das Projekt der Aufklärung im Hinblick auf kontingente Umstände bewertet, wird es von einer Ethik des epistemischen Tabus als solches verworfen. Mit seiner Ethik des epistemischen Tabus begibt sich der aktive Konservatismus daher in eine *prinzipielle Gegnerschaft* zur Aufklärung.

Obwohl der aktive und der passive Konservatismus Ausprägungen anti-aufklärerischen Denkens sind und als echte Arten des Konservatismus angesehen werden müssen, handelt es sich um miteinander *unvereinbare* ethische Auffassungen. Wenigstens eine dieser beiden Auffassungen ist daher falsch. Wer zum Konservatismus neigt, sollte deshalb sehr genau überlegen, welche der beiden Arten des Konservatismus er eigentlich vertreten möchte.

2. Die Ethik des epistemischen Tabus

Bevor ich mit der Diskussion des aktiven Konservatismus beginne, ist eine kurze methodologische Bemerkung angebracht. So wie sich die im letzten Kapitel entwickelte Unterscheidung ausschließlich systematischen Überlegungen über die Möglichkeiten einer anti-aufklärerischen Ethik verdankt und nicht als eine soziologische Typologie von Meinungen gedacht war, ist auch die hier und in den nächsten Kapiteln geführte Diskussion des aktiven und passiven Konservatismus eine Diskussion von ethischen Theorien als solchen oder *in abstracto*. Wir sind also nicht mit Fragen der Interpretation in dem Sinne befasst, in dem es bei der Interpretation darum geht, die Äußerungen eines bestimmten Philosophen zu verstehen. Unser Interesse gilt ausschließlich den systematischen, dialektischen und argumentativen Möglichkeiten, die sich einer Denkerin bieten, die die Aufrechterhaltung des Menschenwürde-Diskurses für geboten hält. Dass sich diejenigen, die auf den Menschenwürde-Skeptizismus und die Entlarvung der Idee der Menschenwürde als einer Quelle falschen Bewusstseins konservativ reagieren, diese Möglichkeiten adäquat verdeutlicht haben, ist unwahrscheinlich. Die mir bekannten konservativen Reaktionen sprechen wegen ihrer unzögerlichen Selbstgewissheit im Gegenteil dafür, dass der wirkliche Konservatismus der wirklichen Konservativen eher einem undifferenzierten Unbehagen als einer philosophischen Reflexion entspringt. Es scheint mir also so gut wie ausgeschlossen, dass im Hintergrund wirklicher konservativer Reaktionen ein Prozess steht, der eine signifikante Ähnlichkeit mit systematischem ethischem Denken aufweist. Wenn es um die Interpretation wirklicher konservativer Reaktionen geht, können wir nämlich nicht einmal davon ausgehen, dass dem Konservativen deutlich ist, welche Art des Konservatismus er vertreten möchte. Von der hier getroffenen Unterscheidung zwischen aktivem und passivem Konservatismus können wir daher nicht erwarten, dass sie psychologische Realität hat und bestehende Arten konservativer Gesinnung erfasst. Sie eröffnet uns jedoch einen Zugang zur Rekonstruktion konservativer Gesinnungen, da sie ein theoretisches Instrument ist, mit dem auch die konservativ Gesonnenen ihre eigenen denkerischen Tendenzen klären können.[3]

A fortiori können wir auch nicht davon ausgehen, dass sich zum Konservatismus neigende Denkerinnen im Klaren über die Implikationen und Beweislasten ihrer Auffassung sind. So mag es denjenigen, die zu der Auffassung neigen, dass wir die Idee der Menschenwürde nicht aufgeben sollten, als eine Frage von nur untergeordneter Bedeutung erscheinen, ob das konservative Ziel eher im Sinne des aktiven oder eher im Sinne des passiven Konservatismus verstanden werden soll. Aber das ist ein Irrtum. Denn wie

[3] Hier ist eine Analogie. Mill war der Unterschied zwischen Handlungs- und Regelutilitarismus nicht bewusst. Trotzdem können wir, wie es viele Interpreten getan haben, sinnvollerweise fragen, ob Mill ein Handlungs- oder ein Regelutilitarist war. Das heißt wir können seine Ansichten im Lichte dieser theoretischen Unterscheidung zu rekonstruieren versuchen.

wir gesehen haben, sind der aktive und der passive Konservatismus miteinander *unvereinbare* anti-liberationistische Ethiken. Daher wäre es ganz und gar inadäquat, zu meinen, dass es für den Konservatismus in der Hauptsache nur darauf ankomme, das Ziel der Bewahrung der Idee der Menschenwürde zu rechtfertigen, während es in Anbetracht dieser Aufgabe nur nebensächlich sei, wie genau das anti-liberationistische Projekt zu verstehen ist. Wenn wir das meinen, konstruieren wir den Unterschied zwischen aktivem und passivem Konservatismus irrtümlich in Analogie zu einem Unterschied auf der Ebene der praktischen Maßnahmen, d. h. auf der Ebene konservativer Politik.

Die Identifikation solcher Missverständnisse ist selbst ein wichtiger Aspekt unserer Untersuchung. Denn diese verwirren die Diskussion des Konservatismus und verhindern eine systematische Untersuchung seiner Rechtfertigung. So erschließt sich zum Beispiel die systematische Bedeutsamkeit der Frage, ob eine anti-liberationistische Ethik gerechtfertigt sein kann, wenn die Überwindung des aufgeklärten Bewusstseins kein legitimes Ziel ist, erst vor dem Hintergrund der Unterscheidung zwischen aktivem und passivem Konservatismus. Und diese Frage ist gerade wegen ihrer systematischen Bedeutsamkeit auch für alle konservativ gesonnenen Denker relevant. Die richtige Antwort auf diese Frage ist schließlich eine Entdeckung über die Rechtfertigung einer ethischen Perspektive, die sie selbst glauben einnehmen zu sollen.

Unsere Untersuchung über die Rechtfertigung des Konservatismus befasst sich also mit Fragen der Rechtfertigung dieser Ethik als einer solchen und nicht mit Fragen der tatsächlichen Meinungsbildung konservativer Skeptiker. Was uns interessieren sollte, sind Fragen der folgenden Art: Lässt sich der Konservatismus in einer seiner beiden Ausprägungen rechtfertigen? Kann es überhaupt gute Gründe für ein anti-liberationistisches Projekt geben? Welche Gründe sollten einen zum Konservatismus neigenden Denker bewegen, eher die eine als die andere Art des Konservatismus zu vertreten?

Für die Diskussion dieser Fragen haben wir nun sehr viel gewonnen, wenn sich zeigen läßt, dass sich nicht jede Gegnerschaft zur Aufklärung gegen die Einwände verteidigen lässt, die sich aus dem Verdacht der Gleichgültigkeit gegen die (moralische) Wahrheit speisen. Daher beginne ich die Diskussion mit einer näheren

Betrachtung des aktiven Konservatismus. Seine prinzipielle Gegnerschaft zur Aufklärung gibt uns gute Gründe zu vermuten, dass er nicht verteidigt und nicht gerechtfertigt werden kann. Und diese Vermutung ist richtig. Das jedenfalls versuche ich im Folgenden zu zeigen. Dabei werde ich vor allem die *Absurdität* des aktiven Konservatismus exponieren. Sein absurder Charakter lässt sich unter anderem daran festmachen, dass die vom aktiven Konservatismus vertretene Ethik in keiner Weise davon beeindruckt ist, *was* die Untersuchung der Idee der Menschenwürde offenbart hat. Stattdessen ist sie ausschließlich davon beeindruckt, *dass* diese Untersuchung die Idee der Menschenwürde als eine Quelle falschen Bewusstseins *entlarvt* hat.

In der Ethik des aktiven Konservatismus spricht sich daher eine Einstellung aus, die ein nicht allzu ferner Verwandter jener Geisteshaltung ist, der es lieber ist, dass das Böse unbemerkt geschieht, als dass es entlarvt und exponiert wird. Die Ethik des epistemischen Tabus scheint sogar eine Reinform dieser Komplizenschaft mit dem Schlechten zu sein, da sie eben nicht nur das unaufgeklärte Bewusstsein vor der Aufklärung bewahren will, sondern auch noch für die Überwindung des aufgeklärten Bewusstseins eintritt. Damit aber erklärt sie die aktive Preisgabe unserer intellektuellen und moralischen Integrität zu einem moralischen Ziel. So erweist sich der aktive Konservatismus als eine Ethik, deren Anti-Intellektualismus sogar die moralische Meinungsbildung selbst betrifft. Diese Ethik lässt sich nicht verteidigen. Für die Bewertung des Konservatismus im Allgemeinen wird es deshalb entscheidend sein, ob der passive Konservatismus die Laster des aktiven erbt oder ob er, frei davon, fähig ist, die Bedeutsamkeit der Werte, die eine Präsumption für die Aufklärung erzeugen, in authentischer Weise zu berücksichtigen.

2.1 *Das unüberprüfte Menschenwürde-Ethos als normatives Ideal*

Die Charakteristika, die den aktiven vom passiven Konservatismus unterscheiden, hängen alle damit zusammen, dass die Aufrechterhaltung des Glaubens an die Menschenwürde nach Auffassung des aktiven Konservatismus von den Aufgeklärten verlangt, in den voraufgeklärten Zustand, d. h. unter das Regime der Idee der Menschenwürde, zurückzukehren. Da der passive Konservatismus im Unterschied dazu nur verlangt, dass die Unaufgeklärten nicht aufgeklärt werden sollen, könnten einige versucht sein, den aktiven Konservatismus als eine Ethik zu beschreiben, die bedeutend mehr von uns verlangt als der passive Konservatismus. Das aber gibt Anlass für die Erwägung, ob der aktive Konservatismus nicht *zuviel* von uns verlangt. Und so könnte jemand, der dem Konservatismus im Allgemeinen zuneigt, den passiven Konservatismus favorisieren, weil er meint, dass der aktive Konservatismus unmäßig anspruchsvoll und überfordernd ist.

Diese Kritik ist jedoch falsch und vor allem deplatziert. Wenn es, wie das Argument der Überforderung will, bei der Wahl zwischen dem aktiven und dem passiven Konservatismus um die Schwierigkeiten ginge, den Forderungen der jeweiligen Theorie praktisch zu entsprechen, stünde der aktive nicht schlechter da als der passive Konservatismus. Wir haben im Gegenteil sogar Grund anzunehmen, dass die Realisierung epistemischer Quarantäne weitaus aufwendigere praktische Maßnahmen erfordert als die Rückkehr in den voraufgeklärten Zustand. Unter das Regime der Idee der Menschenwürde zurückzukehren, wird sogar für die meisten von uns überhaupt keiner besonderen Anstrengung bedürfen. Häufig wird das Einzige, was dazu erforderlich ist, ein Nachlassen der kognitiven Disziplin sein, die wir aufbringen müssen, um uns vom Schein der Integrität des Begriffs der Menschenwürde nicht täuschen zu lassen. Wie sich nämlich an der Kontraintuitivität des Menschenwürde-Skeptizismus zeigt, ist dieser Schein beharrlich und verschwindet nicht durch seine Entlarvung.[4]

---

[4] In dieser Hinsicht ist die hier betrachtete Illusion vergleichbar mit Phänomenen wie der bekannten Müller-Lyer-Illusion, bei der gleich lange Linien als verschieden lang erlebt werden. Charakteristisch für dieses Erlebnis ist, dass es auch dann nicht verschwindet, wenn man sich, z. B. durch Messungen, davon überzeugt hat, dass die Linien in Wahrheit gleich lang sind, und sich damit auch davon überzeugt hat, dass das Erlebnis der ungleichen Länge eine optische Täuschung ist. Bei Illusionen dieser Art ist zu vermuten, dass sie gegenüber besserem Wissen nahezu vollkommen abgeschirmt sind. In dieser Hinsicht mögen sich kognitive Illusionen wie der Schein der Integrität eines inkohärenten Begriffs von optischen Täuschungen unterscheiden. Der Punkt

Eine sich auf den Überforderungseinwand stützende Kritik des aktiven Konservatismus ist aber nicht nur falsch, sondern eigentümlich deplatziert. Sie richtet ihr Augenmerk auf die Implementierung des aktiven Konservatismus und vergisst über diesen praktischen Aspekt seinen ethischen Gehalt. Um den aktiven Konservatismus angemessen würdigen zu können, müssen wir uns jedoch klar machen, was für ein Bild der Moral und des moralischen Denkens man entwirft, wenn man die Rückkehr des aufgeklärten Bewusstseins unter das Regime der Idee der Menschenwürde als eine moralische Notwendigkeit betrachtet. Was für ein Bild der Moral und des moralischen Denkens entwirft man also, wenn man den aktiven Konservatismus bejaht und eine die Idee der Menschenwürde betreffende Ethik des epistemischen Tabus vertritt? Die kurze Antwort darauf ist, dass eine solche Ethik die epistemische Borniertheit des unüberprüften Menschenwürde-Ethos zu einem *normativ idealen* Zustand unseres moralischen Bewusstseins erhebt. – Betrachten wir das genauer.

Die Überwindung des aufgeklärten Bewusstseins und die Rückkehr unter das Regime der Idee der Menschenwürde verlangen zumindest Folgendes von uns:

(1) dass wir dem Schein der begrifflichen Integrität des Menschenwürde-Idioms (wieder) vertrauen;

der Vergleichbarkeit ist jedoch der, dass auch Illusionen dieser Art beharrlich sind und nicht durch die Entlarvung des täuschenden Scheins verschwinden.
Kant hat die menschliche Vernunft mit ihrem über die Grenzen der Erfahrung hinausgehenden Erkenntnisbestreben als Quelle auch einer bloß scheinhaften Erkenntnis betrachtet, deren täuschenden Charakter wir zwar entlarven, nicht aber, wie bei einem empirischen Allerweltsirrtum, ein für alle Mal beseitigen können. Daher bedarf es nach seiner Auffassung einer Disziplin der Vernunft, durch die wir uns gegenüber diesem trügerischen Schein wappnen müssen, um nicht der Illusion einer anschauungsunabhängigen Erkenntnis zu verfallen: »Wo aber, wie in der reinen Vernunft, ein ganzes System von Täuschungen und Blendwerken angetroffen wird, die unter sich wohl verbunden und unter gemeinschaftlichen Prinzipien vereinigt sind, da scheint eine eigene und zwar negative Gesetzgebung erforderlich zu sein, welche unter dem Namen einer *Disziplin* aus der Natur der Vernunft und der Gegenstände ihres reinen Gebrauchs gleichsam ein System der Vorsicht und Selbstprüfung errichte, vor welchem kein falscher vernünftelder Schein bestehen kann, sondern sich sofort, unerachtet aller Gründe seiner Beschönigung, verraten muß.« – Kant (1982/1781) 612, A711/ B739.

(2) dass wir die Plattitüden des Menschenwürde-Idioms (wieder) als fundamentale moralische Wahrheiten anerkennen;
(3) dass wir die Idee der Vereinbarkeit einer Praxis mit der Menschenwürde (wieder) als das grundlegende Kriterium ihrer moralischen Zulässigkeit betrachten;
(4) dass wir die Erfüllung von (1), (2) und (3) – die adäquate Berücksichtigung der Idee der Menschenwürde – (wieder) als Bedingung der Adäquatheit einer ethischen Perspektive betrachten.

Wenn wir diese Anforderungen erfüllen, befinden wir uns in dem Zustand des unaufgeklärten falschen Bewusstseins eines unbedarften Teilnehmers am Menschenwürde-Diskurs. In diesem Zustand sind wir – ohne uns dessen bewusst zu sein – dogmatische Anhänger der Ethik der Menschenwürde und als solche von dieser Ethik auch als einem Ethos, einer prinzipiellen, unser Selbstverständnis bestimmenden und in diesem Sinne ›identitätsstiftenden‹ Haltung erfüllt.[5]

Nun war meine Behauptung die, dass es für den aktiven Konservatismus charakteristisch ist, dass er das falsche Bewusstsein dieses Menschenwürde-Ethos zu einem *normativ idealen* Zustand erhebt. Das aber, könnte man nun einwenden, geht in keiner Weise aus den Geboten dieser Ethik hervor: Man scheint (1)–(4) anerkennen zu können, ohne glauben zu müssen, dass der unkritische Glauben an die Menschenwürde in irgendeinem Sinne ideal wäre. Dieser Einwand unterstellt, dass die Idealisierung des unkritischen Menschenwürde-Ethos eine Konsequenz dessen sein müsste, was der aktive Konservatismus *vorschreibt*. Aber das ist nicht richtig. Das falsche Bewusstsein des Menschenwürde-Ethos wird nicht durch die Forderung idealisiert, dass wir (1)–(4) erfüllen sollen, sondern durch die Auffassung, dass wir verpflichtet sind (1)–(4) als Teil des *Ziels*, den Glauben an die Menschenwürde aufrechtzuerhalten, zu

---

[5] Vgl. die Rekonstruktion der Etablierung des Begriffs der Menschenwürde in einer zunächst nur über den Begriff der Würde verfügenden Diskursgemeinschaft in II.3.1. Dort hatte ich hervorgehoben, dass sich die mit dem Gebrauch des Menschenwürde-Idioms herausbildende Neue Orthodoxie nicht bloß als eine Erweiterung des altorthodoxen moralischen Anthropozentrismus verstehen lässt, sondern vielmehr einen perspektivenbildenden ›Paradigmenwechsel‹ darstellt.

erfüllen. Die normative Idealisierung des unkritischen Menschenwürde-Ethos hängt also mit dem *besonderen Status* zusammen, den das Gebot der Rückkehr unter das Regime der Idee der Menschenwürde aus Sicht des aktiven Konservatismus hat.

Um das zu verdeutlichen, betrachten wir stellvertretend für alle besonderen Gebote (1) – das Gebot, dem Schein der begrifflichen Integrität des Menschenwürde-Idioms (wieder) zu vertrauen. Wie alle anderen Forderungen konservativer Ethik richtet sich dieses Gebot an die Aufgeklärten, die wissen, dass der Begriff der Menschenwürde defekt und eine Quelle falschen Bewusstseins ist. (1) ist also ein kontextualisiertes Gebot, das bestimmten Adressaten in einer definierten epistemischen Situation ein bestimmtes Verhalten vorschreibt. Die Situation, auf die sich (1) bezieht, ist die der Erkenntnis der begrifflichen Korruption des Menschenwürde-Diskurses – die epistemische Situation also des aufgeklärten Bewusstseins. Und für diese Situation schreibt (1) dem aufgeklärten Bewusstsein vor, dem Schein der Integrität des Menschenwürde-Idioms wieder zu vertrauen. Das Besondere am aktiven Konservatismus ist nun aber gerade, dass er die epistemische Situation, für die er (1) vorschreibt, als einen *moralisch unerwünschten* Zustand, d. h. als einen Zustand konstruiert, der nicht sein soll. Mit seinen an das aufgeklärte Bewusstsein gerichteten Geboten sagt er uns daher nicht nur, was wir *angesichts* des Bewusstseins der Korruption der Idee der Menschenwürde tun sollen. Er sagt uns mit seinen Geboten auch, was wir *gegen* das Bewusstsein dieser Korruption tun sollen.

Der aktive Konservatismus lässt sich daher als eine Ethik rekonstruieren, die in einem ersten Schritt eine normativ nicht-ideale Welt herausgreift und uns dann in einem zweiten Schritt sagt, wie wir uns in dieser Welt (würden) verhalten sollen. Die Welt nun, die der aktive Konservatismus herausgreift, ist eine Welt, in der der Begriff der Menschenwürde als eine Quelle falschen Bewusstseins entlarvt wird. Die Entlarvung dieses Begriffs ist also aus Sicht des aktiven Konservatismus ein moralisch unerwünschter Zustand, der die Welt, in der sie geschieht, zu einer normativ nicht-idealen Welt macht. Und für eine solche Welt schreibt er dann (1)–(4) vor – Gebote, deren Befolgung die Entlarvung des Begriffs der Menschenwürde wirkungslos und gleichsam ungeschehen machen würde. Wir sollen uns also in der normativ nicht-idealen Welt des entlarvten Menschenwürde-Ethos so verhalten, dass sich ihr weiterer Verlauf so gestaltet, *als hätte niemand jemals entdeckt, dass der Begriff der Menschenwürde eine Quelle falschen Bewusstseins ist.* Das deutet darauf hin, dass der aktive Konservatismus die Rückkehr in den voraufgeklärten Zustand als eine *Wiedergutmachung* und die Verpflichtung zu dieser Rückkehr als eine Verpflichtung, *vorangegangenes Fehlverhalten* zu korrigieren, begreift, wobei es nichts anderes als die Kritik der Idee der Menschenwürde ist, was wiedergutgemacht werden soll. Dass es sich hierbei nicht nur um eine lose Analogie handelt, sollte nicht schwer zu erkennen sein. Aus unserer bisherigen Charakterisierung ergibt sich nämlich, dass die Inkohärenz der Idee der Menschenwürde in der normativ *idealen* Welt des aktiven Konservatismus *nicht* entdeckt wird. In der normativ idealen Welt des aktiven Konservatismus geht daher auch niemand den Verdachtsmomenten nach, die auf einen Defekt in den begrifflichen Grundlagen des Menschenwürde-Diskurses hindeuten. Als normativ ideal entwirft der aktive Konservatismus vielmehr eine Welt, in der stattdessen alle Akteure das *Gebot des unüberprüften Glaubens* an die Menschenwürde erfüllen.

Der aktive Konservatismus, lässt sich somit zusammenfassend sagen, ist die Manifestation einer systematisch verkehrten, pervertierten Wertorientierung. Denn er konstruiert die Entlarvung des Menschenwürde-Diskurses nicht etwa als eine Erkenntnis der moralischen Nicht-Idealität, sondern als einen *Grund der moralischen Nicht-Idealität*. Er interpretiert nicht etwa die begriffliche und intellektuelle Korruption des Menschenwürde-Diskurses, sondern ausschließlich die Erkenntnis dieser Korruption als das Problem, auf das wir als moralische Akteure zu reagieren haben. Diese Theorie lässt sich nicht verteidigen. Sie ist absurd.

2.2 Amoralistische Ethik

Im letzten Kapitel habe dafür argumentiert, dass der aktive Konservatismus das falsche Bewusstsein des Menschenwürde-Ethos zu einem *normativ idealen* Zustand unseres moralischen Denkens erhebt, und deutlich zu machen versucht, dass diese absonderliche Konstruktion Ausdruck einer absurden, systematisch verkehrten

Wertorientierung ist. Der aktive Konservatismus, heißt das, ist eine substantiell unvernünftige Ethik. Ein kohärenter Konservatismus kann daher nicht anti-aufklärerisch in dem Sinne sein, dass er die Überwindung des aufgeklärten Bewusstseins als Teil eines moralischen Ziels vorschreibt.

In diesem Kapitel sollen nun statt der systematischen Wertstruktur die praktischen Konsequenzen des aktiven Konservatismus beleuchtet werden. Wie bei der Analyse der Figur des Kompassprüfers sind dabei ausschließlich die *intrinsischen* praktischen Konsequenzen gemeint – die Konsequenzen also, die sich unabhängig von kontingenten Umständen alleine daraus ergeben würden, dass man den aktiven Konservatismus anerkennt und sich sein anti-liberationistisches Ziel ernsthaft zu eigen macht. Dabei geht es mir vor allem darum zu zeigen, dass die prinzipielle Gegnerschaft zur Aufklärung – das ernsthafte Eintreten für einen das Menschenwürde-Ethos tabuisierenden Konservatismus – nicht nur ein beträchtlicher intellektueller, sondern auch ein echter moralischer Fehler ist. Der moralische Fehler besteht darin, dass man mit der ernsthaften Bejahung des aktiven Konservatismus die eigene intellektuelle und moralische Integrität aufgibt. Der aktive Konservatismus erweist sich damit als eine *amoralistische Ethik*, die sich selbst unterminiert und die man ohne Selbsttäuschung nur vertreten kann, solange man sie nicht adäquat versteht.

Die Behauptung, dass man als ein (ernsthafter) Anhänger des aktiven Konservatismus die eigene intellektuelle und moralische Integrität preisgibt, soll besagen, dass die Preisgabe der eigenen intellektuellen und moralischen Integrität zu den intrinsischen praktischen Konsequenzen dieser Ethik gehört. Als Anhänger betrachten wir deshalb ausschließlich eine solche Figur, die nicht nur glaubt, dass die Aufgeklärten zur Rückkehr in den voraufgeklärten Zustand verpflichtet sind, sondern sich diese Rückkehr als ein Ziel zu eigen macht. Der Anhänger des aktiven Konservatismus ist also eine Figur, die selbst *willens* ist, die Forderungen (1)–(4) zu erfüllen, und zwar als Teil des Ziels der Aufrechterhaltung des Menschenwürde-Diskurses.

Nun dürfte es nicht weiter kontrovers sein, dass man, wenn man willens ist, diese Forderungen zu erfüllen, eben damit seine intellektuelle Integrität preisgibt. Wenn man willens ist, dem Schein der

Integrität des Begriffs der Menschenwürde zu trauen, obwohl man weiß, dass dieser Schein trügt, hat man einen Willen zur Manipulation der eigenen moralischen Erkenntnis. Wenn man willens ist, die anthropozentrischen Plattitüden des Menschenwürde-Idioms als unanfechtbare moralische Axiome zu betrachten, obwohl man weiß, dass diese Plattitüden keine moralischen Axiome sind, hat man einen Willen zur Manipulation der eigenen moralischen Erkenntnis. Und da es sich dabei um Manipulationen handelt, welche die Person, wie sie weiß, in einen Zustand falschen Bewusstseins versetzen und von der Wahrheit abbringen, geben Anhänger des aktiven Konservatismus wissentlich und willentlich ihre eigene intellektuelle Integrität preis.

Genau wie der Kompassprüfer verschreibt sich also auch der Anhänger des aktiven Konservatismus einem an sich irrationalen Plan zur kognitiven Selbstverstümmelung. Da es sich in beiden Fällen um einen Plan zur Unterminierung der eigenen Wahrheitsorientierung handelt, verletzen beide Figuren die moralische Verpflichtung zur Orientierung an der Wahrheit. Die Verletzung dieser Verpflichtung ist also eine intrinsische praktische Konsequenz des aktiven Konservatismus.

Es gibt jedoch auch einen wichtigen Unterschied zwischen dem Kompassprüfer und dem Anhänger des aktiven Konservatismus: Da dieser – im Unterschied zum Kompassprüfer – wissentlich seine Wahrheitsorientierung in *moralischen* Dingen aufgibt, gibt er mit seiner intellektuellen auch seine moralische Integrität preis.

Diese weitergehende Behauptung ist vielleicht nicht genauso einleuchtend wie die bisher betrachtete über die Preisgabe der intellektuellen Integrität. So mögen sich manche Leute durch den *Einwand aus der Aufrichtigkeit* davon überzeugen, dass die Preisgabe moralischer Integrität keine intrinsische Konsequenz des aktiven Konservatismus ist:

> Wenn wir *aufrichtig* glauben, dass wir um der Aufrechterhaltung des Menschenwürde-Ethos willen unter das Regime der Idee der Menschenwürde zurückkehren sollen, geben wir unsere moralische Integrität gerade nicht preis, wenn wir uns dieser aufrichtigen Überzeugung entsprechend verhalten. Wir mögen uns dann natürlich irren, wir korrumpieren uns aber nicht selbst.

Dieser Einwand kann jedoch nicht richtig sein. Denn klar ist: Wenn wir unsere intellektuelle Integrität in moralischen Dingen aufgeben, geben wir eben damit auch unsere moralische Integrität auf. Und da ein Anhänger des aktiven Konservatismus seine intellektuelle Integrität in moralischen Dingen aufgibt, gibt er eben damit auch seine moralische Integrität auf.

Über das moralische Bewusstsein vieler Deutscher im Dritten Reich schreibt Hannah Arendt:

> Im Dritten Reich hatte das Böse die Eigenschaft verloren, an der die meisten Menschen es erkennen – es trat nicht mehr als Versuchung an die Menschen heran. Viele Deutsche und viele Nazis, wahrscheinlich die meisten, haben wohl die Versuchung gekannt, *nicht* zu morden, *nicht* zu rauben, ihre Nachbarn *nicht* in den Untergang ziehen zu lassen (...) und *nicht*, indem sie Vorteile davon hatten, zu Komplizen aller dieser Verbrechen zu werden. Aber sie hatten, weiß Gott, gelernt, mit ihren Neigungen fertigzuwerden und der Versuchung zu widerstehen.[6]

Wenn Arendt mit ihrer Diagnose recht hat, gibt es einen engen Zusammenhang zwischen der moralische Korruption der meisten Nazis und der Korruption ihrer moralischen Erkenntnis, welche sie unfähig gemacht hat, das Böse adäquat als Böses zu erkennen. Das Böse, unterstreicht sie, »trat nicht mehr als Versuchung an die Menschen heran«, und zwar deshalb, weil sie sich selbst und andere darin geübt hatten, ihre natürliche Abscheu gegen Mord und Raub, ihr Mitleid mit den Unterdrückten und Verfolgten und ihre Neigung, sich über Mord, Raub und ungerechte Verfolgung zu empören, selbst als so viele Versuchungen – als irreführende Neigungen also, denen man *nicht nachgeben darf* – zu kategorisieren.[7] Dadurch haben sie einen Zustand falschen moralischen Bewusstseins kultiviert, in dem sie dazu neigten, Böses gutzuheißen und als ein mo-

---

[6] Arendt (1986) 189.

[7] An anderer Stelle beschreibt Arendt die bei den mit Massenerschießungen hinter der Front beauftragten SS-Einsatzgruppen verfolgte Strategie zur Neutralisierung des Mitleids, das die meisten Menschen beim Anblick leidender Mitmenschen befällt: »Der von Himmler (...) angewandte Trick (...) bestand darin, dies Mitleid im Entstehen umzukehren und statt auf andere auf sich selbst zu richten. So daß die Mörder, wenn immer sie die Schrecklichkeit ihrer Taten überfiel, sich nicht mehr sagten: Was tue ich bloß!, sondern: Wie muß ich nur leiden bei der Erfüllung meiner schrecklichen Pflichten, wie schwer lastet diese Aufgabe auf meinen Schultern.« – Ebd. 140.

ralisches Übel zu betrachten, was dem Bösen im Wege steht. Nun kann kein Zweifel daran bestehen, dass ein Zustand dieser Art ein Zustand moralischer Korruption ist. Die Kultivierung eines moralischen Bewusstseins, wie Arendt es beschreibt, beinhaltet folglich die Preisgabe moralischer Integrität. Man kann sich nicht dazu bringen oder dazu gebracht werden, Böses nicht mehr als Böses zu erkennen und zugleich moralisch integer sein. Vielmehr ist die äußerste moralische Korruption gerade ein Zustand des Geistes, in dem die betroffene Person für moralische Werte nicht in der richtigen Weise empfänglich ist. Man verdirbt die Menschen selbst, wenn man ihren moralischen Sinn verdirbt.

Der Einwand aus der Aufrichtigkeit unterstellt also fälschlich, dass wir unsere moralische Integrität auch dann noch bewahren könnten, wenn wir unsere intellektuelle Integrität in moralischen Dingen aufgeben. Zu dieser Fehleinschätzung kann es nur kommen, wenn man moralische Integrität rein subjektiv als eine Eigenschaft versteht, die ausschließlich von der Übereinstimmung des Verhaltens einer Person mit ihrer eigenen moralischen Perspektive abhängt. Wie wir gerade gesehen haben, ist moralische Integrität aber nicht bloß eine Sache der Übereinstimmung mit sich selbst. Andernfalls müssten wir zugestehen, dass ein moralisch korrumpierter Mensch – schließlich kann auch ein korrumpierter Mensch seinen Prinzipien treu sein – dennoch moralisch integer sein kann. Aber das ist absurd. Moralische Integrität verlangt nicht die Treue zu den eigenen Prinzipien, sondern die Orientierung am moralisch Richtigen (und die Treue zu Prinzipien nur dann, wenn – und nur insofern als – sie der Orientierung am moralischen Richtigen dient). In einem Zustand falschen moralischen Bewusstseins mögen wir zwar von uns selbst glauben, uns am moralisch Richtigen zu orientieren, wir tun es aber nicht. Wer sich daher wie der Anhänger des aktiven Konservatismus dem Ziel der Rückkehr unter das Regime der Idee der Menschenwürde verschreibt, gibt eben damit die Orientierung am moralischen Richtigen und folglich auch seine moralische Integrität auf. Eine Ethik, zu deren intrinsischen Konsequenzen die Korruption des moralischen Bewusstseins und die Preisgabe moralischer Integrität gehören, gehört in die absonderliche und paradoxe Kategorie *amoralistischer* Ethiken. Eine solche Ethik hebt sich selbst auf.

Aber könnte es nicht sein, dass es Umstände gibt, unter denen man gerade aus moralischen Gründen die eigene moralische Integrität aufzugeben gezwungen ist? Und ist es daher nicht voreilig, den aktiven Konservatismus als eine amoralistische Ethik zu bezeichnen? Hier ist zunächst zu bemerken, dass die durch die erste Frage nahegelegte Kritik den aktiven Konservatismus missversteht. Denn für den aktiven Konservatismus sind es, wie wir gesehen haben, nicht etwa irgendwelche bedauerlichen kontingenten Umstände, die uns einen moralischen Grund zur Wiederherstellung unseres voraufgeklärten Bewusstseins geben. Charakteristisch für die Ethik des epistemischen Tabus ist vielmehr, dass sie das voraufgeklärte Bewusstsein zu einem normativen Ideal erhebt. Und eben deshalb ist die Preisgabe unserer intellektuellen und moralischen Integrität eine *intrinsische* Konsequenz des aktiven Konservatismus und nicht bloß eine Konsequenz der Implementierung des anti-liberationistischen Projekts unter kontingenten nicht-idealen Bedingungen. Abgesehen davon lautet die Antwort auf die erste Frage klarerweise »Nein«. Denn die Idee einer moralisch gerechtfertigten oder moralisch notwendigen Aufgabe der moralischen Integrität ist *inkohärent*, da man seine moralische Integrität nicht aufgibt, wenn man das moralisch Richtige tut. Diesen Punkt hat Thomas Nagel unterstrichen:

> (...) the notion that one might sacrifice one's moral integrity justifiably, in the service of a sufficiently worthy end, is an incoherent notion. For if one were justified in making such a sacrifice (or even morally required to make it), then one would not be sacrificing one's moral integrity by adopting that course: one would be preserving it.[8]

In einem letzten Anlauf könnte jemand der hier eingeschlagenen Linie entgegenhalten wollen, dass ein Anhänger des aktiven Konservatismus nicht notwendig *gewissenlos* handelt, während das Verdikt einer amoralistischen Ethik eben das zu beinhalten scheint. Dieser Einwand – nennen wir ihn den *Einwand aus der moralischen Gewissenhaftigkeit* – kann auf zwei verschiedene Weisen verstanden werden.

Nach der *ersten Lesart* soll mit diesem Einwand die Auffassung verteidigt werden, dass die Preisgabe moralischer Integrität *nicht* zu

---

[8] Nagel (1988) 62.

den intrinsischen Konsequenzen des aktiven Konservatismus gehört. So verstanden, lässt sich der Einwand aus der moralischen Gewissenhaftigkeit als ein *modus tollens* rekonstruieren, dessen erste Prämisse besagt, dass notwendig gewissenlos handelt, wer seine moralische Integrität preisgibt.

Das Problem mit diesem Einwand wird nun deutlich, wenn wir als einen Fixpunkt der Diskussion die Tatsache im Auge behalten, dass wir auf jeden Fall unsere *intellektuelle* Integrität aufgeben, wenn wir den konservativen Forderungen (1)–(4) entsprechen und uns dadurch in den voraufgeklärten Zustand eines falschen moralischen Bewusstseins versetzen. Und wenn man seine intellektuelle Integrität in moralischen Dingen aufgibt, gibt man eben damit, wie wir gesehen haben, auch seine moralische Integrität auf. Unter der ersten Lesart erweist sich der Einwand aus der moralischen Gewissenhaftigkeit als ein Fehlschlag. Er wird durch genau dieselben Gründe unterminiert wie der Einwand aus der Aufrichtigkeit.[9]

Nach der *zweiten Lesart* will der Einwand aus der moralischen Gewissenhaftigkeit die Auffassung verteidigen, dass die Preisgabe moralischer Integrität zwar eine intrinsische Konsequenz des aktiven Konservatismus sein mag, dass dies aber nicht das Verdikt der amoralistischen Ethik rechtfertigt. So verstanden, lässt sich der Kern des Einwands ebenfalls als ein *modus tollens* rekonstruieren, dessen erste Prämisse diesmal besagt, dass notwendig gewissenlos ist, wer sich einer amoralistischen Ethik verschreibt. Hier können wir als Fixpunkt der Diskussion im Blick behalten, dass man seine moralische Integrität aufgibt, wenn man die konservativen Forderungen (1)–(4) erfüllt. Um nun den Einwand aus der moralischen Gewissenhaftigkeit nicht sofort aufzugeben, müsste man die Auffassung vertreten, dass die Preisgabe der moralischen Integrität ein Akt moralischer Gewissenhaftigkeit sein kann. Auf diese Idee könnte man jedoch nur verfallen, wenn man moralische Gewissenhaftigkeit rein

---

[9] Mein Argument ist also: Wer seine moralische Integrität aufgibt, handelt gewissenlos; nun gibt man seine moralische Integrität auf, wenn man den Forderungen des aktiven Konservatismus entspricht; folglich handelt, wer diesen Forderungen entspricht, gewissenlos. Damit wird erwiesen, dass die zweite Prämisse des Arguments aus der Gewissenhaftigkeit – die sich als die Behauptung konstruieren lässt, dass es nicht so ist, dass gewissenlos handelt, wer den Forderungen des aktiven Konservatismus entspricht – falsch ist.

subjektiv als eine Eigenschaft versteht, die ausschließlich von der Übereinstimmung des Verhaltens einer Person mit ihrer eigenen moralischen Perspektive abhängt. Aber das ist absurd. Genau wie moralische Integrität verlangt auch moralische Gewissenhaftigkeit die Orientierung am moralisch Richtigen (und nicht nur die Treue zu den eigenen Prinzipien). Daher kann man sich nicht moralisch gewissenhaft der Rückkehr in einen Zustand falschen moralischen Bewusstseins als einem moralischen Ziel verschreiben. Auch in der zweiten Lesart erweist sich der Einwand aus der moralischen Gewissenhaftigkeit als ein Fehlschlag. Er wird durch genau dieselben Gründe unterminiert wie die Auffassung, es könne moralische Gründe zur Aufgabe moralischer Integrität geben.

Damit ergibt sich, dass wir unsere intellektuelle und moralische Integrität preisgeben und gewissenlos sind, wenn wir uns die Ethik des aktiven Konservatismus zu eigen machen. Diese Ethik hebt sich selbst auf. Wie der Begriff der moralischen Integrität mag auch der Begriff der moralischen Gewissenhaftigkeit für einige Leute einen ganz und gar subjektivistischen Klang haben, der uns als eine echte Möglichkeit vorgaukelt entweder, dass man sich gewissenhaft auf die Preisgabe der eigenen moralischen Integrität oder gewissenhaft auf eine amoralistische Ethik verpflichten könnte. Wie wir gesehen haben, täuscht dieser subjektivistische Schein. Ohne Selbsttäuschung könnte man die Ethik des aktiven Konservatismus daher nur anerkennen, wenn man sie nicht adäquat versteht.

2.3 Moralisches Bekennertum und die Entwertung der Ethik

Der Konservatismus, hatte ich oben bemerkt, steht unter dem speziellen Verdacht der Gleichgültigkeit gegen die *moralische* Wahrheit. Was den aktiven Konservatismus betrifft, trifft dieser Verdacht zu: Eine Ethik, die den leeren Glauben an die Menschenwürde tabuisiert und die Entlarvung der Idee der Menschenwürde als einen moralischen Fehler ansieht, der durch eine Rückkehr unter das Regime eben dieser Idee wiedergutgemacht werden muss, verneint die Bedeutsamkeit moralischer Erkenntnis. Mit dieser nihilistischen Einstellung ist nun ein Charakteristikum konservativen Denkens verbunden, durch das es den moralischen Diskurs insgesamt zu korrumpieren droht. Wer den aktiven Konservatismus vertritt, vertritt nämlich nicht nur eine Position in Bezug auf die Frage der Aufrechterhaltung des Menschenwürde-Diskurses. Ein solcher Denker kommt vielmehr auch nicht umhin, eine überaus bemerkenswerte Auffassung in Bezug auf die Glaubwürdigkeit seiner eigenen Ethik zu vertreten: Er wird nämlich verneinen müssen, dass die Glaubwürdigkeit des von ihm vertretenen Konservatismus von seinem epistemischen Status abhängig ist.[10] Er verwirft die Zuständigkeit epistemischer Kriterien und bindet sich an den Konservatismus im Sinne eines Ethos des unbedingten Glaubens.

In der Hauptsache wird es im Folgenden darum gehen, diese zu These untermauern und zu erklären, warum und inwiefern ein Ethos des unbedingten Glaubens, obwohl es nicht zum Inhalt des aktiven Konservatismus bloß als eine Theorie verstanden gehört, dennoch ein *wesentliches* Charakteristikum des tabuisierenden konservativen Denkens ist. Zugleich soll aber auch der Gehalt dieses anti-intellektualistischen Ethos selbst expliziert werden. Sein Kern, werde ich hervorheben, besteht nicht in moralischen Propositionen oder Überzeugungen, sondern in *Maximen*, und zwar in Maximen der weltanschaulichen Selbstbindung einerseits und der weltanschaulichen Zurückweisung andererseits. Die intrinsische Konsequenz eines diesen Maximen gehorchenden Denkens ist die Ausbildung einer besonderen Art von Dogmatismus – der Dogmatismus des *reinen Bekennertums*. Das reine Bekennertum des tabuisierenden Denkens erzeugt dabei nicht nur ein systematisch verzerrtes Bild der Diskussionslage, es entwertet die Ethik als solche. Der aktive Konservatismus erweist sich damit als eine Ethik, die anzuerkennen für einen Denker bedeutet, sich in Opposition zur Ethik zu stellen.

Beginnen wir mit der These, dass sich ein Anhänger des aktiven Konservatismus einem Ethos des unbedingten Glaubens verpflichtet. Die Bindung an den Konservatismus im Sinne dieses Ethos ist der inneren Dynamik dessen geschuldet, was ich als *epistemische Tabuisierung* bezeichnet habe. Es gehört, wenn man so will, zur ›Logik‹ oder zum ›Geist‹ epistemischer Tabuisierung, dass eben die Ethik, die einem Glauben den Status eines epistemischen Tabus zu-

---

[10] Der aktive Konservatismus stimmt in dieser Hinsicht mit dem Hedonisten überein, für den die Glaubwürdigkeit einer Meinung nur von ihrer hedonischen Produktivität abhängt. Vgl. S. 285 f.

schreibt, von jemandem, der sie vertritt, als schlechthin unanfechtbar angesehen werden muss.

Betrachten wir, um das genauer zu sehen, das Gebot des unüberprüften Glaubens an die Menschenwürde. Mit der Anerkennung dieses Gebots wird ausgeschlosssen, dass der Glaube an die Menschenwürde epistemischen Kriterien unterliegen soll. Nehmen wir nun an, jemand würde zum aktiven Konservatismus neigen. Dieser Denker würde dann dazu neigen, zu glauben, dass der Glaube an die Menschenwürde prinzipiell keiner epistemischen Kritik unterliegt. Würde er nun aber diesen höherstufigen anti-intellektualistischen Glauben selbst als einen epistemischer Kritik unterliegenden, anfechtbaren Glauben ansehen, könnte er nicht dazu tendieren, zu glauben, dass der Glaube an die Menschenwürde prinzipiell keiner epistemischen Kritik unterliegt.[11] Ob der Glaube an die Menschenwürde für epistemische Kritik offen ist, hängt also davon ab, ob der höherstufige anti-intellektualistische Glaube, dass er für epistemische Kritik prinzipiell nicht offen ist, epistemischer Kritik unterliegt. Die Tabuisierung des Glaubens an die Menschenwürde verlangt daher die Entwicklung einer Perspektive, die zu übernehmen für einen Denker bedeutet, den aktiven Konservatismus als eine epistemischer Kritik nicht unterliegende, schlechthin unanfechtbare Ethik zu betrachten.

Man kann also sagen, dass die Tabuisierung des Glaubens an die Menschenwürde nur möglich ist auf der Basis der Tabuisierung des höherstufigen anti-intellektualistischen Glaubens, dass der Glaube an die Menschenwürde keiner epistemischen Kritik unterliegt. Da die Tabuisierung dieses höherstufigen Glaubens wiederum derselben Bedingung unterliegt, kann es für das Gebot des unüberprüften Glaubens an die Menschenwürde kein vernünftiges Argument geben. Das heißt aber nicht, dass es psychologisch unmöglich wäre,

---

[11] In analoger Weise ist es nicht möglich, p für rational unbezweifelbar zu halten, wenn man es für rational bezweifelbar hält, dass p rational unbezweifelbar ist. Denn wenn ich es für rational bezweifelbar halte, dass p rational unbezweifelbar ist, glaube ich, dass jemand Gründe für die Falschheit von *p ist rational unbezweifelbar* haben kann. Jemand, der Gründe für die Falschheit von *p ist rational unbezweifelbar* hat, hat aber Gründe zu glauben, dass jemand Gründe haben kann, die für die Falschheit von p sprechen. Da dieser Zusammenhang transparent ist, kann ich folglich, wenn ich p für rational unbezweifelbar halte, nicht glauben, dass *p ist rational unbezweifelbar* rational bezweifelbar ist.

eine Ethik des epistemischen Tabus anzuerkennen. Für die psychologische Möglichkeit bedarf es aber eines den Regress der Tabuisierung abbrechenden (unbewussten) Mechanismus der Selbstbindung – eine Selbstbindung, die einem impliziten Ethos des unbedingten Glaubens gehorcht.[12] Die Prinzipien dieses Ethos sind keine moralischen Propositionen, sondern anti-intellektualistische Maximen der weltanschaulichen Selbstbindung:

(A) Glaube, dass die Aufrechterhaltung des Menschenwürde-Ethos moralisch geboten ist, auch wenn du keinen Grund hättest, dies für wahr zu halten!

(B) Glaube, dass die Aufrechterhaltung des Menschenwürde-Ethos moralisch geboten ist, auch wenn es nicht wahr ist, dass dies geboten ist!

Nun sind diese Maximen so augenscheinlich irrational, dass allerdings fraglich ist, ob irgendein konservativer Denker sich bewusst zu ihnen zu bekennen würde (oder sich bewusst zu ihnen auch nur bekennen *könnte*). Aber das ist hier irrelevant. Konservative Denker vertreten die Auffassung, dass der Menschenwürde-Diskurs aufrechterhalten werden soll. Und wenn sie zudem noch zu einer prinzipiell anti-aufklärerischen Einstellung neigen und dazu tendieren, die Entlarvung der Idee der Menschenwürde als ein moralisches Übel und die Rückkehr der Aufgeklärten unter das Regime dieser

[12] In »Freedom of the Will and the Concept of a Person« hat Frankfurt argumentiert, dass die Frage, ob wir unseren Willen wollen, nicht zwangsläufig die Frage nach sich zieht, ob wir das Wollen unseres Willens wollen, weil wir diese weiteren Fragen durch einen Akt der *entschiedenen* Identifikation mit unserem Willen, d.h. durch ein ›commitment‹, als irrelevant abweisen können. Wenn jemand sich entschieden mit seinem Willen identifiziert, hat er, in Frankfurts Worten, »decided that no further question about his second-order volition, at any higher order, remains to be asked«. – Frankfurt (2007a/1971) 22. Ein Regress würde sich jedoch ergeben, wenn es für einen freien Willen nicht nur erforderlich ist, dass es sich um einen Willen handelt, den wir wollen, sondern um einen Willen, der dadurch, dass wir ihn wollen, gerechtfertigt wird. Denn in diesem Falle müsste das Wollen unseres Willens gerechtfertigt sein, damit unser Wille dadurch, dass wir ihn wollen, gerechtfertigt ist, und was Frankfurt als entschiedene Identifikation ansieht, wäre dann eben nur ein irrationaler Akt der Willkür, die sich der berechtigten Frage nach der Rechtfertigung der Identifikation verweigert.

Idee als etwas moralisch Wünschenswertes zu betrachten, tendieren sie eben dazu, eine Ethik zu vertreten, deren Grundnorm das Gebot des unüberprüften Glaubens an die Menschenwürde ist. Und wie wir gesehen haben, würde dadurch ein infiniter Regress der Tabuisierung durch höherstufige anti-intellektualistische Überzeugungen generiert, gäbe es nicht einen unbewussten Mechanismus der Selbstbindung an die Ethik des aktiven Konservatismus.

So ist die Glaubwürdigkeit der eigenen ethischen Perspektive für den Anhänger des aktiven Konservatismus nicht in epistemischen Gründen, sondern darin begründet, dass er sich vorbehaltlos an seine Ethik bindet. Besser ausgedrückt: Die Ethik des aktiven Konservatismus präsentiert sich ihrem Anhänger als schlechthin glaubwürdig, nicht weil er Gründe hat, die zwingend für eine moralische Verpflichtung zur Überwindung des aufgeklärten Bewusstseins sprechen, sondern weil er sich, kraft eines unbewussten Mechanismus, vorbehaltlos – im Sinne eines Ethos des unbedingten Glaubens – an sie bindet. Sofern er einen konservativen Denker befallen sollte, ist der Schein der Glaubwürdigkeit des aktiven Konservatismus die *Projektion* einer blinden Selbstbindung.

Dass die Anhängerschaft an den aktiven Konservatismus letztendlich nur durch einen irrationalen Mechanismus der Selbstbindung erklärbar ist, macht ihn zu einem nicht allzu fernen Verwandten des religiösen Glaubens, wie er von Theoretikern interpretiert worden ist, die den Glauben an Gott als eine Einstellung *sui generis* darstellen, die aufgrund ihrer singulären Besonderheit nicht den üblichen Standards der Meinungsbildung unterliegt.[13] Eine erhellende Analogie ist hier Kierkegaards – von ihm freilich nicht als Entlarvung intendierte – Darstellung des christlichen Glaubens als Ausdruck eines vorbehaltlosen Gehorsams. Betrachten wir das kurz.

In seinem *Buch Adler* kritisiert Kierkegaard eine den Glauben nach seiner Auffassung fatal verfälschende Tendenz unter den Geistlichen und Predigern seiner Zeit, den Menschen das Christentum um vermeintlicher intellektueller Vorzüge willen – weil es

---

[13] Zu diesem vor allem in der protestantischen Theologie als Reaktion auf den protestantischen Liberalismus entstandenen Verständnis des Glaubens als existentielle Selbstbindung vgl. die kritische Studie von Bartley (1962) mit dem erhellenden Titel *The Retreat to Commitment* (dt. *Flucht ins Engagement*).

tiefsinnig ist oder weil es Rätsel löst, »mit denen die Menschen *den Kopf* sich *zerbrochen* haben«[14] – anzuempfehlen. Damit, betont Kierkegaard, würde jedoch »etwas ganz Verkehrtes akzentuiert«.[15] Die Hervorhebung intellektueller Vorzüge rückt den christlichen Glauben in die Perspektive der modernen Spekulation, die dem Glauben selbst entfremdet ist, weil sie »auf der einen Seite den *Gehorsam*, auf der anderen Seite die *Autorität* abgeschafft hat«.[16] Glauben heißt jedoch gerade, sich gehorsam unter die Autorität des Wortes Gottes beugen:

> Ein Geistlicher, der in seinem Vortrag ganz korrekt ist, muß, indem er ein Wort Christi anführt, so reden: »dieses Wort ist von dem, welchem, infolge seiner eigenen Aussage, alle Macht gegeben ist im Himmel und auf Erden. Du mußt nun, mein Zuhörer, mit dir selbst überlegen, ob du unter diese Autorität dich beugen willst oder nicht, das Wort annehmen und ihm glauben, oder nicht; aber willst du es, so gehe, um Gottes und Himmels willen nicht hin und nimm das Wort an, weil es geistreich ist oder tiefsinnig oder wunderbar schön, denn das ist Gotteslästerung, das heißt Gott kritisieren wollen«. Sobald nämlich die Dominante der Autorität, der spezifisch-paradoxen Autorität herrscht, sind alle Verhältnisse qualitativ verändert; *dann ist die Art der Aneignung, die sonst erlaubt und erwünscht ist, Schuld und Vermessenheit.*[17]

Aus dem hervorgehobenen Satz geht hervor, dass Kierkegaard der Auffassung ist, dass die für andere Überzeugungen erlaubte und erwünschte Art der Aneignung im Falle des christlichen Glaubens nicht nur keine Verbindlichkeit hat, sondern *unerlaubt* und *unerwünscht* ist. Epistemische Kriterien, so können wir ihn verstehen, sollen für die Aneignung des christlichen Glaubens keine Rolle spielen. Es wäre vielmehr ein grundlegender Fehler, diesen Glauben überhaupt aufgrund irgendwelcher Vorzüge anzunehmen. Denn damit würden wir nicht aufgrund der Autorität des Wortes Christi, sondern aus eigenen Gründen glauben.[18] Und dann wäre

[14] Kierkegaard (1977/1872) 444 (Hervorh. im Original).
[15] Ebd. 446.
[16] Ebd.
[17] Ebd. (Hervorhebung von mir).
[18] Kierkegaard glaubt also, wie Wolff (1998), dass Autonomie und Autorität miteinander unverträglich sind, nur dass Kierkegaard deshalb glaubt, dass der Gläubige, der die Autorität des Wortes Christi anerkennt, seine Autonomie

unser Glaube kein authentischer Glaube. Er wäre sogar schuldhaft und anmaßend, weil seine Aneignung die Autorität des Wortes Christi in gleicher Weise unterläuft wie das Verhalten eines Sohnes, der dem Befehl seines Vaters aufgrund des Urteils Folge zu leisten gedenkt, dass der Befehl Weisheit verrät, die Autorität des Vaters. Der Sohn, der dem Befehl des Vaters nicht einfach deshalb nachkommt, weil es ein Befehl des Vaters ist, gehorcht nicht nur nicht, er ist positiv ungehorsam: »(...) sein kritisches Verhalten in Richtung darauf, ob nun der Befehl tiefsinnig oder geistreich ist, unterminiert den Gehorsam«.[19]

Die Frage der Glaubwürdigkeit des christlichen Glaubens, können wir Kierkegaards Überlegungen zusammenfassen, ist für seine Aneignung irrelevant und muss, wenn wir glauben sollen, sogar unberücksichtigt bleiben. Die Glaubwürdigkeit diskutieren oder über sie reflektieren ist ein kritisches Verhalten, das den Glauben in seiner authentischen Form unmöglich macht. Der wahrhaft Gläubige glaubt also nicht aufgrund von Evidenzen oder weil er Gründe hat, die, so wie er sie versteht, für die Wahrheit des christlichen Glaubens sprechen. Sein Glaube ist das Produkt eines das eigene Räsonnement gerade ausschließenden Gehorsams, einer insbesondere von der Erwägung epistemischer Gründe vollkommen unabhängigen Selbstbindung an die Autorität des Wortes Christi. Die Glaubwürdigkeit, die der Glaube für den Gläubigen zweifellos hat, ist dann eine Glaubwürdigkeit, die sich allererst *mit dem Glauben* einstellt. Aber das heißt, dass die Glaubwürdigkeit des christlichen Glaubens, so wie Kierkegaard ihn versteht, nichts anders als eine Funktion der Selbstbindung ist, die den Gläubigen allererst zum Gläubigen macht und für die er keine Gründe hat.

---

drangeben muss, während Wolff glaubt, dass es keine legitime Autorität geben kann. Nach Raz (2009a) entstehen Auffassungen dieser Art nur aufgrund der stillschweigenden und fehlerhaften Annahme, dass alle Gründe Gründe erster Ordnung sind. Denn dann kommt es notwendig zu einem Konflikt zwischen Autorität und der Autonomie, da der Anspruch der Autorität eben impliziert, dass die eigenen Gründe nicht zählen. Sobald wir aber Gründe zweiter Ordnung zulassen, scheint dieses Problem zu verschwinden: Ein Sohn kann dann beispielsweise einen Grund haben, den Befehl seines Vaters als einen *ausschließenden Grund* anzuerkennen, d. h. als einen Grund zweiter Ordnung, Gründe erster Ordnung nicht in Betracht zu ziehen.

[19] Ebd. 445/6.

Wo der Schein der Glaubwürdigkeit eines Glaubens nur die Funktion einer Selbstbindung ist, entsteht eine besondere Form des Dogmatismus, das *reine Bekennertum*. Der Geist des reinen Bekennertums entspricht zum Teil dem des logischen Egoisten im Sinne Kants, der »es für unnötig [hält], sein Urteil auch am Verstande anderer zu prüfen; gleich als ob er dieses Probiersteins (criterium veritatis externum) gar nicht bedürfe.«[20] Der logische Egoismus des reinen Bekennertums ist aber von einer besonderen Art. Er ist nicht so sehr Ausdruck von Insensitivität gegenüber der eigenen Irrtumsanfälligkeit, sondern vielmehr Ausdruck einer völligen *Missachtung* des Problems der Irrtumsanfälligkeit. Das reine Bekennertum zeichnet sich also nicht durch epistemische Borniertheit, sondern durch seine radikal anti-intellektualistische Perspektive aus. In seiner Perspektive ist das Bekenntnis zu dem Glauben, zu dem es sich selbst bekennt, Kriterium und Grenze aller überhaupt zulässigen Kritik. Das reine Bekennertum verlangt also das Bekenntnis als Voraussetzung dafür, dass der andere Verstand die Rolle eines *criterium veritatis externum* überhaupt einnehmen kann.

Das tabuisierende konservative Denken ist daher anti-aufklärerisch, weil es anti-intellektualistisch ist. Es verwirft die Aufklärung nicht als Ergebnis einer intellektuellen Auseinandersetzung, sondern *von vornherein* und *verweigert sich* der Präsumption für die Aufklärung. Das Ethos des unbedingten Glaubens enthält daher nicht nur Maximen der Selbstbindung, sondern auch Maximen der weltanschaulichen Zurückweisung:

(C) Glaube *nicht*, dass die Befreiung von der Idee der Menschenwürde moralisch geboten ist, auch wenn du Gründe hättest, dies für wahr zu halten!

(D) Glaube *nicht*, dass die Befreiung von der Idee der Menschenwürde moralisch geboten ist, auch wenn es wahr ist, dass dies geboten ist!

Die Maximen der Zurückweisung verdeutlichen, dass konservatives Denken im Sinne des aktiven Konservatismus die intellektuelle Auseinandersetzung mit der Aufklärung als einen grundlegenden Fehler betrachtet. Eine intellektuelle Auseinandersetzung mit der

---

[20] Kant (1991/1798) 409, A 6/B 6.

Aufklärung wäre zugleich auch eine intellektuelle Auseinandersetzung mit der eigenen anti-aufklärerischen Position. Und da eine intellektuelle Auseinandersetzung wesentlich wahrheitsorientiert ist, müsste der Anhänger des Konservatismus, wenn er sich auf sie einlässt, die eigene Position epistemischer Kritik öffnen, was aber, wie gesehen, dem Geist einer das Ethos der Menschenwürde tabuisierenden Ethik grundsätzlich zuwiderläuft.

Mehr noch als die Maximen der Selbstbindung machen die Maximen der Zurückweisung deutlich, dass es zum *Wesen* des tabuisierenden Konservatismus gehört, dass er die Wahrheitsorientierung in der Ethik zurückweist. Damit aber untergräbt das tabuisierende Denken den Sinn der Ethik, die systematische Untersuchung dessen, was wir tun sollen. Der aktive Konservatismus ist also nicht nur eine amoralistische Ethik, er gehört auch in die paradoxe Kategorie einer die Ethik als solche entwertenden Ethik, d. h. einer Ethik, die anzuerkennen für einen Denker bedeutet, sich selbst in Opposition zur Ethik zu stellen. Alles zusammengenommen rechtfertigen die Fakten über den tabuisierenden Konservatismus das Urteil, dass diese Spielart anti-aufklärerischen Denkens eine Manifestation falschen Bewusstseins ist.

3. Die Ethik epistemischer Quarantäne

3.1 Das Problem der Verteidigung epistemischer Quarantäne

Der aktive Konservatismus, haben wir jetzt gesehen, ist absurd und lässt sich nicht verteidigen. Wie ich bereits hervorgehoben habe, wird es für die Bewertung des anti-aufklärerischen Denkens daher von entscheidender Bedeutung sein, ob der passive Konservatismus die Laster des aktiven erbt oder ob er, frei davon, fähig ist, die Bedeutsamkeit der Werte, die eine Präsumption für die Aufklärung erzeugen, in authentischer und angemessener Weise zu berücksichtigen. Betrachten wir zunächst die vordringliche Frage, ob der passive Konservatismus die Laster des aktiven erbt. Unsere Frage ist also:

(a) ob auch der passive Konservatismus eine pervertierte Wertorientierung enthält und das falsche Bewusstseins des Menschenwürde-Ethos als einen normativ idealen Zustand konzipiert;

(b) ob auch der passive Konservatismus eine amoralistische Ethik ist, die von uns die Aufgabe unserer intellektuellen und moralischen Integrität verlangt;

(c) ob auch der passive Konservatismus eine die Ethik als solche entwertende Ethik ist, die anzuerkennen für einen Denker bedeutet, sich selbst in Opposition zur Ethik zu stellen.

Um die Unterschiede zwischen aktivem und passivem Konservatismus zu erkennen, hatte ich oben zwischen Zielen, projekteigenen Strategien und praktischen Maßnahmen zur Implementierung dieser Strategien unterschieden und hervorgehoben, dass sich aktiver und passiver Konservatismus gerade nicht bloß in praktischer Hinsicht, sondern vielmehr *grundsätzlich* unterscheiden, weil die Überwindung des aufgeklärten Bewusstseins für den aktiven Konservatismus einen ganz anderen Stellenwert hat als die soziale Abkapselung des aufgeklärten Bewusstseins für den passiven. Für den aktiven Konservatismus, hatten wir gesehen, ist die Überwindung des aufgeklärten Bewusstseins ein integraler Bestandteil des Ziels der Aufrechterhaltung des Menschenwürde-Diskurses, während die soziale Abkapselung des aufgeklärten Bewusstseins für den passiven Konservatismus eine Strategie zur Sicherstellung des von ihm anvisierten Ziels, nicht aber selbst ein Bestandteil oder Aspekt dieses Ziels ist. Anders als der aktive Konservatismus betrachtet der passive das aufgeklärte Bewusstsein lediglich als eine *äußere* Gefahr für die kulturelle Reproduktion des Glaubens an die Menschenwürde und nicht als einen verderblichen Riss im Inneren dieses Glaubens. Für den passiven Konservatismus ist daher die Entlarvung der Idee der Menschenwürde nicht *als solche* ein moralisches Übel, und die Strategie der epistemischen Quarantäne ist auch nicht gegen das aufgeklärte Bewusstsein gerichtet.

Aus alledem scheint nun hervorzugehen, dass der passive Konservatismus keins der Laster des aktiven erbt. Da die Überwindung des aufgeklärten Bewusstseins für ihn kein moralisch verpflichtendes Ziel ist, ist der Verfechter des passiven Konservatismus nicht gezwungen, den unüberprüften Glauben an die Menschenwürde als normativ ideal zu betrachten. Da er nur die Abkapselung des aufgeklärten Bewusstseins, nicht aber dessen Rückkehr unter das Regime der Idee der Menschenwürde vorschreibt, gehört die Aufgabe unserer intellektuellen und moralischen Integrität nicht zu den intrinsischen Konsequenzen des passiven Konservatismus. Und da er den Glauben an die Menschenwürde nicht tabuisiert, unterliegt sein Denken auch nicht der zum reinen Bekennertum drängenden Dynamik der höherstufigen Tabuisierung. Der passive Konservatismus scheint also weder eine werttheoretisch pervertierte noch eine amoralistische, noch eine die Ethik überhaupt entwertende Ethik zu sein.

Alles das spricht den passiven Konservatismus aber nicht vom Verdacht der Gleichgültigkeit gegen die (moralische) Wahrheit frei. Um davon freigesprochen werden zu können, müsste nachweisbar sein, dass der passive Konservatismus die Bedeutsamkeit der Werte, die eine Präsumption für die Aufklärung erzeugen, in authentischer Weise zu berücksichtigen fähig ist.[21] Wir müssen daher auch fragen:

(d) ob der passive Konservatismus damit vereinbar ist, dass es eine rationale Präsumption für die Aufklärung gibt.

Diese Frage ist nun sehr viel schwerer zu beantworten, als es den Anschein haben mag. Denn obwohl der passive Konservatismus das Menschenwürde-Ethos nicht tabuisiert, darf nicht vergessen werden, dass auch diese Spielart konservativen Denkens dezidiert anti-aufklärerisch und anti-liberationistisch ist: Auch der passive Konservatismus betrachtet die Aufklärung als einen *ernsten moralischen Fehler* und erklärt es zu einem *verpflichtenden* Ziel, dass die Unaufgeklärten unaufgeklärt bleiben und in ihrem Zustand falschen moralischen Bewusstseins belassen werden sollen. Wie aber kann eine normative These dieser Art damit vereinbar sein, dass es eine rationale Präsumption für die Aufklärung gibt?

Das eigentliche Problem der Verteidigung des passiven Konservatismus wird damit erst sichtbar, wenn die Abgrenzung zum aktiven Konservatismus nicht mehr im Fokus der Betrachtung steht.

---

[21] Dabei ist wichtig, nicht aus dem Auge zu verlieren, dass die Präsumption für die Aufklärung nicht aus kontingenten Umständen resultiert, sondern ausschließlich werttheoretische Gründe hat. Wir können einsehen, dass es diese Präsumption gibt, ohne dabei irgendwelche psychologischen, soziologischen oder historischen Fakten berücksichtigen zu müssen. Die Frage nach der Vereinbarkeit mit der Präsumption für die Aufklärung ist daher als eine Frage nach den systematischen werttheoretischen Charakteristika des passiven Konservatismus und nicht als eine Frage seiner empirischen Informiertheit zu verstehen.

Die Vereinbarkeit mit der Präsumption für die Aufklärung verlangt nämlich *erstens* nicht nur, dass die Entlarvung der Idee der Menschenwürde nicht als ein moralisches Übel konzipiert wird. Sie verlangt vielmehr auch, dass sie als die Entlarvung einer Quelle der Nicht-Idealität und damit auch als ein moralisches Gut konzipiert wird. In einer normativ idealen Welt, muss der passive Konservatismus also anerkennen können, würden wir uns an der Idee der Menschenwürde nicht orientieren und hätten den Begriff der Menschenwürde überhaupt niemals entwickelt. Um (d) beantworten zu können, müssen wir daher untersuchen:

(e) ob der passive Konservatismus das falsche Bewusstsein des Menschenwürde-Ethos als eine *Quelle moralischer Nicht-Idealität* konzipieren kann.

Mit der Präsumption für die Aufklärung vereinbar zu sein, verlangt vom passiven Konservatismus *zweitens* nicht nur, dass die Aufgabe der eigenen intellektuellen Integrität in moralischen Dingen nicht zu seinen intrinsischen Konsequenzen gehört. Die Vereinbarkeit verlangt auch, dass die eigene intellektuelle Integrität in moralischen Dingen aufzugeben nicht zu seinen externen praktischen Konsequenzen gehört. Um (d) beantworten zu können, müssen wir daher weiterhin untersuchen:

(f) ob der passive Konservatismus die Regression der Aufgeklärten in das falsche Bewusstsein des Menschenwürde-Ethos als eine praktische moralische Möglichkeit *ausschließt*.

Das Problem der Verteidigung des passiven Konservatismus stellt sich damit als das Problem heraus, *nachzuweisen*, dass diese Ethik den in (e) und (f) genannten Bedingungen genügt. (d), könnte man auch sagen, artikuliert eine generelle, (e) und (f) jeweils eine spezifische Adäquatheitsbedingung für jede konservative Ethik. Auch die Ethik epistemischer Quarantäne, heißt das, ist nur dann überhaupt eine diskussionswürdige Alternative zur Aufklärung, wenn sie diese Bedingungen erfüllt, wobei der Verteidigung des passiven Konservatismus die Aufgabe zufällt, eben dies, dass sie diese Bedingungen erfüllt, unter Beweis zu stellen.

Dass der Verteidigung das gelingen könnte, ist jedoch äußerst zweifelhaft. Betrachten wir zunächst die Frage (e): ob der passive

Konservatismus das falsche moralische Bewusstsein des Menschenwürde-Ethos als eine Quelle der Nicht-Idealität konzipiert. Wenn wir das anti-aufklärerische Ziel dieser Ethik betrachten, wird deutlich, dass diese Frage eher verneint als bejaht werden muss. Zum Ziel des passiven Konservatismus gehört, dass die Unaufgeklärten unaufgeklärt bleiben. Aber das ist nur ein Aspekt der Aufrechterhaltung des Menschenwürde-Diskurses oder, genauer gesagt, der kulturellen Reproduktion des Glaubens an die Menschenwürde. Denn durch die Strategie epistemischer Quarantäne soll die Verbreitung des Menschenwürde-Skeptizismus unter den Unaufgeklärten verhindert werden, *insofern* mit einer solchen Verbreitung die kulturelle Reproduktion des Glaubens an die Menschenwürde beeinträchtigt wird. Und zu diesem Ziel gehört offenbar auch die *Erziehung der nachfolgenden Generationen* im Sinne des Menschenwürde-Ethos.[22] Die Strategie epistemischer Quarantäne reflektiert daher *zwei Aspekte* des konservativen Ziels: Die Aufgeklärten sollen die Wahrheit für sich behalten, weil zum einen das gesellschaftliche Vertrauen in die Integrität des Begriffs der Menschenwürde stabil bleiben und weil zum anderen die Zuverlässigkeit der Vermittlung des Menschenwürde-Ethos an die nachfolgenden Generationen nicht beeinträchtigt werden soll.[23]

Ohne den generationenübergreifenden Aspekt machte der Konservatismus insgesamt keinen Sinn. Aber gerade dieser Aspekt ist es wiederum, der ernsthafte Zweifel daran aufgekommen lassen muss, ob der passive Konservatismus überhaupt zu konzedieren fähig ist,

---

[22] Ohne diesen Aspekt würde der passive Konservatismus zu der völlig unspezifischen Auffassung degenerieren, dass es darum und nur darum geht, die gegenwärtig Unaufgeklärten in ihrer Unwissenheit zu belassen. Unspezifisch, weil die Aufrechterhaltung des Menschenwürde-Diskurses für eine derartige Auffassung in keinem Zusammenhang mit der Aufrechterhaltung des Menschenwürde-Ethos steht. Einem solchen Konservatismus ginge es also, mit anderen Worten, nicht um die Aufrechterhaltung des Menschenwürde-Diskurses, weil es sich bei diesem Diskurs um den *Menschenwürde*-Diskurs handelt. Ein Konservatismus dieser Art ist zwar möglich, aber aufgrund seines unspezifischen Charakters langweilig und uninteressant. Meine im nächsten Kapitel geführte Diskussion des Arguments aus der Erosion der Moral deckt aber auch derartig unspezifische konservative Einstellungen ab. Vgl. S. 390 ff.
[23] Mit »gesellschaftliches Vertrauen« meine ich also das Vertrauen der unsere Gesellschaft gegenwärtig ausmachenden, gegenwärtig lebenden Menschen.

dass die begriffliche Korruption des Menschenwürde-Ethos eine Quelle der Nicht-Idealität ist.

Das Problem ist hier folgendes. Wenn wir ausschließlich die Bewahrung des Menschenwürde-Ethos in der *gegenwärtigen* Generation betrachten, scheint es für einen Verfechter des Konservatismus möglich zu sein, die damit notwendig einhergehende Konservierung falschen moralischen Bewusstseins als eine durch spezifische Bedingungen der Nicht-Idealität notwendig gemachte Konservierung eines Zustands zu betrachten, der eine Quelle der Nicht-Idealität ist. Wenn man die Bewahrung des Menschenwürde-Ethos jedoch als ein *generationenübergreifendes* Ziel betrachtet, scheint es unumgänglich zu werden, die damit notwendig einhergehende Reproduktion falschen moralischen Bewusstseins als einen Mechanismus der Konservierung einer *moralischen Errungenschaft* zu konzipieren. Denn die Sicherstellung der Erziehung der nachfolgenden Generationen im Sinne des Menschenwürde-Ethos könnte nicht Teil eines moralischen Ziels sein, wenn es dabei nicht um die Vermittlung eines Status quo des moralischen Bewusstseins ginge, der *als solcher* bewahrenswert ist. Ein Zustand des moralischen Bewusstseins, der als solcher bewahrenswert ist, kann aber keine Quelle moralischer Nicht-Idealität sein. Wenn das richtig ist und der passive Konservatismus nicht umhin kann, ein falsches moralisches Bewusstsein als eine moralische Errungenschaft zu konzipieren, reduziert er sich auf eine Perspektive, die sich systematisch zwar noch immer signifikant vom tabuisierenden Konservatismus unterscheidet, aber dennoch werttheoretisch paradox ist und sich mit der Präsumption für die Aufklärung nicht vereinbaren lässt.

Betrachten wir als nächstes die Frage (f): ob der passive Konservatismus die Überwindung des aufgeklärten Bewusstseins als eine praktische moralische Möglichkeit ausschließt. Auch daran müssen wir ernsthafte Zweifel hegen. Die soziale Abkapselung des aufgeklärten Bewusstseins, hatte ich betont, ist eine den passiven Konservatismus definierende, für ihn konstitutive Strategie und nicht bloß eine praktische Maßnahme zur Implementierung des konservativen Projekts. *Wie* die soziale Abkapselung zu bewerkstelligen ist, ist dagegen eine Frage, die der passive Konservatismus offen lässt. Das heißt aber natürlich nicht, dass die Praxis der Ethik epistemischer Quarantäne von dieser Ethik gar nicht angeleitet würde. Die fundamentale Leitlinie für die konservative Praxis ist folgende: Wenn eine bestimmte praktische Maßnahme *M* erforderlich ist, um epistemische Quarantäne zu gewährleisten, sollen wir uns *M* entsprechend verhalten. Wenn also beispielsweise die soziale Abkapselung des Menschenwürde-Skeptizismus nur durch *Unaufrichtigkeit* sichergestellt werden kann – nur dadurch also, dass die Aufgeklärten den Unaufgeklärten gegenüber so tun, als ob sie an die Menschenwürde glauben – *sollen* sich die Aufgeklärten unaufrichtig verhalten. Es ist nun leicht zu sehen, dass die praktische Leitlinie des passiven Konservatismus eine durchgreifende Kraft besitzt. Nehmen wir etwa an, dass die Unaufrichtigkeit der Aufgeklärten, weil sie dann allzu leicht entdeckt würde, keinen Erfolg hätte, wenn sich die Aufgeklärten nicht selbst einem strikten Publikationsverbot unterwerfen würden. In diesem Falle würde der passive Konservatismus *als eine untergeordnete praktische Maßnahme* von mir verlangen, dass ich dieses Buch niemals veröffentliche. Ich würde mich dann eines ernsten moralischen Fehlers schuldig machen, würde ich dieses Buch veröffentlichen.

Wichtig ist nun, festzuhalten, dass die Ethik epistemischer Quarantäne *keine* prinzipielle Möglichkeit besitzt, auszuschließen, dass Unaufrichtigkeit oder Selbstzensur moralisch geforderte Maßnahmen sein könnten. Unaufrichtigkeit und Selbstzensur sind nämlich nicht nur praktische Maßnahmen zur Verhinderung der Ausbreitung des aufgeklärten Bewusstseins, sondern Maßnahmen zur Implementierung epistemischer Quarantäne. Als solche sind sie selbst *Strategien epistemischer Quarantäne*, so wie Maßnahmen zur räumlichen Isolierung von Patienten mit hochinfektiösen Erkrankungen Strategien der medizinischen Quarantäne sind. Und eine Ethik epistemischer Quarantäne kann Strategien epistemischer Quarantäne nicht konsistent ausschließen: Wenn epistemische Quarantäne moralisch geboten und *M* eine Strategie epistemischer Quarantäne ist, ohne die die Verbreitung des Menschenwürde-Skeptizismus in der Gesellschaft nicht verhindert werden kann, ist *M* geboten und folglich erlaubt.

Unaufrichtigkeit und Selbstzensur implementieren epistemische Quarantäne durch die Manipulation der Kommunikation unter epistemischen Akteuren. Für Strategien epistemischer Quarantäne ist das aber nicht definierend. Die Kommunikation unter epistemischen Akteuren könnte nämlich auch durch *kognitive Selbstmanipulation* in die Bahnen des konservativen Projekts gelenkt werden. Die Selbsttäuschung eines Menschenwürde-Skeptikers, der sich selbst glauben macht, dem Ethos der Menschenwürde anzuhängen, ist genauso eine Strategie epistemischer Quarantäne wie die Unaufrichtigkeit. Und wenn eine derartige Selbsttäuschung die skeptische Einsicht zuverlässiger vor der Öffentlichkeit abschirmt als bloße Unaufrichtigkeit, ist die Selbsttäuschung des Skeptikers aus der Sicht des passiven Konservatismus nicht nur moralisch zulässig, sondern geboten. Allgemein können wir daher sagen, dass alle Strategien der kognitiven Selbstmanipulation, die der Implementierung epistemischer Quarantäne dienen, für den passiven Konservatismus *Kandidaten für moralisch gebotene Maßnahmen* sind.

Wenn jedoch Selbsttäuschung über den eigenen epistemischen Zustand vis-à-vis der Idee der Menschenwürde den Status einer moralisch möglichen Strategie hat, muss dann nicht auch die Rückkehr unter das Regime der Idee der Menschenwürde diesen Status haben? Die Rückkehr in den voraufgeklärten Zustand ist nämlich, kann man mit einigem Recht argumentieren, nichts anderes als die *Vollendung* dessen, was durch Selbsttäuschung erzielt werden soll. Die Selbsttäuschung soll die Einsicht in die Korruption der Idee der Menschenwürde für den Skeptiker selbst (und dadurch indirekt für die Unaufgeklärten) *unzugänglich* machen. Durch Selbsttäuschung soll er sich damit in einen Zustand bringen, der aus seiner Innenperspektive seinem voraufgeklärten Bewusstsein gleicht. Er würde dadurch subjektiv in eine Kontinuität mit seinem voraufgeklärten Bewusstsein eintreten (und Unaufrichtigkeit überflüssig machen). Die *echte* Rückkehr in den voraufgeklärten Zustand bewirkt daher objektiv, was die Selbsttäuschung subjektiv in der Innensicht des Skeptikers bewirkt. In diesem Sinne, kann man sagen, vollendet die Überwindung des aufgeklärten Bewusstseins durch Regression die Überwindung des aufgeklärten Bewusstseins durch Selbsttäuschung. Es ist daher schwer zu sehen, wie die Ethik epistemischer Quarantäne die Rückkehr in den voraufgeklärten Zustand von den Kandidaten moralisch gebotener Strategien in einer konsistenten, nicht-arbiträren Weise ausschließen kann.

Die einzig denkbare Erwiderung scheint hier die zu sein, dass die Selbsttäuschung eine Strategie epistemischer Quarantäne ist, die

Rückkehr unter das Regime der Idee der Menschenwürde dagegen nicht. Diese Replik ist oberflächlich. *Zum einen* übersieht sie, dass das Argument aus der Vollendung der Selbsttäuschung eine *neuartige* Herausforderung für die Ethik epistemischer Quarantäne darstellt: Die Verteidigung des passiven Konservatismus steht vor der Herausforderung zu erklären, warum ausschließlich Strategien epistemischer Quarantäne und nicht auch solche Strategien moralisch zulässig sein sollen, die mit diesen kontinuierlich sind, insofern sie das manipulative Anliegen von Quarantänemaßnahmen vollenden. *Zum anderen* übersieht diese Erwiderung, dass das Argument aus der Vollendung der Selbsttäuschung eine *weitere* Herausforderung bereithält: Die Selbsttäuschung, im Zuge derer der aufgeklärte Skeptiker sich selbst vorspiegelt, an die Menschenwürde zu glauben, ist nicht weniger eine Preisgabe der Integrität moralischen Denkens als die Rückkehr unter das Regime der Idee der Menschenwürde. Das Argument aus der Vollendung der Selbsttäuschung scheint die Verteidigung des passiven Konservatismus daher in eine ausweglose Lage zu bringen.

Fassen wir zusammen. Der passive Konservatismus ist keine diskussionswürdige Alternative zur Aufklärung, solange sich nicht nachweisen lässt, dass er mit der rationalen Präsumption für die Aufklärung vereinbar ist. Um die Vereinbarkeit darlegen zu können, müsste die Verteidigung zeigen können, dass der passive Konservatismus den in (e) und (f) genannten Bedingungen genügt. Dementsprechend habe ich zunächst diskutiert, ob es für den passiven Konservatismus möglich ist, das falsche Bewusstsein des Menschenwürde-Ethos als eine Quelle moralischer Nicht-Idealität zu konzipieren, wobei sich gezeigt hat, dass es gute Gründe gibt, dies zu verneinen. Da nämlich die Bewahrung des Menschenwürde-Ethos aus der Sicht des Konservatismus ein *generationenübergreifendes* Ziel ist, kommt er nicht umhin, die damit notwendig einhergehende Reproduktion falschen moralischen Bewusstseins als einen Mechanismus der Bewahrung einer *moralischen Errungenschaft* zu konzipieren. Eine moralische Errungenschaft kann aber schwerlich eine Quelle moralischer Nicht-Idealität sein. Anschließend habe ich die Frage untersucht, ob der passive Konservatismus ausschließen kann, dass die Regression in den voraufgeklärten Zustand eine moralisch gebotene Maßnahme sein könnte. Dabei hat die Diskussion zum einen ergeben, dass es für eine solche Grenzziehung keinen guten systematischen Grund zu geben scheint. Zum anderen aber hat sie ergeben, dass selbst eine nicht-willkürliche Grenzziehung auch nicht weiter helfen würde, da die Ethik epistemischer Quarantäne auf jeden Fall Strategien zulassen muss, die, weil sie die Preisgabe der intellektuellen Integrität des moralischen Denkens beinhalten, moralische Äquivalente zur Regression ins falsche Bewusstsein sind. Wir haben daher gute Gründe für die Auffassung, dass der passive Konservatismus nicht verteidigt werden kann. Nach allem, was wir durch unsere Diskussion wissen, sollten wir also urteilen dürfen, dass auch der passive Konservatismus, obwohl er sich signifikant vom aktiven unterscheidet, Ausdruck einer Gleichgültigkeit gegen die (moralische) Wahrheit ist.

3.2 Das Problem der Rechtfertigung epistemischer Quarantäne

In diesem und den folgenden Kapiteln werde ich von den Problemen der Verteidigung des Konservatismus abstrahieren, so tun, als ob konservatives Denken die Präsumption für die Aufklärung prinzipiell anerkennen könnte, und statt des Problems der Verteidigung das Problem der Rechtfertigung epistemischer Quarantäne untersuchen. Der Grund dafür hat damit zu tun, dass es nicht ratsam erscheint, die Kritik des Konservatismus ausschließlich an dem Problem der Vereinbarkeit mit fundamentalen werttheoretischen und ethischen Wahrheiten auszurichten. Wenn wir stattdessen die Rechtfertigung epistemischer Quarantäne, d.h. die Gründe untersuchen, auf die sich diese anti-aufklärerische Perspektive meint stützen zu können, und zeigen können, dass es solche Gründe in Wahrheit gar nicht gibt, dass der Konservatismus also bloß auf Irrtümern und fehlerhaften Überlegungen beruht, werden wir ein tieferes Verständnis der Inadäquatheit des Konservatismus und dadurch auch eine größere Sicherheit in unserem Urteil über den Wert der Aufklärung gewinnen. Außerdem ist die Untersuchung der Rechtfertigung die einzige Möglichkeit, den Sorgen, die konservatives Denken antreiben, *in concreto* Rechnung zu tragen. Solange wir es nämlich nicht wie bisher in einer systematisch rekonstruierten Form betrachten, tritt konservatives Denken in der Form einer *nai-*

ven praktischen Ethik auf und erschöpft sich in einer besorgten Hervorhebung vermeintlicher Nachteile der Aufklärung, die vermeintlich entscheidend gegen das liberationistische Projekt sprechen. Der *pragmatische Konservatismus*, wie wir diese naive, unsystematische Erscheinungsform anti-liberationistischen Denkens nennen können, ist sich nicht bewusst, dass es eine rationale Präsumption für die Aufklärung gibt, und betrachtet die Frage, was wir angesichts der Entlarvung der Idee der Menschenwürde als einer Quelle falschen moralischen Bewusstseins tun sollen, als eine unabhängige Frage der praktischen Ethik, deren Diskussion den gewöhnlichen Diskussionen zum Beispiel über die Grenzen der Meinungsfreiheit entsprechen würde. Die Naivität des pragmatischen Konservatismus besteht gerade darin, dass er für eine systematisch oberflächliche Angelegenheit hält, was in Wahrheit nichts Geringeres als die *Integrität des moralischen Denkens* betrifft und damit Fragen der Respektabilität der moralischen Meinungsbildung sowohl der einzelnen Person als auch der Gesellschaft insgesamt und nicht zuletzt der Respektabilität, der Bedeutsamkeit und des Sinns der Ethik als solcher berührt. Er sieht daher nicht, dass der Konservatismus unter dem Verdacht der Gleichgültigkeit gegen die (moralische) Wahrheit steht, und folglich auch nicht, dass die Auseinandersetzung zwischen Aufklärung und Konservatismus nicht nur eine Auseinandersetzung über die Vor- und die Nachteile verschiedener praktischer Maßnahmen ist. Die naive Reduktion aufs Praktische macht das konservative Denken blind für den paradoxen Charakter der eigenen Position. Sie unterstellt, dass die anti-liberationistische Auffassung in einer unproblematischen Weise diskussionswürdig und im Prinzip genauso respektabel ist wie die liberationistische Position der Aufklärung. Was die Kohärenz seiner Auffassung insgesamt und grundlegend in Frage stellt, betrachtet der pragmatische Konservatismus daher als Einwände, die er, wenn er sie nicht zurückweisen, dann einfach durch *Anpassung* auffangen kann. Einwände, die die Zielvorstellung eines zum aktiven Konservatismus tendierenden Denkens betreffen, sind dem naiv-pragmatischen Opponenten der Aufklärung nicht Anlass, über des Adäquatheit des Konservatismus grundsätzlich nachzudenken, sondern Umstände, die ihn von einer Ethik des epistemischen Tabus hin zu einer Ethik epistemischer Quarantäne bewegen. Und Einwände, die die Strategien epistemischer Quarantäne betreffen, sind ihm nicht Anlass, darüber zu reflektieren, ob epistemische Quarantäne moralisch geboten ist, sondern Umstände, die ihn dazu bringen, die Strategien epistemischer Quarantäne, an denen sich die Kritik entzündet, zu verwerfen. Der pragmatische Konservatismus zeichnet sich durch philosophischen Opportunismus und Eklektizismus aus. Das macht eine systematische Diskussion vielleicht schwierig, aber nicht unmöglich. So wie wir zuvor die systematischen Grundstrukturen konservativen Denkens rekonstruiert haben, können wir das Problem der Rechtfertigung einer Ethik epistemischer Quarantäne systematisch rekonstruieren, auch wenn der pragmatische Konservatismus selbst dieses Problem gar nicht reflektiert. Das Ziel dieser Rekonstruktion besteht darin, die Argumente zu identifizieren, auf die sich der pragmatische Konservatismus, würde er durch systematisches Denken angeleitet, stützen würde, um seine antiaufklärerische Position zu begründen. Dabei werden sich die Argumente, die wir diskutieren sollten, auf zwei Typen reduzieren: das *Argument aus der Erosion der Moral* einerseits und das *Argument aus der moralischen Errungenschaft* andererseits. Keines dieser eng miteinander verwandten Argumente, werde ich im Anschluss an ihre Präsentation jeweils zu zeigen versuchen, ist schlüssig; vor allem aber beruhen beide Argumente auf Voraussetzungen, durch die sie sich selbst unterminieren.

Die Möglichkeit einer systematischen Reduktion der Argumente ergibt sich daraus, dass die Rechtfertigung epistemischer Quarantäne bestimmten *Minimalanforderungen* genügen muss: Sie muss zum einen werttheoretisch, zum anderen empirisch plausibel sein. Um werttheoretisch plausibel zu sein, muss ein Argument für die Ethik epistemischer Quarantäne Nachteile der Aufklärung geltend machen, von denen zumindest mit einiger Plausibilität behauptet werden kann, sie würden die intrinsischen Übel einer auf die Bewahrung des Menschenwürde-Ethos zielenden Praxis signifikant überwiegen. Um empirisch plausibel zu sein, müssen die von einem solchen Argument geltend gemachten Nachteile der Aufklärung nicht nur möglich, sondern wahrscheinlich und erwartbar sein. Der wichtigste Schritt zur systematischen Reduktion besteht nun darin, alle Argumente auszuschließen, deren werttheoretische Inadäquatheit manifest ist. Das sich für den pragmatischen Konservatismus ergebende Problem der Rechtfertigung epistemischer Quarantäne besteht dann in dem Problem, eine werttheoretisch plausible Rechtfertigung zu konstruieren, die nicht zu Lasten der empirischen Plausibilität geht. Eine solche Rechtfertigung, werden wir sehen, gibt es aber nicht. Beginnen wir zunächst mit einem Argument, bei dem offensichtlich sein dürfte, dass es fehlschlägt, weil es in werttheoretischer Hinsicht manifest inadäquat ist:

Das Argument aus den Unannehmlichkeiten Stellen wir uns den Konsequentialisten K. vor, dessen Nachdenken über die angemessene praktische Reaktion auf den Menschenwürde-Skeptizismus vor allem auf die Frage konzentriert ist, welche hedonischen Auswirkungen die Aufklärung der Unaufgeklärten hat. Obwohl K. vom hedonistischen Utilitarismus abgerückt ist und die moralische Bedeutsamkeit intellektueller Werte anerkennt, neigt er in seinem praktischen Urteil zu einer Fokussierung auf die hedonischen Effekte. Psychologische Evidenz spricht nun dafür, dass die erwartbaren direkten hedonischen Effekte aufklärerischen Engagements in der Regel negativ sind. Die Leute mögen es im Allgemeinen nicht, wenn man sie auf Irrtümer, Illusionen und andere kognitive Fehlleistungen hinweist. Sie fühlen sich bedrängt, geraten in schlechte Stimmung, haben das unangenehme Gefühl gekränkter Eitelkeit, werden ärgerlich usw. Daran ändert sich auch nichts, wenn diese Hinweise durch gute Argumente gestützt werden. K. glaubt deshalb, dass die Aufklärung sehr viel mehr unangenehme als angenehme Gefühle erzeugt, dass die Summe der zu erwartenden unangenehmen Gefühle beträchtlich ist und dass die Unterlassung der Aufklärung zwar keine angenehmen, aber auch keine unangenehmen Gefühle bewirkt. Die Unterlassung der Aufklärung, folgert er, ist (nach allem was wir wissen) unschädlich, während aufklärerisches Engagement Schaden anrichten und das Glück der Betroffenen beeinträchtigen würde. Und so gelangt K. zu der Auffassung, dass die Aufgeklärten dem Grundsatz der epistemischen Quarantäne folgen sollten.

Das Argument aus den Unannehmlichkeiten würde sicher kaum jemand akzeptieren – und zwar auch dann nicht, wenn an den Prämissen über die hedonischen Effekte der Aufklärung kein Zweifel bestünde. Woran liegt das?

Ein interessantes Merkmal dieses Arguments ist, dass es gänzlich *unspezifisch* ist. Die Effekte, auf die es fokussiert, sind Effekte nicht speziell der Aufklärung über die Idee der Menschenwürde, sondern häufige Effekte mehr oder weniger jeder Form intellektueller Kritik, speziell aber jeder Form entlarvender Kritik. Daher ist es nicht schwer zu sehen, dass dieses Argument, würde es den Konservatismus in unserem Fall rechtfertigen, verwandte konservative Reaktionen auch in anderen Fällen rechtfertigen würde, in denen die Entlarvung falschen Bewusstseins nicht im hedonischen Eigeninteresse der Unaufgeklärten ist. Aber so leicht, sollte man denken, kann es nicht sein, intellektuelle Kritik und aufklärerische Aktivitäten als moralisch unzulässig einzustufen. Das Argument aus den Unannehmlichkeiten kann also schon deshalb nicht akzeptiert werden, weil es, wie man sagt, zu viel beweist und uns, würden wir es als schlüssig anerkennen, zwingen würde, zu akzeptieren, dass es eine Präsumption *gegen* alle aufklärerische Kritik gibt, was absurd ist.

Die dialektische *reductio* verweist auf den substantiellen Fehler im Argument aus den Unannehmlichkeiten und zeigt uns, dass dieser Fehler gerade nicht bei seinen psychologischen Prämissen, d. h. den Prämissen über die hedonischen Effekte der Aufklärung zu suchen sind. Dieses Argument beweist nämlich gerade deshalb zu viel, weil seine psychologischen Prämissen empirische Plausibilität haben.[24] Außerdem würden wir es selbst dann nicht anerkennen, wenn wir einfach voraussetzten, dass seine psychologischen Prämissen wahr sind. Da seine empirische Plausibilität also so oder so nicht das Problem ist, muss die manifeste Inadäquatheit jedes Versuchs, den Konservatismus mit Hinweis auf die Unannehmlichkeiten der Aufklärung zu rechtfertigen, das Ergebnis seiner werttheoretischen Voraussetzungen sein. Dass sich K. durch das Argument aus der Unannehmlichkeit von der Richtigkeit epistemi-

---

[24] Sozialreformerische Bestrebungen haben immer mit Mechanismen zu kämpfen, die gegen unsere Selbsterkenntnis arbeiten, wobei diese Behinderungen unserer Selbsterkenntnis – sofern sie nicht schon durch strukturelle kognitive Beschränkungen gegeben sind – ihre blockierende Kraft im Wesentlichen aus der Produktion abwehrender Gefühle beziehen. Vgl. Cooney (2011). Dass es grundlegende strukturelle Beschränkungen unserer Selbsterkenntnis gibt, behauptet die Theorie des adaptiven Unbewussten. Vgl. dazu Wilson (2002) und Hassin et al. (2005).

scher Quarantäne überzeugt, liegt daran, dass er den hedonischen Werten einen *lexikalischen Vorrang* gegenüber den intellektuellen Werten einräumt. K. ist zwar kein Nihilist in Bezug auf intellektuelle Werte; im Kontext seiner Methode der moralischen Meinungsbildung sind intellektuelle Werte jedoch absolut nachrangig. Und das ist der Grund, warum diese Methode zu absurden Ergebnissen führt: Würden hedonische Werte lexikalische Priorität gegenüber intellektuellen Werten genießen, wären die meisten intellektuellen Auseinandersetzungen und dabei insbesondere auch die meisten moralischen Diskussionen, die wir führen, moralische Fehler.

Nennen wir nun die hedonischen Effekte, die sich bei Menschen regelmäßig einstellen, wenn sie mit einer aufklärerischen Kritik ihres Bewusstseins konfrontiert werden, die *hedonischen Standardeffekte* der Aufklärung. Dann können wir sagen, dass es zum Sinn der Rede von einer Präsumption für die Aufklärung gehört, dass die hedonischen Standardeffekte zu diskontieren sind. Wenn wir also anerkennen, dass es eine Präsumption für die Aufklärung gibt, tun wir das im Bewusstsein der hedonischen Standardeffekte aufklärerischer Aktivitäten. Dass hedonische Standardeffekt für Fragen der Beweislast keine Rolle spielen, liegt jedoch nicht daran, dass es Standardeffekte sind, sondern daran, dass diese Effekte, verglichen mit den involvierten intellektuellen Werten, moralisch unbedeutend sind. So kann das Unangenehme der Einsicht in die Fehlerhaftigkeit des eigenen moralischen Denkens weder den Wert dieser Einsicht selbst noch den Wert des zu dieser Einsicht führenden rationalen Prozesses, noch den Wert der mit dieser Einsicht verbundenen Befähigung zur Überwindung falschen moralischen Bewusstseins signifikant schmälern. Das Unangenehme dieser Einsicht könnte man daher so betrachten, als sei es ein absorbiertes Übel.[25]

Zusammenfassend können wir also festhalten, dass das konservative Urteil von K. nicht gerechtfertigt ist. Sein Argument für die Ethik epistemischer Quarantäne beweist zu viel. Wenn wir ihm Glauben schenken würden, müssten wir so gut wie jede moralische Diskussion und jeden Versuch der Verbesserung unseres

---

[25] John Mackie benutzt diesen Begriff in seiner Diskussion des Problems des Übels und meint damit Übel, deren Existenz für die Existenz bestimmter höherrangiger Güter notwendig ist, so wie die Existenz beispielsweise von Leid notwendig für die Existenz von Mitleid ist. Vgl. Mackie (1985) 246.

moralischen Denkens als moralisch unzulässig betrachten.[26] Der pragmatische Konservatismus, der sich auf das Argument aus den Unannehmlichkeiten stützt, *konvergiert* mit dem fundamentalen Anti-Intellektualismus eines Hedonisten. Wenn wir ihm folgen würden, müssten wir eine so umfassende Politik der intellektuellen Quarantäne betreiben, dass unsere Gesellschaft, weil diskursive soziale Mechanismen epistemischer Kontrolle dann systematisch zurückgedrängt würden, nach und nach in einen Zustand bornierter Idiotie degeneriert. Das Argument aus den Unannehmlichkeiten mag also zwar den Anforderungen der empirischen Plausibilität genügen; in werttheoretischer Hinsicht ist es hoffnungslos inadäquat.

Daraus ergibt sich, dass epistemische Quarantäne nur dann gerechtfertigt sein kann, wenn die Aufklärung über die hedonischen Standardeffekte hinausgehende negative Effekte hat. Mit der Aufklärung müssten dann entweder (1) *anomale hedonische Übel von gravierendem Ausmaß* oder (2) *gravierende nicht-hedonische Übel* verbunden sein.

Nun scheint klar zu sein, dass anomale hedonische Effekte, die derart gravierend sind, dass wir, um sie zu vermeiden, von der Aufklärung Abstand nehmen sollten, nicht zu erwarten sind. Wir können uns zwar mögliche Welten ausdenken, in denen dies der Fall wäre, aber es ist klar, dass solche Szenarien, da sie keinerlei empirische Plausibilität haben, nicht wert sind, einer näheren Betrachtung unterzogen zu werden. Die Anforderung der empirischen Plausibilität verlangt gerade, dass die *bloße Möglichkeit* eines Szenarios für die Rechtfertigung des Konservatismus keine Rolle spielen kann. Die Ethik epistemischer Quarantäne ist eine *praktische* Ethik, die uns sagt, wie *wir* uns verhalten sollen, und das heißt natürlich: Die

---

[26] Das würde übrigens auch Situationen betreffen, in denen die Leute einer Illusion des Glücks anhängen und daher ihr wahres Glück verfehlen. Wenn zum Beispiel Epikurs perfektionistische Konzeption des Glücks richtig ist, wäre der konsumistische Vulgär-Hedonismus aufklärungsbedürftig. Das Argument aus den Unannehmlichkeiten würde jedoch auch für diese Situation das Verdikt der moralischen Unzulässigkeit der Aufklärung generieren, was zum einen die Absurdität dieses Arguments, zum anderen aber auch wieder die Paradoxie des Hedonismus deutlich macht. Schließlich würde das Argument aus den Unannehmlichkeiten das Verdikt der Unzulässigkeit auch dann generieren, wenn es um die Entlarvung des Hedonismus selbst ginge. Für diesen Hinweis danke ich Jasper Lohmar.

Ethik epistemischer Quarantäne sagt uns, wie wir uns unter den gegebenen Umständen der wirklichen Welt verhalten sollen. Die negativen Folgen der Aufklärung, durch die epistemische Quarantäne gerechtfertigt werden könnte, dürfen daher nicht nur mögliche Konsequenzen – Konsequenzen in möglichen Situationen – sein, es müssen *erwartbare* oder *wahrscheinliche* Folgen sein. Also ist klar, dass die Ethik der epistemischen Quarantäne nur gerechtfertigt sein kann, wenn es gravierende *nicht-hedonische* Übel gibt, von denen zu erwarten ist, dass sie eintreten werden, wenn wir die Unaufgeklärten aufzuklären versuchen, und von denen zu erwarten ist, dass sie nicht eintreten werden, wenn wir die Unaufgeklärten in ihrem unaufgeklärten Zustand belassen. Das Paradigma einer in diese Richtung gehenden Rechtfertigung hat seine Quelle in der traditionellen konservativen Idee, dass die Aufklärung die gesellschaftliche Moral gefährdet:

Das Argument aus der Erosion der Moral Als ehemalige Anhängerin einer sich auf die Idee der Menschenwürde stützenden Ethik ist M. daran gewöhnt zu glauben, dass das Ethos der Menschenwürde eine wichtige soziale und politische Funktion hat. Ihr Glaube an die Bedeutsamkeit dieses Ethos ist durch die Entlarvung der Idee der Menschenwürde nicht erschüttert worden. Seine soziale und politische Bedeutung steht nämlich, denkt M., in keinem Zusammenhang mit der intellektuellen Respektabilität dieses Glaubens, sondern ergibt sich alleine aus seinem *symbolischen* Nutzen. Das Ethos der Menschenwürde – so beschreibt es M. – enthält den Glauben an ein unerschütterliches Fundament der Menschenrechte und ist daher ein überaus wichtiges Symbol der Anhängerschaft an eine universelle Moral, die sich kompromisslos sowohl gegen alle Anmaßungen einer von Gerechtigkeitsprinzipien nicht gebändigten politischen Macht als auch gegen die schleichenden Übergriffe einer rein profitorientierten ökonomischen Rationalität auf die politische und soziale Welt stellt. M. anerkennt die Präsumption für die Aufklärung und bedauert zudem, dass die soziale und politische Aufrechterhaltung der Ansprüche einer universellen Moral an die Illusionen der Idee der Menschenwürde geknüpft sind. Eine von der Aufklärung ausgehende Erschütterung des Vertrauens in diese Idee würde jedoch, glaubt M., zu einer Erosion der Moral insgesamt führen. Insbesondere die durch den Glauben an die Menschenwürde den Menschen abgerungene Achtung vor jedem anderen Menschen müsse unweigerlich an Kraft verlieren, so dass als Folge der Aufklärung Diskriminierung, Intoleranz, schamlose Ausbeutung und die Missachtung rechtsstaatlicher Prinzipien wieder zunehmen werden. Daher, folgert M., sollen wir Aufgeklärten unser Wissen nicht publik machen und die Grundsätze epistemischer Quarantäne beachten.

Das Argument aus der Erosion der Moral sieht auf der ersten Blick deutlich besser aus als das Argument aus den Unannehmlichkeiten. Argumente dieser Art sind es auch, die wirkliche konservative Skeptiker am ehesten vorbringen werden. Und tatsächlich hat dieses Argument eine Stärke, die dem zuerst diskutierten fehlt: Es ist nicht unspezifisch, sondern ein Argument, das auf die Folgen speziell eines auf das Menschenwürde-Ethos gerichteten aufklärerischen Engagements fokussiert. Nichts an ihrer Argumentation legt M. darauf fest, aufklärerisches Engagement als in der Regel unzulässig anzusehen. Ihr Argument hebt, im Gegenteil, die *singuläre* moralische Bedeutung des Glaubens an die Menschenwürde hervor. Was diesen Glauben aus Sicht von M. bewahrenswert macht, lässt sich auf andere Illusionen nicht übertragen.

Im Unterschied zum Argument aus den Unannehmlichkeiten scheint das vorliegende Argument außerdem auch der Anforderung der werttheoretischen Plausibilität zu genügen. Die Erosion der Moral ist zweifellos etwas, das zu verhindern zu versuchen wir moralische Gründe haben. Und wenn der Verfall des moralischen Bewusstseins in einer Gesellschaft so eklatant und tiefgreifend ist, wie im Argument aus der Erosion der Moral behauptet, scheint es zumindest nicht manifest unvernünftig zu sein, zu glauben, dass ein solcher Prozess auch um den Preis der Konservierung falschen moralischen Bewusstseins verhindert werden sollte.

Aber ist es wirklich so, dass die Aufklärung zu einer Erosion der Moral führen würde? Diese Behauptung scheint einen allzu dramatisierenden Klang zu haben und eher die Projektion einer übertriebenen Befürchtung als das Resultat von empirischen Forschungen zu sein. Zweifel an dem Argument aus der Erosion der Moral werden sich also am ehesten an der Frage der empirischen Plausibilität seiner psychologischen und soziologischen Prämissen entzünden. Während das Argument aus den Unannehmlichkeiten empirisch plausibel, aber werttheoretische völlig inadäquat ist, scheint das Argument aus der Erosion der Moral zwar in werttheoretischer Hinsicht unproblematisch, dafür aber im Hinblick auf seine empirischen Prämissen unplausibel zu sein. Auf jeden Fall, scheint es, muss das Argument aus der Erosion der Moral gegen den Einwand verteidigt werden, sich auf Prämissen zu stützen, die empirisch unplausibel sind.

Um zu sehen, ob es gegen diesen Einwand verteidigt werden kann, müssen wir es aber erst einmal genauer rekonstruieren. Das soll im nächsten Kapitel geschehen. Im Anschluss daran werde ich das Argument aus der Erosion der Moral kritisch diskutieren. Dabei werde ich zu zeigen versuchen, dass dieses Argument tatsächlich auf einer geradezu bizarren empirischen Hypothese beruht, dann aber argumentieren, dass das eigentliche Problem mit diesem Argument an einer anderen Stelle zu suchen ist, so dass es zur Rechtfertigung des Konservatismus auch dann nichts taugte, wenn wir wüssten, dass seine empirischen Prämissen wahr sind.

3.3 Das Argument aus der Erosion der Moral, rekonstruiert (1)

Um ein Argument für den Konservatismus als ein Argument aus der Erosion der Moral zu klassifizieren, ist es nicht erforderlich, dass es mit genau den prognostischen Behauptungen assoziiert ist, die in der Argumentation von M. auftauchen.[27] Dass als Folge der Aufklärung Diskriminierung, Intoleranz, schamlose Ausbeutung und die Missachtung rechtsstaatlicher Prinzipien zunehmen werden, mögen typische Befürchtungen derjenigen sein, die eine Zurückweisung des Glaubens an die Menschenwürde mit einer Erosion der Moral assoziieren. Worin genau die als Folge der Aufklärung befürchtete Erosion der Moral bestehen soll, ist aber nicht der entscheidende Punkt. Ein Bioethiker, der sich daran gewöhnt hat zu glauben, dass es ohne

---

[27] Es ist auch nicht erforderlich, dass das Argument ausdrücklich die Behauptung enthält, dass die Aufklärung zu einer Erosion der Moral führt. Es reicht, wenn wir einer Autorin diese Behauptung aufgrund dessen, was sie explizit über die Auswirkungen der Aufklärung sagt, zuschreiben können.

den Glauben an die Menschenwürde nicht möglich wäre, den Versuchungen des prometheischen Willens zur technischen Manipulation des Menschen Stand zu halten, mag, was er als eine Erosion der Moral ansieht, anders beschreiben als eine Politische Philosophin, die sich daran gewöhnt hat zu glauben, dass Forderungen nach der Implementierung und Einhaltung universeller Rechtsprinzipien Überzeugungskraft nur in Verbindung mit dem Glauben an die Menschenwürde haben. Dennoch würden beide, wenn sie auf der Grundlage ihrer Befürchtungen über die Auswirkungen der Aufklärung auf das moralische Bewusstsein für eine epistemische Quarantäne eintreten, *aus der Erosion der Moral* argumentieren.

Worin genau die als Folge der Aufklärung befürchtete Erosion der Moral nach der Auffassung eines konservativen Skeptikers bestehen soll, ist aber nicht nur klassifikatorisch, sondern auch für die *Bewertung* seines Arguments nebensächlich. Entscheidend für die Bewertung des Arguments ist die Bewertung der Behauptung, *dass* die Aufklärung eine Erosion der Moral nach sich ziehen würde. Und für die Bewertung dieser These ist es nicht erforderlich, die Behauptungen über den Modus der befürchten Erosion zu diskutieren. Wir können also für eine Bewertung des Arguments von M. von den Thesen, die es zu einer speziellen *Version* des Arguments aus der Erosion der Moral machen, abstrahieren und uns auf das konzentrieren, was alle Versionen dieses Arguments zu Versionen dieses Arguments macht. Wenn man aus der Erosion der Moral argumentiert, argumentiert man wie folgt: Die Aufklärung führt zu einer Erosion der Moral; nun sollten wir Aktivitäten, die zu einer Erosion der Moral führen, unterlassen; daher sollten wir aufklärerische Aktivitäten unterlassen. Dieses Argument ist das Argument aus der Erosion der Moral (AEM).

Problematisch an AEM ist nicht die zweite Prämisse (diese können wir zumindest zu Zwecken der Argumentation akzeptieren). Problematisch ist die erste Prämisse. Für sie, ist meine These, gibt es keine guten Gründe. Aber wie lässt sich das zeigen? Müsste man dazu nicht alle erdenklichen Hilfsargumente und alle konkreten Befürchtungen konservativer Skeptiker antizipieren? Kann eine solche Antizipation überhaupt systematischen Charakter haben? Alle diese Probleme können wir glücklicherweise umgehen. Das wird deutlich, wenn wir uns klar machen, dass jeder aus der Erosion der

Moral argumentierende Konservatismus nicht nur auf AEM selbst, sondern auf ein AEM umfassendes, komplexeres Argument festgelegt ist, das *erweiterte* AEM: (AEM+). Und an AEM+ lässt sich, wie ich später verdeutlichen werde, zeigen, dass und warum die Auffassung, die Aufklärung würde zu einer Erosion der Moral führen, nicht gerechtfertigt ist.

Betrachten wir also AEM+:

(1) Die Aufklärung führt zu einer Erosion des Glaubens an die Menschenwürde.

(2) Der Glaube an die Menschenwürde gehört zum Fundament unserer Moral.

Daher:

(3) Die Aufklärung führt zu einer Erosion des Fundaments unserer Moral.

(4) Wenn die Aufklärung zu einer Erosion des Fundaments unserer Moral führt, führt sie zu einer Erosion unserer Moral.

(5) Wenn die Aufklärung zu einer Erosion unserer Moral führt, führt sie zu einer Erosion der Moral.

Daher:

(6) Die Aufklärung führt zu einer Erosion der Moral.

(7) Aktivitäten, die zu einer Erosion der Moral führen, sollten wir unterlassen.

Daher:

(8) Wir sollten aufklärerische Aktivitäten unterlassen.

Warum ist es sinnvoll, diese komplexe, aus drei Teilargumenten komponierte Argumentation als eine Einheit zu betrachten? Es ist natürlich richtig, dass wir es hier mit einem Hauptargument und zwei Hilfsargumenten zu tun haben. Das aus (6), (7) und (8) komponierte Argument ist nichts anderes als AEM, und AEM ist das Hauptargument innerhalb von AEM+. Der Schluss von (3), (4) und (5) auf (6) ist ein Hilfsargument für die erste Prämisse von AEM. Der Schluss von (1) und (2) auf (3) ist eine Hilfsargument für die erste Prämisse des Hilfsarguments für die erste Prämisse von AEM.

Dass wir die gesamte Argumentation trotz der unterschiedlichen Funktionen der drei Argumente als eine Einheit betrachten sollten, hat folgenden Grund: Die beiden Hilfsargumente sind für konservative Skeptiker, die aus der Erosion der Moral argumentieren, nicht optional. Was diese beiden Hilfsargumente betrifft, heißt das, gibt es für den aus der Erosion der Moral argumentierenden Konservativen keinen *rationalen Spielraum*. Sie lassen sich nämlich systematisch aus den Anforderungen rekonstruieren, denen die Rechtfertigung von (6) – der namengebenden ersten Prämisse von AEM – unterliegt.

So ist klar, dass (6) nicht gerechtfertigt wäre, wäre (1) falsch: Wenn die Aufklärung keinen Effekt auf den Glauben an die Menschenwürde hätte, hätte sie auch keinen Effekt, durch den es zu einer Erosion der Moral kommen würde. Außerdem ist klar, dass die Erosion des Glaubens an die Menschenwürde gravierende Auswirkungen auf das moralische Bewusstsein der Gesellschaft haben muss, damit die Erosion dieses Glaubens zu einer Erosion unserer Moral führen kann. Solche Effekte würde die Erosion des Glaubens an die Menschenwürde aber nicht haben, gehörte dieser Glaube nicht zu den unsere moralische Perspektive als solche bestimmenden fundamentalen Überzeugungen. Also ist auch Prämisse (2) für die Rechtfertigung von (6) unverzichtbar. Dass die Aufklärung – wie aus (1) und (2) folgt – zu einer Erosion des Fundaments *unserer* Moral führt (3), ist aber offensichtlich auch nicht hinreichend, um (6) zu rechtfertigen. Denn gäbe es keine systematische Verbindung zwischen der Erosion *unserer* moralischen Perspektive und der Erosion der Moral *simpliciter*, würde die Aufklärung nicht zu einer Erosion der Moral führen. Also sind auch die Prämissen (4) und (5) für das Gerechtfertigtsein von (6) rational unerlässlich. Unter den Aussagen (1), (2), (3), (4) und (5) gibt es folglich keine einzige, auf die ein aus der Erosion der Moral argumentierender Konservatismus nicht rational festgelegt ist. Und daher kann der aus der Erosion der Moral argumentierende Konservatismus auf keins der beiden Hilfsargumente verzichten.[28]

[28] Die Rolle, welche die hier dargestellten Hilfsargumente spielen, ist also von einer grundsätzlich anderen Art als die von Hilfsargumenten beispielsweise für (2). Durch bloße Reflexion über die Anforderungen der Rechtfertigung von (2) können wir kein rational unerlässliches Hilfsargument identifizieren. Daher

Meinen Einwand gegen AEM kann ich nun präzisieren. Wie wir an AEM+ ablesen können, kann (6) – die These, dass die Aufklärung zu einer Erosion der Moral führt – nur dann gerechtfertigt sein, wenn (5) – die These, dass die Aufklärung dann, wenn sie zu einer Erosion *unserer* Moral führt, auch zu einer Erosion *der* Moral führt – gerechtfertigt ist. (5) ist aber nicht gerechtfertigt. Wenn wir diese Behauptung näher untersuchen, wird deutlich, dass sie eine geradezu bizarre empirische Hypothese ist: Die Bedingungen, unter denen (5) wahr wäre, sind nur in exotischen Welten – in weit entfernten möglichen Welten – erfüllt. Und da (5) nicht gerechtfertigt ist, ist (6) nicht gerechtfertigt. Daher ist das Argument aus der Erosion der Moral wertlos und nicht geeignet, den Konservatismus zu stützen.

Untersuchen wir also die Prämisse, aus der sich die Schwäche *aller* Argumente aus der Erosion der Moral ergibt. Hier ist sie noch einmal:

(5) Wenn die Aufklärung zu einer Erosion unserer Moral führt, führt sie zu einer Erosion der Moral.

Zunächst ist es wichtig, zu erkennen, dass (5) eine *empirische* These ist und nicht a priori gewusst werden kann. Wir dürfen (5) also *nicht* in Analogie zu folgendem Muster verstehen:

(M1) Wenn die Erhöhung der Alkoholsteuer zu einer Verringerung des Alkoholkonsums führt, führt sie zu einer Veränderung der Trinkgewohnheiten.

Dass sich Trinkgewohnheiten verändern, wenn sich der Alkoholkonsum verändert, wissen wir unabhängig von Erfahrung oder a priori. Daher wissen wir auch (M1) unabhängig von Erfahrung oder a priori. Und deshalb ist (M1) kein geeignetes Modell für die Interpretation von (5). Denn wir können nicht a priori wissen, dass die Aufklärung, wenn sie zu einer Erosion unserer Moral – d. h. unserer moralischen Perspektive oder unserer Moralkonzeption – führt,

ist an dieser Stelle ein Spielraum für Varianten von AEM gegeben. Entsprechend könnten wir nicht von der Unschlüssigkeit eines Hilfsarguments für (2) darauf schließen, dass (2) nicht gerechtfertigt sein kann – (2) könnte schließlich, wenn es rationale Alternativen zu einem gegebenen Hilfsargument für (2) gibt, durch ein anderes Hilfsargument gerechtfertigt werden.

dann zu einer Erosion der Moral führt. Veränderungen in den moralischen Überzeugungen einer Gesellschaft oder einer Kultur lassen sich als Prozesse der Erosion *ihrer* Moral beschreiben, wenn die Veränderungen charakteristische Züge ihrer Moral – die für ihre moralische Perspektive charakteristischen Überzeugungen – betreffen. Solche Veränderungen können nun aber einen moralischen *Fortschritt* – also das Gegenteil einer Erosion *der* Moral – bewirken. Die Erosion des Glaubens an die intrinsische moralische Überlegenheit der Europäer war sicherlich an dem Prozess beteiligt, der die Einsicht in die Ungerechtigkeit des Kolonialismus befördert hat. Die Erosion *dieses* Glaubens hat die Erosion der einstigen moralischen Vorstellungswelt der europäischen Kolonialmächte vorangetrieben. Sie hat aber definitiv nicht zu einer Erosion *der Moral* geführt, sondern war, im Gegenteil, an der Erosion falschen moralischen Bewusstseins beteiligt und dadurch mitverantwortlich für die Erosion moralisch falscher Praktiken.

(M1), könnte man denken, ist auch deshalb ungeeignet, weil die Beziehung zwischen der Verringerung des Alkoholkonsums und der Veränderung von Trinkgewohnheiten keine kausale Beziehung ist, während (5) eine kausale Behauptung zu sein scheint. Betrachten wir diesen Vorschlag. (5) sollten wir dann, anstatt nach dem Vorbild von (M1), nach diesem Vorbild interpretieren:

(M2) Wenn die Erhöhung der Alkoholsteuer zu einer Verringerung des Alkoholkonsums führt, führt sie zu einer Verringerung der Alkoholproduktion.

(M2) ist dann und nur dann wahr, wenn es eine kausale Kette gibt, die von der Erhöhung der Alkoholsteuer zur Verringerung des Alkoholkonsums und dann zur Verringerung der Alkoholproduktion führt. Das verlangt, dass es eine kausale Beziehung nicht nur zwischen der Erhöhung der Alkoholsteuer und der Verringerung des Alkoholkonsums, sondern auch eine kausale Beziehung zwischen der Verringerung des Alkoholkonsums und der Verringerung der Alkoholproduktion gibt. Wenn wir (M2) daher als ein Modell für die Interpretation von (5) zugrunde legen, müssten wir die Beziehung zwischen der Erosion unserer Moral und der Erosion der Moral als eine kausale Beziehung deuten. Und das verlangt, (5) so zu interpretieren, als würde sich diese Aussage auf zwei verschiedene

Prozesse beziehen. Denn *Ursache* der Erosion der Moral könnte die Erosion unserer Moral nur sein, wenn die Erosion unserer Moral ein von der Erosion der Moral verschiedener Prozess ist. Aber das ist sicherlich nicht das, was ein Konservativer behauptet, wenn er (5) behauptet. Was er behauptet (und befürchtet) ist, dass die Aufklärung zu einer Erosion der Moral führt, *indem* sie zu einer Erosion unserer Moral führt. Wir sollten (5) daher nicht nach dem Muster von (M2), sondern nach dem von (M3) verstehen:

(M3) Wenn die Erhöhung der Alkoholsteuer zu einer Verringerung des Alkoholkonsums führt, führt sie zur Verringerung des Konsums eines leberschädigenden Stoffs.

Wer (M3) behauptet, behauptet nicht, dass es eine kausale Kette gibt, die von der Erhöhung der Alkoholsteuer zur Verringerung des Alkoholkonsums und dann zur Verringerung des Konsums eines leberschädigenden Stoffs führt. Da Alkohol, wie wir aus Erfahrung wissen, ein leberschädigender Stoff ist, *ist* der Konsum von Alkohol der Konsum eines leberschädigenden Stoffs. Die Verringerung des Alkoholkonsums ist daher nicht die Ursache eines von ihr verschiedenen Prozesses der Verringerung des Konsums eines leberschädigenden Stoffs. Es handelt sich vielmehr um ein und denselben Prozess.

Entsprechendes gilt für (5): Diese Prämisse ist dann und nur dann wahr, wenn die Aufklärung, wenn sie zu einer Erosion unserer Moral führt, dann zu einer Erosion der Moral führt, *indem* sie zu einer Erosion unserer Moral führt. Die Idee des Konservativen ist, dass die Aufklärung einen Prozess in Gang setzt, der *kraft* der Tatsache, dass er ein Prozess der Erosion unserer Moral ist, auch ein Prozess der Erosion der Moral ist. Es wird also nicht behauptet, dass die Aufklärung einen Prozess in Gang setzt – den der Erosion unserer Moral –, welcher dann wiederum einen von ihm verschiedenen Prozess auslöst – den der Erosion der Moral. Die Idee ist vielmehr, dass wir es mit *einem einzigen* durch die Aufklärung ausgelösten Prozess zu tun haben, wobei dieser eine Prozess die Eigenschaft hat, eine Erosion unserer Moral zu sein, und *kraft* dieser Eigenschaft auch die Eigenschaft hat, eine Erosion *der* Moral zu sein.

Dass diese Lesart die einzig sinnvolle ist, erkennt man auch, wenn man den Hintersatz des Konditionals in geeigneter Weise umformuliert. Es ist klar, dass der Begriff der Erosion *der* Moral anders zu verstehen ist als der Begriff der Erosion *unserer* Moral. Die Erosion der Moral einer Gesellschaft oder einer Kultur kann nämlich eine positive Entwicklung sein. Sie ist es dann, wenn diese Erosion einen *moralischen Fortschritt* mit sich bringt. Und daran, habe ich argumentiert, lässt sich ablesen, dass die Behauptung des Konservatismus, dass die Erosion unserer Moral zu einer Erosion der Moral führt, nicht a priori gewusst werden kann, sondern eine empirische Behauptung ist. Der Unterschied zwischen den Begriffen *Erosion unserer Moral* und *Erosion der Moral* ist also der, dass der letztere einen normativen Gehalt hat, während der erste deskriptiv ist und einen bloß doxographischen Gehalt hat: Ein Prozess der Erosion *der* Moral ist ein Prozess, der nicht sein soll; ein Prozess der Erosion *unserer* Moral ist der Prozess der Erosion der Moral einer bestimmten Kultur oder Gesellschaft, und bei einem solchen Prozess ist es, solange wir keine empirischen Informationen über die Charakteristika des betreffenden moralischen Bewusstseins hinzuziehen, eine offene Frage, ob dieser Prozess sein soll oder nicht. Die Prämisse (5) lässt sich daher ohne Weiteres ersetzen durch:

(5*) Wenn die Aufklärung zu einer Erosion unserer Moral führt, führt sie zu einem moralischen Rückschritt.[29]

An (5*) sollte deutlich werden, dass (5) nach dem Muster von (M3) zu lesen ist. Wer (5*) behauptet, will nicht sagen, dass der Prozess moralischen Rückschritts die kausale Wirkung des von ihm verschiedenen Prozesses der Erosion unserer Moral ist. Sie will vielmehr sagen, dass die Aufklärung, wenn sie zu einer Erosion unserer Moral führt, zu einem moralischen Rückschritt führt, *indem* sie zu einer Erosion unserer Moral führt. Eine andere Lesart machte keinen Sinn. Denn moralische Rückschritte und Fortschritte sind keine selbständigen Prozesse, sondern Charakteristika von Prozessen, die diese kraft anderer Eigenschaften haben. Konservative Denker befürworten daher die Aufrechterhaltung des Status quo nicht deshalb, weil sie von einer Veränderung befürchten, sie würde einen moralisch problematischen Prozess in Gang setzen. Sie wollen am

---

[29] Entsprechend sind dann natürlich auch die Sätze (6) und (7) von AEM+ verstehen.

Status quo festhalten, weil sie in der Veränderung des Status quo selbst einen moralisch problematischen Prozess sehen. Wenn wir (5) verneinen, verneinen wir also, dass die Aufklärung zu einem moralischen Rückschritt führt, *indem* sie zu einer Erosion unserer Moral führt. Wir glauben, dass die Aufklärung, indem sie den Glauben an die Menschenwürde entlarvt, zu einer Erosion falschen moralischen Bewusstseins führt und damit gerade nicht zu einer Erosion der Moral, sondern, im Gegenteil, zu moralischem Fortschritt führt.

3.4 *Das Argument aus der Erosion der Moral, rekonstruiert (2)*

Was ist also so problematisch an (5)? Jemand könnte denken, dass die Bewertung von (5), gerade weil es sich um eine empirische Hypothese handelt, nicht unabhängig von umfangreichen sozialpsychologischen Untersuchungen bewertet werden kann, so dass wir uns eines Urteils über (5) und AEM enthalten müssen.

Das ist nicht so. Erstens verkennt diese – dem Konservatismus freilich nicht weiterhelfende – Kritik, dass wir bereits gute Gründe für die Verneinung von (5) haben. Denn wir wissen, dass die Aufklärung, wenn sie zu einer Erosion des Glaubens an die Menschenwürde führt, dann auch zu einer zumindest partiellen Verbesserung des moralischen Bewusstseins führt. Und das gibt uns wiederum einen guten Grund zu glauben, dass die Aufklärung, wenn sie Erfolg hat, dann auch moralischen Fortschritt mit sich bringt. Zweitens verkennt die Kritik, dass wir nicht auf sozialpsychologische Untersuchungen angewiesen sind, um die Bedingungen beschreiben zu können, unter denen (5) wahr wäre. Und diese Bedingungen, behaupte ich, sind derart, dass wir berechtigt sind, vorauszusetzen, dass sie in unserer Welt nicht erfüllt sind.

Überlegen wir also, was der Fall sein müsste, damit die Aufklärung zu einer Erosion der Moral, d.h. zu einem moralischen Rückschritt führt. Dazu müssen wir uns Klarheit über die Idee des moralischen Rückschritts verschaffen. Wir können zwischen zwei Arten moralischen Rückschritts unterscheiden: Zwischen (A) einem Rückschritt in der Dimension der moralischen Motivation und (B) einem Rückschritt in der Dimension der moralischen Erkenntnis. Die konservative Befürchtung, dass die Aufklärung zu einer Erosion der Moral, d. h. zu einem moralischen Rückschritt, führt, kann dementsprechend entweder im Sinne von (A) oder von (B) oder in einem beide Dimensionen umfassenden Sinne gemeint sein. Meine These ist, dass der Konservatismus nicht umhin kommt, die Rückschrittsthese *auch* im Sinne von (B) aufzufassen, d. h. zu behaupten, dass die Aufklärung zu einem Rückschritt in der moralischen Erkenntnis führt.

Von einem Rückschritt in der *moralischen Motivation* eines Menschen kann man sprechen, wenn seine moralische Motivation abnimmt. Die moralische Motivation einer Person nimmt ab, wenn sie entweder zunehmend seltener ausreichend motiviert ist, zu tun, was sie selbst für moralisch richtig hält, oder wenn sie zunehmend seltener ausreichend motiviert ist zu tun, was moralisch richtig ist. Die Motivation zu tun, was man selbst für moralisch richtig hält, können wir als *subjektive moralische Motivation* bezeichnen; die Motivation zu tun, was moralisch richtig ist, als *objektive moralische Motivation*.[30] Die Erosion subjektiver moralischer Motivation ist zwar psychologisch interessant, aber kein Phänomen, das als solches moralisch bemerkenswert wäre. Denn nur wenn bei einer Person die Erosion subjektiver moralischer Motivation *zugleich* eine Erosion objektiver moralischer Motivation ist, haben wir es überhaupt mit einem moralischen Rückschritt oder Niedergang zu tun.

Hier ist ein Beispiel. Ein Unternehmer könnte an die moralische Vorzugswürdigkeit der heterosexuellen Liebe glauben und es als seine moralische Pflicht ansehen, Leitungspositionen in seinem Unternehmen nur an heterosexuelle Menschen zu vergeben. Wenn sein diskriminierender Eifer mit der Zeit nachlässt, erodiert seine subjektive moralische Motivation. Seine objektive moralische Mo-

[30] Die Unterscheidung zwischen subjektiver und objektiver moralischer Motivation ist nicht identisch mit der Unterscheidung zwischen der *De-dicto-* und der *De-re-*Konzeption moralischer Motivation – der Motivation, das moralisch Richtige zu tun. Diese anders gelagerte Unterscheidung spielt eine prominente Rolle in Michael Smiths Argument gegen die Auffassung, dass die Motivation einer Person, zu tun, was sie selbst für moralisch richtig erachtet, nicht durch ihr moralisches Urteil selbst hervorgebracht wird, sondern einer externen motivationalen Quelle bedarf. Diese Diskussion dreht sich um psychologische und nicht um moralische Fragen und bezieht sich ausschließlich auf die Quellen und den Gehalt der subjektiven moralischen Motivation. – Vgl. Smith (1994) 71 ff.

tivation – seine Motivation, das moralisch Richtige zu tun – jedoch nicht. Dass *seine* subjektive Motivation erodiert, ist moralisch sogar begrüßenswert und nicht problematisch.[31] Dieses Beispiel untermauert die Beobachtung, dass ein Rückschritt in der subjektiven moralischen Motivation nicht zwingend ein moralischer Rückschritt ist. Genauso leicht können wir uns aber auch Beispiele ausdenken – Beispiele etwa von Fanatisierung –, in denen eine Zunahme subjektiver moralischer Motivation mit einem Rückgang objektiver moralischer Motivation, d. h. mit einem echten moralischen Rückschritt verbunden ist. Der in AEM figurierende Begriff der Erosion der Moral kann sich folglich nicht auf eine Veränderung in der subjektiven moralischen Motivation der Unaufgeklärten beziehen: Da die zentrale Prämisse (5) im Sinne von (5*) gelesen werden muss und besagt, dass die Aufklärung zu einem *moralischen Rückschritt* führt, wenn sie zu einer Erosion unserer Moral führt, Veränderungen in der subjektiven moralischen Motivation als solche aber keinen moralischen Rückschritt konstituieren, können wir ausschließen, dass sich die Befürchtungen des Konservatismus auf Veränderungen ausschließlich in der subjektiven moralischen Motivation beziehen. Sofern die Befürchtung, die Aufklärung würde zu einer Erosion der Moral führen, als eine die moralische Motivation der Unaufgeklärten betreffende Sorge zu verstehen ist, muss es sich dabei letztendlich um eine die *objektive* moralische Motivation betreffende Sorge handeln.

Mit moralischem Rückschritt können wir aber, wie gesagt, auch ein Phänomen der *moralischen Erkenntnis* meinen. Ein Rückschritt der moralischen Erkenntnis ist nichts anderes als ein epistemischer Rückschritt im Bereich der Moral. Epistemologischen Rückschritt scheint man am einfachsten als einen Prozess der Zunahme falscher Überzeugungen oder als einen Prozess der Abnahme wahrer Überzeugungen konstruieren zu können. Diese Ideen führen jedoch nicht nur zu diversen technischen Komplikationen, sondern scheinen aus einem prinzipiellen Grund nicht geeignet zu sein, die Idee

---

[31] Damit sage ich nicht, dass subjektive moralische Motivation moralisch irrelevant ist. Eine Welt, in der die Leute motiviert sind, das Richtige zu tun, weil es richtig ist, ist, ceteris paribus, signifikant besser als eine Welt, in der sie zwar das Richtige zu tun motiviert sind, aber dies nur aus nicht-moralischen Motiven. Der gute Wille zählt. Danke, Jasper, dass Du mich daran erinnert hast!

des epistemologischen Rückschritts zu erfassen. Mit der Idee des Rückschritts wollen wir eine gleichsam *epochale* Veränderung erfassen. Ein rückschrittinduzierendes Ereignis ist daher ein Ereignis, das eine *Diskontinuität* in der kognitiven Geschichte einer Person oder einer Gesellschaft erzeugt. Ein solches Ereignis bringt nicht bloß eine Verschlechterung der Wahrheitsbilanz in einem doxastischen System hervor. Es verschlechtert die *Meinungsbildung* einer Person oder einer Gesellschaft als solche. Eine Verschlechterung der Meinungsbildung besteht in einer Verschlechterung der Meinungsbildungsmethoden. Die Methoden verschlechtern sich, wenn ihre Zuverlässigkeit abnimmt oder wenn Methoden von größerer Zuverlässigkeit durch Methoden von geringerer Zuverlässigkeit verdrängt werden.

Damit sind wir, denke ich, zu einer intuitiven Interpretation der Idee eines epistemologischen Rückschritts gelangt. Denn diese Idee bezieht sich nicht auf Fakten über das Verhältnis von wahren zu falschen Überzeugungen, sondern auf die *zugrundeliegenden Ursachen* in der Entwicklung doxastischer Systeme. Ein epistemologischer Rückschritt liegt, grob gesagt, dann vor, wenn die Verschlechterung der Wahrheitsbilanz ihren Grund in einer Beeinträchtigung der kognitiven Prozesse hat. Die Verschlechterung der Wahrheitsbilanz ist dann als solche betrachtet eher ein epistemologisches Oberflächenphänomen. Da keine unserer Methoden absolut zuverlässig ist, sind temporale Verschlechterungen der Wahrheitsbilanz auch dann erwartbar, wenn unsere Methoden gleichbleibend zuverlässig sind. Daher ist eine Verschlechterung der Wahrheitsbilanz nicht notwendig mit einem epistemologischen Rückschritt verknüpft. Evidenz oder Indiz für einen epistemologischen Rückschritt sind solche Verschlechterungen erst dann, wenn sie *nachhaltig* und *systematisch* sind. Dann haben wir Grund anzunehmen, dass die negative Veränderung im Verhältnis unserer wahren zu unseren falschen Überzeugungen auf eine Verschlechterung in der Zuverlässigkeit der Methoden zurückgeführt werden kann, in welchem Fall sie eine *tiefe* Veränderung unserer kognitiven Situation manifestiert.[32]

[32] Diese Auffassung ist damit verträglich, dass es unterschiedlich starke oder einschneidende Rückschritte geben kann. So ist die Verringerung der Zuverlässigkeit einer Methode (oder die Ersetzung einer Methode durch eine

Wir haben nun zwei Arten moralischen Rückschritts unterschieden: Rückschritt in der moralischen Motivation und Rückschritt in der moralischen Erkenntnis. Beide können als individuelle, aber auch als gesellschaftliche Phänomene auftreten. Im Kontext von AEM meint die Rede von moralischem Rückschritt zweifellos ein gesellschaftliches Phänomen. Aber welche Art von Rückschritt ist damit gemeint bzw. müsste damit gemeint sein – ein Rückschritt in der moralischen Motivation oder einer in der moralischen Erkenntnis? Meine These war nun die, dass der Konservatismus nicht umhin kommt, die Rückschrittsthese *auch* im letzteren Sinne aufzufassen und folglich zu behaupten, dass die Aufklärung zu einem Rückschritt in der moralischen Erkenntnis führt. Der Grund dafür

weniger zuverlässige) nicht immer dramatisch. Gerade für die Ethik und die Darstellung der Entwicklung der moralischen Erkenntnis scheint es aber von Interesse zu sein, eine spezifische Form von Rückschritt (und von Fortschritt) von anderen abzuheben. Wie auch manche Fortschritte scheinen auch manche Rückschritte nicht in einer graduellen, sondern in einer tiefen, kategorischen kognitiven Veränderung zu bestehen. Diese Intuition können wir integrieren, da die Verringerung des Grads der Zuverlässigkeit einen Schwellenwert überschreiten kann, der unsere Methoden der Ethik in zuverlässige und unzuverlässige einteilt. Dramatische Rückschritte in der moralischen Erkenntnis, die in einem Übergang von zuverlässigen zu unzuverlässigen Methoden bestehen, sind Rückschritte, bei denen unsere moralische Erkenntnis degeneriert. *Das Paradigma für degenerierenden Rückschritt ist die Korruption unserer Erkenntnis durch die Induzierung falschen Bewusstseins*. Entsprechend ist dann *das Paradigma für einen dramatischen Erkenntnisfortschritt die Befreiung von falschem Bewusstsein durch die Kritik falschen Bewusstseins*, d.h. der durch die Aufklärung bewirkte Übergang von der Unaufgeklärtheit in die Aufgeklärtheit.

Im Unterschied zu der hier skizzierten Auffassung würde eine deflationäre Konzeption, die jede Verschlechterung der Wahrheitsbilanz als einen epistemischen Rückschritt kategorisiert, die Idee des Rückschritts in einer unplausiblen Weise trivialisieren und damit nicht nur epistemologisch, sondern auch im Hinblick auf die Artikulation des konservativen Arguments aus der Erosion der Moral völlig unbrauchbar machen. Denn offensichtlich soll mit dem Begriff der Erosion der Moral keine triviale Verschlechterung, sondern eine nachhaltige Entwicklung mit einer systematisch negativen inneren Dynamik erfasst werden. Wenn wir also (wofür es keinen plausiblen Grund gibt) zu einer deflationären Konzeption epistemischen Rückschritts neigten, müssten wir innerhalb dieser Kategorie unglückliche oder zufällige von systematischen Verschlechterungen unterscheiden, wobei die letzteren sich von den ersteren eben dadurch unterscheiden, dass sie Manifestationen einer Verschlechterung der Meinungsbildungsmethoden sind. Dadurch würde sich unsere Terminologie ändern, aber nicht unser Verständnis des AEM.

ist folgender: AEM+ zeigt uns, dass sich, wer aus der Erosion der Moral gegen die Aufklärung argumentiert, darauf festlegt, dass die Quelle oder der Ursprung des durch die Aufklärung induzierten moralischen Rückschritts eine durch die Aufklärung induzierte kognitive Veränderung, d. h. eine Veränderung in der moralischen Meinungsbildung ist. Denn es soll – wie die Prämisse (1) von AEM+ deutlich macht – die Erosion des Glaubens an die Menschenwürde, d. h. einer von der Idee der Menschenwürde bestimmten und unsere moralische Meinungsbildung anleitenden ethischen Perspektive sein, wodurch letztlich eine Erosion der Moral, d. h. ein moralischer Rückschritt, eintreten soll. Wenn die durch die Aufklärung induzierten Veränderungen in der ethischen Methode jedoch keinen Rückschritt in der moralischen Erkenntnis konstituierten, könnte die Erosion des Glaubens an die Menschenwürde nicht zu einem Rückschritt der objektiven moralischen Motivation führen. Es würde dann zum Beispiel nicht, wie M. befürchtet, dazu kommen können, dass »die durch den Glauben an die Menschenwürde den Menschen abgerungene Achtung vor jedem anderen Menschen (...) unweigerlich an Kraft verlieren müsste, so dass als Folge der Aufklärung Diskriminierung, Intoleranz, schamlose Ausbeutung und die Missachtung rechtsstaatlicher Prinzipien wieder zunehmen werden.« So etwas ist nur möglich, wenn die Erosion des Glaubens an die Menschenwürde die Unaufgeklärten mit einer moralischen Perspektive zurücklässt, die eine Quelle moralischer Irrtümer ist, wenn also die Erosion dieses Glaubens zu einer systematischen und nachhaltigen Verschlechterung ihrer moralischen Meinungsbildung führt.

Argumente aus der Erosion der Moral setzen also voraus und sind Ausdruck der Auffassung, dass die behauptete Erosion einen Rückschritt der moralischen Erkenntnis beinhaltet, wobei dieser Rückschritt die Quelle einer nachhaltigen Abnahme objektiver moralischer Motivation, d. h. der Motivation ist, das moralisch Richtige zu tun. Wir müssen daher die Prämisse

(5*) Wenn die Aufklärung zu einer Erosion unserer Moral führt, führt sie zu einem moralischen Rückschritt

so lesen, dass sie

(5*a) Wenn die Aufklärung zu einer Erosion unserer Moral führt, führt sie zu einem Rückschritt der moralischen Erkenntnis der Unaufgeklärten

impliziert, und die Prämisse

(6) Die Aufklärung führt zu einer Erosion der Moral

so lesen, dass sie

(6a) Die Aufklärung führt zu einem Rückschritt der moralischen Erkenntnis der Unaufgeklärten

impliziert.

3.5 Das Argument aus der Erosion der Moral, widerlegt

Dass die Aufklärung bei den Unaufgeklärten zu einem *Rückschritt* ihrer moralischen Erkenntnis führen würde, ist zwar nicht logisch unmöglich, aber denkbar nur unter Bedingungen, von denen wir alle zu Recht voraussetzen, dass sie in unserer Welt nicht erfüllt sind. So ist es auch nicht logisch unmöglich, dass eine Kampagne, die Raucher über die Gefahren des Rauchens informiert, anstatt zu einem Rückgang zu einem Anstieg des Zigarettenkonsums führt. Die Bedingungen, unter denen dies eintreten würde, scheinen jedoch in der wirklichen Welt nicht gegeben zu sein.

Im Folgenden argumentiere ich dafür, dass wir alle *zu Recht voraussetzen*, dass die Aufklärung bei den Unaufgeklärten nicht zu einem Rückschritt der moralischen Erkenntnis führt. Die grundlegende Idee ist dabei die, dass man, wie Mill betont hat, von *jeder* Ethik zeigen kann, dass sie für die Praxis nicht taugt, wenn man allgemeine Idiotie voraussetzt.[33] »Von jeder Ethik« schließt dabei natürlich auch die Ethik ein, die eine andere Ethik unter der Voraussetzung allgemeiner Idiotie als für die Praxis untauglich meint

---

[33] Diesen Punkt hebt Mill in seiner Auseinandersetzung mit Einwänden gegen den Utilitarismus hervor, die bestreiten, dass wir die zur Anwendung des Nützlichkeitsprinzips erforderlichen epistemischen Voraussetzungen erfüllen: »There is no difficulty in proving any ethical standard whatever to work ill, if we suppose universal idiocy to be conjoined with it (...)« – Mill (2006/1861) 224.

kritisieren zu können. Wenn also ein konservativer Denker gegen das liberationistische Projekt unter der Voraussetzung allgemeiner Idiotie argumentiert, lässt sich eben diese Voraussetzung verwenden, um die Sinnlosigkeit des anti-liberationistischen Projekts zu demonstrieren.

Der Punkt, um den es mir geht, ist aber nicht nur der, dass die Unterstellung allgemeiner Idiotie die gesamte ethische Debatte ad absurdum führt. Ein weiterer Punkt ist der, dass sich das Argument aus der Erosion der Moral, sofern es auf der Voraussetzung allgemeiner Idiotie beruht, selbst unterminiert. Dass wir zu Recht voraussetzen dürfen, dass die Aufklärung nicht zu einem Rückschritt in der moralischen Erkenntnis der Unaufgeklärten führt, werde ich dieser Grundidee entsprechend anhand der folgenden Überlegung zu zeigen versuchen:

(a) Die Aufklärung kann nur dann zu einem Rückschritt der moralischen Erkenntnis führen, wenn sie *systematisch fehlschlägt*.

(b) Die Aufklärung würde nur dann systematisch fehlschlagen, wenn die Unaufgeklärten *rational unveränderbaren* kognitiven Defiziten unterworfen sind.

(c) Wenn die Unaufgeklärten jedoch derartigen kognitiven Einschränkungen unterliegen, gibt es keinen Grund, anzunehmen, dass die Aufklärung zu einer Erosion des Glaubens an die Menschenwürde führt.

(d) Wenn es aber keinen Grund gibt, anzunehmen, dass die Aufklärung zu einer Erosion des Glaubens an die Menschenwürde führt, gibt es auch keinen Grund, anzunehmen, dass die Aufklärung zu einer Erosion der Moral führt.

(e) Das Argument aus der Erosion der Moral ist folglich *epistemologisch inkohärent*: Es beruht auf einer Voraussetzung, unter der seine eigenen Prämissen ungerechtfertigt sind.

Um (a) und (b) zu rechtfertigen, beginne ich mit einer Analyse der schon verwendeten Analogie. Selbst von den unverfrorensten Gegnern von Kampagnen, die Menschen vor der Nikotinsucht schützen wollen, würde niemand erwarten, dass sie mit der Behauptung aufwarten: »Aufklärung über die Gefahren des Rauchens führt zu einem signifikanten Anstieg des Zigarettenkonsums!« Niemand würde dieser Behauptung Glauben schenken, und das machte ihre Verwendung absurd. Und vielen wird auch klar sein, was diese Behauptung unglaubwürdig macht. Sie könnte nämlich nur unter *absonderlichen* Bedingungen wahr sein:

(i) Die Informationskampagnen müssen fehlschlagen;

(ii) der Fehlschlag der Kampagnen kann nicht begrenzt und zufällig, sondern muss systematisch sein;

(iii) der Fehlschlag muss von einer besonderen Art sein: die Adressaten der Kampagne dürfen durch die Informationen über die Gefahren des Rauchens nicht nur nicht vom Rauchen abgehalten werden, sie müssen durch sie vielmehr *motiviert werden, mehr zu rauchen als bisher.*

Die wahrhaft absonderliche Bedingung ist hier (iii). Wer nur (i) und (ii) glaubt, würde behaupten, dass Informationen über die Gefahren des Rauchens zu keiner signifikanten Reduktion des Zigarettenkonsums führen. Diese Behauptung ist schwer zu bewerten. Sie ist auf jeden Fall nicht absurd, denn wir wissen, dass wir es mit einem *Suchtphänomen* zu tun haben und daher *nicht* davon ausgehen können, dass alle Adressaten von Kampagnen gegen das Rauchen adäquate rationale Kontrolle über ihren Willen haben. Dass die Herausstellung der Gefahren des Rauchens aber zu einem signifikanten *Anstieg* des Zigarettenkonsums führen soll, kann nur wahr sein, wenn (iii) wahr ist. Wie aber (iii) wahr sein kann, ist rätselhaft. Die Adressaten der Informationskampagne müssten *unfähig* sein, die Gefahren des Rauchens überhaupt als Gründe *gegen* das Rauchen zu sehen, und müssten sie stattdessen als Gründe für das Rauchen ansehen. (iii) ist also selbst nicht mehr mit Sucht zu erklären. Mit (iii) unterstellt man eine *Korruption des praktischen Denkens*, die so tiefgreifend ist, dass von rationalen Akteuren in einem interessanten Sinne kaum noch die Rede sein kann.

Ähnliches, behaupte ich, gilt nun für eine Behauptung wie »Aufklärung über die Idee der Menschenwürde führt zur Erosion der Moral«. Mit dieser Behauptung, haben wir gesehen, legt sich das konservative Denken auf die Auffassung fest, dass die Aufklärung zu einem Rückschritt der moralischen Erkenntnis führt. Damit aber unterstellt der Konservatismus, dass die Aufklärung – und zwar aufgrund von Umständen, die sie selbst nicht kontrollieren kann – systematisch fehlschlagen würde.

Dass sie dann aufgrund unkontrollierbarer Umstände *fehlschlagen* müsste, ist klar. Das Projekt der Aufklärung setzt sich die Überwindung falschen moralischen Bewusstseins durch die Kritik dieses Bewusstseins zum Ziel. Die Überwindung falschen moralischen Bewusstseins ist aber *ipso facto* eine Verbesserung der Methode der moralischen Meinungsbildung und konstituiert folglich einen epistemischen Fortschritt. Die Überwindung falschen Bewusstseins ist dabei sogar die tiefgreifendste und bedeutsamste Art epistemischen Fortschritts. Indem also die Aufklärung auf die Überwindung des falschen Bewusstseins des Menschenwürde-Ethos zielt, zielt sie auf einen Fortschritt der moralischen Erkenntnis (und damit natürlich auf einen moralischen Fortschritt). Daher könnte es durch die Aufklärung nur dann zu einem Rückschritt der moralischen Erkenntnis kommen, wenn die Aufklärung aufgrund von Umständen, die sie selbst nicht kontrollieren kann, fehlschlägt.

Aufklärerische Aktivitäten müssen aber nicht nur fehlschlagen, sondern *systematisch* fehlschlagen, damit es durch ihre Auswirkungen auf den Glauben an die Menschenwürde zu einem moralischen Rückschritt kommen kann. Genau wie die Erosion unserer Moral ist die Erosion der Moral, von der im AEM+ die Rede ist, ein gesellschaftliches Phänomen. Daher kann die Möglichkeit lokaler Fehlschläge, die auf idiosynkratische Rezeptionsbedingungen zurückzuführen sind, auch dann, wenn sie wahrscheinlich sind, nicht ausreichen, um die These des moralischen Rückschritts durch Aufklärung zu rechtfertigen. Die Umstände, unter denen aufklärerische Aktivitäten operieren, müssen vielmehr derart sein, dass sie im Allgemeinen nicht nur keine Verbesserung, sondern eine systematische Verschlechterung der moralischen Erkenntnis der Unaufgeklärten erwarten lassen. Umstände, die das erwarten lassen, sind Umstände, unter denen die Aufklärung *systematisch* fehlschlagen würde.

Um was für Umstände müsste es sich dabei handeln? Wir haben bereits unterstrichen, dass AEM, wie man an AEM+ sehen kann, voraussetzt, dass die Aufklärung *eine* intendierte Wirkung hat – die Erosion des Glaubens an die Menschenwürde. Gerade diese von der Aufklärung intendierte Wirkung aufklärerischer Aktivitäten ist es schließlich, die von allen konservativen Skeptikern mit Sorge und Furcht betrachtet wird und die die Aufklärung zu einem Gegenstand ihres konservativen Argwohns macht. Das heißt, dass wir im Kontext von AEM über die Effekte der Aufklärung in einer für die Aufklärung durchlässigen sozialen Welt diskutieren.

Unter einer *für die Aufklärung durchlässigen* Gesellschaft verstehe ich dabei eine Gesellschaft, die Aufklärern kommunikative Freiheit gewährt und aufklärerische Aktivitäten nicht zu verhindern trachtet. Wir diskutieren also nicht die Situation in einer Welt, in der Menschenwürde-Skeptiker durch Zensur oder sozialen Ostrazismus oder andere Mechanismen der Ausgrenzung und Unterdrückung gehindert werden, das Projekt der Aufklärung zu verfolgen. Da diese Durchlässigkeit, um es noch einmal zu betonen, eine Voraussetzung *aller* Argumente aus der Erosion der Moral ist, können wir schließen, dass die Umstände, unter denen das systematische Fehlschlagen der Aufklärung zu erwarten ist, in der ›kognitiven Umwelt‹ der Aufklärung zu suchen sind: Die Rezeption der aufklärerischen Bemühungen muss *kognitiven* Bedingungen unterliegen, die es wahr machen, dass diese Bemühungen, *indem* sie zu einer Erosion des Glaubens an die Menschenwürde führen, zu einem Rückschritt unserer moralischen Erkenntnis führen. Und das heißt auch, dass die kognitiven Bedingungen der Rezeption *starr* sein müssen. *Starrheit* der für die Aufklärung ungünstigen kognitiven Umwelt bedeutet hier, dass es für die Aufklärung nicht möglich ist, sich auf ungünstige Rezeptionsbedingungen einzustellen und diesen mit geeigneten Maßnahmen zu begegnen. Es bedeutet, dass die kognitiven Bedingungen der Rezeption der Aufklärung *unveränderbar* sind.

Machen wir uns das an einem Beispiel klar. Zu Beginn des ersten Teils hatte ich mich mit Argumenten auseinandergesetzt, die die Anfechtbarkeit unseres Vertrauens in die Integrität des Begriffs der Menschenwürde in Frage stellen. Eins der Argumente war das *Argument aus der moralischen Verderblichkeit*. Dieser Einwand machte geltend, dass die Behauptung, der Begriff der Menschenwürde sei ein defekter Begriff, untragbare *moralische* Implikationen hat. Wer diese Behauptung akzeptiert, müsse unter anderem *verneinen*, dass die Sklaverei die Menschenwürde der Sklaven verletzt. Wenn wir dies aber verneinen – so der Einwand –, verharmlosen wir die Sklaverei. Und wenn wir Menschen im Allgemeinen die Menschenwürde ›absprechen‹, legitimieren wir damit letztendlich alle erdenklichen diskriminierenden Praktiken. Aber das ist inakzeptabel.

Das Argument aus der moralischen Verderblichkeit beruht aber, wie wir gesehen haben, auf einem relativ leicht einsehbaren Missverständnis. Wir sind gewohnt zu denken, dass eine Praxis, wenn sie die Menschenwürde nicht verletzt, dann mit der Menschenwürde vereinbar ist. Wir sind außerdem gewohnt zu denken, dass eine Praxis, wenn sie mit der Menschenwürde vereinbar ist, keine ernsthaft unmoralische Praxis sein kann. Und deshalb entspricht es unseren Denkgewohnheiten, von »Es ist nicht so, dass die Sklaverei die Menschenwürde verletzt« überzugehen zu »Die Sklaverei ist nicht ernsthaft unmoralisch.« Der Einwand aus der moralischen Verderblichkeit ist ein Ausdruck eben dieser Denkgewohnheiten. Was unsere skeptische Theorie sagt, ist nun aber, dass diese Denkgewohnheiten als solche irreführend sind: Wenn MENSCHENWÜRDE ein inkohärenter und folglich leerer Begriff ist, dann gibt es weder etwas, das die Menschenwürde verletzt, noch etwas, das mit der Menschenwürde vereinbar ist; und dann kann eine Praxis ernsthaft unmoralisch sein, obwohl es nicht wahr ist, dass sie nicht mit der Menschenwürde vereinbar ist. Folglich ist es nicht wahr, dass der Menschenwürde-Skeptizismus diskriminierende Praktiken legitimiert.

Die genannten Denkgewohnheiten oder Meinungsbildungstendenzen bilden eine für die Rezeption der Aufklärung ungünstige kognitive Umwelt. Sie machen Missverständnisse der Aufklärung wahrscheinlich, da sie deren Adressaten zu Fehlschlüssen verleiten und sie geneigt machen, als Implikationen des Menschenwürde-Skeptizismus zu betrachten, was keine Implikationen dieses Skeptizismus sind. *Starr* ist diese ungünstige kognitive Umwelt nun genau dann, wenn die sie konstituierenden Denkgewohnheiten gegenüber kritischen Erläuterungen insensitiv sind und auch im Angesicht solcher Erläuterungen stabil bleiben. Unter ungünstigen Rezeptionsbedingungen, die *starr* sind, sind Missverständnisse der Aufklärung unvermeidbar. D. h., es ist unvermeidbar, dass die Adressaten der Aufklärung aus dem Menschenwürde-Skeptizismus falsche Schlüsse ziehen. Sind die Rezeptionsbedingungen ungünstig, aber nicht starr, ist dies nicht unvermeidbar. In diesem Falle sind die Denkgewohnheiten der Adressaten der Aufklärung für rationale Kritik zugänglich, und das heißt, dass diese ihre Meinungsbildung im Lichte rationaler Kritik selbst kontrollieren können. Kritische Erläuterungen des Menschenwürde-Skeptizismus wie die Replik auf den Einwand aus der moralischen Verderblichkeit sind dann geeignet, die Rezeptionsbedingungen der Aufklärung rational zu *verändern*. Sie sind geeignet, die Adressaten der Aufklärung zu befähigen, sich von ihren schlechten Denkgewohnheiten nicht mehr in die Irre führen zu lassen.

Damit sollte nun deutlich geworden sein: Jedes AEM setzt nicht nur voraus, dass die Rezeption der Aufklärung in einer für die Aufklärung ungünstigen kognitiven Umwelt stattfindet. Diese Voraussetzung ist nicht besonders problematisch, sondern hat sogar empirische Plausibilität. Argumente aus der Erosion der Moral setzen vielmehr voraus, dass die Rezeptionsbedingungen *ungünstig und starr* sind. Was der Begriff der Starrheit ungünstiger Rezeptionsbedingungen hier bedeutet, haben wir gesehen. Es ist deshalb keinesfalls übertrieben, wenn wir behaupten, dass alle AEMs unterstellen, dass unter den Unaufgeklärten *allgemeine Idiotie* herrscht.

Bei näherer Betrachtung stellt sich damit heraus, dass die Behauptung, die Aufklärung würde zu einem Rückschritt unserer moralischen Erkenntnis führen, nicht weniger bizarr ist als die Behauptung, eine über die Gefahren des Rauchens informierende Kampagne würde zu einem Anstieg des Zigarettenkonsums führen. Nichts von dem scheint zwar logisch unmöglich zu sein. Aber beides ist nur in weit entfernten möglichen Welten wahr.

Abgesehen davon, dass sie bizarr und empirisch unplausibel ist, untergräbt der aus der Erosion der Moral argumentierende Konservative durch die *Idiotenhypothese*, wie wir die Voraussetzung der allgemeinen Idiotie der Unaufgeklärten nennen können, seine eigene Argumentation. Denn wenn die Unaufgeklärten zum Beispiel nicht fähig sein sollten, einzusehen, dass das Argument aus der moralischen Verderblichkeit auf einer Fehlinterpretation des Menschenwürde-Skeptizismus beruht, werden sie diesem Argument Glauben schenken und die skeptischen Anfechtungen des *Begriffs* der Menschenwürde als eine moralisch inakzeptable *Herabwürdigung des Menschen* missverstehen. Sie werden dann den

Menschenwürde-Skeptizismus *aus der Perspektive ihres Menschenwürde-Ethos* bewerten und nicht erkennen können, dass der Menschenwürde-Skeptizismus gerade die Kohärenz eben dieser Perspektive verneint. Konfrontiert mit dem Menschenwürde-Skeptizismus werden die Unaufgeklärten, wenn allgemeine Idiotie vorausgesetzt wird, also gerade nicht in einen Zweifel an der intellektuellen Respektabilität des Menschenwürde-Ethos getrieben. Sie werden ihren Glauben an die Menschenwürde dann vielmehr gerade geltend machen. Allgemeine Idiotie unter ihnen vorausgesetzt, gleichen die Unaufgeklärten also jenen Gläubigen, die unfähig sind, zu erkennen, dass der Atheist niemand ist, der mit Gott hadert oder der Gott den Rücken zukehrt, sondern schlicht jemand ist, der den Theismus, also ihren Glauben, verneint. So wie Gläubige, die den fundamentalen Unterschied zwischen einem Hiob und einem Atheisten nicht sehen können, in der Figur des Atheisten eher noch eine Bestätigung ihres Glaubens sehen, würden sich auch die Unaufgeklärten, konfrontiert mit dem Menschenwürde-Skeptizismus, in ihrem Glauben an die Menschenwürde eher bestärkt sehen. Also haben wir, wenn die Unaufgeklärten den mit der Idiotenhypothese vorausgesetzten intellektuellen Einschränkungen unterliegen, keinen Grund, zu glauben, dass die Aufklärung zu einer Erosion des Glaubens an die Menschenwürde führt. Damit sind wir bei (c) angelangt. Als nächster Schritt bleibt nur noch:

(d) Wenn es keinen Grund gibt, anzunehmen, dass die Aufklärung zu einer Erosion des Glaubens an die Menschenwürde führt, gibt es auch keinen Grund anzunehmen, dass die Aufklärung zu einer Erosion der Moral führt.

Damit aber ist erwiesen, dass das Argument aus der Erosion der Moral – und zwar unabhängig davon, wie genau nun die Befürchtungen konservativer Denker aussehen mögen – *epistemologisch inkohärent* ist: Die Idiotenhypothese ist eine Voraussetzung des Arguments, die die Rechtfertigung seiner Prämissen untergräbt.

3.6 Die Illusion der moralischen Errungenschaft

Im Kontext der Frage nach den Aussichten einer Verteidigung des passiven Konservatismus hatte ich diskutiert, ob es für diese Spielart anti-aufklärerischen Denkens möglich ist, das Menschenwürde-Ethos als eine Quelle moralischer Nicht-Idealität zu konzipieren. Was dagegen spricht, haben wir gesehen, ist der Umstand, dass der passive Konservatismus nicht umhinkommt, das Menschenwürde-Ethos als eine *moralische Errungenschaft* zu konzipieren. Die Ethik des passiven Konservatismus, hatte sich damit gezeigt, ist mit der Präsumption für die Aufklärung unverträglich. Dass es einen Zustand falschen Bewusstseins als eine moralische Errungenschaft konzipiert, ist daher ein entscheidender Einwand gegen das konservative Denken. Angesichts dieser Tatsache ist es nicht weniger als paradox, wenn sich konservatives Denken auf die Vorstellung *beruft*, dass die Idee der Menschenwürde eine moralische Errungenschaft ist und diese Auffassung zum Ausgangspunkt eines Einwands *gegen die Aufklärung* macht.

Von der Paradoxie dieser Situation soll hier jedoch abstrahiert werden. Wie in der Diskussion des Arguments aus der Erosion der Moral soll es auch im gegenwärtigen Kontext allein um eine Auseinandersetzung mit dem Konservatismus als einer naiven praktischen Ethik gehen. Das hauptsächliche Ziel wird es dabei sein zu zeigen, dass die Vorstellung, das Menschenwürde-Ethos sei eine zu bewahrende moralische Errungenschaft, eine bloße Illusion ist. Der illusionäre Charakter dieser typischen konservativen Idee zeigt sich an der Inkohärenz des *Arguments aus der moralischen Errungenschaft*. Im Kern ist das Argument außerordentlich einfach. Es wird behauptet, dass das Menschenwürde-Ethos eine moralische Errungenschaft ist, und von dieser Behauptung darauf geschlossen, dass wir nichts tun sollen, was die kulturelle Reproduktion dieses Ethos gefährdet. Und da die Aufklärung, wird dann weiter behauptet, die Reproduktion eben dieses Ethos gefährden würde, sollen sich die Aufgeklärten an den Grundsatz epistemischer Quarantäne halten.

Im Kontext dieses typischen konservativen Arguments meint »Errungenschaft« nicht nur einen Zustand, der im Vergleich zu einem historisch früheren Zustand eine Verbesserung darstellt. »Errungenschaft« meint vielmehr einen Zustand, der als solcher wert ist, bewahrt zu werden, und der, einmal erreicht, auch bewahrt werden soll. Würde »Errungenschaft« anstatt in diesem absoluten und normativen Sinn nur in dem relativen historischen Sinn verstanden, ließe sich aus der Prämisse, dass das Menschenwürde-Ethos eine moralische Errungenschaft ist, nicht – wie es das konservative Argument will – auf die anti-aufklärerische Konklusion schließen. Zugleich ist mit dem Gedanken der Errungenschaft natürlich auch die Idee von etwas, das *erreicht* worden ist, d. h. die Idee einer *Leistung*, verbunden. Die Behauptung, dass das Menschenwürde-Ethos eine moralische Errungenschaft ist, besagt also auch, dass die kulturelle Etablierung der Idee der Menschenwürde eine moralische Leistung ist, wobei das impliziert, dass diese Idee eine *spezifische* bedeutsame moralische Funktion erfüllt. Die Prämisse des Arguments aus der moralischen Errungenschaft lässt sich daher als ein Ausdruck der Auffassung lesen, dass es eine spezifische bedeutsame moralische Funktion gibt, die durch den Glauben an die Menschenwürde erfüllt wird, so dass dieser Glaube über die Generationen hinweg aufrechterhalten werden soll.

Die Befürchtung, dass die Aufklärung zu einer Erosion der Moral führt, scheint nun eng mit der Vorstellung verbunden zu sein, dass die Aufklärung, indem sie die kulturelle Reproduktion des Menschenwürde-Ethos gefährdet, eine bedeutsame moralische Errungenschaft zunichte zu machen droht. Das wirft die Frage auf, was das Argument aus der moralischen Errungenschaft (AMER) eigentlich von AEMs unterscheidet. Handelt es sich bei AMER letztendlich nicht auch um ein verkapptes AEM? Ich glaube, dass wir das verneinen sollten. Der vielleicht auffälligste Unterschied zwischen den beiden Argumenten besteht darin, dass das AEM unmittelbar aus den Wirkungen der Aufklärung argumentiert, während das AMER aus der moralischen Bedeutsamkeit der Idee der Menschenwürde bzw. des Menschenwürde-Ethos argumentiert. Dieser Unterschied ist nicht oberflächlich. Wie wir an AEM+ sehen können, stützt sich der aus der Erosion der Moral argumentierende Konservatismus *nicht* auf die Vorstellung einer positiven moralischen Bedeutsamkeit der Idee der Menschenwürde. Er stützt sich nur darauf, dass diese Idee *de facto* eine prominente Rolle in unserem moralischen und politischen Denken spielt. Ein zentraler

Schritt in diesem Argument ist allerdings die Prämisse (5), die besagt, dass die Aufklärung zu einer Erosion der Moral führt, wenn sie zu einer Erosion unserer Moral führt. Diese Prämisse könnte auch unterschreiben, wer seinen konservativen Standpunkt mit AMER zu begründen versucht. Denn *wenn* die Idee der Menschenwürde eine moralische Errungenschaft ist, dann, könnte man argumentieren, führt die Erosion unserer dem Ethos der Menschenwürde verpflichteten Moral zu einer Erosion *der* Moral. Dass jemand, der die Idee der Menschenwürde für eine moralische Errungenschaft hält, (5) unterschreiben kann, impliziert aber nicht, dass jemand, der (5) unterschreibt, die Idee der Menschenwürde für eine moralische Errungenschaft hält. Und so wie wir das AEM rekonstruiert haben, gibt es keinen Grund für diese weitergehende Behauptung. Wer direkt aus der Erosion der Moral argumentiert, kann sich eines Urteils darüber enthalten, welche spezifische moralische Bedeutsamkeit der Etablierung der Idee der Menschenwürde zukommt. Er muss nur glauben, dass die Aufklärung die Leute in einem Zustand der Desorientierung in Fragen der Moral zurücklässt. Wer dagegen aus der moralischen Errungenschaft argumentiert, muss dem Menschenwürde-Ethos eine spezifische moralische Bedeutsamkeit zuschreiben. Das bedeutet, dass man sich mit dem AMER auf eine bestimmte inhaltliche moralische Perspektive verpflichtet, von der man denkt, dass sie ohne Hilfe der Idee der Menschenwürde nicht aufrechterhalten werden könne.

Der Unterschied zwischen diesen beiden Richtungen ist analog zu dem Unterschied zwischen einem Denker, der glaubt, dass die Erosion des religiösen Glaubens die Leute in dem Sinne desorientiert zurücklässt, dass ihre Meinungsbildung ungeregelt wird, und einer Denkerin, die glaubt, dass diese Erosion die Leute in dem Sinne desorientiert zurücklässt, dass sie dann aufhören, wichtige moralische Wahrheiten zu glauben. Wenn wir Letzteres glauben, glauben wir, dass der religiöse Glaube eine *moralische Errungenschaft* ist. Wir sind dann nämlich überzeugt, dass der religiöse Glaube für die richtige Ausrichtung des moralischen Sinns der Menschen unentbehrlich ist. Mit der Idee der Religion als einer moralischen Errungenschaft legt man sich deshalb inhaltlich auf eine bestimmte moralische Weltanschauung fest. Und genauso akzentuieren AMER die, wenn man so will, *weltanschauliche* Bedeutung des

Menschenwürde-Ethos. Einen Eindruck vom Geist eines solchen Konservatismus liefert die folgende Argumentation:

Ein Argument aus der moralischen Errungenschaft Worum es uns Konservativen geht, ist der Fortbestand der mit der Idee der Menschenwürde verbundenen moralischen Grundorientierung, in der es selbstverständlich ist, dass Dinge wie zum Beispiel die Sklaverei absolut inakzeptabel sind. Die moralische Orientierung, um die wir besorgt sind, muss nicht von allen, aber doch von ausreichend vielen geteilt werden, damit die Mechanismen der Tradierung des Menschenwürde-Ethos einen generationenübergreifenden moralischen Grundkonsens gewährleisten. Es ist daher durchaus nicht erforderlich, dass alle Mitglieder unserer Gesellschaft den Glauben an die Menschenwürde teilen. Erforderlich ist allerdings, dass eine starke Mehrheit den Sinn für Menschenwürde hat und behält und weitergibt. Was nun mit der Idee der Menschenwürde unweigerlich verloren gehen würde, ist der Sinn für absolute moralische Schranken und der Sinn für den besonderen moralischen Wert eines jeden Menschen. Dieser Verlust würde zu einer moralischen Verrohung führen, zu einer Kultur, die durch einen grundlegenden Mangel an Sensibilität für den Wert des Menschen und des menschlichen Lebens, für Fragen der Gerechtigkeit und allgemein durch eine Art von ethischer Blindheit gekennzeichnet ist. Wir haben daher starke moralische Gründe gegen die Aufklärung. Denn diese würde das Menschenwürde-Ethos und damit den Kern unserer moralischen Grundorientierung unterminieren.

Überlegungen dieser Art, die eine moralische Verrohung der Kultur für den Fall voraussagen, dass ein an der Idee der Menschenwürde orientierter moralischer Grundkonsensus in unserer Gesellschaft abnimmt, würden nicht weiter verwundern, wenn sie als *kulturkritische* Kommentare *aus der Perspektive des Menschenwürde-Ethos* vorgetragen würden. Wir haben es hier aber nicht mit kulturkritischen Überlegungen, sondern mit einem Argument für den Konservatismus, d. h. mit einer Argumentation aus dem Munde eines Menschenwürde-*Skeptikers* zu tun, einer Person also, die davon überzeugt ist, dass die Idee der Menschenwürde inkohärent und eine Quelle falschen Bewusstseins ist. Aber dann scheint diese Argumentation ihren eigenen Voraussetzungen zu widerstreiten: Um gegen die Aufklärung dafür zu argumentieren, dass die Illusion der Menschenwürde aufrechterhalten werden soll, appelliert der aus der moralischen Errungenschaft argumentierende Konservatismus an die Ethik der Menschenwürde.

Gegen diesen Einwand würden sich AMERs nicht verteidigen lassen, wenn die Prämisse, dass das Menschenwürde-Ethos eine moralische Errungenschaft ist, implizieren würde, dass der Glaube an die Menschenwürde wahr ist. Dieser Zusammenhang scheint aber nicht zu bestehen. Was die These von der moralischen Errungenschaft impliziert, ist lediglich, dass es bedeutende wahre moralische Überzeugungen gibt, die die Leute nicht hätten und nicht bewahren würden, würden sie nicht an die Menschenwürde glauben. Wer sich auf ein AMER beruft, könnte in diesem Sinne die Überzeugung von der Falschheit der Sklaverei als ein Beispiel herausgreifen und behaupten, dass der Sinn für die Falschheit der Sklaverei bei den Menschen verloren ginge, würden sie sich davon überzeugen, dass es keine Menschenwürde gibt. Da dieser Versuch, die Errungenschaftsthese zu untermauern, nicht an die Idee der Menschenwürde appelliert, widerstreiten Argumente für die Errungenschaftsthese nicht notwendig ihrer eigenen Voraussetzung.

Die Errungenschaftsthese hat es jedoch mit verwandten Problemen zu tun: Obwohl sie dem ersten Anschein nach einfach nur wie irgendeine soziologische These aussieht, gibt es ein prinzipielles Problem mit ihrer Rechtfertigung. Für diese These gibt es erstens keinen vernünftigen Grund, und zweitens ist sie epistemologisch inkohärent und kann nicht gewusst werden.

Um das Problem der Rechtfertigung zu erkennen, sollten wir uns zunächst vor Augen führen, wie schwierig es tatsächlich ist, überhaupt irgendeinen guten Grund für die Errungenschaftsthese ausfindig zu machen. So sind Erwägungen darüber, wie sich die Aufklärung auf das moralische Bewusstsein aller derjenigen auswirken würde, die bereits an die Menschenwürde glauben, für die Rechtfertigung der Errungenschaftsthese ungeeignet. Betrachten wir dazu folgenden Schluss:

(1) Wenn *A* zu glauben aufhören würde, dass die Sklaverei die Menschenwürde verletzt, würde *A* zu glauben aufhören, dass die Sklaverei unmoralisch ist.

Daher:

(2) Wenn *B* nicht zu glauben anfangen würde, dass die Sklaverei die Menschenwürde verletzt, würde *B* nicht zu glauben anfangen, dass die Sklaverei unmoralisch ist.

Dass dieser Schluss ungültig ist, dürfte unschwer zu sehen sein. Die Konklusion scheint nämlich einfach falsch zu sein, ganz egal ob die Prämisse wahr ist oder nicht. Was sollte verhindern, dass *B* die Überzeugung, dass die Sklaverei unmoralisch ist, unabhängig von dem Glauben an die Menschenwürde gewinnt? *B* könnte zum Beispiel zu glauben anfangen, dass die Sklaverei *grausam* ist, oder zu glauben anfangen, dass die Sklaverei *gegen Gottes Willen* ist, oder zu glauben anfangen, dass die Sklaverei *eine Manifestation von Habsucht und Überheblichkeit* ist, oder zu glauben anfangen, dass die Sklaverei *ungerecht* ist, und könnte aufgrund einer oder mehrerer dieser oder auch verschiedener anderer moralischer Überzeugungen zu glauben anfangen, dass die Sklaverei unmoralisch ist. Die Konklusion des Arguments, zeigen diese Möglichkeiten, wird von seiner Prämisse aber nicht nur nicht impliziert, sondern nicht einmal wahrscheinlich gemacht. Die bedingte Wahrscheinlichkeit, dass (2), gegeben (1), ist nicht größer als die unbedingte Wahrscheinlichkeit von (2).

Dieses Resultat bleibt nun auch bestehen, wenn wir (1) durch die anspruchsvollere Prämisse (1*) ersetzen:

(1*) Wenn *A* zu glauben aufhören würde, dass die Sklaverei die Menschenwürde verletzt, würde *A* zu glauben aufhören und niemals mehr zu glauben anfangen, dass die Sklaverei unmoralisch ist.

Auch (1*) impliziert nicht (2). Und (1*) macht (2) auch nicht wahrscheinlich, d. h. die Wahrscheinlichkeit von (2), gegeben (1*), ist nicht größer als die Wahrscheinlichkeit von (2). Dagegen könnte man Folgendes einwenden. Wenn es so ist, dass ein Akteur nie mehr zu glauben anfangen würde, dass *q*, wenn er zu glauben aufhörte, dass *p*, dann ist das zumindest ein Indiz dafür, dass die Überzeugung, dass *p*, (für diesen Akteur) eine nicht ersetzbare evidentielle Rolle für die Überzeugung, dass *q*, spielt. Wir haben dann, mit anderen Worten, ein Indiz dafür, dass man rational nicht glauben kann, dass *q*, wenn man nicht glaubt, dass *p*. Und wenn das so ist, ist die Wahrscheinlichkeit gering, dass ein Akteur zu glauben anfängt, dass *q*, wenn er nicht glaubt, dass *p*.

Dieser Einwand übersieht, dass wir den Schluss von (1*) auf (2) unter der Voraussetzung bewerten, dass die Überzeugung, die Sklaverei verletze die Menschenwürde, nicht wahr sein kann, während die Überzeugung, dass die Sklaverei unmoralisch ist, *wahr* ist. Wir dürfen diesen Schluss also nicht so bewerten, wie wir folgenden Schluss bewerten würden:

(I) Wenn *A* zu glauben aufhören würde, dass die Sklaverei ungerecht ist, würde *A* zu glauben aufhören und niemals mehr zu glauben anfangen, dass die Sklaverei unmoralisch ist.

Daher:

(II) Wenn *B* nicht zu glauben anfangen würde, dass die Sklaverei ungerecht ist, würde *B* nicht zu glauben anfangen, dass die Sklaverei unmoralisch ist.

Auch (I) impliziert nicht (II). Trotzdem scheint (I) für (II) zu sprechen. Das sieht man nicht zuletzt daran, dass die Wahrscheinlichkeit von (II) zunimmt, wenn wir zu (I) weitere Prämissen der gleichen Art hinzufügen würden (»Wenn *C* zu glauben aufhören würde …«; »Wenn *D* zu glauben aufhören würde …«). Da die Überzeugung, dass die Sklaverei die Menschenwürde verletzt, nicht wahr sein kann, kann (1*) kein Indiz dafür sein, dass man ohne diese Überzeugung nicht rational glauben kann, dass die Sklaverei unmoralisch ist. Und daher würde auch eine Erweiterung des Schlusses um Prämissen von der Art von (1*) die Wahrscheinlichkeit von (2) nicht verändern.

Alles zusammengenommen, erhalten wir damit folgendes Zwischenergebnis: Es gibt keinen vernünftigen Grund für Thesen wie (2), durch die behauptet wird, dass die Leute bestimmte moralische Wahrheiten nicht glauben würden, würden sie nicht an die Menschenwürde glauben. Es scheint vielmehr recht offensichtlich zu sein, dass Thesen wie (2) falsch sind: Es gibt keine moralischen Wahrheiten, die derart sind, dass der inkohärente Glaube an die Menschenwürde erforderlich ist, um sie zu erkennen, sich ihrer bewusst zu sein oder sie zu glauben.

Alles andere wäre auch eine Überraschung. Denn unter welchen Bedingungen wäre eine These wie (2) wahrscheinlich? (2) ist nur dann wahrscheinlich, wenn es unwahrscheinlich ist, dass *B* zu glauben anfangen würde, dass die Sklaverei ungerecht ist, und es unwahrscheinlich ist, dass *B* zu glauben anfangen würde, dass die Sklaverei grausam ist usw. Alles das wäre aber nur dann der Fall, wenn *B* für Gründe, die *tatsächlich* gegen die Sklaverei sprechen, *unempfänglich* wäre. Thesen wie (2) könnten wir also nur dann gerechtfertigt glauben, wenn es unwahrscheinlich ist, dass die Leute die Moral, um deren generationenübergreifenden Fortbestand das konservative Denken besorgt ist, *aus den wahren Gründen* anerkennen würden.

Die konservative These, der Glaube an die Menschenwürde sei eine moralische Errungenschaft, deren Erosion zu einer Verrohung des moralischen Sinns der Menschen führt, hat also eine Voraussetzung, die der von allen AEMs vorausgesetzten Idiotenhypothese gleichkommt, wenn sie diese nicht sogar in den Schatten stellt. Die Voraussetzung ist nämlich, dass es das Schicksal der Unaufgeklärten und der nachfolgenden Generationen ist, für bedeutende moralische Wahrheiten nur empfänglich zu sein, wenn ihr moralischer Sinn unter dem Regime der Idee der Menschenwürde steht. Der aus der moralischen Errungenschaft argumentierende Konservatismus legt sich damit auf die wahrlich absurde Auffassung fest, dass es eine Quelle falschen moralischen Bewusstseins gibt, ohne die der moralische Sinn der Leute für die wahren moralischen Werte oder für die für die Moralisierung der Menschheit entscheidenden moralischen Wahrheiten nicht empfänglich sein würde. Die Absurdität dieser Auffassung ist offensichtlich. Quellen falschen moralischen Bewusstseins *korrumpieren* den moralischen Sinn der Leute, sie untergraben die Wahrheitsorientierung ihres moralischen Urteils und beeinträchtigen ihre Empfänglichkeit für epistemische Gründe. Die These, dass die kulturelle Reproduktion der Idee der Menschenwürde für die adäquate Ausrichtung des moralischen Sinns der Menschen erforderlich ist, ist im Munde des konservativen Skeptikers nicht weniger waghalsig als die Behauptung, die Beförderung nationalistischer Vorurteile sei eine unerlässliche Bedingung für die adäquate Ausbildung unserer moralischen Urteilsfähigkeit. Es gibt aber noch weiteres Problem: Die These, dass der Glaube an signifikante moralische Wahrheiten vom Glauben an die Menschenwürde abhängig ist, ist *epistemologisch inkohärent*. Beginnen wir mit einer einfachen, aber wichtigen Beobachtung. Da vom Begriff der Menschenwürde konstitutiv abhängige Überzeugungen – Überzeugungen, in denen dieser Begriff figuriert – nicht wahr sein können, kann niemand wissen, dass *p*, der *p* auf Basis einer vom Begriff der Menschenwürde konstitutiv abhängigen Überzeugung glaubt. Nehmen wir an, ein Bioethiker hat sich davon überzeugt, dass die Klonierung von Menschen ein schwerwiegender moralischer Fehler ist, weil dies, wie er glaubt, die Menschenwürde verletzt. Da die Überzeugung, dass die Klonierung von Menschen die Menschenwürde verletzt, begrifflich defekt ist, hat dieser Bioethiker sein moralisches Urteil auf Basis einer Überzeugung gebildet, die nicht wahr sein kann. Folglich weiß er nicht, dass die Klonierung von Menschen moralisch falsch ist. Und wenn er selbst glaubt, einen guten Grund für sein Urteil zu haben, täuscht er sich. Denn seine Überzeugung, dass das Klonieren von Menschen die Menschenwürde verletzt, spricht, da sie selbst defekt ist und nicht wahr sein kann, nicht für die Wahrheit seines moralischen Verdikts.

Wenn es daher unser epistemisches Schicksal ist, *p* nur auf Basis des irrigen Glaubens an die Menschenwürde glauben zu können, können wir nicht wissen, dass *p*. Wenn wir aber nicht wissen, dass *p*, können wir nicht wissen, dass wir, wenn wir aufhören würden, an die Menschenwürde zu glauben, aufhören würden, eine signifikante moralische *Wahrheit* zu glauben. Also können wir unter diesen Bedingungen nicht wissen, dass unser moralischer Sinn für wichtige moralische Wahrheiten unempfänglich würde, würde der Glaube an die Menschenwürde nicht weiter tradiert. Wenn wir jedoch andererseits wissen oder zu glauben berechtigt sind, dass *p* eine signifikante moralische Wahrheit ist, glauben wir *p* nicht auf der Basis einer vom Begriff der Menschenwürde abhängigen Überzeugung. Und dann ist unsere Empfänglichkeit für diese Wahrheit nicht abhängig vom Glauben an die Menschenwürde, und dies können wir wissen.

Für den aus der moralischen Errungenschaft argumentierenden Konservativen entsteht damit das Problem, dass er eingestehen muss, keinen guten Grund für die Errungenschaftsthese zu haben. Denn wer aus der moralischen Errungenschaft argumentiert, hat eben damit einen Grund, der gegen die These der moralischen Errungenschaft spricht.

Um das noch etwas zu illustrieren, betrachten wir die epistemische Situation unserer konservativen Skeptikerin M. Sie befürchtet unter anderem, dass mit dem Glauben an die Menschenwürde auch der Glaube an die Menschenrechte verloren gehen würde.[34] Das, glaubt sie, wäre eine bedeutende negative Folge der Aufklärung, was voraussetzt, dass sie glaubt, dass es solche Rechte gibt. M. glaubt also, dass die Menschen nachfolgender Generationen nicht glauben würden, dass es universelle Menschenrechte gibt, würde ihnen nicht der Glaube an die Menschenwürde vermittelt, obwohl es solche Rechte gibt. Die Überzeugung von M., dass die Aufklärung zu einer Erosion der Moral führen würde, ist daher epistemologisch von der Überzeugung abhängig, dass es universelle Menschenrechte gibt: Wenn diese Überzeugung nicht gerechtfertigt ist, ist weder M.s Überzeugung, dass die Aufklärung zu einer Erosion der Moral führen würde, noch M.s Überzeugung, dass der Glaube an die Menschenwürde eine moralische Errungenschaft ist, gerechtfertigt.

Nun könnte man denken, dass, was den Glauben an die Menschenrechte betrifft, für den Konservatismus von M. kein besonderes Problem entsteht, da dieser Glaube gerechtfertigt *ist*. Aber das ist nicht der Fall: Für den Konservatismus von M. entsteht nämlich auch dann ein Problem, wenn ihre Überzeugung, dass es solche Rechte gibt, gerechtfertigt ist. Betrachten wir das Problem.

Entweder ist M. gerechtfertigt zu glauben, dass es universelle Menschenrechte gibt, oder nicht. Wenn sie nicht gerechtfertigt ist, *das* zu glauben, kann sie auch nicht gerechtfertigt sein zu glauben, dass dann, wenn mit dem Glauben an die Menschenwürde der Glaube an die Menschenrechte verloren ginge, eine wahre moralische Überzeugung verloren ginge. Wenn sie aber zu glauben ge-

---

[34] Bei der folgenden Diskussion abstrahiere ich davon, dass der Begriff der Menschenrechte, wie ich in Appendix C argumentiert habe, seinerseits unter dem Verdacht der Leerheit steht und ohne Deduktion keinen Platz in unserem ethischen Denken beanspruchen kann.

rechtfertigt ist, dass es universelle Menschenrechte gibt, muss sie diese Überzeugung *unabhängig* vom Glauben an die Menschenwürde entwickelt haben. Wenn sie jedoch ihren Glauben an die Menschenrechte unabhängig vom Glauben an die Menschenwürde gebildet hat, ist M. nicht gerechtfertigt zu glauben, dass die Menschen nachfolgender Generationen nicht an universelle Rechte glauben würden, würden sie nicht an die Menschenwürde glauben. Sie hat dann nämlich durch ihr eigenes Beispiel einen gegen die Errungenschaftsthese sprechenden Anfechtungsgrund, wobei das wiederum keine Wahrheit speziell über M. sondern eine unspezifische Wahrheit über jeden Denker ist, der das Argument aus der moralischen Errungenschaft meint anerkennen zu können.

Das epistemologische Problem von M. spiegelt sich auch in der dialektischen Schwierigkeit wider, andere von der Errungenschaftsthese und dadurch vom Konservatismus zu überzeugen. Wenn M. glaubt, dass der Konservatismus der Aufklärung rational vorzuziehen ist, muss M. glauben, dass man ihrer Position aufgrund ihrer Begründung der Errungenschaftsthese gerechtfertigt zustimmen kann. Rational oder gerechtfertigt kann die Anerkennung ihrer Begründung für die Errungenschaftsthese aber nur für alle diejenigen sein, deren Glaube an universelle Menschenrechte epistemisch gerechtfertigt ist. Also ist niemand, der an Menschenrechte glaubt, *weil* er an die Menschenwürde glaubt, gerechtfertigt, die Errungenschaftsthese auf Basis der von M. vorgetragenen Begründung zu glauben. Rational zustimmen könnten vielmehr nur Leute, deren Glaube an die Menschenrechte *unabhängig* von einem Glauben an die Menschenwürde ist. Den Konservatismus rational akzeptieren könnten also nur Leute, deren eigene Meinungsbildung *Evidenz für die Falschheit der Errungenschaftsthese* ist. Also kann man den Konservatismus nicht rational glauben.

Die epistemische Situation von M. vis-á-vis der Errungenschaftsthese diente nur der Illustration der allgemeinen epistemologischen Problematik der Errungenschaftsthese. Die Unmöglichkeit, aus der moralischen Errungenschaft zu argumentieren, können wir daher noch einmal impersonal als ein Dilemma der epistemischen Rechtfertigung darstellen:

(A) Der Glaube an die Menschenrechte ist entweder gerechtfertigt oder nicht.

(B) Wenn der Glaube an die Menschenrechte nicht gerechtfertigt ist, ist die Errungenschaftsthese nicht gerechtfertigt.[35]

(C) Wenn der Glaube an die Menschenrechte gerechtfertigt ist, ist die Errungenschaftsthese ebenfalls nicht gerechtfertigt.

Daher:

(D) Die Errungenschaftsthese ist so oder so nicht gerechtfertigt.

Die scheinbare epistemische Unauffälligkeit der Errungenschaftsthese, lässt sich nun abschließend feststellen, ist ein bloßer Schein gewesen. In Wahrheit ist die Errungenschaftsthese paradox. Sofern wir nur nicht vergessen und uns bewusst bleiben, dass die Errungenschaftsthese die These eines *Skeptikers* ist, der die Auffassung teilt, dass die Idee der Menschenwürde inkohärent und eine Quelle falschen moralischen Bewusstseins ist, sollte das auch auf der Hand liegen. Denn wie könnte eine Quelle falschen moralischen Bewusstseins eine moralische Errungenschaft sein?

Wer sich davon überzeugt hat, dass die Idee der Menschenwürde inkohärent und Quelle falschen Bewusstseins ist, und dennoch daran glaubt, dass sie eine moralische Errungenschaft ist, begeht keinen Allerweltsfehler. Ein solcher konservativer Skeptiker muss einer systematischen Täuschung unterliegen, durch die die Vorstellung einer moralischen Bedeutsamkeit des Glaubens an die Menschenwürde seinen Skeptizismus überdauert. Insofern diese Vorstellung ein Bestandteil des Menschenwürde-Ethos und daher auch ein Refugium für den Glauben an die Menschenwürde ist, ist sie ein Bestandteil dessen, was durch aufklärerische Kritik überwunden werden soll. Der Konservatismus ist daher keine echte Alternative zur Aufklärung. Er ist selbst ein Gegenstand der Aufklärung.

---

[35] Es sollte klar sein, dass die Bezugnahme auf den Glauben an die Menschenrechte hier nur der Illustration dient. Es ist daher uninteressant, zu bemerken, dass der Konservatismus nicht auf die Auffassung festgelegt ist, dass die Bedeutsamkeit des Menschenwürde-Ethos speziell in seiner Funktion für die Bewahrung des Glaubens an die Menschenrechte liegt.

Literatur

Adler, Jonathan E. (2006): *Belief's own ethics*. Cambridge (Mass.).
Allison, Henry E. (2012): »Kants Conception of Aufklärung«, in: ders.: *Essays on Kant*, Oxford, 229–235.
Arendt, Hannah (1986): *Eichmann in Jerusalem. Ein Bericht von der Banalität des Bösen*, 5. Aufl. München.
Ariely, Dan (2010): *Predictably Irrational: The Hidden Forces That Shape Our Decisions*. Revised and expanded edition, New York.
Armstrong, David (2009): »The General Theory of Truthmaking«, in: E. J. Lowe / A. Rami (eds.): *Truth and Truthmaking*, Stocksfield, 115–137.
Austin, John (2000/1832): *The Province of Jurisprudence determined*, Amherst.
Balzer, Philipp / Rippe, Klaus Peter / Schaber, Peter (1999): *Menschenwürde vs. Würde der Kreatur. Begriffsbestimmung, Gentechnik, Ethikkommission*. 2. Aufl. Freiburg/München.
Bastian, Brock / Laughnan, Steve / Haslam, Nick / Radke, Helena R. M. (2012): »Don't Mind Meat? The Denial of Mind to Animals Used for Human Consumption«, in: *Personality and Social Psychology Bulletin* 38 (2) 247–256.
Bartley, William W. (1962): *Flucht ins Engagement. Versuch einer Theorie des offenen Geistes*, München.
Baumann, Peter (2002): »Menschenwürde und das Bedürfnis nach Respekt«, in: Stoecker (2002) 19–35.
Bayertz, Kurt (1996): »Human Dignity: Philosophical Origin and Scientific Erosion of an Idea«, in: Kurt Bayertz (ed.), *Sanctity of Life and Human Dignity*, Dordrecht/Boston/London 1996, 73–91.
Birnbacher, Dieter (2004): »Menschenwürde – abwägbar oder unabwägbar?«, in: Matthias Kettner (Hg.), *Biomedizin und Menschenwürde*, Frankfurt a. M.
Birnbacher, Dieter (2011): »Kann die Menschenwürde die Menschenrechte begründen?«, in: Gesang, Bernward / Schälike, Julius (Hgg.): *Die großen Kontroversen der Rechtsphilosophie*, Paderborn, 77–98.
Blackburn, Simon (1984): *Spreading the Word. Groundings in the Philosophy of Language*. Oxford.
Bratman, Michael (1983): »Taking Plans Seriously«, in: *Social Theory and Practice* 9.2, 271–287.

Bostrom, Nick (2005): »In Defense of Posthuman Dignity«, in: *Bioethics* 19.3, 202–214.

Clifford, W. K. (1999/1877): »The Ethics of Believe«, in: ders.: *The Ethics of Belief and Other Essays*, Amherst, 70–96.

Cohen, Carl (1986): »The Case for the Use of Animals in Biomedical Research«, in: *The New England Journal of Medicine* 314, 865–869.

Conee, Earl/Feldman, Richard (2004): *Evidentialism. Essays in Epistemology*, Oxford.

Cooney, Nick (2011): *Change of Heart. What Psychology Can Teach Us About Spreading Social Change*, New York.

Cuneo, Terence (2007): *The Normative Web. An Argument for Moral Realism*. Oxford.

Damschen, Gregor/Schönecker, Dieter (2002): »Die Würde menschlicher Embryonen. Zur moralischen Relevanz von Potentialität und numerischer Identität«, in: Stoecker (2002) 201–231.

Delgado, Richard / Stefancic, Jean (2012): *Critical Race Theory. An Introduction*. 2. Aufl. New York.

DeGrazia, David (1997): »Great Apes, Dolphins, and the Concept of Personhood«, in: *The Southern Journal of Philosophy* XXXV, 301–320.

Devitt, Michael (1997): *Realism and Truth*. 2. Aufl. Princeton.

Diamond, Cora (2004): »Eating Meat and Eating People«, in: Cass R. Sunstein / Martha C. Nussbaum (eds.): *Animal Rights. Current Debates and New Directions*, Oxford, 93–107.

Dombrowski, Daniel A. (1997): *Babies and Beasts. The Argument from Marginal Cases*. Urbana.

Double, Richard (1996): *Metaphilosophy and Free-Will*, Oxford.

Dougherty, Trent (2014): »The ›Ethics of Belief‹ is Ethics (Period)«, in: Jonathan Matheson / Rico Vitz (eds.): *The Ethics of Belief*, Oxford, 146–164.

Edmund / Pellegrino / Schulmann (eds.) (2009): *Human Dignity and Bioethics*, University of Notre Dame Press.

Enç, Berent (2006): *How we act. Causes, Reasons, and Intentions*, Oxford.

Epikur (1997): *Briefe, Sprüche, Werkfragmente*. Gr./dt., hg. v. Hans-Wolfgang Krautz, Stuttgart.

Feldman, Fred (1995): »Adjusting Utility for Justice: A Consequentialist Reply to the Objection from Justice«, in: *Philosophy and Phenomenological Research* LV.3, 567–585.

Feldman, Richard (2004): »The Ethics of Belief«, in: Earl Conee/Richard Feldman: *Evidentialism. Essays in Epistemology*, 166–196.

Fichte, Johann Gottlieb (1971/1794) »Über die Würde des Menschen, beim Schlusse seiner philosophischen Vorlesungen gesprochen«, in: Fichtes

Werke, hg. v. I. H. Fichte, Bd. I: Zur theoretischen Philosophie I, fotomechanischer Nachdruck Berlin, 412–416.

Foot, Philippa (1997/1972): »Die Moral als ein System hypothetischer Imperative«, in: dies.: *Die Wirklichkeit des Guten. Moralphilosophische Aufsätze*, hg. von U. Wolf und Anton Leist, Frankfurt a. M., 89–107.

FitzPatrick, William (2015): »Debunking evolutionary debunking of moral realism«, in: *Philosophical Studies* 172, 883–904.

Foder, Jerry A. (1998): *Concepts: Where Cognitive Science Went Wrong.* Oxford.

Foster, Charles (2011): *Human Dignity in Bioethics and Law.*

Forst, Rainer (2005): »Die Würde des Menschen und das Recht auf Rechtfertigung«, in: *Deutsche Zeitschrift für Philosophie* 53.4, 589–596.

Frankfurt, Harry (2007a/1971): »Freedom of the will and the concept of a person«, in: ders.: *The importance of what we care about. Philosophical Essay.* 14. Aufl. Cambridge, 11–25.

Frankfurt, Harry (2007b): »On Bullshit«, in: ders.: *The importance of what we care about. Philosophical Essay.* 14. Aufl. Cambridge, 117–133.

Fukuyama, Francis (2002): *Our Posthuman Future. Consequences of the Biothechnology Revolution.* New York.

Gadamer, Hans-Georg (1986): *Wahrheit und Methode. Grundzüge einer philosophischen Hermeneutik*, 5. Aufl. Tübingen

Gans, Chaim (1992): *Philosophical Anarchism and Political Disobedience.* Cambridge.

Gauthier, David (2002): »Warum Kontraktualismus?«, in: Kurt Bayertz (Hg.): *Warum moralisch sein*, Paderborn, 189–212.

Genovese, Eugene D./Fox-Genovese, Elizabeth (2011): *Fatal Self-Deception. Slaveholding Paternalism in the Old South*, Cambridge.

Griffin, James (2008): *On Human Rights*, Oxford.

Haack, Susan (2001): »›The Ethics of Belief‹ Reconsidered«, in: Mathias Steup (Hg.): *Knowledge, Truth, and Duty. Essays on Epistemic Justification, Responsibility, and Virtue*, Oxford, 21–30.

Habermas, Jürgen (2001): *Die Zukunft der menschlichen Natur. Auf dem Weg zu einer liberalen Eugenik?* Frankfurt a. M.

Hailer, Martin/Ritschl, Dietrich (1996): »The general notion of human dignitiy and the specific arguments in medical ethics«, in: Bayertz (1996), 91–106.

Hare, Richard (1972): *Die Sprache der Moral*, Frankfurt a. M. [orig. *The Language of Morals*, 1952]

Hart, H. L. A. (1994/1961): *The Concept of Law. Second Editon*, Oxford.

Hassin, Ran R./Uleman, James S./Bargh, John A. (eds.) (2005): *The New Unconscious*, Oxford.

Höffe, Otfried (2002): »Menschenwürde als ethisches Prinzip«, in: Höffe et al. (2002), 111–141.

Höffe et al. (2002): *Gentechnik und Menschenwürde. An den Grenzen von Ethik und Recht*. Köln.

Hörnle, Tatjana (2011): »Zur Konkretisierung des Begriffs »Menschenwürde«, in: Jan C. Joerden / Eric Hilgendorf / Natalia Petrillo / Felix Thiele (Hgg.), *Menschenwürde und moderne Medizintechnik*, Baden-Baden, 57–76.

Horkheimer, Max / Adorno, Theodor W. (2013/1944): *Dialektik der Aufklärung. Philosophische Fragmente*. 21. Aufl. Frankfurt a. M.

Hume, David (2008/1777) *Enquiries Concerning Human Understanding and Concerning the Principles of Morals*, hg. v. P. H. Nidditch, Oxford.

— (1994/1779): *Dialoge über natürliche Religion*. Übers. u. hg. v. Norbert Hoerster, durchg. und bibl. erg. Ausgabe, Stuttgart.

— (1987/1741): »Of Superstition and Enthusiasm«, in: ders.: *Essays Moral Political and Literary*, ed. by Eugene F. Miller, revised edition, Minneapolis, 73–79.

Iorio, Marco (2011): *Regel und Grund: Eine philosophische Abhandlung*. Berlin / New York.

Isensee, Josef (2002): »Der grundrechtliche Status des Embryos«, in: Höffe et al. (2002), 37–78.

James, William (1979/1897): »The Will to Believe«, in: ders.: *The Will to Believe and Oher Essays in Popular Philosophy*. Cambridge/London.

Joyce, Richard (2007) *The Evolution of Morality*, Cambridge (Mass.).

Kant, Immanuel (1977/1783): »Beantwortung der Frage: Was ist Aufklärung?«, in: Werkausgabe, hg. v. Wilhelm Weischedel, Bd. XI, Frankfurt a. M., 51–61.

— (1977/1793): »Über den Gemeinspruch: Das mag in der Theorie richtig sein taugt aber nicht für die Praxis«, in: Werkausgabe, hg. v. Wilhelm Weischedel, Bd. XI, Frankfurt. a. M., 127–172.

— (1977/1800): *Logik*, in: Werkausgabe, hg. v. Wilhelm Weischedel, Bd. VI.2, 417–582.

— (1982/1766): *Träume eines Geistersehers, erläutert durch Träume der Metaphysik*, in: Werkausgabe, hg. v. Wilhelm Weischedel, Bd. II.2, 921–989.

— (1982/1781): *Kritik der reinen Vernunft*, in: Werkausgabe, hg. v. Wilhelm Weischedel, Bdd. III und IV, 6. Aufl. Frankfurt a. M.

— (1982/1785): *Grundlegung zur Metaphysik der Sitten*, in: Werkausgabe, hg. v. Wilhelm Weischedel, Bd. VII, 6. Aufl. Frankfurt a. M.

— (1982/1786): »Was heißt: sich im Denken orientieren?«, in: Werkaus-

gabe, hg. v. Wilhelm Weischedel, Bd. V.1, 4. Aufl. Frankfurt a. M., 267–283.
— (1982/1797): *Die Metaphysik der Sitten*, in: Werkausgabe, hg. v. Wilhelm Weischedel, Bd. VIII, 5. Aufl. Frankfurt a. M.
— (1990): *Eine Vorlesung über Ethik*, hg. v. Gerd Gerhard, Frankfurt a. M.
— (1991/1798): *Anthropologie in pragmatischer Hinsicht*, in: Werkausgabe, hg. v. Wilhelm Weischedel, Bd. XII, 8. Aufl. Frankfurt a.M.
Kass, Leon (2002 a): *Life, Liberty and the Defense of Dignity. The Challenge for Bioethics*. New York/London.
— (2002 b): *Human Cloning and Human Dignity: The Report of the Presidents Council on Bioethics*.
Kateb, George (2011): *Human Dignity*. Harvard University Press.
Kekes, John (2002) »On a supposed obligation to relieve famine«, in: *Philosophy* 77, 503–517.
Kierkegaard, Sören (1977/1872): *Das Buch Adler oder Der Begriff des Auserwählten*, übersetzt von Theodor Haecker, in: ders.: *Einübung im Christentum, Zwei kurze etisch-religiöse Abhandlungen, Das Buch Adler oder Der Begriff des Auserwählten*, hg. v. Walter Rest, München, 317–518.
Kornblith, Hilary (2005): *Knowledge and its Place in Nature*. Oxford.
Kosellek, Reinhart (2006): *Begriffsgeschichten. Studien zur Semantik und Pragmatik der politischen und sozialen Sprache*. Frankfurt a. M.
Krantz, Susan Lufkin (2002): *Refuting Peter Singer's Ethical Theory. The Importance of Human Dignity*. Westport (Conn.)/London.
Leist, Anton (2005): »Menschenwürde als Ausdruck. Ein nicht-metaphysischer Vorschlag«, in: *Deutsche Zeitschrift für Philosophie* 53.4, 597–610.
Lenzen, Wolfgang (1996): »Value of Life vs. Sanctity of Life – Outlines of a Bioethics that does without the Concept of *Menschenwürde*«, in: Bayertz (1996) 39–55.
Linzey, Andrew (1995): *Animal Theology*, Urbana and Chicago.
Loeb, Don (2008): »Moral incoherentism: How to Pull a Metaphysical Rabbit out of a Semantic Hat«, in: Walter Sinnott-Armstrong (ed.): *Moral Psychology*. Bd. 2: *The Cognitive Science of Morality: Intuition and Diversity*, Cambridge (Mass.) 355–386.
Lohmar, Achim (2005): *Moralische Verantwortlichkeit ohne Willensfreiheit*. Frankfurt a. M.
— (2006): »Suizid und Moral. Über die ethische Relevanz der Verschiedenheit moralischer Subjekte«, in: *Zeitschrift für philosophische Forschung* 60.1, 59–84.
— (2010): »Humes Kritik religiösen Glaubens«, in: *Aufklärung* 21 (2010): *Religion im Zeitalter der Aufklärung*, 75–101.
— (2012): »Sterblichkeit, Annihilation und die Furcht vor dem Tod. Das

Problem des Axiochos und die Irrelevanz der epikureischen Thanatologie«, in: SAPERE XX (2012), *Die Kunst zu Sterben – Axiochos*, hg. v. Irmgard Männlein-Robert, Tübingen, 155–182.

— (2017): »Eine Kritik der Radikalen Orthodoxie«, in: *Radical Orthodoxy. Eine Herausforderung für Christentum und Theologie nach der Säkularisierung*, hg. v. Sven Grosse und Harald Seubert, Leipzig, 146–162.

Lucas, J. R. (1995): *Responsibility*. Oxford.

Lukács, Georg (1986/1923): *Geschichte und Klassenbewußtsein. Studien über marxistische Dialektik*, 9. Aufl. Darmstadt/Neuwied, 119–169.

Mackie, John L. (1990/1977): *Ethics. Inventing Right and Wrong*. Reprint London.

— (1985): *Das Wunder des Theismus. Argumente für und gegen die Existenz Gottes*. Stuttgart.

Madigan, Timothy J. (2009): W. K. Clifford and the »Ethics of belief«, Cambridge.

Marcuse, Herbert (1972): *Der eindimensionale Mensch*. 5. Aufl. Neuwied und Berlin.

McMahan, Jeff (2002): *The Ethics of Killing. Problems at the Margins of Life*. Oxford.

McMahan, Jeff (2005): »Our Fellow Creatures«, in: *The Journal of Ethics* 9. 3/4, 353–380.

McTaggart, John (1927): *The Natur of Existence II*, Cambridge.

Mele, Alfred (2007): »Self-Deception and Three Psychiatric Delusions«, in: Timmons, Mark/Greco, John/Mele, Alfred R. (eds.): *Rationality and the Good. Critical Essays on the Ethics and Epistemology of Robert Audi*, Oxford, 163–175.

Meyerson, Denise (1991): *False Consciousness*, Oxford.

Michel, Christoph/Newen, Albert (2010): »Self-Deception as pseudo-rational regulation of belief«, in: *Consciousness and Cognition* 19, 731–747.

Mill, John St. (2006/1861) *Utilitarianism*, in: Collected Works of John Stuart Mill, Bd. 10: Essays on Ethics, Religion and Society, hg. v. J. M. Robson, 203–260.

Mohr, Georg (2007): »Grundlagen der Menschenwürde bei Kant und Fichte«, in: Sandkühler (2007) 13–40.

Moore, George Edward (2005/1912) *Ethics*, Oxford.

Nagel, Thomas (1988): »War and Massacre«, in: Samuel Scheffler (ed.): *Consequentialism and its Critics*, Oxford, 51–73.

Neumann, Ulfried (2004): »Die Menschenwürde als Menschenbürde – oder wie man ein Recht gegen den Berechtigten wendet«, in: Matthias Kettner (Hg.), *Biomedizin und Menschenwürde*, Frankfurt a. M., 42–62.

Neurath, Otto et al. (1979): »Wissenschaftliche Weltauffassung – der Wiener Kreis«, in: ders.: *Wissenschaftliche Weltauffassung, Sozialismus und Logischer Empirismus*, hg. v. Rainer Hegselmann, Frankfurt a. M., 81–101.

Nozick, Robert (1974): *Anarchie, State, and Utopia*. New York.

Oduncu, Fuat (2003): »Moralischer Status von Embryonen«, in: *Bioethik. Eine Einführung*, hg. v. M. Düwell und K. Steigleder, Franfurt a. M. 2003.

Parfit, Derek (2011): *On What Matters. Volume II*. Oxford

— (2006): »Normativity«, in: Russ Shafer-Landau (ed.): *Oxford Studies in Metaethics* 1, 325–380.

— (1987): *Reasons and Persons*, reprinted with further corrections, Oxford.

Patterson, Charles (2002): *Eternal Treblinka. Our Treatment of Animals and the Holocaust*. New York.

Peirce, Charles Sanders (1967/1877): »Die Festlegung einer Überzeugung«, in: ders.: *Schriften I. Zur Entstehung des Pragmatismus*, hg. v. Karl Otto Apel, Frankfurt a. M. 293–325.

Plantinga, Alvin (1981): »Is belief in god properly basic?«, in: Noûs 15.1, 41–51.

— (2000): *Warranted Christian Belief*. New York/Oxford.

Platon (1988): *Der Staat*. Übers. v. Otto Apelt (= Sämtliche Dialoge, hg. v. Otto Apelt, Bd. V), Hamburg.

Putnam, Hilary (2004/1975): *Die Bedeutung von »Bedeutung«*, 3. ergänzte Aufl. Frankfurt a. M.

Rachels, James (1991): *Created from Animals: Moral Implications of Darwinism*. Oxford.

Radbruch, Gustav (2003/1932) *Rechtsphilosophie*. Studienausgabe hg. v. Ralf Dreier und Stanley L. Paulson, 2. Aufl. Heidelberg.

— (2003/1946): »Gesetzlichen Unrecht und übergesetzliches Recht«, in: *Rechtsphilosophie*. Studienausgabe hg. v. Ralf Dreier und Stanley L. Paulson, 2. Aufl. Heidelberg, 211–219.

Raz, Joseph (2009): »The Obligation to Obey the Law«, in: ders.: *The Authority of Law. Essays on Law and Morality*, 2. Aufl. Oxford, 233–249.

— (2009a): »Legitimate Authority«, in: ders.: *The Authority of Law. Essays on Law and Morality*, 2. Aufl. Oxford, 1–27.

Regan, Tom (2005): *The Case for Animal Rights*. Berkeley.

Ridley, Mark (1989): »The Cladistic Solution to the Species Problem«, in: *Biology and Philosophy* 4 (1989), 1–16.

Rosen, Michael (2012): *Dignity. Its History and Meaning*. Harvard UP 2012.

Ross, David (2002/1930): *The Right and the Good*, ed. by Philip Stratton-Lake, Oxford.

Rowlands, Mark (2013): *Can animals be moral?* Oxford.
Sandkühler, Hans Jörg (2007): »Menschenwürde und die Transformation moralischer Rechte in positives Recht«, in: ders. (Hg.), *Menschenwürde. Philosophische, theologische und juristische Analysen*, Frankfurt. a. M.
Scheffler, Samuel (1994): *The Rejection of Consequentialism. A Philosophical Investigation of the Considerations underlying rival Moral Conceptions*, 2. rev. Aufl. Oxford.
Schmidt, Jochen (1989): »Einleitung: Aufklärung, Gegenaufklärung, Dialektik der Aufklärung«, in: ders. (Hg.): *Aufklärung und Gegenaufklärung in der europäischen Literatur, Philosophie und Politik von der Antike bis zur Gegenwart*, Darmstadt, 1-31.
Schockenhoff, Erhard (2003): »Zum moralischen und ontologischen Status des Embryos: pro Speziesargument«, in: *Der moralische Status menschlicher Embryonen*, hg. v. Gregor Damschen und Dieter Schönecker, Freiburg i. Br., 11-34.
Scholz, Oliver R. (2009): »Kants Aufklärungsprogramm: Rekonstruktion und Verteidigung«, in: Heiner F. Klemme (Hg.): *Kant und die Zukunft der europäischen Aufklärung*, Berlin, 28-42.
Schuster, Gerd / Smits, Willie / Ullal, Jay (2007): *Die Denker des Dschungels. Der Orangutan-Report*, Potsdam.
Schwartz, Stephen P. (1978): »Putnam on Artifacts«, in: *The Philosophical Review* 87.4, 566-574.
Shafer-Landau (2012): »Evolutionary Debunking, Moral Realism, and Moral Knowledge«, in: *Journal of Ethics and Social Philosophy* 7.1, 1-37
Segal, Gabriel M. A. (2000): *A Slim Book About Narrow Content*. Cambridge (Mass.).
Sidgwick, Henry (1981/1907): *The Methods of Ethics*. Wiederveröffentlichung der 7. Aufl. Indianapolis.
Singer, Peter (1994): *Praktische Ethik*. 2. rev. und erw. Aufl. Stuttgart.
Simmons, A. John (2005): »The Duty to Obey and Our Natural Moral Duties«, in: Christopher Heath Wellman / A. John Simmons: *Is There a Duty to Obey the Law?* Cambridge 93-196.
Smilansky, Saul (2002): »Free Will, Fundamental Dualism, and the Centrality of Illusion«, in: Robert Kane (ed.): *The Oxford Handbook of Free Will*, Oxford, 489-505.
Smith, Michael (1994): *The Moral Problem*, Oxford.
Sosa, Ernest (2009): *A Virtue Epistemology. Apt Belief and Reflective Knowledge*. Bd. 1, Oxford.
Spaemann, Robert (1987): »Über den Begriff der Menschenwürde«, in: ders.: *Das Natürliche und das Vernünftige. Aufsätze zur Anthropologie*. München.

Stepanians, Markus (2002): »Gleiche Würde, Gleiche Rechte«, in: Stoecker (2002), 81–102.
Stich, Stephen (1990): *The Fragmentation of Reason*. Cambridge, Mass.
Stoecker, Ralf (Hg.) (2002): *Menschenwürde. Annäherung an einen Begriff*, Wien.
Stoecker, Ralf (2002a): »Menschenwürde und das Paradox der Entwürdigung«, in: Stoecker (2002) 133–152.
Strawson, Galen (1994): »The impossibility of moral responsibility«, in: *Philosophical Studies* 75, 5–24.
Street, Sharon (2006): »A Darwinian Dilemma for Realist Theories of Value«, in: *Philosophical Studies* 127, 109–166.
Styron, William (2004/1966): *The Confessions of Nat Turner*. London.
Sumner, L. W. (1989): *The Moral Foundation of Rights*. Oxford.
Swift, Jonathan (1981/1726): *Gullivers Reisen*. Übers. v. Franz Kottenkamp, 4. Aufl. Frankfurt a. M.
Taylor, Richard (1996): *Restoring Pride. The Lost Virtue of our Age*, New York.
— (2002): *Virtue Ethics. An Introduction*, New York.
Temkin, Larry S. (1993): *Inequality*. Oxford.
Thagard, Paul (1992): *Conceptual Revolutions*. Princeton.
Timmons, Mark (1999): *Morality without Foundations. A Defense of Ethical Contextualism*. Oxford.
Tooley, Michael (1972): »Abortion and Infanticide«, in: *Philosophy and Public Affairs* 2.1 (1972), 37–65
Tugendhat, Ernst (1997): »Wer sind alle?«, in: Angelika Krebs (Hg.), *Naturethik. Grundtexte der gegenwärtigen tier- und ökoethischen Diskussion*, Frankfurt. a. M., 100–110.
Unger, Peter (1996): *Living High and Letting Die. Our Illusion of Innocence*, Oxford.
Wellman, Christopher Heath (2005): »Samaritism and the Duty to Obey the Law«, in: ders./A. John Simmons: *Is there a Duty to Obey the Law?* Cambridge, 3–92.
Wetz, Franz Josef (2005): *Illusion Menschenwürde. Aufstieg und Fall eines Grundwerts*. Stuttgart.
Wikler, Daniel (2010): »Paternalism in the Age of Cognitive Enhancement: Do Civil Liberties Presuppose Roughly Equal Mental Ability?«, in: Julian Savulescu/Nick Bostrom (Hgg.), *Human Enhancement*, Oxford, 341–356.
Williams, Bernard (1978): »Kann man sich dazu entscheiden, etwas zu glauben?«, in: ders.: *Probleme des Selbst. Philosophische Aufsätze 1956–1972*, Stuttgart, 217–241.

— (1988): »Consequentialism and Integrity«, in: Samuel Scheffler (ed.): *Consequentialism and its Critics*, Oxford 20–50.

Williamson, Timothy (2007): *The Philosophy of Philosophy*. Oxford.

Wilson, Timothy D. (2002): *Strangers to Ourselves. Discovering the Adaptive Unconsciousness*. New York.

Wise, Steven M. (2000): *Rattling the Cage. Toward Legal Rights for Animals*. Cambridge (Mass.).

Wittgenstein, Ludwig (1968): *Vorlesungen und Gespräche über Ästhetik, Psychologie und Religion*, hg. v. Cyrill Barrett, übers. v. Eberhard Bubser, Göttingen.

Wolff, Robert Paul (1998): *In Defense of Anarchism*. Berkeley.

Wood, Allen W. (2002): »W. K. Clifford and the Ethics of Belief«, in: ders.: *Unsettling Obligations. Essays on Reason, Reality and the Ethics of Belief*, Stanford, 1–40.

Zemach, Eddy M. (1997): »Practical Reasons for Belief?«, in: *Noûs* 31.4, 525–527.

— (1976): »Putnams Theory of the Reference of Substance Terms«, in: *The Journal of Philosophy* 73.5, 116–127.

Zöller, Günther (2009): »Aufklärung über Aufklärung: Kants Konzeption des selbständigen, öffentlichen und gemeinschaflichen Gebrauchs der Vernunft«, in: Heiner F. Klemme (Hg.): *Kant und die Zukunft der europäischen Aufklärung*, Berlin, 82–99.

Personenregister

Adler, Jonathan E. 124, 278
Adorno, Theodor W. 111, 147
Allison, Henry E. 121, 123
Arendt, Hannah 360
Ariely, Dan 135 f.
Armstrong, David 84
Austin, John 337

Balzer, Philipp 64, 91 ff., 95 ff., 214–225
Bastian, Brock 280
Bartley, William W. 368
Baumann, Peter 204–214
Bayertz, Kurt 64, 226–240
Bentham, Jeremy 76
Birnbacher, Dieter 39, 52
Blackburn, Simon 61, 164 f., 326
Bratman, Michael 311

Clifford, W. K. 317 ff.
Cohen, Carl 193
Conee, Earl 319
Cooney, Nick 280, 385
Cuneo, Terence 264, 266

Damschen, Gregor 18, 51, 258, 296
Devitt, Michael 56
Diamond, Cora 179
Dombrowski, Daniel A. 81
Double, Richard 291
Dougherty, Trent 318, 321

Enç, Berent 297
Epikur 284 f.

Feldman, Fred 195, 328
Feldman, Richard s. Conee, Earl
Feuerbach, Ludwig 156 f.
Fichte, Johann Gottlieb 35
FitzPatrick, William 168
Fodor, Jerry 58
Foot, Philippa 316, 325
Fox-Genovese, Elizabeth s. Genovese, Eugene D.
Forst, Rainer 44
Frankfurt, Harry 189 f., 367
Fukuyama, Francis 33, 37

Gadamer, Hans-Georg 146
Gans, Chaim 124
Gauthier, David 328
Genovese, Eugene D. 198
Griffin, James 104

Habermas, Jürgen 43
Hailer, Martin 49
Hare, Richard 84
Hassin, Ran R. 385
Höffe, Otfried 18, 87 ff.
Horkheimer, Max s. Adorno, Theodor W.
Hume, David 37, 212 f.

Iorio, Marco 337
Isensee, Josef 37, 42

James, William 319
Joyce, Richard 164, 168, 228

Kant, Immanuel 67 f., 72 f., 88 f., 110–133, 133–145, 190, 194,

| 435

245–249, 251, 293, 326, 341, 354, 371
Kass, Leon 36
Kateb, George 37
Kekes, John 193
Kierkegaard, Sören 368 ff.
Kornblith, Hilary 272–284
Kosellek, Reinhart 156
Krantz, Susan Lufkin 175

Leist, Anton 44 f.
Lenzen, Wolfgang 19
Linzey, Andrew 76
Loeb, Don 253
Lohmar, Achim 67, 212, 213, 240, 280
Lucas, J. R. 296
Lukács, Georg 160

Mackie, John L. 164, 181 f., 295 f., 386
Marcuse, Herbert 159
Madigan, Timothy J. 320
McMahan, Jeff
McTaggart, John 56
Mele, Alfred 243
Meyerson, Denise 160
Michel, Christoph 199
Mill, John St. 94, 334, 350, 404
Mohr, Georg 41 f., 49
Moore, George Edward 34

Nagel, Thomas 362
Newen, Albert s. Michel, Christoph
Neumann, Ulfried 100
Neurath, Otto 147
Nozick, Robert 74, 268

Oduncu, Fuat 35

Parent, William 92
Parfit, Derek 61, 288 f., 310, 333
Patterson, Charles
Peirce, Charles Sanders 131
Plantinga, Alvin 160, 319
Platon 134 ff., 140 f., 145, 341
Putnam, Hilary 57, 59, 69

Radbruch, Gustav 213 f.
Raz, Joseph 124, 370
Regan, Tom 73, 104 f.
Ridley, Mark 81
Rippe, Klaus Peter s. Balzer, Philipp
Ritschl, Dietrich s. Hailer, Martin
Ross, David 328
Rowlands, Mark 80

Schaber, Peter s. Balzer, Philipp
Scheffler, Samuel 329
Schmidt, Jochen 157
Schönecker, Dieter s. Damschen, Gregor
Scholz, Oliver R. 112, 123
Schwartz, Stephen P. 59
Shafer-Landau 168
Segal, Gabriel M. A. 59
Sidgwick, Henry 17, 76, 208, 260, 326 ff.
Simmons, A. John 124
Singer, Peter 77, 78, 333
Smilansky, Saul 296
Smith, Michael 399
Sosa, Ernest 318
Stich, Stephen 274 ff.
Stoecker, Ralf 20
Street, Sharon 168
Styron, William 195 ff.
Sumner, L. W. 105
Swift, Jonathan 262

Taylor, Richard 74 f.
Temkin, Larry 333
Thagard, Paul 54 f.
Timmons, Mark 59
Tooley, Michael 104 f.
Tugendhat, Ernst 79

Unger, Peter 333

Wellman, Christopher Heath 332

Wetz, Franz Josef 18, 296
Williams, Bernard 309, 329
Williamson, Timothy 61
Wilson, Timothy D. 385
Wittgenstein, Ludwig 180
Wolff, Robert Paul 124, 369 f.
Wood, Allen W. 334

Zemach, Eddy M. 290
Zöller, Günther 123, 132 f.